HISTÓRIA DO RISO E DO ESCÁRNIO

Georges Minois

História do riso e do escárnio

Tradução
Maria Elena O. Ortiz Assumpção

Título original em francês: *Historie do rire et de la dérision*

Direitos de publicação reservados à:
Fundação Editora da UNESP (FEU)
Praça da Sé, 108
01001-900 – São Paulo – SP
Tel.: (0xx11) 3242-7171
Fax: (0xx11) 3242-7172
www.editoraunesp.com.br
www.livrariaunesp.com.br
atendimento.editora@unesp.br

Dados Internacionais de Catalogação na Publicação (CIP)
(Câmara Brasileira do Livro, SP, Brasil)

Minois, Georges, 1946–
História do riso e do escárnio / Georges Minois; tradução Maria Elena O. Ortiz Assumpção. – São Paulo: Editora UNESP, 2003.

Título original: Histoire du rire et de la dérision.
Bibliografia.
ISBN 85-7139-446-6

1. Riso 2. Riso – História 3. Riso na literatura I. Título.

03-0190 CDD-306

Índice para catálogo sistemático:
1. Riso: Antropologia cultural: Sociologia 306

Editora afiliada:

Asociación de Editoriales Universitarias
de América Latina y el Caribe

Associação Brasileira de
Editoras Universitárias

"Não há nada que um humor inteligente
não possa resolver com uma gargalhada,
nem mesmo o Nada."
Armand Petitjean, *Imagination et réalisation*

Para o sorriso de Eugénie,
o riso de Dimitri
e o humor de Renata.

SUMÁRIO

– INTRODUÇÃO –

O riso é um caso muito sério para ser deixado para os cômicos. É por isso que, desde Aristóteles, hordas de filósofos, de historiadores, de psicólogos, de sociólogos e de médicos, que não são nada bobos, encarregaram-se do assunto. As publicações sobre o riso contam-se aos milhares, o que nos dispensa de estabelecer uma bibliografia, porque ela seria ora ofensivamente seletiva, ora interminável.

Nos dez últimos anos, o interesse pelo riso atingiu o auge, e isso em todas as disciplinas. Para nos atermos a História, não se passa uma semana sem que um livro, um artigo, um programa de rádio, um colóquio ou uma conferência trate do riso nessa ou naquela época, nesse ou naquele meio. Na França, por exemplo, a associação Corhum (Pesquisas sobre o Cômico, o Riso e o Humor), criada em 1987, organiza regularmente jornadas de estudo sobre o assunto e colóquios, dentre os quais o mais recente ocorreu em Besançon de 29 de junho a 1º de julho de 2000, tendo por tema "Dois mil anos de riso. Permanência e modernidade"; a associação publica a revista semestral *Humoresques*. Nos Estados Unidos, o jornal interdisciplinar *Humor: International Journal of Humor Research* preenche a mesma função e, no mundo inteiro, conhecemos publicações similares.

Esse interesse pelo riso não deveria surpreender. De fato, estamos imersos em uma "sociedade humorística", como bem analisou Gilles Lipovetsky, em 1983, em *A era do vazio*. Uma sociedade que se quer *cool* e *fun*, amavelmente malandra, em que os meios de comunicação difundem modelos descontraídos, heróis cheios de humor e em que se levar a sério é falta de correção. O riso é onipresente na publicidade, nos jornais, nas transmissões televisivas e, contudo, raramente é encontrado na rua. Elogiamos seus méritos, suas virtudes terapêuticas, sua força corrosiva diante dos integrismos e dos fanatismos e, entretanto, mal conseguimos delimitá-lo.

Estudado com lupa há séculos, por todas as disciplinas, o riso esconde seu mistério. Alternadamente agressivo, sarcástico, escarnecedor, amigável, sardônico, angélico, tomando as formas da ironia, do humor, do burlesco, do grotesco, ele é multiforme, ambivalente, ambíguo. Pode expressar tanto a alegria pura quanto o triunfo maldoso, o orgulho ou a simpatia. É isso que faz sua riqueza e fascinação ou, às vezes, seu caráter inquietante, porque, segundo escreve Howard Bloch, "como Merlim, o riso é um fenômeno liminar, um produto das soleiras, ... o riso está a cavalo sobre uma dupla verdade. Serve ao mesmo tempo para afirmar e para subverter". Na encruzilhada do físico e do psíquico, do individual e do social, do divino e do diabólico, ele flutua no equívoco, na indeterminação. Portanto, tem tudo para seduzir o espírito moderno.

Fenômeno universal, ele pode variar muito de uma sociedade para outra, no tempo ou no espaço. Já em 1956, Edmund Bergler, em *Laughter and Sense of Humour*, apontava mais de oitenta teorias sobre a natureza e a origem do riso, e a lista prolongou-se depois. Se os etnólogos e os sociólogos exploraram largamente a panóplia geográfica do riso, os historiadores só recentemente se interessaram pelo fenômeno. Como sempre, preocupações ideológicas estavam na origem das investigações. O lado subversivo e revolucionário do riso interessou os historiadores soviéticos em meados do século XX. Em 1954, Alexandre Herzen, lembrando que na Antiguidade "ria-se às escâncaras até Luciano" e que, "depois do século IV, os homens cessaram de rir, choraram sem descanso e pesadas cadeias caíram sobre o espírito, entre lamentações e remorsos de consciência", declara: "Seria extremamente interessante escrever a história do riso". Alguns anos mais tarde, Mikhaïl Bakhtine põe-se a trabalhar e publica um livro que se tornou clássico, traduzido para o francês em 1970: *A obra de François Rabelais e a cultura popular na Idade Média e sob a Renascença*, magistral história do riso do século XIV ao XVI, dando resumos sobre os períodos anteriores e posteriores.

Mais tarde, Jacques Le Goff consagra vários estudos ao riso medieval, especialmente ao lugar que ele ocupa nas ordens monásticas. Em 1997, nos *Anais*, constatando que o riso é um tema da moda e que, "como sempre, a moda exprime um reconhecimento do interesse emergente de um tema na paisagem científica e intelectual", ele sugere abrir uma vasta pesquisa histórica sobre esse assunto. Antes e depois dessa data, a ideia germinou, e numerosos historiadores produziram estudos memoráveis sobre o riso, em diferentes épocas: Dominique Arnould, Dominique Bertrand, Bernard Sarrazin, Daniel Ménager, Nelly Feuerhahn, Jeannine Horowitz, Sophia Menache e muitos outros, na França, cujos nomes e títulos de obras serão encontrados nas notas do presente livro; Jan Bremmer, Herman Roodenburg, Henk Driessen, na Holanda; Derek Brewer, Peter Burke, na Grã-Bretanha; M. Tschipper, W. Haug, N. Neumann, na Alemanha; Q. Cataudella, G. Monaco, na Itália; T. Castle, B. I. Granger, S. M. Tave, nos Estados Unidos; e dezenas de outros autores, cujos trabalhos (citados em referência) utilizamos.

Porque, inconscientes da amplitude da tarefa, quisemos realizar uma síntese, o que uma pessoa sensata jamais teria feito, tão imenso é o tamanho do campo. Mas não é preciso ser um pouco louco para empreender, sem rir, uma história sobre o riso? De qualquer forma, é sempre muito cedo ou muito tarde para fazer uma síntese. Esse assunto oferece ao menos uma vantagem, já que permite responder antes a todos os críticos: não leve isso muito a sério!

Inevitavelmente, esse trabalho é incompleto, seletivo, demora-se muito em alguns aspectos, negligencia outros, mostra-se desenvolto aqui, maçante ali, cita muito, compila, esquematiza escandalosamente, esquece informações essenciais, adota, às vezes, um tom trivial, emite julgamentos parciais e contestáveis, aprovados por uns, recusados com indignação por outros. Tudo isso é de antemão confessado, assumido, reivindicado: se um assunto como o riso não admite a fantasia, onde iremos procurá-la?

Outra precaução que ritualmente os autores de obras sobre o riso devem ter o cuidado de consignar na introdução é avisar o leitor de que não se trata de um livro para fazer rir. Nem compilação de pilhérias nem receitas de animador: eis aqui, simplesmente, uma contribuição para a história das mentalidades. Cícero já ressaltava que os trabalhos sobre o riso eram muito enfadonhos. A censura não é nova e é, aliás, injustificada. Dissertar sobre o riso é, com frequência, frustrante, já que é preciso abster-se de citar uma multidão de anedotas e segurar o riso para relatar como riam nossos ancestrais. Esperamos, apesar de tudo, que nosso propósito faça sorrir, voluntária ou involuntariamente.

O que talvez não faça os puristas rirem é a flexibilidade, eventualmente abusiva, no emprego de termos como "burlesco", "grotesco", "satírico", "paródico", "humorístico"... Conhecem-se, por exemplo, os debates ubuescos aos quais se dedicaram certos especialistas desprovidos de humor a propósito da palavra "humor". Tem-se o direito de empregá-la a respeito dos gregos? Cícero tem humor? Ou é preciso reservar a palavra e a coisa, como uma safra controlada, para a Inglaterra depois do século XVIII? Digamos claramente: para nós, o humor não tem idade nem pátria. Ele adquire formas diferentes, mas um camponês egípcio do Médio Império pode muito bem ter um senso de humor tão desenvolvido quanto Oscar Wilde. O tempo não vem ao caso.

A dificuldade essencial do empreendimento vem, exatamente, da aparente estabilidade do riso. Lendo as análises de Aristóteles sobre o assunto, tem-se a impressão de que os gregos de 23 séculos atrás riam como nós, com as mesmas nuances e pelas mesmas razões. Vamos então escrever seiscentas páginas por nada? É o cúmulo do escárnio! Tentemos justificar-nos. Em primeiro lugar, lembrando a importante distinção (a estabelecer) entre a prática e a teoria do riso. A segunda é, evidentemente, muito mais evolutiva e fácil de seguir. Em todas as épocas foram escritos tratados sobre o riso, exprimindo a opinião dominante sobre esse assunto na sociedade ou em certos grupos sociais. A história do riso é, antes de tudo, a história da teoria do riso. Ora, esta última, inegavelmente, mudou em virtude da mentalidade dominante. Já a prática revela-se, claramente, mais difícil de perceber. As fontes são heteróclitas e dispersas e, muitas vezes, enganadoras. A prática do riso evolui de maneira muito mais lenta e imperceptível que a teoria. Entretanto, mesmo nesse nível, deve ser possível fazer uma ideia. Os sociólogos atuais pensam, por exemplo, que o riso, no próprio seio de nossa sociedade humorística, é um retrocesso. Muitos analistas encontram-se por trás desta apóstrofe de J. Lederer: "É em vão que procurais o segredo perdido da imensa jovialidade de ontem. Vossos risos não têm graça, são acanhados, miseráveis, são soluços invertidos, o resíduo dessecado das lágrimas que não mais conseguis derramar". Cabe-nos verificar, consultando crônicas, diários, obras literárias e artísticas e todo testemunho suscetível de carrear indícios. Fazemos uma ideia, sem dúvida muito aproximada. Mas quem disse que a história, sobretudo a das mentalidades, é uma ciência exata?

Traçar conjuntamente a história da prática e da teoria do riso não é o mais fácil, mas também não é o menos interessante. Não é curioso, por exemplo, constatar que atualmente vivemos uma dupla contradição: de um lado, muitos têm a impressão de que o riso está voltando, já que ele se ostenta por toda parte; por outro lado, rimos cada vez menos, apesar de todas as ciências alardearem os méritos quase milagrosos do riso.

Foi essa contradição que nos levou a escrever este livro, que, à primeira vista, não tem muita coisa em comum com os temas que abordamos até aqui: por que uma história do riso depois de uma história do suicídio, dos infernos, do diabo, da velhice, do ateísmo, das previsões, das relações entre a Igreja e a ciência, entre a Igreja e a guerra? É que, no centro de todos esses assuntos, há a mesma interrogação: afinal de contas, que fazemos aqui? As religiões inventaram respostas para nos apaziguar; elas criaram infernos e demônios para nos ensinar a viver sabiamente em conjunto, limitando a caça pelo medo da polícia. As ciências nos desiludiram, por não trazer a explicação definitiva, que ainda e sempre esperamos. O ateísmo assegura-nos que não é nada disso – o que, provavelmente, é verdadeiro, mas difícil de suportar. Então, alguns se evadem sonhando com futuros ilusórios que jamais verão. Outros passam o tempo guerreando. Outros ainda se suicidam dizendo que, se soubessem, não teriam vindo. A maioria, que não tem a coragem de abrir caminho, depois de ter sido empurrada durante a existência, prolonga sua velhice esperando ser empurrada para o nada. Muitos, enfim, diante dessa enorme "cânula cósmica", como a chama Alvin Toffler, preferem rir.

O riso, o grande riso de Demócrito, não seria, de fato, a resposta apropriada? Se verdadeiramente nada tem sentido, o escárnio não seria a única atitude "razoável"? O riso não é o único meio de nos fazer suportar a existência, a partir do momento em que nenhuma explicação parece convincente? O humor não é o valor supremo que permite aceitar sem compreender, agir sem desconfiar, assumir tudo sem levar nada a sério?

O riso faz parte das respostas fundamentais do homem confrontado com sua existência. O objetivo deste livro é reencontrar as maneiras como ele faz uso dessa resposta ao longo da História. Exaltar o riso ou condená-lo, colocar o acento cômico sobre uma situação ou sobre uma característica, tudo isso revela as mentalidades de uma época, de um grupo, e sugere sua visão global do mundo. Se o riso é qualificado às vezes como diabólico, é porque ele pôde passar por um verdadeiro insulto à criação divina, uma espécie de vingança do diabo, uma manifestação de desprezo, de orgulho, de agressividade, de regozijo com o mal. A civilização cristã, por exemplo, fica pouco à vontade para dar lugar ao riso, ao passo que as mitologias pagãs lhe conferem um papel muito mais positivo. Pode-se rir, e pode-se rir de tudo? A resposta a essas questões exige posições existenciais fundamentais.

Por fim, uma última dificuldade: o riso tem um aspecto individual e um aspecto coletivo. Uma história do riso é, ao mesmo tempo, uma história da festa, que coloca outra ordem de problemas. A junção dos dois não é evidente. Há festas solenes, sem riso. Contudo, nas dionisíacas, no Carnaval e nas saturnais, na festa dos loucos, admite-se que a festa, como o riso, rompe o curso ordinário das coisas e que seus vínculos são essenciais porque ambos abrem uma janela sobre outra coisa, sobre outra realidade, talvez uma utopia, como escreve Jean-Claude Bologne: "Um e outro quebram o circuito estabelecido entre a reprodução social e a adesão dos homens no curso de um júbilo material em que o excesso de energia ou o dinamismo próprio da espécie se abre sobre a premonição utópica de uma existência infinita em que o homem não estaria mais confinado nos quadros sociais".

Não se tratará de traçar a história da festa em si mesma, mas de explorar as relações complexas que ela estabelece com o riso, para avaliar a força social, política e cultural deste, que tanto pode ser um elemento subversivo quanto um elemento conservador. O riso não tem implicações psicológicas, filosóficas nem religiosas; sua função política e social – quando se pensa na sátira e na caricatura – é igualmente importante. O riso é um fenômeno global, cuja história pode contribuir para esclarecer a evolução humana.

– 1 –

O RISO INEXTINGUÍVEL DOS DEUSES

Os gregos arcaicos e o mistério do riso

"Tendo rido Deus, nasceram os sete deuses que governam o mundo... Quando ele gargalhou, fez-se a luz... Ele gargalhou pela segunda vez: tudo era água. Na terceira gargalhada, apareceu Hermes; na quarta, a geração; na quinta, o destino; na sexta, o tempo."[1] Depois, pouco antes do sétimo riso, Deus inspira profundamente, mas ele ri tanto que chora, e de suas lágrimas nasce a alma.

Assim se exprime o autor anônimo do papiro alquímico que data do século III, o papiro de Leyde. O universo nasceu de uma enorme gargalhada. Deus, o Único, qualquer que seja seu nome, é acometido – não se sabe por quê – de uma crise de riso louco, como se, de repente, ele tivesse consciência do absurdo de sua existência. Nessa versão da criação, Deus não cria pela palavra, que já é civilização, mas por esse espocar de vida selvagem, e cada um de seus sete acessos faz surgir do Nada um novo absurdo, tão absurdo quanto o próprio Deus: a luz, a água, a matéria, o espírito. E, no

1 Citado por REINACH, S. *Cultures, mythes et religions*. Paris: ed. Bouquins, 1996, p.147.

final desse *big bang* cômico e cósmico, Deus e o universo encontram-se em um face a face eterno, perguntando-se um ao outro o que estão fazendo lá: aquele que ri e sua gargalhada.

O RISO NOS MITOS GREGOS: UM CONTATO PERIGOSO COM O DIVINO

Esse mito – miragem suplementar camuflando nossa desesperada ignorância sobre as origens do ser – corresponde a outro. Não se sabe de onde vem, mas existem outros semelhantes, com algumas variantes. Assim o filósofo Próclus, no século V a.C., fala de um poeta órfico que atribuía o nascimento dos deuses ao riso da divindade soberana e o nascimento dos homens a suas lágrimas. Proximidade do riso e das lágrimas, natureza misteriosa e origem divina do riso: esses temas são recorrentes nas mitologias do Oriente Médio. Nós os reencontramos na Fenícia, onde um riso ritual acompanha o sacrifício de crianças, na Babilônia e no Egito, onde os sacerdotes de Tebas saúdam as benesses do Nilo com uma gargalhada. Nesses países, o riso pertence à deusa Maat; ele manifesta a alegria de viver, a confiança no futuro, o combate contra os poderes da morte.

Por meio desses ritos, adivinha-se uma interrogação, não desprovida de inquietude, sobre a natureza e a origem do riso. Essa interrogação é tão antiga quanto o pensamento reflexivo, já que velhos escritos denunciam seu traço. Quando o mundo ocidental se solta para as fontes de sua cultura intelectual, ele se volta, frequentemente, para a Grécia. Não que a Grécia possua todas as respostas, mas ela parece ter lançado todas as questões e, sobretudo, preservou os testemunhos dessas questões: mitos, textos épicos, poéticos, filosóficos. É por isso que, uma vez mais, é preciso procurar nela os indícios da identidade perdida de nosso riso.

Vários séculos antes de Aristóteles consagrar essa evidência – ou seja, de que o riso é próprio do homem –, os mitos, as festas, os escritos homéricos colocaram em cena essa especificidade humana, dando a ela um papel essencial na comédia humana; esses relatos permitem entrever uma parte dos componentes e da natureza do riso. Mas, atenção: nós lemos e relemos esses textos por meio das lentes deformadoras de 2.500 anos de história cultural, e nossas interpretações dependem de esquemas explicativos que evoluem.

O que nos dizem, pois, os mitos gregos? Em primeiro lugar, uma constatação unânime: os deuses riem. O Olimpo ressoa com seu "riso inextinguível", segundo a expressão homérica. Todos, um dia ou outro, conheceram acessos de hilaridade, e por motivos que não eram sempre dignos, palavra de Homero! Zeus não é o último, ele que assiste, hilário, ao tumulto geral dos olímpicos: "Eles caem uns em cima dos outros com grande estrépito; a vasta terra treme; em volta, o grande céu faz soar as trombetas. Zeus o escuta, sentado no Olimpo, e seu coração ri de alegria quando ele vê os deuses entrarem nessa briga".[2] Ele ri antes, pensando em como se vingar de Prometeu. Apolo acha muito engraçados os jogos do pequeno Hermes, que manipula uma tartaruga e depois toca a lira: "Sob sua mão, a lira treme com um ruído terrível e, em sua alegria, Febo Apolo ri".[3] Atenas diverte-se como uma louca ao golpear Ares, antes de deslocar os joelhos de Afrodite, tudo isso diante do sorriso trocista de Hera.[4] Quando, num banquete, o manco e grotesco deus do fogo vem servir o néctar, "um riso inextinguível eleva-se entre os deuses felizes, ao ver Hefesto apressar-se assim na sala".[5] O próprio Hefesto prega uma peça em seu irmão Ares: tendo-o surpreendido no leito com sua irmã comum, Afrodite, ele prepara uma armadilha que imobiliza os amantes fraternos em uma posição embaraçante, depois convida o resto da família para assistir ao espetáculo; de novo, "um riso inesgotável eleva-se entre os bem-aventurados, à vista da armadilha do artificioso Hefesto".[6] Os risos redobram quando Hermes declara que ele gostaria de estar no lugar de Ares.

Em pouco tempo, ri-se com os deuses. O riso deles é sem entraves: violência, deformidade, sexualidade desencadeiam crises que não têm nenhuma consideração de moral ou decoro. Os mitos o associam frequentemente à obscenidade e ao retorno da vida. É o caso da estranha história de Deméter e de Baubo, um episódio excluído dos estudos clássicos, pela preocupação em preservar a dignidade das "humanidades".

Segundo esse mito, muito conhecido na Grécia antiga, a deusa Deméter, inconsolável e triste – o hino homérico designa "tendo perdido o riso" –, chega a Elêusis, na casa de Baubo, que lhe oferece o *kykeon*, mistura de água, farinha e menta. Mas Deméter recusa, e Baubo, para fazê-la rir, emprega outros meios: "Falando assim, ela levantou sua roupa e mostrou todo o corpo, de forma indecente. Havia a criança Iaco que ria sob as saias

---

2 HOMERO, *Ilíada*, XXI, 389.
3 *Hino homérico*. "A. Hermès", I.
4 *Ilíada*, XXI, 408-420.
5 Ibidem, I, 600.
6 HOMERO, *Odisseia*, VIII, 300-347.

de Baubo. Ele agitava a mão. Então, a deusa sorriu, de coração, e aceitou a taça brilhante de *kykeon*".[7] É isso o que diz a versão órfica do mito. Essa passagem excita ainda mais a imaginação dos helenistas, historiadores e psicólogos, porque seu sentido não é claro e existem variantes.[8]

Para Georges Devereux, autor de um audacioso *Baubo, a vulva mítica*, Baubo pintou em seu ventre a metade superior de Iaco, como se ele saísse de seu sexo, titilando sua vulva com uma das mãos.[9] Para Paul Perdrizet, Baubo simplesmente desenhou a cabeça de Iaco e, "assim acomodada, executou a dança do ventre: a cada contorção, a figura pintada parecia rir".[10] Terceira versão desse desenho animado original: Baubo se depilou e os movimentos de sua fenda genital produziam efeitos cômicos. Por fim, segundo Marie Delcourt, seria hermafrodita, e foi a visão inesperada de seu falo que divertiu Deméter.[11]

Como sempre, o cômico reside tanto, ou mais, nas interpretações quanto no episódio original. Mas esse mito – em sua versão órfica ou em sua versão homérica – associa o riso, sob a forma de zombaria, à sexualidade, à fecundidade e ao renascimento. Deméter "reinava" por seu sorriso, ele próprio provocado por um riso que sai da matriz corporal, do sexo feminino. Pensa-se aqui no famoso quadro de Courbert, a *Origem do mundo*: o ventre feminino é a origem da humanidade inteira, verdade obscena e insuportável para alguns, mas suprema derrisão para o orgulho humano. Dominique Arnould assinala, judiciosamente, a existência de mitos comparáveis, em Creta e no Egito, em torno do culto de Ísis.[12]

Aristófanes, em *As rãs*, invoca ainda Deméter nestes termos: "Deméter, princesa dos santos mistérios, assiste-nos, preserva teu coro; permite-me divertir-me e dançar em paz, todo o dia, dizer muitas bobagens, coisas sérias também, e, depois de ter desfrutado e zombado de maneira digna de tua festa, conseguir as guirlandas da vitória". Vitória sobre as lágrimas, sobre a tristeza, triunfo da fertilidade, mas também afirmação da origem divina de um gênero literário, o verso iâmbico. De fato, no hino homérico,

7 *Le rire et les larmes dans la littérature grecque d'Homère à Platon*, tradução de ARNOULD, D. Paris: 1990, p.214.
8 Ver exposição das diferentes interpretações em ARNOULD, D. op. cit., pp.214-217.
9 DEVEREUX, G. *Baubô, la vulve mythique*. Paris: 1983, p.31.
10 Citado por PICARD, C. "L'épisode de Baubô dans les mystères d'Éleusis", *Revue de l'histoire des religions*. 1927, p.232.
11 DELCOURT, M. *Hermaphroditea*. Bruxelles: 1966, p.20.
12 ARNOULD, D. op. cit., p.216.

é Iambo que oferece hospitalidade a Deméter e tenta fazê-la rir. O gênero iâmbico, como será praticado por Arquíloco e seus sucessores, reivindica o poder de fazer rir os deuses. Assim, "os mitos que dão conta dos gêneros literários e musicais equilibram, portanto, de alguma forma, o riso e as lágrimas", explica Dominique Arnould, "ao mesmo tempo, eles dão uma caução divina às reações humanas, já que tais divindades, tais heróis, especializam-se no riso ou nas lágrimas e que é por imitação de suas emoções que os homens podem honrá-los".[13]

Outros mitos associam o riso ao renascimento, ao retorno à alegria de viver. Como aquela história de Hera que se refugiou na montanha, depois de uma briga com Zeus. Este, para incitá-la a voltar, espalha o boato de seu próximo casamento e manda fazer uma estátua que representa a noiva coberta de véus. Hera, curiosa por conhecer a eleita, arranca o véu, cai na gargalhada e insiste em conduzir o cortejo. Esse mito ainda era representado na Beócia, na época de Plutarco, no segundo século de nossa era: uma estátua de madeira era colocada sobre uma carroça, vestida como uma noiva; a sacerdotisa de Hera levantava o véu, caía na gargalhada e tocava à frente do cortejo. Também, nas festas das tesmoforias, o riso de Deméter estava integrado a um rito.

O riso é a marca da vida divina, como o testemunham numerosas histórias gregas de estátuas de deuses subitamente animadas por uma gargalhada. Suetônio relata que, quando Calígula decidiu desmontar a estátua de Zeus, obra de Fídias, para instalá-la em Roma, ela "gargalhou de forma tão terrível que o pedestal rachou e os operários fugiram".[14]

Segundo Pausânias, havia um estranho riso de iniciação em Lebadeu, no antro de Trofônio: o iniciado devia simular a morte; levado pelos sacerdotes, ele era entregue a seus amigos e sua ressurreição era manifestada pelo riso. "Aquele que retornava depois de ter consultado Trofônio era logo cercado pelos sacerdotes, que o faziam sentar-se sobre o que chamavam de Trono da Memória. Quando estava sentado, eles lhe pediam para contar o que vira e aprendera. Recolhidas essas informações, os sacerdotes as repassavam a seus próximos. Estes o levantavam e o levavam para o quarto, onde ele encontraria, doravante, Boa Sorte e Bom Gênio. Ele era ainda acometido pelo medo, não sabia quem era, não reconhecia os familiares. Um pouco mais tarde, contudo,

13 Ibidem, p.221.
14 SUETÔNIO. "Calígula". In: *Vidas dos doze Césares*, p.57.

recobrava toda a consciência e recuperava a faculdade de rir. Escrevo isso não porque ouvi falar, mas por tê-lo observado em outras pessoas e ter, eu próprio, consultado Trofônio."[15]

Trata-se ainda da ritualização do mito, contado por Semos de Delos no século III a.C. Parmênio de Mataponte teria descido ao antro de Trofônio e perdido a faculdade de rir; para reencontrá-la, ele consulta a Pítia, que lhe responde, segundo o hábito, por um enigma: "Tu me interrogas sobre o doce riso, tu que és amargo; é tua mãe que o dará de volta quando estiveres em casa; honra-a muito". Por acaso, visitando Delos, ele foi ao templo de Leto porque achava que a estátua da mãe de Apolo merecia ser vista. Mas, percebendo que era um pedaço de madeira informe, ele riu inesperadamente, cumpriu o oráculo do deus e, livre de sua doença, passou a honrar muito a deusa.

Aqui, o mito abre outra perspectiva: o riso está associado ao retorno a uma vida "normal", mas isso só é possível com a condição de esquecer o que se viu no mundo divino, esquecer o que se entreviu dos mistérios do além e do futuro, esquecer tudo o que ultrapassa a condição humana. Esses mistérios seriam assim tão terríveis? Há, entretanto, o pressentimento de uma verdade angustiante.

Por ser divino, o próprio riso é inquietante. Os deuses o deram ao homem, mas este, limitado, frágil, será capaz de controlar essa força que o ultrapassa? "Diferentemente do pobre riso dos homens, testemunho de uma vitalidade precária e inferior, o riso dos deuses parece não terminar nunca", escreve Salomon Reinach.[16] O riso, como um sopro grande demais para nosso espírito, pode conduzir à loucura: é o caso do riso demente de Ajax, presente envenenado de Atenas, posto em cena por Sófocles. É também o caso dos pretendentes, na *Odisseia*, esperando com um riso de alienados – no sentido próprio – quando ficam sabendo que Telêmaco aceitou falar com sua mãe em favor deles: "Nesse momento, Atenas, extraviando seu espírito, sacudiu os pretendentes com um riso inextinguível. Eles riam como se tivessem maxilares de ferro, devoravam as próprias carnes e o sangue pingava; seus olhos enchiam-se de lágrimas: com o coração triste, queriam soluçar.".[17]

15 PAUSÂNIAS, IX, 39, 13.
16 REINACH, S. op. cit., p.147.
17 *Odisseia*, XX, 345-346.

O MITO, O RISO E A MORTE

Nessa passagem da *Odisseia*, os pretendentes, pressentindo seu fim próximo, são sacudidos por um riso que agita seus maxilares contra sua vontade – o riso inextinguível dos deuses – e, ao mesmo tempo, choram. O riso, nos mitos gregos, só é verdadeiramente alegre para os deuses. Nos homens, nunca é alegria pura; a morte sempre está por perto, e essa intuição do nada, sobre o qual todos estamos suspensos, contamina o riso.

Aliás, pode-se, literalmente, "morrer de rir". Homero utiliza a expressão a propósito ainda dos pretendentes, quando eles assistem ao castigo infligido por Ulisses a Iros: "Os nobres pretendentes, levantando os braços, morriam de rir".[18] De fato, acreditando rir do outro, era da própria morte que eles riam, sem o saber. Em um mito contado por Teopompo de Quios, Silênio fala de um país extraordinário onde os homens são duas vezes maiores e riem duas vezes mais que nós; eles não têm de trabalhar e morrem numa gargalhada.

Heródoto menciona vários casos de riso ritual associados à morte: na Trácia, as mulheres morrem rindo sobre o túmulo de seus maridos; nesse país, diz ele, saúda-se o nascimento com lamentações, porque se considera que a vida é um mal, e morre-se rindo. Outros contam a mesma coisa a propósito da Sardenha; as vítimas sacrificadas ao deus lídio Sandon devem rir, assim como os fenícios quando sacrificam seus filhos. Conforme Salomon Reinach, que relata esses exemplos, o riso desempenha uma função mágica que permite a passagem para uma nova vida e significa o consentimento das vítimas.[19] Em suas *Epidemias*, Hipócrates cita o caso trágico de Tícon, que riu durante três dias, até a morte, depois de ter recebido um golpe de lança. Explicação: esse riso fora provocado por um pedaço de ferro que ficara no diafragma.

Estamos falando do riso como sofrimento, uma das interpretações do misterioso riso "sardônico" que aparece na *Odisseia*: Ulisses, esquivando-se de um projétil lançado por Ctésipo, "sorri, mas com aquele riso sardônico do homem ferido".[20] Muito mais tarde, Platão o utiliza em contexto muito diferente: em *A república*, Sócrates conta que Trasímaco o repreendeu um dia: "Ouvindo--me, ele explodiu num riso sardônico e, tomando a palavra: 'Por Hércules', diz ele, 'eis a fingida ignorância, habitual, tratando-se de Sócrates!'"[21]

---

18 Ibidem, XVIII, p.100.
19 REINACH, S. op. cit., pp.155-156.
20 *Odisseia*, XX, p.301.
21 Scholie I. *A república*, I, p.337a.

Ésquilo, Sófocles, Simônidas e alguns outros mencionam essa expressão cuja origem e cujo sentido intrigavam os antigos. Para todos, o riso sardônico designa um riso inquietante, por causa de sua indeterminação. De quem e de que se ri? Não sabê-lo provoca mal-estar, como se esse riso viesse de outro lugar, do além, como uma ameaça imprecisa. Esse riso não exprime a alegria daquele que é sua "presa", e muitos o associam à ideia de sofrimento e morte. A homofonia chama a atenção para a Sardenha, onde, segundo lendas, Talos, o homem de bronze, saltava no fogo abraçado a suas vítimas, que "tinham, ao morrer, a boca estirada e contraída, daí o riso sardônico", nota Zenobius. Outra versão sarda, contada por Selênio no século III de nossa era, atribui o ricto sardônico ao espasmo daqueles que são envenenados pela absorção de uma espécie de ranúnculo potente dessa ilha da Sicília. A mesma localização é atribuída à história célebre de Falaris, tirano de Agrigento que mandava matar suas vítimas encerrando-as num touro de bronze, que era aquecido lentamente. O rosto torcido de dor parece rir de sua própria morte.

Platão relata uma tradição comparável: "Cleitarcos diz que os fenícios e sobretudo os cartagineses, que honram Cronos, pronunciam sobre a cabeça de seus filhos, quando desejam um grande favor, o voto de sacrificá-los ao deus quando obtêm o que pedem. Eles tinham um Cronos de bronze que estendia as mãos, palmas voltadas para cima, acima de um forno de bronze; era ele que queimava as crianças. Quando a chama se apoderava do corpo, elas esticavam os membros, e a boca parecia repuxada e contraída como a daqueles que riem, até que, em um último estiramento, as crianças deslizavam para o forno".[22] Encontra-se igualmente em *Dédalo*, de Sófocles, uma alusão à morte pelo fogo, a boca grande aberta, para aqueles que, em Creta, se recusam a ir até Minos: "Desde então, como eles tinham a boca esticada e contraída, por causa do fogo, Simônidas diz que esse riso foi chamado de riso sardônico (*sardanion*)".

Esse riso sardônico corresponde ao mesmo tempo a uma expressão e a uma intenção. A expressão é aquela de qualquer um que, "mordido inteiramente pela cólera ou pelo desgosto, ri com o canto da boca, contraindo-a e esticando-a. *Sardanios* em Homero, *sardonios* alhures designam um riso contraído e estirado, e sarcástico", explica Eustáquio em seu *Comentário sobre a Odisseia*. O aspecto agressivo é realçado pelo fato de que a contração dos músculos da boca mostra os dentes, como o ressalta Hipócrates, que aproxima isso do riso de loucura.

22 Scholie I. *A república*, p.337a.

Sofrimento pessoal, ameaça contra o outro, frieza da maldade, atmosfera de morte: mitos e lendas da Grécia fazem do riso sardônico uma força que ultrapassa o ser humano. Evidentemente, riso e alegria aí são totalmente alheios um ao outro. O corpo é sacudido por convulsões e a face crispada por um ricto de morte. O riso pode, assim, ser a reação fisiológica do títere que toma consciência de seu aniquilamento.

O riso e a morte fazem boa mistura. É suficiente olhar um crânio para se convencer: nada pode roubar-lhe o eterno sorriso. Pode-se também rir da morte sem morrer de rir; os gregos ilustraram essa ambivalência com suas lendas e tentaram explicá-la com seus mitos. Eles a confirmaram com exemplos "históricos", mostrando que, mesmo para os mais sérios, a vida é apenas um caso derrisório, que só merece uma gargalhada na saída. Vejamos o filósofo estoicista Crísipo, que, segundo Diógenes Laércio, "morreu por explodir de rir olhando um asno comer figos. De fato, ele disse à velha a quem o asno pertencia: 'Dê um pouco de vinho a seu asno'. E divertiu-se tanto que morreu". De acordo com o impertinente Luciano, seria o poeta cômico Filemon que teria morrido dessa forma – mas não importa! O filósofo Chilon, no século VI a.C., haveria morrido de alegria, depois da vitória de seu filho nos Jogos Olímpicos; a mesma desventura fatal teria tido Sófocles, muito feliz por ter ganho o concurso de tragédia. Quanto ao pintor Zeuxis, em 398 a.C., foi derrubado pela irresistível graça de sua última obra: uma mulher velha. A velhice, a feiura, o tempo e a universal ilusão: não há, de fato, do que morrer de rir?

No panteão grego, onde os deuses riem tão livremente entre si, o riso é curiosamente o atributo de um personagem obscuro, o trocista e sarcástico Momo. Filho da noite, censor dos costumes divinos, Momo termina por tornar-se tão insuportável que é expulso do Olimpo e refugia-se perto de Baco. Ele zomba, caçoa, escarnece, faz graça, mas não é desprovido de aspectos inquietantes: ele tem na mão um bastão, símbolo da loucura, e usa máscara. O que quer dizer isso? O riso desvela a realidade ou a oculta? Enfim, não é possível esquecer que, segundo Hesíodo, suas irmãs são Nêmesis, deusa da vingança, Angústia e a "Velhice Maldita".

O RISO DA FESTA: RETORNO AO CAOS E RECREAÇÃO

Inseparáveis da mitologia, as festas são, em geral, ocasiões de riso, riso coletivo e organizado. Por que o grupo social tem necessidade de organizar essas ocasiões de riso que são as festas? Quando elas ocorrem, os mitos são representados periodicamente, uns sérios, outros cômicos, o que permite ver como esses últimos passam e perdem-se na consciência coletiva.

Que sabemos das festas do antigo mundo grego? As dionisíacas do campo, as grandes dionisíacas, as bacanais, as leneanas, as tesmofórias ou as panateneias são todas festas religiosas e têm, necessariamente, uma significação global quanto ao senso geral do mundo, o qual se acha à mercê dos deuses. Ora, nelas sempre encontramos quatro elementos: uma reatualização dos mitos, que são representados e imitados, dando-lhes eficácia; uma mascarada, que dá lugar, sob diversos disfarces, a rituais mais ou menos codificados; uma prática da inversão, na qual é necessário brincar de mundo ao contrário, invertendo as hierarquias e as convenções sociais; e uma fase exorbitada, em que o excesso, o transbordamento, a transgressão das normas são a regra, terminando em caçoada e orgia, presididas por um efêmero soberano que é castigado no fim da festa. A importância relativa desses elementos varia, mas quase sempre eles se combinam e estão presentes.

Certamente, o riso é essencial nas festas, exceto em ritos mais solenes e na reatualização dos mitos "sérios". Não se concebem mascaradas, travestimento, cenas de inversão, desordens e excessos sem o riso desbragado que, de alguma forma, imprime-lhes o selo de autenticidade. É o riso que dá sentido e eficácia à festa arcaica. Porém, essas festas têm uma função: reforçar a coesão social na cidade. Elas asseguram a perpetuação da ordem humana, renovando o contato com o mundo divino; e o símbolo do contato estabelecido com o divino é o riso, que, como vislumbrado pelos mitos, é um estado de origem e de iniciativa divina, comparável, em certos casos, ao transe.

Reveladora, nesse sentido, é a anedota contada por Filostrato em *Vida de Apolônio de Tiana*. Esse sábio pitagórico do século I, que se dirige à multidão para lhe falar de libações, é interrompido por uma gargalhada de um jovem debochado: "O jovem interrompeu esse discurso com um riso grosseiro e indecente; Apolônio olhou-o e disse: 'Não é você que está me insultando, mas o demônio que o possui, sem você saber'. De fato, o jovem estava possuído por um demônio. Porque ele ria do que ninguém ria e, bruscamente, caía no choro, sem nenhuma razão". Riso e lágrimas, comportamentos irracionais são símbolos de possessão do homem por uma força divina.

Assim, o riso festivo é a manifestação de um contato com o mundo divino. E esse riso serve para garantir a proteção dos deuses, simulando o retorno ao caos original que precedia a criação do mundo ordenado. O deboche, a agitação, os gritos, as danças são acompanhados de desordem verbal. O que Roger Caillois descrevia assim: "Gritos, zombarias, injúrias, vaivém de brincadeiras grosseiras, obscenas ou sacrílegas, entre um público e um cortejo que o atravessa (como no segundo dia das antestérias), nas leneanas, nos grandes mistérios, no Carnaval...), irrupções de piadas no grupo de mulheres e no de homens (como no santuário de Deméter Mísias, perto de Pelana de Acaia) constituem os principais excessos da palavra. Os movimentos não ficam atrás: mímicas eróticas, gesticulações violentas, lutas simuladas ou reais".[23] Se acrescentarmos as trocas de roupa, que subvertem a ordem natural, torna-se evidente que se assiste à figuração do caos: "Na Grécia, de qualquer forma, a festa da troca de roupas entre rapazes e moças tem o significativo nome de *hybristika*. Ora, a *hybris* representa um atentado contra a ordem cósmica e social, o excesso que passa da medida".[24]

A inversão segue o mesmo rumo. Durante a festa Krônia, os escravos desfrutavam grande liberdade, podiam até fazer-se servir pelos senhores, que eles repreendiam. Bem no meio dos risos, zombarias e brincadeiras obscenas. O caos é indispensável para representar, em seguida, a criação da ordem. Durante essas desordens em que o riso é livre, escolhe-se um personagem que preside e encarna esse caos, um prisioneiro ou um escravo que vai ser sacrificado no fim da festa, para um ato fundador da regra, da norma, da ordem. Em Rodes, o prisioneiro era embriagado previamente; depois de sua morte, tudo retornava à ordem, o riso livre desaparecia. O mesmo costume existia entre os babilônicos por ocasião das festas anuais: um escravo tornava-se o rei cômico, o *zoganes*; durante cinco dias, ele podia dar ordens, usar as concubinas reais, viver nas piores extravagâncias – antes de ser executado. "Esse poder desencadeado é um falso poder", escreve Georges Balandier; "ele é teatralmente mostrado sob o aspecto de um feitor da desordem impondo a necessidade de reinstaurar o reino da regra, e é a essa última que era oferecido o sacrifício do falso rei."[25]

O parêntese festivo do riso desenfreado serve, pois, à recriação do mundo ordenado e ao reforço periódico da regra. Ela é também uma reintegração do homem ao mundo do sagrado, um retorno físico ao numinoso, cuja plenitude se confunde com a do estado primordial. É o avesso do cotidiano, a ruptura com as atividades sociais, o esquecimento do profano, um contato com o mundo dos deuses e dos demônios que controlam a vida. É, assim, um retorno às origens que permite reproduzir os atos fundadores, para re-

23 CAILLOIS, R. *L'homme et le sacré*. Paris: ed. Folio, 1950, p.158.
24 Ibidem, p.158.
25 BALANDIER, G. *Le pouvoir sur scène*. Paris: 1980.

generar o mundo e os homens, para interromper o declínio. A festa arcaica, escreve Jean-Jacques Wunenburger, é "um ludismo mimético de um modelo de tipo mítico considerado como transcendente".[26]

Nessa festa coletiva, o indivíduo desempenha um papel, "a fim de sair de si mesmo e de se abrir para o numinoso representando, precisamente, seus paradigmas míticos".[27] Para assegurar a eficácia do rito, cada um deve desempenhar seu papel. O riso festivo é obrigatório. Os deuses punem os desertores da festa. Aqueles que se recusam a despojar-se do conformismo social, nas dionisíacas, por exemplo, caem na loucura selvagem. É o que conta o mito de Penteu, rei de Tebas. Penteu não quis abandonar seu papel sério, ao passo que os velhos sábios Cadmo e Tirésias estavam travestidos e tinham aceitado dar alguns passos de dança para o deus. Dioniso vingou-se de forma apropriada: persuadiu Penteu a se vestir de bacante e ir observar as cerimônias reservadas às mulheres. Estas, possuídas pelo deus, acreditavam ver um animal feroz e, alucinadas, matavam o rei. Assim, o riso e o escárnio aparecem, na festa, como necessários à manutenção da ordem social e como elemento de coesão; o refratário – que não é apenas um desmancha-prazeres, porque isso é só um jogo – é excluído do grupo social.

A antiga mascarada grega pode ter outras significações. Por exemplo, fazer a experiência da alteridade: ser outro por algum tempo para ver mais a si mesmo. Em Esparta, o ritual de passagem para a vida adulta compreende uma mascarada: usam-se máscaras de sátiros, de velhas desdentadas, de faces disformes e monstruosas; praticam-se o cômico, o gracejo atrevido, o escárnio, para ter a experiência do que, de agora em diante, deve ser evitado, rejeitando essas caricaturas pelo riso. Nesse rito, a máscara da Gorgone representa a alteridade da morte, que também entra nesse jogo de derrisão. Em Atenas, homens vestiam-se de mulheres, dançavam e riam; eles representavam a mulher para ser mais homens. Nos rituais dionisíacos, as máscaras, chocarrices e mimos obscenos são destinados a reproduzir "a obscenidade e a bestialidade dos companheiros de Dioniso", escreve Françoise Frontisi-Ducroux; é fazer passar-se por esse deus, caçoando dos comportamentos que devem ser evitados.[28] Porém, a significação global permanece a mesma: na

26 WUNENBURGER, J.-J. *La fête, le jeu et le sacré.* Paris: 1977, p.148.
27 Ibidem, p.104.
28 FRONTISI-DUCROUX, F. "O jogo dos outros e do mesmo. Rituais de travestimento no mundo grego antigo". In: *Carnavals et mascarades,* sob a dir. de P.-G. d'Ayala et M. Boiteux. Paris: 1988.

festa grega antiga, o riso, ritualizado, é um meio de exorcizar a desordem, o caos, os desvios, a bestialidade original. "É uma espécie de reafirmação da ordem cultural e social, por meio da experimentação ritualizada da desordem."[29] O riso festivo é, ao mesmo tempo, a irrupção do caos e sua autodestruição. O aspecto mágico é flagrante. Em um parêntese claramente circunscrito, a desordem surge sob a forma do riso e, ao mesmo tempo, é morta pelo riso, pela autoderrisão e pelas zombarias mútuas de todos esses atores mascarados que encarnam, cada um, um aspecto das proibições e dos medos. De um só golpe, a ordem social é recriada e confortada em sua normalidade.

A designação de um rei cômico e sua condenação à morte sugerem ainda outra significação, desenvolvida na teoria bem conhecida de René Girard: a festa como comemoração da crise sacrifical da origem, da morte de um bode expiatório carregado de agressividade coletiva, do fundador da paz social. O aspecto alegre da festa arcaica corresponderia aos preparativos do sacrifício: "Se a crise das diferenças e a violência recíproca podem ser objeto de uma comemoração alegre, é porque elas aparecem como o antecedente obrigatório da resolução catártica sobre a qual desembocam.".[30] Portanto, a festa não teria nada a ver com qualquer necessidade de diversão, como o afirmam os moralistas clássicos. Tratar-se-ia de uma coisa muito mais séria, fundamental, para dizer tudo.

René Girard apoia sua tese em uma interpretação da tragédia de Eurípides, *As bacantes*. Assiste-se aí a uma festa tradicional em honra de Dioniso, a bacanal, com as características habituais: a inversão, a eliminação das diferenças, a igualdade de homens e mulheres, nos risos e nos gritos. Depois, tudo se desequilibra em violência e massacre. Como Penteu se recusa a reconhecer a divindade de Dioniso disfarçado, este se apodera do espírito das bacantes, que investem, indistintamente, sobre os animais e sobre os homens: "Pacífica no início, a não diferença dionisíaca desliza rapidamente para uma indiferenciação violenta, particularmente incitada. A abolição da diferença sexual, que aparece na bacanal ritual como uma festa de amor e fraternidade, transforma-se em antagonismo na ação trágica.".[31]

Penteu, rei de Tebas, apresenta-se como o defensor da ordem, do "sério" que ele pretende preservar recusando-se a participar da festa dio-

29 Ibidem.
30 GIRARD, R. *La violence et le sacré*. Paris: ed. Pluriel, 1972, p.180.
31 Ibidem, p.191.

nisíaca. Ele não compreendeu que, com isso, ao contrário, ele liberta todas as forças da brutalidade bestial; é o que o coro, usando máscaras de animais, lembra: "Para o coro, Penteu aparece como um transgressor, um audacioso descrente cuja impiedade atrai sobre Tebas a cólera da divindade. E Penteu, efetivamente, contribui para a desordem que ele pretende impedir.".[32] Ele será despedaçado pelas bacantes em fúria, que o tomam por um leão. Esse assassinato, perpetrado sem armas, devolve a paz e a ordem a Tebas. Dioniso está satisfeito. Com a morte do bode expiatório, a crise sacrifical está resolvida.

Para René Girard, o sentido do episódio é o seguinte: para viver em sociedade, o homem tem necessidade de despojar-se de sua agressividade natural. Ora, "os homens não poderiam colocar sua violência fora de si mesmos, em uma entidade separada, soberana e redentora, se não houvesse a vítima expiatória, se a própria violência, de alguma forma, não lhes desse uma trégua que é também uma nova partida, a ilusão de um ciclo ritual depois do ciclo da violência".[33] Mas, para que a crise sacrifical seja eficaz, são necessárias duas condições: a unanimidade dos participantes e o caráter secreto ou inconsciente do ato sacrifical – porque, "para dissipar sua ignorância, corre-se o risco de expor os homens a um grande perigo, de privá-los de uma proteção que é fruto do desconhecimento, de precisar soltar o freio que aprisiona a violência humana".[34] Eurípides teria intuído essa verdade; teria, em versos enigmáticos, decidido guardar para si esse terrível segredo, cuja revelação haveria de desencadear a violência:

> Mantém distante dos pensamentos ambiciosos
> teu coração prudente e teu espírito.
> Aquele que crê na loucura dos modestos e a pratica,
> eu acolho em meu ser.

Essa teoria suscitou certo número de reservas, que não vamos examinar aqui. Se a recordamos é porque ela pode contribuir para esclarecer um dos aspectos do riso festivo. O sacrifício do bode expiatório que se encarrega da violência humana para conduzi-la ao divino é precedido pela festa, pelo riso, pela alegria, e é na festa que ele se renova periodicamente. Há,

32 Ibidem, p.192.
33 Ibidem, p.202.
34 Ibidem, p.203.

portanto, associação e complementaridade entre o riso e a agressividade. O riso coletivo, de alguma forma, prepara o abandono da violência, ele a desarma. É outra maneira, menos "mística", de explicar os risos rituais da festa arcaica.

Isso vai ao encontro da interpretação "naturalista" do riso que Konrad Lorenz dá em *A agressão*. Para ele, o riso é uma ritualização do instinto de agressão que existe em cada um de nós; ele permite controlar e reorientar nossas tendências naturais para a brutalidade, a fim de tornar possível a vida social. Voltaremos mais tarde a essa questão, mas já parece que o riso, individual ou coletivo, tem um vínculo inelutável com a agressividade. O riso como exutório, desviando, canalizando, imitando, ludibriando a agressividade do animal social por seu soluço simbólico: é o que sugerem as desordens programadas das festas gregas.

O RISO DE DIONISO

A personalidade do deus que preside essas festas vai na mesma direção. Dioniso, é dele que falamos, deixou a imagem de um alegre pobre-diabo. Deus da vinha, do vinho, da embriaguez (entre outros), ele é acompanhado por um cortejo de sátiros hilários e desbragados. Quem melhor do que ele pode representar a alegria de viver e o riso sem entraves? Mas não nos enganemos: esse deus é perigoso, ambíguo, ambivalente, perturbador, misterioso, inquietante. Não é por acaso que tantos filósofos fantasiaram em torno do conceito fluido de "dionisíaco", sobretudo ao longo do perturbado século XX. O fato de esse deus ser justamente um deus risonho convida-nos a aprofundar a complexidade do riso grego.

Lembremos, de início, que, como o demonstrou Henri Jeanmaire, nada indica, nas tradições antigas, associação alguma de Dioniso com a vinha e com o vinho.[35] Sua embriaguez de origem, escreve René Girard, é o "furor homicida". Seus atributos ligam-se à violência, que preside os desastres, e o divino Tirésias faz dele o inspirador do terror e do pânico: "Soldados armados e enfileirados para a batalha extraviam-se sem que a lança os tenha tocado. É de Dioniso que lhes vem esse delírio.".

Para Jean-Pierre Vernant e Pierre Vidal-Naquet, "um dos traços maiores de Dioniso consiste em embaralhar sem cessar as fronteiras do ilusório e do

35 JEANMAIRE, H. *Dionysos*. Paris: 1951.

real, em fazer surgir bruscamente outro lugar aqui embaixo, em nos desterrar de nós mesmos; é bem a face do deus que nos sorri, enigmático e ambíguo, nesse jogo de ilusão teatral que a tragédia, pela primeira vez, inaugura sobre a cena grega".[36] Não é de surpreender que esse deus da ilusão seja associado ao teatro e que esse teatro grego arcaico misture intimamente a comédia e a tragédia. Nas grandes dionisíacas, aparece o concurso de tragédia, em 501 a.C., e o de comédia, quatro anos mais tarde. Aliás, os autores trágicos também praticam o cômico: além das três tragédias, eles devem apresentar uma curta peça familiar, o drama satírico, que é representado pelos mesmos atores, utiliza a mesma métrica e o mesmo vocabulário, mas desenrola-se em cenário campestre. A peça é animada por um coro de sátiros, personagens fantasmagóricos, companheiros de Dioniso e dirigidos por um bêbado lúbrico, Silênio. Seres lúbricos, eles exibem sua animalidade: dotados de um sexo em ereção e de uma cauda de cavalo, eles põem em cena um universo paródico e burlesco, no qual alguns veem o prolongamento de cultos zoomórficos.[37]

Esse ressurgimento da animalidade traduz-se pelo riso, que vem quebrar a solenidade trágica e abalar o sério. Nos fragmentos dos dramas satíricos que chegaram até nós, François Lissarrague acredita reconhecer a vontade de apresentar uma antropologia invertida, de explorar o mundo pelo espelho do riso. O drama satírico, distante das grandes questões da tragédia, utiliza o riso como instrumento de conhecimento.[38] Esse olhar da derrisão é o "olhar de Dioniso", escreve Pierre Sauzeau. Dioniso derrota a busca positivista porque instaura como sistema "outra maneira de pensar", ou seja, a loucura, doce para seus fiéis, terrível para seus inimigos.[39] Esse intermédio de burlesco primário vem lembrar que o riso da loucura é necessário para o equilíbrio da cidade; porque ele se opõe ao *logos* racional representado por Apolo ou Atenas: "Deus da loucura, da embriaguez, da ilusão, das forças misteriosas e selvagens da natureza como um Outro Mundo, de riquezas gratuitas que é preciso saber colher, saborear e alegremente festejar, Dioniso é necessário ao equilíbrio da cidade".[40] Presidindo, ao mesmo tempo, a tragédia e o drama satírico, ele é o

---

36 *Mythe et tragédie*, II. Paris: 1986.
37 CARRIÈRE, J.-C. "Carnaval e política". In: *Carnavals et mascarades*. op. cit.
38 LISSARRAGUE, F. "Why satyrs are good to represent?". In: WINKLER, J. J. e ZEITLIN, F. I. *Nothing to Do with Dionysos?* Princeton: 1990.
39 SAUZEAU, P. "O olhar de Dioniso". In: *Europe*, n. 837-838, jan.-fev. 1999, p.31.
40 Ibidem, p.32.

mais turvo dos deuses: está atrás do vinho e da embriaguez, mas também atrás da natureza selvagem, da possessão extática, da dança, da máscara, do disfarce, da iniciação mística.[41]

Tudo isso aparece ainda mais nas dionisíacas dos campos, que aconteciam em dezembro nas comunidades rurais da Ática. Os camponeses, pintados ou mascarados, saíam em procissão cantando refrões zombeteiros ou obscenos e carregando um enorme *phallos*, símbolo da fecundidade. A festa termina por um *kômos*, saída extravagante de bandos de celebrantes embriagados que cantam, riem, interpelam os passantes. É da *kômodia* que vem a comédia, os *kômodoi* eram os comediantes. É reveladora essa associação do riso com a agressão verbal, com as forças obscuras da vida, do caos, da subversão, cujos ecos se reencontram no Carnaval e no "charivari"; aliás, Aristóteles via nos cantos fálicos dessas dionisíacas dos campos a origem da comédia. Acrescentemos que, no fim de cada comédia, o coro tinha por hábito sair em grande tumulto, o que também lembra o caos original.

O riso, como irrupção de forças vitais irracionais, está no centro da tragédia humana. Essa ideia seduziu a época contemporânea, tão marcada pelo ambíguo. Os pesquisadores tentaram despistar os traços do cômico no interior das tragédias gregas[42] e não deixaram de encontrá-los, sobretudo em Eurípides e em Sófocles. O teatro deste último é a imagem da vida. O grande trágico era um folgazão; ele amava rir, como conta em *Estadias* Íon de Quios, que o conhecia bem. Ele revela, por exemplo, que em 441 ou 440 a.C. Sófocles, que na época era estrategista em companhia de Péricles, em uma expedição contra Samos, participou de um banquete em sua honra, em Quios: aí ele teria sido palhaço, escarnecendo do dogmatismo professoral de seu interlocutor, Frínicos, e utilizando um estratagema para abraçar o jovem e belo garçom que servia o vinho. É o eterno problema das relações entre a vida e a morte: há muito tempo, os críticos ressaltaram a frequência de temperamentos deprimidos entre autores cômicos...

O teatro grego antigo não hesita em misturar os gêneros: comédias e tragédias alternam-se nas grandes competições. Nas leneanas (de *lenai*, ou bacantes, companheiras de Dioniso), a comédia aparece, pela primeira vez, em 440 a.C., e a tragédia, em 432 a.C. Mais revelador ainda: certos

41 EASTERLING, P. "Um espetáculo para Dioniso". In: *Europe*, jan.-fev. 1999.
42 SEIDENSTICKER, B. "Palintonos Harmonia. Studien zu komischen Elementen in der griechischen Tragödie". In: *Hypomnemata*, 72, 1982.

temas são tratados tanto como comédia quanto sob a forma de tragédia, como as leneanas ou as danaides. Tragédia ou comédia humana? Às vezes, basta deslocar ligeiramente o acento para passar de uma a outra. Os gregos antigos sabiam-no muito bem. Foi somente com a intelectualização crescente e a preocupação de classificação que os gêneros se apartaram pouco a pouco. Já para Aristóteles, é estrita a separação entre a tragédia, que apresenta os homens como melhores do que são, e a comédia, que exagera seus defeitos.[43]

DA FESTA DIONISÍACA À COMÉDIA: ARISTÓFANES

Com Aristófanes (445 a.C.-386 a.C.), o teatro do riso já adquire sua independência. Mas, ainda perto das origens, esse representante da comédia antiga – em oposição à "comédia nova", a comédia *soft* de Menandro – oferece um cômico rude, agressivo, que não poupa nada nem ninguém: os apaixonados, os políticos, os filósofos, os próprios deuses são ridicularizados. Diante desses adeptos da visão séria do mundo, Aristófanes toma o partido de rir deles. Em primeiro lugar, ele apresenta uma leitura da aventura humana, ao mesmo tempo cômica e coerente, demonstrando que é bem possível atravessar a existência sob o ângulo da derrisão.

O riso de Aristófanes manteve-se fiel ao vínculo com o instinto de agressão. É ainda um riso bruto. Sua comédia, segundo a bela fórmula de John Wilkins, "é uma forma de insulto ritualizado, em relação a outros cultos rituais gregos, em particular os de Dioniso e de Deméter. As ideias de utopia, de terra abundante e de ligação com a festa dionisíaca são essenciais na comédia antiga".[44]

"Insulto ritualizado": o riso de Aristófanes é o herdeiro direto das agressões verbais do *kômos*. O coro, seguindo os grupos de embriagados, não hesita em isolar o público. O mundo como ele é não é senão uma das versões cômicas possíveis. Podem-se imaginar muitas outras: as mulheres podiam assumir o poder (*Assembleia das mulheres*), ou fazer greve de sexo (*Lisístrata*); poder-se-ia viver em paz (*A paz*); cada um poderia decidir fazer

---

43 JOUANNA, J. "O sorriso dos trágicos gregos". In: *Le rire des anciens. Actes du Colloque International de Rouen et Paris*. Paris: 1998.

44 WILKINS, J. "Abusive criticism and the criticism of abuse", dans *Humour and History*, sob a dir. de CAMERON, K. Oxford: 1993, p.54, nota 2.

a paz em período de guerra (*Os acarnianos*); poder-se-iam expulsar os demagogos do poder, com liberdade para praticar, para esse fim, o lance mais alto na demagogia (*Os cavaleiros*). Tudo isso nos parece engraçado, mas o mundo real não o é menos: os dirigentes fazem-se de importantes, mentem, enganam, traficam, roubam, desviam, brutalizam os mais fracos, sempre dando lições de moral... E o riso agressivo de Aristófanes designa os alvos: Cléon, Péricles, Cleófanes, Alcebíades, Lâmacos e todos esses políticos que, sob a fachada da democracia, só pensam na própria carreira! Os filósofos da moda também não foram poupados, a começar por Sócrates, "pontífice de sutis disparates". O riso chega até o Olimpo, até "Zeus defecando" sobre seu trono, versão trivial do "Zeus trovejante" de Homero. A paródia da epopeia homérica e dos mitos pulula de alusões imediatamente compreendidas pelo público de então. O riso devastador de Aristófanes não deixa nada de pé; sagrado e profano tombam igualmente no ridículo e no obsceno, por mais cru que ele seja. Sexualidade sem freio, escatologia: não é grande lição de humildade lembrarmo-nos, pelo riso, de que as condutas mais sublimes enraízam-se na matéria e no instinto, que partilhamos com as bestas?

Esse riso obsceno inscreve-se na tradição dionisíaca. Para Jean Duvignaud, ele conduz à festa. "A ruína dos mitos gera alegria" porque ela é criada das fissuras da superfície dos credos: "A arte de Aristófanes é feita desses improvisos sucessivos, de uma progressão delirante da ação. E essa poesia, ferozmente absurda, abre uma brecha, uma fenda na ordem, no ritual sagrado e citadino. Uma falha que deixa entrever outro gênero de vida, uma felicidade prometida aos homens, apesar do peso das obrigações, dos hábitos, dos procedimentos: nada está condenado a sofrer a imprecação sagrada".[45] Sem dúvida, o riso de Aristófanes, esse riso arcaico, tem uma tal carga agressiva que ele não abre a porta à alegria, apenas. Nele residem aspectos muito mais sérios. Uma derrisão tão generalizada tem sempre laivos niilistas; e no domínio político, em particular, ela não ocorre sem amargura e pessimismo.

Aristófanes é, antes de tudo, um pensador político, que quereria provocar reflexão nos meandros do poder. Segundo Suzana Saïd, o uso da grosseria seria, para ele, uma maneira de denunciar a degradação do político e de fazer passar sua mensagem antidemocrática: "As metáforas sexuais são, em primeiro lugar, um meio de denunciar a degradação do político e

45 DUVIGNAUD, J. *Rire et après. Essai sur le comique*. Paris: 1999, p.79.

de fazer rir à custa do povo e, mais ainda, de seus dirigentes".[46] Aristófanes é um conservador, voltado para o passado, para uma mítica idade de ouro. A ressalva não é insignificante: a função do riso, de início, era conservadora e não revolucionária. Como na festa, o riso da comédia visa ao confronto da norma, a repetir um rito fundador, a excluir os desvios e os inovadores, para manter a ordem social. Ele censura os mantenedores da ordem antiga apontando o dedo da derrisão para os perturbadores. Em Aristófanes, os ataques pessoais, muito precisos, contra os homens políticos permitem calcar aos pés, como nas festas, uma espécie de ritual de inversão, de vida política às avessas. Conta-se mesmo que, quando Dion de Siracusa pediu a Platão ensinamentos sobre o funcionamento do Estado ateniense, ele lhe teria aconselhado a ler as peças de Aristófanes.

Aristófanes persegue a novidade igualmente em Sócrates e em Eurípides, que ele acusa de perverter as forças vivas da cidade, seu robusto bom-senso rural, sua grandeza moral, seu equilíbrio estético. "É, literalmente", escreve Henri Baudin, "um reacionário que tem nostalgia 'do tempo de Aristides e de Miltíades' (*Os cavaleiros*), aquele tempo da energia nacional (e supranacional) contra o bárbaro, da vida rústica ou esportiva diante do mercantilismo e da macaquice demagógica."[47] Uma espécie de Rivarol grego.

Mas, no fim do século V a.C., a atmosfera política muda. O riso agressivo, de tipo arcaico, o riso sem regras, que cobre o adversário de excrementos, começa a provocar reticências. Uma nova exigência de contenção espalha-se, exigindo o uso de floretes embainhados. Pressões são exercidas sobre Aristófanes para que ele modere seu riso, cujas gargalhadas são julgadas inconvenientes. Sobretudo os políticos atenienses, considerando-se que representam o povo, não admitem ser expostos ao ridículo. A democracia não tolera a derrisão porque não se deve zombar do povo: essa é a linguagem dos demagogos que, desde a primeira peça de Aristófanes, *Os babilônios*, querem condená-lo, por volta de 425 a.C. Alguns meses mais tarde, em *Os arcanianos*, Aristófanes faz alusão a esses ataques: ele se diz "caluniado por seus inimigos, diante dos atenienses alienados, acusado de zombar, em suas comédias, da cidade e de violentar o povo". Dirigindo-se a seus concidadãos, ele lhes mostra quanto seu riso lhes é útil: "Vós sois devedores de muitos

46 SAÏD, S. "Sexo, amor e riso na comédia grega". In: *Le rire des anciens*, op. cit., p.70.
47 BAUDIN, H. "Aristófanes ou a comédia política", *Humoresques*, n.5, *Humour et politique. Le pouvoir au risque du rire.* Presses Universitaires de Vincennes: 1994, p.15.

benefícios a este vosso poeta; graças a ele, deixais de ser completamente enganados pelo discurso dos estrangeiros, de ter prazer na bajulação, de ser cidadãos de espírito vazio".[48]

Terceira peça: *Os cavaleiros*, em que o demagogo Cléon é descrito como um tirano ubuesco, abusando do *démos*. Aristófanes repete nessa obra que "invectivar os maus, não há nada nisso que possa provocar ódio; ao contrário, confere-se honra aos homens de bem, quando se sabe refletir". Novo processo. As obras seguintes são de reivindicação da paz, em plena Guerra do Peloponeso, e os ataques redobram contra o riso intempestivo de Aristófanes. Ele não é, aliás, o único autor cômico visado: Cratino, Ferecrato, Platão, o Cômico, Êupolis encontram-se também no alvo da vingança dos políticos ofendidos. Eles "não permitem que se coloque o povo no palco para falar mal dele: querem evitar estender esse falar mal até eles próprios", escreve Xenofonte. Platônio confirma: "Não era possível zombar abertamente de qualquer um, porque aqueles que eram vítimas da violência verbal dos poetas os processavam". Quando não retrucavam por intimidação e violência física: Alcebíades teria mandado afogar Êupolis. Segundo outra versão, ele teria ordenado que o amarrassem a uma corda e o mergulhassem várias vezes no mar, dizendo-lhe: "Se me enlameares outra vez no teatro, eu te afogarei no mar". Alcebíades faz aprovar uma lei que proíbe zombar abertamente de homens políticos no teatro.

Estamos no fim do século V a.C., que marca, na Grécia, uma virada nos domínios político, religioso e cultural. É o momento em que a democracia entra em crise. A Guerra do Peloponeso colocara-a em perigo e, num reflexo de autodefesa, ela se refugia na encosta escorregadia dos interditos contra tudo o que parece ameaçar a coesão da cidade. Por incitação de Diópetas, em 432 a.C., um decreto prevê o engajamento de perseguições contra todos aqueles que não creem nos deuses reconhecidos pelo Estado; em 415 a.C., acontece o primeiro auto de fé de uma obra ateia, o tratado *Sobre os deuses*, de Protágoras; no mesmo ano, é condenado Diágoras, o Ateu; em 399 a.C., Sócrates será acusado de impiedade. Esses primeiros ataques contra o ateísmo coincidem com os primeiros questionamentos do riso. Não se trata de acaso. O riso e o ceticismo religioso começam a ser percebidos como fatores diluentes dos valores cívicos. O que não quer dizer que eles travem o mesmo combate: Aristófanes maltrata os deuses, certamente, mas ele não poupa os ateus, e o cético Sócrates é seu "saco de pancadas".

48 *Os Arcanianos*, v. 630-635.

Mas, no curso da Guerra do Peloponeso, entre 430 a.C. e 400 a.C., toma-se consciência da necessidade de proteger os valores cívicos. É o fim do riso desenfreado; o riso arcaico, duro, brutal, agressivo, evocador do caos primitivo e da animalidade, deve ser vigiado, enquadrado, limitado. Seu uso oficial, no palco e na vida pública, deve ser submetido a regras, mesmo – e, talvez, sobretudo – na democracia, regime frágil que tem necessidade, para sobreviver, de homens políticos respeitáveis e honrados. O tirano e o rei não têm necessidade de respeitabilidade: eles têm a força e a aura religiosa. O eleito pelo povo só pode contar com seu prestígio pessoal, que a derrisão facilmente é capaz de comprometer. A democracia vai se empenhar em desviar o riso da comédia para outros alvos. Seus críticos deverão ser velados, impessoais, alusivos. O autor deverá ater-se aos vícios, às paixões, aos excessos privados, e isso resultará na comédia nova, a de Menandro.

Assim, somos levados, até cerca de 400 a.C., do mito à festa, e da festa ao teatro, para constatar a continuidade lógica da concepção grega arcaica do riso. Comportamento divino, que pode às vezes levar o homem à demência, é uma força misteriosa que permite, ritualizado na festa, entrar em contato com os deuses, reatualizar periodicamente o caos original e assim reapresentar o ato criador que funda a ordem social pela condenação à morte do rei burlesco. Enraizado, ao mesmo tempo, no instinto agressivo de nossas origens animais e na alegre embriaguez, ele tem a ambivalência do grande mágico Dioniso e, libertado sobre uma cena de teatro, pode reduzir o universo a uma grande ilusão cômica. A necessidade de controlar melhor essa força selvagem se faz sentir a partir do fim do século V a.C. Os filósofos do século IV a.C. vão se encarregar disso.

O RISO ARCAICO DOS CONTEMPORÂNEOS DE HOMERO: AGRESSÃO E TRIUNFO

Passemos da cena aos degraus, isto é, à casa dos espectadores, a dos gregos arcaicos. Depois do riso divino dos mitos, depois do riso ritual da festa, depois do riso representado da comédia, vejamos o riso concreto, vivido, dos helenos. Infelizmente, há muito tempo perdeu-se o eco das alegres gargalhadas da Ática e da Tessália. De que, por que, como riam os gregos? Certamente, havia, como em toda parte, o riso cotidiano, das pequenas surpresas, das satisfações e escapes simples da vida cotidiana. Mas, também como em toda parte, havia sem dúvida um riso mais significativo, mais revelador das mentalidades. Desse riso desaparecido só podemos entrever vagos testemunhos; eles confirmam que ao riso duro e triunfante das épocas antigas sucede um riso mais policiado e mais civilizado a partir do fim do século V a.C.

Nosso testemunho para os tempos remotos continua sendo Homero, qualquer que seja a realidade que recobre esse nome. O que chama a atenção na *Ilíada* e na *Odisseia*, e que numerosos outros relatos confirmam, é o uso antes de tudo social, coletivo do riso e seu duplo papel de exclusão-coesão. O grupo reforça sua solidariedade pelo riso e manifesta sua rejeição do elemento estranho por esse mesmo riso. Riso impiedoso e agressivo: aquele dos pretendentes que veem Íros contorcer-se de dor sob os golpes de Ulisses; aquele dos chefes da armada grega que caçoam do doente Térsito: "Os aqueus, apesar de sua aflição, riram dele docemente" – é verdade que ele próprio acabara de zombar de Agamenon para isolá-lo e condenar sua louca expedição.[49] O riso é malevolente, ele afirma o triunfo sobre o inimigo: como o riso de Ulisses, que acaba de saquear o campo de Reso ("ele franqueou o fosso para os cavalos a golpes maciços, rindo"[50]),ou o riso dos aqueus, que caçoaram do cadáver de Heitor. O riso humilha e provoca. É uma arma duvidosa que se encontra em todas as situações de conflito: "Tu não deixarás os jônios estabelecidos na Europa rirem de nós", diz Mardonios a Xerxes para incitá-lo à guerra, segundo Heródoto.[51] Um pouco mais longe, ele nos mostra o mesmo Xerxes estourando de rir quando lhe é anunciado que o punho de Esparciates, que defende as Termópilas, está ocupado em fazer exercícios ginásticos e barbear-se.[52] Da mesma forma, Cambíase zomba dos deuses gregos no santuário de Mênfis.

"O riso é, em primeiro lugar, uma maneira de afirmar o triunfo sobre o inimigo do qual se escarnece", escreve Dominique Arnould a propósito dos relatos homéricos.[53] Se ele afeta a honra, é porque é particularmente temido. Ele se torna um elemento central do trágico, em Sófocles. Em *Ajax*, pode-se falar da "cultura da vergonha". O herói é perseguido pela obsessão do riso de seus inimigos: "Ai de mim! Esse riso! Que dor ele me provoca!". Sua imaginação amplifica a vergonha: "Ah! Certamente, é um grande riso de prazer o que soltas", diz ele falando de Ulisses, e o coro

49 *Ilíada*, II, pp.200-220.
50 Ibidem, X, p.565.
51 *Histórias*, VII, p.9.
52 Ibidem, VII, p.209.
53 ARNOULD, D. op. cit., p.31.

faz eco a esse medo do riso: "Eu vejo lá um inimigo; é bem possível que ele venha, como um malfeitor, rir de nossas desgraças".[54] E, por fim, o riso mata: é para escapar dele que Ajax se suicida. O ridículo pode, portanto, matar, contrariamente ao que afirma o dito popular. Eis por que Creonte, em *Édipo rei*, acha necessário, de chofre, acalmá-lo: "Eu não vim, Édipo, para rir de ti".[55] Para Dominique Arnould, "o riso dos inimigos é, em Sófocles, a expressão de uma perpétua ameaça que pesa sobre a honra de cada um".[56] Ameaça que reencontramos em Ésquilo e em Eurípides. Em *Ifigênia em Táurida*, por exemplo, Orestes se recusa a dar sua identidade: assim "não rirão de nós quando morrermos, se ignoram nosso nome";[57] e, quando Ésquilo fala do "riso incontável das ondas", ele evoca, na verdade, uma ameaça obsessional.

O riso humilhante também pode ser utilizado no seio de um grupo, para reforçar os vínculos: a exclusão de um membro pelo uso da brincadeira desenvolve o sentimento de comunidade pela zombaria unânime. Assim, na *Odisseia*, "Eurímaco, filho de Polibo, cobre Ulisses de sarcasmos que provocaram o riso de seus companheiros".[58] Da mesma forma, Térsito procura reintegrar o grupo lançando brincadeiras contra Agamenon.

Mesmo nesse caso, o riso é, antes de tudo, uma arma, uma vontade deliberada de unir excluindo, um cálculo. Pode-se falar de um "jogo intelectual" como o faz Dominique Arnould? Segundo esse autor, a função social do riso nos gregos antigos "nasce menos da brusca surpresa diante do inesperado do que de um jogo intelectual com o inesperado. Mas esse jogo pode dar ao grupo a oportunidade de rir de um de seus membros e, com isso, excluí-lo do grupo, isolando-o. Na verdade, essa é uma das funções essenciais do riso na literatura grega, na qual ele é mais comumente apreendido no contexto dos vínculos sociais".[59] O que é certo e surpreendente nesses períodos arcaicos é que o riso passa pela mediação do discurso; ele já é um riso de segundo grau, intelectualizado e, portanto, manipulado, instrumentalizado. É um riso de palavra, voluntariamente desencadeado, com finalidade precisa. O próprio "cômico de situação" tem necessidade da mediação do relato: "Ele disse isso e um

54 *Ajax*, v.1042-1043.
55 *Édipo rei*, v.1422.
56 ARNOULD, D. op. cit., p.39.
57 *Ifigênia em Táurida*, v.502.
58 *Odisseia*, XVIII, 350.
59 ARNOULD, D. op. cit., p.30.

riso elevou-se entre os deuses imortais", escreve Homero a propósito de Hermes; "e ele disse isso e todos se levantaram rindo", depois de uma intervenção de Antínoco; "ele disse isso e todos riram dele, contentes", depois das proposições abusadas de Ajax, que acaba de escorregar e cair nos excrementos da vaca; "ele disse isso e todos os pretendentes riram dessa confissão",[60] depois de uma intervenção de Telêmaco. O que leva Dominique Arnould a afirmar que: "o riso suscitado pelo inesperado ... passa menos pelo espetáculo imediato do que pela representação desse espetáculo, no relato de uma história engraçada ou na encenação de uma história cômica".[61]

O elo entre o riso e a agressão pode ser reencontrado na cidade guerreira, Esparta, onde as pessoas são treinadas, desde a mais tenra idade, a suportar a zombaria sem se alterar. Como o testemunha uma curiosa passagem de Plutarco em sua biografia de Licurgo: "Mesmo as crianças iam a esses convidados como se fossem a escolas de honra e de temperança, onde escutavam boas e graves advertências sobre a administração da coisa pública, sob mestres que não eram mercenários, e aprendiam a brincar com palavras, a zombar umas das outras de forma agradável, sem ofender demais nem caçoar desonestamente, e a não se incomodar por também ser zombadas; porque é uma qualidade, entre outras, muito própria dos lacedemônios suportar pacientemente tratamentos de zombaria".[62] Por outro lado, segundo o mesmo autor, "há, na cidade de Esparta, um templo dedicado ao Medo e à Morte e outro ao Riso e a muitas outras paixões da alma".[63] A proximidade do riso com o medo e com a morte é muito significativa – mas o que significa? O riso é o antídoto do medo ou, ao contrário, uma paixão agressiva, ameaçadora?

Duas outras passagens de Plutarco permitem apoiar ambas as interpretações. De um lado, o fundador das leis espartanas, Licurgo, desejava que os lacedemônios se abrandassem e fizessem um uso racional do riso: "O próprio Licurgo não era tão severo que não risse", escreve Sosibius, "mas foi ele que consagrou a pequena imagem do Riso, que está na Lacedemônia, por querer misturá-lo entre seus convivas e outros membros da assembleia, como um molho agradável que torna mais doce o trabalho e a

---

60 *Odisseia*, VIII. 343; XVIII, 40; Ilíada, XXIII, 782; Odisseia, XXI, 376.
61 ARNOULD, D. op. cit., p.27.
62 PLUTARCO. *As vidas dos homens ilustres*. trad. Amyot, ed. de la Pléiade, I, p.100.
63 Ibidem, II, p.628.

dureza de suas regras de viver".[64] E, de outro lado, os espartanos distinguem-se dos outros gregos por sua austeridade e ausência de cômicos na armada: "De todas as armadas dos gregos ou de reis que estavam na Grécia, somente a de Esparta não tinha grupos de farsantes, saltimbancos, malabaristas e comediantes; porque seu campo estava puro, livre de qualquer dissolução, chocarrice ou insolência".[65]

É preciso reter essa importância conferida ao riso na organização social e guerreira. É óbvio que isso não é, para os gregos, uma questão indiferente. Historiadores e críticos não se enganaram, acumulando estudos sobre esse assunto: desde 1977, registramos 144 obras sobre o riso dos gregos,[66] e depois o número facilmente quadruplicou. A literatura grega dedicada ao riso era também considerável; atribuíam-se a Homero obras cômicas, como a *Batraquiomaquia*, ou "Guerra dos ratos e das rãs", e o *Margitas*, poema cujo herói é um pobre de espírito. Para Aristóteles, "ele representou para o gênero cômico o mesmo papel que a *Ilíada* e a *Odisseia* representaram para o gênero trágico". Segundo Heródoto, os povos vizinhos debatiam igualmente as relações entre o riso e a sabedoria, o riso e o poder público. Ele conta que o rei do Egito, Amasis, todo dia, depois dos assuntos sérios, "passava à mesa, onde caçoava de seus convivas e só pensava em divertir-se e em fazer brincadeiras engenhosas e indecentes". Seus amigos o repreenderam: "Não sabes manter a honra de tua posição e a aviltas". Ao que ele respondeu com uma comparação que, em seguida, foi retomada pelos moralistas: "Não sabeis que só se estica um arco quando há necessidade e que, depois que foi usado, precisa ser afrouxado? Se nós o mantivermos sempre tenso, ele arrebentará e não poderemos mais utilizá-lo quando for necessário. Ocorre o mesmo com o homem: se ele permanecer sempre voltado para as coisas sérias, sem relaxar e sem se entregar aos prazeres, tornar-se-á, sem perceber, louco ou estúpido".[67] O riso é incompatível com o exercício do poder? É inconveniente em um chefe de Estado? A questão já foi formulada.

O rei medo Deiokes já resolveu o problema: desde que tomou o poder, proibiu as pessoas de rir e escarrar em sua presença; o riso era indecente e indigno nos círculos próximos ao poder. Mas outros reis não tinham essas inibições: ainda segundo Heródoto, Cresus gargalhava vendo Alcmeno sair

64 Ibidem, I, p.120.
65 Ibidem, II, p.631.
66 MADER, M. *Das Problem des Lachens und der Komödie bei Platon*. Stuttgart: 1977.
67 HERÓDOTO, *Histórias*, CLXXIII.

da sala do tesouro com as roupas estufadas pelos objetos de ouro que acabara de roubar e que o faziam parecer "tudo, menos um homem". E, segundo Xenofonte, o rei trácio Xeuto entregava-se a paródias nos banquetes, dos quais participavam os bobos, e mostrava-se indulgente quando conseguiam fazê-lo rir: quando Episteno disputou com ele um belo rapaz, "Xeuto riu e se desinteressou do caso".[68]

O riso arcaico nem sempre está impregnado de gravidade e agressividade. O riso como simples válvula de escape, o riso como acolhida, o riso de sedução, o riso de ternura existem também, mesmo entre os deuses: quando o dono do Olimpo recebeu o pequeno Hermes, que negou ter roubado os bois de seu irmão, "Zeus gargalhou ao ver com quanta arte e habilidade essa criança mimada negava o roubo dos bois".[69] Trata-se, ainda, de um riso de cumplicidade indulgente. Quanto ao sorriso de Afrodite, ele é, ao mesmo tempo, plenitude divina, enigma, sedução, astúcia e engano. Em breve, o riso inextinguível dos deuses será assumido pelos homens.

---

68 XENOFONTE. *Anabase*, VII, 4.
69 *Hinos homéricos*, "Hermès", 389-390.

– 2 –

A HUMANIZAÇÃO DO RISO PELOS FILÓSOFOS GREGOS

Da ironia socrática à zombaria de Luciano

Desde a época arcaica, há dois tipos de riso que o vocabulário distingue: *gelân*, o riso simples e subentendido, e *katagelân*, "rir de", o riso agressivo e zombeteiro, que Eurípides condena em um fragmento da *Melanipeia*: "Muitos homens, para fazer rir, recorrem ao prazer da zombaria. Pessoalmente, detesto esses ridículos cuja boca, por não ter sábios pensamentos para expressar, não conhece freio". Esse julgamento já anuncia uma nova sensibilidade, que considera inconveniente, maldoso e grosseiro o riso brutal da época arcaica.

O crescente refinamento e os progressos do intelectualismo traduzem-se, a partir do fim do século V a.C., por uma desconfiança clara em relação ao riso desenfreado, manifestação indecente de uma emoção primária, ainda próxima de um instinto selvagem, inquietante, que é preciso aprisionar, domesticar, civilizar. Ao riso homérico, duro e agressivo, sucede-se, a partir do século IV a.C., o riso velado, símbolo de urbanidade e de cultura, o riso finamente irônico que Sócrates põe a serviço da busca da verdade. Mas o riso feroz, dionisíaco, do caos original e do nada, da agressão e da morte, da derrisão universal nunca está muito longe, sob esse verniz prestes a trincar em qualquer ocasião. Pintado de diferentes cores, o riso diversifica-se; nos intelectuais, a desconfiança é aceitável: é preciso rechaçar o riso inextinguível dos deuses, esse riso que vem do além e pode levar o homem à demência.

O ADOÇAMENTO DO RISO

Mesmo os mitos são revistos e corrigidos, para torná-los mais respeitáveis, para apagar o que o riso dos deuses podia ter de inquietante. Assim, Heráclito, retomando o episódio de Ares e Afrodite presos na armadilha, explica que, se os deuses gargalham, isso não indica de modo algum uma zombaria maldosa; ao contrário, é uma marca simbólica de alegria intelectual diante da união da discórdia (Ares) e do amor (Afrodite), que vai resultar na harmonia: "Era legítimo que os deuses rissem diante desse espetáculo e se regozijassem juntos, pois, uma vez que eles parassem de divergir e de se destruir, suas benfeitorias particulares produziriam a paz e a concórdia".[1]

Platão vai mais longe. Para ele, é inconcebível que os deuses riam. O universo do divino é imutável, único, universal, eterno: como ele poderia ser afetado por essa emoção grosseira, que traduz uma mudança, uma perda do controle e da unidade, que só se pode encontrar no mundo sensível? Muito mais tarde, o neoplatônico Próclus, em seu *Comentário à República*, coloca de novo a questão: "Qual é a razão, nos relatos, daquilo que se chama riso dos deuses e por que a poesia representou os deuses rindo de Hefesto sem parar?". A resposta é que o riso dos deuses significa "a influência superabundante que os deuses exercem sobre o Todo e sobre o princípio da boa ordem das realidades cósmicas. E porque a providência dessa espécie nunca cessa e a comunicação do bem que se faz aos olhos dos deuses é inesgotável, é preciso concordar que o poeta tinha o direito de denominar 'inextinguível' o riso dos deuses".[2] Próclus, retomando o mito órfico que já citamos, atribui ao riso, simbolicamente, um poder de criação: sua plenitude corresponde ao mundo divino, ao passo que a alma humana vem das lágrimas: "É por isso, creio, que, quando dividimos as criaturas em deuses e homens, consignamos o riso à geração dos seres divinos, e as lágrimas, à

1 HERÁCLITO. *Alegorias de Homero*, 69, 11.
2 PROCLO. *Comentário à República*, VIª dissertação, cap.12.

vinda ao mundo dos homens e dos animais". A concepção cristã do mundo como "vale de lágrimas" se ajusta a essa ideia neoplatônica. Riso divino, sim, mas um riso puramente alegórico.

O teatro cômico reflete essa evolução. Terminam os falos, os excrementos, as grosserias, as agressões verbais contra os políticos. A nova comédia, a *néa*, dirige-se a um público mais selecionado, mais culto, mais abastado, que agora paga seu bilhete de entrada e não vem para ver insultar os homens políticos, mas para apaziguar-se honestamente, diante de um espetáculo que corrobora as convenções sociais e exorciza o medo da subversão. Os domínios gêmeos da política e da obscenidade cedem lugar aos assuntos domésticos, às relações sentimentais, conjugais e familiares, em que a moral sempre se salva. "A comédia tem por função, em primeiro lugar, permitir ao público esquecer por um tempo suas inquietudes e espantar seus temores, apresentando-lhe um universo em que a ordem sempre acaba por ser restabelecida."[3]

Menandro (342 a.C.-292 a.C.), o mais célebre representante dessa nova comédia, trata os problemas psicológicos e sociais com o "humor amável de um observador desencantado da loucura humana"; ele explora as pulsões e os desejos, propiciando, ao mesmo tempo, um substituto de realização, uma liberação de energia pelo riso e um alívio em relação às angústias e aos medos ligados às ameaças que pesam sobre a ordem, o patrimônio familiar, a autoridade doméstica. Amores e conflitos de gerações estão no seio dessas peças. Um jovem procura arrancar dinheiro do pai para pagar uma cortesã ou constituir, para si, um dote; ele é ajudado por um escravo astuto. Mas a moral convencional sempre é preservada. O riso de bom-tom é aliado das convenções, e a comédia permite dar conta dos interditos e ridicularizar os marginais, acatando as normas sociais. "O público pode liberar pelo riso aquilo que lhe provoca medo."[4] Há uma verdadeira inversão: o riso não é mais utilizado pela comédia para amedrontar, mas para afugentar o medo. O tratamento do tema da velhice é, nesse sentido, significativo.[5] À imagem trágica da velhice, maldição enviada pelos deuses, "idade triste e que mata", segundo Sófocles, sucede a cari-

---

3 SAÏD, S. M. Trédé et A. Le Boulluec, *Histoire de la littérature grecque*, Paris, 1997, p.302.

4 SAÏD, S. "Sexo, amor e riso na comédia grega". In: *Le rire des anciens. Actes du Colloque International de Rouen et Paris*. Paris: 1998.

5 Ver, sobre esse assunto, nossa *Histoire de la vieillesse*. Paris: 1987, do qual retomamos aqui as pp.82 e 83.

catura grotesca. A velhice dá medo, "a velhice odiosa, débil, inabordável, sem amigos e que resume nela todos os males"; o riso pode aliviar esse medo, e na comédia os velhos são grotescos, já que não são mais capazes de desfrutar os prazeres da vida e que a proximidade da morte torna vãos todos os seus projetos. O único velho não risível é aquele que não faz nada, que não come mais, que não bebe mais e que não se deita com mulheres. Se ele procura "viver", é repugnante ou ridículo. Nele, os vícios ou as simples paixões tornam-se automaticamente cômicos; o velho lúbrico, o velho bêbado, o velho avaro, o velho amoroso, a velha intrometida certamente fazem rir. Contudo, há uma diferença entre Aristófanes e Menandro quanto ao tratamento da velhice.

Aristófanes é mais mordaz; seus velhos são mais ridículos e mais culpados que os de Menandro. Ele acentua a feiura física deles com traços fortes: assim, em *Pluto*, o velho aparece "careca, desdentado, surdo, enrugado, curvado, com voz aguda". Suas deficiências e seus reveses são ostentados. Briguentos e ciumentos de sua autoridade, eles estão, frequentemente, em conflito com os filhos e são sempre perdedores e ridículos. Em *As nuvens*, o velho Strepsíade, endividado pelos gastos do filho, fica sabendo que Sócrates tem uma escola em que ensina argumentos fortes e argumentos fracos, graças aos quais ele poderá livrar-se de seus credores. Mas ele se sente muito velho para assimilar esses ensinamentos: "Como posso, portanto, velho, sem memória, de espírito lento, aprender as sutilezas da argumentação precisa?". Ele, então, envia o filho em seu lugar, e o jovem torna-se tão hábil em sofismas que prova ao pai que deveria duelar. A peça evoca ainda os velhos que contam grosserias e que batem nos interlocutores porque eles riem.

Em *As vespas*, Aristófanes ridiculariza Filocleon e seus concidadãos por sua mania de julgar. Certamente, toda a sua obra apresenta-se como uma sátira política contra o tribunal popular da Hileia, mas não foi por acaso que Aristófanes escolheu velhos para encarnar juízes; avançando em grupo, apoiados em bengalas, guiados por seus filhos, eles fazem triste figura. Quando Filocleon está atrasado, pensa-se logo em uma série de doenças devidas à velhice, e, para terminar, seu filho ainda o ridiculariza. Em *Lisístrata*, caçoa-se ainda dos velhos, que tentam, em vão, expulsar o grupo de mulheres reunidas na Acrópole. A lubricidade e a impotência dos velhos também constituem motivo do cômico. Para Aristófanes, como para a maioria de seus contemporâneos, o velho já passou da idade do amor físico, essencialmente porque sua feiura torna revoltante qualquer ideia de relação sexual; a velhice está nas antípodas do erotismo, e a simples ideia de que um velho ainda possa ter desejo é suficiente para torná-lo repugnante no espírito de um grego, para quem beleza, juventude e amor são indissociáveis.

Os velhos que trapaceiam sobre sua idade também são um dos assuntos favoritos da comédia, em particular aqueles que se maquiam para unir-se a um parceiro muito mais jovem, como em *Pluto*. Nesse sentido, as mulheres velhas são ainda mais desfavorecidas, porque envelhecem mais rápido que os homens. "Um homem, quando volta da guerra, mesmo de cabeça branca, tem pressa em se casar com uma moça. Mas a mulher tem um período muito curto; se ela não o aproveita, ninguém mais quer desposá-la e ela fica lá, consultando o futuro" (*Lisístrata*).

Menandro é mais doce, mais indulgente. Alguns de seus velhos são até simpáticos. Em *A samaniana*, Demeas, que ultrapassou os sessenta anos e vive com uma cortesã, é generoso, afetuoso e sereno; ele e seu filho adotivo, Moschioh, se entendem bem e se respeitam. O outro velho da peça, Nicerato, pobre e avaro, não tem as mesmas qualidades, mas não cai na caricatura. Os dois são dignos. Contudo, basta um nada para eles deslizarem para o ridículo: como quando se põem a discutir e a brigar. Em Menandro, o velho é, sobretudo, uma vítima a lamentar: "Aquele que vive muito tempo morre desgostoso; sua velhice é penosa, ele passa necessidades. Aqui e ali, encontra inimigos; tudo conspira contra ele. Não se foi na ocasião propícia; não teve uma bela morte". A velhice se torna, como a morte, uma alegoria, uma força maléfica que ataca os indivíduos e os corrói. "Velhice, tu és inimiga do gênero humano; és tu que deterioras toda a beleza das formas; transformas a beleza dos membros em peso; a rapidez, em lentidão." Não são os velhos que são odiosos, mas a velhice.

Na literatura, o riso torna-se igualmente mais sutil. Tão sutil que os críticos se debruçaram durante muito tempo sobre o sentido dos *Hinos* de Calímaco, poeta alexandrino do século IV a.C. É uma obra piedosa de um autor sério e devoto, pensava-se. Mistificação da parte de um trocista que não se revela, sabe-se hoje. Paródia, humor refinado ou explosivo, alusões sábias e adivinhas desrespeitosas: eis o que são os *Hinos*, que não poupam os deuses, como Apolo, que exerce a profecia desde o ventre de sua mãe, o que a faz crer que era ventríloca.[6]

6 LECLERCQ-NEVEU, B. "Jogos de espírito e mistificação em Calímaco". In: *Le rire des anciens*, op. cit.

Essa exigência de um riso moderado e mais fino nós reencontramos nos oradores do século IV a.C. Demóstenes se diz magoado pelas caçoadas de seu adversário Filocrato, que, para atrair a adesão do povo, usava todos os artifícios do ridículo: "Não há nada de espantoso, atenienses", dizia ele, "no fato de não termos a mesma opinião, Demóstenes e eu: ele bebe água; eu, vinho!". "E isso vos faz rir!", constata Demóstenes, desiludido.[7] Com seu outro adversário, Esquino, ele troca zombarias mais espirituosas, e os dois não hesitam em recorrer ao velho temor do ridículo, para motivar os atenienses: "Não é uma situação penosa ver o rosto de um inimigo que ri de vós e, com as próprias orelhas, ouvir seus sarcasmos?", pergunta Esquino.

Hipérides, êmulo de Demóstenes, adquire a reputação de um ardiloso e sutil ironista, como o relata Longino: "Sua maneira de rir e caçoar é fina e tem qualquer coisa de nobre. Ele tem uma maravilhosa facilidade de manejar a ironia. Seus gracejos não são frios nem rebuscados como os dos falsos imitadores do estilo ático, mas vivos e opressivos. Ele dedica-se a eliminar as objeções que lhe fazem e torná-las ridículas, amplificando-as. Tem muito de agradável e de cômico e é pródigo em tiradas de espírito que sempre acertam o alvo. Enfim, tempera todas as suas coisas com leveza e graça inimitáveis".[8]

Demóstenes, Esquino e Filocrato estão de acordo num ponto: a decadência da democracia introduziu em Atenas uma derrisão generalizada. Tudo é motivo de riso, não se faz mais diferença entre embaixadores, oradores, homens políticos e bufões, lamenta-se Demóstenes. Aquele que sabe cativar os que riem consegue tudo: "Se alguém se aproveita, é invejado; se o reconhecem, riem dele; se ele reconhece seu erro, é perdoado". Hipérides faz bem em prevenir: "Se crês que serás inocentado no tribunal dançando o *cordax* e fazendo rir como tens o hábito, é porque és ingênuo. É, contudo, o que ocorre, afirmam os censores, e Isócrates constata que "aqueles que são capazes de se tornar bufões, de zombar, de imitar, são chamados de bem-dotados, ao passo que são os virtuosos que deveriam receber esse qualificativo".[9]

Esse desvio para o que já poderíamos chamar de uma "sociedade humorística" suscita reticências entre os filósofos, que reagem ensaiando

7 DEMÓSTENES. *Sobre a embaixada*, p.46.
8 Citado por J.-B. THIERS, *Traité des jeux et des divertissements*. Paris: ed. de 1686, p.11.
9 ISÓCRATES. *Échange*, 284.

intelectualizar o riso de agressão, elevar o nível, tendo por alvo os argumentos e não as pessoas. Os diálogos platônicos serão ilustração disso, tal como *Fedro*, em que Pródico rejeita, rindo, o propósito de Sócrates, que conta como Górgias inventou um método para alongar e encurtar indefinidamente o discurso.

OS BUFÕES E AS COMPILAÇÕES DE BLAGUES

Se, na vida política, o riso permanece "um meio de afirmar a própria potência e questionar a de outrem",[10] na vida social um refinamento crescente visa a reduzir o riso a um papel de pura distração espiritual. A evolução do lugar dos bufões pode servir de exemplo disso. Como vimos, a bufonaria fazia parte da festa religiosa tradicional na Grécia. Tanto nas leneanas como nas antestérias, os indivíduos, em cima de carroças, caçoavam e provocavam os passantes; quando a procissão dos mistérios de Elêusis passava a ponte do Rio Kéfisos, uma prostituta velada gritava graçolas para cidadãos conhecidos, chamando-os pelo nome.[11] Nos banquetes, era comum haver um bufão que divertia os convidados com suas paródias, imitações, caretas burlescas. Às vezes, o bufão convidava-se a si próprio e, em troca de comida, devia fazer rir a companhia, como o declara um personagem da comédia de Epicarno, na primeira metade do século V a.C.: "Quer eu jante com aquele que o deseja (é suficiente me pedir), quer com aquele que não o deseja (e então não há necessidade de pedir), no jantar eu sou o bobo, faço rir e satisfaço meu anfitrião". No início, esse *parasitos* tinha uma função religiosa, antes de se tornar um *gelotopoios*, "aquele que faz rir", nos banquetes da boa sociedade civil. O costume não era exclusivamente grego. Havia bufões entre os reis persas; as pinturas egípcias dos túmulos de Heptanomida mostram ricos personagens acompanhados de homens disformes e grotescos; entre os filisteus, no século X antes de nossa era, o rei Akish tinha vários bobos em sua corte.[12] O tirano de Siracusa, Agatocles, não desdenhava de ser, ele próprio, o bufão, mas este, em geral, era profissional, e alguns tornaram-se

10 ARNOULD, D. *Le rire et les larmes dans la littérature grecque d'Homère à Platon.* Paris: 1990, p.49.
11 GRAF, F. *Eleusis und die orphische Dichtung Athens in vorhellenistischer Zeit.* Berlim e Nova York: 1974, pp.45-46.
12 SAMUEL, I. 21, 13-16.

famosos, como Eudikos, no século IV a.C., particularmente apreciado por suas imitações de lutadores.

Existia mesmo em Atenas um clube de bufões, os Sessenta, atestado no século IV a.C.; a reunião era no santuário de Héracles, na Diomeia, nos arredores da cidade. Seus membros pertenciam à alta sociedade, como Calimedon, afetado por estrabismo divergente. A fama de boa companhia desses palhaços amadores era considerável. Filipe da Macedônia os recompensava com um talento, por suas graças, e, em Atenas, expressões como "acabo de chegar dos Sessenta", "os Sessenta contam que" precediam o relato de uma boa piada. Nos banquetes, às vezes, era um pseudofilósofo, o *aretalogus*, que fazia discursos morais permeados de grosseiros absurdos, mas, na maior parte do tempo, tratava-se de pobres-diabos, precursores dos cínicos e dos estoicos, que assim ganhavam seu sustento.

Esse parece ser o caso do bufão Filipe, que se apresenta em *O banquete*, de Xenofonte: "Bateram à porta: era o bufão Filipe. Ele pediu ao porteiro que anunciasse sua chegada e que o introduzisse. Ele chegara, disse, munido de tudo o que era preciso para comer à custa de outro, e seu escravo estava muito mal-humorado por não ter almoçado. A essas palavras, Callias disse: 'Meus amigos, não é justo recusar-lhe um abrigo; que ele entre, pois'. Enquanto falava, ele olhava para Antíloco, a fim de julgar o que ele pensava da brincadeira. Quando o bufão entrou na sala em que se realizava o banquete, disse: 'Eu sou bufão, como o sabeis todos. Vim com solicitude, porque acredito que é mais divertido jantar sem ser convidado do que com convite'".[13]

Mas os convivas não queriam rir, de tal forma estavam encantados com o jovem e belo Antíloco, vencedor do pancrácio. Para divertir nossos gregos, o bufão disse algumas piadas de seu repertório: "Enquanto comiam, Filipe tentava várias brincadeiras para desempenhar seu papel habitual nas refeições. Mas ele não conseguia fazer rir e via-se bem que estava frustrado. Alguns instantes depois, quis tentar outro gracejo, mas, como ninguém riu também, ele parou de comer, cobriu a cabeça com sua túnica e deitou-se no meio da sala. 'O que há, Filipe?', perguntou Callias. 'Está sentindo alguma dor?' O bufão respondeu: 'Sim, por Zeus, uma grande dor, porque o riso está morto nos homens. O que vai ser de mim? Até agora, se me convidavam para jantar, era para entreter os convivas, fazendo-os rir. Mas, agora, por que me convidariam?' ... Então todos os convidados puseram-se a consolá-lo,

13 XENOFONTE. *O banquete*, I, 11-13.

prometendo rir e exortando-o a comer. Critóbulo caiu na risada com essa comiseração. Ouvindo-o, o bufão retirou a túnica, incitou sua alma a ter confiança, porque ele tinha ainda banquetes, e recomeçou a comer".[14]

Curiosamente, quem conseguiu fazer com que os convidados rissem foi Sócrates, um dos convidados. Cômico involuntário, ele explicou "que a natureza da mulher não é inferior à do homem, exceto pela inteligência e pela força física", e que, de sua parte, se ele desposou a rabugenta Xantipa, foi para melhor treinar a fim de domar os homens: "Querendo viver na sociedade dos homens, eu me casei com essa mulher, na certeza de que, se a suportasse, me acomodaria facilmente a todos os caracteres". "Em seguida, ele pasma de admiração diante de um jovem dançarino, ressaltando que nenhuma parte daquele corpo ficava inativa", e exprime o desejo de aprender também a dança. Isso faz com que todos riam, mas Sócrates, com ar sério, revida: "Estão rindo de mim, não é? Porque quero melhorar minha saúde pelo exercício?... Ou estão rindo porque não tenho necessidade de procurar um par para me exercitar, nem de me divertir, na minha idade, em público?".[15]

O bufão Filipe tenta, então, retomar a iniciativa do cômico, executando uma dança grotesca, paródia da precedente, mas sem grande sucesso. Entretanto, ele tem orgulho de seu ofício: "Não tenho razão de ter orgulho quando, porque sabem que sou bufão, todos aqueles bafejados pela boa fortuna me convidam para partilhá-la, enquanto, se alguma infelicidade os surpreende, fogem de mim, com medo de rir à revelia?".[16] A importância do riso na vida cotidiana dos gregos, ilustrada por essas citações, também é confirmada por um texto de Frinico, que, por volta de 420 a.C., assegura que aquele que não sabe rir é um misantropo.[17] Aliás, a comédia atribuía a invenção da brincadeira a dois prestigiados heróis míticos: Rhadamante e Palamede, e o personagem homérico Térsito, que despeja impertinências e injúrias, pode ser considerado como bufão guerreiro.

Outra prova da quase institucionalidade dos bufões é a existência de manuais de chalaças, constituindo um capital de histórias engraçadas – cuja eficácia não é de todo garantida, como acabamos de ver com Filipe. Um personagem de Plauto, Gelasimus, na comédia de *Stichus*, anuncia sua intenção

14 Ibidem, I, 14-16.
15 Ibidem, II, 17-18.
16 Ibidem, IV, 50.
17 BREMMER, J. "Jokes, jokers and jokebooks in ancient Greek culture". In: *A Cultural History of Humor.* Ed. J. Bremmer e H. Roodenburg, Polity Press, 1997, p.18.

de vender em leilão sua compilação de pilhérias; e em *Persa*, do mesmo autor, o bufão Satirio planeja dar a sua como dote a sua filha.

Os exemplares conservados dessa literatura são cópias tardias, mas Jan Bremmer analisou um deles, o *Philogelos*, ou "O amigo do riso"; esse manuscrito do século X contém 265 blagues gregas, com algumas datadas do século III a.C.[18] Os assuntos favoritos concernem ao universo das escolas: 110, entre 265, pouco provocariam hilaridade hoje. No máximo, um pequeno sorriso, como é o caso daquela sobre uma carta que um estudante, que acaba de vender seus livros, escreve a seu pai: "O senhor pode ficar orgulhoso de mim, pai, meus estudos já começam a render". Ou daquela em que um professor de Medicina responde ao paciente que se queixa de ter vertigens durante meia hora depois de acordar: "É só acordar meia hora mais tarde!". Mas isso lembra muito as blagues clichês de nossos dias. Umas sessenta piadas, semelhantes às nossas "de português", dizem respeito a cidades cujos habitantes têm reputação de estúpidos. Entre elas, Cimo, na Ásia Menor, e Abdera, na Trácia. Jan Bremmer sugere que, se Demócrito de Abdera era conhecido como o filósofo hilário, talvez fosse porque ele zombava da estupidez de seus compatriotas.

Alguns ditos espirituosos concernem aos adivinhos e astrólogos e revelam um evidente ceticismo em relação a sua capacidade. Enfim, certos vícios ou defeitos são ironizados, como a preguiça, a gula, a covardia, o alcoolismo. As mulheres são gentilmente descritas como ninfomaníacas: "Um jovem pergunta a sua ardente esposa: 'Mulher, o que vamos fazer, comer ou fazer amor?' 'O que você quiser, não há nada para comer'". Porém, os amantes da pilhéria obscena ficarão decepcionados: o conjunto é decente e, segundo Jan Bremmer, traz a marca do senso comum das "classes urbanas inferiores". Outro manuscrito, datado do século III a.C., é uma lista de insultos "engraçados", dirigidos a essa ou àquela enfermidade física.

Indiscutivelmente, ama-se rir na Grécia antiga. Contudo, a partir do fim do século V a.C. desenha-se uma evolução. O estatuto de bufão degrada-se claramente no século seguinte, a ponto de certos historiadores verem no clube dos Sessenta, dessa época, uma espécie de associação anticonformista que deliberadamente praticava a provocação contra a alta sociedade.[19] Xenofonte (430 a.C.-355 a.C.) quis representar um ideal de soberano que sabia

18 Ibidem, pp.16-18.
19 Ibidem, p.15.

brincar, criticando aí o riso agressivo da bufonaria grosseira. Em *Ciropédia*, ele faz Aglaitadas dizer: "Poderias dizer que aqueles que se esforçam por fazer rir têm alguma utilidade para o corpo ou que sua alma se torna mais bem governada, mais apta para a vida política?".[20] Na corte-modelo de Ciro, "não havia ninguém que ficasse encolerizado dando altos gritos ou que se alegrasse entregando-se ao riso excessivo".[21] O rei adora a brincadeira, a palavra espirituosa, mas sem intenção zombeteira. Mesmo na guerra, a brincadeira tende a substituir a zombaria triunfante: é assim quando ele representa os espartanos rindo dos soldados aliados a Mantinee. Para o chefe, o riso de benevolência tende a substituir o riso malévolo.

Em *O banquete*, Xenofonte não confere um bom papel ao bufão, incapaz de fazer rir com suas palhaçadas, apesar de retirar delas sua glória: "'É evidente', diz Licon a Filipe, 'que tens orgulho em fazer rir'. 'Com mais razão, penso', respondeu o bufão, 'que o comediante Calípedes, que se gaba de arrancar lágrimas de muitos espectadores'".[22] E é Sócrates, mais uma vez, que faz todos rir com uma tirada não compreendida por seus interlocutores, quando ele se vangloria de seus talentos de mediador. De fato, todo o diálogo opõe o ideal aristocrático de beleza moral à bufonaria grosseira herdada dos cômicos do século V a.C., da qual Xenofonte lamenta a popularidade. O cínico Antístenes, que figura entre os convivas, é apresentado como um bufão pouco polido, que só pensa em satisfazer suas necessidades físicas, um discípulo estorvador, de quem Sócrates deve manter distância. Atribuindo o prêmio de beleza a Cristóbulo, em detrimento de Sócrates, os convivas mostram que são insensíveis à beleza moral.

Entretanto, *O banquete* também contém uma paródia dos diálogos platônicos, cujas sutilezas dialéticas são alvo de zombaria por Alexis e Epicrato.[23] Condenação do riso grosseiro e uso do riso sutil: eis duas das lições de Xenofonte, que dá prioridade à ironia para um objetivo moral e intelectual. Zombar dos vícios e dos erros para atingir a virtude e o conhecimento: essa nova função do riso ele ilustra ainda em *Ditos memoráveis* por meio do personagem Sócrates, que "prestava serviços aos que o frequentavam tanto brincando quanto estando sério" e a quem Hípias declara: "Caçoas dos

20 XENOFONTE. *Ciropédia*, II, 2, 14.
21 Ibidem, VIII, 1, 33.
22 XENOFONTE. *O banquete*, III, 11.
23 CARRIÈRE, J.-C. "Socratismo, platonismo e comédia em *O banquete* de Xenofonte". In: *Le rire des anciens*, op. cit.

outros, interrogando e refutando todas as pessoas, sem consentir em dar resposta nem indicar tua opinião sobre nenhum assunto".

A exigência crescente de refinamento, nos banquetes, pelo uso discreto do riso e pelo emprego sutil da ironia encontra-se em Xenofão e igualmente em Aristóteles: "A ironia convém melhor ao homem livre que à bufonaria, já que o homem livre diz a pilhéria para seu próprio prazer, ao passo que o bufão a diz para o prazer do outro".[24] O mesmo elogio e a mesma recomendação aparecem em um fragmento elegíaco anônimo sobre a arte do banquete.

O bufão continua lá. Mas é agora de bom-tom desacreditá-lo. Teopompo de Quios (377 a.C.-320 a.C.), por exemplo, despreza o rei Filipe da Macedônia, que ama as brincadeiras e dá confiança ao escravo Agatocles "porque ele o bajulava e, participando de seus banquetes, dançava e fazia rir. ... Esse é o gênero de homens que cercam o macedônio e com quem, levado por seu amor à bebida e à bufonaria, ele passa a melhor parte de seu tempo". Teopompo demonstra o mesmo desprezo em relação ao tirano de Siracusa, Dion II, que se torna progressivamente cego e cuja doença os bufões imitam para fazê-lo rir. Esse tirano terminou sua vida, diz ele, "fazendo chistes em barbearias".

Isócrates, em meados do século IV a.C., fornece a contraprova dessa evolução. Esse conservador, que idealiza o passado, queixa-se, em *Antidose*, de ver seus contemporâneos "considerar 'dotados' os homens que se fazem de bufões e têm talento para a zombaria e para a mímica". Outrora, diz ele em *Auropagiticus*, "procurava-se desenvolver maneiras nobres imitando os bufões; e aqueles que eram levados pelas brincadeiras e se faziam de palhaços, que hoje são considerados como pessoas espirituosas, eram tratados então como pobres loucos". Essa opinião de Isócrates revela o descrédito que, em sua época, afeta o riso desenfreado dos antigos, nos meios intelectuais e na alta sociedade.

O RISO CÉTICO DE DEMÓCRITO E O RISO CÍNICO DE DIÓGENES

Essa evolução, constatada na prática, que a partir dos anos 400 a.C. leva o riso arcaico, devastador, agressivo e triunfante ao riso moderno, irônico, comedido, colocado a serviço da moral e do conhecimento, tem seu paralelo na teoria. Na época arcaica, ria-se ruidosamente; a partir do século IV a.C.,

24 ARISTÓTELES, *Retórica*, III, 18, 1419b.

ria-se menos e mais discretamente, mas falava-se mais do riso. Todos os filósofos abordaram o assunto, de forma apaixonada, tomando partido a favor do riso ou contra ele, que é considerado, ao mesmo tempo, um método e um estilo de vida. Os discursos sobre o riso, numerosos e contraditórios, demonstram que se trata, para a civilização helênica, de um bem essencial. Cícero, em seu tratado *Do orador*, faz alusão a várias obras intituladas *O que faz rir*, que não chegaram até nós, e ressalta que, apesar de várias tentativas, os gregos não produziram uma boa teoria sobre o riso. "Encontrei grande número dessas graças picantes, tão comuns entre os gregos (e em que os sicilianos, os habitantes de Rodes, os bizantinos e, acima de todos, os áticos são excelentes), mas, quando quiseram elaborar uma teoria do gracejo e adequá-la a preceitos, mostraram-se particularmente insípidos, a tal ponto que, se faziam rir, era por sua sensaboria. Julgo, portanto, que é impossível estabelecer uma doutrina nessa matéria."

Os gregos, pelo menos, estudaram muito o assunto, a partir do século IV a.C., e suas escolas filosóficas não se contentavam com um discurso neutro. Adeptos e adversários do riso confrontavam-se, e a rivalidade foi encarnada, nos escritos tardios, por dois pensadores: Demócrito, o amigo do riso, e Heráclito, o chorão. Ou seja, duas visões opostas do mundo, duas concepções fundamentais do ser: derrisório ou sério?

No caso de Demócrito, sua reputação de hilário não tem nada a ver com o personagem histórico. Diógenes Laércio não menciona, em nenhum momento, esse traço. A lenda só aparece num romance anônimo do início do século I, o *Romance de Hipócrates*, composto de um conjunto de cartas apócrifas do célebre médico. Este vai a Abdere para estudar a "loucura" de Demócrito e encontra o filósofo sentado na frente de sua casa, com um livro na mão e rodeado por pássaros dissecados; ele tenta descobrir onde se localiza a bílis, já que, para ele, essa é a verdadeira causa da loucura.

Hipócrates o interroga: "Explica-me agora a razão de teu riso diante das coisas da vida. '... É o homem que me faz rir: ele é pleno de derrisão e vazio de ocupações razoáveis; todas as suas reflexões o conduzem a infantilidades. Nós o vemos expor-se inutilmente a penosos sofrimentos; o exagero de seu desejo o conduz aos limites da Terra e a regiões indeterminadas; ele funde o ouro e a prata sem deixar de querer possuí-los; tenta, sem cessar, possuir cada vez mais sem outro objetivo que o de possuir por possuir; e ele não tem vergonha de se dizer feliz'".[25] O riso de Demócrito aplica-se,

---

25 *Lettres du pseudo-Hippocrate*, IV, XXVII, 24-25.

portanto, à vaidade das ocupações e inquietudes humanas. Mas ele vai mais longe. Esse riso também é uma crítica radical do conhecimento, a expressão de um ceticismo absoluto: "Ninguém, entre nós, conhece coisa alguma, e não sabemos sequer se sabemos ou não sabemos". O homem, sem a mínima ideia da verdade, está sempre a se preocupar, a se criar problemas, a ter medo, ao longo de muitos anos. Será que não há do que rir? O riso é a sabedoria, e filosofar é aprender a rir. A aventura humana é ridícula, e só se poder rir dela. Demócrito retoma aqui o mito da criação por uma gargalhada divina. Suprema derrisão que faz do riso o ápice da espiritualidade e da sabedoria.

Demócrito, o homem que ri de tudo, é a encarnação extrema de um ceticismo niilista que se encontra, em germe, nos pensadores céticos, como Timão, que Diógenes Laércio nos apresenta como alguém que ri de tudo e de todos: "Ele tinha a inteligência viva e a zombaria pronta. ... Ele também tinha o costume da pilhéria. ... Arcesilas perguntou a Timão por que ele deixou Tebas e Timão lhe respondeu: 'Para ter ocasião de rir de ti mais de perto'".[26] A derrisão é aqui a constatação da incapacidade radical do homem de se conhecer e conhecer o mundo. Nada merece ser levado a sério, já que tudo é ilusão, aparência, vaidade – tanto os deuses como os homens.

O riso dos cínicos é diferente. Contrariamente às aparências, ele é mais positivo. Praticando a ironia de forma provocativa, eles perseguem, de fato, uma finalidade moral, aparentando amoralidade. Política do pior, que Xenofonte não compreendia. O mais célebre dos cínicos do século IV a.C., Diógenes, que consagrou o desprezo por todas as convenções sociais, fazia suas necessidades e copulava em público, multiplicando as provocações. "Um dia, um homem o fez entrar em uma casa ricamente mobiliada e lhe disse: 'Mais do que tudo, não escarres no chão'. Diógenes, que estava com vontade de escarrar, escarrou no rosto dele, afirmando que era o único lugar sujo que encontrara para fazê-lo."[27] Esse tipo de conduta é a ironia levada a seu paroxismo e destinada a desmistificar os falsos valores. Diógenes e seus congêneres reatam com a tradição do riso agressivo; seu anticonformismo, sua transgressão exacerbada dos princípios e das ideias recebidas, seu naturalismo individualista, seu lance maior de paradoxo e de escândalos visam, de fato, a aguilhoar o homem, a

26 DIÓGENES LAÉRCIO. "Tímon". In: *Vida dos filósofos ilustres*.
27 Ibidem, "Diógenes".

fim de que ele reencontre os valores autênticos, que se encontre consigo mesmo. A anedota que mostra Diógenes, de lanterna na mão, procurando homens e distraindo os curiosos com a frase: "Procuro homens, não escória" é, talvez, a mais reveladora de sua atitude, que alia a blasfêmia ao místico: insultar o sagrado, achincalhar a lógica para descobrir os verdadeiros valores.

Vladimir Jankélévitch conseguiu belas fórmulas para definir essa busca cínica: "O cinismo é, frequentemente, um moralismo frustrado e uma ironia extrema. ... O cinismo não é outra coisa ... que uma ironia frenética que se diverte em chocar os filisteus, por prazer; é o diletantismo do paradoxo e do escândalo. ... O verdadeiro cinismo é ascético e virtuoso, hostil à alegria e desdenhoso das grandezas seculares. ... O cinismo é, portanto, a filosofia do leilão final. ... O cinismo joga tudo por tudo: desconfiado da lógica e da moral, ele reivindica exatamente o que reprova. ... O cinismo crê na fecundidade da catástrofe e endossa, corajosamente, o pecado porque este se revela impossível, na esperança de que a injustiça se anule pela homeopatia do lance mais alto e do escândalo".[28]

Que seja. Mas tudo isso é engraçado? "O cinismo, na verdade, é relativamente sério; ou melhor, não é totalmente simplório nem totalmente cômico, e ele não saberia dizer de si mesmo se é intencional; à força de brincar com o escândalo, acontece-lhe de endossá-lo."[29] O riso necessita de um mínimo de desdobramento, de distância em relação ao real. A leitura das façanhas de Diógenes na obra de seu homônimo Diógenes Laércio não deixa dúvidas: o cínico antigo diverte-se; ele provoca pelo riso. Assim, ele zomba de uma devota prosternada, comentando que, se por acaso o deus se encontra atrás dela, ela lhe mostra seu traseiro. Assim, ele multiplica seus gestos obscenos: "Um dia, em que se masturbava em praça pública, gritou: 'Praza aos céus que também fosse suficiente esfregar o ventre para não sentir mais fome!' Durante uma refeição, jogaram-lhe um osso, como se ele fosse um cão; então, aproximando-se dos convivas, ele urinou sobre eles como se fosse um cão".[30]

A ironia "no ato" dos cínicos persegue uma finalidade moral, mas seu extremismo lhe confere um aspecto profundamente pessimista. O cínico vê o mundo às avessas. Será que ele pode, com efeito, esperar uma

28 JANKÉLÉVITCH, V. *L'ironie*. Paris: ed. Champs-Flammarion, 1964, pp.15-16, 104-111.
29 Ibidem, p.104.
30 DIÓGENES LAÉRCIO. "Diógenes".

reviravolta completa dos valores? É por isso que, se o riso cético é um riso liberado, diríamos que o riso cínico é um riso desesperado. Aliás, rumos posteriores do cinismo confirmam esse diagnóstico. Alguns só guardam do cinismo vulgarizado o anticonformismo, o gosto pela provocação e pela transgressão dos tabus, procurando apenas enfrentar a moral para satisfazer seus desejos: é a forma do cinismo aristocrático, pleno de soberba, do qual a nobreza decadente do Antigo Regime dará numerosos exemplos.[31] Os outros, aqueles que conservarão o objetivo ético, afundar-se-ão na visão negra de uma humanidade irrecuperável, como La Rochefoucauld, ou num amoralismo niilista, como Nietzsche, sobre quem Jankélévitch escreve que "fazia cenas de moral porque era perdidamente moralista, porque tinha a virtude em alta conta". Nietzsche, de fato, declara que "em presença de qualquer cinismo, grosseiro ou sutil, o homem superior deverá apurar os ouvidos e permanecer feliz toda vez que os bufões sem-vergonha ou os sátiros científicos se manifestam em voz alta". O riso está sempre presente, sem dúvida, mas ele se tornou um ricto arrogante, nos primeiros, e um riso de demência, nos segundos.

DE SÓCRATES A LUCIANO: PRIMEIRA DESFORRA DO DIABO?

Amigos do riso grego, céticos ou cínicos, todos devem a Sócrates, embora saibamos pouca coisa sobre o Sócrates histórico. Segundo Diógenes Laércio, ele se comportava como verdadeiro bufão: "Ele discutia com veemência, esticando os punhos para a frente ou puxando os cabelos, sem se importar com as risadas que provocava". Mas a tradição reteve, segundo Platão e Xenofonte, a imagem de um ironista sutil, utilizando o riso como instrumento para a busca da verdade. Fingindo ignorância ou ingenuidade, ele leva seus interlocutores a demolir, eles próprios, suas convicções e crenças, conduzindo-os a insolúveis contradições que os deixam suspensos sobre o abismo do absurdo, em lugar de ajudá-los a sair dessa situação. O riso é parte integrante do processo; trata-se do riso pedagógico, do qual, aliás, Sócrates é alvo frequentemente: "És ridículo", lhe diz, basicamente, Cálicles em *Górgias*, "com toda a tua filosofia, és incapaz de enfrentar os problemas concretos da vida; assim, tal homem, quando se defronta com

31 BAUDIN, H. "O cinismo lúdico, atitude aristocrática?". In: *Humoresques*, n.7, *Humour et société*. Presses Universitaires de Vincennes: 1994, pp.89-102.

qualquer coisa prática, de ordem privada ou pública, presta-se a que se riam à sua custa. ... Eu julgo que ele é digno de risada".[32]

As conversações socráticas são pontuadas por explosões de riso, como em *Euthydemos*, no qual, como escreve Emmannuelle Jouët-Pastré, "os verdadeiros problemas fazem toda a plateia morrer de rir, mas também o leitor".[33] Porém, o filósofo está acima das expectativas do riso bufão, do "riso dos insensatos". Ele aceita expor-se ao riso para fazer que o conhecimento progrida e, sobretudo, utiliza ele mesmo a brincadeira, a zombaria indulgente. "Ele passa a vida toda a brincar e a fazer ironia com as pessoas", diz dele Alcebíades.[34] É um método para ensinar, para formar o espírito: "O riso pode ser um instrumento a serviço do pensamento. ... O riso não é a forma suprema do pensamento, mas já é o pensamento, é parte integrante do pensamento sério".[35]

Mas a pedagogia pelo riso pode, realmente, desembocar em outra coisa que não o ceticismo? Pode-se, com razão, duvidar. A grande lição do riso socrático é que nós acreditamos saber das coisas quando não sabemos nada. Preconceitos, convenções, erros, crenças infundadas: tudo isso é solúvel na ironia socrática. E o que resta? Apenas a ironia. Sócrates não trouxe verdade positiva à humanidade. Porém, trouxe-lhe muito mais: a ironia como sabedoria, como estilo de vida, a ironia que dissipa as miragens, a ironia que nos torna lúcidos e destrói falsas verdades.

Levada a seus limites extremos, essa ironia socrática conduz a Luciano de Samósata, a besta-fera de todos os dogmáticos, de todos os possuidores da verdade, religiosos ou humanos. Luciano, o homem que ri de tudo, o homem que *é* uma gargalhada, merece que nos detenhamos nele. Jamais alguém irá mais longe que ele na derrisão generalizada. Nascido ao redor de 120, num meio modesto da Ásia Menor, perfeitamente helenizado, subsidiário de Alexandria, ele atravessou a vida como num desfile de Carnaval. A existência é um cortejo burlesco, um espetáculo derrisório, risível. É o que ele faz dizer o personagem Menipo, seu porta-voz: "Enquanto eu considerava esse espetáculo, pareceu-me que a vida dos seres humanos era uma longa procissão cujas categorias a fortuna ordena e regula, e para onde ela traz,

32 PLATÃO. *Górgias*, 484d, 485c.
33 JOUËT-PASTRÉ, E. "O riso em Platão, um desvio na via da verdade". In: *Le rire des anciens*, op. cit.
34 XENOFONTE. *O banquete*, 216e.
35 JOUËT-PASTRÉ, E. op. cit., p.279.

sob diferentes costumes, aqueles que a compõem. Um ela favorece, veste-o de rei, coloca-lhe uma tiara na cabeça, dá-lhe satélites, cinge-lhe a fronte com um diadema; outro, reveste com a roupa de escravo; um ela orna com as graças da beleza e outro desfigura a ponto de torná-lo ridículo, porque é preciso que o espetáculo seja bem variado".[36]

Nessa comédia grotesca e absurda que é a vida, quem não é ridículo? Luciano zomba de tudo e de todos, filósofos, deuses, charlatães, falsos profetas, sábios, loucos e até dos céticos, dos cínicos e dele mesmo. Uma derrisão tão radical acaba em sabedoria debochada diante da "imensa idiotice dos homens", em uma terra em que "ninguém faz nada por nada". A moral da vida é "deixar passar rindo a maior parte dos acontecimentos sem levar nada a sério", nem a terra nem o céu nem o inferno.

Luciano serve ao público "o riso cômico sob a majestade filosófica", segundo sua própria expressão. Parodiando o diálogo platônico, ele inverte o método socrático: colocando o sério a serviço do cômico, ele "arranca sua máscara trágica e grave e lhe impõe uma outra, cômica, satírica, ou seja, risível", escreve ele em *A dupla acusação*. Os filósofos, incapazes de "indicar um rumo simples e seguro para conduzir-se no mundo", são seu alvo preferido. Sua conduta e seus debates estéreis são ridicularizados em paródias platônicas: em *O banquete*, nós os vemos "entregar-se a todos os excessos, injuriam-se, fartam-se, gritam e chegam às vias de fato"; em outro *O banquete*, seu diálogo sobre o amor gira em torno dos respectivos méritos da homossexualidade e da heterossexualidade; em um *Górgias*, estudam a grave questão de saber se existe uma arte do parasitismo; alhures, fazem o elogio à mosca.

Luciano inventa um filósofo – um verdadeiro –, Menipo, cuja sabedoria se exprime pelo riso; ele ri sempre e de tudo. Em *Hermotímos, ou As seitas*, ele passa em revista todas as escolas filosóficas e ridiculariza seus incorrigíveis tagarelas. Desgostoso de "suas fanfarronadas e seus discursos charlatanescos", ele conclui pela "incerteza universal". Em *As seitas em hasta pública*, ele organiza uma ridícula venda das escolas filosóficas em leilão. O leiloeiro, Hermes, põe à venda o pitagorismo: "À venda: a melhor vida, a mais respeitável. Quem quer comprar? Quem quer elevar-se acima da humanidade? Quem quer conhecer a harmonia do universo e viver de novo? [O pitagórico] conhece a aritmética, a astrologia, a magia, a geometria, a música, a charlatanice. Tu vês nele um

36 LUCIANO DE SAMÓSATA. *Obras completas*. Paris: Garnier, 1896, p.192.

adivinho superior". O aristotelismo se vende bem, porque ele sabe muito sobre coisas indispensáveis: por exemplo, "quanto tempo vive o primo, a que profundidade o mar é iluminado pelo sol e qual é a natureza da alma dos abutres ... como o homem é um animal risível, como o asno não o é e não sabe nem construir nem navegar". Entre os artigos à venda, também figura Sócrates, "amante dos jovens", que vê tudo em dobro porque também tem os olhos da alma; é o tirano de Siracusa que o adquire. Ainda à venda, o "carrancudo de Pórtico" isto é, o estoico; e Pirro, o Cético, que duvida até da existência dos compradores e dos golpes que recebe; e depois o epicurista satisfeito. Há dificuldade em vender o cínico, "descarado, audacioso, insolente com todo mundo", que acaba cedido por dois óbulos. Foi feito um lote com Demócrito, o "hilário de Abdera", que zomba de tudo, e Heráclito, o "chorão de Éfeso", que dramatiza tudo e, por isso, ninguém o quer. Assim, Luciano, que zomba dos zombadores, ri dos que riem e duvida do ceticismo, atinge a negação absoluta, o nada.

O mundo divino não é poupado. Luciano tem um riso ainda mais inextinguível que o dos deuses. Com o riso ele arrasa o céu, os mitos e todas as divindades assustadoras em *A assembleia dos deuses, Os diálogos dos deuses, Dioniso*. Os imortais tornam-se ridículos títeres que se queixam de seu trabalho e brigam. Héracles insulta Esculápio, vulgar "cortador de raízes e charlatão"; o deus da medicina lhe retruca que ficou bem contente de encontrá-lo quando chegou ao Olimpo, "meio grelhado" com sua túnica. Zeus se queixa das falsas histórias que mascateiam sobre os deuses – a começar por "Homero, esse velho cego, esse charlatão que nos chama de bem-aventurados e que conta em detalhes o que acontece no céu, justo ele, que não pode ver o que acontece na terra". Momo, deus do sarcasmo, recrimina: é inadmissível! Deixamos entrar no Olimpo qualquer um, espécies de semideuses, sem ao menos cobrar taxa dos metecos! Tudo isso é por culpa de Zeus, com todos os seus bastardos; são admitidos até estrangeiros que não falam grego e permitem que os homens façam representações extravagantes do senhor dos deuses. Resultado: à força de crer em qualquer coisa, os homens não creem em nada.

Os deuses não são mais os senhores do riso. Esse dom terrível escapou deles e se volta contra eles. Na civilização grega já se torna real essa imagem que Élie Wiesel aplica à civilização judaico-cristã: "Sabes o que é o riso? ... Eu vou te dizer. É o erro de Deus. Criando o homem para submetê-lo a seus desígnios, ele lhe outorgou, por inadvertência, a faculdade de rir. Ele ignorava que, mais tarde, esse verme da terra se serviria dele como instrumento de vingança. Quando ele se deu conta, já era tarde. Deus não podia fazer mais nada. Era tarde para retirar do homem esse poder".

Vingança do homem... ou vingança do diabo? Os cristãos tendem para a segunda hipótese. Porque Luciano não os poupou. Aliás, o contrário teria sido surpreendente. Essas pessoas que veneram "esse grande homem crucificado na Palestina" são um bando de crédulos ingênuos que, além do mais, têm uma pressa infatigável de se fazer matar, oferecendo-se, estupidamente, ao martírio. No livro *Sobre a morte dos peregrinos*, Luciano põe em cena um cínico debochado, assassino de seu pai, que se tornou bispo cristão, e fala dos cristãos como "esses pobres coitados que foram convencidos de que serão imortais e viverão eternamente. Em consequência, eles desprezam a morte e se entregam a ela de forma voluntária. Por outro lado, seu primeiro legislador persuadiu-os de que eles são todos irmãos, uma vez que mudaram de religião e renegaram os deuses da Grécia para adorar seu famoso sofista crucificado e viver segundo suas leis. ... Portanto, se acontece de chegar até eles um impostor esperto, que saiba aproveitar-se das circunstâncias, ele não tarda a enriquecer zombando de sua simplicidade".

Para os cristãos, Luciano será, durante muito tempo, uma encarnação do diabo, o diabo que ri, o diabo que zomba de Deus. Seu riso está por toda parte, mesmo nos infernos que Menipo – como Ulisses, Eneias e muitos outros – teve ocasião de visitar, relatado em *Menipo, ou A necyomania* e em *Os diálogos dos mortos*. O inferno é um verdadeiro moinho onde se entra e sai à vontade. O sábio babilônico que abre a porta a Menipo recomenda-lhe passar-se por Héracles, Ulisses ou Orfeu, ou seja, um frequentador da casa, o que facilitaria sua visita. E eis que Menipo, sempre rindo, retoma sua viagem. Caronte fica indignado:

"De onde nos trouxeste esse cão, Mercúrio? Durante a travessia, ele só fazia ladrar para os passageiros e zombar deles; e, enquanto todos os outros choravam, ele era o único que se permitia rir".

"Mercúrio – Não sabes, Caronte, quem é aquele por quem acabas de passar? É um homem verdadeiramente livre, que não se preocupa com nada; enfim, é Menipo".

Na realidade, há muita diversão no inferno. Eles se divertem ainda mais que lá em cima, na terra, onde não se sabe nem mesmo de que se ri. Aqui se trata verdadeiramente do riso inextinguível, aquele dos que sabem, afinal, qual é a verdade, como o diz Pólux: "Menipo, Diógenes te compromete, viste de tudo o que acontece sobre a terra e ainda vens aqui embaixo rir mais um pouco. Lá, tuas risadas têm apenas um objetivo incerto, e, como se diz, quem sabe exatamente o que nos tornamos depois da morte? Já aqui, não cessarás de rir, como eu".[37]

Assim, Luciano se junta a Diógenes, o Cínico, no riso infernal, o riso que libera. Mikhaïl Bakhtine, em seu livro clássico sobre Rabelais, não deixou de revelar, na obra de Luciano, "o vínculo do riso com os infernos e com a morte, com a liberdade de espírito e da palavra".[38] É o resultado de toda uma corrente de pensamento grego. O riso agressivo do período arcaico, esse riso triunfante vindo dos deuses, esse riso evocador do caos original, era portador de uma incrível força destrutiva. Domesticado, intelectualizado a partir do século IV a.C., ele se transforma na corrosiva ironia socrática, cética, cínica e termina na derrisão universal. Verdadeira vingança do diabo, no sentido de que esse perigoso dom divino se torna revelador do absurdo do ser. Ao riso criador da origem responde o riso destrutivo do ceticismo integral, que desvela a verdadeira natureza dessa criação: miragem, ilusão, incômodo, logro. É preciso rir três vezes. Jamais os cristãos perdoarão Luciano por sua contrarrevelação: à revelação divina de um mundo trágico a ser levado a sério, os "macacos de Luciano" opõem a revelação de um mundo derrisório e cômico. Eles pulverizam a criação com sua gargalhada.

OS APÁTICOS, DE PITÁGORAS A PLATÃO

Mas entre os gregos havia também correntes de pensamento que defendem a seriedade do ser, e estes desconfiam do riso, que é preciso enjaular, enfraquecer, supervisionar, regulamentar. Não se pode deixar em liberdade uma força tão perigosa; já que não se pode eliminá-la, é preciso confiná-la num papel subalterno, de pura evasão, a válvula de segurança.

Os estoicos são pessoas sérias. Elas não riem e mostram-se sensíveis à zombaria dos outros. "Se desejas ser filósofo, prepara-te desde já para ser ridicularizado e zombado pela multidão", diz Epicteto. "Ignora isso. Não rias muito, nem de muitas coisas nem sem contenção." Não faças os outros rirem: "Evita também fazer rir. Essa é uma maneira de deslizar para a vulgaridade e, ao mesmo tempo, de perder o respeito que teus vizinhos têm por ti". E se vais à comédia, "abstém-te totalmente de gritar, de rir do

37 Ibidem, p.132.

38 BAKHTINE, M. *L'Œuvre de François Rabelais et la culture populaire au Moyen Age et sous la Renaissance*, trad. franc. Paris: 1970, p.79.

ator, de comover-te. ... Do contrário, seria sinal de que te apaixonaste pelo espetáculo".[39] Enfim, o tipo de público que Aristófanes teria desejado.

Para os estoicos, o riso é uma marca de vulgaridade e de bobagem, mas é, também, e sobretudo, uma marca de impotência, uma confissão de fracasso em transformar o mundo ou uma situação; é uma resposta inadequada. Aquele que ri dissocia-se do objeto de seu riso, toma distância em relação à ordem do mundo, em lugar de integrar-se nela. Aqueles que aderem à realidade, os que acreditam, os que são solidários a um valor sagrado, esses não riem; o militante, o revolucionário, o político, o funcionário, o policial, o apaixonado não se sentem tentados a rir daquilo que defendem. Talvez o estoico condene o lado pessimista do riso. Diante do mundo como ele é, alguns creem poder transformá-lo, são os militantes; os outros o olham sem se mover, são os estoicos; os terceiros riem dele porque o creem imutável e derrisório – mas essa derrisão não deixa de ter uma secreta piedade.

Os pitagóricos também não riem, à imagem de seu fundador, Pitágoras, cuja lenda diz que se tornou impassível, como o vasto universo regido pela harmonia dos números. Em Atenas, os pitagóricos eram ironizados nas comédias por seu rosto de quaresma. Semelhanças com os cristãos foram muitas vezes ressaltadas pelos autores antigos. Todavia, é em Platão que se deve procurar uma argumentação de princípio contra o riso. O riso não está ausente de seus diálogos: Sócrates e seus interlocutores riem várias vezes; é possível encontrar histórias engraçadas, como em *Lacos*, em que Ctesilaos, que inventou uma arma nova, se infiltra na aparelhagem de um navio inimigo e gesticula de lá como um títere;[40] em *A república*, Sócrates explica que frequentemente as coisas parecem ridículas em razão de seu caráter insólito e que o riso desaparece com o hábito, como nos exercícios ginásticos que ele propõe estabelecer para uso das mulheres.[41]

Contudo, Platão desconfia do riso, cuja natureza ambivalente é inquietante. É uma paixão que perturba a alma e que pode estar ligada, ao mesmo tempo, ao prazer e à dor. Ao relatar os últimos momentos de Sócrates, Fédon declara: "Havia qualquer coisa de desorientador na emoção que eu sentia: uma mistura extraordinária, na qual o prazer entrava ao mesmo tempo em que a dor quando eu pensava que, de repente, ele cessaria de viver! Esse estado de espírito era quase o mesmo em todas as pessoas

39 EPICTETO, Manuel, XXII, XXXIII, 4, 15, 10.
40 PLATÃO. *Lacos*, 184a.
41 Idem, *A república*, V, 542a, b.

que estavam presentes: às vezes ríamos, às vezes chorávamos...".[42] Isso é partilhado entre riso e lágrimas, quando se vê a maneira como as almas escolhem sua vida futura.

A natureza perturbadora do riso é igualmente manifesta no riso malévolo, que combina bem e mal, prazer e inveja. Contudo, esse tipo de riso cotidiano e banal, o riso provocado pelos pequenos infortúnios e reveses de nossos amigos, é condenável: "Quando rimos do ridículo de nossos amigos, o que afirma nosso propósito é que, enquanto combinamos prazer e inveja, ocorre uma combinação entre prazer e desgosto. Há pouco tempo concordamos em ver, na inveja, uma dor da alma, e rir dela é um prazer; além do mais, isso acontece simultaneamente".[43] Rir do ridículo de outrem é também demonstrar que não se conhece a si mesmo. O único caso de riso lícito é rir dos inimigos.

Na vida urbana, deve-se abster de rir. Essas "caretas de fealdade", esses soluços e sobressaltos que acompanham a emissão de ruídos caóticos são indecentes, obscenos, indignos, inconvenientes, perturbam o espírito e traduzem a perda do controle de si mesmo. Rir nos torna feios, tanto física quanto moralmente. É por isso que as leis deveriam proibir os autores cômicos "de fazer de qualquer de nossos cidadãos um personagem de comédia".[44] Se é preciso fazer comédias, deve-se contentar com rir de estrangeiros e escravos – e, mesmo assim, "sem paixão". Nas relações com os cidadãos, a zombaria é condenada, porque o "homem que se entrega a uma troca de ofensas é incapaz de se abster de ridicularizar aquele que insulta, e essa é a forma que a ofensa adquire todas as vezes que nos deixamos levar por ela".[45]

Há um domínio em que o riso é absolutamente proibido: a política. Não se deve, evidentemente, zombar de homens políticos, e estes últimos, sob pena de degradar sua função, devem sempre permanecer dignos e sérios. "Não é preciso que nossos guardiães gostem de rir, porque, quando nos deixamos levar pela força do riso, tal excesso gera uma reação contrária, igualmente forte."[46] O riso faz as pessoas perder a lucidez e o controle de si mesmas, indispensáveis aos dirigentes.

---

42 Idem, *Fédon*, 59a.
43 Idem, *Filebo*, 50a.
44 Idem, *Leis*, XI, 935d.
45 Ibidem.
46 Idem, *A república*, III, 388e.

A arte e a literatura nunca devem representar os homens importantes rindo: isso é degradante e solapa seu prestígio. Por mais forte que seja a razão, não se deve falar do riso dos deuses, que são imperturbáveis. Platão não perdoa a Homero o "riso inextinguível dos deuses"; é uma verdadeira blasfêmia. O riso é estranho ao mundo divino, mundo do imutável e da unidade; ele pertence ao domínio desprezível do mutante, do múltiplo, do feio, do mal: "A representação de homens importantes tomados pelo riso incontrolável não deve ser admitida, muito menos quando se trata dos deuses. Muito menos ainda, sem nenhuma dúvida, eles devem fazê-lo. Assim, não se admitirá mais que Homero fale dos deuses, como o faz aqui: 'E bruscamente um riso inextinguível jorrou entre os bem-aventurados, à vista de Hefesto se arrastando pela sala!' Isso, segundo sua tese, é inadmissível".[47]

É justo zombar dos vícios e dos defeitos morais, sem paixão, e utilizar uma ironia sutil em dialética: com Platão, o riso domesticado, reduzido a um magro sorriso, é limitado a um uso parcimonioso a serviço da moral e do conhecimento. O riso arcaico, barulhento e agressivo, está domado; desse mal, é preciso fazer um bem, como de um cão selvagem se pode fazer um cão de guarda.

ARISTÓTELES E O PRÓPRIO DO HOMEM

Aristóteles não é muito diferente de Platão nesse assunto, e é preciso matizar a célebre fórmula que lhe é atribuída sem razão. Aristóteles nunca disse que "o riso é próprio do homem"; ele apenas disse que o homem "é o único animal que ri" ou que "nenhum animal ri, exceto o homem".[48] A diferença é o grau. No primeiro caso, o riso faria parte da essência humana, e um ser que não risse não poderia ser homem. No segundo caso, trata-se simplesmente de ressaltar uma característica potencial: o homem é o único que tem a capacidade de rir; o riso existe nele – e só nele – em estado potencial, mas pode-se ser homem sem nunca rir.

E é melhor usar o riso com parcimônia. De início, esteticamente, o riso, que aparece na criança com quarenta dias, não é muito lisonjeiro. Será essa a razão pela qual os artistas gregos raramente representam faces risonhas? As pinturas dos vasos, que abordam temas cotidianos, são

---

47 Ibidem, III, 389a.
48 ARISTÓTELES. *Partes dos animais*, III, 10, 673a.

sempre sérias; e a comédia não aparece nas cenas de teatro, como ressalta Louis Séchan: "A comédia não deixou registros na cerâmica, ao contrário do que se pensa; alguns vasos coríntios evocam antigas farsas dóricas que retiram sua matéria da mitologia ou da vida comum. ... E não se conhece nenhuma pintura inspirada em Aristófanes".[49] Seria por uma dificuldade técnica em reproduzir a fácies mutante de quem ri? Provavelmente não. Trata-se antes de uma escolha estética. O riso é feio. Aristóteles também classifica a comédia como gênero literário inferior à tragédia: ele ressalta, na *Poética*, "que esta quer representar os homens inferiores, aquela quer representá-los superiores aos homens da realidade", o que resulta em dizer que o cômico degrada o homem e o trágico o engrandece. A definição aristotélica do risível como um "defeito e uma feiura sem dor nem dano" é igualmente muito negativa.

Aristóteles rompe completamente com o riso arcaico, zombeteiro, agressivo e triunfante. Só se pode rir de uma deformidade física se ela não for sinal de dor ou doença. O riso só é aceitável em pequenas doses, para tornar mais agradável a conversação, com brincadeiras finas e que não magoem. "Aquele que realmente agrada é o que não se permite tudo. Porque certas brincadeiras são uma espécie de injúria."[50] É preciso evitar, acima de tudo, cair na bufonaria, prova de grosseria. Segundo Aristóteles, a sociedade grega do século V a.C. aprecia muito os bufões: "Como o gosto pela pilhéria é muito difundido, e a maior parte das pessoas tem nos gracejos e nas pilhérias uma fonte de prazer maior que o necessário, confere-se aos bufões uma reputação de pessoas de espírito, só porque eles agradam".[51]

Esse comentário deixa entrever a distância que existe entre os textos teóricos, que constituem nossas fontes, e a prática social. Não nos incomodemos: enquanto os filósofos expressam gravemente sua hostilidade em relação ao riso, os gregos – e os outros – divertem-se como se isso não existisse. Às refeições, na vida pública e privada, brinca-se, zomba-se, criam-se ditos espirituosos, imitam-se palhaços, brinca-se desbragadamente. Porém, desse riso só nos restam algumas anedotas, mais ou menos adulteradas, referentes a pessoas célebres. Assim, segundo Quintiliano, Pirros perdoa os jovens Tarentino por terem-no ofendido, durante um jantar, porque eles conseguiram fazê-lo rir de sua resposta. "O que lhe dissemos não é nada

49 SÉCHAN, L. *Études sur la tragédie grecque dans ses rapports avec la céramique*. Paris: 1926.
50 ARISTÓTELES. *Ética a Nicômaco*, IV, VIII, 9.
51 Ibidem, IV, VIII, 4.

em comparação com o que teríamos dito se o vinho nos tivesse faltado." Lição: o riso pode salvar, desde que o senhor tenha senso de humor.

Voltemos a Aristóteles, que, homem ponderado e equilibrado, não aprecia os caracteres amargurados: "Aqueles que não fazem brincadeiras e não suportam os que as fazem são, tudo indica, rústicos e rabugentos".[52] O excesso inverso é o dos *clowns*, dos bufões, dos insuportáveis animadores de eventos que, em sociedade, consideram que o riso é obrigatório e se encarregam de alegrar o ambiente à força. Esses tiranos do riso são de todas as épocas: "Aqueles que, provocando o riso, vão além dos limites são, parece, bufões e pessoas grosseiras, agarrando-se ao ridículo em todas as circunstâncias e visando antes a provocar o riso que levar em conta o propósito de não ofender os que são alvo de suas zombarias".[53]

Entre os dois excessos, Aristóteles valoriza a atitude "daqueles que, em suas brincadeiras, permanecem pessoas alegres (*eutrapeloi*), o que significa qualquer coisa como: pessoas de espírito refinado".[54] Essa virtude de *eutrapeloi*, marca de bom gosto e de equilíbrio, é o resultado da domesticação do riso na boa sociedade. O grosseiro riso homérico foi reduzido ao estado de sorriso audível e finos cacarejos destinados a amenizar conversas sérias, a dar um torneio agradável e descontraído às discussões. Evolução inevitável e da qual reencontramos a apologia, mais de quatro séculos mais tarde, em um dos últimos representantes do helenismo: Plutarco.

Suas *Obras morais e filosóficas* são como uma síntese, um balanço final dos diferentes aspectos do riso na história grega. Eles condenam o riso arcaico, zombeteiro e agressivo, aquele da velha comédia de Aristófanes, cujos ataques ferozes eram moralmente "de nenhum proveito aos que os ouviam ... embora neles houvesse risadas e jovialidade compartilhada", nos diz Plutarco por meio da saborosa tradução clássica de Jacques Amyot.[55] Apenas as críticas feitas com seriedade podem ser eficazes, acrescenta ele e lembra que os espartanos se vacinavam contra a zombaria. "Era uma coisa que se aprendia, outrora, na bela Lacedemônia, zombar e brincar sem irritação e não se irritar também quando se era objeto de pilhéria e zombaria."[56]

---

52 Ibidem, IV, VIII, 3.
53 Ibidem.
54 Ibidem.
55 PLUTARCO. *Obras morais e filosóficas*, IV, VIII, 9.
56 Ibidem, 371 A.

Dois domínios sagrados e imutáveis devem escapar ao riso: a lei e a religião. Prevalecer-se da liberdade para zombar dos legisladores, como o fazem os epicuristas, é antes a marca de um espírito servil e dissoluto: "Metrodoro, zombando e gracejando, chega à seguinte conclusão: é decoroso que se ria do riso livre e de todos os outros homens, mesmo esses Sólons e Licurgos daqui. Certamente, esse não é um riso livre, Metrodoro, mas servil, dissoluto e que mereceria o chicote".[57]

No que se refere à religião, Plutarco é um dos primeiros a estabelecer a equação rir = ateísmo. Os ateus são os macacos de Luciano, que escarnecem dos mistérios sagrados e da loucura dos crentes: "Considerai que se trata de ateísmo: ele rirá com um riso furioso e, como se diz, sardônico, ao ver as coisas que praticam, e às vezes dirá baixinho no ouvido dos íntimos que estão à sua volta: 'Aqueles estão fora de si, raivosos'".[58] Em uma época em que a religião se espiritualiza e se torna absoluta na linhagem platônica e aristotélica, em que a divindade se congela em um espírito único, imutável e eterno, o riso é expulso dos céus. Num ser monolítico em que a onipotência, a essência e a existência são uma coisa só, não há mais espaço para o cômico. O riso insinua-se pelos interstícios do ser, pelas fissuras e pelos pedaços mal colados da criação; em Deus não pode haver a menor fissura. O riso não tem mais nada a ver com o divino, e, subitamente, adquire um verniz diabólico: o diabo tenta utilizá-lo para desintegrar a fé, ou Deus. É o instrumento de sua desforra. Assim, o pensamento grego pagão prepara a rejeição cristã ao riso.

Na vida corrente, Plutarco despreza essas cócegas grosseiras que se parecem a "uma convulsão e a um desfalecimento". Evitemos as zombarias e o escárnio: "Quanto às risadas, é melhor abster-se completamente aquele que não souber usá-las competentemente e com artifício, em tempo e lugar oportunos".[59] Bem acompanhado, pode-se "ter proveito rindo e rir aproveitando-se", e há maneiras elegantes de zombar docemente, sem ferir – Plutarco dá numerosos exemplos delas. Mas convém ser prudente e, por outro lado, não se deve receber rindo as reprimendas sérias que nos dizem respeito: isso seria prova de imprudência e covardia.

57 Ibidem, 598 G.
58 Ibidem, 122 F.
59 Ibidem, 370 F.

O riso grego nos fez percorrer um itinerário quase completo, do qual as épocas seguintes só farão ilustrar uma ou outra etapa. Os mitos enraízam o riso nos canais obscuros que marcam a passagem da animalidade à humanidade. Eles contam como o riso, vindo dos deuses, apareceu como meio de controlar os instintos animais (agressividade, medo) e como uma reação instintiva de proteção diante da tomada de consciência de nossa condição mortal, da perspectiva vertiginosa do nada e da trivialidade de nossa dependência do corpo (sexo, alimento, excreção). Há muito tempo, esses mitos têm sido ritualizados nas festas que celebram nossa origem, selando, no riso coletivo, a ambiguidade de nossa condição de seres efêmeros, correndo sem cessar atrás de nossa própria natureza. As festas têm seu prolongamento no teatro cômico, que faz a transição com o cotidiano vivido em que reina, até o século V a.C., um riso arcaico, duro, agressivo – um riso que é, ao mesmo tempo, cimento social, rejeição ao estrangeiro e afirmação de si.

A partir do fim do século V a.C., o refinamento crescente da cultura intelectual, que tem por efeito opor, cada vez mais, a humanidade à animalidade, interroga-se sobre a natureza desse comportamento estranho que é o riso. Desde então, as atitudes divergem. Os cínicos utilizam a zombaria provocadora como um corretivo, um tratamento de choque para dissolver as convenções sociais e reencontrar os verdadeiros valores. Os céticos, desabusados, pensam que a comédia humana é uma história de loucos e o mundo inteiro é uma vasta comédia de absurdos diante da qual só se pode rir, como Demócrito. Os pitagóricos e os estoicos, que, ao contrário, levam o mundo tão a sério que têm dele uma concepção panteísta, proscrevem o riso, que, diante de um universo divino, equivale a uma blasfêmia. Por fim, os platônicos e os aristotélicos domesticam o riso para fazer dele um agente moral (zombando dos vícios), um agente de conhecimento (despistando o erro pela ironia) e um atrativo da vida social (por eutrapelia); mas eles banem rigorosamente o riso da religião e da política, domínios sérios por excelência. O riso opõe-se ao sagrado.

O riso inextinguível dos deuses, depois de ser encarnado no riso agressivo e demente de Homero, explodiu entre o riso grosseiro e amargo de Diógenes, o riso desabusado de Demócrito, a ironia de Sócrates, a eutrapelia de Aristóteles. Das faces graves de Pitágoras, de Anaxágoras e de Aristomenes, que, segundo Cláudio Eliano nunca riram, à face risonha e trocista de Luciano, que riu de tudo, os gregos apresentam um leque completo das atitudes diante da existência.

– 3 –

O RISO UNIFICADO DOS LATINOS

O *risus*, satírico e grotesco

Os latinos não são mais sérios que os outros. Foram os historiadores e os pedagogos que construíram e transmitiram durante séculos – por meio de estudos clássicos e de humanidades, baseando-se em textos cuidadosamente escolhidos – a imagem imponente de uma romanidade grave, heroica, solene, estoica. Um mundo dividido em dois: de um lado os Catão, os César e os Brutus, impávidos, cumprindo seu destino pontuado de frases históricas bem recortadas que preenchem os dicionários de citações e as páginas rosa do *Petit Larousse*; de outro a plebe que gargalha diante das obscenidades da atelana e que vocifera sobre as grades do anfiteatro. Entre o riso grosseiro e a severidade estoica, nada, exceto, talvez, o sorriso de Virgílio, tão angélico, e o *Carpe diem* horaciano, mais patife, mas tão elegante.

Caricatura, evidentemente. Havia Plauto e Juvenal, as orgias das saturnais e o burlesco do *Satiricon*, mas isso era assunto de especialistas, e sua entrada nos manuais era escrupulosamente filtrada. O mundo romano era o mundo do sério. Os escritores latinos têm uma parte de responsabilidade nessa mentira histórica, ao menos aqueles do período augusto, que lamentavam a mítica idade de ouro da República, a idade da virtude, do majestoso, do frugal e do heroísmo grave. Nossos autores clássicos, erigindo os latinos como modelos venerados e traduzindo suas obras – mesmo as mais truculentas e as mais chulas – em um estilo retórico e grandiloquente, impuseram a imagem estereotipada do latim solene, impassível, envolto em sua toga austera, acima de qualquer suspeita de cômico.

O PROBLEMA DO HUMOR LATINO

Porém, quando se olha mais de perto, constata-se que o riso está presente por toda parte no mundo romano. O riso sob todas as suas formas, positivas e negativas, sutis e grosseiras, agressivas e indulgentes, que a língua latina concentra em uma única palavra: *risus*. O riso, multiforme, permanece riso: do trocadilho grosseiro ao humor mais fino, passando pelo grotesco, pelo burlesco, pela ironia, pela zombaria, pelo sarcasmo. Aqui, o purista vai perder seu sorriso e franzir o cenho: não misturemos esses diferentes termos!

A questão de saber se há um humor latino, por exemplo, deu lugar a surpreendentes controvérsias, nas quais cada um perde, ao mesmo tempo, seu latim e seu humor. Certos especialistas do riso, que têm a tendência – é o cúmulo! – de se levar a sério, gostariam de reservar o humor, esse termo indefinível, a uma época e a um lugar muito precisos, lançando o anátema contra os sacrilégios que o dispersam aos quatro ventos. Eugène de Saint-Denis, autor, em 1965, de *Ensaios sobre o riso e o sorriso dos latinos*, das muito sérias edições *Les Belles Lettres*, afirma que pensara, de início, intitular sua obra de “Ensaios sobre o humor dos latinos”, mas foi dissuadido pelas considerações suspeitosas de alguns especialistas.[1]

Contudo, a maioria dos autores, como A. Haury, admite a existência de um espírito humorístico em Cícero, Horácio, Teócrito, Plauto, Varrão e muitos outros.[2] Robert Escarpit justamente ressaltou que são sobretudo os anglicistas não britânicos, franceses em particular, que zelam para reservar o humor aos ingleses do século XVIII ao XX.[3] Pierre Daninos é, sem dúvida, o que chega mais perto da verdade, quando dá esta definição extremamente ampla de humor: “É, antes de tudo, na minha opinião, uma disposição de espírito que nos permite rir de tudo sob a máscara do sério. Tratar jocosamente coisas graves e gravemente coisas engraçadas, sem jamais se levar a sério,

1 SAINT-DENIS, E. de. *Essais sur le rire et le sourire des latins*. Paris: 1965, p.292.
2 HAURY, A. *L'ironie et l'humour chez Cicéron*. Paris-Leyde: 1955.
3 ESCARPIT, R. *L' humour*. Paris: 1960.

sempre foi próprio do humorista. Graças a isso, ele pode, com frequência, dizer tudo, sem parecer tocá-lo".[4]

A primeira qualidade do humor é precisamente escapar a todas as definições, ser inapreensível, como um espírito que passa. O conteúdo pode ser variável: há uma multiplicidade de humor, em todos os tempos e em todos os lugares, desde o momento em que, na mais remota pré-história, o homem tomou consciência dele mesmo, de ser aquele e ao mesmo tempo de não o ser e achou isso muito estranho e divertido. O humor surge quando o homem se dá conta de que é estranho perante si mesmo; ou seja, o humor nasceu com o primeiro homem, o primeiro animal que se destacou da animalidade, que tomou distância em relação a si próprio e achou que era derrisório e incompreensível.

O humor está em toda parte. Resta saber se ele adquire formas típicas, particulares a um povo, a uma nação, a um grupo religioso, profissional ou outro: humor inglês, alemão, americano, judaico, latino etc. Não, o humor é universal, e essa é uma de suas grandes qualidades. Com certeza, o traço de humor encarna-se, inevitavelmente, em estruturas e culturas concretas, mas pode ser apreciado por todos porque sempre ultrapassa o chão que lhe dá origem. Na internacional do humor, os humoristas de todos os países estão unidos, animados pelo mesmo espírito. O humor é um sexto sentido que não é menos útil que os outros. Há aqueles que são dotados desse sentido e aqueles que não o têm – essa enfermidade os priva de um ponto de vista essencial sobre o mundo: eles o veem, o escutam, o tocam, o desfrutam, mas não se dão conta de que ele não existe. Digamos, de maneira menos provocadora, que eles imergem totalmente nesse mundo, material ou espiritual, real ou imaginário, mas são incapazes de assumir uma distância crítica, de se desprender, de ser livres; agarram-se a sua representação do mundo sem perceber que se trata apenas de uma representação; desempenham seu papel com tal convicção que não veem que é só um papel. É conveniente repetir-lhes, como Shakespeare, que

> ... o mundo inteiro é um palco,
> os homens e as mulheres, simples atores;
> eles fazem suas entradas e suas saídas,
> e cada um, em sua vida, desempenha muitos papéis,[5]

nada é fato: "acredita-se".

---

4 DANINOS, P. *Tout l'humour du monde*. Paris: 1958, p.20.
5 SHAKESPEARE, W. *As you like it*, II, 7.

Seguramente, como os outros sentidos, o humor tem suas doenças. Ele pode ser míope, presbiope, daltônico; e, ainda, há dias em que está ausente. Mas é raro que desapareça definitivamente; além disso, contrariamente aos outros sentidos, pode-se desenvolvê-lo, melhorá-lo, exercitá-lo, e muitas vezes seu desempenho melhora com a idade, o que compensa o enfraquecimento das outras capacidades.

Os latinos não são mais nem menos desprovidos desse sexto sentido que os outros. Porém, não há mais humor latino que humor judaico: há latinos e judeus que fazem humor, e é por isso que ainda podemos apreciá-los. A literatura latina está repleta de humor, até em obras em que não o esperávamos. Tome-se o *Tratado de agricultura*, de Varrão: domínio *a priori* rebarbativo. Bem! Sylvie Agache escreveu que "para Varrão, agradar é dar as chaves para compreender o sentido de sua obra em múltiplos registros, em que a estilização e os elementos simbólicos, guiados pelo humor, têm função determinante".[6] Tome-se ainda *A arte de amar*, de Ovídio: o amor se apresenta aí com humor e é amplamente desmistificado. A arte de amar revela-se, antes de tudo, uma arte de enganar galantemente, de dar o troco, de produzir uma falsa imagem de si. Os deuses não dão o exemplo? Tratados com a desenvoltura que merecem suas aventuras escabrosas, eles olham, rindo, seus êmulos humanos: "Júpiter, do alto dos céus, vê, rindo, os amantes cometerem perjúrio e ordena aos súditos de Éolo que levem os juramentos anulados. Júpiter tinha o costume de fazer falsos juramentos a Juno; agora, ele mesmo favorece seus imitadores".[7] Outros tantos, que o vento os leve!

Os romanos, aliás, são conscientes de que têm humor e se orgulham disso. "O velho espírito romano polido é mais espiritual que o espírito ático", afirma Cícero,[8] cujas obras testemunham um refinamento constante no uso da ironia: "É fácil constatar quanto ele progrediu no uso da ironia", escreve L. Laurand; "seus sarcasmos são, de início, um pouco rudes; ele multiplica as antífrases fáceis, as qualificações de 'homem excelente' aplicadas a celerados. Alguns traços das *Verrinas* já têm mais delicadeza; eles são ultrapassados pelos elegantes gracejos do *Pro Murena*; desse discurso ao *Pro Caelio*, ao *Pro Ligario*, percebe-se ainda um progresso. Cícero chegou a um

6 AGACHE, S. "Construção dramática e humor no *Tratado de agricultura* de Varrão". In: *Le rire des anciens. Actes du Colloque International de Rouen et Paris.* Paris: 1998, p.230.
7 OVÍDIO. *A arte de Amar,* I, 631-634.
8 CÍCERO. *Aos familiares,* 9, 15, 2.

à vontade soberano, a uma ligeireza e a uma delicadeza de ironia que não podem mais ser ultrapassadas. Mais que nunca, a galhofa é, em suas mãos, uma arma que ele maneja com perfeita segurança; ora ela provoca feridas profundas, ora roça, arranha, mas sempre bate justo".[9]

Mas, como ressalta Quintiliano, isso não impede que alguns amigos o censurem por ultrapassar medidas, apelidando-o de *scurra*, "o palhaço", e que o estoico Catão de Útica o chame de "cônsul ridículo". É atribuída a ele, em vida, uma infinidade de pilhérias e ditos espirituosos, dos quais seu afilhado Tiro publica uma primeira coleção. Seu método, que ele próprio define como "ter respeito pelas circunstâncias, moderar suas tiradas, ser senhor de sua língua e comedido em ditos espirituosos",[10] não é uma abordagem do humor? Pode-se compará-lo ao de Horácio, que descreve o homem espiritual como "administrador de suas forças [cômicas] que as enfraquece com propósito deliberado".

De oratore, de Cícero, permanece uma mina de traços de humor que ilustra, ao mesmo tempo, a onipresença desse sexto sentido e a alta estima em que o tinham os romanos cultos. Se hoje esses ditos espirituosos nos fazem apenas esboçar um sorriso, isso só é efeito do costume. É o caso da réplica de Fabius Maximus a Livius Salinator, em 212 a.C. Este último, que perdera a cidade de Tarento, fechara-se na cidadela, de onde fizera diversas saídas que teriam ajudado Fabius a reconquistar a cidade. Ele insiste em dizer que o sucesso lhe era devido. "Como eu esqueceria isso?", responde Fabius. "Eu nunca teria reconquistado Tarento se não a tivesses perdido." Outra réplica: "Eu não gosto de pessoas que exageram no cumprimento de seu dever", teria dito Cipião a um centurião que permanecera em seu posto de guarda em lugar de participar da batalha, na qual era necessário.

Cícero dá ainda um exemplo de procedimento irônico que consiste em retrucar a zombaria. Quintus Opimius, que fora um debochado na juventude, caçoa de Egilius, que tem uma aparência – enganosa – de efeminado: "'Oh, minha pequena Egília, quando irás à minha casa, com tua roca e teu fuso?' 'Na verdade, eu não ouso; minha mãe me proibiu de frequentar mulheres de má reputação.'".

Nem tudo é espirituoso nas histórias citadas por Cícero, mas o orador soube captar os procedimentos de uma zombaria moderada e de bom gosto: "Em suma, enganar a expectativa dos ouvintes, zombar dos defeitos de

9 LAURAND, L. *Étude sur le style des discours de Cicéron*, t. III. Paris: 1927, p.254.
10 CÍCERO. *De oratore*, III, 60, 247.

seus semelhantes, caçoar, se for preciso, de seus próprios defeitos, recorrer à caricatura ou à ironia, atirar ingenuidades fingidas, ressaltar a tolice de um adversário, esses são os meios de provocar o riso. Assim, aquele que quer ser um bom "gracioso" deve revestir-se de uma naturalidade que se presta a todas as variedades desse papel, construir por si um caráter capaz de acomodar-se a cada expressão ridícula, mesmo do rosto; e quanto mais se tiver, como Crassus, o ar grave e severo, mais o gracejo parecerá repleto de sal".[11]

Pode-se ilustrar esse último traço pelo humor cáustico de Catão, o Censor. Esse homem austero e íntegro, insuportavelmente virtuoso e severo, encarna o rigor rústico dos velhos romanos e seu gosto pela zombaria mordaz, a *dicacitas*. Esse homem, de temperamento execrável, processado mais de cinquenta vezes até a idade de 84 anos, é também capaz de declarar: "Prefiro que perguntem por que não erigiram uma estátua a Catão a que perguntem por que lhe construíram uma". Seus repentes acerbos ligam-se ao lado agressivo do riso arcaico, e seus contemporâneos fizeram uma compilação deles. Com meios despojados, ele pratica um humor rústico. Segundo A. Haury, encontram-se "na boca do velho censor quase todas as formas de humor compatível com sua dignidade: autoironia, bonomia, paronímia, provérbios e citações, sobretudo cômicos, anedotas e ditos espirituosos, paradoxos, sem falar do estilo saboroso. De sua mordacidade, apenas se notam traços: os raros procedimentos diluem-se na massa do humor".[12] Humor conservador, reacionário, como o de Aristófanes, que defende a tradição e o sagrado. A oposição de Catão às reivindicações femininas, em 195 a.C., por exemplo, traduz-se por ferozes comentários sobre a fraqueza dos homens: "Todos os homens têm autoridade sobre suas mulheres; nós, romanos, comandamos os homens de todo o mundo, mas as mulheres nos comandam".

De Catão a Horácio, passamos do humor "pesado" ao humor "leve", ou, para falar em termos humanistas, da *dicacitas* à *urbanitas*. É verdade

11 Ibidem, II, 280. Entre os principais estudos sobre o humor dos latinos, ressaltamos PETER, H. "Die Litteratur der Witzworte in Rom und die geflügelten Worte im Munde Caesars", *Neue Jahrb, für class. Philologie,* CLV, 1897; GRANT, M. A. *The Ancient Rhetorical Theories of the Laughable.* Madison: 1924; PLEBE, A. *La teoria del comico da Aristotele a Plutarco.* Turim: 1952; MANZO, A. "Il De risu di Quintiliano nel contesto della retorica antica", *Rendiconti d. Instituto Lombardo,* CVII, 1973; HAURY, A. *L'ironie et l'humour chez Cicéron.* Paris-Leyde: 1955; ROBIN, P. *L'ironie chez Tacite.* Lille: Atelier de reproduction des thèses, 1973.

12 HAURY, A. op. cit., p.198.

que Horácio evoluiu pouco. Os gracejos de seus primeiros *Epodos* e *Sátiras* relevam-se antes do cômico escolar, como na sátira 8, cujo assunto é *merdis* e *cacatum* e em que o deus Príapo faz as feiticeiras fugirem "com um peido sonoro como uma bexiga que explode". Mas o poeta tornou-se ponderado com a idade. Na sátira 10, ele sublinha a superioridade da brincadeira sobre a severidade, para transmitir uma verdade moral. Ainda é preciso – contrariamente a Lucilius, que utiliza "sal a mãos cheias" – que a brincadeira seja contida: "Não é necessário fazer rir a bandeiras despregadas, embora essa arte tenha seus méritos. É preciso brevidade, é preciso deixar o pensamento correr sem lhe dar palavras que cansem os ouvidos; é preciso que o tom seja às vezes grave, às vezes divertido, que se acredite ouvir o orador, o poeta ou o homem do mundo que sabe controlar suas forças e não abusar delas. Quase sempre, a brincadeira elimina grandes adversidades com mais força e sucesso que a violência".[13] Os romanos, sabe-se, são pessoas práticas: para o cáustico Catão, bem como para o urbano Horácio, o riso é um instrumento a serviço da causa moral; trata-se de transmitir uma lição, com uma palmada ou uma carícia, mas sempre rindo.

Alguns conseguem até encontrar riso em Virgílio. Tal é o feito de P. Richard em uma obra amavelmente intitulada *Virgílio, autor alegre*.[14] A demonstração não é, contudo, muito convincente. A leitura das *Bucólicas* não põe à prova os zigomáticos, e quando o autor fala das "aventuras ridículas" de Eneias, que "faz rir o leitor de hoje", fica-se um pouco perplexo. O verdadeiro Virgílio cômico é Scarron, que o criará com seu *Virgílio parodiado*, em que a epopeia adquire traços ridículos. Como quando Eneias, em sua desesperada fuga na queda de Troia, percebe que sua mulher não o seguiu e seu pai o consola com estas palavras:

> ... ela voltará
> ou então alguém a reterá.
> Será que ela não ficou para trás
> Para ajeitar a liga?

Confessemos: "alegre" ou "travestido", Virgílio não é francamente engraçado, e preferimos, sem dúvida, o julgamento de Eugène de Saint-Denis: "O leitor não ri, ele sorri". Mas esses poucos exemplos demonstram que o

---

13 HORÁCIO. *Sátiras*, I, 10.
14 Paris: 1951.

riso nunca está longe no mundo romano. Ele constitui parte essencial do espírito latino, que encontramos até nas instituições. Eugen Cizek, em seu brilhante estudo *Mentalidades e instituições políticas romanas*, demonstrou quanto a aliança entre o sério e o lúdico está no coração dessas instituições: "A meu ver, não há nenhuma contradição entre o estilo étnico e os valores dos romanos, de um lado, e seu gosto muito concreto, pragmático – como um extravasar indispensável – pelo cômico, pelo riso, pelo burlesco, pelo famoso 'sal itálico', de outro. Um 'sal' que continha às vezes um pouco de 'fel', com evidente propensão a reprovar os maus costumes".[15]

O LATINO, CAMPONÊS CÁUSTICO

O riso e a sátira, num clima burlesco, são, de fato, as marcas específicas do riso romano, oriundas, talvez, da causticidade camponesa das origens latinas: "Ser terra a terra é estar predisposto à zombaria de tudo o que, defeito ou qualidade, parece nocivo ao sucesso", observa G. Michaud a propósito do temperamento romano.[16] Virgílio e Horácio, mais perto de suas origens, lhe dão razão: "Os camponeses de Ausônia, raça oriunda de Troia, divertem-se com versos grosseiros, com risos desbragados; eles vestem máscaras horrendas, grudadas à pele; eles te invocam, Baco, em hinos alegres e, em tua honra, levantam no alto de um pinheiro figuras de argila modelada", escreve o primeiro em *Geórgicas*, ao passo que o segundo evoca o gosto camponês pela brincadeira mordaz, que ele chama em *Sátiras* de "vinagre italiano". Ambos atribuem a esse temperamento alegre e ácido a origem das festas rurais que aliam o riso ao culto da fecundidade: *lupercalia*, em 15 de fevereiro, *liberalia*, em 17 de março, *floralia*, em abril. Em todas essas ocasiões, dá-se livre curso ao riso desenfreado, à licenciosidade, à vivacidade agressiva; é o espírito da "licença fescenina", que permite injúrias, agressões verbais as mais audaciosas, uma orgia de grosserias cômicas à qual alguns conferem valor encantatório, como no caso dos versos infamantes declamados na algazarra privada do *occentatio* – talvez uma das origens do charivari medieval. Na época de Virgílio e de Horácio, o sentido mágico dessas práticas já desaparecera havia muito tempo, e delas só restava o aspecto de diversão turbulenta.

---

15 CIZEK, E. *Mentalités et institutions politique romaines*. Paris: 1990, p.22.
16 MICHAUD, G. *Les tréteaux romains*. Paris: 1912, p.18.

A língua latina permite também compreender o caráter mordaz do humor latino. Com suas formas elípticas, ele se presta maravilhosamente ao sarcasmo, à tirada, ao jogo de palavras conciso e picante, característico da *dicacitas*, ou causticidade. O costume camponês de cobrir as pessoas de impropérios está na origem de muitos sobrenomes latinos, estigmatizando defeitos físicos, intelectuais e morais, tais como *Scaurus*, o manco, *Galba*, o barrigudo, *Sêneca*, o velhote, *Lurco*, o glutão, *Brutus*, o grosseiro, ou *Bibulus*, o beberrão. Tomando-se por base esses sobrenomes, o simples deslocamento de uma letra permite uma mudança de sentido cômico: M. Fulvius Nobilior, o notável, torna-se, para Catão, *Mobilior*, o instável. Essa prática, que para nós revela-se de baixo nível, é comum mesmo nos exercícios oratórios de alto nível, tais como as prédicas de Cícero. Este não hesita em recomendar o procedimento, assim como os diminutivos: seu adversário, Clodius Pulcher (o belo), torna-se *Pulchellus* (o belo garoto). Ele próprio, Cícero (o grão-de-bico), não escapa às brincadeiras, que aceita de bom grado. Aos amigos que lhe aconselham mudar de nome, ele responde que tornará esse grão-de-bico tão célebre quanto *Catão* (o prudente), *Catullus* (o pequeno travesso) ou *Scaurus* (o manco).

Esses malabarismos com as palavras, que a concisão rigorosa da língua permite, estão no coração da zombaria mordaz que constitui a *festivitas* (jovialidade) e a *dicacitas*. Elas estão também na origem desses divertimentos pastorais que consistem em enviar de um grupo a outro, em réplicas alternadas, "desafios" mordazes com uma métrica precisa: as *saturae*. Segundo Valério Máximo, foi em 364 a.C. que a juventude romana teria acrescentado, com a ajuda de um poeta tirreno, essas diversões às festas religiosas. Tratar-se-ia de uma forma rústica de composição dramática, que teria sido levada, mais tarde, para a comédia latina.[17] Essa *satura*, da qual provém a sátira, é reveladora do rústico temperamento romano. Ela é uma espécie de "teatro total", misturando expressão corporal, canto, dança, palavra em uma atmosfera festiva global. Sua função de derrisão é essencial: "A introdução do discurso nas coreografias inicialmente mudas é devida à juventude romana, constituída, segundo tudo indica, de 'categoria de idade', investida de uma função quase oficial de contestação e de derrisão".[18] De início improvisados, espontâneos, os textos são, depois, passados para a escrita; eles

17 P. CÉBE, J.-P. "A *satura* dramática e o divertimento fescenino". In: *Revue belge de philologie et d'histoire*, 1961, pp.26-34.
18 MARTIN ET, R., GAILLARD, J. *Les genres littéraires à Rome*. Paris: 1990, p.257.

testemunham uma zombaria rústica que desembocará, cerca de 240 a.C., na primeira representação verdadeira de uma comédia. É bastante significativo que a comédia tenha sido muito anterior à tragédia, em Roma. O mundo e a sociedade são percebidos, a princípio, como realidades pouco sérias, que provocam necessidade de zombaria.

Essa necessidade é uma constante na sociedade latina, o que Quintiliano destaca ainda no primeiro século: "Também nos banquetes e conversas, vê-se grande número de conversadores cáusticos, porque a prática cotidiana desenvolve essa atitude".[19] Quintiliano é muito reservado em relação ao riso, cujo uso excessivo pelos romanos ele condena, mas reconhece seu mérito de desarmar os espíritos. "É preciso reconhecer que ele tem uma força verdadeiramente superior e irresistível ... a ponto de derrotar, com frequência, o ódio e a cólera."[20] Em *Instituição oratória*, Quintiliano testemunha a universalidade do riso romano, que, sob o termo único de *risus*, abarca uma variedade de práticas: a *dicacitas*, que provoca o riso atacando as pessoas; o *salsum*, "o que tem sal"; o *facetus*, que compreende uma certa delicadeza; o *iocus*, que é o contrário do sério; a *urbanitas*, que tem, visivelmente, sua preferência: "Por isso, entende-se, a meu ver, uma linguagem em que as palavras, o tom e o uso revelam um gosto próprio da cidade e um fundo discreto de cultura adquirida pelo convívio com pessoas instruídas; em uma palavra, o contrário do rústico".[21] Todos esses gêneros, escreve ele, são ilustrados por oradores célebres: Gabba, o cômico folgazão, Junius Bassus, o cômico insolente, Cassius Severus, o cômico áspero, Domitius Afer, o cômico gentil. A bufonaria, "com contorsões de rosto e dos gestos", e o cômico obsceno também são frequentes, para seu grande pesar. Quanto a seu grande modelo, Cícero, "ele se empenhou muito em fazer rir, não somente fora do recinto judiciário, mas em seus próprios discursos".[22]

Uma coisa é certa: desde suas origens, os romanos gostam de rir e interessaram-se por essa prática, esmiuçada por numerosos escritores. Eles "redigiram preceitos sobre esse assunto" e compuseram compilações de ditos espirituosos, que Quintiliano evita citar: "Se eu quisesse destacar, sucessivamente, todos os ditos espirituosos dos antigos, iria sobrecarregar

19 QUINTILIANO. *Instituição oratória*, VI, 3, 14.
20 Ibidem, 8.
21 Ibidem, 17.
22 Ibidem, 3.

meu livro de exemplos e fazê-lo assemelhar-se às compilações para fazer rir".[23] Ele concorda, contudo, em citar algumas blagues mais aceitáveis a seu gosto, especialmente gracejos hierárquicos, de superiores em relação a subalternos – brincadeiras fáceis e condescendentes que não são a melhor ilustração da causticidade latina. Assim, fazendo alusão ao costume romano de jogar moedas aos elefantes, Augusto teria dito a um soldado que lhe fazia uma súplica, tremendo: "Não ajas como se desses um ás aos elefantes!" Sem dúvida, só os cortesãos riram...

A SÁTIRA, EXPRESSÃO DO GÊNIO ROMANO

É na sátira que desabrocha o verdadeiro riso romano. A Grécia, é verdade, conhece a diatribe, forma agressiva e amarga de crítica social, desenvolvida pelos cínicos no quadro de discussões entre mestre e aluno. Esse gênero, cultivado por Bíon e Menipo de Gadara, não está ausente em Roma, onde Varrão o mistura ao gênero local em *Sátiras menipeias*. Mas, enquanto a diatribe permanece ligada a uma escola filosófica, a sátira atinge uma dimensão nacional. Seus alvos são, ao mesmo tempo, morais, sociais e políticos, e seu espírito, essencialmente conservador. Uma vez mais, constatamos que o riso é um instrumento de imobilismo e não de inovação – ao menos sob a forma de zombaria. O novo suscita antes a troça, no sentido de que surpreende, choca, quebra a norma e a convenção; seu aspecto estranho e desconcertante é presa fácil para o espírito cômico: a arte nova sempre provocou a hilaridade do público médio. A distância crítica, necessária ao exercício do riso, é conquistada de imediato. Ora, a sociedade romana é profundamente conservadora, e todos os grandes satíricos latinos são igualmente conservadores e asseguram seu sucesso pela causticidade rústica e pelo apego às tradições.

Um exemplo flagrante disso é Lucilius, considerado o fundador do gênero. Esse rico aristocrata do século II a.C., amigo de Cipião Emiliano, denuncia os vícios e os defeitos poderosos, mas também todas as inovações nefastas a seus olhos, como os modos orientais que penetram Roma e a invasão da língua latina pelos helenismos "ao vento". Sua posição lhe permite atacar impunemente os homens mais poderosos, que ele ridiculariza com insolência e cinismo, como os cônsules Lupus, Cotta e Opimius.

23 Ibidem, 65.

Defensor das tradições aristocráticas, ele se apoia no povo, que seduz pela virulência de suas arremetidas contra os ricos. Essa prática se tornará clássica nos satiristas reacionários: fazer o povo rir das inovações das classes dirigentes para manter o vigor delas e aumentar a proteção da ordem social; desencadear cinicamente um riso cujas verdadeiras vítimas são aqueles que riem. Zombar das taras dos aristocratas para guardar intacta a força da aristocracia, ou "ri melhor quem ri por último"; esse é o sentido das *Sátiras* de Lucilius. Sátiras que são muito variadas na forma: moralizantes, familiares, joviais, mas, de preferência, ofensivas, insolentes, agressivas.

Seus seguidores acentuam um ou outro aspecto, segundo seu temperamento. Se alguns cultivam apenas esse gênero, raros são os autores latinos que não abordaram a sátira num momento ou outro de sua vida. Para os latinos, é uma necessidade quase visceral, e mesmo os muito refinados não recuam diante das obscenidades mais chocantes. Eis como o epicurista Horácio caçoa da mulher idosa e apaixonada: "Ousas me pedir, velha podridão centenária, que gaste contigo meu vigor, quando tens os dentes pretos, tua figura toda sulcada de rugas e entre tuas nádegas murchas boceja uma pavorosa abertura como a de uma vaca que digeriu mal? Porém, crês poder me excitar com teu tronco, teus seios pendentes como as tetas de um jumento, teu ventre flácido, tuas coxas gretadas que terminam em pernas inchadas? ... Meu membro não está menor e mais mole? Para levantá-lo de minha virilha desgostosa, precisarias trabalhar com a boca. ... Melhor que ninguém, reconheço um pólipo por seu cheiro e sinto o fedor do bode sob os sovacos peludos: tenho mais faro que um cão de caça que despista um javali. Que suor escorre sobre seus membros murchos, que odor se espalha por toda parte quando, com meu membro lânguido, ela ainda quer, sem descanso, acalmar sua raiva indomável!".[24]

A mesma elegância encontramos em Propércio ao descrever uma mulher velha: "Através de sua pele, contam-se todos os seus ossos. Escarros sanguinolentos passam pelos buracos de seus dentes". E Marcial ironiza finamente a velha Thais, que "cheira pior que um pote de cola, que uma ânfora estragada pela salmoura apodrecida".[25] Admiremos com que delicadeza o poeta Catulo envolve em "hendecassílabos falecianos" (Jean Bayet) suas críticas aos *Anais* de Volusius, tratados como *cacata carta* ("papel de merda").

24 HORÁCIO. *Épodos*, VIII.
25 Sobre os romanos e a velhice, ver MINOIS, G. *Histoire de la vieillesse*. Paris: 1987, pp.117-164.

A sátira latina recai de bom grado sobre os estrangeiros, os gregos em particular, em que Plauto despeja todos os vícios; Cícero zomba deles também em *Pro Flacco* e caçoa dos gauleses em *Pro Fonteio*. Mas ataca-se, sobretudo, a sociedade romana decadente, da qual Pérsio denuncia o orgulho, a avareza, a preguiça; pratica-se, igualmente, a autoderrisão, como faz o imperador Juliano em *Misopogon* (Inimigo da barba), em que zomba de sua feiura, de suas maneiras e de sua rusticidade.

SÁTIRA POLÍTICA E CAPACIDADE DE AUTODERRISÃO

A sátira, inevitavelmente, tinha de atingir a esfera política. Mas, para isso, seria preciso esperar o aparecimento da opinião pública, embrionária, ao menos, para poder repercutir o riso. É no momento das guerras púnicas, em que a questão é a sobrevivência de Roma, que uma tomada de consciência política se manifesta pelas primeiras zombarias contra os chefes militares. Mas o exercício é perigoso, porque se choca com o espírito legalista e com o consenso tradicional em torno das instituições. Naevius fez essa experiência: foi para a prisão por ter ousado rememorar um episódio ridículo da juventude de Cipião e por ter escarnecido da família de Matellus. Seu contemporâneo Plauto abstém-se, em suas comédias, de qualquer ataque pessoal. Sua origem humilde não lhe permitiria tais impertinências; ele se contenta, pois, com uma verve extraordinária, em aferrar-se aos reveses sociais, a certas categorias, tais como os cortesãos e os exploradores do povo.

A época das guerras civis estimula a verve dos satiristas, e alguns ditadores, como Silla, não desdenham de rir com os comediantes. César é objeto de numerosas sátiras, que incidem, em particular, sobre sua vida sexual. Segundo Suetônio,[26] ele tolera bem as zombarias que o atingem, por exemplo, pelo assunto de suas relações com o rei da Bitínia, Nicomedes. Dolabella o denomina "o rival da rainha e parceiro íntimo do leito real"; seu colega cônsul Bibulus fala dele como "a rainha da Bitínia, que queria deitar com um rei e que, agora, quer ser um deles"; um certo Otávio teria saudado Pompeu, publicamente, com o título de rei e César com o de rainha; Licinius Calvus lhe dispara versos zombeteiros e seus próprios soldados, durante o desfile triunfal depois da guerra da

26 SUETÔNIO. In: "Júlio César", *Vidas dos doze Césares*, 49-50.

Gália, cantavam-lhe, a plenos pulmões, seguindo seu carro, uma canção que tinham composto:

César desonrou a Gália,
e ele o fez pelo rei Nicomedes.
Eis aqui César, coroado em triunfo
por sua vitória gaulesa.
Nicomedes não recebeu louros,
Apesar de ser o maior dos três.

Outra *copla* dirige-se aos romanos:

Trazemos de volta nosso proxeneta calvo;
Romanos, recolhei vossas mulheres!
Todo o ouro que lhe haveis confiado
Serviu para pagar as putas gaulesas.

Cúrio, o Velho, que chama César de "a puta bitínia de Nicomedes", também o trata de "marido de todas as mulheres e mulher de todos os maridos". Quanto a Cícero, ele escreve que "esse descendente de Vênus perdeu a virgindade na Bitínia" e um dia interrompeu César, que explicava ser politicamente devedor de Nicomedes: "Basta, por piedade! Nós sabemos tudo o que ele te deu e o que lhe deste em troca". O mesmo Cícero compõe em 44 a.C.-43 a.C. as ferozes *Filípicas* contra Antonio, mas dessa vez ele paga com sua vida.

Sob o Império, a sátira política não desaparece, mas adquire um torneio diferente. Ousa-se ridicularizar o imperador, mas somente depois de sua morte e com a finalidade de glorificar o novo soberano, rebaixando o predecessor. Assim, no início do reino de Nero, quando o senado declara a deificação de Cláudio, Sêneca descreve sua "aboborização" (*Apocolocyntosis*), sátira burlesca e obscena do defunto: "Quando morreu, ele escutava atores cômicos, assim compreendeis por que os temo. Ele pronunciou suas últimas palavras depois de deixar escapar um ruído sonoro de seu órgão de comunicação habitual: 'Flautista, creio que soltei um chio'. Contudo, que eu saiba, é o que ele fizera. Sobretudo, chiava".[27] Cláudio chega primeiro ao céu, na esperança de ser deificado, mas sua chegada provoca a

27 SÊNECA. *Apocolosintose*, 4, 2-3 (ed. P. T. Eden, Cambridge: 1984).

indignação dos deuses: "Vendo essa estranha aparição, essa marcha bizarra, ouvindo essa voz grosseira e incompreensível que parecia pertencer mais a um monstro marinho que a uma criatura terrestre, Hércules acreditou que seu 13º trabalho chegara".[28] Surge o debate sobre a pertinência de deificar semelhante criatura; Augusto fica indignado: "Quereis deificar tal homem? Mas olhem esse corpo! Os deuses ficaram escandalizados quando ele nasceu! Se ele é capaz de articular três palavras coerentes, quero me tornar seu escravo! Mas quem adoraria semelhante deus? Quem creria nele?".[29] Com a deificação sendo rejeitada por unanimidade, Cláudio chega ao inferno, onde encontra todos os "amigos" que mandara assassinar e que lhe reservam uma acolhida movimentada. "Quando os viu, Cláudio gritou: 'Estais todos aqui, meus amigos! Como chegastes?' Pedro Pompeu lhe diz: 'Zombas de nós, seu bastardo cruel? Ousas perguntar como? Mas quem nos teria enviado para cá senão tu, carrasco de todos os amigos?'"[30]

Juvenal utiliza, um pouco mais tarde, o mesmo procedimento em relação a Domiciano, acusado de tirania, de deboche e de crueldade em sua sátira 4. Novamente, escrevendo vinte anos depois da morte desse imperador, ele procura enobrecer a nova dinastia denegrindo a precedente. Daí a análise de Susanna Braund: "Contrariamente às aparências, a sátira política romana antes desafia o *status quo* e sustenta o regime da época, que é sempre definido pela referência aos regimes precedentes. Isso está de acordo com a tendência romana a ver o mundo como *exempla* positivos ou negativos, modelos de conduta a imitar ou a evitar".[31]

A sátira política em Roma só tem como finalidade a defesa das tradições e da ordem estabelecida. Sob sua forma mais antiga, antes mesmo da escrita, ela é praticada por meio de cantos e versos de ironia dirigidos a magistrados e generais vencedores, para lembrá-los de que, apesar de sua grandeza, eles continuam homens. É ainda uma manifestação do bom-senso rural cáustico, visando a equilibrar a exaltação excessiva dos grandes homens, ou assim considerados, que teriam tendência a "ter cabeça grande". É uma sabedoria rústica expressa de maneira escarnecedora,

---

28 Ibidem, 5, 2-3.
29 Ibidem, 13, 3.
30 Ibidem, 13, 6.
31 BRAUND, S. "Paradigms of power: Roman imperors in Roman satires". In: *Humour and History*. Oxford: ed. K. Cameron, 1993, p.67.

transcrição familiar do *vanitas vanitatum* bíblico: o riso como antídoto ao orgulho e às pompas humanas.

Tito Lívio deu numerosos exemplos dessas manifestações de derrisão que acompanham o desfile de triunfo dos vencedores, depois do século V a.C., e a antiguidade desse uso é confirmada por Dionísio de Halicarnasso: "É evidente que essa prática, nos triunfos, dessa espécie de divertimento, em que o burlesco ocupava lugar, era costume desde os primeiros séculos entre os romanos. É uma liberdade, permitida ainda hoje àqueles que seguem a pompa triunfal, de dizer impropérios às pessoas de bem, sem poupar nem sequer os generais de exército. ... Esses traços satíricos exprimem-se em versos compostos nos campos de batalha".[32] A tradição prossegue sob o Império, como o testemunha Marcial em seus *Epigramas*, no fim do século I: "Vossos triunfos têm o hábito de tolerar as brincadeiras, e um general nem enrubesce por fornecer matéria aos motejos".[33]

Vimos um exemplo com Júlio César que, de acordo com Dion Cassius, tenta vagamente protestar, mas é reduzido ao silêncio pelas pilhérias. É uma cena espantosa essa do divino César, em pé em seu carro, de túnica púrpura, com a toga salpicada de estrelas de ouro, cetro em uma das mãos e ramos de louro na outra, sofrendo, à guisa de hinos de louvor, risos grosseiros e cantos obscenos de seus legionários, que o chamam de pederasta. É uma marcante ilustração do poder do riso nos romanos. O costume se ritualiza pouco a pouco, o que explica seu sentido profundo: por ocasião do triunfo, um escravo, cômico profissional, fica ao lado do vencedor e lhe repete: "Olhando para trás, lembra-te de que não és mais que um homem", enquanto a multidão grita impropérios.

Também surpreendente, a nossos olhos, é a prática da derrisão do defunto, quando de suas exéquias. "Eu vi", escreve Dionísio de Halicarnasso, "nas pompas fúnebres dos grandes homens, principalmente aqueles cuja vida foi feliz, coros de sátiras que precediam o féretro e mesclavam o canto à dança.".[34] Os imperadores não escapam à regra. No cortejo fúnebre, um bufão, o *mimus*, divertia a multidão imitando os reveses do desaparecido. Suetônio relata como o bufão Favor, levando a máscara de Vespasiano e arremedando suas atitudes, ridiculariza a avareza do morto durante seus funerais: ele pergunta quanto custa a cerimônia e declara preferir que lhe deem

32 DIONÍSIO D'HALICARNASSO. *Antiquités romaines*, VII, 72.
33 MARTIAL. *Epigramas*, I, 4, 3-4.
34 DIONÍSIO D'HALICARNASSO. op. cit., VII, 72.

uma parte da soma e joguem seus restos no Tibre.[35] O riso persegue os poderosos até a morte: é o contrapeso ao culto imperial, que não engana os romanos. A deificação dos imperadores é um símbolo de humor político que apenas os modernos levaram a sério.

De modo geral, os estudos clássicos têm subestimado a capacidade dos romanos. Isso se constata no uso da paródia, da qual os gregos fizeram tanto apanágio. Estes já, desde o século V a.C., parodiaram Homero, as fábulas mitológicas e até certos filósofos. Em Roma, Plauto e Terêncio utilizaram o procedimento do pastiche, Horácio usou o do pindarismo e Petrônio multiplica as reminiscências literárias em *Satiricon*. Mas a paródia desce até os grafites rabiscados a carvão, como aqueles encontrados em Pompeia, que são "à maneira de" Virgílio e de Horácio. Esses versos da *Eneida* ou das *Bucólicas*, decorados pelas crianças, permitiam que o pastiche fosse apreciado mesmo por um público popular, cuja capacidade cultural e aptidão para a ironia são superiores ao que se tem dito.

Dois nomes ficaram como símbolos da sátira romana no século II: Juvenal e Marcial. Contudo, seus risos são muito diferentes. Ao passo que Marcial é descontraído, Juvenal é crispado, explodindo de indignação diante dos vícios de sua época. Ele "não sabe rir e, quando tenta fazê-lo, seu sorriso transforma-se num ricto sardônico ou sádico".[36] Suas invectivas, seus sarcasmos provocam um riso amargo contra a degradação moral. Na sátira 3, é expulso um espectador pobre que, no teatro, se sentara, por engano, num lugar destinado aos ricos: "Que ele saia, se tem algum pudor! Que se levante das banquetas reservadas aos cavaleiros aquele que não tem o censo exigido pela lei! Que ele deixe esses lugares para os filhos dos prostituídos, nascidos em qualquer bordel!".

Entretanto, esse riso moralizador da sátira romana torna-se mais difícil sob o Império, quando a paródia das classes dominantes pode ser punida com açoite ou banimento. Então a verve cômica, voltando-se para si mesma, degrada-se em ditos espirituosos, preciosismos, jogos de palavras para público esnobe. Esse defeito, que à sua maneira também testemunha a cultura do riso, já está presente na grande época em que, Cícero o reconhece, "o sábio preferiria colocar em sua boca uma brasa acesa a guardar para si um dito espirituoso". O romano não resiste à tentação de um jogo

35 SUETÔNIO. "Vespasiano", 19.
36 RODRIGUEZ ALMEIDA, E. "Martial-Juvenal: entre *castigatio per risum* et *censura morum*". In: *Le rire des anciens*, op. cit., p.141.

de palavras, um trocadilho, aos quais a língua se presta tão bem. Cícero sucumbe a isso muitas vezes; com Catulo, tornam-se um hábito; com Ovídio, uma obsessão. A preciosidade, o gosto pelas proezas da linguagem, pelas audácias sintáticas fazem com que Plínio, o Jovem, diga a respeito de um orador de estilo límpido: "Ele só tem um defeito, o de não ter defeito". Com Sidônio Apolinário, enfim, o riso cáustico e agressivo dos primeiros latinos termina seu percurso totalmente aprisionado e reduzido ao estado de um ornamento inofensivo e vão.

O LADO NEGRO DO RISO ROMANO: O GROTESCO

O riso romano também tem outra especialidade: o grotesco. Mas, ao passo que o espírito cáustico pode ser considerado natural e originário, esse novo elemento é cultural, ligado a um certo desenvolvimento da sociedade latina. Historicamente, ele aparece no primeiro século de nossa era, logo após as atrocidades e turbulências políticas e sociais da Roma republicana. Sob muitos aspectos, o grotesco se alterna com a ironia rústica. O riso debochado, raivoso, com finalidade moralizante e conservadora, que zomba dos vícios e das coisas novas, é sucedido por um riso inquieto e perturbador, que provoca mal-estar e vai muito além do riso burlesco. Esse riso é franco, simplesmente inverte as coisas de forma temporária. O riso grotesco surge de uma reação de medo diante da realidade que por momentos se deforma, perde sua estrutura racional, tranquilizadora, tornando-se monstruosa. Esse tipo de alucinação lúcida talvez pareça engraçado, mas "pode acontecer que o grotesco se distancie inteiramente dos registros cômicos, e, se o riso aparece, é um riso de histeria e horror", escreve Louis Callebate, que ainda acrescenta: "O riso grotesco não é meramente uma brincadeira; mal-estar, inquietação, até medo estão largamente associados a ele".[37] O grotesco surge, em geral, na sequência das agitações políticas e sociais que inverteram a ordem "natural" das coisas e que nos levam a ter um olhar novo sobre o mundo: este se desestrutura, decompõe-se; seus elementos fundem-se uns nos outros, recompõem-se de forma monstruosa e ridícula. Diante desse mundo instável, incerto, desconcertante, o espírito hesita e, se se decide pelo riso, é um riso seco, quase sem alegria. Petrônio é o primeiro grande artista do grotesco. Seu *Satiricon* permanece uma obra misteriosa,

37 CALLEBAT, L. "O grotesco na literatura latina". In: *Le rire des anciens,* op. cit., pp.110 e 103.

da qual subsistem fragmentos em que se misturam a magia, o erotismo, o obsceno, o belo e o feio, em uma "transgressão combinada a uma estética da harmonia, ruptura estabelecida com uma ordem da natureza que refuta o insólito".[38] A perversão e a transgressão das leis naturais podem fazer rir, mas é o riso do diabo, que se compraz em misturar tudo para nossa confusão; e esse riso, como o do personagem Quartilla, provoca medo: "Batendo as mãos, ela explodiu num riso tão forte que ficamos amedrontados".

Horácio já havia explorado essas regiões nebulosas em que se apagam os limites entre as categorias habituais, em que o horror torna-se cômico, e o risível, horrível. As cenas de feitiçaria prestam-se bem a essa alquimia, como a do livro I das *Sátiras*. Quase dois séculos mais tarde, Apuleio desenvolve o tema em *As metamorfoses*, título revelador de um mundo instável em que tudo é possível e todas as referências e valores desapareceram. Nessas aventuras grotescas, não há bem nem mal, belo nem feio, mas simplesmente peripécias que determinam um riso embaraçado e vagamente perturbador. É um romance diabólico, a começar por seu herói, já que se trata das tribulações de um asno, animal que encarna os maus instintos, as forças maléficas, a sensualidade desenfreada. Silênio, filho de Pan, cavalga um asno; muitos romanos acreditam que os judeus adoram o asno, e o famoso grafite do século III, representando um asno crucificado, permanece um enigma, como veremos. O imaginário cristão serve-se muito, aliás, desse quadrúpede: o asno do presépio, o asno da fuga do Egito, o asno da entrada em Jerusalém, o que poderia significar a domesticação das forças do mal. Para os egípcios, é também o animal de Seth, deus responsável pela morte de Osíris. Lúbrico e demente, ele simboliza as forças obscuras da natureza; sua gritaria evoca a cacofonia, o caos, o oposto da harmonia da idade de ouro – é um riso hediondo e obsessivo.

É um romance diabólico também pela confusão de gêneros, pela íntima mistura de riso, medo e morte. O riso está no coração do relato; e aí é cultuado. "Byrreno me diz: 'Amanhã é o dia de uma festa instituída desde as origens de nossa cidade nessa época; entre todos os mortais, só nós invocamos o santo deus Riso, segundo um rito agradável e próprio para excitar a alegria'."[39] Mas essa alegria é ambígua, sempre misturada ao medo: assim como quando Lucius, implicado em um caso criminal, é condenado à morte, surgem risos contra o infeliz quando lhe revelam que se trata de uma blague.

38 Ibidem, p.103.
39 APULEIO. *O asno de ouro ou As metamorfoses*, II, 31.

As desventuras de Telifrão, mutilado pelas feiticeiras, sem nariz e sem orelhas, não são uma pilhéria e, no entanto, provocam uma explosão de riso: "Os assistentes apontam com o dedo, meneiam a cabeça para me designar; enquanto ficam vermelhos de rir, eu passo entre as pernas dos vizinhos ao meu lado e escapo, suando frio".

Pérsio e Juvenal também praticaram o grotesco, à procura de algo além das aparências. A tomada de consciência do ridículo, do monstruoso e do absurdo provoca um soluço caótico e congelado que só tem as características físicas do riso: "Instrumento de arte, visão desestruturada do mundo, mas também construção de um universo que se quer total, o grotesco constitui o instrumento eficaz de uma análise lúcida, às vezes risível, mas cruel, do homem absurdo de todos os tempos".[40] É por isso que o cômico grotesco só aparece num estágio tardio da evolução de mentalidades e da cultura em dada civilização. Resulta da constatação de quanto o mundo é incompreensível, constatação consecutiva a traumatismos coletivos que trincaram a fachada lógica das coisas e deixaram entrever, atrás das aparências, uma realidade proteiforme, sobre a qual não temos mais controle. O riso grotesco incide sobre a própria essência do real, que perde a consistência. É uma verdadeira desforra do diabo, uma vez que ele pulveriza a ontologia, desintegra a criação divina, reduzida ao estado de ilusão. Ao lado do riso irônico, constatação do absurdo, o riso grotesco é a constatação do não lugar: dois risos cerebrais, reduzindo o ser ao absurdo e à aparência.

O primeiro é, de preferência, grego, mais intelectual, mais filosófico, mais sensível ao caráter irracional e ilógico da realidade. O segundo é, antes, romano, mais prático, mais sensível à dissipação do concreto, das leis físicas do mundo material. Para os dois, o cômico irrompe pelas brechas da fachada séria das coisas; mais que brechas, buracos que se abrem na textura lógica ou sensível do ser. Por essas aberturas, percebe-se o outro lado, e o choque sacode-nos nervosamente: esse riso é o grito de surpresa de um homem a quem o caos e o nada acabam de assaltar.

O RISO FESTIVO DAS SATURNAIS E DAS LUPERCAIS

A esses risos de intelectuais opõe-se o riso popular das festas coletivas. Mas ele não teria também um sentido "sobrenatural"? Divino ou

40 CALLEBAT, L. op. cit., p.111.

diabólico? Duas festas, sobretudo, chamam a atenção: as saturnais e as lupercais, em que o riso é o elemento essencial. Etnólogos e historiadores são quase unânimes quanto a sua significação. As saturnais, de início limitadas a um único dia (o 14 das calendas de janeiro, isto é, 17 de dezembro, antes do calendário juliano), depois estendidas a três dias (de 17 a 19 de dezembro) e, por fim, a uma semana (de 17 a 23 de dezembro), são destinadas a preencher a lacuna existente entre a duração do ano lunar, que serve de base ao calendário oficial, e a do ano solar, que rege o calendário dos trabalhos agrícolas. Esses poucos dias representam um vazio, um período roubado à direção de Zeus, soberano atual dos deuses e dos homens, e durante o qual Cronos-Saturno, o senhor do tempo, retoma sua posição dominante. O reino de Saturno foi, segundo os mitos, a idade de ouro. Trata-se, portanto, de um retorno mítico a essa época feliz e desaparecida, época de igualdade, de abundância, de felicidade. A alegria propiciada por esse retorno periódico manifesta-se pelo riso, e o riso alimenta-se dos rituais e das práticas que acompanham essas festas.

De início, são rituais de inversão. Tudo acontece ao contrário, já que o tempo está invertido. Inversão do dia e da noite: tochas e lanternas em pleno dia, presas às fachadas das casas no dia 1º de janeiro; aclamação de um "novo sol" à meia-noite; cantos e dança durante a noite. Saturno era, aliás, associado a Janus, o deus bifronte, de duas faces, olhando para a frente e para trás. Inversão de sexos: os homens vestem-se de mulher e cantam com voz de falsete, significando o retorno ao hermafroditismo primordial. Inversão social: todo mundo usa o chapéu de liberto, o *pileus libertatis*; os escravos comem com os senhores e podem dar-lhes ordens. Há uma ilustração disso na segunda sátira de Horácio, em que o autor se faz criticar por seu escravo em uma discussão sobre a loucura. Isso vai até a inversão da linguagem, com a utilização de um verdadeiro jargão, produzindo efeitos cômicos: "Essas festividades diversas aparecem como a expressão do tempo invertido. Durante 12 dias, em que grosserias e obscenidades são de preceito, rivalizam-se também canções paródicas, facécias e jogos de palavras. A prática da 'língua verte' (*vertere* = voltar), em que se invertem letras e sílabas e em que se deturpa o sentido das palavras, deve provocar o riso, complemento indispensável desses rituais, elemento determinante nesse período capital para a circulação das almas".[41]

41 *Carnavals et mascarades*, sob a dir. de D'AYALA, P. G. e BOITEUX, M. Paris: 1988, p.47.

O processo de inversão e derrisão dura até a eleição de um rei cômico, que deve fazer rir e tem toda a licença durante uma semana. Esse costume só aparece com o Império. Tácito conta que Nero teria sido eleito, uma vez, por seus alegres companheiros e aproveitou para ridicularizar Britanicus: "Durante a diversão das saturnais, os jovens jogavam dados para saber quem seria o rei, e Nero ganhou; ele lhes deu ordens embaraçantes. Ordenou a Britanicus que viesse se colocar no meio deles e cantasse uma canção. Nero esperava provocar riso à custa do jovem rapaz, porque Britanicus não tinha por hábito participar de reuniões sóbrias, que dirá daquelas em que se podia beber".[42] Em outros círculos, a eleição do rei mistura o trágico com o cômico: o eleito era um escravo ou um condenado à morte, executado no fim de semana de licença. Segundo um documento cristão tardio, *Os atos de são Dásio*, na armada elegia-se um jovem recruta que era, em seguida, executado. Sem dúvida, trata-se de um exagero, que visa demonizar esse costume, do qual os cristãos se recusam a participar. De acordo com o documento, Dásio teria sido eleito, sob Diocleciano, para a armada do Danúbio e decapitado por se recusar a desempenhar seu papel.[43] Essa eleição de um rei confundir-se-á, mais tarde, com a entronização do "rei da fava", designado por sorteio sob a forma de uma fava em um rodízio.

Também havia o hábito de fazer bolos – o que, no meio do inverno, é também uma forma de inversão, um retorno ao tempo do leite e do mel, do qual Saturno passa por inventor. Segundo Macróbio, os cireneus celebram seu culto coroando-se de galhos de figueira e enviando bolos uns aos outros. Oferecem-se as *sigillaria*, pequenas bonecas de argila ou pasta, com forma humana, e o "rei da fava", eleito em 6 de janeiro, estaria na origem do ritual cômico do "rei bebe": aqueles que não se associam a esse grito e a essa prática são lambuzados de preto, negro como a noite de lua nova. O riso coletivo da festa sempre teve esse lado obrigatório e intolerante.

Além disso, na noite de 31 de dezembro ou 1º de janeiro, vestem uma fantasia de cervo ou cabra selvagem para participar da mudança do tempo, à imagem dos cervídeos, cujos chifres caem e repontam cada ano. Usam-se máscaras, que podem servir para espantar os demônios ou a alma dos mortos, como lembra Georges Dumézil: "As figuras de mascarados, que vão do solstício do inverno ao equinócio da primavera, são quase sempre, entre outras coisas, seres informais: ou as almas dos mortos ou os demônios guardiães ou carrascos das almas".

42 TÁCITO. *Anais*, XIII, 14.
43 CUMONT, F. "Os atos de São Dásio". In: *Analecta Bollandiana*, XVI, 1897.

Será que todas essas motivações, elucidadas por nossos perspicazes etno-sociólogos, estão conscientes nas multidões romanas que se agitam alegremente nas saturnais? Ninguém o sabe. Há uma única certeza: o riso está por toda parte, obsedante, obrigatório, tirânico. Tudo contribui para isso: a licença, a inversão, as máscaras, o vinho. Mais que uma festa de Saturno, é uma festa do riso, e, como em todas as festas, o riso é mais ruidoso quando não se sabe do que se ri. O retorno à idade de ouro primordial é o retorno ao riso, e o riso retira o indivíduo de seu ambiente cotidiano, transgride os limites e as regras. É um riso-evasão que, como o riso grotesco, aniquila o mundo real, anula o tempo. Para que a ilusão seja completa, é preciso eliminar os refratários, os mantenedores do mundo sério, que, com sua face grave, lembram aos foliões que sua festa é uma mentira. É preciso sugá-los, lambuzá-los, zombar deles, submergi-los no riso coletivo dissolvente. Não há nada mais intolerante e impiedoso que uma assembleia de pessoas que riem.

Se o riso das saturnais é um retorno à idade de ouro, o riso das lupercais é o renascimento para uma vida nova, melhor. Essas festas, no meio de fevereiro, dão lugar a um ritual estranho em que o riso ocupa um lugar central, codificado. Plutarco, relatando esse costume, não compreende mais seu sentido. "Há coisas e costumes cuja causa e origem são difíceis de conjeturar: porque se matam cabras e trazem jovens de famílias nobres que são tocados, na fronte, com a faca manchada do sangue das cabras imoladas e, em seguida, enxugam-nos com lã molhada no leite, e os rapazes devem começar a rir depois que lhes secam a fronte; feito isso, corta-se o couro das cabras, fazendo correias com ele. Eles pegam as correias nas mãos, saem correndo pela cidade, nus, exceto por um pano que lhes cobre as partes íntimas, e batem com essas correias em todas as pessoas que encontram em seu caminho. Mas as mulheres jovens não fogem deles, mas ficam felizes por ser surradas, acreditando que isso as ajuda a engravidar facilmente."[44]

O que significa esse riso? Plutarco cita as interpretações de sua época. Segundo o poeta Butas, trata-se da reminiscência da alegre carreira de Rômulo, depois de sua vitória sobre Amulius. Uma explicação tão banal não poderia satisfazer nossos contemporâneos, ciosos da psicologia das profundezas. Para Salomon Reinach, o riso das lupercais significa a explosão da alegria que o renascimento propicia, depois do simulacro do sacrifício representado pelo episódio das cabras e da marca da faca ensanguentada

44 PLUTARCO. "Rômulo". In: *Vidas de homens ilustres*, trad. Amyot, XXXIII.

sobre a fronte. Para apoiar essa tese, esse autor assinala a existência de ritos de iniciação similares na África central. A aproximação com o episódio bíblico de Isaac é também esclarecedora, quando se pensa que Isaac, em hebreu, significa "aquele que ri".

A explicação para o riso como signo de renascimento é tanto mais verossímil porque encontramos entre os gregos os mitos, como o de Deméter, que vão no mesmo sentido. Tanto o riso de retorno à vida como o riso de retorno à idade de ouro demonstram que o riso coletivo organizado tem um valor mágico de salvação, que nos faz escapar, provisoriamente, do mundo real. O que não é assunto para as autoridades deste mundo: as saturnais desaparecem na época do Baixo Império, quando o poder político se torna totalitário. "O opressor não se compõe com o riso: é a homenagem que ele presta ao seu poder", escreve Maurice Lever.[45]

Em qualquer época, o poder político não fica à vontade diante da festa como atualização do mito. A dimensão sobrenatural do acontecimento o ultrapassa e lhe proíbe as intervenções autoritárias que teriam ares de sacrilégio. Mas os riscos de exacerbação o inquietam. Então ele fixa limites cronológicos, restringindo as festividades a um período preciso, e esses parênteses festivos terminam por reforçar o estado de coisas existentes: festas de um retorno mítico ao caos original, permitindo rejeitar a criação da ordem pela condenação à morte do bufão; festas de um retorno mítico à idade de ouro, permitindo representar o mundo às avessas, confirmando em negativo a ideia hierárquica e reintegrando o real pela execução do rei cômico. De qualquer forma, o riso é a manifestação desses retornos, seja ao caos, seja à idade de ouro; ele rompe a trama cerrada da vida cotidiana e assegura-se de sua solidez diante das forças animais, instintivas – assim como o arco das pontes permite canalizar as ondas tumultuosas e atravessá-las sem dificuldade, ao passo que uma muralha compacta cederia sob a pressão.

O RISO CATÁRTICO DA COMÉDIA

A comédia latina desempenha um papel quase idêntico, ao mesmo tempo catártico e conservador. Em 1973, Luciano Perelli, em *Il teatro revoluzionario di Terenzio*, sustentou a tese contrária a propósito das peças de Terêncio, que balançam a moral burguesa tradicional, boicotam, pela ironia, a psicologia

45 LEVER, M. *Le Sceptre et la marotte. Histoire des fous de cour.* Paris: 1983, p.19.

conservadora e sugerem novas relações familiares, baseadas na autonomia pessoal. Mas essa posição é excepcional: a maior parte dos críticos concorda em ver, na comédia romana, um gênero conservador que ataca os diversos vícios e defeitos, seja ridicularizando-os, seja propiciando-lhes um exutório para uma realização imaginária.

Dois exemplos ilustram esse ponto. De início, a importância, nas comédias latinas, do escravo expedito, astuto, que engana, com sucesso, seu dono. É ele, na verdade, o verdadeiro herói de várias peças que, nesse sentido, se aproximam do espírito do mundo às avessas das saturnais. Certamente, trata-se de peças com personagens gregos, uma maneira de estabelecer dupla distância com os costumes representados: é não somente ficção, mas ficção estrangeira – não há, portanto, com que se assustar, parecem dizer Plauto e Terêncio, os melhores representantes desta *fabula palliata* (atores vestidos à moda grega, com o *pallium*), que se opõe à *fabula togata* de Titinius, Titus Atta, Afranius, mais trivial, em que os atores usam togas. Essas comédias, pode-se ler em um manual de literatura latina, "mimando, de forma lúdica, o que poderia ter sido uma autêntica revolução social, asseguram, na realidade, uma função 'catártica' de alívio coletivo, do qual a ordem social saía, afinal de contas, reforçada, pelo simples fato de que os desejos revolucionários latentes eram 'enganados' por esse simulacro de realização que lhes servia de exutório". Na época do Baixo Império, o poder político reagia com desconfiança, proibindo "a apresentação de personagens de escravos mais inteligentes que seus senhores", diz-nos Donato.

A segunda ilustração da função catártica do riso na comédia latina é a contestação do poder despótico do *pater familias*, zombado, ridicularizado no papel de velhos avarentos e lúbricos que monopolizam o dinheiro e as mulheres. Em *O mercador*, de Plauto, surge Demifon, velho apaixonado pela amante de seu filho; ele é ajudado por Lisímaco, outro velho da mesma casta. A intriga gira em torno do conflito de gerações, das paixões desregradas do pai visando privar o filho de suas legítimas satisfações. No fim da peça, edita-se uma lei nova, certamente conforme aos desejos dos jovens romanos da época: "Todo homem com idade de sessenta anos, casado ou mesmo – Irra! – celibatário, se soubermos que ele corteja as moças, nós o perseguiremos em virtude da dita lei: decidiremos que ele é apenas um tolo, e ainda mais, já que ele depende de nós, a indigência aguardará esse dissipador".[46]

46 HAYNES, M. S. "The supposedly golden age for the aged in ancient Rome". In: *The Gerontologist*, III, 1963.

Reencontra-se esse tema em *Asinaria*, em que outro velho libidinoso, Demeneto, procura deitar-se com a amante de seu filho. *Casina* retoma o mesmo tipo de herói: Lisidamo, velho lúbrico, ama a mesma mulher que seu filho; ele envia este ao exterior e, durante esse tempo, faz que a moça se case com seu feitor, que ele liberta, com a condição de poder deitar-se com a bela.

Outro grande defeito da velhice é a avareza. Único proprietário de todos os bens da família, o *pater familias* decide sobre eles como bem entende, até morrer, e seus filhos se enfurecem por não poder dispor de mais dinheiro para satisfazer as próprias necessidades, especialmente com as mulheres. A comédia vai lhes mostrar como obter as somas desejadas enganando o velho pai. Em *Epidicus*, o velho Perifano, que é um sábio, tem seu dinheiro roubado pelo escravo Epídico, que está a serviço de seu filho; um amigo de Perifano, Apecides, também é vítima de uma mistificação. A mesma intriga ocorre em *Pseudolus*, em que o velho Simão é vítima de um escroque, um escravo a serviço de Calidore, que precisa de dinheiro para pagar uma mulher. *Aulularia* põe igualmente em cena um velho avarento chamado Euclion, duro e cheio de suspeitas. Em *Mil glórias* aparece, enfim, um velho bom, Periplectomeno, mas seu retrato é o negativo daquele do velho comum, cuja conduta é, uma vez mais, fustigada. "À mesa, eu não assusto as pessoas com minhas discussões sobre assuntos públicos; jamais, durante um jantar, deslizo a mão sobre o vestido da mulher que está ao meu lado; não me apresso em pegar os pratos ou a taça antes de meus vizinhos; o vinho nunca me excita a ponto de procurar briga no meio de um banquete."

A grande quantidade de velhos nas comédias de Plauto revela a importância do problema social que constitui a velhice no início do século II a.C. Todo-poderoso, o homem velho é detestado. Em muitas famílias, espera-se sua morte com impaciência, uma vez que ela será uma libertação para os familiares. É esse aspecto que Terêncio põe em cena em *Os adelfos*.

Essa obstinação contra o *pater familias* idoso dá a medida do conflito de gerações produzido pelo costume romano. Maria Haynes relacionou as expressões mais utilizadas por Plauto e Terêncio para qualificar esses velhos déspotas. São, por ordem: "imundo", "cor amarela", "hálito fedorento", "fedendo como um bode", "cabelos brancos", "ventre saliente", "queixo deformado", "pés chatos", "sórdido", "oscilante", "doentio", "descarnado", "dobrado em dois", "trêmulo", "lábios caídos", "resmunguento e deformado", "feia coisa velha", "murcho", "usado", "frouxo", "velha carcaça decrépita", "tagarela estúpido".

Esse massacre evoca um alívio coletivo pelo riso, um riso agressivo que serve de exutório e contribui, na realidade, para consolidar o poder do *pater familias*. Também é essa a conclusão de Maria Haynes: "A razão da extraordinária 'perseguição' aos velhos pelos autores de teatro romanos pode ser compreendida se avaliarmos o imenso poder do *pater familias*. A revolta aberta ou mesmo o ressentimento dos jovens contra esse sistema eram muito arriscados, podendo resultar em condenação à morte do filho audacioso, pelo juiz de poder ilimitado, o *pater familias*. Por essa razão, é mais que natural que a cena tenha sido utilizada para expressar os sentimentos recalcados contra o todo-poderoso *pater familias*".[47]

Os temas tratados por Plauto e Terêncio são violentos, sórdidos, trágicos. São histórias de estupro, chantagem, tráfico de mulheres, prostituição, perversidade. Sob esse terror só pode nascer um riso agressivo, um riso de transgressão violenta, um riso de alívio. Porém, o que faz a diferença no que diz respeito ao tratamento trágico de tais temas é que, de um lado, não se acredita de fato neles, e, de outro, tecnicamente, os personagens são títeres de reações previsíveis. "Plauto agita suas marionetes submissas ao jogo do insaciável. Terêncio opõe figuras de avidez contrária. O risível não está no ser, mas numa agitação que toma conta desses comparsas, abandonados à tristeza da vida cotidiana."[48] Esse comentário de Jean Duvignaud ilustra a famosa definição de Bergson: o riso é o efeito provocado pelo mecânico sobreposto ao vivo. Aqui, os personagens são autômatos.

Isso é ainda mais verdadeiro na atelana, esse teatro popular nascido no século I a.C., vindo da região de Atela, na Campânia. Os atores correspondem a tipos encontrados em várias peças, de Novius ou Pomponius: *Papus* (Pepê) *Maccus* (simplório) etc. É um teatro rústico, que utiliza uma linguagem quase incompreensível para o público culto e cujas ousadias podem ser explicadas pelo fato de que ele deve lutar, no espetacular e no desmedido, contra a concorrência do circo: "É o tipo de humor de que o ator profissional necessita, porque sua audiência tem tendência a trocar as representações tediosas pelos espetáculos mais gratificantes do circo e dos gladiadores", escreve Fritz Graf. "É uma diferença no papel social do teatro que influencia a escolha das técnicas de produção do riso."[49]

47 Ibidem, p.34.
48 DUVIGNAUD, J. *Rire et après*. Paris: 1999, p.113.
49 GRAF, F. "Cicero, Plautus and Roman laughter". In: *A Cultural History of Humour*. Oxford--Cambridge: ed. J. Bremmer e H. Roodenburg, 1997, p.35.

O cômico bufão e mecânico de Plauto é uma ilustração disso. Com ele, o burlesco substitui o grotesco. Mesmo os mais odiosos de seus personagens são reduzidos a tal estado de caricatura, por meio de detalhes triviais, que só se pode rir. Em *Rudens*, Labrax, o traficante de moças para a prostituição siciliana, é um fantoche digno de pena. É um teatrinho de bonecos. "Seu cômico se impõe porque ele é mecânico, feito de caricaturas toscas, de contrastes exacerbados."[50] Além do mais, acrescenta Eugène de Saint-Denis, esses personagens zombam gentilmente de si mesmos – outro símbolo do humor latino: "Ninguém se leva muito a sério; feliz ou infeliz, cada um sabe se observar e caricaturar-se, rapidamente, se é um fantoche como Labrax; com um sorriso, se é um humorista como Gripus; com bonomia, se é um velho amável, como Demones".[51]

Outro tipo social satirizado pela comédia latina é o soldado, mata-mouros fanfarrão e sedutor, coberto de nomes ridículos: Stratophanus (você me viu), Platagidorus (criado moinho de palavras) Polymachaeroplagius (golpeador de espadas à larga). Mas essa soldadesca não é formada pelos gloriosos legionários romanos: são estrangeiros com atavio exagerado. Sempre o duplo espelho: o soldado, saqueador da República, é difícil de suportar; pode-se descarregar o mau humor contra ele por intermédio desses fantoches exóticos do teatro, e isso reforça, indiretamente, a posição e o prestígio do verdadeiro soldado.

Não haveria outra explicação para esse riso de desrecalque da comédia? Para Jean Duvignaud, Plauto e Terêncio são "imigrados do interior": o primeiro "desembarca da Úmbria, onde não se fala latim", e o segundo "é um escravo cartaginês, liberto por Cipião". Ambos se divertem em zombar dos costumes romanos, "em imitar o sério degradando-o, em desviar para o riso o exercício das funções cuja gravidade deriva de um arcaísmo mais ou menos reconstituído".[52] Tudo isso colocando-se atrás do espelho grego.

O que, aliás, não muda nada na função da comédia no mundo latino: provocar um riso de desrecalque no seio de uma sociedade extremamente legalista, estruturada por seu quadro jurídico meticuloso e pesado. Praticar a derrisão, sob forma disfarçada, é saciar as pulsões assassinas que, às vezes, deviam assaltar os romanos contra a tutela dos velhos, dos usuários, dos rufiões, dos magistrados e outros saqueadores da sociedade. A comédia

50 SAINT-DENIS, E. de. op. cit., p.88.
51 Ibidem, p.90.
52 DUVIGNAUD, J. op. cit., p.104.

funciona como válvula de segurança da sociedade civil, como evasão de um mundo às avessas. Há aí uma continuidade da festa. "Existe uma relação entre a alegria da festa e a efervescência cômica."[53] São condutas de evasão fora do mundo real que têm por finalidade consolidar esse mesmo mundo, evitar sua subversão e revolução pela derrisão codificada, circunscrita no tempo e no espaço. Condutas de substituição que implicam forte dose de agressividade no riso festivo e teatral: trata-se de descarregar, por um riso desenfreado e barulhento, o excesso de energia hostil. O riso contribuiu muito para a longevidade do mundo romano.

DECADÊNCIA ROMANA E DECLÍNIO DO RISO

Roma declinou ao mesmo tempo que sua capacidade de rir. Até o Baixo Império, o riso estava em toda parte. Ditadores e imperadores tinham seus bufões, costume largamente partilhado na bacia mediterrânea, porque os bobos das cortes são mencionados tanto nos círculos de Silla e de Antonio quanto naqueles de Atala de Pérgamo, Dênis de Siracusa, Filipe de Macedônia, Antíoco III Epifânio ou Alexandre de Feres, na Tessália. Em Roma, os bobos autênticos eram muito requisitados, como lembram os versos de Marcial:

> Ele passava por bobo; comprei-o por vinte mil sestércios.
> Devolve meu dinheiro, Gargilianus: ele tem sua razão!

O riso é comumente associado à manifestação divina. É assim que se pode discernir a inspiração saturnal da qual se beneficiou Zaratustra, como escreve Plínio: "Dizem que a única pessoa que riu no mesmo dia de seu nascimento foi Zoroastro, e seu cérebro batia tão forte que não se podia pousar a mão sobre sua cabeça, e isso prenunciava seu futuro saber".[54]

A desconfiança em relação ao riso aparece pouco a pouco no mundo romano. A diferença entre Cícero e seu admirador Quintiliano já é sensível em pouco mais de um século de distância. Cícero, o facecioso, deixou uma teoria completa sobre o riso em seu tratado *De oratore*. Interessa-se, particularmente, pela utilização do riso na oratória, mas seus comentários têm

53 Ibidem, p.106.
54 PLÍNIO. *História natural*, VII, 16.

alcance mais geral. Ele se mostra muito favorável: o orador tem todo o interesse em fazer rir; isso o torna simpático ao auditório, desperta a atenção ou, ao contrário, desvia-a, embaraça o adversário, enfraquece-o, intimida-o. Certamente, Cícero não se pronuncia sobre a natureza desse fenômeno que fez os filósofos fracassarem: "O que é o riso em si mesmo, o que o provoca, onde ele reside, como nasce e explode de repente, a ponto de não se poder retê-lo, mesmo que se deseje isso, de onde ele vem, que a ramificação produzida se comunica com os flancos, com a boca, com as veias, com os olhos, com a fisionomia, isso deixo a Demócrito a tarefa de explicar".[55] Porém, ele esboça, assim mesmo, uma teoria geral do riso, que é definido como aquilo que rebaixa, atraindo a atenção para o baixo e o feio: "O domínio do ridículo é sempre alguma feiura moral, alguma deformidade física. Sim, o meio mais poderoso, se não o único, de provocar o riso é ressaltar uma dessas feiuras, de um modo que não seja feio".[56]

Há mil maneiras de fazer rir, por palavras e por ideias. No cômico de palavras, Cícero registra o simples trocadilho (*ambiguum*) ou palavra de duplo sentido, a palavra inesperada que surpreende o auditor, a paronomásia, ou aproximação fonética de duas palavras de sentido diferente, o jogo de palavras com nomes próprios, as citações paródicas, as antífrases, metáforas, alegorias, antíteses. No cômico de ideias, ele cita pequenas histórias engraçadas inventadas, as aproximações históricas, hipérboles, alusões, traços irônicos. Para cada categoria, fornece numerosos exemplos, tirados, em grande parte, de seus próprios discursos, que constituem uma fonte inesgotável: seu amigo Trebonius fez uma compilação de seus ditos espirituosos; Tiro reuniu três volumes deles; mais tarde, Bibaculus também faria uma recolha; Júlio César se vangloriava de saber reconhecer as brincadeiras autênticas do orador. Isso atesta a alta estima que Cícero tinha ao riso e o uso frequente que fez dele.

Era um uso prático, acima de tudo: advogado, ele tem causas a defender – boas e más – e só se serve do riso com o objetivo da eficácia. Um advogado não se preocupa nem com a moral nem com a justiça, e pouco lhe importa defender um celerado ou atacar um inocente: ganhar a causa é seu único objetivo. Então, não nos deixemos impressionar pelas belas teorias ciceronianas sobre os limites do riso. De acordo com ele, "não se deve rir nem da extrema perversidade que chega até o crime nem da extrema miséria

---

55 CÍCERO. *De oratore*, II, 235.
56 Ibidem, II, 236.

à qual se apega o escarnecedor".[57] Isso não o impede, contudo, de utilizar o riso para defender um canalha da pior espécie, o jovem M. Caelius Rufus, cúmplice de assassinato, culpado de violência, sedições, malversações, tentativas de assassinato e insolências diversas. Pecados da juventude! Essa é a argumentação de *Pro Caelio*, em 56 a.C., em que Cícero recorre à ironia para ridicularizar a austeridade ultrapassada da moral tradicional. "Que diabo!", exclama ele, "nós já fomos jovens, e também os moralistas severos que exigiam, hipocritamente, a condenação do pobre Caelius!".

Para Cícero, o riso é um meio, uma arma, um instrumento e os conselhos que ele dá quanto a seu uso só visam à eficácia. O riso pode servir para convencer, para atacar, para defender, para ensinar. Em *De natura deorum*, por exemplo, ele utiliza brincadeiras, paródias e zombarias para denunciar as insuficiências dos filósofos no que concerne ao mundo divino. Não se trata de uma manifestação de ceticismo, escreve Clara Auvray-Assayas, mas de um procedimento pedagógico: "É ... para combater o esquecimento e despertar os espíritos entorpecidos que Cícero faz ressoar, em qualquer debate sobre os deuses, os acentos de um riso de múltiplas funções, sem hesitar em empregar, com virtuosismo, citações, paródias e caricaturas, atribuídos com arte à figura enigmática de Sócrates. Esse riso de filósofo e de letrado, que antecipa aquele que Rabelais retiraria da referência a Sócrates, não visa aos deuses. ... O riso visa, aqui, à pretensão dos homens de fazer uma pesquisa sem jamais ter medido, com exceção dos adversários que ridicularizam, os limites de sua razão e a fraqueza de seus métodos".[58]

Cícero fixa limites estritos ao riso respeitável que deve ser "elegante", "polido", "inventivo", "engraçado", escreve ele em *De officiis*. Ele deve respeitar o estatuto social, evitar a grosseria. "Deixemos aos mímicos 'etólogos' a imitação que cai na ousadia ou na obscenidade; que sua brincadeira não advenha nem do bufão nem do mímico." Não é preciso ferir seus semelhantes, mas usar com eles uma ironia elegante: Metellus, por exemplo, foi visitar o poeta Enius, cuja criada lhe disse que ele não estava em casa, mas Metellus sabia, perfeitamente, que ele se encontrava lá. Quando Enius, por sua vez, foi visitá-lo, Metellus gritou, do interior da casa, que ele não estava. Como Enius ficasse espantado, ele lhe disse: "Outro dia, eu acre-

57 Ibidem, II, 237.
58 AUVRAY-ASSAYAS, C. "O riso dos acadêmicos: a citação cômica em *De natura deorum* de Cícero". In: *Le rire des anciens*, op. cit., p.306.

ditei em tua criada; então, por que não me acreditas?".[59] Isso evita chamar Enius de mentiroso.

Em um discurso, "os assuntos em que a zombaria é mais fácil são aqueles que não excitam nem grande horror nem grande piedade. Assim, o autor encontrará com que se distrair com os vícios da humanidade, desde que não ataque nem indivíduos cujo infortúnio os torne simpáticos nem celerados que deveriam ser condenados ao suplício; e esses vícios agradavelmente escarnecidos não deixam de fazer rir".[60] É preciso também "administrar as afeições do auditório e não atacar, inadvertidamente, pessoas que lhe são caras". Os bufões zombam sem cessar e sem motivo: os oradores só devem fazê-lo para ser úteis. Enfim, é preciso rir entre as pessoas do mesmo nível e evitar zombar daquelas de condição superior. Uma vez sendo respeitadas essas regras de *urbanitas*, o riso é marca de boa companhia.

Cento e vinte anos mais tarde, Quintiliano, outro orador que admira muito Cícero, retoma a questão em uma obra teórica equivalente, a *Instituição oratória*. O riso aí é visto, claramente, com mais circunspecção ou até desconfiança. Quintiliano lhe consagra duas vezes menos espaço que Cícero e exprime muitos temores sobre o assunto: o riso é suspeito e desestruturador; é um fomento da desordem; perigoso para o poder, faz perder a dignidade e a autoridade. O orador que o utiliza perde o controle de seu público; é um meio baixo, que qualquer um pode empregar; é a negação da razão e pode dissimular a verdade.[61] O riso é perturbador, mais ou menos demoníaco, inexplicável, misterioso, incontrolável: "Apesar de o riso parecer coisa frívola e, muitas vezes, ser provocado por farsantes, mímicos, enfim, pelos bobos e loucos, é preciso reconhecer que tem uma força verdadeiramente imperiosa e irresistível. Ele brota à revelia, não se expressa apenas pela fisionomia e pela voz, mas sacode violentamente todo o nosso corpo. Como já disse, ele inverte a situação nos assuntos importantes a ponto de destruir, frequentemente, o ódio e a cólera".[62]

Essa força obscura deve, portanto, ser utilizada com parcimônia e nunca contra os infelizes, os notáveis, os grupos sociais ou nacionais: "É desumano, de fato, fazer brincadeiras fortes com os infelizes. Mas há homens de utilidade reconhecida e de respeitabilidade notória, e seria erro grave

---

59 CÍCERO. *De oratore*, II, 273.
60 Ibidem, II, 238.
61 DESBORDES, F. "Retórica e riso segundo Quintiliano". In: *Le rire des anciens*, op. cit.
62 QUINTILIANO. *Instituição oratória*, VI, 3, 3.

utilizar com eles linguagem agressiva. ... Também é erro fazer tiradas de humor pesado e pilhérias contra uma coletividade, tomá-la como exemplo ou a nações inteiras, categorias, ordens ou uma condição [social] ou um gosto muito arraigado. As palavras para fazer rir, o homem honesto as dirá observando a dignidade e a respeitabilidade: é, de fato, muito caro pagar o riso à custa da probidade".[63]

É preciso prudência e reserva, portanto. *Urbanitas* exige que não haja "nada que destoe, nada de rústico, nada de insípido, nada de estranho, nem no pensamento nem nas palavras, nem na voz nem no gesto, se bem que ela reside menos em cada palavra que na tonalidade de todo o enunciado". "Será *urbanus* o homem abundante em palavras e respostas felizes e que, nas conversas, nas refeições, nos círculos de amigos e também nas assembleias públicas, enfim, em todo lugar, fale de maneira divertida e apropriada. Todo orador que proceder assim fará rir."[64]

Um riso parcimonioso, refinado, de bom gosto, tão longe quanto possível da causticidade agressiva das origens e da grosseira bufonaria da atelana. A trajetória do riso no mundo romano é de uma degradação progressiva, que vai do *risus* vigoroso e multiforme dos primeiros séculos da República a uma pluralidade de risos socialmente distintos. Nos círculos dirigentes e na elite intelectual, prevalece uma concepção agora negativa: o poder desconfia do riso; ele vigia as expressões subversivas em festas e comédias; nas classes superiores, deve ser utilizado apenas com parcimônia, sob forma muito apurada, cada vez mais artificial e amaneirada. O riso grosseiro sob vigilância, o riso fino totalmente adulterado: a decadência do mundo romano é também a decadência de sua hilaridade. Os romanos dos séculos III e IV não têm sequer a possibilidade de rir de suas desgraças. Antes mesmo do desaparecimento do Império, eles entram no "vale de lágrimas" que a nova religião lhes prepara.

63 Ibidem, VI, 3, 33, 34-35.
64 Ibidem, VI, 3, 105.

– 4 –

A DIABOLIZAÇÃO DO RISO NA ALTA IDADE MÉDIA

Jesus nunca riu

O cristianismo é pouco propício ao riso. Essa afirmação será, sem dúvida alguma, contestada: opor-se-á o "verdadeiro" cristianismo, sorridente, ao "falso" cristianismo, triste; serão evocados os sorrisos de Francisco de Assis e de Francisco de Sales, os alegres abraços de celebração e os risos dos presbitérios.

Tudo isso é verdadeiro, mas um pouco factício: o riso não é natural no cristianismo, religião séria por excelência. Suas origens, seus dogmas, sua história o provam.

Para começarmos, o monoteísmo estrito exclui o riso do mundo divino. Do que poderia rir um Ser todo-poderoso, perfeito, que se basta a si mesmo, sabe tudo, vê tudo e pode tudo?

Mesmo sob a forma trinária que lhe deram os teólogos, as três pessoas divinas, perfeitamente idênticas, não têm nenhum motivo de hilaridade. Puro espírito, sem corpo e sem sexo, o trio divino, imutável e imóvel, está eternamente absorvido em sua autocontemplação. Ao menos é assim que o apresenta a teologia clássica, construída sobre os conceitos platônicos e aristotélicos.

O RISO, CONSEQUÊNCIA DO PECADO ORIGINAL

O Jeová bíblico é, certamente, um tanto inquieto. "No início, Deus criou o céu e a terra", diz a *Bíblia*. Por amor ou por tédio? Essa criação não tem nada de engraçado, e apenas os textos gnósticos imaginaram um riso divino quando da criação. O próprio Gênese é muito solene, como convém à ocasião. E eis Adão e Eva no paraíso terrestre. De que eles poderiam rir? São perfeitos, eternamente belos, eternamente jovens; eles se movimentam, asseguram-nos os teólogos, em um jardim de delícias onde tudo é harmonia; estão nus, mas sem nenhuma vergonha. Nenhum defeito, nenhum desejo, nenhuma fealdade, nenhum mal: o riso não tem lugar no jardim do Éden. Nem sequer o riso de satisfação: há satisfação quando alguma carência é suprida; ora, o paraíso conhece a plenitude permanente. Então, um sorriso, talvez? Os especialistas discutem. Tudo depende da relação que se estabelece entre riso e sorriso. Uma simples diferença de intensidade ou, ao contrário, uma diferença de natureza, o riso implicando a agressividade e o sorriso, a submissão?[1] No segundo caso, nada se opõe a que o primeiro casal tenha sido sorridente. Ao menos uma coisa é certa: o riso não fazia parte do plano divino.

Contudo, eis que o Maligno se envolve. Porque é ele, dizem-nos os exegetas, que se esconde sob os traços da serpente bem-falante que tantos filósofos escarnecem. O pecado original é cometido, tudo se desequilibra, e o riso aparece: o diabo é responsável por isso. Essa paternidade tem sérias consequências: o riso é ligado à imperfeição, à corrupção, ao fato de que as criaturas sejam decaídas, que não coincidam com seu modelo, com sua essência ideal. É esse hiato entre a existência e a essência que provoca o riso, essa defasagem permanente entre o que somos e o que deveríamos ser. O riso brota quando vemos esse buraco intransponível, aberto sobre o nada e quando tomamos consciência dele. É a desforra do diabo, que revela ao homem que ele não é nada, que não deve seu ser a si mesmo, que é dependente e que não pode nada, que é grotesco em um universo grotesco.

Agora, pode-se rir. Há de quê: rir do outro, desse fantoche ridículo, nu, que tem um sexo, que peida e arrota, que defeca, que se fere, que cai, que se engana, que se prejudica, que se torna feio, que envelhece e que morre – um ser humano, bolas!, uma criatura decaída. O riso vai se insinuar por todas as

---

1 CLAPIER-VALLADON, S. "O homem e o riso". In: *Histoire des mœurs*, Encyclopédie de la Pléiade, t. II, 1991.

imperfeições humanas. É uma constatação de decadência e, ao mesmo tempo, um consolo, uma conduta de compensação, para escapar ao desespero e à angústia: rir para não chorar. Eis aí o que os pais da Igreja recriminam: em lugar de chorar sobre nossa decadência, o que seria marca de arrependimento, rimos de nossas fraquezas, e essa é nossa perda. Vemos nosso nada e rimos dele: um riso diabólico.

Mas voltemos à *Bíblia*. Os primeiros episódios da história humana não têm nada de engraçado: Caim mata Abel, Deus faz a humanidade perecer no dilúvio, mistura as línguas, extermina Sodoma e Gomorra. Enfim, o primeiro riso ressoa: aquele de Abraão e de Sara. E esse primeiro riso bíblico relatado é uma história licenciosa. Deus, de fato, diz a Abraão, com cem anos de idade, e a Sara, noventa anos, que eles devem fazer um filho. Morrendo de rir, Abraão cai sobre seu assento e Sara, hilária, responde a Deus: "Enrugada como estou, como poderia gozar?"[2] (tradução ecumênica da *Bíblia*). Ela não tinha regras havia muito tempo, diz o Gênese; e ele, uma ereção, naquela idade? Jeová parece não compreender. "Por que ela está rindo?", pergunta ele a Abraão. Dada a explicação, ele se irrita: "Existe coisa impossível para o Senhor?". Súbito, Sara, confusa, desculpa-se. "Sara negou, dizendo: 'Eu não ri', porque ela tinha medo. 'Sim, sim, tu bem riste.'" E em lembrança desse riso, a criança que eles terão chamar-se-á Isaac, isto é, "Deus ri".

A história é ridícula. Daí os esforços dos exegetas para interpretar esse riso. Riso de alegria, dizem os mais indulgentes, seguindo São João evangelista. Riso de dúvida, consideram muitos outros: os esposos estão incrédulos, pensam que Deus está brincando! O remorso de Sara parece confirmá-lo. Riso de autoderrisão, acreditam e afirmam alguns: nós somos tão pequenos! E, aliás, esse riso repercute: refletindo sobre o fato, "Sara exclamou: 'Deus me deu motivo para rir! Qualquer um teria rido!'".[3] Rir para zombar dela ou para se regozijar com ela? Isso não está claro.[4] Já então há uma distinção entre riso bom e riso mau. De acordo com Alcuin, o riso de Abraão é bom, é um riso de alegria; o de Sara é mau, e é por isso que ela é repreendida.

Essas discussões ilustram toda a ambiguidade das interpretações da *Bíblia*. Quando colocamos a questão de saber se há humor na *Bíblia*, seria necessário distinguir entre o humor que acreditamos encontrar nela, com

2 Gênese, 18, 12.
3 Ibidem, 21, 6.
4 Ver a discussão dessas hipóteses em ABÉCASSIS, A. "O riso dos patriarcas". In: *Lumière et vie*, n.230, dez. 1996, pp.7-14.

nossa sensibilidade atual, e o humor que os redatores voluntariamente aí colocaram, mesmo que isso não nos faça rir mais. Um exemplo são as tribulações de Jonas, que se salva por não desempenhar a função perigosa de profeta e que é engolido por um enorme peixe que o vomita depois de três dias; Jonas, que predisse a destruição de Nínive, que se instala em uma cabana para assistir ao espetáculo e que é tão despeitado que Deus mudou de ideia: "Jonas entendeu mal, muito mal, e se zangou". A história é cômica para nós; será que era também para o redator?

Depois de séculos, exegetas e teólogos estudam a questão, e suas advertências nos esclarecem mais sobre sua mentalidade e seus pressupostos do que sobre as verdadeiras intenções do texto. Na maioria das vezes, eles não atribuem à *Bíblia* nenhuma intenção cômica. Afinal, não se trata da palavra divina? Supõe-se que os redatores não têm nenhuma distância crítica em relação a ela. A "história santa" é a história séria por excelência: não se brinca com a salvação eterna da humanidade.[5] Os exegetas são pessoas muito sérias e impuseram sua própria gravidade ao texto bíblico. Eles chegaram mesmo a retirar daí um traço étnico dos semitas, desde La Roque, que escreve, em 1718, que "os árabes consideram que aqueles que riem facilmente por qualquer coisa têm espírito fraco e malformado e que esse ar risonho e satisfeito só é aceitável em moças e mulheres jovens",[6] até F. Vigouroux, cujo clássico *Dicionário da Bíblia,* em 1922, disserta sobre a "gravidade oriental".[7] Outros, como Heinrich Loewe, em 1931, viram na ausência do riso bíblico uma "lição histórica" ou antes teológica, tendo em vista que os hebreus, conscientes de seu papel de povo eleito, não podiam ter o menor senso de humor.[8] De seu lado, A. N. Whitehead e W. Phelps consideram a ausência do cômico um dos traços distintivos da literatura bíblica.[9] Todo o peso da tradição exegética, patrística e medieval reforçava essa convicção. E, como ressalta Donald Murray, "é evidente que um livro de borda dourada, revestido de couro negro, com o título *Bíblia Sagrada* gravado em letras de ouro sobre a lombada, não pode ser receptáculo de humor. Também é certo que

5 DUQUOC, C. "Riso, humor e magistério". In: *Lumière et vie,* n.230, dez. 1996: "Se a vida designa a verdade em seu caráter absoluto, seus intérpretes não dispõem de distância em relação a ela e não podem, em consequência, apresentá-la com humor, sendo sua linguagem a réplica perfeita da eterna verdade" (p.68).

6 *Voyage en Palestine.* Amsterdã: 1718, p.133.

7 V. v, art. "Riso".

8 *Alter Jüdischer Volkshumor.* Frankfurt: 1931, p.8.

9 HOROWITZ, J. e MENACHE, S. *L'humour en chaire.* Paris: 1994, p.31.

os puritanos, os vitorianos e seus semelhantes, que prescreviam sua leitura como a única ocupação de domingo, viam aí uma fonte de pensamento mortalmente sério e de austeridade moral".[10]

Mas, na segunda metade do século XX, o tom muda. O humor está na moda, o riso é de bom gosto. Na "sociedade humorística" contemporânea, ser desprovido de senso de humor é uma doença, quase um vício. De repente, todo mundo – a começar pelos crentes – redescobre o riso bíblico. Como poderia faltar essa qualidade essencial no texto inspirado? E o homem, sempre pronto a fazer Deus à sua imagem, atribui-lhe agora um maravilhoso senso de humor. Veem-se traços dele por toda parte. Explica-se até por que as gerações anteriores não o puderam ver. Disseca-se cientificamente o "campo semântico do humor" bíblico, segundo o título de um estudo de Athalya Brenner.[11] Chega-se mesmo a fazer amálgamas anacrônicos com o humor judaico.[12]

Por trás desse retorno, distingue-se sempre o pressuposto apologético: trata-se de colocar o judaico-cristão de acordo com nosso tempo, de mostrar que essa religião não é triste, porque a tristeza não está na moda. Extraordinária flexibilidade da *Bíblia*, com a qual se pode fazer qualquer coisa. Basta escolher suas citações para justificar tudo e seu contrário. O comentário de Jacques Le Goff – "Segundo uma técnica habitual e reveladora da evolução das mentalidades e das sensibilidades na Idade Média, quando cada um escolhe mais ou menos, na *Bíblia*, o que serve a suas opiniões, os estímulos à alegria e ao riso passam em silêncio"[13] – vale também para hoje, mas invertendo os termos: atualmente, são os trechos desesperadores que passam em silêncio.

EVOLUÇÃO DO CÔMICO BÍBLICO

É claro que há riso na *Bíblia*! Os hebreus são homens como os outros, e esse condensado de sete a oito séculos de sua literatura contém, sem

10 MURRAY, D. "Humour in the Bible?". In: *Humor and History*. Oxford: ed. K. Cameron, 1993, p.21.
11 "On the semantic field of humour: Laughter and the Old Testament", ed. Y. T. Radday e A. Brenner, *On Humour and the Comic in the Hebrew Bible*. Sheffield: 1990, pp.41-43. Ver também REINES, H. W. "Laughter in Biblical and Rabbinical Literature". In: *Judaism*, 1972, pp.176-183.
12 BEN-AMOS, D. "The myth of jewish humour". In: *Western folklore*, 32, 1973, pp.112-131.
13 "O riso nas regras monásticas da Alta Idade Média". In: *Haut Moyen Age: culture, éducation et société. Etudes offertes à Pierre Riché*. Paris: 1990, p.100.

dúvida, a mesma proporção de riso e de lágrimas que os escritos dos povos vizinhos. Com certeza, não há textos específica e exclusivamente cômicos. Mas, como escreve Bernard Sarrazin, "a ausência de gênero literário cômico na *Bíblia* não prova nada; isso pode muito bem ser explicado, como sugere Auerbach em *Mimesis*, pela propensão dos autores bíblicos a conjugar, justapor – sem distinguir gêneros, como os gregos – o sublime com o trivial ou o cômico com o trágico".[14]

Exemplo convincente: no livro dos Juízes, que relata a época da conquista da Terra Santa pelos hebreus sobre os povos palestinos, encontra-se o episódio do assassinato do rei de Moab, Eglon, por Ehud.[15] Não se pode duvidar da intenção humorística, visando reduzir os inimigos de Israel a derrisórios títeres. Ehud é canhoto, membro da tribo de Benjamim, nome que significa "filho da mão direita"; ele é encarregado de levar "em mão" (direita ou esquerda?) o tributo ao rei. Então fabrica um punhal com dois gumes, que esconde em sua bota direita, para poder retirá-lo com a mão esquerda. Sob o pretexto clássico de ter uma mensagem secreta para transmitir ao rei, fica sozinho com ele no aposento. Eglon, que em hebreu se assemelha a "bezerro" – animal que se mata para comer –, é grande e gordo. "Ehud estende a mão esquerda, pega o punhal na perna direita e o enterra no ventre do rei. O cabo entra atrás da lâmina e a gordura se fecha em cima dela, porque Ehud não conseguiu retirar o punhal do ventre do rei." Ehud escafedeu-se pela janela. Os servidores de Eglon pensam que o rei se atrasou compondo a toalete; para isso eles têm uma expressão imaginativa: "Sem dúvida, ele deve estar cobrindo os pés no quarto tão fresco". Todo o episódio tem, manifestamente, um tom de zombaria, e o riso mescla-se ao trágico.

Há outros exemplos. Donald Murray chega a ver na história de Jacó, que foi substituído por seu irmão Esaú, uma espécie de "comédia picaresca", com um anti-herói imoral; o humor atinge aqui os ancestrais venerados de Israel: "Mesmo a relação religiosa central do antepassado com Jeová é apresentada com veia cômica".[16] No Livro de Jó, quando Deus faz do hipopótamo o ápice da criação, ele é realmente sério?

> Veja que força há em sua garupa
> e o vigor nos músculos de seu ventre!

---

14 SARRAZIN, B. "Riso do diabo da diabolização". In: *Humoresques*, n.7, p.31.
15 Juízes, 3, 12-30.
16 MURRAY, D. "Humour in the Bible?", op. cit., p.35.

Ele enrijece o rabo como um cedro,
suas coxas são trançadas por tendões.[17]

E Jeová acrescenta, sem rir: "É ele, é a obra-prima de Deus!".

Não dá para duvidar do humor voluntário na *Bíblia*, mesmo se tivermos tendência a acrescentá-lo: "Se formos dotados de humor, podemos fazer uma leitura humorística de textos desprovidos de humor",[18] escreve apropriadamente Robert Favre. Há na *Bíblia* uma fonte permanente de cômico, que provém da "conflagração do sagrado e do profano".[19]

O Antigo Testamento aborda, explicitamente, o problema do riso, e seu discurso lembra a evolução que distinguimos na Grécia. No período mais arcaico, o riso é, antes de tudo, uma expressão agressiva de zombaria e de triunfo sobre os inimigos. A zombaria faz parte das invectivas rituais; é uma arma, uma ameaça, eficaz e temorosa, usada pelos bons e pelos maus. Os livros históricos fervilham de exemplos: "tu serás a risada dos povos", "a risada dos vizinhos", "a risada dos insensatos", "a risada de toda a terra", "a risada dos inimigos", "a risada dos pagãos", "a risada de todos os países".[20] Deus mesmo ri dos pecadores, dos maus: "Tu, Senhor, ris de todos eles, zombas de todas essas nações"; "o Senhor ri dele porque ele vê chegar seu dia"; "Ele zomba dos zombadores".[21] Ele ameaça abandonar Israel "à risada de todos os povos".[22] Jó O acusa até de zombar dos justos: "Da desgraça dos homens íntegros Ele escarnece".[23]

Por seu lado, os maus zombam de Deus,[24] a filha de Sião zomba de Esequias, o povo dos caldeus zomba dos reis, o homem presunçoso zomba dos povos e estes replicam "com ironia mordaz".[25] Os profetas manipulam implacavelmente o sarcasmo, prelúdio do extermínio, como no episódio de Elias diante dos 450 profetas de Baal a serviço de Jesabel. Um concurso de magia foi organizado: cada um prepara um novilho para o sacrifício e pede

17 Jó, 40, 16-17.
18 FAVRE, R. *Le rire dans tous ses éclats*. Presses Universitaires de Lyon: 1995, p.106.
19 SARRAZIN, B. "Jesus nunca riu. História de um lugar comum". In: *Recherches de science religieuse*, abril-jun. 1994, t. 82, n.2, p.220.
20 Deuteronômio, 28, 37; Salmos, 30, 12; 38, 9; Judite, 5, 21; Eclesiastes, 18, 31; Joel, 2, 17; Ezequiel, 22, 4.
21 Salmos, 59, 9; 36, 13; Provérbios, 3, 34.
22 Reis, I, 9, 7.
23 Jó, 9, 23.
24 Salmos, 9b, 13; 34, 15-16.
25 Reis, II, 19, 21; Habacuc, 1, 10; 2, 6.

a seu deus que o incendeie. Aquele que o fizesse seria reconhecido como o verdadeiro deus. Os profetas de Baal começam: toda manhã eles imploram a seu deus que acenda a fogueira, em vão. "Então, ao meio-dia, Elias zomba deles e diz: 'Gritai mais forte: é um deus, ele tem preocupações, deve ter dado uma saída, tem de percorrer o caminho de volta; talvez esteja dormindo e é preciso acordá-lo'."[26] Depois é a vez de Elias, que obviamente consegue, o que lhe dá o direito de massacrar os 450 profetas em nome do Senhor: "Elias os fez descer a colina de Quishon, onde os degolou".[27]

Essa anedota não deixa de lembrar o massacre dos pretendentes por Ulisses. Os profetas de Baal também foram zombados por Elias e entraram em transe. É a aliança do riso e da morte, o riso como grito de triunfo sobre o inimigo vencido. Trata-se do mesmo riso arcaico, homérico, das sociedades guerreiras. Nos escritos mais antigos da *Bíblia*, o riso de alegria simples é raro. É o riso de retorno dos exilados, da restauração de Israel: "Então nossa boca se enchia de riso e nossa língua gritava de alegria", diz o Salmo 126; "Ri de todo o teu coração, filha de Jerusalém", diz Sofonias.

No Livro de Jó, já se constata uma diversificação do riso, que pode exprimir ao mesmo tempo a alegria ("Deus vai encher tua boca de riso"), a zombaria humilhante ("Eu sou a risada dos mais jovens que eu"), a força ("Desastres, penúria, rirás de todos eles"). Mas é nos escritos de sabedoria, os mais recentes do Antigo Testamento, que aparece uma verdadeira reflexão sobre o riso. E, tal como na Grécia ao fim do século V a.C., ocorre uma distinção entre o riso bom e o mau.

O mau é o riso de zombaria, que se torna, pouco a pouco, o apanágio dos maus: "O zombador tem horror à humanidade", e "muitos castigos estão preparados para os escarnecedores", dizem os Provérbios.[28] "Nunca rias do homem que está na amargura", afirma o *Siracida*, porque o sarcasmo e o insulto são defeitos dos orgulhosos.[29] São os servidores de Deus que são alvo das zombarias, como Jeremias. Há outro riso detestável: o dos imbecis, riso barulhento, vulgar e irritante, que o *Siracida* opõe ao riso do sábio:

> O tolo, quando ri, o faz elevando a voz;
> o homem prudente apenas sorri e discretamente.

---

26 Reis, I, 18, 27.
27 Ibidem, I, 18, 40.
28 Provérbios, 24, 9; 19, 29.
29 Eclesiastes, 7, 11; 27, 28.

Os discursos dos tolos provocam zanga
e seu riso é um deboche culpado.[30]

A maneira de rir é reveladora da personalidade, tanto quanto o andar, acrescenta o *Siracida*,[31] que recomenda seu uso prudente na educação da criança: "Não rias com ela para não ter de sofrer com ela".[32] Fora isso, é bom ser alegre e não é ruim beber vinho, porque "o vinho traz leveza ao coração e alegria à alma".[33] O *Siracida*, composto ao redor de 180 a.C., é um manual de sabedoria e de bem viver, de espírito muito helenizado. Encontra-se nele uma espécie de elogio da alegria que lembra o ideal aristotélico de eutrapelia:

Não abandones tua alma ao desgosto
nem te atormentes deliberadamente.
Um coração alegre mantém um homem com vida
e a alegria prolonga a duração de seus dias.
Diverte tua alma, reconforta teu coração
e expulsa para longe de ti a tristeza;
porque a tristeza causou a perda de muitos
e não se ganha nada em abandonar-se a ela.
Ciúme e cólera tornam os dias menos numerosos,
e as preocupações engendram uma velhice prematura.
Um coração alegre favorece o apetite
e acarreta grande atenção aos bons alimentos.[34]

Alguns decênios antes disso, o *Qoheleth* declara: "Do riso eu disse: é uma loucura" e "Mais vale o desgosto que o riso, porque sob o rosto sofrido o coração pode estar feliz".[35] Mas esse livro exagerado, que reduz tudo à categoria de vaidade, condena sobretudo o "riso dos insensatos" e, jogando com as contradições que tecem a existência humana, constata que há "um tempo para chorar e um tempo para rir".[36]

30 Ibidem, 21, 20; 27, 13.
31 Ibidem, 19, 30.
32 Ibidem, 30, 10.
33 Ibidem, 31, 28.
34 Ibidem, 30, 21-25.
35 Eclesiastes, 2, 2; 7, 3.
36 Ibidem, 3, 4.

A concepção bíblica do riso é, de fato, clássica e equilibrada. Ela se revela até mais moderna que aquela do mundo greco-romano, uma vez que dessacraliza o riso, que não tem mais nada a ver com o sobrenatural.

Certamente, Deus ri de tempos em tempos, mas isso é apenas uma imagem. Não há mais o riso ritual, organizado, com uma função religiosa de retorno periódico ao caos ou à idade de ouro, não mais saturnais, lupercais nem dionísias. A concepção linear da História e do tempo proíbe, aliás, qualquer ideia desse tipo, já que a criação aconteceu de uma vez por todas. O riso é um comportamento estritamente humano, logo, alheio ao mundo divino, surgido depois da queda e que é um dos símbolos da decadência da condição humana. Distinguem-se simplesmente um riso positivo (*sâkhaq*, o riso alegre) e um riso negativo (*lâag*, o riso zombeteiro).[37]

JESUS RIU?

O tom é nitidamente mais grave no Novo Testamento. Mesmo que o mito de que "Jesus nunca riu" só se tenha desenvolvido no fim do século IV, com João Crisóstomo, é preciso admitir que os Evangelhos, os Atos e as Epístolas são muito severos em relação ao riso. Não fazem nenhuma menção de riso em Cristo. Ao contrário, são os adversários que riem: eles zombam dele quando ele afirma que a filha de um notável não está morta, mas dorme; o próprio Jesus anuncia que escarnecerão dele;[38] ele é ridicularizado pelos soldados por ocasião da Paixão: "Eles zombam dele, dizendo: 'Salve, rei dos judeus'".[39] *As beatitudes* condenam claramente o riso neste mundo: "Felizes vós que chorais agora: vós rireis. ... Infelizes vós que ris agora: ficareis em luto e chorareis".[40] Desde Pentecostes, a mensagem evangélica é acolhida por risos, os apóstolos são tomados por bêbados: "Outros murmuravam: 'Eles estão cheios de vinho doce'".[41] Os filósofos de Atenas caem na risada quando Paulo lhes fala de ressurreição. Nas epístolas, Paulo condena o riso e proíbe as blagues licenciosas: "Nada de sentenças grosseiras, estúpidas ou escabrosas, é inconveniente".[42] Tiago não é mais alegre: "Reconhecei vossa

37 Ver também sobre esse assunto WEBSTER, C. *Laughter in the Bible*. Saint Louis: 1960.
38 Mateus, 9, 24; Marcos, 11, 34.
39 Mateus, 27, 29.
40 Lucas, 6, 21, 25.
41 Atos, 2, 13.
42 Efésios, 5, 4.

miséria, tomai o luto, chorai, para que vosso riso não se transforme em luto e vossa alegria em abatimento".[43] Pedro põe-se em guarda contra os céticos escarnecedores: "Nos últimos dias virão os céticos escarnecedores, trazidos por suas paixões pessoais, que dirão: 'Onde está a promessa de sua vinda? Porque, desde que os pais morreram, tudo permanece no mesmo estado, como no início da criação'".[44]

O tom está dado: em toda parte em que se fala explicitamente de riso no Novo Testamento, é para condená-lo como zombaria ímpia, sacrílega. Não há nenhuma menção ao riso positivo. Daí o surgimento do famoso mito do qual se tirarão consequências mortais para os cristãos: já que não se fala que Jesus riu, é porque ele não riu, e como os cristãos devem imitá-lo em tudo, não devem rir. Essa tradição nasce com João Crisóstomo e, depois, difunde-se largamente. Bento de Aniana, em *Concordia regularum*, declara que Salviano de Marselha a transmitiu, no século V, à Igreja latina, quando a reencontramos em Ferreolus, no século VI, em *Regula ad monachos*; em Ludolfo de Saxe, no século IX; e em Pierre le Chantre, no século XII. No Oriente, são Basílio escreve, no século IV, em *Grandes regras*: "Os relatos evangélicos o atestam, jamais ele [Jesus] cedeu ao riso. Pelo contrário, ele chama de infelizes aqueles que se deixam dominar pelo riso". Uma carta apócrifa da Baixa Idade Média, a *Epístola a Lentulus*, vai no mesmo sentido, e a tradição torna-se um lugar-comum na teologia clássica. A arte também a segue: nenhuma estátua, nenhum quadro, nenhum afresco, há dois mil anos, representa Jesus rindo – com exceção da obra provocante do surrealista Clovis Trouille, *Le grand poème d'Amiens* (1942). Vê-se aí, no deambulatório da catedral, Cristo, coroado de espinhos, o corpo coberto de chagas, sacudido por grande gargalhada e olhando a abóboda. Voltaremos, mais tarde, ao sentido possível dessa obra.

Nos primeiros séculos, contudo, observa-se uma certa reticência em alguns grupos. Essa história de um deus crucificado, de um deus que triunfa e resgata com sua morte, parece tão inverossímil, escandalosa, que se suspeita de fraude, grande logro de última hora. É a teoria de um dos ramos do gnosticismo, o docetismo, desenvolvida por Basílidas. De acordo com ele, no momento da Paixão, Deus, grande prestidigitador, inverteu as aparências de Jesus e de Simão de Cirineu. Foi Simão quem foi crucificado, enquanto *Jesus ri*, de bom grado, dos romanos e dos judeus. São Irineu, em

43 Tiago, 4, 7.
44 Pedro, II, 3, 3-4.

seu livro *Contra as heresias*, dá notícia dessa posição: "Quanto a Jesus, ele próprio toma os traços de Simão e, estando lá, caçoa dos arcontes. De fato, sendo uma potência incorpórea e o intelecto do Pai não gerado, ele se metamorfoseou como quis e foi assim que subiu aos Céus, para Aquele que o enviara, caçoando dos outros, porque ele não podia ser retido e era invisível a todos. Aqueles que 'sabem' isso foram libertados dos arcontes donos do mundo".[45] Trata-se, nesse caso, do riso de triunfo daqueles que são libertados.

Os escritos apócrifos fazem uma utilização mais complexa do riso. Segundo a *História da infância de Jesus*, anterior à segunda metade do século IV, "Jesus ri" quando o velho Zaqueu se maravilha com sua sabedoria. Vê-se Jesus rir também em *Vida de Jesus em árabe*, e o riso de libertação está presente várias vezes: nas pessoas curadas, nas santas mulheres que procuram o túmulo vazio.[46] Nos *Atos de André*, datando de 150-160, o riso manifesta a liberdade superior do cristão, daquele que compreendeu a cegueira dos outros e zomba dela. André, crucificado, ri na cruz, explicando a seus amigos: "Não devo rir, Estratocles, meu filho, da vã astúcia de Egeato, com a qual ele pensa vingar-se de nós? Ele ainda não se convenceu de que somos alheios a ele e a suas maquinações. Ele não consegue entender. Se pudesse, compreenderia que é impossível vingar-se de um homem que pertence a Jesus e que O conheceu".[47] A mesma constatação ocorre em *Atos de João*, que datam da mesma época. "Eu ria de todas essas pessoas ouvindo-as dizer a mim o que diziam dele", declara João. Da mesma forma, Deus ri ao ver a boa conduta de seus fiéis. "Que ele ria por causa de nossa moderação!" Ao contrário, há o riso dos ignorantes, daqueles que não entendem o sentido oculto: os discípulos de João caçoam dele quando o veem, em um albergue, pedir aos percevejos que saiam e o deixem tranquilo para dormir aquela noite; riso bestial e maldoso, em razão do trocadilho, em grego, entre "percevejos" e "moças", quando se tratava de mostrar que os insetos são mais obedientes que os homens.[48]

Nos *Atos de Tomás*, da primeira metade do século III, encontram-se também o riso superior daquele que sabe, como Judas Tomás, quando o rei o ameaça com torturas, e o riso do descrente, como Karish caçoando de sua

45 SÃO IRINEU. *Contra as heresias*, I, 24, 4. "Docetismo" vem do grego *dokio*, "parece-me".
46 *Escritos apócrifos cristãos*, t. I, ed. de la Pléiade. Paris: 1997. *Histoire de l'enfance de Jésus*, 8, 1; 17.
47 Ibidem, *Atos de André*, 55, 3-4.
48 Ibidem, *Atos de João*, 60-61.

mulher quando ela o avisa de que se tornou cristã e não quer mais se deitar com ele.[49] Na *Epístola dos Apóstolos*, é a Virgem Maria que ri – um riso que faz eco ao de Sara – no decorrer de um episódio estranho: Cristo conta que tomou a aparência do anjo Gabriel e que ele próprio veio anunciar a Maria que ela iria ser sua mãe: "Seu coração me recebeu, ela acreditou e *riu*. Eu, o Verbo, entrei nela e me tornei carne. Tornei-me meu próprio servidor sob a aparência de um anjo. Fiz isso, depois retornei para meu pai".[50] Riso de alegria, de um coração que exulta, ou riso de estupefação diante do ridículo da situação?

Como notaram vários autores, a encarnação e a redenção desafiam toda a lógica humana racional. São Paulo o reconhece, quando fala na "loucura da cruz"; a sabedoria divina derrota a sabedoria humana e poderia facilmente adquirir uma aparência cômica. O choque entre o sublime do sacrifício e a trivialidade da cruz é potencialmente engraçado: "O herói crístico", escreve Bernard Sarrazin, "infinitamente vulnerável mas nunca vencido, pode dar uma imagem cômica; o desmedido da cruz expressa-se então pela excentricidade cômica tão bem – se não melhor – quanto pela deploração trágica. Tudo depende, afinal, da ideia que o crente faz de si mesmo". "Quando", diz H. Cox, "a opinião da Igreja sobre si mesma passa do ridículo ao sério, a imagem de Cristo como palhaço desaparece oficialmente".[51]

No início, há hesitação. Herdeiro do mundo hebraico, o cristianismo teria podido receber seu senso de humor – o qual passou inteiramente para seu irmão gêmeo, o judaísmo. Este mantém grande familiaridade com o divino, que pode ir até a tirada de Woody Allen: "Deus não existe, mas somos seu povo eleito!". Esse tipo de blague é inconcebível no cristianismo, em que os termos de blasfêmia e sacrilégio pesam sobre toda brincadeira relativa ao divino. Não se zomba de Deus. Qualquer liberdade em relação a Cristo é considerada blasfematória; qualquer apresentação de sua vida que saia do esquema oficial definido nos Evangelhos, que questione esse ou aquele aspecto de sua obra, que lhe confira, por exemplo, uma sexualidade normal, é imediatamente submetida ao anátema, como o ilustra a série de livros e filmes censurados com esse pretexto. O cristianismo afirma que Jesus é inteiramente homem, mas lhe recusa as particularidades da natureza humana, tais como o riso e o sexo. É suficiente que se aceite que ele comia.

---

49 Ibidem, *Atos de Tomás*, 140, 3; 98, 1.
50 Ibidem, *Epístola dos Apóstolos*, 14.
51 SARRAZIN, B. "Jesus nunca riu", op. cit., p.220.

Destino trágico da espécie humana, peso do pecado, culpabilidade, medo da danação, miserabilidade dos períodos de perseguição: o cristianismo escolheu o drama, a autodepreciação do fiel. Em um artigo de título elucidativo ("O humor no cristianismo: uma qualidade que faz falta"), o dominicano Dominique Cerbelaud escreve: "Indubitavelmente, o cristianismo faz a apologia da humildade, mas essa virtude não suscita hilaridade".[52] Ele acrescenta que, depois de dois mil anos, o cristianismo esteve mais vezes em posição dominante que em posição dominada; aliado íntimo dos poderes, sempre disputou com eles a posição suprema. E isso não favorece nem o humor nem a ironia, qualidades julgadas subversivas. O tom pomposo e peremptório das encíclicas e dos decretos conciliares o confirma: não se brinca com essas coisas.

A Igreja aferra-se à sua missão como Jesus se agarrava à dele: nenhum recuo é possível, logo, nenhum humor, já que este pressupõe um mínimo de desdobramento, de olhar trocista sobre si mesmo. Cristo só poderia ser sério. Entretanto, a personalidade de Jesus sofreu variações de modas culturais. Na idade humorística – a nossa –, que tanto admira os cômicos, os cristãos esforçam-se por mostrar uma imagem mais ou menos sorridente de Cristo. Sem chegar a fazê-lo rir, é divertido ver com que engenhosidade, com que piedosa satisfação, "descobre-se" que Jesus tinha um famoso senso de humor. Não era um palhaço, certamente, mas um gracejador.[53] Suas parábolas seriam cheias de ironia em relação às práticas hipócritas dos fariseus, "sepulcros caiados". Suas histórias de palha e de viga, do camelo e do buraco de agulha, o jogo de palavras com "Pedra-Pedro", seu operário da 11ª hora, seu comentário sobre Abraão: "Se Abraão riu, é porque pensava em mim", tudo isso revelaria um espírito faceciso, malicioso, zombeteiro, cujas brincadeiras, aliás, cairiam no vazio: "Tu não tens nem cinquenta anos e já viste Abraão?". Suas expressões enigmáticas seriam símbolos de um humor que se compraz em derrotar seus interlocutores. O "Dai a César o que é de César" ou o contundente "Aquele que nunca pecou que atire a primeira pedra" são marcas de uma ironia mordaz, que a tradição cristã se empenhou em ampliar. Quanto a saber se o Jesus histórico pronunciou essas palavras, é outro problema.

---

52 CERBELAUD, D. "O humor no cristianismo, uma qualidade que faz falta". In: *Lumière et vie*, n.230, dez. 1996, p.56.

53 HYER, C. *The Comic Vision of the Christian Faith*. Nova York: 1981; TRUEBLOOD, E. *The Humour of Christ*. Nova York: 1964; GROSHEASN, J. *L'ironic christique*. Paris: 1993; JONSON, J. *Humour and Irony in the New Testament*. Leyde: 1985.

Cristo tinha, portanto, senso de humor. Poucos cristãos contestam isso atualmente. Há, contudo, uma dificuldade de princípio, que John Morreal desenvolve em uma obra de 1982.[54] Se Jesus é plenamente Deus, como o afirma o dogma, a ciência infinita, seu conhecimento perfeito torna impossível o desprendimento necessário à experiência do riso. Enquanto homem, ele pode rir; enquanto Deus, não pode. Só resta a solução indicada por Pierre le Chantre no século XII: Jesus podia rir, mas nunca riu. Para afirmar o contrário, é preciso embarcar nas insolúveis contradições sobre a psicologia humano-divina, da qual só se pode sair com o auxílio da palavra mágica com a qual a Teologia resolve todos os problemas supremos: mistério!

DIABOLIZAÇÃO DO RISO PELOS PAIS DA IGREJA

Os primeiros cristãos não se colocam esse problema. Para eles, o riso é diabólico. Essa atitude inscreve-se na mentalidade apocalíptica, marcada pela obsessão do diabo, em que se situa o cristianismo nascente. Satã, extremamente discreto no Antigo Testamento, no qual desempenha um simples papel de acusador e de oponente, surge brutalmente como a potência do mal nos meios sectários apocalípticos que proliferam na Palestina, no início de nossa era. Nesses meios, como em Qumran, são redigidos os escritos apócrifos largamente orientados para o anúncio do fim do mundo, da última luta entre as potências do bem e do mal. Só os filhos da luz, o pequeno grupo de eleitos que cada seita pretende constituir, serão salvos. Os outros perecerão ou irão para o inferno por toda a eternidade com Satã e seus satélites, Azazel, Belial, Mastema, Satanael, Samael.[55]

Os cristãos são, no início, apenas uma dessas seitas, e o Novo Testamento, que menciona o diabo 188 vezes, é um anúncio direto da proximidade do Julgamento Final. Não é momento para rir! Em Qumran, o *Manual de disciplina* declara que "aquele que ri tola e ruidosamente será punido durante trinta dias". Numerosos escritos apócrifos de origem cristã fazem do riso, explicitamente, uma arma diabólica. Em *Questões de Bartolomeu*, que data, talvez, do século II, Satã explica a Bartolomeu que ele usa o riso

---

54 MORREAL, J. *Taking Laughter Seriously*. Albany: 1982.

55 Para o nascimento do diabo, ver MINOIS, G. *Le diable*. Paris: 1998.

como um anzol para iludir os homens: “Temos outros ágeis servidores a quem damos ordens. Nós os equipamos com muitos anzóis e os enviamos à pesca. E eles capturam para nós a alma dos homens, adoçando-os com delícias variadas, isto é, com a embriaguez e o riso, a calúnia, a hipocrisia, os prazeres, o deboche ou, ainda, com todos os outros meios de enfraquecimento, retirados de seus tesouros”.[56] Em *Ascensão de Isaías*, do início do século II, os falsos profetas, inspirados pelo diabo, riem ao assistir ao suplício de Isaías.[57] Nos *Atos do apóstolo Pedro e de Simão*, do fim do século II, rir e sorrir são os símbolos de possessão demoníaca: “Pedro voltou-se para a multidão que estava atrás dele e viu, no meio dela, alguém sorrir, alguém possuído por um demônio muito maligno. Pedro lhe diz: ‘Quem quer que sejas tu, que riste, mostra-te abertamente a toda a assistência’”.[58] A mesma ideia se encontra em *Vida de André*, redigida no século VII por Gregório de Tours, seguindo um texto latino: os servidores de Epifânio (um cidadão de Megar), possuídos pelo demônio, “gargalham com um riso insensato”.[59] Na mesma época, o *Evangelho do pseudo-Mateus* declara que, muito jovem, Maria reunia em torno dela algumas amigas e vigiava para que “nenhuma elevasse a voz, rindo”.[60]

Ninguém contribuiu mais para demonizar o riso que os pais da Igreja. Tertuliano investe contra as comédias, espetáculos demoníacos e impudicos. Basílio de Cesareia escreve que “não é permitido rir, em qualquer circunstância, por causa da multidão que ofende a Deus, desprezando sua lei. ... O Senhor condenou aqueles que riem nesta vida. Portanto, é evidente que, para os cristãos, não há circunstância em que possam rir”.[61] Ele se repete na Epístola 22: o cristão “não deveria brincar; ele não deveria rir nem tolerar os que fazem rir”, porque o riso vem do prazer carnal, consequência do pecado e, portanto, do diabo. Além do mais, o riso pode nos fazer esquecer o medo constante que devemos ter do inferno.

Santo Ambrósio também se mostra categórico: em qualquer circunstância, o riso é inconveniente, contrário aos ensinamentos de Cristo e, para dizer tudo, diabólico. “Mesmo que as brincadeiras sejam

56 *Escritos apócrifos cristãos*, t. I, op. cit., *Questions de Barthélemy*, 4, 44.
57 Ibidem, *Ascensão de Isaías*, 5, 2-3.
58 Ibidem, *Atos do apóstolo Pedro e de Simão*, 11.
59 Ibidem, *Vida de André*, 29, 1-8.
60 Ibidem, *Evangelho do pseudo-Mateus*, 6, 3.
61 SÃO BASÍLIO. *Pequenas regras*, 31.

moralmente belas e agradáveis, são contudo repugnantes à disciplina eclesiástica, porque como podemos utilizar o que não encontramos nas Escrituras? É preciso precaver-se, de fato, mesmo nas conversações, para evitar que elas rebaixem a dignidade de um estilo de vida mais austero. 'Infeliz de ti que ris, porque chorarás', diz o Senhor; e nós procuramos motivo para rir, para que, rindo aqui embaixo, choremos lá em cima! Não são apenas as brincadeiras exageradas que precisamos evitar, mas, a meu ver, todas as brincadeiras, com a ressalva de que não é inconveniente que, porventura, um discurso seja pleno de dignidade e encanto."[62] Aliás, Ambrósio acrescenta: "Aquele que tiver chorado muito, nesta vida, será salvo". Ele é hostil ao uso da brincadeira, mesmo com finalidade pedagógica.

Quanto a Santo Agostinho, ele não cessa de repetir que, mesmo que o riso seja uma faculdade humana, ele é desprezível. "Há certos atos que parecem estranhos aos animais, mas que não são o que há de mais elevado no homem, como a brincadeira e o riso; e qualquer um que julgue a natureza humana estima que, se esses atos são do homem, são o que há de mais ínfimo nele."[63] Eis por que "eu vos rogo, humildemente, colocar a razão acima do riso, porque nada é mais vergonhoso que um riso que só é digno de zombaria".[64]

Particularmente condenável é o riso dos bufões: "Nós vemos que os bobos, que chamamos de morriões, fazem as delícias das pessoas sensatas e que, na venda de escravos, eles são comprados por preço maior que os outros. É-se levado naturalmente, mesmo quando não se é louco, a se alegrar com o mal dos outros. Porque o homem que ama a insensatez nos outros não quer se parecer com eles".[65]

Em um sermão, Agostinho coloca a questão diretamente: o que vale mais, rir ou chorar? A resposta é clara: "O frenético entrega-se a um riso louco. Nem por isso é menos doente, e o homem sensato deplora essa insensata alegria. Eu suponho que fazeis essa pergunta: 'É melhor rir que chorar?' Quem não responderia: 'Eu prefiro rir'? Contudo, para nos fazer amar a dor salutar da penitência, o Senhor fez das lágrimas um dever e do riso, recompensa. Como foi isso? Quando ele disse: 'Bem-aventurados aqueles que

62 SANTO AMBRÓSIO. *De officiis*, I, 23, 102-103.
63 As citações são extraídas das *Œuvres complêtes*. Paris: ed. Péronne, 1872. *Du libre arbitre*, I, 8.
64 Ibidem, *Os três livros contra os acadêmicos*, I, 5.
65 Ibidem, *Três livros em Marcelino sobre a pena e a remissão dos pecados*, I, 35.

choram, porque eles rirão um dia'. Portanto, para nós, é um dever chorar, e o riso é a recompensa da sabedoria. O riso é tomado aqui por alegria, não ruidosas gargalhadas, mas a alegria íntima do coração. Se colocardes essa questão: 'É melhor rir que chorar?', qualquer homem responderá que prefere rir a chorar. Se agora, personificando esses dois estados, perguntardes: 'O que vale mais, o riso do frenético ou as lágrimas do homem sensato?', as pessoas responderão que mais valem as lágrimas do homem ponderado que o riso do insensato".[66]

Conclusão geral, que resume o pensamento de Agostinho sobre a questão: "Enquanto estamos neste mundo, não é tempo de rir, por medo de ter de chorar em seguida".[67]

Mais aberto que Santo Ambrósio, São Jerônimo não é mais favorável à hilaridade. Aliás, ele escreve a Marcella que lhe dão a reputação de tristeza: "Porque não nos embriagamos e nossos lábios não se abrem em risos excessivos, qualificam-nos de contidos e tristes". De fato, ele distingue entre dois risos: o riso excessivo e sonoro, aquele que sacode o corpo, riso dos judeus, dos estudantes, dos bêbados, dos bárbaros e dos espectadores de comédias, que é condenável; e o riso moderado, cujo exercício pode ser tolerado, para a educação da juventude cristã. Jerônimo tem um espírito satírico muito apurado, e ele próprio se comparava a Lucilius. Suas zombarias contra a coqueteria feminina, os falsos devotos, os padres perfumados e afetados têm acentos de Juvenal e lhe valeram numerosos inimigos.[68] Isso não impede que Jerônimo desaconselhe globalmente o riso: "Rir e regozijar-se com o século não é coisa de homem sensato, mas de um frenético".

É também o que afirma Clemente de Alexandria. Em um tratado, *O pedagogo*, ele examina de perto a questão do riso. De chofre, exclui o riso vulgar, o riso dos bufões. Todas essas pessoas cuja atividade é fazer rir deveriam, aliás, ser banidas da sociedade cristã: "Aqueles que sabem imitar o risível, e sobretudo o ridículo, devem ser expulsos de nossa república"; se são capazes de fazer isso, é porque eles próprios têm um caráter risível. "Se é preciso expulsar os bufões, não podemos permitir a nós mesmos fazer os bufões. ... É, portanto, uma zombaria procurar fazer rir, porque uma oração que exprime coisas risíveis não vale a pena ser ouvida; ela habitua as

66 Ibidem, sermão CLXXV.
67 Ibidem, *Discurso sobre o Salmo LI.*
68 P. DE LABRIOLLE. *História da literatura latino-cristã.* Paris: 1924, pp.467-468.

pessoas, por palavras, a dirigir-se para ações baixas; é preciso ser gracioso, mas não bufão."[69]

Mas Clemente é um humanista. Rir faz parte da natureza humana, e não se pode proibi-lo totalmente. Mas é preciso fazê-lo com grande parcimônia, sobretudo as mulheres, é claro, pois o riso sempre desperta suspeita: "Nem se deve rir continuamente – isso seria falta de medida – nem rir diante de pessoas mais velhas ou que merecem respeito, a menos que elas mesmas brinquem para nos distrair, nem se deve rir para o primeiro que chega nem em qualquer lugar nem a todos nem por qualquer coisa. Para os adolescentes e para as mulheres, sobretudo, o riso é uma ocasião de calúnias". Mesmo a eutrapelia aristotélica é condenada, assimilada a desagradáveis gracejos de mesa; de sua parte, Jerônimo fez algo semelhante à *jocularitas*, ou linguagem desagradável.

Clemente de Alexandria segue antes o ensinamento de Platão: o riso barulhento pertence ao domínio do baixo, do feio; ele deforma o rosto e caracteriza as prostitutas e os proxenetas. Em compensação, o sorriso é harmonia. Clemente se quer moderado, equilibrado, na linha de Cícero e Quintiliano. É preciso comedimento, "conferindo uma evasão harmoniosa ao sério e à tensão de nossa boa vontade, sem relaxá-los até a dissonância. Permitir ao rosto a harmonia, como se faz com um instrumento na regularidade dos traços, é o que se chama sorriso – se o sorriso se expande, ele se reflete sobre todo o rosto: é o riso dos sábios; mas quando se relaxam os traços do rosto até destruir-lhe a harmonia, e se isso acontece com as mulheres, chama-se *kichlismos*, o riso das prostitutas; se se trata de homens, chama-se *kanchasmos*, ou seja, o riso ultrajante dos proxenetas".

O riso está sob grande vigilância: "No riso, deve-se colocar um freio: se ele se produz como deve, manifesta também o equilíbrio; se não se apresenta assim, é sinal de desregramento. Resumindo: não é preciso suprimir tudo o que é natural ao homem, mas, antes, deve-se impor-lhe a medida e o tempo convenientes. Não é porque o homem é um animal capaz de rir que é preciso rir de tudo". Clemente impõe tantas condições, limites e obrigações ao exercício do riso que nos perguntamos se o riso ainda é possível, tão perseguido, suspeito, acossado ele é. Por fim, escreve ele, "é necessário ser não sombrio, mas reflexivo; eu aprovo totalmente aquele que aparecia 'sorrindo com uma máscara terrível'" (Homero, *Ilíada*, VII, 212). A fórmula é bonita, mas não se sabe como traduzi-la sobre um rosto.

69 CLEMENTE DE ALEXANDRIA. "Du rire". In: *O pedagogo,* cap. II, 5, 45-58, "Du rire".

"E ISSO VOS FAZ RIR!" (JOÃO CRISÓSTOMO)

O mais ferrenho adversário do riso, dentre os pais da Igreja, é são João Crisóstomo (344-407). Se ele colocasse em prática o conteúdo de seus sermões, jamais seria possível ver os dentes do homem de "boca de ouro". Para ele, o riso é absolutamente satânico, diabólico, infernal: "Por toda parte, o demônio dirige esse triste concerto; os divertimentos não são dons de Deus, mas do diabo". Em *Comentário sobre a Epístola de São Paulo aos hebreus*, ele se entrega a uma espantosa diatribe contra o riso, que encontra em toda parte; as igrejas, os conventos, a rua, o teatro, as reuniões privadas ressoam, para ele, com esse riso obsessivo que parece persegui-lo com o grito de triunfo de Satã:

"Vós, com esse riso ousado, imitais as mulheres insensatas e mundanas e, como elas, que se espreguiçam sobre as pranchas do teatro, tentais fazer os outros rir. Isso é a inversão, a destruição de qualquer bem. Nossos assuntos sérios tornam-se objeto de riso, de gracejos e de trocadilhos. Não há nada de firme, nada de grave, em nossa conduta. Não falo aqui apenas dos seculares; sei daqueles que tenho em vista, uma vez que a própria Igreja está cheia de risos insensatos. Se alguém pronuncia uma palavra agradável, o riso logo aparece nos lábios dos assistentes e, coisa espantosa, vários continuam rindo até durante o tempo das preces públicas. ... Não escutastes São Paulo gritar: 'Que toda vergonha, que toda tolice de linguagem, toda bufonaria seja banida do meio de vós'? Ele coloca, assim, a bufonaria na mesma classe das torpezas. E, contudo, *vós rides*! O que quer dizer tolice de linguagem? Quer dizer que não há nada de útil. Mas *vós rides* assim mesmo; o riso contínuo alegra vosso rosto, e vós sois monges? Fazeis profissão de ser crucificados no mundo e *vós rides*! Vosso estado é de chorar, e *vós rides*!

Vós que rides, dizei-me: onde haveis visto que Jesus Cristo vos tenha dado o exemplo? Em lugar nenhum, mas muitas vezes vós o vistes aflito! De fato, à vista de Jerusalém, ele chorou; ao pensar na traição, ficou perturbado; quando ia ressuscitar Lázaro, derramou lágrimas. E *vós rides*! ...

Eis que é chegado o tempo de luto e de aflição, o momento de castigar vosso corpo e de reduzi-lo à servidão, à hora do suor e dos combates. E *vós rides*! E não vos lembrais de como Sara foi repreendida por esse fato! E não escutais esse anátema de Jesus Cristo: 'Infeliz daquele que ri, porque ele chorará!' ...

Mas talvez haja aqui alguns tão devassos, tão efeminados, que nossas censuras os fazem rir ainda, pelo simples fato de que falamos do riso. Porque a natureza desse defeito é a insensatez e o embrutecimento do espírito. ...

Quando entrais em um palácio, vossa aparência, vosso olhar, vosso andar, todo o vosso exterior, enfim, sabe enobrecer-se e compor-se; mas aqui, que é o palácio verdadeiro, onde toda imagem é do céu, *vós rides*! ... Portanto, ó mulheres, por que, se colocais um véu sobre a cabeça desde que tomais lugar na igreja, *vós rides*? Aí entrais com a resolução de confessar vossos pecados, de vos prosternar diante de Deus, de rezar e suplicar pelas faltas que tivestes a infelicidade de cometer e, no cumprimento desses deveres, *vós rides*!"[70]

O que põe João Crisóstomo literalmente fora de si é que, quanto mais ele troveja contra o riso, mais se ri. Por isso mesmo, o riso prova seu poder diabólico: incontrolável, insensato, insensível à ponderação, à lógica, à ameaça, ele supera o medo, triunfa sobre o furor sagrado que só faz atiçá-lo, como uma corrente de ar sobre o fogo. O pregador, deixando-se levar contra o riso, torna-se cômico; querendo estancar o riso, faz com que riam dele; desforra do diabo, potência de Satã que dissipa, por esse vão ruído, o espírito divino. A cólera, mesmo a divina, nada pode contra o riso, símbolo consagrado da liberdade.

João Crisóstomo não chega a compreender esse paradoxo: "Como, tendo de dar conta de tantos pecados, vos divertis rindo, a dizer brincadeiras e a buscar as delícias da vida? 'Mas que ganharia eu', dizeis-me, 'se chorar em lugar de rir?' Ganharíeis infinitamente. ... E, na verdade, que motivo tendes para vos alegrar e explodir de rir, já que sois tão devedores da justiça divina e deveis comparecer diante de um terrível tribunal e prestar conta exata de todas as vossas ações? ... Mas, se nos tornamos frouxos e preguiçosos, se nos divertimos e nos entregamos ao riso, seremos vencidos por nossa moleza, antes de combatê-la".

"Não nos compete passar o tempo rindo, nos divertindo e nas delícias. Isso só é bom para as prostitutas de teatro, para os homens que as frequentam e, particularmente, para esses bajuladores que buscam as boas mesas. ... O que é ainda mais perigoso é o motivo pelo qual explodem essas risadas desbragadas. Assim que esses bufões ridículos proferem alguma blasfêmia ou palavra indecente, logo uma multidão de tolos põe-se a rir e a demonstrar alegria. Eles os aplaudem por coisas que deveriam fazer com que fossem apedrejados e atraem assim, sobre si mesmos, por meio desse prazer infeliz, o suplício do fogo eterno."[71]

70 JOÃO CRISÓSTOMO. *Comentário sobre a Epístola de São Paulo aos hebreus*. In: *Œuvres complètes*. Paris: ed. M. Jeannin, t. XI, 1865, pp.520-521.

71 Ibidem, *Comentário sobre São Mateus*, t. 7, pp.51-52.

Nessa homilia sobre Mateus, São João Crisóstomo refere-se ao exemplo de Cristo: "Viu-se ele chorando várias vezes, mas não rindo, e ele não sorria nunca". Seus fiéis o imitaram, a começar por São Paulo: "Nem ele nem ninguém jamais escreveu que ele tenha rido, e nenhum dos santos escreveu isso sobre si mesmo ou sobre outro".

De resto, pode-se passar a vida a chorar e a ser feliz, afirma João Crisóstomo no *Comentário sobre a Epístola aos filipenses*: "Chorar suas verdadeiras misérias e confessá-las é criar uma alegria e uma felicidade. Aliás, é permitido gemer sobre os próprios pecados e se alegrar em honra de Jesus Cristo".[72]

Sejamos justos: João Crisóstomo não proíbe absolutamente todo riso. Como Clemente de Alexandria, ele antecipa uma extrema desconfiança em relação à hilaridade, que leva facilmente ao pecado, e condena o "riso imoderado": "Os risos e as brincadeiras, sem parecer pecados em si mesmos, conduzem ao pecado. Frequentemente, as risadas provocam palavras indecentes, ações mais indecentes ainda e, muitas vezes, risos e palavras transformam-se em injúrias. ... Não eviteis apenas as palavras e as ações desonestas, os golpes e os assassinatos, mas os risos imoderados e os propósitos que os fazem nascer".[73] A mesma lição é encontrada na *Homilia para a festa da Páscoa*: "Os dentes e os lábios devem ser colocados diante da língua para que ela não ultrapasse levianamente essas barreiras. ... É preciso evitar em absoluto os risos imoderados".[74] Essa ideia original dos dentes como barreira destinada a reter o riso será retomada em uma regra monástica do século IX, a *Regra do Mestre*.[75] Os que acreditavam, ingenuamente, que a dentadura serve apenas para mastigar veem assim que a obra divina tem sempre uma dimensão mística. Na mesma época, constatamos que os autores espirituais o são, verdadeiramente, em todo o sentido do termo. O humor involuntário não é menos engraçado.

João Crisóstomo tolera uma certa prática do riso, com limites bem definidos: "Porém, dizeis vós, o riso é então um pecado? Não, o riso não é um pecado; o que é pecado é o excesso, é gastar mal o tempo. O riso nos é natural quando, por exemplo, revemos um amigo depois de longo tempo de ausência; ou quando, reencontrando pessoas acometidas de grandes terrores, queremos tranquilizá-las e diverti-las; riamos então, mas jamais às gargalhadas, e nunca, constantemente".[76]

72 Ibidem, *Comentário sobre a Epístola aos filipenses*, t. XI, p.88.
73 Ibidem, *Homilia para as estátuas*, t. III, p.77.
74 Ibidem, *Homilia para a festa da Páscoa*, t. IV, p.547.
75 *A regra do mestre*, col. Sources Chrétiennes, 105, pp.416-417.
76 JOÃO CRISÓSTOMO. *Comentário sobre a Epístola de São Paulo aos hebreus*, op. cit., p.521.

A GUERRA DO RISO ENTRE CRISTÃOS E PAGÃOS

Os pais da Igreja viram no riso um fenômeno diabólico, ligado à decadência humana.[77] Mesmo que tolerassem um ligeiro riso de divertimento, tinham uma concepção muito negativa do riso, e isso marcará o cristianismo durante séculos. O homem é decaído, irremediavelmente mau, ameaçado pelo fogo do inferno eterno ao menor desvio de conduta. Contudo, o riso faz parte de nossa natureza, e isso depois da queda. Portanto, é preciso utilizá-lo a serviço do bem.

Além do riso de puro divertimento inocente, o mais discreto possível, há, de fato, um riso lícito que é a zombaria contra o mal. Os pais não se privam dele, em particular são Jerônimo, que também o usa contra os heréticos. São Irineu põe no ridículo os gnósticos; Tertuliano mostra-se muito sarcástico diante das fraquezas humanas; Santo Agostinho zomba de bom grado dos maniqueus e de outros heréticos. Afinal, São Paulo não zombou, dizem os pais, quando retomou as palavras de Epimênidas contra os cretenses? "Cretenses, perpétuos mentirosos, bestas maldosas, panças de colchão!"[78] Jesus não zombou dos fariseus? E o próprio Deus não se manifestou com comentários irônicos sobre Adão, depois do pecado original? "Ei-lo que se tornou como nós, conhecendo o bem e o mal."[79] Aliás, é revelador que os pais vejam um sentido zombeteiro nessa frase, que não o tem: sempre prontos a zombar, eles acreditam ver sarcasmo em toda parte.

Entretanto, esse exercício tem seus riscos, porque não devemos nos desviar da caridade: zombar do pecado sem zombar do pecador, das heresias, sem atingir os heréticos... Há, entre as categorias dos intelectuais cristãos, terríveis satiristas, cujo alvo prioritário é o paganismo. Minucius Felix, Tertuliano, Arnóbio, Lactâncio, Prudêncio fazem chacota dos mitos, dos deuses, do culto. No século III, Comodiano ultrapassa esse limite, ridicularizando pessoas – os judeus, os pagãos, os ricos, bons para engordar como porcos – e chega a alegrar-se com a ameaça que os bárbaros representam para o Império. Ao lado desse "cristão de extrema esquerda", como o qualifica um manual de literatura latina, vemos o antipaganismo primário de Prudêncio que, em uma sátira, *Contra Símaco*, arrasta para a

77 BACONSKY, T. *O riso dos pais. Ensaio sobre o riso no patricismo grego.* Paris: 1996.
78 Epístola a Tito, 1, 12.
79 Gênese, 3, 22.

lama os deuses decaídos. Ele evoca Príapo, deus da fecundidade e da sexualidade, e Hércules:

> "... era também grande amante das mulheres
> e, queimando de desejo, segundo seu hábito,
> arreliava, nos bosques, as garças dos campos,
> fornicando sem descanso e sem trégua em ereção,
> seu coração nunca em paz e sempre pronto para o mal:
> jamais um dia de descanso para seu membro ardente!
> ...
> Hércules, apaixonado por um jovem lascivo,
> descarregava seus ardores nos bancos dos remadores,
> enquanto sobre as ondas navegava a nave Argo;
> sob a pele de Nemeu, ele ousou, sem vergonha,
> deitar-se com um homem!..."[80]

Ele investe também contra as vestais, que se casam à tarde: "Vesta fica desgostosa com essas virgindades sem volta: seu serviço terminado, seu trabalho sagrado cumprido, a vestal envelhecida que volta a se casar; ela deixa o lar que a abrigou durante a juventude, leva ao leito nupcial suas rugas eméritas e, recém-casada numa cama fria, aprende a conhecer mornos transportes".[81]

A sátira cristã, como se vê, não é sempre de alto nível. As aventuras dos deuses greco-romanos oferecem, é verdade, forte matéria ao grande riso licencioso. Mas, nesse ponto, a *Bíblia* não tem nada para invejá-los. Das cenas de sexo dos patriarcas ao harém de Salomão, passando pelos incestos de Lot, os adultérios de Davi ou as cobiças libidinosas dos velhos com Suzana, há material para alimentar volumes de pilhérias obscenas. O riso foi uma arma anticristã, sem dúvida, mais eficaz que as perseguições: essa, provavelmente, é uma das causas da aversão dos cristãos pelo riso diabólico.

Em seu *Discurso verdadeiro*, composto ao redor de 170, que só conhecemos por citações de Orígenes, Celso escarnece das histórias "abracadabrantes" do Gênese, "fábulas de velhas mulheres" emprestadas dos contos orientais: "Um homem modelado pelas mãos de Deus e recebendo seu sopro, uma mulher retirada de sua costela, os mandamentos de Deus entre eles,

---

80 PRUDÊNCIO. *Contra Símaco*, I, 102-119.
81 Ibidem, II, 1078.

uma serpente rebelando-se e tornando-se vitoriosa sobre as prescrições de Deus. Fábulas de mulheres velhas, essa é a impiedade maior! ... E então um dilúvio e uma arca estranha, contendo todos os seres, uma pomba e uma gralha servindo de mensageiros, plágio sem escrúpulo da história de Deucalião. Outra fábula para crianças pequenas!".[82] Quanto aos cristãos, prossegue Celso, eis suas máximas: "Longe daqui todo homem que possui qualquer cultura, qualquer sabedoria, qualquer julgamento; são más recomendações, em nossa opinião; mas qualquer um que seja ignorante, limitado, inculto e pobre de espírito que venha a nós rapidamente! Reconhecendo que tais homens são dignos de seu deus, eles mostram bem que só querem e só sabem ganhar os simplórios, as almas vis e imbecis, os escravos, as pobres mulheres e as crianças".

No fim do século seguinte, Porfírio também se mostra sarcástico: "Mesmo supondo que os gregos sejam tão obtusos para pensar que os deuses habitam nas estátuas, seria uma concepção mais pura que admitir que o divino tenha descido no ventre da Virgem Maria, que ele se tenha tornado embrião, que depois de seu nascimento tenha sido envolto em trapos ainda todo sujo de sangue, de bílis e de urina". Quanto a Luciano, que é, sem dúvida, o mais temido pelos cristãos, vimos os efeitos devastadores de suas zombarias.

A guerra do riso entre cristãos e pagãos não se desenvolve somente em livros. O célebre grafite do século III, encontrado em Pompeia, em que se vê um homem rendendo culto a um crucificado com rosto de asno e com uma legenda em grego, "Alessameno adora seu deus", é geralmente considerada uma obra de derrisão anticristã, se bem que outras interpretações tenham sido tentadas: trata-se, talvez, do desenho de um gnóstico sethiano, assimilando Jesus Cristo ao deus Seth, de cabeça de asno; para Harvey Cox, os autores poderiam mesmo ser cristãos com um "senso mais profundo do absurdo cômico de sua situação" (hipótese que, em razão do contexto, parece pouco verossímil); para Louis Massignon, esse grafite viria de um doceta, recusando o escândalo da crucificação divina e indicando, com essa imagem, a substituição de um animal, símbolo dos poderes do mal, por Jesus – encontrar-se-á, aliás, uma legenda similar no sufismo.[83]

82 ORÍGENES. *Contra Celso,* 4, 36-41.
83 MASSIGNON, L. "O fantasma crucificado dos docetas e Satã segundo os Jeridis". In: *Revue de l'histoire des religions,* março-abril 1911.

Com exceção de alguns satiristas cristãos mencionados, a utilização do riso como arma apologética é rara na nova religião, em que os fiéis estão muito convencidos do trágico da situação para experimentar o menor sentimento cômico. Eles aderem à sua fé de forma muito rígida, de modo que não há fissura por onde possa deslizar a ironia. Não existe nenhuma distância entre o crente e seu credo; é essa fusão que engendra o fanatismo, já que o riso se insinua pelos interstícios entre o sujeito pensante e o objeto de seu pensamento, que pode, então, assumir aspectos estranhos e estrangeiros. Para rir, é preciso dúvida, um início de distância, ao menos fictícia, para brincar. O fanático não brinca: ele "crê nisso" e "se crê nisso". Ele é um com sua fé.

Os únicos traços de humor que se podem destacar nos cristãos dos primeiros séculos concernem ao desprendimento em relação ao próprio corpo, miserável envelope mortal que aspiram a deixar. Daí o humor negro de certos mártires, tal como Lourenço, que, colocado sobre uma grelha, teria dito – segundo a *Legenda dourada* – a seu perseguidor Décio: "Olha, miserável, que já assaste uma costela; vira a outra e come". Na vida comum, o cristão é sério e faz de sua gravidade uma virtude. A recuperação de todo o bem existente no mundo é, desde essa época, um traço característico do cristianismo, para o qual só pode existir mal nos incrédulos. Se os filósofos pagãos adquiriram uma ciência não negligenciável, foi porque a emprestaram de Moisés; se os profetas pagãos fazem profecias exatas, é porque foram informados pelo diabo; se os pagãos fazem o bem, não têm nenhum mérito, já que o devem a inclinações naturais;[84] se são sérios e se abstêm de rir, é porque são doentes, sofrem "de um excesso de bílis ou de outro defeito de natureza". A gravidade é uma virtude apenas do cristão, que sabe por que não se deve rir; no pagão, é um defeito. O pagão que ri é demoníaco; o pagão que chora, um neurótico. É o que afirma a *Concordia regularum*: "É preciso crer que a ausência de riso em certos pagãos vem de um excesso de bílis ou de outro defeito natural que não a virtude".[85]

A condenação do riso pelos cristãos é quase proverbial na Antiguidade tardia. No século VI, quando o retórico Clorício faz uma apologia da mímica,

---

84 Sobre esse aspecto, ver MINOIS, G. *L'Église et la science*, t. I. Paris: 1990; *Histoire des enfers*. Paris: 1991; *Histoire de l'avenir*. Paris: 1996.

85 Citado por RESNICK, J. M. "Risus monasticus. Laughter and medieval cultures". In: *Revue Bénédictine*, 1987, t. 97.

ele se pergunta se o cristianismo considera o riso diabólico. Defendendo o riso, já cita como argumento seu poder terapêutico: um caso de cura de um doente que assistira a um mímico.[86] É que, na época, as autoridades eclesiásticas, que controlavam o poder político desde a cristianização das autoridades imperiais, estavam, dali em diante, em condições de impor suas concepções culturais, inteiramente impregnadas de teologia. A argumentação contra o riso cede lugar à interdição pela força.

A luta se acirra, sobretudo contra o riso coletivo organizado sob a forma de festa. Ainda mais que a festa está intimamente ligada à mitologia e às crenças pagãs. Saturnais e lupercais dão lugar a regozijos imorais, severamente condenados pelos autores cristãos: "culpado", "indecente", "vergonhoso", "debochado", "licença", "luxúria", "sujeira" são termos cada vez mais recorrentes sobre o assunto. As mascaradas são julgadas particularmente odiosas: usar uma máscara, disfarçar-se, é mentir, é mudar de identidade para esconder suas más ações – sugestão demoníaca, obra de Satã. Os pais pinçam, como etimologia, o velho termo itálico *masca*, que quer dizer "demônio", ao passo que o latino *larva*, "máscara", no início designava um espírito informal. Mascarar-se não é também imitar o criador, renegar o corpo que ele nos deu para atribuir-se outro? Está claro: o diabo está por trás de tudo isso.[87]

Assim, desde o início do Império cristão, interdições e condenações de festas multiplicam-se. Desde o fim do século IV, as festas pagãs deixam de ser patrocinadas: em 389, Teodósio e Valentiniano II eliminam-nas do calendário. Em 395, Arcadius reitera a proibição de feriado nos dias de festas pagãs. A festa de Maiúma, ainda tolerada em 396, é proibida em 399 em nome da moral. Jogos e mímicas são interditados por legislação abundante.[88] Em 425, Teodósio e Valentiniano II proscrevem divertimentos, comédia e circo no domingo e nos dias de festas religiosas. Os concílios provinciais acrescentam, é claro, seus anátemas: o Concílio de Cartago, em 398, excomunga aqueles que deixam a igreja para ir a espetáculos em dias de festa; o Concílio de Tours, em 567, condena as torpezas pagãs que acompanham as festas de fim de ano, que substituíram as saturnais e passaram a ser chamadas de festas dos loucos; o de Toledo, em 633, reitera a condenação.

---

86 REICH, H. *Der Mimus. Ein Literar-entwicklungsgeschichtlicher Versuch.* Berlim: 1903, pp.52-53.
87 GAIGNEBERT, O., RICOUX, O. "Os pais da Igreja contra as festas pagãs. Loucos de Cristo e asnos saturnianos". In: *Carnavals et mascarades.* Paris: ed. P. G. d'Ayala e M. Boiteux, 1988.
88 Ver GAUDEMET, G. *L'Église dans l'Empire romain.* Paris: 1958.

O RISO E O SAGRADO: GROTESCO CRISTÃO E PARÓDIA

A repetição das proibições é sempre índice de sua relativa ineficácia. De fato, parece que existiu alguma tolerância. O período é extremamente confuso, e essa confusão, de certa forma, é propícia ao riso, que conhece um início de mutação. Certamente, os tempos são pouco favoráveis ao cômico: entre Átila e os merovíngios, entre os vândalos e os ostrogodos, de massacres a epidemias, da fome às devastações, há pouco espaço para o riso! O riso policiado da comédia desaparece: *Querolus*, do início do século V, é uma das últimas comédias do mundo latino; séria e sem licenciosidade, não tem nada em comum com o espírito de Plauto. Pode-se falar, com Jean-Michel Poinsotte, da "morte do cômico antigo".[89] Ainda no século V, Sidônio Apolinário trata a *scurrilitas* como vício dos atores de teatro; Olimpiodoro Alexandrino escreve que não é o riso, mas a santa cólera, que é edificante.

O riso sagrado naufraga ao mesmo tempo que o paganismo. Com certeza, numerosos festejos de origem pagã perpetuam-se sob nova embalagem, mas perdem, definitivamente, sua significação religiosa, que só será descoberta pelos eruditos modernos. Os risos do Carnaval ou da festa dos loucos, quaisquer que sejam seus vínculos – aliás, discutíveis – com as saturnais e as lupercais, não têm mais, no espírito dos foliões, o menor sentido religioso. Só a arqueologia das mentalidades lhes atribui um. A festa não é mais o retorno ritualizado ao caos original ou à idade de ouro; é, agora, ocasião para rir, sem saber por quê. O riso da festa era um meio; ele se torna seu próprio objeto, seu fim.

O cristianismo, que não pôde eliminar o riso, começa a assimilá-lo. A Igreja, apesar de sua rigidez de fachada, tem um extraordinário poder de adaptação. O que não pode destruir, ela assimila, integra à sua substância, o que lhe permitiu ultrapassar, até aqui, todas as crises. Entre os séculos IV e VIII, ela adquire o viés da cultura antiga; antes de investir contra ela, dá-lhe novas roupas, sob as quais os historiadores não cessam de redescobrir vestígios pagãos. Assim, o riso é recuperado, depois de ter sofrido uma necessária depuração.

Para Gregório, o Grande, ao redor de 600, há dois tipos de riso legítimo: quando se zomba dos maus, como o próprio Deus fez, e quando se alegra com o bem. Ele próprio, como nos confidenciará, gargalhou

89 POINSOTTE, J.-M. "Fim da Antiguidade, morte do cômico antigo". In: *Le rire des anciens*, op. cit.

durante uma missa porque teve uma visão ridícula: um demônio está escrevendo sobre um pergaminho a lista dos pecados do clero, mas, como ela cresce cada vez mais, ele precisa desenrolar o pergaminho com os dentes, porque as mãos estão ocupadas, e, tendo desistido, ele bate a cabeça contra a parede![90] Em *Diálogos*, repleto de demônios, Gregório, o Grande, papa, conta outra história: uma religiosa queria salada; gulosa, morde uma folha, esquecendo de fazer o sinal da cruz; ora, um diabinho estava tranquilamente sobre a folha, fazendo a sesta. É engolido e a religiosa fica possuída. O abade Euquicius intervém para exorcizá-la e o diabinho se espanta por ser chamado para a briga: "O que foi que eu fiz de errado? Eu estava descansando sobre a folha da salada, ela veio e me comeu". Evolução reveladora: o diabo desliza para o burlesco. As desventuras dos demônios são fornecer uma mina de histórias engraçadas na Idade Média; os clérigos voltam o riso contra o pobre-diabo. Que exemplo de adaptação! Satã trouxe o riso, que é usado contra ele. Certamente ele permanece aterrador, mas agora é ambivalente, sobretudo na religião popular.

A vida dos santos, que está começando a ser redigida, testemunha a mistura de gêneros e a integração do riso à fé com a finalidade de edificação. Certos relatos hagiográficos, é verdade, defendem a seriedade absoluta de seus heróis: "Jamais alguém o viu rir", diz-se de são Oiendo em *Vidas dos pais do Jura*. O mesmo comentário faz Sulpício Severo a propósito de são Martim: são seus inimigos que riem, que apontam o ridículo de seu aspecto miserável; apesar de tudo, ele é espirituoso em seus sermões. Conforme santo Atanásio, que conta a vida de Santo Antônio, este não era tentado pelo riso, mas não era nada carrancudo. E nas compilações de anedotas que circulavam sobre os pregadores, na Idade Média, figura a seguinte: um arqueiro se espanta ao ver Santo Antônio brincando com seus companheiros e o repreende por isso. O santo pede-lhe para esticar seu arco e atirar uma, duas, três, quatro flechas até o momento em que o arqueiro declara que seu arco vai se quebrar por causa da repetição de estiramentos. Antônio dá a lição: "É a mesma coisa com a obra de Deus. Se quiséssemos nos estirar além de nossas forças, quebraríamos".[91] Em qualquer caso, é preciso respeitar seus limites! O riso é, portanto, necessário, ao menos como escapismo.

---

90 Cf. HOROWITZ, J., MENACHE, S. op. cit., p.124.
91 Relatado por HOROWITZ, J., MENACHE, S. op. cit., p.22.

Há mais. Os redatores das vidas de santos não hesitam em produzir efeitos cômicos, por uma mistura inextricável de profano e de sagrado, mesmo que isso chegue a transgredir a moral e o decoro: é por uma boa causa. Nesses textos, certos santos chegam às vias de fato, esbofeteiam-se, batem; outros, no paraíso, caçoam dos tormentos dos condenados; outro ainda lambe o muco de um leproso, o que o transforma em pérolas preciosas. Contra o mal, qualquer golpe é bom. Um bispo mente afrontosamente diante de um demônio, e este não ousa contestar de medo de voltar para o inferno. O milagre permanente, a transgressão constante das leis naturais, a mistura sagrado-profano, bem-mal determinam um grotesco cristão que é continuidade do grotesco pagão. A ambivalência do grotesco é colocada a serviço do sagrado, como o constata Aaron I. Gourevitch: "Esse grotesco pode provocar a alegria, mas ele não suprime o medo; antes, os une numa espécie de sentimento contraditório, tendo por elemento inseparável o arrepio e o riso sagrado. ... Nesse sistema, o sagrado não é questionado pelo riso; ao contrário, é reforçado pelo elemento cômico, que é seu duplo e seu companheiro, seu eco permanente".[92]

A fusão do cômico com o sério vai marcar toda a religião popular da Idade Média. O elemento cômico dos relatos religiosos é, muitas vezes, involuntário; não tem por finalidade fazer rir, mas edificar, assimilando o mundo terreno ao risível. Os *Diálogos sobre os milagres*, de Cesário de Heisterbach, estão repletos dessas "montagens" entre o trivial terrestre e o sublime celeste. Por exemplo, aquele pobre de espírito, submetido à tentação, que grita: "Senhor, se não me livrares da tentação, eu me queixarei a tua mãe!" ou aquela concubina de um padre que pergunta a um pregador qual será sua sorte e ele lhe responde, brincando, que ela será condenada, a menos que entre no forno aceso. É o que ela faz. Vê-se, então, uma pomba branca sair pela chaminé; como ela se suicidou, é enterrada no campo e, à noite, percebem-se velas que se acendem sozinhas, sobre a tumba. O medo, o riso, o sagrado, o profano estão intimamente mesclados. É só no fim da Idade Média e na Renascença que as autoridades empreenderão a grande separação, trabalho de longo fôlego. O confronto entre a cultura aterradora da elite e a cultura carnavalesca do povo, que o livro clássico de Bakhtine descreve, não aparecerá antes do século XV. Em compensação, sua ideia de "realismo grotesco", pelo qual a Idade Média é capaz de transformar o terrífico em

92 GOUREVITCH, A. I. "O cômico e o sério na literatura religiosa da Idade Média". In: *Diogène*, n.90, abr.-jun. 1975, pp.87 e 89.

cômico e de dissipar o medo pelo riso, é fecunda. Muitos atores, de fato, chegam a essa constatação.

Desde 1925, O. Freidenberg, em *A origem da paródia*, mostrava que nas civilizações arcaicas, antigas e medievais o cômico e o trágico, o ridículo e o sublime são dois aspectos complementares de uma mesma concepção de mundo e que toda visão sublime implica uma dupla paródica: "Essa dualidade burlesca faz parte do próprio mecanismo do sagrado". A paródia, nesse contexto, é apenas um simulacro; ela reforça o conteúdo sagrado. Este último dá à paródia forças novas, porque, "mesmo que o sentimento religioso seja potente e vivaz, ele pode, sem riscos, tornar-se ridículo". Que risco corre uma fé tão simples como aquela dos homens da Idade Média? Não se trata de seu conteúdo, que é dos mais heteróclitos, heterogêneos e heterodoxos, mas da força de suas convicções, que se enraízam no vivido, tanto no cômico como no trágico. Uma tal fé aceita bem a zombaria, ela lhe é indispensável. Quando não se zomba mais do sagrado, é porque ele está moribundo, como o notará, muito mais tarde, Sébastien Mercier, na Paris do fim do século XVIII; "Queira Deus que, de tempos em tempos, haja sacrilégios, teria dito um bispo. Pensar-se-á em nós, sem esquecer de nos faltar com o respeito. ... Só há os jovens emperucados que fazem gracejos sobre a missa".[93]

Na Idade Média, não faltam essas brincadeiras. As forças, os mistérios, as fábulas introduzem bobos e diabos muito impertinentes. "Dizer a verdade rindo" é, segundo Ernst Curtius, uma das características dos relatos da Alta Idade Média, que transcendem as distinções da Antiguidade clássica entre sério e cômico, estilo vulgar e estilo elevado.[94] É a mesma ambivalência da arte medieval: "Aproximando o que está distante, reunindo o que se exclui mutuamente, transgredindo as noções usuais, o grotesco na arte assemelha-se ao paradoxo na lógica".[95]

Esse paradoxo pode ir muito longe. Numa religião tão ritualizada como o catolicismo, em que tudo gira em torno da repetição cotidiana da mesma cerimônia – com os mesmos gestos e as mesmas palavras em todas as igrejas – reproduzindo a última refeição, a Ceia, era inevitável que apa-

93 MERCIER, S. *Tableau de Paris*, ed. de 1783, t. III, p.92.
94 CURTIUS, E. R. *A literatura europeia e a Idade Média latina*. Paris: 1956.
95 PINSKI, L. *Le réalisme à l'époque de la Renaissance*. Moscou: s.d., p.121. MÉLÉTINSKIJ, E. demonstrou, para a Alta Idade Média, os vínculos entre o cômico e o demonismo nas sagas escandinavas (*L'edda et les premières formes de l'épopée*. Moscou: 1968).

recesse logo uma deformação cômica desse ritual, sob forma de paródia. Da refeição sagrada ao banquete bufão, a passagem é muito rápida, e essa utilização cômica do trágico sagrado é a principal fonte do riso medieval, que se enraíza na religião. O caso mais célebre é aquele de um texto latino anônimo, composto entre os séculos V e VIII: a *Coena Cypriani*, em que todos os elementos são reveladores do novo cômico.

A começar pela atribuição fictícia ao piedoso bispo de Cartago, são Cipriano, morto em 256. O tema do banquete é dupla ou triplamente burlesco, evocando ao mesmo tempo os banquetes antigos, como aquele que Juliano, o Apóstata, escrevera em honra de Ceres, e o banquete evangélico da parábola contada por Mateus: um rei organiza as bodas de seu filho. Mas trata-se também de uma reprise dos sermões de Zenão, bispo de Verona, que reunira as passagens bíblicas e evangélicas sobre a refeição. O objetivo de Zenão era, parece, dar uma base religiosa às farras a que se entregavam os fiéis para celebrar a festa de Páscoa. Desde essa época, essa festa é acompanhada de brincadeiras livres, de uma exuberância desenfreada, exprimindo a alegria da ressurreição. Tradição de "riso de Páscoa", *risus Paschalis*, que se transmitirá durante toda a Idade Média.

Na *Coena Cypriani*, é o próprio Deus (Jeová) que convida para o banquete. Aí se reencontram todos os ancestrais do Antigo e do Novo Testamento, identificáveis por um objeto ou um prato que lembra um episódio de sua vida: Adão, sentado no centro; sua esposa Eva, sentada sobre uma folha de parreira; seus filhos Abel, com um cântaro de leite, e Caim, sobre sua carroça; Noé, sobre uma arca e logo embriagado; Judas, com uma bolsa que vai deixar todos embaraçados; Jesus, que bebe *passus*, vinho feito de uvas secas cujo nome evoca a Paixão e que oferece um cordeiro ao rei; Pilatos, que passa a bacia de lavar as mãos; Moisés, que traz duas tábuas da Lei; Davi, que toca harpa enquanto Herodíades dança; Pedro, que adormece, mas é despertado por um galo; Marta, que se apressa em servir os pratos; Abraão, que oferece um cabrito e muitos outros ainda. São reencontros dos marcos da história sagrada.

Come-se, bebe-se, discute-se, há brigas e tumulto. Na confusão, objetos são roubados; as pessoas se tratam mutuamente de ladrão e, no fim, é designado um bode expiatório que deve ser morto para expiar os pecados. Agar é escolhida. Agar, a escrava, a concubina egípcia de Abraão, a mãe de Ismael: seu sacrifício salva a companhia, e ela é enterrada com funerais solenes. Mesmo hoje, numa sociedade laica, essa história seria considerada um escândalo blasfematório. É muito revelador que tenha surgido nos meios eclesiásticos dos primeiros séculos da Igreja.

Porque, como o demonstrou Francesco Novati,[96] trata-se da obra de um clérigo que não hesita em vinculá-la ao riso saturnal. Além do mais, esse texto se transforma, rapidamente, numa espécie de clássico dos chistes medievais, não simplesmente tolerado, mas reconhecido, admirado, difundido, copiado sem a menor reticência, durante séculos. Desde os anos 830, o abade Fulda Raban Maur faz uma adaptação abreviada, destinada a ser lida na corte do rei Lotário; em sua dedicatória, ele explica que essa leitura é "divertida" e tem uma função didática, facilitando a memorização dos episódios bíblicos. Em 877, um diácono romano, João, põe o texto em verso; ele é recitado em um banquete de Carlos, o Calvo, e João ressalta, em seu prólogo, que a obra é utilizada na festa da escola do Palácio, como recreação pascal. No início do século XI, Asselino de Reims faz outra adaptação que subsiste em vários manuscritos.

É toda a história sagrada que é tratada como uma vasta bufonaria, num clima grotesco. E esse é apenas um exemplo. A voga paródica atinge todos os aspectos do sagrado religioso. Desde os séculos VI e VII, os *Joca monacorum* apresentam-se como uma série de perguntas engraçadas, com respostas extravagantes, incidindo sobre a fé e sobre a *Bíblia*; eles servem de diversão nos mosteiros. Sob Carlos Magno, Alcuíno e o bispo de Orléans, Teodolfo, compõem poemas cômicos do mesmo estilo. Testamentos paródicos, como aqueles do porco e do asno; evangelhos paródicos, como os dos bêbados, do tesoureiro, do estudante de Paris; liturgias paródicas, como o *Pater noster* da *Missa dos beberrões,* que se torna uma invocação ao pai Baco: "*Pater Bachi, qui es in scyphis, bene potetur vinum bonum, adveniat regnum tuum*", ou o hino *Verbum bonum* (em honra da Virgem), que se torna *Vinum bonum*, uma canção para beber. Eero Ilvonen, que publicou muitas dessas paródias, considera que "as blasfêmias aparentes só são expressão de uma espécie de bonomia jovial ou de uma malícia ingênua".[97]

O tema do banquete é frequentemente explorado. Assim, no século X, o *Manuscrito da canção de Cambridge* põe em cena um trapaceiro que conta ao arcebispo de Mayence que foi ao céu e ao inferno: viu Jesus em pleno banquete, seguido pelo cozinheiro São Paulo e pelo cortador João Batista; ele conseguiu roubar um pedaço da mesa celeste. Gradualmente, a paródia

96 NOVATI, F. *La parodia sacra nelle litterature moderne,* dans *Studi critici e litterari.* Turim: 1889.
97 ILVONEN, E. *Parodies de thèmes pieux dans la poésie française du Moyen Age.* Helsingfors: 1914, p.6.

desliza para a sátira, a partir do século XI, em que o cômico fustiga os abusos dos grandes da Igreja. Mas, até o século IX, tudo se limita ao grotesco, com grande liberdade cômica. Para Mikhaïl Bakhtine, essa liberdade é devida ao fato de que o regime feudal, jovem, é ainda relativamente popular e que a cultura popular, muito poderosa, assume naturalmente a continuação das saturnais, ao passo que a cultura religiosa oficial ainda é muito fraca para poder impor proibições ao riso.[98]

UM TEMPO PARA RIR, UM TEMPO PARA CHORAR

Antes de examinar essa última questão, é preciso focalizar outros aspectos do contexto, que deixam entrever certa flutuação em relação ao riso. O *Livro das faíscas*, composto no século VII por Defensor de Ligugé, perpetua a hostilidade patrística, só aceitando o sorriso e fustigando o riso: "O bronco, rindo, eleva a voz; o homem sábio apenas sorrirá"; "Basílio disse: não rias com lábios despregados, porque o riso barulhento é loucura; mas manifesta a alegria de teu espírito com um simples sorriso"; "a compunção do coração não chegará onde houver riso e brincadeira em excesso"; "quem passa seu tempo em alegria passará em sofrimento a eternidade"; "o tolo comete crimes como se risse"; "o zombador busca a sabedoria sem encontrá-la". Para Defensor, o riso é ambivalente, nunca está longe das lágrimas: "O riso será misturado ao sofrimento; o excesso de alegria é substituído por soluços".[99]

Ao lado das "faíscas" dessa corrente negativa, há a corrente alternativa que retoma a tradição aristotélica do "próprio do homem". No início do século VI, Boécio, em seu comentário sobre *Isagoge*, de Porfírio, vê no riso uma prerrogativa do homem racional, e no século IX o monge Notker le Bègue amplia a ideia, definindo o homem como um animal mortal, racional e capaz de rir (*homo es animal mortale, rationale, risus capax*). O riso é, portanto, colocado no mesmo nível da razão, como particularidade fundamental do homem em relação à besta. O homem não é apenas a única criatura que pode rir, mas também a única criatura risível: só rimos daquilo que é humano ou faz pensar no homem (*quia quidquid risible est, homo est*), o que é uma ideia muito moderna. Alcuíno utiliza quase a mesma fórmula – um pouco mais elaborada – do homem como *substantia animata, rationalis, mortalis,*

---

98 BAKHTINE, M. op. cit., p.85.
99 DEFENSOR DE LIGUGÉ. *Livre d'étincelles*, cap.55. Col. Sources Chrétiennes, 86, II.

risus capax. O riso faz parte da natureza humana, mas não de sua essência, o que não prejudica em nada seu caráter bom ou mau.

A hesitação manifesta-se na prática. Desde a época merovíngia, os dignitários da Igreja possuem seus bufões, ao passo que os regulamentos canônicos condenam esse uso: os textos do século XVIII proíbem os bispos, abades e abadessas de ter farsantes, cães de caça ou falcões, e os clérigos, de representar papéis de bobos, de "joculators" – termo que vem de *jocus*, "brincadeira", e que dará "jongleur" em francês e "jogral" em português. Para os grandes do mundo laico, a tradição do bobo da corte perpetua-se depois da época dos soberanos helenistas, e os bárbaros não são exceção. Assim, em meados do século V são contratados os serviços de Maure Zercon, um anão corcunda, estropiado, sem nariz e idiota. A atração pelo grotesco monstruoso explica seu sucesso. De início a serviço do general romano Aspar, depois de Bleda, irmão de Átila, Zercon tenta fugir. Átila, tendo matado seu irmão, envia o anão de presente a Aécio, que o entrega, em seguida, a Aspar. Repassado ao serviço de Átila, ele é notado, em 449, pelos embaixadores do imperador do Oriente, Teodósio; no decorrer de uma refeição, ele faz os convivas gargalharem.

Os imperadores bizantinos também têm seus bobos. Conhece-se, por exemplo, Dandery, o bufão do imperador Teófilo (829-842). Os reis da França não ficam atrás e, em 943, o duque de Neustria, Hugues, o Grande, leva consigo à guerra seu *mimus*, que se permite fazer um mau trocadilho sobre as pessoas que morrem "em odor de santidade". Deus, assegura o cronista Orderic Vital, puniu-o fulminando-o numa tempestade, na noite seguinte. Há, portanto, limites para a liberdade de rir: não se deve brincar com o sagrado, o que é contraditório com as paródias que acabamos de comentar. A confusão se confirma. Parece que cada movimento para um consenso consistente dá lugar ao riso livre em certas épocas do ano, certas circunstâncias e certos termos, no quadro coletivo e organizado da festa: riso pascal, Carnaval, festa dos bobos e do asno; e no tempo restante, o sagrado deve ser protegido das iniciativas de zombaria individual. Sem dúvida, a divisão ainda não é estrita, mas, pouco a pouco, progride a ideia bíblica segundo a qual há "um tempo [e um lugar] para rir e um tempo [e um lugar] para chorar".

O RISO BANIDO DOS MOSTEIROS

Isso é constatado mesmo no interior desses lugares fechados, desses enclaves de santidade que são os mosteiros, que conhecem, nessa época, sua idade de ouro. No seio dessas comunidades, supostamente prefigurações da vida perfeita dos eleitos, o riso não está totalmente ausente. Ele tem algum lugar em certos momentos de recreação com os *Joca monacorum*, os "jogos dos monges", perguntas e adivinhas que caçoam gentilmente da vida religiosa e cujas coletâneas começam a circular a partir do século VIII. Mas o espaço-tempo do riso é rigorosamente delimitado. Trata-se de pura concessão à fraqueza da natureza humana decaída, que não pode ser ignorada permanentemente, segundo a pitoresca expressão de Santo Antônio. Os mosteiros devem ressoar com preces e cantos gregorianos, e não com gargalhadas.

Jacques Le Goff, que estudou *O riso nas regras monásticas da Alta Idade Média*, estabeleceu irrefutável demonstração disso: é no meio do clero regular que a reputação diabólica se implanta mais solidamente.[100] Esse cacarejo estúpido não apenas rompe o silêncio monacal como, além disso, é sinal de falta de humildade. É o que repetem, à exaustão, as regras monásticas. Escutemos São Bento, que pede a seu monge para "não dizer palavras vazias nem facécias nem amar o riso excessivo e barulhento" (IV, 53-54). Ele atingirá "o décimo grau de humildade se não estiver sempre pronto a rir, porque está escrito: 'O tolo gargalha'." O 11º grau de humildade ocorre quando o monge "fala pouco, pronuncia poucas palavras sensatas, docemente, sem rir, com humildade e gravidade" (VII, 58-60). "Quanto às bufonarias, que usam palavras ousadas e levam a rir, nós as condenamos totalmente e em qualquer lugar, e não permitimos ao discípulo abrir a boca para tais discursos."[101] (VI, 8)

Para Bento de Aniana, o riso é sinônimo de leviandade e orgulho, "pois o Senhor condena aqueles que riem agora, e é claro que a alma fiel nunca deve rir".[102] No século VI, a *Regra de Paulo e Estevão* estabelece claramente o vínculo entre o riso e o diabo: "Devemos todos ficar alertas contra o excesso imoderado da brincadeira e do riso, porque eles provocam, muitas vezes, amargas dissensões entre os irmãos. ... O riso além da medida é a porta da indisciplina e da dissipação, como todos sabemos; o diabo serve-se dele para deslizar insensivelmente para a infeliz alma funestos alimentos".[103]

---

100 In: *Haut Moyen Age: culture, éducation et société. Études offertes à Pierre Riché*. Paris: 1990, pp.92-103.
101 *Vida e regra de São Bento*. Paris: ed. Desclée de Brouwer, 1965.
102 *Concordia regularum*, XX.
103 *Regula Pauli et Stephani*, 37.

Nas visões monásticas, o inferno é o lugar do riso. No século VIII, Beda, o Venerável, traz o relato de um certo Drictelmo, ressuscitado, que passa uns dias com Satã e que ouviu "um riso terrível", como se uma população zombasse de inimigos acorrentados. Como o ruído aumentasse, "eu vi uma multidão de maus espíritos arrastando com eles cinco almas humanas gementes para as profundezas das trevas, enquanto os demônios riam e exultavam".

A maior parte das regras preveem castigos contra os monges surpreendidos a rir e a brincar. Naquela chamada "dos quatro pais", composta em Lérins, ao redor de 400-410, lê-se: "Se qualquer um for surpreendido rindo ou dizendo pilhérias – como diz o Apóstolo, 'o que não convém ao assunto' –, nós ordenamos que, durante duas semanas, tal homem seja, em nome do Senhor, reprimido de todas as formas pelo chicote da humildade".[104] Na regra oriental do mosteiro de Condato, por volta de 500, previne-se o monge de que "não se deixe dissipar pelo riso dos bobos ou pelas brincadeiras" e que "se um de seus irmãos for tomado pelo riso ou se puser a brincar, de bom grado, com crianças, será advertido três vezes; se não cessar, deverá ser punido com castigos severos"; "se alguém fala ou ri durante as refeições, que seja repreendido e faça penitência".[105] Ainda no século VI, a regra de são Columbano prevê que "aquele que rir, sob a capa, na assembleia, isto é, no ofício, deverá ser castigado com seis golpes. Se ele gargalhar, deverá jejuar, a menos que o tenha feito de maneira perdoável". A *Regula monachorum*, de são Frutuoso, proíbe contar histórias engraçadas no decorrer do trabalho; a de são Donato pede que não se provoque o riso durante o ofício divino.

A regra de são Ferréol d'Uzès (553-581) acumula citações escriturárias para justificar sua interdição do riso: "Segundo o testemunho do Evangelho, lemos que Nosso Senhor Jesus Cristo chorou, mas ignoramos se riu; entristecido até as lágrimas, ele não se entregou ao riso. Entretanto, para que ninguém diga que não temos outros testemunhos além das Escrituras, escutemos o que diz Salomão: 'O riso está misturado com a dor, e a alegria acaba em desgosto'. E ainda: 'Mais vale a cólera que o riso, porque um rosto severo cura o espírito do pecador. O coração do sábio está onde se encontra a tristeza, e o coração dos bobos, onde se encontra a alegria'. E ainda: 'O bobo, quando ri, faz ressoar sua voz, mas o sábio mal sorri, em silêncio'".[106]

---

104 *Regra dos quatro pais,* 5, 4.

105 *Regra oriental,* cap.17, 18, 36.

106 *Regra de São Ferréol d'Uzis,* XXIV, 1-7, em DESPREZ, V. *Règles monastiques d'Occident: IVe-VIe siècle.* Begrolles-en-Mauges: 1980, pp.315-316.

As *Instituições cenobitas*, de João Cassiano, redigidas ao redor de 425, indicam como sinal de humildade "não se deixar levar facilmente pelo riso".[107] Quanto à *Regra do Mestre*, datada do século VI e retomada na coletânea das regras monásticas de Bento de Aniana, no século IX, ela reforça, várias vezes, essa questão que julga essencial.[108] O riso é a vingança do diabo: "Eis os vícios contra os quais devemos nos guardar: ... bufonaria, ... riso prolongado ou às gargalhadas, cantarolar. ... Tudo isso não é de Deus, mas é obra do diabo e merece de Deus, no dia do julgamento, o que lhe cabe: a tortura do fogo eterno". O prior do mosteiro deverá, pois, ser particularmente vigilante: "Mesmo que ele fale com outro em voz baixa, o supervisor velará para que sua boca não profira palavra vã ou que provoque o riso. ... Se, portanto, um discípulo fala de través, o supervisor deverá adverti-lo nestes termos: 'Fecha a boca, irmão, à má palavra. É o bem que deve sair por onde proferes o mal. Assim, nós que escutamos, admiraremos a boa palavra em tua boca em lugar de rir contigo de uma vã ou má palavra. Porque o que faz rir não vale nada. ... Porque logo que uma palavra vã sai de tua boca, irmão, ela quer nos fazer rir e vai perder-se em nossas orelhas, já que, uma vez saída, não pode reentrar, mas a prestação de contas permanece'". Se ele vê um frade prestes a rir, o supervisor presente deverá adverti-lo: "Que é que fazes aí, irmão? Faz com seriedade o que fazes, porque o tempo de nossa conversa não é um tempo de alegria para rir, mas um tempo de penitência para chorar por nossos pecados".

As sanções são severas: "Quanto às bufonarias, às palavras ousadas e que levam a rir, nós as condenamos à reclusão perpétua e não permitimos ao discípulo abrir a boca para tal propósito". Uma regra de ouro: "Não dizer, de jeito nenhum, coisas vãs e que levem ao riso, não amar o riso prolongado ou às gargalhadas". Não se pode atingir o décimo ou o 11º degrau de humildade se não se proíbe de rir: "O discípulo ascende ao décimo degrau de humildade, na escala do céu, se não fica propenso a rir, porque está escrito: 'O tolo eleva a voz para rir' e 'Como um ruído de espinhos que crepitam no fogo, tal é o riso do homem'". O 11º degrau é atingido "se, ao falar, ele o faz docemente e sem rir".[109]

A ceifa é eloquente. Certamente, são apenas textos legislativos, e não temos como saber em que medida são aplicados. Contudo, é revelador cons-

107 Sources Chrétiennes, n.109, 1965, 39, 2.
108 Sources Chrétiennes, n.105, 1964, t. I.
109 Ibidem, 5, 9-11; 11, 49-58, 75; 9, 51; 3, 59; 10, 78-80.

tatar que, para todos os fundadores de ordens religiosas, o riso é considerado inimigo da perfeita vida cristã, um elemento perturbador da ordem, nascido com o pecado original e uma manifestação de orgulho, porque o riso é sempre um sentimento de superioridade, zombaria e desprezo pelo outro. Sobretudo o riso desenfreado, barulhento e prolongado, mas essa não é a tendência natural de toda hilaridade?

RIR SOZINHO: O HUMOR ABSOLUTO DOS PAIS DO DESERTO

O movimento monástico compreende um caso muito peculiar: o "eremitismo", que se desenvolve, de início, no Oriente, depois ganha o Ocidente. *A priori*, o ermitão está ao abrigo do riso: de que poderia rir um homem sozinho? Bem, ele tem, ao contrário, tudo para duvidar de sua imaginação e, como não há ninguém para lhe impor silêncio, está entregue a suas próprias forças; a tentação do riso torna-se mais potente – tentação diabólica pela qual começa a destruição da virtude na pessoa solitária. Ao menos é esse o aviso do oriental são Efraim (306-373), que consagra a esse problema um *Discurso sobre os risos e os divertimentos*: "O princípio da inversão e da ruína de um solitário é o riso, a impunidade e o desregramento. ... O riso e o desregramento o lançam nas paixões vergonhosas e nelas se precipitam não apenas os jovens religiosos, mas até mesmo os velhos. ... Escutai, agora, o que deveis pensar do riso. Ele destrói completamente a beatitude da aflição e do luto. Ele não edifica. Não conserva os edifícios espirituais, porém os perde e os inverte. Afugenta o Espírito Santo, é nocivo à alma e corrompe o corpo. O riso bane as virtudes, não se lembra da morte e não faz nenhuma reflexão sobre os suplícios da outra vida. *Senhor, afastai de mim o riso* e concedei-me o luto e os gemidos que Deus deseja de mim. ... Tenhamos, portanto, alegria e leveza no rosto, regozijando-nos com os dons de Deus no Espírito Santo. Mas chorando e gemendo em espírito e em pensamento".

Essa condenação sem apelo é ilustrada pelo extraordinário documento que é *Vidas dos pais do deserto*. Paradoxalmente, sabemos mais sobre a vida concreta desses solitários que sobre a deste ou daquele mosteiro. Em primeiro lugar, porque sua solidão é relativa: nos arredores do delta do Nilo, nos séculos IV e V, santos velhos vêm retirar-se; seu prestígio sendo grande, numerosos discípulos correm a imitá-los e edificam suas cabanas ao redor da do mestre. Cada um trabalha, reza e medita em seu canto, mas os outros nunca estão longe, e podem existir preces comuns. O renome desses eremitas e de suas façanhas ascéticas atrai os viajantes, que deixaram relatos detalhados do que viram e ouviram: *História dos monges*, documento anônimo, redigido por volta de 400 e traduzido em latim por Rufino de Aquileia; a *História dedicada a Lausos*, escrita pelo bispo Paládio ao redor de 419-420; as *Conferências*, de João Cassiano, aproximadamente em 420; compilações de *Apotegmas*, dos pais do deserto, circulam igualmente. De todos esses materiais emana um clima estranho, que a enorme defasagem de mentalidades torna ainda mais insólito e do qual se desprende, para o leitor do século XXI, um extraordinário humor.

De um lado, os santos pais relatam os grotescos esforços do demônio para fazê-los rir, o que confirma o julgamento de são Efraim: um solitário que começasse a rir seria conquista do diabo. Por isso, este se faz de palhaço, multiplica as bufonarias e as excentricidades com sua tropa de demônios cômicos com o único fito de escarnecer do asceta. Eles desabam também sobre são Páscomo, cujo rosto sorridente deixa pressagiar que a tarefa será mais fácil; colocam sob seus olhos visões hilariantes, como na cena em que dezenas de diabos simulam esforços sobre-humanos para deslocar uma folha: "Algum tempo depois, uma multidão de demônios esforçou-se em tentar o servidor de Deus com uma espécie de ilusão. Vários dentre eles, unidos, amarraram grossas cordas a uma folha de árvore e, em fila, de um lado e de outro, puxavam-na com extremo esforço e exortavam um ao outro nessa empresa, como se se tratasse de remover uma enorme pedra, de peso prodigioso. Esses infelizes faziam isso para levá-lo a um riso excessivo por uma ação tão ridícula e reprová-lo, em seguida. Páscomo gemeu em seu coração por essa imprudência, e depois de ter, como sempre, recorrido a Deus pela prece, o poder de Jesus Cristo dissipou logo essa multidão".[110] Outra tentativa, igualmente vã: "Esse santo tinha o costume de ir rezar em lugares recuados, e muito longe de seu monastério; e muitas vezes, quando voltava, os demônios, por zombaria, marchavam em fila diante dele, assim como se marcha diante de um magistrado, dizendo uns aos outros: 'Abri caminho para o homem de Deus!'. Mas Páscomo, fortificado pela confiança que tinha em Jesus Cristo, desprezou todas essas ficções ridículas, como se se tratasse de espantar cães".

Mas, por outro lado, a vida dos pais do deserto contém um rigoroso senso de humor, que fazia o pai Rousselot escrever: "Não seria difícil dar uma descrição burlesca da vida no deserto". Esse aspecto se encontra, estranhamente, com a mentalidade de nossa época, mais além do enorme

110 *Vida de São Páscomo*, 17. In: *Patrologia latina*, 73, 240.

fosso cultural que nos separa desses ermitões. Nada ilustra melhor o caráter intemporal e universal do humor, termo que mesmo os especialistas mais perspicazes não poderiam recusar aos pais do deserto. Desde 1927, Jean Brémond acentua a intenção deliberadamente cômica dos pais, assim como a de seus biógrafos,[111] e, recentemente, Piero Gribaudi pôde consagrar toda uma obra aos *Ditos espirituosos e facécias dos pais do deserto*.[112]

De fato, o "eremitismo" é terreno privilegiado para desenvolver o senso de humor: o homem só tem um interlocutor íntimo – ele mesmo. Sem chegar a buscar o efeito, o brilho, sem esperar a admiração dos outros por seu traço de espírito, ele pratica o humor puro, despojado, reduzido ao essencial: a autoderrisão em quarto fechado, contida em si mesma. O humor solitário é o humor absoluto, por distanciamento em relação a si mesmo, sem ilusão, sem recurso, sem interferência exterior. É no face a face lúcido consigo mesmo que se atinge o máximo do humor. A trapaça é inútil, não há ninguém para enganar. Autêntico e verdadeiro, zombo de mim mesmo; impiedoso e terno, eu me desvelo minha própria miséria. Acuso-me e me desculpo ao mesmo tempo; desprezo-me e me amo por inteiro, ironicamente. Eu sou duplo, por instantes: dois seres contraditórios que caçoam um do outro e que, como partículas de signos opostos, se anulam quando se juntam, para tornar-se pura energia, uma ação cotidiana irrefletida.

Não é esse humor despojado, absoluto que leva o abade Macário, centenário, a interpelar a sorte? "Aqui, biltre de cabelos brancos, até quando estarei contigo? ... Que queres, velho maldito?" Há um belo exemplo de desdobramento quando, levando um pesado fardo, ele declara: "Eu esfolo aquele que me esfola". Temos autoderrisão igualmente em Paládio, que responde a Jean de Lycopolis quando este lhe pergunta se queria tornar-se bispo: "Já não o sou? – De que diocese? – A diocese das cozinhas, das adegas, das mesas e da louça suja; é lá que pontifico, e se acontece de avinagrar algum vinho, eu o separo e bebo o bom. Sou também o bispo da marmita; se falta sal ou um dos temperos, eu o coloco, tempero e depois engulo tudo. É esse meu episcopado, e fui ordenado pela gulodice". Da mais pura autoderrisão sai também este dito de Santo Antônio: "Um dia, alguém diz ao grande Antonio: 'Tu és o maior monge de todo o Oriente'. 'O diabo já me disse isso', respondeu o abade Antonio". E ainda a divisa do abade Arsênio: "Foge, cala-te, fica tranquilo".

---

111 BRÉMOND, J. *Os pais do deserto.* t. I, Paris: 1927.
112 Paris: 1987.

Humor também é o de Paulo, o Simples: esse camponês rude e casado com uma bela mulher, a qual ele descobre, um dia, nos braços do amante. Ele cai na gargalhada e declara ao homem: "Está bem, está bem. Na verdade, não me preocupo. Por Jesus, não a quero mais. Vai, cuida dela e dos filhos dela, porque eu me retiro e vou virar monge". Então, ele procura Antonio no deserto e consegue persuadi-lo de que será capaz de suportar as provações da vida de eremita.

Os pais também zombam do diabo, vítima do riso do qual é promotor. Eles se entregam com toda a liberdade a pilhérias, fazem-lhe caretas, desdenham dele, aparam-lhe os chifres. O abade Packon zomba da impotência do demônio, que não é nem capaz de ajudá-lo a se suicidar: "Um dia em que eu pensava em suicídio, notei uma pequena besta [uma áspide]; enfiei-a, com a goela aberta, num bom lugar e ela não conseguiu nem me morder". Outra vez, ele foi se deitar, nu, numa caverna com hienas, que só fizeram amamentá-lo.

O senso de humor exprime-se na réplica dos pais: "Um discípulo foi procurar um pai: 'Abba, como deve ser uma homilia?' 'Uma homilia', responde-lhe ele, 'deve ter um bom começo e um bom fim; depois, faz de forma tal que o começo e o fim estejam o mais perto possível'". Eis ainda a descrição de refeição frugal oferecida por Postumiano ao gaulês Gallus, hóspede de passagem, que tinha a reputação – como todos os gauleses – de ser grande comilão: "Ele nos serviu um jantar, certamente esplêndido: era a metade de um pão de cevada. Ora, nós éramos quatro, e ele era o quinto. Ele nos trouxe também um fiapo de erva cujo nome me escapa".

Nos pais existe também um cômico involuntário, que ilustra a relatividade do dito cômico. Contudo, a autoderrisão dos eremitas atinge a universalidade em seu despojamento, já que suas façanhas ascéticas provam que o sério mais admirável pode resultar no cômico mais bufão. O lado barroco e grotesco da vida dos pais indispunha o clero clássico e racional do século XVII, que escamoteava, de bom grado, desses ancestrais constrangedores. Em 1662, o bispo Godeau escrevia em *Os quadros da penitência*: "A história dos pais do deserto fornece exemplos de penitência que são mais admiráveis que imitáveis e que pelas coisas extraordinárias que contêm tornaram-se mais próprios para excitar a risada das pessoas do mundo que para comovê-las ou convencê-las".

Hoje, rimos à vontade diante dos recordes absurdos desses ermitões, cujas performances, se tivessem sido homologadas, seriam dignas do *Guinness Book*. Macário é um verdadeiro campeão pluridisciplinar, que permanece vinte dias e vinte noites exposto ao calor e ao frio do deserto para não dormir. Tentado pela fornicação, ele se instala durante seis meses, completamente nu, no meio de um pântano infestado de mosquitos, "que eram grandes como vespas e cujo ferrão podia penetrar a pele de um javali". Quando ele volta, não é mais que um enorme inchaço: "Só se podia reconhecê-lo pela voz". Sabendo que os solitários da Tabênia não comiam nada cozido, ele se alimentou durante sete anos de ervas cruas. Ele não pode suportar ficar por baixo em chagas – o que é antes um sinal de orgulho. E a emulação está viva entre esses atletas da penitência. Para bater recordes, Macário recorre a sutis subterfúgios: "Tendo sabido que um solitário só come uma libra de pão por dia, ele parte em pedaços o pão que tinha e coloca-os dentro de uma garrafa, com a resolução de só comer o que conseguisse pegar com os dedos, o que é uma grande austeridade. Porque, dizia ele com graça, eu pegava bem vários pedaços, mas a boca da garrafa era tão estreita que não podia tirá-los de lá". O piedoso redator não nos conta quanto pesava Macário ao cabo de três anos dessa dieta de emagrecimento. Outro caso é aquele do monge que, para se punir pela vontade de comer pepino, pede que lhe tragam um e fica olhando fixamente para ele durante todo o dia.

Em outro gênero, Simeão, o Estilita, é o recordista absoluto de moradia no alto de uma coluna: ele passa várias dezenas de anos sobre uma estreita plataforma no topo de uma coluna, sem nunca descer. Várias vezes, ele a faz levantar – sempre mais alto, mais forte: seis côvados, depois 12, depois 22, depois 36 (ou seja, 18 metros), "o desejo que ele tinha de levantar voo para o céu fazia com que se afastasse cada vez mais da terra", escreve o redator de sua biografia.

Esses grupos de anacoretas, loucos de Deus ou só loucos, especializam-se: há os estilitas, que ficam sobre suas colunas; os dendritas, que vivem nas árvores; os pastadores, que só comem erva ao sol; os reclusos, encarquilhados em um minúsculo reduto; os adamitas, totalmente nus, sob os ardores do sol africano. Não se lavando nunca nem trocando de hábitos – aqueles que os usam – durante dezenas de anos, eles aliavam sujeira e santidade, à imagem de seu modelo, Santo Antônio, que "jejuava todo dia, levando sobre o corpo uma pele que manteve até o fim. Ele não se banhava, não molhava sequer os pés, só mergulhando-os na água por necessidade. Ninguém nunca o viu nu, só quando foi preciso amortalhá-lo".[113] O ridículo não falta, não mais que nas famosas tentações diabólicas que o assaltam e que o deixam insensível: "Nele, nem riso nem tristeza".

113 "Vida e conduta de nosso santo pai Antônio". In: *Vidas dos pais do deserto*. Paris: Lettres Chrétiennes, n.4, 1961.

Por essas absurdas performances, os pais do deserto querem, de fato, ultrapassar o riso e a tristeza, que caracterizam a condição do homem decaído. Trata-se, por um ato de vontade permanente, de reencontrar o estado original, aquele de antes da falta: a imutabilidade e a insensibilidade do primeiro dia da criação. A ataraxia, o nirvana, a contemplação se encontram além dos sentidos e dos sentimentos. Diabolizando o riso, os pensadores cristãos e os monges da Alta Idade Média manifestaram seu otimismo, sua crença na capacidade do homem de ultrapassar suas contradições e seus limites para reencontrar o estado original. Assim, eles desejam participar do resgate da humanidade apagando essa deformação diabólica do rosto e de todo o corpo que é o riso. O riso é corporal, material; ele é visto e ouvido. É agressão e orgulho. O puro espírito não ri. Os pais e os monges, pessoas de espírito, não querem rir.

Eles têm, contudo, profunda consciência do lado derrisório da condição humana e por isso guardam um autêntico senso de humor. Sua fé repousa sobre o amor infinito. Mas o homem se salva pelo amor ou pelo humor? As duas noções são tão estranhas uma à outra? O fiel de base que parodia o culto e a *Bíblia*, que treme e que ri de Deus e do diabo, não estará, inconscientemente, mais perto da verdade – ou da ausência de verdade?

– 5 –

O RISO UNÂNIME DA FESTA MEDIEVAL

A paródia a serviço dos valores

Se o riso romano era, sobretudo, satírico, o riso medieval é, antes de tudo, parodístico. É o riso de uma sociedade que se vê em um espelho deformante. Essa sociedade se macaqueia, porque encontrou certo equilíbrio. Se pode zombar de si mesma é porque não tem angústias metafísicas. Ela evolui num quadro que não é confortável, mas coerente. Se a morte está sempre presente, se a penúria, a guerra e a epidemia nunca estão longe – ainda que tenha havido uma relativa trégua do século XI ao século XIII –, elas inscrevem-se num sistema de mundo que mistura de forma inextricável o sagrado e o profano. Uma sociedade que aceita maciçamente seus valores fundamentais e confia em seus dirigentes como se fossem crianças está muito inclinada para o jogo – o jogo parodístico.

Constata-se isso sobretudo nas festas. O homem medieval imita, copia deformando: festa dos loucos, festa do asno, Carnaval, rei da fava, farsas, sermões burlescos, bobos da corte, romances burgueses são outras tantas paródias de clérigos, dos grandes, dos reis, dos nobres, dos comerciantes, mas também dos defeitos e dos vícios. Os grupos brincam de zombar uns dos outros, mas essas zombarias não são contestação: são jogo, jogo que aceita os valores e as hierarquias; que as reforça invertendo-as ritualmente.

O RISO MEDIEVAL SEGUNDO BAKHTINE

O debate sobre a natureza do riso medieval foi lançado pela célebre obra de Mikhaïl Bakhtine, *A obra de François Rabelais e a cultura popular na Idade Média e na Renascença*, cujas conclusões são agora seriamente combatidas.[1] Para o historiador russo, na Idade Média existe uma dupla visão de mundo: a visão séria, que é a das autoridades, e a visão cômica, que é a do povo. Esse dualismo, julga ele, já existia nas sociedades primitivas em que se acotovelavam mitos sérios e mitos cômicos, "mas nas etapas primitivas, em um regime social que não conhecia ainda nem classes nem Estado, os aspectos sérios e cômicos da divindade, do mundo e do homem eram, tudo indica, igualmente sagrados, igualmente, poder-se-ia dizer, 'oficiais'".[2]

Na Idade Média, a visão cômica foi excluída do domínio sagrado e tornou-se a característica essencial da cultura popular, que evoluiu fora da esfera oficial, "e é graças a essa existência extraoficial que a cultura do riso distinguiu-se por seu radicalismo e sua liberdade excepcionais, por sua impiedosa lucidez".[3] A visão cômica do mundo, elaborando-se de maneira autônoma, fora do controle das autoridades, adquiriu licença e liberdade extraordinárias. Ela se exprime sob três formas principais: 1) ritos e espetáculos, tais como Carnavais e peças cômicas; 2) obras cômicas verbais; 3) desenvolvimento de um vocabulário familiar e grosseiro.

A primeira forma compreende toda a gama das festas populares, aí incluídas aquelas que utilizam elementos religiosos: festa dos loucos, festa do asno, riso pascal e todas as festas ligadas aos trabalhos agrícolas, ritos de passagem da vida, com a participação de bobos e bufões. Nas festas carnavalescas, o povo representa a própria vida, parodiando-a e invertendo-a; uma vida melhor, nova, livre, transfigurada. "O Carnaval é a segunda vida do povo, baseada no princípio do riso. É sua vida de festa."[4] Essa vida representada no riso corresponde aos fins superiores da existência: um renascer

1 BAKHTINE, M. *L'Œuvre de François Rabelais et la culture populaire au Moyen Age et sous la Renaissance*, trad. franc. Paris: 1970.
2 Ibidem, p.14.
3 Ibidem, p.80.
4 Ibidem, p.16.

na universalidade, a liberdade, a igualdade, a abundância. É uma franquia provisória, mas anunciadora da libertação definitiva em relação a regras, valores, tabus e hierarquias. Ela é séria porque coincide com a ordem estabelecida. O riso teria, portanto, valor de subversão social, temporariamente tolerado pelas autoridades, como exutório, em circunstâncias determinadas. A festa oficial congela o tempo, dão-se ares de eternidade, de atemporalidade, ao passo que a festa popular, que olha para o futuro, é uma perpétua transformação, abolindo ou revolvendo as hierarquias. Essa festa popular só visa destruir: ela se reconstrói, ao mesmo tempo, por meio de paródias, fantasias e brincadeiras. Daí o caráter particular do riso carnavalesco, que impregna essas manifestações populares, que Bakhtine assim definiu: "É antes de tudo um riso de festa, não é uma reação individual diante desse ou daquele fato 'engraçado' isolado. O riso carnavalesco é, primeiramente, um bem coletivo do povo (esse caráter popular, já o dissemos, é inerente à natureza do Carnaval), todo mundo ri, é o riso 'geral'; em segundo lugar, ele é 'universal', ou seja, atinge todas as coisas e todas as pessoas (incluindo aí os que participam do Carnaval), o mundo inteiro parece cômico, ele é percebido e conhecido sob seu aspecto risível, em sua jubilosa relatividade; por fim, em terceiro lugar, esse riso é ambivalente: é alegre, transbordando de alegria esfuziante, mas também zombeteiro, sarcástico; ele nega e afirma, sepulta e ressuscita, ao mesmo tempo. ... Notemos uma importante particularidade do riso da festa popular: ele é dirigido aos próprios foliões. O povo não se exclui do mundo em plena evolução".[5] É um riso universal, todos riem de tudo e de todos, o que revela um mundo profundamente cômico.

Por outro lado, a visão cômica popular do mundo traduz-se por obras verbais, elas próprias ligadas aos regozijos carnavalescos. Literatura de festa, parodística, pela qual as condições sociais oficiais são zombadas e reviradas e nas quais os ritos mais sagrados são parodiados: liturgias, preces e sermões bufos, paródias de romances de cavalaria, fábulas e farsas, peças religiosas com diabruras. Enfim, para expressar a liberação, o caráter dinâmico, mutante e festivo da realidade, essa visão cômica do mundo tem necessidade de um novo vocabulário, no qual pragas e grosserias desempenham papel essencial.

De fato, o que faz o caráter cômico da visão popular do mundo é o que Bakhtine chama de "realismo grotesco", isto é, a percepção, na origem de

5 Ibidem, p.20.

todas as realidades – incluindo-se as mais sublimes –, dos processos biológicos fundamentais. O mundo não é mais que um grande organismo vivo, um gigantesco caldo de cultura em que as formas se fazem e desfazem indefinidamente; os aspectos mais refinados da vida espiritual são apenas flores efêmeras que despontam sobre o substrato material biológico. Em consequência, "o traço marcante do realismo grotesco é o rebaixamento, ou seja, a transferência de tudo o que é elevado, espiritual, ideal e abstrato para o plano material e corporal, aquele da terra e do corpo em sua indissolúvel unidade".[6]

A paródia medieval, portanto, vai ser um processo de rebaixamento, explicando o alto pelo baixo – não sob uma perspectiva puramente negativa, mas com o objetivo de recreação. As formas nascem e morrem na sopa biológica primordial, e essa realidade proteiforme, em que o nobre e o vil procedem dos mesmos mecanismos, é altamente cômica. O mundo é grotesco, alegremente grotesco. Então, o cômico popular vai espojar-se no "baixo": a absorção do alimento, a excreção, o acasalamento, o parto na sujeira, os odores e os ruídos ligados ao ventre e ao baixo-ventre, todas as funções que rebaixam mas, por outro lado, regeneram. "O riso popular que organiza todas as formas do realismo grotesco esteve ligado o tempo todo ao baixo material e corporal. O riso rebaixa e materializa."[7] Rabelais será a culminação desse riso.

O grande processo biológico é válido tanto para o indivíduo como para o mundo e a sociedade, que estão em perpétua metamorfose. É da decomposição, no sentido material do termo, que nascem as novas formas, e é a tomada de consciência do processo infinito de morte e de nascimento que engendra o riso grotesco. Tudo se mistura, perde sua identidade, como aquelas estatuetas de Kertch, no museu Ermitage, do qual Bakhtine faz um símbolo do mundo grotesco: "Notam-se as velhas mulheres grávidas, cuja velhice e gravidez horrendas são grotescamente sublinhadas. É interessante perceber que, além do mais, essas velhas grávidas sorriem. Trata-se, pois, de um grotesco muito característico e expressivo. Ele é ambivalente: é a morte grávida, a morte que dá à luz".[8]

A visão oficial e séria do mundo, representada pela estética clássica, insiste, ao contrário, no permanente, no estável, no identificável, no diferenciado, e só vê, no grotesco popular, grosseria, insulto, sacrilégio, vontade

6 Ibidem, p.29.
7 Ibidem, p.29.
8 Ibidem, p.35.

subversiva de rebaixamento. Ela mantém apenas o "alto", desprezando o "baixo", um pouco como as estátuas de nobres portais góticos opondo-se aos monstros informes das gárgulas e dos capitéis, relegados a lugares inacessíveis. A visão séria é acompanhada de interditos, restrições, medo e intimidação. Inversamente, a visão cômica, ligada à liberdade, é uma vitória sobre o medo. Na festa carnavalesca, destrói-se, reduz-se, inverte-se, zomba-se de tudo o que faz medo: imagens cômicas da morte, suplícios joviais, incêndio de uma construção grotesca batizada de "inferno"; o sagrado, o proibido, os tabus transgredidos só existem por alguns momentos; ri-se daquilo que se tem medo.

E esse riso não é individual; para ser eficaz, deve ser coletivo, social, universal. Ele não incide sobre o particular, mas sobre o mundo inteiro, do qual revela a verdadeira natureza. Bakhtine fala da "verdade revelada por meio do riso", que liberta do medo do sagrado, da proibição autoritária. Mostrando o mundo sob um novo dia, o riso liberta, diante dos interditos e das intimidações do sério: "É a razão pela qual o riso, menos que qualquer outra coisa, pode ser instrumento de opressão e de embrutecimento do povo. Nunca ninguém chegou a torná-lo inteiramente oficial. Ele sempre permaneceu como arma da liberdade entre as mãos do povo".[9]

A oposição entre as duas visões de mundo não é consciente. Os autores de paródias são pessoas que aceitam a explicação religiosa do mundo. Os dois aspectos coexistem na consciência, e Bakhtine vê uma imagem disso na decoração das páginas dos manuscritos, nas quais iluminuras piedosas e austeras misturam-se a representações cômicas com diabretes, animais, mascaradas. O riso profanador e libertador do povo medieval é uma visão de mundo. O mundo é cômico, mas essa visão cômica não chega ao nível da consciência clara. O desenvolvimento do individualismo a partir do século XVI não lhe permitirá tornar-se uma realidade viva. A festa carnavalesca e a paródia evoluirão para uma concepção negativa e formal de crítica pura ou simples divertimento.

Assim é o riso medieval segundo Bakhtine. Essa concepção abre perspectivas fecundas para o estudo das mentalidades populares. Ela se depara, contudo, com numerosas críticas depois de sua elaboração, em 1965. Em particular, Aaron Gourevitch considera que Bakhtine não se deu conta do completo contexto cultural global, sobretudo do fator religioso. Ele o reprova por ter negligenciado os elos fundamentais existentes entre o riso, o

9 Ibidem, pp.101-102.

medo e a raiva e por haver estendido à cultura popular conclusões tiradas apenas do estudo do Carnaval, realidade exclusivamente urbana do fim da Idade Média. Aos olhos de Gourevitch, Bakhtine na verdade projetou, para a Idade Média, a realidade soviética dos anos 1960, com uma sociedade de dois níveis: o oficial, ideológico, e o da vida real, sob a cobertura fictícia mantida pelo partido. Desconfiemos das interpretações da cultura popular por intelectuais, declara, enfim, Gourevitch.[10]

Outras críticas visam à concepção bakhtiniana do grotesco como proliferação, exuberância, invenção, isto é, força de riso. O grotesco tem, de fato, outra face, inquietante, que provém de uma desestruturação do mundo familiar, o qual se dissolve, transborda, torna-se evanescente e, ao mesmo tempo, estranho e estrangeiro. É o que Wolfgang Kayser desenvolvia, desde 1957, em *Das Groteske*: "A espantosa mistura de um sorriso tem seu fundamento na experiência de que esse mundo que nos é familiar, estabelecido em uma ordem aparentemente sólida, subitamente se torna estranho, deixa-se invadir por poderes insondáveis, perde toda a sua força e coesão, para desabar, enfim, com todas as suas estruturas".[11] Além disso, o bestiário monstruoso da escultura medieval oscila no diabólico angustiante. Ele testemunha mais de uma visão cômica, mais de uma visão trágica e, para dizer tudo, satânica, cujo ápice não será Rabelais, mas Jerônimo Bosch. A aproximação dos dois nomes ilustra a ambivalência grotesca, talvez negligenciada por Bakhtine, cuja visão contundente tem um aspecto maniqueísta. Para Christian Thompsen, o grotesco provém de um distanciamento em relação ao mundo, que tanto pode ser fonte de riso quanto de temor.[12] Portanto, será preciso reexaminar as fontes do cômico medieval e suas implicações.

O CARNAVAL, CRISTÃO OU PAGÃO?

O riso medieval explode de forma espetacular na festa. É isso que é preciso estudar para apreender seus mecanismos básicos. A festa medieval é múltipla, parece onipresente. Mas é necessário desconfiar, já que é um erro de perspectiva, em virtude do grande número de trabalhos sobre o

10 GOUREVITCH, A. "Bakhtin and his theory of Carnival". In: *A Cultural History of Humour*. Oxford: ed. J. Bremmer e H. Roodenburg, 1997, pp.54-60.
11 KAYSER, W. *Das Groteske, seine Gestaltung in Malerei und Dichtung*. Oldenburg: 1957, p.38.
12 THOMPSEN, C. W. *Das Groteskeim Englischen Roman des 18. Jahrhunderts*. Darmstadt: 1974.

assunto. Na realidade, a festa medieval é circunscrita a certos momentos do ano e a certas circunstâncias. A festa coletiva é, antes de tudo, o Carnaval, que se tornou seu símbolo.

Primeiro problema: de onde vem esse regozijo desenfreado? Duas teses se confrontam: para uns, trata-se da perpetuação das festas pagãs; para outros, é uma tradição cristã. Essa não é uma questão sem importância para a interpretação do riso, e persiste há muito tempo. Desde o século XII, os clérigos começam a denunciar as origens pagãs dessas festas populares. Em 1182, um padre de Amiens escreve: "Há certas igrejas em que é costume bispos e arcebispos deporem, por brincadeira, seus atributos. Essa liberdade, conhecida como de dezembro, é semelhante àquela que existia, outrora, nos pagãos, quando os servos se tornavam livres, se igualavam à condição de seus senhores e se entregavam, com eles, a festas comuns, depois das colheitas. Apesar de grandes igrejas, como a de Reims, observarem esse costume, é mais louvável, contudo, abster-se desse tipo de diversão".[13]

O vínculo entre festa medieval e festa antiga vai se afirmar em dois tempos, por razões diferentes e interesseiras. De início, são as censuras religiosas dos séculos XV a XVII, preocupadas em eliminar diversões licenciosas, que denunciam suas origens pré-cristãs. Os bispos, os pregadores reformadores evocam as saturnais e as bacanais – cuja simples menção faz tremer a virtude –, baseando-se na pretensa similitude de temas, datas e práticas, para mostrar que o Carnaval é uma abominação surgida nos tempos pagãos. Essa crença é curiosamente reforçada, num segundo tempo, nos séculos XIX e XX, por pesquisadores com motivações totalmente contrárias: o interesse pelas tradições populares leva etnólogos, sociólogos e folcloristas a fazer comparações entre práticas presentes e passadas que tendem a reduzir essas manifestações a um fundo mítico comum, saído das noites dos tempos, cuja antiguidade estabelece a respeitabilidade.

Contudo, o percurso conduz a generalizações e a amálgamas abusivos, porque negligencia a cronologia e o contexto cultural, como lembrou Jacques Heers: "O procedimento tem interesse e merece atenção. Mas é a ousadia, o abuso e o uso sistemático que prejudicam, por falta de simplicidade e de compreensão da época. É certo que as tradições orais e a memória coletiva conservam por muito tempo, mais que os livros, talvez, a lembrança de práticas e manifestações muito antigas; porém, isso ocorre de forma muitas vezes superficial, preservando apenas o gesto e o cenário, não a significa-

13 Du Cange, III, col. 1663.

ção".[14] Dessa maneira, prossegue esse historiador, uma máscara de camponês não tem a mesma significação na Antiguidade e no fim da Idade Média; no primeiro caso, ela representa as forças brutais e hostis da natureza; no segundo, o desprezo do burguês pelo rústico. O que não quer dizer que haja elemento comum entre elas.

A mesma prudência se encontra em Julio Caro Baroja, que, em sua obra clássica *O Carnaval*,[15] demonstrou a ausência de qualquer prova decisiva de continuidade com a festa antiga. Toda a argumentação dos clérigos repousa sobre a etimologia fantasista do *currus navalis*, o "carro naval", utilizado pelos romanos para a festa de Ísis, em 5 de março, enquanto a etimologia, quase certa, faz derivar "carnaval" de *carne levamen*, ou *carne levamine*, ou *carne levale*, expressão retirada de um texto romano de 1285 que significa o momento em que a carne (*carne*) vai ser "retirada", proibida, durante a Quaresma. O termo, italianizado, indicaria, portanto, uma festa tipicamente cristã, marcando a ruptura da ordem normal das coisas com a entrada no período de jejum: uma festa da abundância, da alegria e da prosperidade da época anterior aos interditos.

Situada antes do anúncio da primavera, essa festa certamente pôde retomar aspectos das bacanais, da festa da terra, do vinho, das florestas, da renovação, das forças da natureza, com máscaras de animais dos bosques. A coincidência cronológica no ciclo das estações sem dúvida está a favor de fortes semelhanças, que impressionaram os pesquisadores: um ritual mimético mascarado, um cortejo de violência e descomedimento, uma figura grotesca queimada, afogada ou decapitada que é, ao mesmo tempo, distribuidora de abundância e bode expiatório, trazendo felicidade e levando o mal, permitindo reatualizar a oposição destruição-geração, forças primordiais de vida e de morte. "Ilustrando melhor o estatuto da festa, modelo reduzido secularizado, primitivamente celebração cosmogônica, depois reajustado no interior de um ciclo cristão, antes de se tornar um jogo vazio alimentado pela nostalgia da abundância e da comunhão coletiva, encontra-se o Carnaval",[16] escreve Jean-Jacques Wunenburger. Daí a fazer do Carnaval simples cristianização de um rito pagão há só um passo, transposto por André Varagnac: "É verossímil que a Igreja, quando da cristianização dos usos pagãos no início da Idade Média, não tenha

---

14 HEERS, J. *Fêtes des fous et Carnavals*. Paris: ed. Pluriel, 1983, p.297.
15 BAROJA, J. C. *Le Carnaval*. trad. franc. Paris: 1979.
16 WUNENBURGER, J.-J. *La fête, le jeu et le sacré*. Paris: 1977, p.175.

tido dificuldade para instaurar a regra da Quaresma: depois da patuscada carnavalesca, como não fazer abstinência, já que só se comia carne duas ou três vezes por ano?".[17]

Integração ou justaposição? Essa festa, escreve Julio Caro Baroja, "é quase a representação do paganismo em si diante do cristianismo, feita e criada em uma época mais pagã que a nossa, mas também mais religiosa".[18] Simples enxerto de um momento do ciclo cristão sobre ritmos naturais muito mais antigos?[19] O assunto é obscuro. Quase não se pode remontar além do século XI para encontrar traços escritos do Carnaval, mas os textos – como o do Concílio de Benevento, em 1091, que fixa o início da Quaresma na Quarta-Feira de Cinzas – sugerem que se trata de uma realidade mais antiga. O Carnaval penetra em Roma no século XII, mas desde o século IX já havia mascaradas com o tema do urso e do homem selvagem. Cesário d'Arles já evoca, e o sínodo de Reims condena, esse gênero de jogo inspirado pelo diabo.

Um elemento reforça a integração do Carnaval no ciclo cristão: é o tema alegórico do combate do Carnaval e da Quaresma, que aparece desde o século XIII em uma fábula parodística de combates cavalerescos, *A batalha da Quaresma e da Carnalidade*. Vê-se aí o confronto de dois senhores: um, Quaresma, equipado de peixes (arenques e enguias), é um traidor, amigo dos ricos e dos abades, detestado pelos pobres; o outro, herói positivo, armado de carnes e gorduras, distribui riquezas. Mais de quarenta textos retomam esse tema do século XIII ao XVII; ele passa para o teatro no século XIV. É representado nos vilarejos, e Bruegel imortalizou a cena. O assunto, intelectual, não é uma simples diversão: "É preciso também ler aí uma verdadeira crítica ideológica a um discurso repressivo da festa profana e uma desvalorização do ascetismo religioso. O princípio do prazer é revigorado nessa composição tão intelectual",[20] escreve Philippe Walter.

Isso pareceria confirmar a tese de Mikhaïl Bakhtine sobre a oposição entre cultura popular de um cômico subversivo e cultura oficial séria. Entretanto, Philippe Walter recusa-se categoricamente a isso: "A sociologia

17 VARAGNAC, A. *Civilisation traditionnelle et genre de vie*. Paris: 1948, p.31.
18 BAROJA, J. C. op. cit., p.154.
19 Cf. SARRAZIN, B. *Le rire et le sacré*. Paris: 1991, p.28.
20 WALTER, P. *La mémoire du temps. Fêtes et calendriers de Chrétien de Troyes à la Mort Artu*. Paris: 1989, p.248.

primária sobre a qual repousa o conjunto do sistema bakhtiniano exige a desconfiança".[21] Reprovando em Bakhtine o fato de ser primário, simplista e, implicitamente, marxista, ele faz, contudo, uma concessão: "Seria muito simplista opor um universo clerical, que seria sério e opressivo, a um universo popular, que seria cômico e libertário. Porém, é claro que em uma festa se exprime a necessidade de uma transgressão das normas, isto é, ela oferece, repentinamente, a possibilidade de infringir os usos normais da sociedade".[22]

O tema do combate entre Carnaval e Quaresma, além da intenção parodística ilustrando a oposição entre liturgia popular e liturgia clerical, apresenta também o interesse de sugerir os elos da festa carnavalesca com o diabo, a loucura e a morte. É o que mostrou muito bem Claude Gaignebert em um estudo detalhado do simbolismo contido em *Combate do Carnaval e da Quaresma*, de Bruegel.[23] Esse quadro, repleto de personagens, na realidade é dominado por um pequeno boneco sentado no beiral de uma janela: é o louco da Páscoa, que contempla o tempo que passa e encaminha tudo para a morte e vê os loucos do Carnaval. Divertida, trocista, a folia usufrui sua ambivalência: loucura dos homens, que só pensam em rir, e loucura divina, que é a verdadeira sabedoria. O quadro data de 1559; nessa época, a Quaresma ganhou a pendência, e Bruegel ilustra, na verdade, o enterro do Carnaval. Empoleirado sobre sua barrica, ele faz um sinal de adeus. Ele reencontrará o diabo, como o pintor o representou em um desenho intitulado *A descida de Cristo ao limbo*, onde se vê o Carnaval demoníaco à direita de Cristo.

Essa visão é tardia. Contudo, ela expõe as ambiguidades que cercam o Carnaval na Idade Média. Nele, o riso que se escuta encobre uma realidade complexa e turbulenta. Para começar, sua universalidade não é sinônimo de uniformidade. O Carnaval é um fato urbano, particularmente desenvolvido nas regiões das cidades importantes, onde as alegres sociedades e as corporações assumem a organização dos divertimentos: Flandres, norte da Itália.

Em Roma, a *Cornomania*, ou festa dos cornos, é atestada desde o século IX: no sábado, depois da Páscoa, o povo se reúne diante da basílica São João de Latrão, paróquia por paróquia, para assistir aos jogos: sacristãos, cujos hábitos de reis bufões se assemelham às vestimentas litúrgicas, dançam de forma grotesca; bispos, sentados de lado sobre um asno, tentam agarrar,

---

21 Ibidem, p.275.
22 Ibidem, p.277.
23 GAIGNEBERT, C. "O combate do Carnaval e da Quaresma de P. Bruegel (1559)". In: *Annales ESC*, março-abril 1972, pp.313-346.

pendendo para trás, as peças colocadas numa bacia posta sobre a cabeça do asno. A participação ativa do clero é igualmente assinalada pelo cônego Bento, desde o início do século XII, na festa do primeiro domingo da Quaresma, quando, em presença do papa, se matam um urso, um touro e um galo – execução simbólica do diabo, do orgulho e da luxúria, o que permitirá que se viva sóbrio e casto até a Páscoa. A partir do século XIII, são mencionadas as festas do *Testaccio*: uma dezena de dias de licença, de mascaradas, de bufonarias carnavalescas com arremessos de frutos e corsos de porcos atrelados. A participação das autoridades no Carnaval, nas cidades italianas, demonstra que não se trata de manifestações de revolta ou de contestação. Poderes eclesiásticos e municipalidades controlam e utilizam o jogo-espetáculo para manter seu prestígio e sua popularidade por meio de concessões ao riso: "Todos os governos toleram de bom grado essas brincadeiras pesadas que, por algumas horas, desafiam sua dignidade e zombam de suas maneiras e de sua posição social: um dia ruim, alguns maus momentos. ... Afinal, farsas tão grandes não ameaçam tanto".[24] O mesmo acontece em Nice, onde a importância do Carnaval é assinalada desde 1294: o duque de Anjou, conde de Provença, depois o duque de Savoia fazem o deslocamento e, no século XVI, será regulamentado o cargo de "abade dos tolos".

No outro lado da Europa, na Escandinávia, o equivalente de um Carnaval acontece no nono dia depois do Natal: um texto bizantino menciona esse costume entre os mercenários escandinavos ao redor de 950, e muito mais tarde, cerca de 1550, o bispo católico Olaus Magnus, exilado em Roma, descreve o desenvolvimento de mascaradas em seu país: "Bobos da aristocracia velam o rosto com seda negra, vestem-se ridiculamente com farrapos variados e atormentam seus amigos por puro prazer. Eles arrastam nas ruas outros bandos de bobos e dão livre curso a suas paixões".[25] Na Inglaterra, a festa pagã de Halloween, com seus cortejos burlescos e suas práticas carnavalescas, poderia ser uma sobrevivência da festa druídica de Samânia, com seus rituais de regeneração, morte e renascimento de um rei.

O mundo judaico possui o equivalente com a festa de Purim, em fevereiro-março, que comemora a salvação da comunidade judaica, na Pérsia, graças à intervenção de Ester. A festa mistura profano e sagrado, com violação dos interditos alimentares durante o festim e fabricação de um boneco grotesco para as crianças, que o arrastam pelas ruas antes de queimá-lo.

24 HEERS, J. op. cit., p.261.
25 Citado em *Carnavals et mascarades*. Paris: ed. P. G. d'Ayala e M. Boiteux, 1988, p.111.

O CARNAVAL, PARÓDIA LOUCA, QUE EXORCISA E ACALMA

De alguns exemplos desprendem-se traços comuns, como a prática de jogos codificados, saídos de um teatro de máscaras, que permite transgredir o interdito. O riso carnavalesco sempre tem uma função de liberação de necessidades recalcadas; as forças vitais, obrigatoriamente canalizadas na vida social cotidiana, encontram nesse riso coletivo uma válvula de segurança, como o explica J. M. Pastre: "Burlescos antes de tudo, os jogos tinham por função liberar as necessidades recalcadas por um modo de existência excessivamente regulamentado e serviam, de algum modo, para a mediação de múltiplos travestimentos e, num verbalismo ousado, como válvula de escape. Eles respondem a uma necessidade de liberação e incitam o público, por um riso burlesco positivo e profundamente otimista, à catarse".[26]

Simultaneamente, o riso carnavalesco está lá para dar segurança, para vencer o medo. É por isso que se veem, nos cortejos, figuras exóticas, monstruosas, falsamente assustadoras que ameaçam atacar: provocar medo sabendo que é "para rir" é um meio de exorcizar o medo. Veem-se homens e mulheres selvagens, com sua clava, mouros, mais tarde indianos, dragões, tal como o famoso monstro (tarasca) de Tarascon, e gigantes, engraçados e inofensivos, cuja malandragem provoca hilaridade, como em Rouen, em 1485: "Para rir, vinham saciar-se na mencionada fonte outros personagens, entre eles uma mais alta e maior que um gigante, que mal podia abaixar-se para beber na referida fonte". Dominar essas criaturas, demonstrar sua impotência tranquiliza. A dança também pode contribuir para afastar a ameaça: "A dança e o riso têm a virtude do exorcismo. A dança muitas vezes nasceu de passos para esmagar e enterrar influências perniciosas, e o riso tem o poder de dissipar os temores da noite".[27]

O riso carnavalesco é ao mesmo tempo paródia, pela máscara, pelo disfarce, pela inversão. Acena-se aqui com a contestação social, mas até o século XIV esta não atingira ainda o nível de consciência. O riso periódico parece mesmo reforçar a ordem existente; esses jogos "criticaram os poderes, zombaram dos ridículos ou dos infortúnios, eram uma diversão totalmente permitida", escreve Jacques Heers. O lado lúdico, divertido, prevalece nitidamente. A

26 PASTRE, J.-M. "Burlesco e jogos alemães de Carnaval dos séculos XV e XVI. In: *Poétiques du burlesque. Actes du colloque international du Centre de Recherches sur les Littératures Modernes et Contemporaines de l'Université Blaise-Pascal*. Paris: ed. D. Bertrand, 1998, p.126.

27 *Carnavals et mascarades*, op. cit., p.170.

mascarada é, no início, o desejo de imitar – caçoando, sem dúvida, mas sem intenção contestatória, ao menos até as crises do século XIV. A cronologia, aqui, é essencial. Só a partir dos anos 1380 o tom se torna acre e protestador: as desgraças do tempo motivam isso. Mas, até lá, o divertimento carnavalesco inscreve-se em uma lógica de aceitação do código social estabelecido.

A máscara permite a renovação, assim como a inversão – especialmente a inversão do alto e do baixo, saída cômico-popular ressaltada por Mikhaïl Bakhtine. Triunfo do corpo e de suas necessidades, desforra sobre a tirania do espírito e da moral, realização simbólica dos desejos e dos instintos controlados. O obsceno e o escatológico desencadeiam-se. Um exemplo: no *Jogo de Audigier*, representado no Carnaval de Amiens no século XV, mas baseado num poema do século XII, Audigier vive no país de Cocuse, onde as pessoas chafurdam nas fezes; ele foi batizado numa bacia de urina por um padre vestido com farrapos; alimentado por ovos chocos e cebolas podres, quis fazer a iniciação cavaleiresca enfrentando a "velha e odienta Grinberge", que o aprisionou, obrigou-o a lhe beijar o cu e lambuzou-o de merda e urina. Ele conseguiu escapar e casou-se com uma mulher que, durante toda a vida, nunca se banhara nem limpara a bunda. A festa de casamento, é claro, é uma orgia escatológica em que se nada em excrementos e vômitos, no meio de um concerto de peidos e arrotos. Uivar de rir, mas não abalar o mundo feudal. Trata-se de uma paródia das canções de gesta, em que as ousadias heroicas se transformam em ousadias escatológicas, com um objetivo puramente lúdico. Como escreve M. Grinberg, "a escatologia fundamenta aqui a inversão de valores que provoca o riso carnavalesco".[28]

O riso do Carnaval é também o riso da loucura, como se vê em um episódio de *Aucassin e Nicolette*, no "reino de Torelore". A *turelura* era um instrumento de sopro, uma espécie de gaita de fole, evocando a loucura: o louco divaga em todos os sentidos, como um balão cheio de ar (em latim, *follis*). Esse reino de Torelore é o país da loucura carnavalesca, um mundo às avessas, mais uma vez paródia do universo das canções de gesta. Uma paródia que se volta para histórias de loucos. A demência é um tema muito difundido na Idade Média, mas é ambíguo. Entre a loucura puramente lúdica e a demência humana que conduz ao caos, depois do pecado original, a fronteira é muito fluida. O bobo evoca a completa reviravolta de valores, a liberação das forças naturais e, portanto, a presença do diabo; ele inspira,

28 GRINBERG, M. "Carnavais da Idade Média e da Renascença". In: *Carnavals et mascarades*, op. cit., p.53.

simultaneamente, repulsa e piedade; encarna o pecado pelo desregramento de seus costumes e de seus sentidos e, ao mesmo tempo, é "inocente", o irresponsável, logo, protegido por Deus. Navegando entre Deus e o diabo, ele é o bode expiatório ideal, é quem carrega os pecados e quem vai ser caçado, sob risos de alívio. É a imagem da desordem, do caos, do retorno à animalidade; nele toleram-se todas as liberdades, o que permite descarregar contra ele o escárnio. A personagem do bobo ocupa uma posição quase oficial no seio de cada grupo organizado: as cidades, os ofícios, as guildas têm seus bobos, com lugar central nas festas e nos desfiles. "Seu riso exercia uma espécie de pedagogia; era um exercício divertido que explicava ou retinha, por um momento, a atenção de um público de alma simples."[29]

Yves-Marie Bercé, o autor das linhas precedentes, lembra que essas inversões e essas folias carnavalescas devem ser interpretadas com prudência. Um intelectualismo audacioso pode conferir ao leitor "o engano de um estruturalismo pretensioso e conduzi-lo, trabalhosamente, à descoberta de banalidades". Evitemos "colocar mais lógica nessas inversões que os próprios atores dessas festas de loucura". Essas festas não são um apelo à subversão nem à desordem: inscrevem-se numa cultura que as torna possíveis e que, por sua vez, a justificam. Como o diz Roger Bastide: "A festa faz parte da cultura, não é vingança da natureza contra a cultura, e a cultura é um conjunto de normas".[30]

Na Idade Média, o riso carnavalesco é antes um fator de coesão social que de revolta. Derrisão ritualizada, o Carnaval é a necessária expressão cômica de uma alternativa improvável, literalmente louca, o inverso burlesco que só faz confirmar a importância de valores e hierarquias estabelecidos. Vê-se aí, por exemplo, homens vestidos de mulher, da maneira mais caricatural possível: sedas e veludos com um boné de renda e, às vezes, um travesseiro para simular uma gravidez. Outros brincam vestidos como bebês. Como essas brincadeiras podem ser outra coisa senão jogo, diversão lúdica? Apenas alguns pregadores rigorosos, como Máximo de Turim, podem descobrir nisso uma influência diabólica: "Tudo o que esses ministros do demônio conseguem, nesses dias, é perverso e insano, quando o homem, rejeitando seu vigor viril, se transforma em mulher...".[31]

---

29 BERCÉ, Y.-M. *Fête et révolte*. Paris: 1976, p.30.
30 BASTIDE, R. citado por DESROCHE, H. *Archives des sciences sociales des religions*, 1974, p.42.
31 MÁXIMO DE TURIM. *Homélie XVI*. In: *Patrologie latine*, 57, col. 255.

O uso da máscara remonta a tempos longínquos, provavelmente quando havia o costume de lambuzar o corpo para assemelhar-se aos animais selvagens, como o urso, que Tácito já assinalava no povo germânico dos ordovices. No termo latino *masca*, que significa "feiticeira", pode-se ver uma sobrevivência das crenças relativas a almas do outro mundo. Tudo isso explica que, desde o século IX, Hincmar qualificasse de atividades diabólicas os jogos de urso e as "talamascas". Poder-se-ia, realmente, encontrar equivalências inquietantes nesses Carnavais medievais, como sugere Jean Duvignaud, para quem neles "imita-se uma experiência que poderia ser e que não é ainda"?[32] Duvignaud lembra que, segundo Johan Huizinga, os espectadores dos suplícios de feiticeiros pelo fogo riam, como se fosse o diabo que se consumisse, da mesma forma que riam queimando o Rei Carnaval. Nos dois casos, haveria a execução do bode expiatório, e esse riso coletivo seria a dissipação do medo diante do castigo do mal. O riso carnavalesco medieval contempla, ao mesmo tempo, a ordem social e as exigências morais pela paródia e pela derrisão, que demonstram, a um só tempo, o grotesco do mundo insensato e a impotência do mal.

O CHARIVARI, OU O RISO DE AUTODEFESA DO GRUPO

As mesmas características encontram-se nas grandes gargalhadas tumultuosas que são os charivaris. Essa prática curiosa, que prosseguirá até o século XIX e com a qual cruzaremos várias vezes, reflete também o contexto cultural e esclarece certas significações do riso. Sua origem é incerta. Arnold Van Gennep remonta-a à Alta Idade Média, mas sem poder fornecer provas decisivas,[33] e a documentação a esse respeito só se torna importante no século XIV. A mesma incerteza existe com relação à etimologia: a palavra viria ou do grego *chalibarion* (ruído obtido ao bater em vasos de bronze ou de ferro) ou do italiano *chiavramarito* ou *capramarito*. Aliás, o termo muda de um país para outro: *rough music* ou *skimmington*, na Inglaterra, *Katzenmusik*, na Alemanha, *cencerrada*, em Andaluzia, Espanha, e assim por diante.

O charivari consiste num agrupamento ruidoso dos membros da comunidade dos vilarejos, entre os quais alguns vão disfarçados e batendo sobre utensílios de cozinha; eles se encontram diante da residência de um dos

32 DUVIGNAUD, J. "Ordre et désordre: la dérision". In: *Carnavals et mascarades*, op. cit.
33 VAN GENNEP, A. *Manuel de folklore français*. Paris: 1943-1949.

paroquianos, que está excluído do grupo por uma conduta repreensível. Os textos do século XIV, que falam, na França, de "um desânimo dos jovens, ávidos por farsas e algazarras",[34] insistem na presença da juventude, o que pode explicar um dos motivos mais frequentes dessas farras: o casamento de um viúvo ou de uma viúva ou o casamento de duas pessoas de idades muito diferentes. De fato, como o destaca Nathalie Davis, no caso do século XVI, a "massa dos jovens disponíveis" para o casamento, nas pequenas comunidades rurais, é muito limitada, e reduzida ainda mais pelos graus de consanguinidade que a Igreja julga proibitivos. Um segundo casamento e a união de um velho com uma jovem são recebidos como um atentado ao equilíbrio social do grupo, privando os jovens de parceiros. "Então a balbúrdia de jovens mascarados, com seus tachos, tamborins, sinos, matracas e berrantes, podia durar uma semana diante da casa de suas vítimas, até que elas aceitassem e pagassem uma multa."[35]

Essa é a causa mais frequente do charivari. Mas há outros casos possíveis de referendar: mulheres que batem nos maridos ou que mandam neles, maridos violentos, desvios sexuais... Segundo Arnold Van Gennep, "o charivari aplica-se aos maridos que apanham das mulheres; aos avarentos – especialmente, na infância, a padrinhos e madrinhas mesquinhos –; aos estrangeiros que, vindos para instalar-se ou mesmo de passagem, não pagam as *boas-vindas*; às moças loucas por seus corpos; às mulheres adúlteras; aos bêbados inveterados, brutais e escandalosos; aos delatores e caluniadores, aos maridos que frequentam prostíbulos; enfim, a todos aqueles que, de uma maneira ou de outra, excitam contra eles a opinião pública da comunidade local".[36]

Como se vê, trata-se, cada vez, de sancionar um desvio que, se não constitui um delito passível de recorrer à Justiça, exige atenção para o bom funcionamento do grupo e preservação da moral costumeira. E o agente da sanção é o riso, o riso zombeteiro, barulhento, agressivo: "gritos agudos com voz enraivecida, riso mordaz e impiedoso, mímicas obscenas".[37] Assiste-se, manifestamente, a um reaparecimento do riso arcaico agressivo e de exclusão, marca de hostilidade, que pode ir muito longe: "Na Inglaterra,

34 GAUVARD, C., GOKALP, A. "As condutas de ruído e sua significação no fim da Idade Média: o charivari". In: *Annales ESC*, maio-jun. 1974, pp.693-704.
35 THOMPSON, E. P. "Rough music: le charivari anglais". In: *Annales ESC*, março-abril 1972, p.295.
36 VAN GENNEP, A. op. cit., t. I, p.202.
37 THOMPSON, E. P. op. cit., p.287.

os rituais formavam uma gama que se estendia da alegre zombaria até sarcasmos de enorme brutalidade", escreve E. P. Thompson.[38] A vítima, envergonhada, excluída do grupo, pode ser forçada a exilar-se; algumas chegam ao suicídio.

É por isso que não se pode aproximar esse riso que mata das "caças noturnas mitológicas". Em certas regiões, como na Devon inglesa, o charivari pode, de resto, adquirir a aparência de verdadeira caça: a "caça ao cervo". Um jovem com chifres representa o papel da vítima do charivari. Perseguido pela malta de jovens, perto da casa da pessoa visada, ele é alcançado na soleira da porta; procede-se, então, a uma execução realista, despejando um odre cheio de sangue de boi com o qual se borra toda a soleira da porta. Essa caça selvagem, que conjuga o riso e a morte, faz ressurgir a imagem do diabo. Este é, frequentemente, associado ao charivari por seus adversários, como em Melun, em 1365, ou em Langres, em 1404, onde um concílio local fala de "um jogo chamado charivari no qual se utilizam máscaras com cabeça de diabo e cometem-se coisas indizíveis". Em Chaumont, os jovens chegam a formar uma confraria de diabos, organizando jogos. Aliás, o charivari sanciona as desordens domésticas; ora, escreve Jelle Koopmans, "o desacordo entre o lar e as diabruras não está muito longe um do outro, porque o combate doméstico pela dominação representa também a luta entre os príncipes 'Bongoverno' e 'Maugoverno', e atrás de 'Maugo-verno' esconde-se, às vezes, o diabo".[39]

O charivari pode ainda adquirir outras formas: nos *riding the stang*, na Inglaterra, a vítima, levada sobre um pranchão, é salpicada de imundícies; a mulher infiel, jogada na lama, pode ainda ser colocada sobre o *cucking stool*, cadeira infamante; a vítima pode também ser "passeada" sobre um asno, sentada ao contrário. Todos esses procedimentos primitivos, humilhantes ridicularizam cruelmente uma pessoa que se encontra, assim, no ostracismo. O charivari "faz rir muito, mas aqueles que são visados jamais se livram do ridículo e da vergonha que ele causa".[40] O riso do charivari é típico da tirania do grupo contra a liberdade individual, em uma sociedade corporativa, profundamente anti-individualista. É um instrumento de controle da sociabilidade e dos costumes conjugais aldeões;

---

38 Ibidem.

39 KOOPMANS, J. *Le théâtre des exclus au Moyen Age*. Paris: 1997, p.50.

40 Testemunho citado por ROBERTS, G. *The History and Antiquities of Lyme Regis and Charmouth*. Londres: 1834, p.260.

ele pune os desvios domésticos. Vindo das camadas selvagens da tribo, está nos antípodas da subversão; é um riso de rejeição, que exclui os desencaminhados e os marginais; é a muralha das normas, dos valores e dos preconceitos estabelecidos.

Aliás, ele também é praticado na corte, como o ilustra o trágico episódio do baile dos Ardentes, em 1393, no qual cortesãos disfarçados de selvagens participam de um charivari endereçado a uma dama de honra da rainha que se casava pela quarta vez. Ele pode até adquirir formas políticas e tornar-se, então, um meio de excluir todo um grupo. Desde o século XIII veem-se, por exemplo, flageladores renanos atacarem também os usurários; os cristãos-novos de Münster organizam, na Terça-Feira Gorda, cortejos carnavalescos ridicularizando os católicos: num carro puxado por seis monges, um padre babuja asneiras ao lado de um cocheiro vestido de bispo. Esses procedimentos multiplicam-se até o fim da Idade Média. Em 1475, as casas das vítimas de uma *vendetta*, na Itália, são cobertas de cenas obscenas. Em 1490, os clérigos da jurisdição de Reims ridicularizam a nova vestimenta dos cônegos: no dia dos Santos Inocentes, eles representam, diante da catedral, "uma farsa para a recreação do povo" e de lá vão, "publicamente, representar sobre o cadafalso farsas e derrisões contendo grandes injúrias contra o Estado e pessoas eclesiásticas, especialmente da igreja de Reims". Durante dois dias e duas noites, fazem grande algazarra diante das casas dos cônegos. O tempo das guerras de religiões assistirá a um aumento dessas práticas. Assim, em 27 de dezembro de 1532, um charivari é organizado na Suíça, contra o cronista Werner Steiner, com os ruídos e as zombarias de costume, e, oito dias mais tarde, conta ele, "eles colocaram um gato morto diante de minha casa e sujaram a porta dos fundos com excrementos".

Estamos a mil léguas do riso que desarma o fanatismo. Esse riso de grupo, anti-individualista, bem longe de favorecer a tolerância, é, ao contrário, um instrumento de opressão que não tolera a diferença. É obrigatório e vexatório. Não há como escapar dele: é preciso rir com os que riem como se uiva com os lobos, e os recalcitrantes são vítimas de todo tipo de chacota, como o ilustra este testemunho de Valenciennes, no século XVI, por ocasião de uma festa local: "Os estrangeiros de passagem ou hóspedes, vendo isso, acreditavam firmemente que o povo enlouquecera, ... outros, por zombaria, representavam banquetes ou festa de núpcias, elegendo o homem mais feio e grosseiro que podiam encontrar em suas ruelas, e o vestiam da forma mais suja e ridícula possível, com roupas de mulher ou de dama de honra, para quem todos os principais funcionários da cidade vinham trazer presentes. ... Se alguns eram prudentes, não querendo contribuir com essas loucuras, tinham suas casas cercadas até consentirem em fazer o que lhes era ordenado".[41] É o riso tirânico e odioso da chocarrice de toda espécie, do charivari ao trote grosseiro.

As sanções do tipo charivari são, em geral, decididas por tribunais de juventude. A documentação, para esse caso, é tardia, mas permite esclarecer o espírito dessas práticas medievais. Sempre volta a preocupação de preservar o equilíbrio tradicional e expulsar, pelo riso, o mal que ameaça a comunidade. A sanção pode, às vezes, revelar-se puramente simbólica, contentando-se, por exemplo, com um bode expiatório anônimo, como em Cellefrouin, em Angoumois, onde, durante o Carnaval, se procede ao afogamento fictício do "barão", personagem representado por um paroquiano, de quem é feito um processo das peças de acusação burlescas, como "levar água com uma peneira até a planície e lá afogar as lebres e depois queimar os peixes dentro do rio": ele é jogado num charco, onde deve fazer-se de palhaço, e então começam os divertimentos. Esse papel de bode expiatório é, na maior parte das vezes, representado por um boneco de palha, o Rei Carnaval ou *caramantran*, do qual se faz o processo parodístico, seguido da execução pelo fogo e do enterro derrisório, tudo dentro da hilaridade geral. Da mesma forma, na festa de São João, jogam-se no fogo animais vivos, presos em sacos – sobretudo gatos e raposas, de reputação diabólica –, e escarnece-se de seus uivos e saltos.

Essas vítimas levam com elas os vícios e os pecados da comunidade, facilmente eliminados. O papel também pode ser desempenhado por um inocente do vilarejo, que é perseguido por um garoto disfarçado de bruxa ou por uma criatura de madeira, o *babouin*, de Forez ou de Beaujolais. Em Munique, na véspera da Ascensão, corre-se atrás de um homem vestido de diabo. Ele é revolvido no defumador e, no dia seguinte, sua roupa é recheada de palha e incendiada. Na Espanha, Judas serve de bode expiatório, mas pode-se também, prosaicamente, ridicularizar um marido enganado ou o mais velho dos rapazes casadoiros. Maridos que apanham ou são dominados pelas mulheres têm direito à infamante cavalgada de asno, voltados para trás, com uma rã na mão. O riso vingativo está presente para sancionar um atentado às normas do grupo: pôr em risco a fecundidade ou a supremacia masculina, por exemplo.

A atitude das autoridades é hesitante. Quando se trata de práticas de autorregulação que mantêm a ordem estabelecida, elas não podem punir. Mesmo na Provença, no século XVI, veem-se confrarias religiosas, como as do Santo Espírito ou do Santo Sacramento, decidirem ou organizarem

41 Citado por BERCÉ, Y.-M. op. cit., p.33.

os charivaris. Mas, em geral, a Igreja é hostil a esses movimentos que, no caso de segundo casamento, atentam contra o sacramento do matrimônio e que, de qualquer forma, sempre são acompanhados de descomedimentos condenáveis. As autoridades civis, em compensação, permitem. Só a partir do século XVI é que se começa a levar, diante dos tribunais, casos de charivaris malsucedidos ou que resultaram em excessos graves. A preocupação monárquica com a ordem e, sobretudo, a evolução das mentalidades para o individualismo e para a proteção dos direitos da pessoa entram em conflito com as práticas coletivas do riso vingador.

Na Idade Média, o riso coletivo desempenha papel conservador e regulador. Por meio da paródia bufa e da zombaria agressiva, ele reforça a ordem estabelecida representando seu oposto grotesco; exclui o estranho, o estrangeiro, o anormal e o nefasto, escarnecendo do bode expiatório e humilhando o desencaminhado. O riso é, nessa época, uma arma opressiva a serviço do grupo, uma arma de autodisciplina.

A FESTA DOS BOBOS, OU A AUTODERRISÃO CLERICAL

Esse papel é confirmado pelas festas dos bobos e do asno, que introduzem o riso no meio eclesiástico. Este, apesar de sua íntima ligação com o sagrado, se presta facilmente a uma deriva cômica – ao menos na acepção bergsoniana do cômico: o mecânico chapado sobre o vivo. A missa apresenta um caráter maciçamente repetitivo: cada som e cada gesto, ancorados na memória individual ou coletiva, perfeitamente ligados entre si por automatismos, sugerem uma máquina familiar em que a menor omissão, a menor variação ou aceleração será percebida por todos como insólita ou cômica. Litanias, hinos, preces, ofícios canônicos, desviados de seu sentido sagrado, são uma mina de pilhérias aberta à verve dos brincalhões, em primeiro lugar os goliardos, esses clérigos-estudantes vagabundos, de má reputação, que circulam pela Europa nos séculos XII e XIII. Turbulentos, boêmios, acompanham suas patuscadas com canções de beber, sempre prontos a transformar um hino em poema erótico ou uma prece em poesia burlesca, por brincadeira, por vontade de chocar o burguês e as autoridades.

Os ofícios religiosos – sabe-se pelos escritos dos censores e dos reformadores – são verdadeiras barafundas onde se conversa, brinca-se, discutem-se negócios, cortejam-se as mulheres. No coro das catedrais, os cônegos recitam mecanicamente as preces, cochilam, saem sob qualquer pretexto, vão e vêm. Todas as ocasiões são boas para se divertir. A cerimônia das Cinzas, por exemplo, degenera regularmente em jogo: corre-se atrás para receber sua pincelada em meio a gritos e risos, e isso com frequência termina em danças, que prolongam o Carnaval há pouco encerrado. Mesmo a decoração não é sempre séria: assim, as cadeiras do coro e as indulgências dos cônegos são "suporte de obras que testemunham uma inspiração maravilhosamente fantasiosa, quase sempre burlesca, com atenção irônica, brincalhona, aos mil detalhes da vida cotidiana, profissional, e aos defeitos dos homens",[42] escreve Jacques Heers. Encontram-se aí cenas e personagens inesperados, que os dignos eclesiásticos podem olhar e tocar à vontade durante os ofícios: encontro de pregadores, prostitutas, mulheres nuas, cenas de desordem, rostos grotescos, cenas caricatas ou de um realismo que beira a grosseria. Nem mesmo a decoração dos livros litúrgicos é sempre séria: nas margens dos breviários aparecem personagens grotescos, diabretes galhofeiros, cabeças de bobos com seus chapéus com guizos.

É preciso lembrar desse clima geral para relativizar as indecências da festa dos bobos, que nasceu nos meios eclesiásticos e para eles. Certamente, Sébastien Brant embarcará esse belo mundo em sua *Nave dos loucos*, com destino ao inferno. Mas ele pertence a outra época, a dos reformadores, dos Gerson, dos Clamanges, cujos ouvidos se tornam sensíveis às dissonâncias profanas do riso. Ao contrário, até o século XIV, a vida religiosa secular parece banhar-se num clima que tolera uma boa dose de burlesco, como se a mistura do profano e do sagrado fizesse surgir o cômico nos lugares e nos momentos mais inesperados. A exuberância de um mundo rústico, em que as inibições ainda só concernem aos aspectos mais excessivos dos instintos, dá livre curso à expressão corporal. A prática da dança pelos padres, nas igrejas, é muito reveladora.

Há alguns indícios de danças litúrgicas por toda parte na Idade Média, sobretudo perto das festas da Páscoa e do Natal. Na catedral de Sens, o clero dança a cada grande festa, com aprovação do arcebispo, que não se nega a participar dessas sabarandas. Havia precedentes bíblicos célebres, como a dança de Ação de Graças de Miriam, na saída do Mar Vermelho, e as danças desordenadas de Davi diante do Arco. Certos pais viam na dança uma expressão de santidade, e místicos a preconizavam para atingir o conhecimento divino. No século XIII, a beguina Mechtilde de Magdebourg fazia disso o meio de entregar-se à beatitude dos eleitos. Desde essa época, é verdade, as autoridades mostram-se perplexas em relação a esse assunto,

42 HEERS, J. op. cit., p.89.

e suas decisões são contraditórias. O arcebispo de Rouen Eudes Rigaud declara-se nitidamente hostil, mas são os monges mendigos que vão fazer campanhas sistemáticas contra as danças litúrgicas, assimilando-as às danças profanas consideradas diabólicas: "A dança em si está reduzida a uma depravação satânica, sem consideração de natureza ou de intenção",[43] escreve Jeannine Horowitz. As danças desaparecem das igrejas no século XVI; em Auxerre, por exemplo, foi em 1538.

A intelectualização progressiva da fé eliminará, pouco a pouco, a expressão corporal, em virtude da dicotomia corpo-espírito, que tende a fazer do corpo um instrumento do diabo. No século XIII, ainda não chegamos lá. A alegria exprime-se livremente por meio de manifestações exuberantes que se encontram em todas as festas religiosas. Além das festas litúrgicas, há festas paroquiais, as de confrarias, de grupos de clérigos... A maior parte delas mergulhou no esquecimento: é o caso da festa da Garrafa (Bouteille), em Évreux, que comemorava a lembrança do cônego Guillaume Bouteille, que, em 1253, tinha financiado uma fundação cujo nome evocador era pretexto para grandes libações e brincadeiras maliciosas.[44] Os cantores, os capelães, os diáconos e subdiáconos têm, cada um, sua festa particular.

É no meio dos cônegos das catedrais que nasce a festa dos bobos. Um meio muito particular: os capítulos catedráticos compõem-se, em geral, de uma quinzena ou vintena de cônegos seculares, vivendo em comunidade, encarregados de celebrar os ofícios da catedral. Em geral, são jovens: a idade mínima exigida é 14 anos. Além do mais, a catedral, viveiro de clérigos, compreende as crianças do coro, jovens cantores cuja voz ainda não mudou e os pensionistas da escola episcopal. Tudo isso forma um pequeno mundo agitado, fechado, com seus ritos de iniciação, suas tradições, seu vocabulário, sua hierarquia e seus jogos. Essas crianças têm também sua festa, associada à infância de Cristo: é a festa dos Inocentes, que acontece no fim de dezembro. Durante alguns dias, eles se beneficiam de grande liberdade: "Deixam que brinquem, tornem-se mestres do coro, da igreja e do claustro, imitem os ofícios e entreguem-se a toda espécie de paródias ou até irreverências. Quando a festa adquire outras significações, o herói é sempre um jovem clérigo, escolhido pelos outros para uma realeza de um dia".[45]

---

43 HOROWITZ, J. "Les danses cléricales dans les églises au Moyen Age". In: *Le Moyen Age*, t. 95, 1989, n.2, p.289.
44 HEERS, J. op. cit., pp.96-99.
45 Ibidem, p.134.

O autor das linhas precedentes, Jacques Heers, demonstrou que o que chamamos de festa dos bobos tem por origem uma festa de estudantes, crianças, que adquire nomes diferentes de acordo com os lugares. Por extensão, ela se torna uma exaltação dos pequenos, dos fracos, mas de maneira nenhuma exalta-se a loucura. Durante alguns dias, os jovens clérigos da catedral gozam de ampla licença, e o regozijo compreende duas partes: certo ritual codificado, no interior da catedral, e uma cavalgada desenfreada pelas ruas. Tudo isso com a aprovação ou, pode-se mesmo dizer, com as bênçãos das mais altas autoridades eclesiásticas.

Nossa principal fonte de conhecimento sobre esse assunto é um manual redigido, cerca de 1200, pelo arcebispo de Sens, Pierre de Corbeil: o *Ofício da festa dos bobos*, largamente recopiado e difundido. Ele inicia com quatro versos inequívocos: "Todos os anos,/ a cidade de Sens/ celebra a festa dos bobos,/ segundo antigos costumes,/ o que alegra o chantrado;/ contudo, toda a glória deve ser/ para o Cristo circuncidado!". Esse verdadeiro missal burlesco descreve os hinos de fantasia, recheados de gírias em latim, que devem ser cantados em falso-bordão, assim como a eleição do bispo ou papa dos bobos, que se desenrola segundo um cerimonial parodístico e bufão. O eleito porta as insígnias de sua função (cruz, mitra, cruz episcopal) e confere copiosas bênçãos; trata-se de uma criança que se entrega a toda espécie de facécias, e pode-se imaginar os risos, os gritos e as extravagâncias que a cerimônia propicia. Tanto mais que é ocasião de larga distribuição de vinho durante a "Ceia das crianças", festim que acontece logo depois. Cada cônego deve contribuir para a compra dos víveres necessários, e em Mans o bispo recebe quarenta pintas de vinho para distribuir. São esses adolescentes meio embriagados que, em seguida, se espalham pela cidade por meio da cavalgada. O papa dos bobos, em uma carroça, continua suas bufonarias; outros clérigos o seguem, com carroças de lixo, que lançam sobre os passantes que lhes pedem. Tudo isso é codificado; o percurso da cavalgada é minuciosamente previsto, como o prova, em Besançon, um manuscrito do século XIII. Nessa cidade, o papa dos bobos é acompanhado de "cardeais" representando as instituições religiosas da cidade, que devem prosternar-se diante dele e receber sua bênção. Isso também não é razão para estragar a festa. As sanções são contra os recalcitrantes: em 1240, em Mans, o abade da Couture, que se recusou a receber o clérigo Berenger, papa dos bobos, teve de apresentar desculpas ao capítulo; a mesma humilhação sofreu a abadessa de Notre-Dame-du-Pré, alguns anos mais tarde. A participação na festa é obrigatória; é o que se explica, sempre em Mans, ao abade Beaulieu, que se recusara a beber com o papa dos bobos porque não queria: ele é convocado e chamado à ordem.[46]

Atrás dessa obrigação se esconde a vontade do capítulo de afirmar sua supremacia na cidade episcopal. A cavalgada é acompanhada, aliás, de uma coleta, da qual não é bom subtrair-se. Se as primeiras "caretas" contra a festa dos bobos e seus excessos manifestam-se desde o século XIII, ela também não deixa de ter ardentes defensores no clero, até o século XV: em 1420, por exemplo, um pregador de Auxerre sustenta que ela é tão aprovada por Deus quanto a festa de Nossa Senhora da Conceição, e, em 1444, um escrito anônimo defende-a sublinhando seu caráter de brincadeira inocente, purgação indispensável a nossa necessidade de recreação para melhor cumprir, em seguida, o dever. Essa apologia do riso retoma a ideia aristotélica do riso como parte integrante da natureza humana, opondo-a a uma piedade cristã ligada ao medo. Esses divertimentos, diz o texto, são essenciais "para que a idiotice que é nossa segunda natureza e que parece inata no homem possa, ao menos uma vez por ano, ter livre curso. Os tonéis de vinho explodiriam se, de tempos em tempos, não afrouxássemos a tampa e deixássemos penetrar um pouco de ar. Nós também, os homens, somos tonéis mal articulados que o vinho da sabedoria faria explodir se estivesse sob a incessante fermentação da piedade e do medo divinos. É por isso que nos permitimos, alguns dias, a bufonaria, para em seguida voltarmo-nos, com maior zelo, ao serviço do Senhor".[47]

É para refutar essa argumentação que a Faculdade de Teologia de Paris redige, em 12 de março de 1444, uma carta circular condenando a festa dos bobos. Essa carta permite conhecer outras razões: fantasiados, os clérigos dançam, jogam cartas, fazem patuscadas, executam canções libertinas, juram, blasfemam, parodiam as cerimônias mais sagradas, substituindo o incenso por velhos chinelos queimados. É possível que, com o tempo, os desvios e os excessos se tenham multiplicado. Para Sébastien Brant, essas indecências são insuportáveis: "Eis o que os bobos entendem por bem viver: uivar como lobos e fazer grande escândalo com todos os camponeses".

De qualquer maneira, o sucesso é grande até o século XIV. Mesmo os arcebispos de Reims participam da festa dos bobos, e Philippe le Hardi, em 1372, dá dinheiro aos capelães de Dijon para que eles organizem sua festa. Um doutor de Paris admite que se viram "todas as igrejas das nações galesas

46 Ibidem, p.186.
47 Citado por BAKHTINE, M. op. cit., p.83.

e germânicas celebrarem, nesse dia, e durante toda a oitava dos Reis, a festa dos bobos ... que se deram ao trabalho de marcar com esse nome nos livros de ofícios divinos ... e que isso durou trezentos ou quatrocentos anos".

Sob o riso bem-comportado, outro aspecto da festa dos bobos desponta insidiosamente, permanecendo, nessa época, em estado potencial: a contestação social e a subversão da hierarquia. É verdade que nesses simulacros veem-se pequenos clérigos insolentes tomarem o lugar dos verdadeiros dignitários do capítulo, crianças do coro expulsarem os cônegos das cadeiras e vestirem os hábitos sacerdotais, ao passo que os verdadeiros titulares desempenham as humildes funções destinadas aos jovens. Essa inversão, escreve o bispo de Chalon-sur-Saône, "era uma espécie de brincadeira que só se prestava ao riso". Mas o bispo ri amarelo, percebe-se. Para Harvey Cox, que em 1969 foi o primeiro a explorar as significações da festa dos bobos, a aceitação dessa inversão hierárquica atesta, todavia, a força da cultura medieval: "A festa dos bobos demonstrou que uma cultura podia, periodicamente, zombar de suas práticas religiosas e reais as mais sagradas, imaginar, ao menos de vez em quando, uma espécie de mundo inteiramente diferente, em que o último seria o primeiro, os valores aceitos seriam invertidos, os bobos se tornariam reis, em que as crianças do coro fossem os prelados".[48] Até o século XIV, essa inversão permanece puramente lúdica, e o riso que desencadeia não ameaça a ordem social. Como no Carnaval, ele a reforça, demonstrando o lado grotesco e irreal de seu contrário.

A FESTA DO ASNO OU O RISO A SERVIÇO DOS FRACOS

Constata-se o mesmo no caso da festa do asno, que vem sobrepor-se à dos bobos e da qual se conhece o desenvolvimento, graças ao ofício minuciosamente regulamentado pelo arcebispo Pierre de Corbeil ao redor de 1200. Trata-se de uma autêntica liturgia cuja precisão nada deixa a desejar em relação à dos "verdadeiros" ofícios. Vestido com uma rica capa, o asno faz sua entrada, às vezes puxado pela cauda, enquanto a assistência entoa o verdadeiro hino à alegria, em latim: "Este dia é um dia de alegria! Acreditem-me: afastem dessas solenidades qualquer um que esteja triste! Que dispensem todos os assuntos de raiva e melancolia! Aqueles que celebram a festa do asno só querem alegria". Dois cônegos conduzem o asno ao

48 COX, H. *The Feast of Fools*. Cambridge: 1969, trad. franc. 1976, p.14.

púlpito, como se fosse um bispo. Às vezes, uma jovem representando Maria aparece sentada nele. Canta-se então a fala do asno, da forma mais desarmoniosa possível, imitando seus zurros, com este tipo de refrão: "Ei, senhor asno, porque cantais/ bela boca demonstrais/ teremos bastante feno/ e aveia para plantar". Numa inacreditável cacofonia, enumeram-se os méritos e as façanhas burlescas do animal. Uma parte da cerimônia refere-se de forma explícita ao paganismo, mais particularmente a Dioniso: é a recitação de salmos burlescos que pontuam o grito encantatório das bacantes, *evohé*. Não se deve ver nisso indício de uma continuidade entre festas pagãs e cristãs, mas, antes, escreve Jacques Heers, "o interesse por tudo o que se refere às culturas antigas". O mesmo autor observa que o missal de Besançon, que contém o manuscrito desse ofício, é unido por duas pranchetas de madeira, representando cenas mitológicas. Prova de "curiosidade erudita", nada mais.

Tal não era a opinião dos censores do século XV, para quem essas facécias blasfematórias eram uma prolongação direta dos ritos pagãos. Na carta circular de 12 de março de 1444, os doutores da Sorbonne declaram "que a festa dos subdiáconos, ou dos bobos, era um resquício de paganismo, uma corrupção condenável e perniciosa que tendia ao evidente desprezo por Deus, pelos ofícios divinos e pela dignidade episcopal; e aqueles que a faziam imitavam os pagãos, violavam os cânones dos concílios e os decretos dos papas; profanavam os sacramentos e as dignidades eclesiásticas; zombavam das coisas sacramentadas; tinham uma fé suspeita e deviam ser tratados como heréticos".

De qualquer forma, o asno era, em seguida, conduzido ao coro; depois, saía-se em cortejo, precedido por grande lanterna. Canta-se, dança-se, asperge-se o palanque do coro e a abside, em seguida o divertimento se estende a toda a cidade. O fato de um arcebispo ter dedicado seu tempo a detalhar esse tipo de bufonaria e de esse missal burlesco haver sido reproduzido em dezenas de exemplares é indicação séria da importância dessa festa e de sua aceitação benevolente pelas autoridades, que, no século XIII, não viam nela nenhum mal. "Essa festa se destaca sobretudo pelo divertimento inocente, popular, do asno, pelo desejo de fazer justiça ao mais modesto, ao mais fraco."[49] Esse asno não é o de Apuleio nem o de Balaão, nem aquele que leva, alegoricamente, à sinagoga: é o da Sagrada Família, o auxiliar precioso e humilde.

49 HEERS, J. op. cit., p.141.

Questão de interpretação, sem dúvida. Porque um asno é um asno, e tudo depende do que se quer fazê-lo dizer. É preciso constatar, porém, que nos séculos XII e XIII ele é visto como a imagem do pequeno ao qual se rende homenagem, celebrando-o. É uma homenagem pelo riso, pelo jogo, pelo cômico. O riso da festa coletiva na Idade Média recorre à paródia, porque a cultura, essencialmente oral, era muito ritualizada, repetitiva, e o ritual, conhecido por todos, pode facilmente derivar para a paródia cômica. Esse riso de grupo, tirânico, é poderoso fator de coesão social e de conformismo. Ele parodia para reforçar as normas e os valores, não para atacá-los. Aliás, na Itália, onde os métodos políticos são mais evoluídos, as oligarquias municipais utilizam de bom grado o riso e as festas, a serviço do poder. Maquiavel fará deles uma regra: "O príncipe deve oferecer ao povo festas e jogos, em certas épocas do ano". Governar pelo riso: não é ainda um princípio consciente, mas, do rei Carnaval ao papa dos bobos, a associação parodística do poder e do riso é reveladora. O soberano cômico, imitando o soberano sério, confirma o poder deste último; o riso de um só faz exaltar o poder do outro, porque não há alternativa. Rir da paródia do poder não é rir do poder; este adquire um aumento de legitimidade. É um jogo que se deve vigiar, mas que na Idade Média respeita as regras, tanto que o sistema de valores vigente é unanimemente aceito.

Os exemplos das realezas parodísticas são numerosos. O rei da fava é o mais célebre. O costume vem, talvez, dos países germânicos, onde, em 1º de janeiro, acontecia a cavalgada burlesca da festa conhecida como do imperador, festa transferida para o dia da Epifania, no qual ela se torna uma festa dos burgueses ou festa de pândega (*folz*), por imitação da festa eclesiástica dos bobos. Elege-se um rei em cada família e em cada cidade, e isso permite muitas bufonarias. No cortejo, Geoffroy de Paris observa, em 1313, na capital capetiana, Adão e Eva, Pilatos, "reis da fava e homens selvagens em grandes gargalhadas". Portanto, ainda há travestimento, jogos de representação de papéis, diversões. Nas cidades, o rei da fava é uma pessoa rica, notável, porque sua função ultrapassa a bufonaria: ele deve organizar e pagar os divertimentos. O povo quer rir e deseja que o façam rir. Na Espanha, elegem-se magistraturas burlescas, os *mazarron, zamarron, zancarron* e outros. Em Múrcia, para a festa dos Inocentes, designam-se os "inocentes", que podem fazer tudo o que lhes passa pela cabeça, desde que seja engraçado; vê-se um que sobe numa cadeira fazendo palhaçadas, contando os diz que diz que locais. Na corte, a função do rei da fava pode retornar: em Navarra, esse personagem recebe dinheiro e trigo. O posto é cobiçado: sob o reino de Henrique II, de Castela (1369-1379), o poeta-

-cortesão Alonso de Villasandino reivindica a função de forma grotesca e grosseira e só consegue desprezo.

Sempre na Espanha, o costume dos *obispillos* vincula-se àquele dos reis burlescos. No dia de São Nicolau ou no dos Santos Inocentes, elege-se um soberano que dá ordens cômicas e pronuncia discursos burlescos. Também há *obispillo* dos Santos Inocentes para os cantores de certas catedrais e a eleição de um bispo burlesco. As autoridades eclesiásticas toleram essa prática, e alguns bispos dão grande prova de humildade: aceitar a ironia à sua função e assim desviar o riso popular de seu mérito pessoal. O cálculo pode ser duvidoso, mas é a ele que se entrega o frei Hernando de Talavera, primeiro arcebispo de Granada (1428-1507). O historiador da igreja de Granada, Bermúdez de Pedraza, escreve sobre esse assunto, em 1608: "Como o santo arcebispo amava tanto as manifestações de humildade, concebia-a tal como era, antes que o demônio lhe acrescentasse outras vaidades, como ocorre em tais circunstâncias. Eu suponho que esse costume teve por origem aquele em que os romanos elegiam um rei entre seus servos e lhe obedeciam durante certas festividades, tal como o menciona Macróbio em suas *Festas saturnais*".[50] Julio Caro Baroja, que cita esse texto, não concorda com a ideia de filiação entre o rei das saturnais e o *obispillo*, mas destaca o papel purificador atribuído ao riso por certos prelados medievais.

Assim, o riso carnavalesco da paródia medieval reforça, de diversas maneiras, os valores culturais dominantes. Explica-se, assim, a discrição das autoridades eclesiásticas em relação a ele. A festa dos bobos suscita um pouco mais de resistência, mas as condenações são raras. A primeira data de 1198, quando o bispo de Paris, Eudes de Sully, retoma uma prescrição do legado pontifical, o cardeal Pierre; ele reitera sua interdição em 1199, e a decisão é retomada em 1208. Um decreto de Inocêncio III declara, por sua vez, por volta de 1200: "Às vezes, fazem-se espetáculos e jogos teatrais nas igrejas, e não somente introduziram-se nesses espetáculos e nesses jogos monstros de máscaras, como, em certas festas de diáconos, padres e subdiáconos têm a ousadia de praticar folias e bufonarias. Nós vos exortamos, meu irmão, a exterminar de vossas igrejas o costume, ou antes, o abuso e o desregramento desses espetáculos e jogos vergonhosos, para que tal impureza não suje a honestidade da Igreja".[51] Notemos que esse julgamento severo é exatamente contemporâneo da redação do ofício dos bobos e do

50 Citado por BAROJA, J. C. op. cit., p.325.
51 Citado por THIERS, J.-B. *Traité des jeux et des divertissements*. Paris: 1686, p.443.

asno pelo arcebispo de Sens. A contradição é flagrante e prossegue ao longo do século XIII, já que, em 1212, o Concílio de Paris proíbe os bispos de celebrarem a festa dos bobos e, em 1260, o Concílio de Bordeaux, realizado em Cognac, reitera essa interdição acrescentando: "Proibimos também elegerem bispos nesse dia, porque isso é ridículo na Igreja de Deus e torna desprezível a dignidade episcopal".[52] Há, portanto, resistências, mas elas não têm efeito até o século XV.

Na realidade, a festa sempre causou problemas à Igreja. Num primeiro momento, durante a Alta Idade Média, foi preciso eliminar a festa pagã. A festa das calendas de janeiro, especialmente, muito popular, é vilipendiada por Tertuliano, Ambrósio, João Crisóstomo, Agostinho, Máximo de Turim, Cesário de Arles, Isidoro de Sevilha, Raban Maur, Alcuíno, Bernardo e Gauthier de Arras. O mais simples é demonizá-la: o penitencial de Burchard previa dois anos de jejum para aqueles que celebravam as calendas de janeiro, e trinta dias a pão e água para os que se fantasiassem de cervo ou de novilho, nessa ocasião. O penitencial do Pseudo-Teodorico é ainda mais categórico: "Se nas calendas alguém passeia fantasiado de cervo ou de vaca, isto é, se alguém toma a aparência de besta e se veste com peles de besta portando cabeças de animal, aqueles que assumem, assim, uma aparência bestial, que façam penitência durante três anos, porque essas são ações demoníacas". Para o homiliário de Maurice de Sully, no século XII, essas festas "pertencem à loucura e à descrença".

Porém, o mais eficaz é criar festas cristãs para substituir as pagãs. O povo não vê aí inconveniência, desde que se divirta. É preciso, portanto, aceitar a presença do riso, relegando-o, se possível, aos rituais paralelos ou parodísticos. Desde o início, o rito parodístico surge como um duplo que reforça e legitima a festa "séria". Isso pode ser constatado, sobretudo, no momento crucial do fim de dezembro e início de janeiro, quando são necessárias pelo menos quatro festas próximas para cobrir e suplantar as calendas de janeiro: Natal, a São Silvestre – do nome de um papa do século IV que evoca a vida selvagem (*Silvaticus*), dando nova significação ao ato de se fantasiar de animal, que não se chega a eliminar –, a Circuncisão e a Epifania, que só apareceram no século IX. Paralelamente, elas são substituídas pala festa dos bobos, pela festa do asno e pelo rei da fava.

Algumas semanas mais tarde, para fazer passar a Quaresma, é preciso aceitar o Carnaval. Em 1091, o Concílio de Benevento instaura a soleni-

52 Ibidem, p.444.

dade da Quarta-Feira de Cinzas para fixar um limite aos desregramentos carnavalescos cuja impiedade recaía largamente sobre a Quaresma. Uma lembrança da morte que nos espera a todos e do retorno ao pó, por meio de uma cerimônia de ares fúnebres: o que há de melhor para acalmar o espírito dos foliões? Mas até isso se torna pretexto para gargalhadas, como já vimos. E a mesma constatação prevalece para o dia de São João Batista, que aparece no século XI para desviar a prática dos fogos do solstício. Os fiéis aceitam essas festas, não contestam nem seu fundamento nem o sentido, mas acrescentam o riso, que na Idade Média é o agente obrigatório de todo acontecimento festivo. A ideia de festa séria parece incongruente. O riso é o tecido da festa. É ele que faz de um evento uma festa – sem nenhuma intenção subversiva, ao contrário. Na Idade Média, o riso é sinal de aprovação: do sistema vigente, de seus valores, de sua hierarquia. Se às vezes ele adquire valor de exclusão, é a exclusão dos desencaminhados, dos heréticos, dos bandoleiros que vemos assar sobre fogueiras, gargalhando da mesma forma que fazemos ao ver se consumir o boneco do Rei Carnaval, que leva com ele o mal, o pecado e, talvez, o diabo.

O riso da festa medieval, até o século XIV, é o riso de uma sociedade segura de seus valores. É por isso que ele é obrigatório e não tolera as "faces de Quaresma", semelhantes às dos refratários, dos estrangeiros, dos adversários. Não rir no meio da festa é uma espécie de heresia que expõe os "calouros". O riso da festa é uma espécie de grito de zombaria da tribo; é a marca da coesão social.

O RISO DAS CIDADES E O RISO DOS CAMPOS

Mesmo fora das festas oficiais, o riso é símbolo de sociabilidade e, nesse sentido, encontra-se em toda parte. De início, na pequena vila, onde se localiza a imensa maioria da população. A excepcional documentação que constitui o registro inquisitorial de Jacques Fournier e cuja exploração fez a celebridade de *Montaillou, vilarejo ocitano de 1294 a 1324*, de Emmanuel Le Roy Ladurie, fornece muitas provas. O riso está na base das relações sociais entre camponeses – e não somente o riso grosseiro do cômico obsceno e escatológico. É um riso de brincadeiras mais ou menos finas: "Guillaume Authié, à beira do Ariège, tinha um pedregulho nas mãos; ele apostava um patê de salmão com um companheiro: 'Você não conseguirá jogar o pedregulho no rio', diz ele. Aposta feita, Guillaume joga em seguida a pedra na água e impede, portanto, que seu companheiro faça a parte dele; de uma vez só, ele ganha a aposta e o patê. No final desse relato, os auditores 'dobram-se de rir'".[53] Riso de amizade ou de polidez, como para Pierre Maury: "Quando ele cumprimenta, mesmo tratando-se de gente que ele mal conhece e de quem teria razões para desconfiar, é com um bom riso claro de pastor. Arnaud Sicre, o esbirro mascarado, beneficia-se disso como qualquer um: 'Assim que entrei na casa de Guillemette Maury', diz ele, 'Pierre Maury, que estava sentado num banco, levantou-se mostrando um rosto sorridente e nos saudamos da forma habitual'".[54] E diz Pierre Maury estas palavras reveladoras: "Conversaremos todos juntos e nos alegraremos, porque, entre nós, devemos nos alegrar". Ele testemunha também um verdadeiro humor de quem sabe relativizar os perigos. E esses camponeses de Montaillou sabem igualmente sorrir, com nuances: "sorriso fino", "sorriso condescendente e humorístico" diante das ameaças, sorriso "de uma serenidade crispada" ou ainda "sorriso ao mesmo tempo irônico e resignado" do pároco quando a camponesa Alazaïs não lhe concede permissão para desvirginar a sobrinha dela, Raimonde.[55] O riso (ou o sorriso) adoça os costumes...

Nesse vilarejo de heréticos, o riso engendrado pelas "superstições" católicas é um poderoso cimento social. Não tem fim o escárnio em relação à Eucaristia: "Comer um pedaço de pão não faz mal a ninguém", diz um camponês para explicar seu conformismo de fachada; jovens operários agrícolas imitam a missa no campo com pedaços de rabanete, e uma camponesa conta: "Uma mulher assou uma bolacha que um cura consagrou no altar. Vendo isso, a mulher explodiu de rir: 'Parece que a bolacha que assei virou o corpo de Cristo. Isso me faz rir'".[56]

Esse espírito de derrisão está por toda parte e não somente com os heréticos. Um texto de 1300 – portanto contemporâneo das precedentes cenas camponesas –, a *Farsa do perdoador*, explora um tema cômico corrente na época: as falsas relíquias. Vê-se aí um charlatão apresentar ao povo "metade de uma prancha da Arca de Noé e uma pena de um dos Serafins do Senhor". O cristão medieval não era tão ingênuo quanto se diz. Chaucer e Boccaccio também explorarão esse filão. Em *Decamerão*, frei Cipolla declara ter trazido da Terra Santa uma pena do anjo Gabriel caída na casa de Maria quando da Anunciação, uma unha de querubim, raios da estrela milagrosa dos Reis

53 LE ROY LADURIE, E. *Montaillou, village occitan de 1294 à 1324*. Paris: 1975, p.578.
54 Ibidem, p.188.
55 Ibidem, p.189.
56 Ibidem, p.483.

Magos e, num fole, o som dos sinos do templo de Salomão. Nada o desanima: se introduzem em seu tesouro um pedaço de carvão de madeira, ele faz disso um pedaço de carne grelhada do mártir são Lourenço. Em *Canterbury tales* aparece um monge que possui uma vela do barco de São Paulo. "Mas no total", escreve Jacques Heers, "essa crítica permanece verbal, de situação; ela não adquire contornos de revolta nem mesmo de questionamento; conduz simplesmente às fantasias do Carnaval."[57]

Os burgueses também riem. Na literatura, nas fábulas e nas farsas, bem entendido – voltaremos a isso –, mas também em jogos. E, como sempre, o jogo é parodístico. O jogo burguês imita a prática nobre do torneio. Em Lille, durante o festim de Domingo Gordo, elege-se o "rei da espineta", que designa quatro campeões para enfrentar os de outras cidades e receber os representantes das alegres companhias. Em Paris, em 1330, os burgueses convidam os adversários de uma dezena de cidades para um torneio no mês de agosto, para imitar "a festa redonda que Artur, o rei da Bretanha, queria manter". No ano seguinte, os burgueses de Tournai criam a confraria da Távola Redonda. Em Bruges, desde 1220, os torneios de Forestier reúnem burgueses e nobres. E sempre festins, paródias, bufonarias, risos, disfarces cômicos. Um texto mais tardio, de 1438, mostra os burgueses de Valenciennes chegando a Lille, "ataviados de homens selvagens, portando escudos e grandes clavas ... e seus cabelos estavam disfarçados como os de estranhas bestas, uns revestidos de peles enegrecidas e outros com penas de pássaros, coisa muito estranha de observar; e esses homens selvagens foram revestidos com flocos de cana".[58] Há também competições parodísticas menos importantes, em dorso de asno, a golpes de pau e pedra. Imita-se, parodia-se – sempre por jogo, por brincadeira.

A permanência do riso urbano é assegurada por grupos de farsistas, de início informais, que progressivamente se organizam no interior de verdadeiros grupos cômicos. Nos séculos XII e XIII, a animação é garantida por duas categorias turbulentas: os goliardos e os meirinhos, os monges das leis. Os primeiros pertencem ao mundo da cultura escolar e universitária; utilizando o latim, eles compõem canções, os *carmina burana*, farsas, missas parodísticas, sermões báquicos. Qualificados, às vezes, de jograis, bufões, ribaldos ou vagabundos, eles têm uma reputação cáustica, e os historiadores sentem dificuldade para situá-los. Até a origem de seu nome permanece misteriosa. Se a etimologia mais séria o faz derivar de *gula*, goela, significando

57 HEERS, J. op. cit., p.174.
58 Citado por HEERS, J. op. cit., p.221.

com isso que eles são gritadores, eles também costumam ser vinculados a *Golias*, o herói negativo, adversário de Davi.[59]

É que sua reputação é muito ruim. São acusados, sem prova, de ter recolhido os vestígios dos cultos pagãos, de ter feito uma paródia do cristianismo, de ter formalizado os relatos de rituais satânicos.[60] Seus propósitos blasfematórios e obscenos contra as cerimônias do culto,[61] contra o clero e seus vícios, contra as crenças fundamentais deixam pairar uma forte suspeita de ateísmo.[62] Eles riem de tudo, em particular do sagrado. Suas brincadeiras não podem, contudo, ter ido mais longe que as do Carnaval, as da festa dos bobos, das farsas e da literatura parodística, toleradas em larga escala. Ora, eles foram sistematicamente condenados e excluídos: o Concílio de Trèves, em 1227, proibiu-os de cantar na missa; o de Château-Gontier, em 1231, ordena que eles tenham a cabeça raspada; o de Salzburgo, em 1291, acusa-os de perturbar a ordem pública; os estatutos sinodais de Rodez condenam os padres que caem na devassidão ou na histrionice. No fim do século XIII, eles acabam desaparecendo.

Na realidade, o que se condena neles não é o riso nem o conteúdo audacioso de seus propósitos, mas seu gênero de vida. É a vagabundagem que torna seu riso perigoso. Nas festas oficiais, a derrisão, mesmo muito impertinente, é controlada, circunscrita; ela é expressa pelas pessoas do lugar, conhecidas, integradas à sociedade local e que aprovam os valores coletivos. O goliardo diz a mesma coisa que os alegres foliões do Carnaval; se seu riso se revela subversivo, é porque ele se encarna num gênero de vida que propõe uma verdadeira alternativa. O goliardo, vagabundo semidelinquente, pretende reativar e personificar a ideia do Cristo-palhaço, do saltimbanco de Deus, que ri de tudo porque o verdadeiro sagrado está além do sensível, fora do alcance dos gracejos humanos. Maurice Lever escreve a propósito do goliardo: "O palhaço recusa-se a viver na realidade presente. Ele pressente aí uma outra. Desafia a lei da seriedade, enche o policial de sarcasmo, ridiculariza os outros atores. Por seu intermédio, nós entrevemos outro mundo que invade este e inverte as regras e os usos".[63] É exatamente isso que o torna insuportável. O riso do goliardo é o único riso subversivo da Idade Média clássica, porque

59 FICHTNER, E. G. "The Etymology of Goliard". In: *Neophilologus*, 51, 1967.
60 ROSE, E. *A razor for a goat*. Toronto: 1962.
61 LEHMAN, P. *Die Parodie in Mittelalter*. Stuttgart: 1922; NOVATI, F. "La parodia sacra nelle litterature moderne". In: *Studi critici e litterari*. Turim: 1889, pp.178-180.
62 MINOIS, G. *Histoire de l'athéisme*. Paris: 1998, pp.91-92.
63 LEVER, M. *Le sceptre et la marotte. Histoire des fous de cour*. Paris: 1983, p.178.

não se contenta em zombar: ele vive de maneira diferente e sugere, com isso, que é possível existir outro sistema de valores. O riso da festa dos bobos ou do Carnaval mostra a loucura de um mundo às avessas; o riso do goliardo mostra a loucura do mundo do lado direito. E isso não é mais jogo.

O contraste é flagrante com os "clérigos da *basoche*". Eles também pertencem ao mundo da juventude estudantil ou intelectual, e são especialistas em derrisão; mas a grande diferença em relação aos goliardos é que são sedentários, pessoas estabelecidas, integradas no sistema do qual conhecem bem os meandros, pois são pessoas da lei, clérigos de notário, secretários. Seu nome (*basoche*) poderia advir de "*basílica*", isto é, "tribunal", e em Paris eles formam três corpos bem estruturados: os do parlamento, os do castelo e os do tribunal de contas. Organizados em um "reino" parodístico, com um "rei da *basoche*", eles montam pequenas peças satíricas burlescas, que zombam das instituições e das personagens importantes. Bons conhecedores da lei e, por meio dos processos, de toda a pequenez da comédia humana, dos dramas escondidos atrás da fachada respeitável das famílias, eles carregam nos traços que acertam no alvo: a *Farsa do mestre Pathelin* e também *Quinze alegrias do casamento* saem de suas penas. Legistas, estão ao mesmo tempo na sociedade e fora dela. Melhor que outros, eles sabem que cada um desempenha seu papel, que a vida é um jogo de enganos em que tentamos oferecer certa imagem de nós mesmos. Mas o clérigo da *basoche* está no sistema e não tem nenhuma intenção de derrubá-lo: "Ele sabe que a derrisão é um jogo e que a sociedade tem como única legitimidade a força".[64]

Pouco a pouco, o desenvolvimento da sociedade urbana e sua complexidade cada vez maior determinam o aparecimento das "alegres companhias" que sistematizam a paródia, a ponto de fazer dela um verdadeiro contrapoder. "Companhia da mãe louca", em Dijon, "Crianças descuidadas", em Paris, "Cornudos da Normandia", "Companhias loucas", "Sociedades do louco" etc. Essa institucionalização da zombaria modifica sua natureza: ela adquire um tom mais contundente de crítica social e caracteriza os enfrentamentos do fim da Idade Média, quando a retomaremos.

Até o século XIV, a diferença entre o riso das cidades e o riso dos campos reside, antes, em sua expressão: o primeiro é mais pontual, organizado, mais localizado no tempo; o segundo é mais difuso, mais permanente, mais "essencial". Na cidade, há um tempo para rir e um tempo para chorar; a vida é mais compartimentada; o tempo é contado, ritmado pelo relógio à espreita,

64 DUVIGNAUD, J. *Rire et après. Essai sur le comique*. Paris: 1999, p.97.

como o demonstrou, admiravelmente, Jacques Le Goff. No campo, o riso está integrado à vida como o sagrado ao profano. O mundo grotesco do naturalismo camponês, esse mundo em que todas as formas e todos os seres se fazem e desfazem numa espécie de fundição permanente, esse mal misterioso, habitado por um espírito vital, é engraçado. Não necessariamente alegre, aliás. Porém, ele oferece mil ocasiões de rir, porque é sempre o mesmo e sempre novo. O mundo do camponês medieval é mágico, familiar e, contudo, surpreendente. Sobre a trama de fundo monótono do ritmo dos dias e das estações, surge sempre o inesperado diante do qual se é totalmente impotente, com exceção, talvez, do bruxo e do padre. Essa surpresa de todos os instantes diante de um mundo proteiforme sobre o qual não se tem controle é a fonte do riso, no campo. Rindo, o camponês exprime sua surpresa e desarma seu medo.

O RISO NO CASTELO

Nos castelos também se ri muito. Há as blagues dos guerreiros, que contam poucas e boas dos azares do combate. Braços e cabeças cortados, corpos partidos em dois, cavaleiros de pernas para o ar, exageros gabolas: são as "gabs", histórias para rir, extravagantes. A palavra, que ressoa como um golpe de maça e é próxima de "gag", derivaria do latim medieval *gabae*, ela própria oriunda do latim clássico *cavilla*, isto é, cavilação, ironia maliciosa. Provocações, fanfarronices, zombarias grosseiras: perpetua-se, nesse meio, o riso homérico de desafio ao mundo e aos outros. É o riso de superioridade agressiva de homens cuja função é dominar e não ter medo de nada. Rir do adversário e dos perigos, aumentar comicamente suas façanhas ao contá-las, fazer da guerra um teatro burlesco: eis a melhor maneira de dominar o medo. As canções de gesta estão repletas desses exageros, desses fantásticos golpes de espada que cortam ao meio cavaleiros e cavalos e que são piscadelas para o leitor. Interpretando isso superficialmente, seria semelhante ao espião grego que, em *Peregrinação de Carlos Magno*, toma ao pé da letra as histórias contadas pelo imperador e seus pares. O riso amplo do cavaleiro é também o grito de vitória sobre o inimigo vencido, de quem ele goza a derrota.[65]

Se passarmos do castelo senhorial para o palácio real, ainda ouviremos risos. Mas, desta vez, são risos orquestrados pelo mestre, menos espontâneos, mais calculados, risos de consequência. Tudo o que o rei faz adquire

---

65 ELIOT, G. "Laughter". In: *Edinburgh Review*, 1912, p.215; MÉNARD, P. *Le rire et le sourire dans le roman courtois en France au Moyen Age (1150-1250)*. Genebra: 1969, p.422.

sentido político, e seu riso não escapa à regra. Com certeza, há temperamentos reais naturalmente ridentes, cuja hilaridade não tem sentido particular. É o caso de Guilherme II, o Ruivo, da Inglaterra, no fim do século XI, de quem os cronistas diziam que não tinha necessidade de bufão porque ele próprio fazia as brincadeiras e ria mais que todo mundo. Há, nesse comentário, uma nuance de reprovação: desde essa época, os letrados consideravam que a dignidade real não deve entregar-se a um tipo de riso degradante. O riso real deve ser nobre, moderado e ocupar uma função precisa.

Nesse aspecto, Filipe Augusto deixou a reputação de um humorista cáustico cujas brincadeiras têm sempre por vítimas os eclesiásticos. As anedotas espalhadas pelos cronistas ilustram, portanto, sua política anticlerical. Cesário de Heisterbach conta que um abade ricamente vestido e usando sapatos estreitos, da última moda, viera queixar-se das dificuldades financeiras de seu mosteiro e recebeu esta resposta cortante: "Vê-se bem, por vosso calçado, que vossa casa é pobre, porque lá o couro deve ser muito raro".[66] Outra vez, a um bufão que lhe pedia para dividir com ele sua fortuna, já que "somos todos irmãos por parte de Adão", o rei responde que, uma vez feita a partilha entre todos os homens, não restaria um óbolo para cada um.[67]

São Luís, de temperamento feliz, ri facilmente. Ele tem dificuldade de se conter durante a Quaresma, e seus confessores chegam a impedi-lo de rir na sexta-feira. Sempre pronto a ver o lado cômico das coisas, "ele ri muito claramente", escreve Joinville quando faz uma brincadeira a propósito dos armênios que teriam pedido para "ver o rei santo", o que teria feito o senescal responder: "Eu não desejo ainda beijar vossos ossos", significando com isso que ele não tinha pressa de vê-los transformados em relíquias. Um dia, o rei pergunta a Joinville o que deveria conceder-lhe para que ficasse com ele na Terra Santa; o senescal responde que desejaria simplesmente que, quando lhe pedisse qualquer coisa, ele não se zangasse. "Ao ouvir isso, ele começou a rir às gargalhadas", depois contou a história ao legado, sempre rindo. Logo Joinville lhe apresenta um requerimento e o rei zanga-se; mas essa cólera se transforma em riso quando é lembrado de sua promessa. São Luís é, de bom grado, zombeteiro: ele relata a entrevista que acaba de ter com os bispos, "contrariando-os e zombando deles".[68]

---

66 CÉSAIRE DE HEISTERBACH. *Dialogus miraculorum*, IV, 12.
67 *Anecdotes historiques, legendes et apologues d'Étienne de Bourbon*. Paris: ed. Lecoy de La Marche, Société d'Histoire de France, 1877, n.290.
68 LE GOFF, J. *Saint Louis*. Paris: 1996, parágrafo "Le roi rit", pp.487-489.

São Luís também utiliza o riso para fins políticos; assim, diante da hostilidade de seus barões em relação a uma nova cruzada, ele manda costurar, sem que eles saibam, uma cruz branca sobre o traje que deveriam vestir para a noite de Natal. Como eles se trocam no escuro, não se dão conta de que "levam a cruz". Cruzados à revelia, são obrigados a rir: "Quando o dia nasceu, cada senhor viu, para sua grande surpresa, o sinal que o vizinho carregava, sem duvidar de que também portava um. Eles se espantavam e zombavam, até perceber que o senhor rei piedosamente os enganara. ... Como seria indecente, vergonhoso e até indigno retirar suas cruzes, eles misturaram as risadas a efusões de lágrimas, dizendo que o senhor rei dos franceses, tendo saído à caça de peregrinos, encontrara uma nova maneira de armar arapucas aos homens".[69]

O riso forçado dos barões demonstra que o *rex facetus*, o rei brincalhão, às vezes é mais eficiente que o rei sério. Quando argumentos fracassam, o cômico consegue. O riso a serviço do poder pode ter uma eficácia duvidosa, que o maior soberano do século XII, Henrique II Plantageneta, já sabia explorar. "Destilando pilhérias, no círculo da *curia* real, Henrique II agregou à coroa esse grupo de risões e fez de nobres indisciplinados cortesãos aprisionados pelo riso em comum. Mas essa corte risonha utiliza também o riso como arma para arruinar a carreira deste ou daquele poderoso ou candidato à esfera superior. Rir de um membro da corte pode ser mortal. O escarnecido deve, muitas vezes, parar de frequentar a corte e retirar-se para suas terras a fim de ser esquecido",[70] escreve Jacques Le Goff. Henrique II, como Filipe Augusto, dirige seus comentários cáusticos contra o clero, especialmente contra o papa e seus representantes, tal como o ressaltam, de forma constrangida, Gerald, o Gaulês, e William de Newburgh.[71]

Na Idade Média, o riso é, portanto, largamente usado a serviço dos valores e dos poderes. Mesmo quando estes últimos são parodiados nas festas, retiram benefícios dele. O riso medieval é mais conservador que destrutivo, em seu aspecto coletivo organizado. A utilização consciente do riso pela literatura, seu exame pelos filósofos e teólogos, sua manipulação pelo bobo do rei e pelos pregadores confirmam essa impressão, tanto no humor profano como no humor sagrado.

---

69 MATTHIEU PARIS. *Chronica majora*. Londres: ed. H. Luard, 1872-1883, p.490.
70 LE GOFF, J. "Le rire au Moyen Age". In: *Science et avenir*, hors série sur *Le Rire*, julho 1998, p.58.
71 WARREN, W. L. *Henry II*. Londres: 1973, pp.211, 440-441, 605.

– 6 –

RIR E FAZER RIR NA IDADE MÉDIA

Humor sagrado e humor profano

Um humor medieval? Eis aí uma coisa que ainda faz os puristas pularem! Entretanto, há alguns anos, os historiadores que dissecam o riso na Idade Média estão cada vez mais tentados a utilizar esse termo que Jeannine Horowitz e Sophia Menache finalmente ousaram consagrar, colocando-o no título de sua obra: *O humor no púlpito. O riso na Igreja medieval*.[1] Em sua introdução, as autoras lembram, judiciosamente, que há mais de vinte e quatro teorias sobre a natureza do riso e do humor, que ninguém conseguiu ainda definir o humor e que ele é, antes de tudo, segundo a expressão de Robert Escarpit, "uma maneira de viver, de ver e de mostrar o mundo que não é, necessariamente, cômica".[2]

---

1 Paris: Labor et Fides, 1994. O estudo do riso na Idade Média deve muito aos trabalhos e às incitações de Jacques Le Goff, especialmente a seu artigo "Rir na Idade Média". In: *Cahiers du Centre de Recherches Historiques,* 3, 1989. Depois, os estudos multiplicaram-se, assim como os colóquios sobre o assunto, como em *Le rire au Moyen Age dans la littérature et les arts*. Bordeaux: ed. T. Bouché e H. Charpentier, 1990.

2 ESCARPIT, R. *L'humour*. Paris: 1960, p.17.

Então, por que homens e mulheres da Idade Média não teriam seu humor? A natureza do riso e do humor mudou ao longo dos séculos: eis por que podemos escrever uma história do riso. O que é imutável não tem história. O riso enraíza-se num contexto cultural do qual é, ao mesmo tempo, um componente e um elemento revelador. "O riso, o humor, o cômico medieval, embora fenômenos universais, elaboram-se com base em um quadro de acontecimentos, em um conjunto de crenças e de convicções ditadas por coordenadas espaçotemporais específicas."[3] Saber de que e por que riam nossos ancestrais ajuda-nos a compreendê-los.

O RISO AMORAL DAS FÁBULAS

É fácil admitir que, mesmo na Idade Média, os pregadores – teoricamente letrados e cultos – pudessem fazer humor. Em compensação, a questão é mais debatida a propósito das fábulas, esses pequenos contos em verso, brutais, cínicos, grosseiros, obscenos mesmo, em que se fala sem cessar de cu, de cona, de foder e de cornear. É a graça pesada, bem francesa, reivindica ferrenhamente, em 1927, Charles de Guerlin de Guer: "Esse riso está no gênio de nossa raça, trazido pela zombaria à flor da pele, pela malícia, mas sem maldade; ele encarna o espírito fundador que reaparece em todas as grandes épocas de nossa história. É a alegria gaulesa".[4] De forma alguma, dizem os anglo-saxônicos: em 1974, uma obra coletiva, *O humor das fábulas*,[5] denomina isso humor, o que é contestado, em 1983, por Philippe Ménard em *As fábulas, contos da Idade Média para rir*.[6]

Este último estudo, baseado num *corpus* de 130 fábulas, permite fazer um levantamento da questão. As fábulas são típicas do período central da Idade Média, aquele que nos interessa aqui: os extremos das datas são 1180 e 1330. Ao contrário do que os temas podem fazer crer, essa literatura não é destinada ao populacho: lida nas cortes senhoriais e nas praças públicas, ela dirige-se aos senhores, aos nobres, aos burgueses. Os autores, quase sempre anônimos, são goliardos, clérigos errantes, jograis, "desclassificados, velhos estudantes, monges fracassados, apóstatas". Às vezes, eles se apresentam:

3 HOROWITZ, J., MENACHE, S. op. cit., p.15.
4 *Revue des Cours et Conférences*, t.28, 1926-1927, p.350.
5 Ed. D. Cooke e B. L. Honeycutt, University of Missouri Press: 1974.
6 Paris: PUF, 1983.

Ouvi, senhores, esta boa fábula.
Um clérigo a fez por um anel
Que três damas engenhosamente encontraram.
(*Três damas que encontraram o anel*)

Um alegre clérigo, que se esforça
em fazer coisas para rir,
quer dizer-vos uma coisa nova.
(*O pobre retroseiro*)

Como nos anuncia esta última estrofe, essas pequenas narrativas têm por objetivo fazer rir. São, antes de tudo, histórias engraçadas. Ora, mais da metade (setenta em 130) são histórias que abrangem "da cintura para baixo". O sexo, sempre o sexo: desde Sara e Abraão até as graçolas do *music-hall*, ele continua sendo um valor seguro do cômico e conhece, com as fábulas, um de seus grandes momentos. Os outros textos relatam desventuras variadas, em que a astúcia desempenha um papel essencial e o herói é, quase sempre, ladrão. Tudo isso forma um conjunto desconcertante, que merece que nos detenhamos um pouco nele.

Tomemos o tema da mulher, que é, frequentemente, o personagem principal. Bem que há moças simplórias e algumas esposas rabugentas, mas, quase sempre, é a mulher quem desempenha o melhor papel diante de um macho fanfarrão e ingênuo que ela vence por sua astúcia e por seu poder de sedução: "As mulheres apresentadas são enérgicas, ativas, astuciosas. ... A maioria das mulheres que enganam os maridos é simpática. Ninguém pensaria em identificar-se com o marido crédulo ou ciumento, ingênuo ou brutal e ainda constantemente ausente",[7] escreve Philippe Ménard. A mulher fascina, e não há nisso nenhum antifeminismo. Sexualidade e desejo femininos são considerados elementos naturais que têm direito à saciedade, obtida com um amante, em geral o pároco do lugar, se o marido for, realmente, muito bronco. E nenhuma barreira moral detém o autor, que mistura, de forma deliberada, sexo e sagrado, com uma evidente intenção provocadora, indo até a blasfêmia, como em *O bispo que benzeu a cona*, ou em *O padre crucificado*, em que um padre, completamente nu, surpreendido pelo retorno do marido, parece uma imagem de Cristo na cruz. Em casos extremos, o autor sente necessidade de dar segurança, declarando ao público que "é para rir":

7 MÉNARD, P. *Les fabliaux, contes à rire du Moyen Age*. Paris: 1983, p.138.

Ela não tinha maldade a dizer
Mas graça para fazer a gente rir.
(*A donzela que domou o potro*)

Mas sem vilania
Vos quer recordar
para que riam.
(*O padre que foi lançado ao escárnio*)

O mundo assim apresentado é uma espécie de terra de abundância, totalmente liberada de interditos tradicionais, um mundo epicurista em que só conta a busca do prazer:

Não há paraíso melhor
que comer e beber bom vinho
e vestir roupas delicadas.
(*Martin Hapart*)

Para Philippe Ménard, "a ideia de que a natureza humana é corrompida e de que as pulsões sexuais são tendências más que devem ser reprimidas é substituída por outro sistema de valores: a procura do prazer e a fruição imediata".[8]

Mas esse mundo sexualmente liberado esconde outro aspecto mais profundo: a interrogação, a inquietação ou a angústia suscitada pela mulher que permanece um mistério. Os personagens são, às vezes, sonhos freudianos, como em *A moça que não podia ouvir falar em foder* – é a história de uma jovem que desmaia cada vez que ouve a palavra "foder", consequência de antigos traumas – ou em *Berangier de bunda grande*. Então o riso brinca com o medo: "Atrás do riso, sob o riso, existe um imenso território de sofrimentos, obscuramente dissimulados, provisoriamente abolidos".[9] A vontade de exorcizar esses medos é manifesta; a fábula é "a angústia exorcizada pelo riso", escreve Philippe Ménard, que acrescenta: "O riso mais profundo é, talvez, aquele que desvela e detalha as inquietudes, as angústias, os desejos, os sonhos, em uma palavra, os sentimentos perturbadores escondidos no coração dos seres".[10]

8 Ibidem, p.140.
9 Ibidem, p.220.
10 Ibidem, p.218.

Diante das exigências de uma moral cristã muito repressiva em relação à sexualidade, o "humor erótico", retomando o título de um livro de C. Legman,[11] é um meio de apaziguar as tensões: ver e imaginar fazer aquilo que não se pode fazer é uma maneira de se desdobrar para realizar seu desejo; e o desdobramento, que exige distância crítica em relação à realidade vívida, é uma fonte de comicidade. Assim, "a violação dos tabus é uma das características do conto para fazer rir".[12]

Outro tema que ilustra os medos e o desejo de liberdade: o clero e a religião. O clérigo é sempre mal retratado: avarento, concubinário, cúpido, aproveitador de situações. Contudo, a fábula abstém-se de qualquer julgamento, e o padre que copula com suas paroquianas e que consegue isso graças a sua astúcia é antes um personagem positivo. Da mesma forma, o conteúdo da religião não é contestado de frente, mas a indiferença provocadora em relação a ela, a blasfêmia ousada, o juramento excessivo ("Pelo cu de Deus!", "Pelo cu da Virgem Maria!") são também clamores raivosos contra a dominação de um sagrado injusto, opressivo e angustiante. A fábula brinca com o fogo (do inferno): em *São Pedro e o jogral*, por exemplo, o jogral é encarregado de entreter as chamas da caldeira infernal enquanto os diabos dão uma saída. Ele se sai tão bem que Satã lhe promete uma boa refeição: um monge bem gordo ao molho apimentado. No fim, São Pedro liberta todas as almas do inferno. É o riso contra o medo do inferno... Sem dúvida, o riso foi o que mais contribuiu para tornar mais suportável o grande terror da Idade Média.[13]

A fábula também se coloca diante de outro grande medo universal: o medo da morte. Algumas histórias testemunham um verdadeiro humor negro. Em *L'estormi*, um coveiro debate-se com um cadáver que não consegue fazer entrar na cova; desenvolto, ele xinga os defuntos e dá um forte golpe de pá na cabeça do morto, "como se fosse uma maçã podre". Em *O padre comportado*, um cadáver circula de mão em mão, é escondido nas latrinas, num saco de presunto, depois colocado sobre a sela de um potro que foge.

Nesse mundo impiedoso, só há escapatória sendo mais esperto que os outros. A astúcia é o valor supremo, o que permite sobreviver, a despeito da moral cristã, da piedade e da caridade. Homens e mulheres troçam uns dos outros, e o riso surge desse espetáculo constrangedor: "Há nisso", escreve Philippe Ménard, "um fenômeno de transferência interessante que mostra claramente

11 LEGMAN, C. *Psychanalyse de l'humour érotique*. Paris: 1968.
12 MÉNARD, P. op. cit., p.221.
13 MINOIS, G. *Histoire des enfers*. Paris: 1991, pp.215-221.

que o riso tem vínculo estreito com os desejos, os medos e os sonhos dos homens. Nas fábulas, como em *Roman de Renart*, os leitores têm consciência, identificando-se com *Trickster*, que só pensa em zombar dos outros".[14] Escarnece-se de tudo: dos enfermos, dos mortos, dos traídos, dos bispos.

E o público ri a bandeiras despregadas; esse público de nobres, de clérigos, de burgueses bate nas coxas escutando relatos que ridicularizam os nobres, os clérigos, os burgueses e todos os seus valores, seu sistema cultural, arrasado a mais não poder. Pensa-se na corte de Luís XVI aplaudindo Fígaro, que a insulta, e nos burgueses parisienses aclamando Jacques Brel, que lhes diz que "os burgueses são uns porcos". Como se nada fosse mais engraçado que rir de si mesmo. Eis uma das características do humor. Vinde e ride, dizem os autores:

> Vós que quereis ouvir fábulas,
> esforçai-vos para retê-las!
> De bom grado deveis aprender,
> Várias como exemplo tomar
> e várias para as risadas
> que tanta gente ama.
> (*A dama que se vingou do cavaleiro*)

O riso é o objetivo perseguido: "Eu conto as histórias para fazer as pessoas rir" (*O rei da Inglaterra e o jogral d'Ely*). Mas esse riso vai mais longe. Ele traz consigo uma visão pessimista – isto é, realista – do mundo, essa comédia burlesca, esse mercado de ilusões em que só se salvam os espertos. Clarividência desenganada a nos lembrar de que o mundo está povoado por três categorias: os velhacos, os tolos e as vítimas. Se não se é tolo, é preciso ser velhaco ou, ao menos, desconfiado: é a única maneira de atravessar a vida sem muitos obstáculos.

O RISO INDIVIDUALISTA DA FARSA

A imoralidade da fábula tem muitos pontos comuns com a da farsa, que, contudo, difere daquela no que diz respeito ao gênero literário e ao público respectivo. Trata-se, desta vez, de teatro, logo, um gênero mais espetacular;

14 MÉNARD, P. op. cit., p.195.

teatro ao ar livre, frequentemente ligado ao Carnaval, que, por isso, atrai um público mais popular, urbano: bons companheiros, artesãos aos quais se unem, de bom grado, pequenos e médios burgueses. A farsa e o jogo do Carnaval não requerem grandes esforços intelectuais, porque consistem em peças curtas, de duzentos a quatrocentos versos, com poucos personagens sem nome próprio: o marido, a mulher e o pároco formam o trio central em torno do qual gravitam alguns trapaceiros e ingênuos. Esses textos, de realismo cru, são obra de jograis e jocosos profissionais.

Para alguns, a farsa deriva das comédias latinas, como aquelas de Hrotsvit de Gandersheim, no século X. Para outros, ela encontra sua origem nas tradições antigas, não literárias, às vezes pré-cristãs.[15] Segundo o estudo mais recente, o de Konrad Schoell,[16] ela provém do teatro religioso, em que cenas realistas podem tornar-se cômicas, como os jogos de Páscoa, quando os discípulos se põem a correr para o sepulcro, ou certas representações milagrosas. A farsa aparece verdadeiramente na segunda metade do século XIII, com as obras de Adam de la Halle, *A história da folhagem, A história de Robin e de Marion.* Depois de uma interrupção de um século, coincidindo praticamente com a Guerra dos Cem Anos, ela ressurge ao redor de 1450, intercalada em meio a representações religiosas, como uma espécie de pausa, de curta-metragem, para o entreato. Convém lembrar essa mistura de gêneros que pode parecer-nos incongruente mas que é muito importante para que compreendamos a integração do riso na visão de mundo medieval e relativizemos o que pode parecer blasfematório e imoral a nosso espírito encerrado pela lógica cartesiana.

Assim, um espetáculo completo era muitas vezes precedido por uma soltura de diabos na cidade: indivíduos vestidos como demônios, gritando, espalham-se pelas ruas, perseguem os habitantes e podem mesmo sequestrá-los, como em Chaumont, onde essa infernal cavalgada dura desde Ramos até São João, quando se representa o mistério de são João Batista.[17] Esses diabos, que representarão papéis na peça, são os pobres – daí a expressão "pobre-diabo" – que aproveitam a ocasião para injuriar o burguês, cometer roubos, fazer um barulho infernal acompanhado de risos retumbantes – daí

15 É a tese de STUMPFL, R. *Kultspiele der Germanen als Ursprung des mittelalterlichen Dramas.* Berlim: 1936. Mais recentemente, WARNING, R. aproxima-a de certos ritos demoníacos (*Funktion und Struktur. Die Ambivalenzen des geistlichen Spiels.* Munique: 1975).

16 SCHOELL, K. *La Farce du XVe siècle.* Tübingen: 1992. Especialista no teatro popular francês, no fim da Idade Média, o mesmo autor publicou *Das komische Theater des französischen Mittelalters.* Munique: 1975; *Die französische Komödie.* Wiesbaden: 1983.

17 MILNER, MAX. "O diabo como bufão". In: *Romantisme,* n.19, 1978.

o "riso diabólico". Esses pobres, que "puxam o diabo pelo rabo", são insolentes "como o diabo" e fazem "um barulho dos diabos", em seguida farão "o diabo a quatro" no palco, numa peça religiosa, um mistério. Émile Mâle já demonstrou muito bem quanto o teatro medieval influenciou representações artísticas, com suas personagens e seus cenários. Ele também mudou, nitidamente, a forma popular de ver o mundo aqui e além.

As diabruras carnavalescas contribuíram muito para diluir o medo do inferno: "Lentamente, o ridículo vai substituir o inferno ... não será mais o medo do inferno, mas o ridículo que deverá ser purgado",[18] escreve Margarete Newels, que demonstrou como, nas peças denominadas "moralidades", a associação do louco e do diabo pôde concorrer para sua recíproca desvalorização cômica. O louco torna-se cada vez mais popular. Nas peças, acontece de ele começar a ação para o público, e é ele que se torna o verdadeiro sábio. Em *Diálogo do louco e do sábio*, o último faz o elogio dos bens terrestres, ao passo que o primeiro mostra sua efemeridade e vaidade. Ocorre o mesmo em *Moralité faicte em fouloys pour le chastiment du monde*, representado no colégio de Navarra, no dia de Santo Antônio, em 1427. O louco e o diabo têm em comum o fato de haverem transgredido uma regra, uma norma: a norma da razão, a norma da moral. Eles são associados um ao outro, como bodes expiatórios carregados com o mal, a loucura, a feiura, com tudo o que há de pior no mundo, e além disso eles riem e fazem rir: "Louco e diabo têm traços cômicos comuns", no grande jogo de enganos com os homens, em que todo mundo engana todo mundo.

Mikhaïl Bakhtine também constatou esse parentesco na ambivalência: "O diabo do mistério não é apenas uma figura extraoficial, é também um personagem ambivalente e assemelha-se, nesse sentido, ao louco e ao bufão. Ele representa a força do 'baixo' material e corporal que dá a morte e regenera. Nas diabruras, os personagens de diabos tinham ares carnavalescos".[19] Mas, para ele, tratava-se de um aspecto de contestação da cultura popular cômica diante do "sério unilateral baseado no medo e no dever" da cultura dominante. Ele vê uma ilustração disso no episódio rabelaisiano de Villon e Tappecoue, situado em *O quarto livro*. Recordemos os fatos: François Villon, isolado em Saint-Maixent, organiza uma representação do mistério da Paixão.

---

18 NEWELS, M. "A fé nas moralidades da Idade Média". In: *Cahiers de l'Association Internationale des Études Françaises*, n.37, maio 1985, p.33.

19 BAKHTINE, M. *L'Œuvre de François Rabelais et la culture populaire au Moyen Age et sous la Renaissance*. Paris: trad. franc., 1970, p.266.

Para vestir os comediantes, ele pede que lhe emprestem as roupas. Ora, o cordoeiro Étienne Tappecoue recusa-se a emprestar sua capa e sua estola. Villon decide vingar-se durante as diabruras que precedem a representação. Seus diabos, disfarçados de animais, com grandes sinos de vaca e badalos de mula com um barulho horrível, fazem seu circo, para "grande alegria do povo e grande medo das criancinhas". Villon posta-se no caminho do cordoeiro Tappecoue, que está montado sobre uma jumenta que nunca cruzara. Deixemos François Rabelais narrar a sequência:

"Assim que Tappecoue chegou ao lugar, todos os diabos saíram para o caminho diante dele, soltando fogo de todos os lados, sobre ele e sua jumenta, soando os sinos e urrando como diabos: 'Hho, hho, hho, brrrurrrurrs, rrurrs, rrrurrs! hou, hou, hou! hho, hho, hho, brrrurrrurrs, hho, hho, hho! Irmão Étienne, representamos bem os diabos?' A jumenta, aterrorizada, pôs-se a trotar, a torto e a direito e depois a galope, às arrecuas, escoiceando e pateando. Tanto que Tappecoue caiu por terra, derreado. ... Apavorada, multiplicando pinotes, coices e mordidas, a jumenta arrastou-o por bosques, riachos e fossas. De modo que ela lhe esmagou a cabeça a ponto de o cérebro ter caído perto da cruz Osanière; depois os braços se desprenderam, um aqui, outro acolá; as pernas, o mesmo; as tripas tornaram-se um grande monte de carne, de tal sorte que, quando a jumenta voltou para o convento, dele só restava o pé direito, todo quebrado".[20]

O castigo é muito severo. "Por que Tappecoue mereceu uma sorte tão cruel?", pergunta Bakhtine. Porque é um "apático, isto é, um homem que não sabe sorrir, um adversário do riso. Se Rabelais não o qualificou diretamente assim, a recusa de Tappecoue é digna de um apático. O sério piedoso, obtuso e maldoso, que receia fazer de adereços sagrados um objeto de espetáculo e de jogo, manifesta-se nessa passagem. ... Ele foi inspirado pela velha hostilidade do clero ao espetáculo, à mímica, ao riso. Mais ainda, recusou as vestimentas para um disfarce, uma mascarada, ou seja, em última análise, para uma renovação e uma reencarnação".[21]

Além desse episódio, toda a prática das diabruras aparece a Bakhtine como a expressão de uma contestação subversiva da cultura popular cômica. Max Milner, opondo-se a essa interpretação, adianta uma hipótese que também insiste na ideia de renovação: "É justo ver aí o ressurgimento de uma ambivalência primitiva, de fundo instintivo e caótico, em que, parado-

---

20 RABELAIS. *Le quart livre*, cap. XIII.
21 BAKHTINE, M. op. cit., p.267.

xalmente, coexistem uma força destrutiva e o potencial de renovação, que o pensamento monológico próprio ao mundo clássico conseguirá, momentaneamente, sufocar".

Voltemos ao desenvolvimento do espetáculo. Depois de dias de diabruras, procede-se ao "grito", isto é, ao apelo do público, e sucedem-se, em ordem variável, sermões jocosos, farsas, mistérios, moralidades. O conjunto é de uma variedade surpreendente, e pode-se perguntar como o público percebia as diferenças. Estabeleceria uma hierarquia, uma triagem qualificativa entre gênero sério e gênero cômico? Fica-se um pouco perplexo ao constatar que, depois de um *Mistério da Paixão*, por exemplo, pode-se representar, na mesma cena, *Jenin, filho de Nada*, em que se vê o referido Jenin manipular o falo gigante de um padre e expressar sua admiração:

> JENIN – Meu Deus, como vossa coisa é grande!
> E vós a colocais lá dentro?
> O PADRE – Não toques aí.
> JENIN – Ela tem dentes?
> Vai me morder se eu a tocar?

O que se pode imaginar muito bem é a explosão de risadas. É provável que ninguém visse incongruência na proximidade entre a farsa e o mistério. Os dois fazem parte da história da salvação, e o realismo obsceno está no coração da condição humana. O sublime alimenta-se do carnal e, às vezes, é bom lembrar-se disso. Desforra do corpo sobre o espírito, da matéria humilde sobre o pensamento orgulhoso, que traz o homem para suas justas proporções: derrisórias, ridículas, cômicas.

E é o que a farsa realiza. Suas obscenidades não são nem gratuitas nem involuntárias, porque a Idade Média não ignora o pudor. Se a farsa choca, como a fábula, isso é deliberado, porque ela quer nos lembrar, prosaicamente, do que somos. Na farsa do *Moleiro*, por exemplo, vê-se um diabo noviço que vem buscar a alma de um personagem sobre o leito de morte e, inexperiente, pega, em vez da alma, seus excrementos, o que a Teologia não cessa de exprimir, em outras palavras.

A farsa é uma grande "máquina de rir", segundo a expressão de Bernardette Rey-Flaud,[22] e para isso é suficiente mostrar o mundo tal qual é,

22 REY-FLAUD, B. "O cômico da farsa". In: *Cahiers de l'Association Internationale des Études Françaises*, n.37, maio 1985.

sem disfarce. Não é muito bonito, mas é engraçado. As pequenas intrigas giram em torno de problemas conjugais, com a luta do casal pela dominação, os conflitos, os enganos, o ciúme, os desejos, as frustrações. A mulher infiel, o marido ingênuo e o padre dissoluto são sempre estereótipos mais populares, dando imagem pessimista do casamento, com a ajuda das crenças religiosas. Em *Martin de Cambray*, Guillemette e seu amante, o pároco, montam uma encenação para enganar o marido: ela o provoca até que, na briga, ele exclama: "Peço a Deus que um grande diabo a leve hoje". Então aparece o padre, disfarçado de diabo, e leva sua amante.

Como nas fábulas, as mulheres são astuciosas, sexualmente exigentes, guardadas por um marido idoso que não pode satisfazê-las, enquanto há, em toda a paróquia, uma pletora de jovens vigários disponíveis. O que corresponde a uma realidade social: o alto índice de mortalidade feminina na Idade Média determina frequentes segundos casamentos de viúvos com moças jovens, ao passo que o clero absorve o excesso de homens jovens. A cumplicidade entre a mulher e o padre, mesmo que ela não vá partilhar o mesmo leito com ele, é um fato sociológico sobre o qual Hervé Martin, recentemente, chamou a atenção e que mereceria ser examinado a fundo.[23] Isso contribuirá para desenvolver, nos machos cristãos, o que Richard Cobb denominou, jocosamente, "anticlericalismo de cornudos".

A farsa explora, essencialmente, as questões da moral privada, mostrando a que ponto os tabus sexuais são violados, sem que se saiba qual partido os autores tomam. A loucura universal, o lado animal do homem são representados com certa resignação: "A arrogância e o privilégio são questionados, mas isso, em cada caso particular, sem ideia de revolução de princípio".[24] A mesma resignação ocorre no tratamento da "coisa pública": "A luta contra o poder vigente, para mudar a relação de dominação, não poderia ser jamais, no contexto dessas encenações cômicas, uma luta aberta e violenta".[25]

Como comenta Konrad Schoell, há um certo espírito fundador nas farsas: "O espírito crítico exprime-se sob forma cômica – a hierarquia social é contraposta a outra hierarquia, a da astúcia, que se acha em oposição àquela da sociedade".[26] Em suma, a resposta aos problemas da sociedade é puramente individual. Cada um por si, e que o mais esperto leve a melhor: essa

23 MARTIN, H. *Mentalités médiévales*. Paris: 1996, pp.406-423.
24 SCHOELL, K. op. cit., p.21.
25 Ibidem, p.26.
26 Ibidem, p.35.

é, praticamente, a lição das farsas. As questões políticas e sociais raramente são abordadas em si mesmas, como em *Der Juden und Christen Streit*, representado em Lubeck, e mesmo quando o são, como em *O jogo do rei Salomão e do camponês Markolf*, de Hanz Folz, em Nuremberg, a solução é estritamente individual: vê-se aí um camponês astuto que consegue desestabilizar a legendária sabedoria do rei Salomão fazendo-o perder a paciência – mesmo os grandes têm suas fraquezas! Não há aí contestação real do poder, porque não existe nenhuma solução alternativa. O riso da farsa é individualista; compete a cada um arrancar, pela astúcia, uma fatia de felicidade sem, contudo, colocar o mundo sob questionamento. Como na fábula, a visão do mundo é realista, conformista e pessimista: a felicidade está fora de alcance, porque não se pode mudar a ordem das coisas, e o único consolo são os poucos momentos felizes arrancados à vida: "A felicidade, nesse sentido, é uma visão excepcional, de uma infração particular à regra geral, de uma libertação provisória, de uma desforra casual. Com raros recursos à utopia e à revolta e sem recurso à transcendência, a ideia de felicidade na farsa parece muito restrita",[27] escreve Konrad Schoell, que atribui essas satisfações à pequena cota de "felicidade de *statu quo*".

A mesma atitude individualista se encontra na questão pedagógica abordada por certas farsas: alguns aspectos das relações mestre-aluno aparecem nelas num contexto de crítica zombeteira, mas não é possível vislumbrar aí nenhuma reforma. Em suma, o riso da fábula ou o da farsa completam o riso da festa: ele é a expressão do individualismo em um mundo que privilegia a coletividade. O riso da festa, obrigatório e tirânico, expressa o interesse do grupo; o riso farsesco, egoísta e amoral, é o único meio de o indivíduo ter uma desforra sobre as coletividades nas quais ele é integrado à força e que o oprimem e protegem, ao mesmo tempo: paróquia, religião, família, senhoria, corporação, bairro...

O RISO PARODÍSTICO DO MUNDO CORTESÃO

Isso quer dizer que a Idade Média não conheceu nenhum tipo de riso social e politicamente subversivo? Seria exagero. Mas, para encontrá-lo, é preciso examinar gêneros diferentes, menos populares. Em cena, as "sátiras" e "moralidades", que têm caráter alegórico, ultrapassam o nível individual

27 Ibidem, p.75.

para atingir uma crítica mais geral: nelas, vê-se o confronto entre a "arraia miúda", o "comum", a "pobreza" e a "nobreza", a "Igreja". Isso adquire ares de teatro engajado e contestatório,[28] mas pode também desembocar em uma moral de resignação. De qualquer forma, esses gêneros só se desenvolvem no fim da Idade Média.

Nos escritos da Idade Média central, a crítica sociopolítica exprime-se quase sempre sob a forma da paródia, mas é difícil distinguir entre paródia lúdica e paródia crítica. O gênero é muito ambivalente e, segundo os teólogos, participa, ao mesmo tempo, do bom e do mau riso. Na paródia do sagrado, por exemplo, há muito mal; resta saber se se trata de um simples jogo, de uma autoderrisão de clérigos praticando um humor para uso interno, de blagues clericais ou se estas são anticlericais, ou até antirreligiosas. É a segunda hipótese que reúne, em geral, as críticas a propósito do *Roman de Renart*. Composto entre 1170 e 1250, ele pode ser interpretado como uma gigantesca paródia que espalha violência e sexo sem constrangimento e em que os instintos desabridos não são mais controlados pela moral cristã; a confissão de Renart é um relato cínico de deboches e astúcias, e esse tecido de imoralidades é apresentado pelo asno Bernardo, que pronuncia a oração fúnebre, como "uma vida de mártir e de apóstolo". Encontra-se aí uma denúncia virulenta da exploração da credulidade popular, com falsos milagres e falsos eremitas. O rei e os grandes são ridicularizados, e Jacques Berlioz analisou o tema dessa obra como de "jubilação sarcástica e sádica", de "riso liberador e subversivo".[29]

Na mesma época, Rutebeuf também troça da multidão ignorante de fiéis, que acredita em qualquer coisa porque não entende nada. Para eles, escreve, "*Gloria laus* é glória ao osso!". Há paródia igualmente, mas desta vez da sociedade cortês, de seus heróis cavaleirescos e suas convenções ridículas, em *O cavaleiro da charrete*, por exemplo, em que Chrétien de Troyes nos mostra um Lancelote na fronteira do ridículo e da provocação, apreendido em situações escarnecedoras. Excesso, ênfase, ousadias dão um tom sarcástico a sua obra. O amor cortês e seu sublime fictício são desvalorizados, ridicularizados. "O riso de Chrétien ressoa mais sutilmente", ressaltam Élisabeth Gaucher e Laurence Mathey-Maille: "por meio de alusões a textos bem conhecidos de seus leitores, ele os convida a associar-se à zombaria.

28 AUBAILLY, J.-C. *Le monologue, le dialogue et la sottie. Essai sur quelques genres dramatiques de la fin du Moyen Age et du début du* XVI *siècle*. Paris: 1976.

29 BERLIOZ, J. "Renart, o riso do pornógrafo". In: *L'Histoire*, dez. 1998, n.227.

Assim, a atmosfera refinada e cortês do torneio de Noauz encontra-se degradada, boicotada por alusões obscenas.".[30]

A canção cortês é carregada de autoderrisão, como o demonstrou Philippe Ménard a propósito de um *corpus* de canções medievais de Oxford que transformam em escárnio os grandes cantos de amor, parodiam, depreciam, denigrem, com evidente intenção de chocar.[31] Compostos no fim do século XIII por menestréis ou poetas burgueses, esses relatos praticam a inversão sistemática: as mulheres são feias, os amantes, vulgares e movidos pelos instintos mais brutais. Como não relacioná-los com toda a literatura do mundo às avessas, como a *Pais de cornos*, ou a famosa *História de Nemine*, das quais subsistem tantos manuscritos do século XIV?

A acolhida variada reservada à última peça, desde a Idade Média, mostra que o riso já era ambíguo. A ideia da *História*, redigida por um certo Radolph, é muito original: o autor inventa um misterioso personagem cujo poder é igual ao do Filho de Deus e cujo nome, Nemo, é simplesmente o termo latino que significa "pessoa" no sentido de "ninguém", "nada". Tomando esse nome como nome próprio, Radolph baseia-se nas passagens da Escritura e de autores clássicos latinos, em que se usam as frases "ninguém não pode", "ninguém não deve", "ninguém não sabe", "ninguém não é capaz", "ninguém não ousa", e assim por diante, e as transforma em: "Nemo pode, deve, sabe, é capaz, ousa" etc.

Nemo torna-se assim uma espécie de super-homem que pode fazer, ver e dizer tudo o que os homens não podem. Nemo goza de extraordinária liberdade, faz explodir os estreitos limites da condição humana, quebra nossas cadeias, iguala-se a Deus. É só um jogo, naturalmente, mas alguns religiosos desprovidos de humor – tais como um certo Stéphane, da abadia Saint-Georges – levam a coisa a sério, colocando-se em guerra contra a "*secta neminiana*".

Isso é uma exceção, uma espécie de cânula medieval que a imensa maioria dos leitores e auditores considera como tal. O gênero de autoderrisão é muito mais frequente. O público das canções de gesta também sabe rir de si mesmo, e é assim que se deve entender uma obra como *La besturné de Richard*, no fim do século XIII, sobre a qual P. Uhl escreve: "*La besturné* é

30 CHRÉTIEN DE TROYES, *Le chevalier de la charette*, comentado por E. Gaucher e L. Mathey--Maille. Paris: 1996, p.117.

31 MÉNARD, P. "O burlesco na canção cortês, as canções tolas". In: *Poétiques du burlesque. Actes du colloque international du Centre de Recherches sur les Littératures Modernes et Contemporaindes de l'Université Blaise-Pascal*. Paris: ed. D. Bertrand, 1998.

uma composição caótica em que, sobre 246 versos, engrenam-se provas e contraprovas do saber poético, afirmações burlescas e gabolices audaciosas, paradoxos e truísmos, excrescências e propósitos 'purgativos', tudo pontuado de protestos de sinceridade bufa e interpelações variadas, pressupondo um público *in praesentia*".[32]

O gênero épico presta-se facilmente à paródia e até mesmo ao cômico involuntário, por seus exageros, suas ousadias, suas rupturas de tom. C. Roussel demonstrou isso a propósito de *Chanson d'Aiol*,[33] um texto da segunda metade do século XII, em que se vê Mirabel, uma jovem mulher, golpear com um machado o tórax e o abdome de um guerreiro, que fica partido ao meio e perde, lamentavelmente, as entranhas; em outros casos, o próprio herói junta suas tripas e continua a lutar... Na mesma obra, o imperador declara a seu inimigo Lombard: "Vai-te, Lombard, que Deus te maldiga! Comeste tantos ratos e camundongos em compota, prensados e ralados, que me parece teres o ar de um jumento, de um asno, de um porco ou de uma vaca". Trata-se ainda da perpetuação do insulto homérico escarnecedor.[34] Essas hipérboles e essa ênfase quase burlescas prendem-se, segundo C. Roussel, à "tendência holística da epopeia".

Tal mistura de sério e cômico, que não se enquadra completamente na concepção bakhtiniana do riso medieval, seria, conforme Jean Subrenat, a marca de uma sociedade equilibrada e serena. O uso do riso e do sorriso cúmplices revelaria "o equilíbrio sereno de uma sociedade assegurada por si mesma, refletida por uma jovem literatura que se afirma, num impulso, em adequação com seu meio, obra de autores felizes com seu ofício e com sua conivência intelectual com o público. ... Pela literatura, essa sociedade se investiga e se contempla com humor".[35] Eis, de novo, o termo controverso, que reaparece cada vez mais frequentemente e que, considerado aqui no sentido de "forma de espírito que consiste em apresentar a realidade (mesmo desagradável) de maneira a desprender dela aspectos divertidos e insólitos", parece justificado.

32 UHL, P. "O bestiário de Richard, obra decisiva da poesia do nonsense na Idade Média". In: *Le Moyen Age*, t.95, n.2, 1989, p.228.

33 ROUSSEL, C. "Empregos e contraempregos épicos do burlesco: o caso de Aiol". In: *Poétiques du burlesque*, op. cit.

34 SUARD, F. "Blagues e revelação do herói na canção de Aiol", em *Burlesque et dérision dans les épopées de l'Occident médiéval*. Atas do colóquio de Strasbourg. In: *Annales Littéraires de l'Université de Besançon*, 1995.

35 SUBRENAT, J. "Quando a sociedade cortês ri dela mesma. Humor e paródia literária no século de Philippe Auguste". In: *Humoresques*. Paris: n.7, 1994, p.61.

O RISO DIABÓLICO DE MERLIM

Entretanto, esse período épico também tem risos inquietantes. O diabo nunca está suficientemente longe. Ora, com ele, nunca se sabe se é o caso de rir ou de chorar, se é ele que ri de nós ou nós que devemos rir dele. Para Christian Duquoc, os diabos medievais seriam pequenos gracejadores: "Na arte romana, as cenas de julgamento, qualquer que seja sua localização, advêm mais do riso que do sério: os diabos aí são grotescos, farsantes. No museu episcopal de Vic, um afresco representa diabretes que, pesando as almas na balança, trapaceiam alegremente sob o olhar trocista de seu chefe".[36] Segundo o mesmo autor, o nascimento do purgatório seria também "uma criação do humor": era preciso inventar uma solução média para evitar o escândalo que constituiria, no céu e no inferno, a vizinhança de medíocres com seres quase perfeitos, de um lado, e completos canalhas, de outro. Trata-se, talvez, de um emprego alusivo do humor que não parece ter sido qualidade essencial dos teólogos medievais. Todavia, é verdade, especialmente no século XIII, que os fiéis chegam a rir do diabo e de sua equipe informal: os diabos das fábulas, dos mistérios e das diabruras parecem espantalhos para assustar criancinhas.[37] Parece desconfiança, pois, porque a espantosa criatura troça de nós, certa de nos ter sob suas rédeas. "O riso assustador e dominador do grande Satã, riso sádico do engano, da crueldade, da blasfêmia",[38] ainda é capaz de gelar de medo.

Mesmo os pregadores fazem uso ambivalente do diabo. Uso terrorista – esse aspecto é bem conhecido –, mas também uso humorístico e de diferentes maneiras. Às vezes, Satã torna-se auxiliar da justiça e um personagem quase simpático, levando os crápulas para o inferno. Assim, em um sermão de Rypon de Durham, ele é visto em companhia de um esbirro coletor de impostos, rapace e impiedoso; ele declara que, pelo menos, só aceita o que lhe dão de boa vontade. É então que uma pobre mulher, de quem o esbirro confiscara a única vaca, grita: "Que todos os diabos o levem para o inferno, cruel! E Satã leva o esbirro".[39]

O diabo justiceiro faz rir do esbirro. Em outros sermões, ele ri e faz rir à custa deste ou daquele defeito. Jacques de Vitry (1180-1240), retomado

36 DUQUOC, C. "Riso, humor e magistério". In: *Lumière et vie*, n.230, dez. 1996; *Le rire, thérapie du fanatisme*, p.70.
37 Ver SEIGNOLLE, C. *Les évangiles du diable*. Paris: 1998.
38 SARRAZIN, B. "Riso da diabolização, depois da desdiabolização, e, enfim, da rediabolização do riso no Ocidente". In: *Humoresques*. Paris: n.7, 1994, p.33.
39 OWST, G. R. *Literature and pulpit in Medieval England*, Oxford: 1966, p.162.

por Étienne de Bourbon, desenvolve um *exemplum* contra as modas femininas visando, sobretudo, às caudas de comprimento excessivo: "Um homem santo, vendo um demônio que ri às gargalhadas, conjura-o a revelar por que ri. O demônio lhe explica que uma certa dama, indo à igreja, levava um dos companheiros dele sobre a cauda do vestido. Como ela tinha de atravessar um trecho cheio de lama, recolheu a cauda e o demônio caiu no barro. Diante disso, seu companheiro desatou a rir".[40]

Também acontece que o pobre-diabo seja vítima de um ser ainda mais insuportável que ele: a mulher. O pregador Jacques de Vitry, grande misógino, conta, em um sermão, a seguinte anedota: um homem rico dá sua filha em casamento, com um rico dote, a um demônio sob forma humana. Ela lhe apronta tantas que, ao fim de um ano, ele a abandona e declara ao sogro: "Minha pátria é o inferno, onde nunca vi tanta discórdia quanto tive de suportar ao lado dessa mulher briguenta. Prefiro retornar ao inferno a permanecer mais tempo com ela".[41]

O diabo pode, portanto, ser misturado a todos os molhos e, é evidente, nem sempre é terrorista. Sua contribuição para o riso medieval não é nada desprezível. Se esse riso pode ser bem-comportado, pode também revelar-se mais sinistro. Trata-se então de um riso propriamente diabólico, como aquele que sacode Merlim, esse inquietante personagem dotado de imensos poderes encantatórios, filho de uma religiosa e de um demônio íncubo. Esse filho do diabo ri, mas com um riso não natural: ele ri do que deveria fazer medo – do mal e do trágico. Ri ao ver sua mãe chorar antes de ser executada; ri do camponês que vai morrer antes de ter consertado suas botinas; ri de uma criança que acaba de entregar a alma; ri de uma profecia que anuncia a morte do pai de um juiz; ri dos emissários do rei Vortigern, que procuram matá-lo.

Esse riso, sardônico para uns, diabólico para outros, intrigou os historiadores da literatura.[42] Para Howard Bloch, "o que está em jogo no riso de Merlim parece estar ligado à faculdade profética do mago, à vidência e, mais precisamente, à disjunção entre o que Merlim sabe e o que os outros acreditam em relação a seu futuro".[43] Merlim tem todas as características visíveis

40 *Anecdotes historiques, légendes et apologues d'Étienne de Bourbon.* Paris: ed. A. Lecoy de La Marche, Société d'Histoire de France, 1877, p.233.

41 *Die Exempla des Jacob von Vitry,* ed. G. Frenken, *Quellen und Untersuchungen zur lateinischen Philologie des Mittelalters,* v. I, Munique: 1914, p.127.

42 THORPE, L. "Merlin's sardonic laughter". In: *Whitehead Memorial Volume,* 1973.

43 BLOCH, H. "O riso de Merlim". In: *Cahiers de l'Association Internationale des Études Françaises,* n.37, maio 1985, p.8.

do profeta, em particular a abundante pilosidade. Ser muito peludo, na *Bíblia* ou nos relatos medievais, é o sinal dos profetas eminentes. É também um símbolo de melancólicas exalações infernais, segundo Hildegarde de Bingen. Como todos sabem, as feiticeiras são muito peludas na cabeça e no púbis e, em geral, são tosadas. Além disso, conta-se na Idade Média que cortar os cabelos em período de lua crescente acarreta o risco de loucura. É por isso que Santo Hilário, um dos eremitas do deserto, que viveu oitenta anos vestido com o mesmo saco e sem nunca se lavar, só cortava os cabelos uma vez por ano, na Páscoa, durante a lua cheia. Ora, Hilário significa "o que ri", e as extravagâncias a que ele se entrega, segundo Jacques de Voragine, nos levam a pensar que se tratava de um débil mental. Da mesma forma, Merlim está sujeito a ataques de loucura que se alternam com fases de melancolia.

O riso desse filho do diabo, anão, peludo e facecioso, é, portanto, muito equívoco. No limite do divino e do diabólico, ele exprime toda a ambiguidade desse fenômeno que continua a desafiar qualquer definição.[44]

O RISO SATÍRICO DOS MORALISTAS

Se o riso de Merlim oscila entre o natural e o sobrenatural, a Idade Média também conheceu um riso totalmente humano, o da sátira política e anticlerical – domínios difíceis de separar nesses tempos em que os poderes civis e espirituais estão tão entrelaçados. O gênero satírico, derivado do grande modelo de Juvenal, reaparece sobretudo a partir do século XII, depois de um longo eclipse na Alta Idade Média. É que, para se expandir, ele precisa de certa estabilidade do contexto sociopolítico, naturalmente para poder definir seus alvos. Estes são os grupos dominantes, aqueles que impõem sua vontade e controlam seus valores. A anarquia feudal do período precedente, marcado pela fragmentação e pela confusão, não era propícia a esse exercício. A partir do século XI, o fortalecimento do poder real, de início muito lento, mais evidente no século XIII, assim como a crescente eficácia das estruturas eclesiásticas, depois a ação espetacular dos monges pedintes e, por último, a ascensão dos legistas burgueses fornecem quadros definidos, que podem ser responsabilizados por diversos males e, portanto, criticados.

Entretanto, a crítica às autoridades do momento pode revestir-se de dois aspectos contraditórios: pode ser progressista ou conservadora, situando-se

44 Ibidem, pp.20-21.

esses termos no contexto da época, é claro. Ou talvez os dirigentes sejam reprovados por seu imobilismo ou por suas inovações. A sátira medieval inscreve-se, nitidamente, no segundo tipo. Ela exprime a inquietação dos moralistas diante das mudanças sociais, religiosas, políticas. Ela olha para trás, para uma mítica idade de ouro que representaria um equilíbrio sociopolítico ideal, refletindo um plano divino imutável: "Conservadorismo parece ser a palavra-chave para a compreensão da sátira política na Idade Média. Emane ele da nobreza, da Igreja, ou da burguesia, ... o que transparece, definitivamente, é o mal-estar, a inquietação diante da evolução acelerada da sociedade, do encaminhamento para monarquias centralizadoras, na França e na Inglaterra; ou ainda diante do dinamismo da burguesia no campo econômico e político, essa força pouco conforme aos critérios tranquilizadores de uma sociedade que foi definida como imutável em nome da vontade divina".[45] Jeannine Horowitz e Sophia Menache, autoras de um estudo sobre o "riso amargo" da sátira política na Idade Média, acrescentam que esse riso "é a desforra do homem medieval sobre um poder político que se afirma". É, ao mesmo tempo, um protesto contra a degradação moral que acompanha o processo de civilização e uma das primeiras manifestações de individualismo diante dos poderes político-religiosos cada vez mais eficazes e da evolução que determina frustrações e inquietudes.

O riso satírico medieval é muito agressivo, até mesmo cruel. Trata-se, manifestamente, de uma sublimação da atividade guerreira. Grosseria, invectivas, sarcasmos, indignação: ele toma forma de panfleto da gesticulação guerreira, com o objetivo de intimidar. Nesses casos, sua ousadia constitui o único elemento cômico, como em um panfleto contra a arbitragem de são Luís na disputa entre Henrique III, rei da Inglaterra, e seus barões. Às vezes, a sátira é menos tensa, semelhante à fábula, utilizando pequenas histórias engraçadas e recorrendo à moda animalista, com papel importante confiado à raposa, como em *Renart le bestourné*, sátira do grande poder feudal.

A sátira tem por alvo privilegiado o clero, do qual fustiga todos os abusos, como em *Contra simoniam*, de Pierre le Peintre, no século XII, ou em *The Land of Cokayne*, texto inglês que denuncia a vida libertina nos mosteiros. A cupidez dos eclesiásticos, pastores que tosquiam suas ovelhas, é um dos temas mais banais da época, assim como os trocadilhos sobre o Evangelho segundo São Marcos (dinheiro) e segundo São Lucas (lucro).

---

45 HOROWITZ, J., MENACHE, S. "Quando o riso se torna careta: a sátira política nos séculos XIII e XIV". In: *Le Moyen Age*, t. CII, 1996, n.3-4, p.462.

A colisão entre a Igreja e o poder civil é objeto de frequentes diatribes, como a *Canção dos bispos*, do início do século XIII, contra os bispos de Bath, Norwich e Wincester, que apoiam João Sem Terra. Na sequência da cruzada dos albigenses, vários escritos acusam o clero de tomar a heresia como pretexto para enriquecer e favorecer a política real; é o caso de *Sirventes*, de Peire Cardinal, de 1240. Virulentas críticas são dirigidas aos soberanos que se deixam dirigir pelo clero, como João Sem Terra, acusado de se deixar despojar de seus Estados, ou são Luís, muito submisso aos monges mendicantes. Rutebeuf compõe, sobre esse assunto, *Diz*, fustigando a ingerência do papa nos assuntos do reino da França, depois da expulsão do secular Guillaume de Saint-Amour. Ele também critica em são Luís o abandono do reino para embarcar em uma cruzada desastrada. Se os mongóis o aprisionassem, eles invadiriam a França, apesar de seu medo do mar:

> Faça saber ao rei
> Que não há terra tão órfã
> Tão sem lei nem rei.
> Isso sabem os tártaros,
> Que por medo do mar
> Não deixarão de a tomar.

São Luís não é apenas submisso aos monges: ele também tem medo de sua mãe, Blanca de Castela. Mesmo Joinville troça um pouco dele lembrando as precauções que ele tomava para ver sua mulher às escondidas. Os trovadores provençais e o italiano Sordel compuseram textos mordazes sobre esse assunto.

Muitas vezes, a sátira é moralizadora. Ela tem por missão "satirizar os vícios do mundo", diz um texto dirigido contra os grandes nobres ingleses, no século XIII, em que se veem "muitos erros: desprezar o bem, amar o mal e voltar-se espontaneamente para o que há de pior". O ataque direto contra um ponto específico da política real pode dar lugar a uma sátira espiritual, procedendo por alusões ou utilizando o bilinguismo como saída cômica. É o caso deste relato, de 1311, que acusa Eduardo II de ter violado seu juramento de fidelidade à Magna Carta, jogando com a alternância francês-inglês, perfeitamente compreendida na corte de Londres:

> Nostre prince de Engletere
> par le consail de as gent,
> at Westminster after the faire

made a great parlement.
La Chartre fet de cyre,
Jeo l'entreink et bien le crey,
it was holde to veih the fire,
and is molten al awey.
Ore ne say mès que dire,
tout y va à Tripolay.

Esse tipo de texto só pode ser apreciado por clérigos e nobres letrados. Já os escritos de Rutebeuf alcançam um público mais amplo. Com ele "a sátira reveste-se de uma marcante e precoce modernidade de jornalismo de investigação, a serviço de uma causa difundida para um público que, no início, não deveria tomar conhecimento da questão".[46] Esse polemista engajado nas ingerências pontifícias sabe que deve temer um cristão tão zeloso quanto Luís IX, que, em sua qualidade de santo potencial e primeiro justiceiro do reino, não hesita em mandar pessoas para a fogueira. Consciente do risco, Rutebeuf escreve:

Terra minha, posso dizer
Que não temo o martírio
da morte, de onde quer que ela venha,
Se vem por essa necessidade.

O riso satírico descobre um novo adversário, a partir do século XIII, com a ascensão da burguesia ao círculo real. Já criticados por Adam de la Halle,[47] os burgueses são rudemente apostrofados por Rutebeuf:

Ricos burgueses que fazeis do outro substância
e tornais deus a vossa pança.

Condenam-se neles a rapacidade, o enriquecimento, seu domínio crescente sobre o Estado, que ameaça a estrutura tradicional da sociedade. Esse é o sentido do *Roman de Fauvel*, de Gervais du Bus, do século XIV, ao passo que, na mesma época, a *Canção da venalidade dos juízes* fustiga sua corrupção e, sob Filipe IV, o Belo, uma *Crônica rimada*, atribuída a Geoffroy de Paris,

46 Ibidem, p.445.
47 ALTER, J. V. *Les origines de la satira antibourgeoise en France*. Genebra: 1966.

levanta-se contra a proliferação de legistas junto ao rei, em detrimento dos nobres conselheiros naturais, condenados ao exílio:

A França tem muitos advogados:
Os cavaleiros de bons estados,
Que a França transformou
E à servidão condenou,
Esvaziam o país e se vão
Quando franceses são e francos não.

O RISO CONSERVADOR DOS PREGADORES

Outro riso ilumina a Idade Média. Um riso surpreendente, inesperado e ao qual Mikhaïl Bakhtine não prestou atenção: o riso dos pregadores, que chega a fornecer o título de uma obra de Jacques Berlioz.[48] O uso moderado do riso nos sermões só se expande a partir do século XII, sob a pressão de mudanças socioeconômicas. É preciso lembrar a hostilidade sistemática em relação ao riso, manifestação diabólica, durante a Alta Idade Média. O cristão só podia chorar sobre seus pecados, neste mundo que se aproximava do fim. Porém, o fim tarda a chegar, e a vida aqui embaixo melhora – ao menos para alguns: os comerciantes, os artesãos, os clérigos e os urbanos, de modo geral. A fome e as epidemias diminuem. A mensagem miserabilista enfraquece, a atenção relaxa. Impõe-se um esforço pedagógico para conquistar, de novo, os espíritos: o recurso a historietas engraçadas que excitam os ouvidos e possibilitam guardar a lição. Esse é o conselho do cisterciense Césarie de Heisterbach, que conta como o abade Gévard conseguiu, graças a uma brincadeira, persuadir um noviço desanimado, que não queria mais permanecer no convento. O abade pede que lhe tragam um machado: "É para cortar tuas pernas. Creia, eu te prefiro aleijado a renegado, para grande vergonha de nossa casa". O noviço, que tinha senso de humor, concluiu: "Então é melhor ficar", e Césaire dá sua lição: "Foi assim que, graças a palavras divertidas [!], terminou uma longa e penosa tentação".[49]

48 BERLIOZ, J. *Le rire du prédicateur,* reed. e apresentação de A. Lecoy de La Marche; *L'esprit de nos aïeux. Anecdotes et bons mots tirés de manuscrits du XIIIe siècle.* Brépols: 1992.
49 CÉSAIRE DE HEISTERBACH. *Dialogus miraculorum*. Cologne: ed. J. Strange, 1957, IV, 50.

A utilização de *exempla* cômicos nos sermões não agrada a todos, e há resistências. O pregador não tem a função de contar blagues, escreve, na metade do século XII, Alain de Lille: "A pregação não deve se apoiar em bufonarias nem em bobagens nem admitir esse gênero de melodias ritmadas, mais próprias a agradar ao ouvido que a instruir o coração. Essa espécie de pregação convém antes ao espetáculo e à pantomima e, por essa razão, deve ser totalmente desprezada".[50] É pelo medo que se deve proceder.

Mas, progressivamente, o novo estilo se impõe. Os principais teóricos da pregação no século XIII reservam espaço para a pilhéria humorística nos sermões. Segundo Jacques de Vitry, é preciso mostrar-se realista: todo mundo sabe que os fiéis têm tendência a dormir durante as prédicas; então, "para edificá-los e também para acordá-los quando, fatigados e tomados pelo tédio, eles começam a cochilar, ... é preciso reanimá-los com a ajuda de exemplos divertidos e apresentar-lhes histórias para que, em seguida, já acordados, eles prestem atenção a palavras sérias e úteis".[51] O dominicano Étienne de Bourbon prende-se ao mesmo discurso, e Geoffroy de Vinsauf acredita que não se deve hesitar quando se trata de colocar-se no mesmo nível do auditório: "Se, portanto, temos à disposição um material provido de qualidades humorísticas, usar-se-ão termos triviais e familiares, pertinentes às coisas e às pessoas com quem falamos".[52]

Fazer rir para impedir os fiéis de dormir: essa parece ser a principal preocupação dos pregadores, o que diz muito do interesse provocado por seus sermões. Em 1322, Robert de Basevorn ainda retoma esse ponto: "O humor oportuno ocorrerá quando acrescentarmos qualquer coisa de facecioso, capaz de agradar aos ouvintes entediados, seja algo que provoque o riso, seja alguma história ou anedota. Devem-se usá-los especialmente quando eles estão a ponto de dormir".[53]

O riso dos *exempla* não deve servir apenas para manter as pessoas acordadas. Deve também auxiliar a memorizar a mensagem moral. A esse respeito, Walter Nash propõe a questão da eficácia do método, comparando-o a nossas vinhetas publicitárias: assim como retemos mais facilmente a imagem que o nome do produto, os fiéis, sem dúvida, lembravam-se mais da história que de sua moral.[54] Que importa! O essencial, para nós, é constatar que a

50 *Patrologia latina*, v.210, col. 111.
51 *Prêcher d'exemples; récits de prédicateurs du Moyen Age*. Paris: ed. J.-C. Schmitt, 1985.
52 GEOFFROY DE VINSAUF. *Documentum de modo et arte dictandi et versificandi*. Milwaukee: ed. R. P. Parr, 1968, p.93.
53 Citado em *Three Medieval Rhetorial Arts*. Berleley: ed. J. J. Murphy, 1971, p.212.
54 NASH, W. *Rhetoric: the Wit of Persuasion*. Oxford: 1989.

Idade Média conferiu ao riso direito de cidadania no interior do discurso eclesiástico, com nuances, segundo os autores: em pequenas doses (*modesta hilaritas*), para Jean de Salisbury, mais largamente, para Jacques de Vitry, que faz da alegria uma virtude cristã, e com excesso, para certos franciscanos que tomam ao pé da letra a expressão de seu fundador: "Eu sou o palhaço do Senhor" (*joculatores Domini*).

Uma das originalidades de Francisco de Assis foi sua alegria, em completa ruptura com as práticas monásticas anteriores. Ele recomendava a seus discípulos que tivessem sempre um rosto risonho (*vultus hilaris*), e sua primeira regra dizia: "Que eles não se mostrem exteriormente tristes e sombrios hipócritas, mas que se apresentem felizes ao Senhor, alegres e agradáveis, como convém" (VII, 13). A ponto de, conta Thomas d'Eccleston, os jovens franciscanos do convento de Oxford, em 1220-1223, organizarem verdadeiras sessões de "riso solto", e era preciso recomendar-lhes um pouco de moderação. Mas, até o fim da Idade Média, os monges franciscanos entregavam-se a verdadeiras palhaçadas durante seus sermões.

Sem chegar a tanto, numerosos *exempla* mergulham na fonte popular comum de histórias que se assemelham às das fábulas, com menos obscenidades. Os monges mendicantes revelam-se particularmente hábeis em seu repertório. Misturados à população urbana, perfeitamente conhecedores dos problemas domésticos graças à confissão, são especialistas em pequenos quadros cômicos, cultivando a arte do contador de histórias – com efeitos de surpresa e suspense – e desenvolvendo cumplicidade com os ouvintes. As histórias são curtas, como a moral que se desprende delas. Assim é a anedota contada por Jacques de Vitry: uma mulher simples, ouvindo dizer que um juiz desonesto só trabalha se tiver a mão "engraxada", com toda a boa-fé, unta a mão do juiz com banha derretida.

A visão de mundo que se depreende dos *exempla* não é muito diferente da que observamos nas fábulas e farsas: uma visão pessimista da sociedade, em que metade é de espertos e metade de ingênuos e na qual os que levam a melhor são os mais astutos, sem consideração de moral. Em alguns *exempla*, de gosto duvidoso, chegamos a perguntar qual é a moral – se é que há uma. É o caso desta historieta de Jacques de Vitry: "Um cristão, na cidade de Acre, vendia carne deteriorada aos peregrinos. Aprisionado pelos sarracenos e conduzido até o sultão, ele lhe provou que seria pior executá-lo que deixá-lo viver. O sultão, espantado, lhe perguntou por quê. Ele respondeu: 'Não chega a passar um ano sem que eu livre o senhor de uma centena de inimigos peregrinos, graças a minhas salsichas estragadas e a meus peixes podres'. Essa facécia fez rir o sultão e salvou a vida do açougueiro".[55] Os pregadores não hesitam em misturar o riso ao sagrado com certa desenvoltura, e suas histórias demonstram com que facilidade o público passa das lágrimas ao riso. O franciscano Jean Pauli relata que, por ocasião da representação do Mistério da Paixão, na noite de São João, como fazia muito calor, "no momento em que Nosso Senhor, na cruz, grita: 'Tenho sede', o ladrão da esquerda, imaginando que o ator pedia uma caneca de cerveja, põe-se a gritar: 'Eu também!'. Então, todo o auditório caiu na gargalhada. As lágrimas transformaram-se numa explosão de riso".

Como nas fábulas, muitas histórias humorísticas inseridas nos sermões visam às mulheres, às levianas, às cocotas, às concupiscentes, às sedutoras, às tagarelas, às mentirosas, às astuciosas, às enganadoras, às curiosas, às briguentas. Todos os lugares-comuns da misoginia clerical são utilizados pelos pregadores, e os *exempla* demonstram de maneira cômica – e pouco compassiva – como esses pecados podem ser punidos. Para castigar a mulher que tem espírito de contradição, o marido a proíbe formalmente de subir uma velha escada de madeira, sabendo que ela o faria. Resultado: ela quebra as duas pernas, e é bem feito para ela, conta um pregador inglês.[56] Étienne de Bourbon relata outra, do mesmo gênero: um homem e sua mulher, muito tagarela, estão num barco, presos numa tempestade; a tripulação pede que se joguem ao mar todos os objetos pesados. "O homem, então, aponta sua mulher, dizendo que em todo o navio não haveria nada mais pesado que a língua dela."[57] Punição menos severa da curiosidade se encontra em um *exemplum* de Jacques de Vitry: um marido, exasperado pelas perpétuas inquisições da mulher, diz-lhe que, em sua confraria, decidiram votar um estatuto autorizando a poligamia; sua mulher precipita-se para a confraria para exigir a reciprocidade e, assim, cai no ridículo publicamente. Isso permite castigar, de uma só vez, três vícios "femininos": a curiosidade, a credulidade e a concupiscência.

Esses pequenos contos cruéis, os *exempla*, tirados da vida cotidiana, mostram quanto o homem medieval está pronto para rir da infelicidade do próximo. Os pregadores utilizam uma das molas do riso, que é a fruição da superioridade em relação ao outro. Toda desventura que acontece com o

55 *The exempla or illustrative stories from the sermones vulgares of Jacques de Vitry*. Nova York: ed. T. F. Crane, 1970, pp.70-71.
56 OWST, G. R. *Literature and Pulpit in Medieval England*. Oxford: reed, 1966, p.389.
57 *Anecdotes historiques, légendes et apologues d'Étienne de Bourbon*, op. cit., p 202.

outro é consolo para mim. Eis aí um resquício do riso guerreiro primitivo. O riso do pregador é ofensivo e não convivial. Esse homem de Deus trava um combate contra o mal e os maus; seu riso é um riso de exclusão que recorre à cumplicidade do auditório para lançar a ovelha negra nas trevas eternas. Curiosamente, essa cumplicidade se estabelece, sobretudo, com o público feminino, que frequenta os sermões em maior número que os homens. No século XIV, Chaucer relata que as mulheres iam aos sermões como a um divertimento. Em seu ótimo livro *As mentalidades medievais*, Hervé Martin evocou, a propósito dos pregadores, "a conivência que os unia a suas fiéis ouvintes, diante das quais eles gostavam de levantar questões".[58] Por sua vez, Jeannine Horowitz e Sophia Menache falam de "numerosos casos em que os pregadores adquirem tal poder sobre seu auditório feminino que chegavam a assegurar uma obediência cega e fanática, muitas vezes tomada de um ascetismo tão vão quanto a coqueteria à qual sucedia".[59] Aliás, os psicanalistas demonstram que os lugares-comuns antifeministas divertem sobretudo as mulheres.

Jogando, inconscientemente, com esses elementos, os pregadores exploram o riso, equilibrando-o com o medo que nunca está longe, para opor-se à emancipação da mulher. A evolução sociocultural dos séculos XII e XIII, no meio urbano, oferece à mulher novas possibilidades de afirmar seu papel: o contexto mais refinado das cidades permite variar a indumentária, a maquiagem, multiplicar os encontros e as recepções – e tantas outras oportunidades para a mulher se valorizar, ter amantes, introduzir-se nos negócios comerciais, sair de seu papel de reprodutora submissa. O riso do pregador procura ridicularizar a imagem dessa mulher "moderna" emancipada.

Ele também se volta, com igual vivacidade, contra o clero. Ridiculariza os maus clérigos, fustiga seus abusos: o riso é colocado a serviço da grande empresa de autorrenovação que é a reforma gregoriana. Ela própria também se apresenta como uma restauração: voltar ao espírito da Igreja primitiva e a seu clero-modelo, santo, austero e devotado. Para isso, os sermões vão escarnecer dos maus eclesiásticos, recorrendo à cumplicidade dos próprios eclesiásticos. A Igreja da Idade Média ainda tem essa capacidade de autoderrisão que lhe fará tanta falta na reforma seguinte, a reforma tridentina, quando o anátema substituirá a piada.

Outra diferença de proporção: os pregadores medievais não hesitam em ridicularizar os membros de sua ordem, fazendo apelo aos leigos, que são

58 MARTIN, H. *Mentalités médiévales*. Paris: 1996, p.411.
59 HOROWITZ, J., MENACHE, S. *L'humour en chaire*, op. cit., p.207.

tomados como testemunhas e podem servir para a humilhação dos clérigos, ao passo que na reforma de Trento eles serão excluídos, colocados em posição subalterna. Os pregadores dos séculos XII e XIII recorrem à pressão dos leigos um pouco no estilo do que será a Campanha das Cem Flores, na China maoísta. Gregório VII e Mao Zedong apelam para o mesmo combate quando se trata de depurar os quadros da Igreja e do partido. O paralelo é menos incongruente do que parece. É assim que, em uma anedota contada por Jean Pauli, o todo-poderoso bispo de Wurtzbourg é posto em seu lugar por um camponês. O prelado, desdenhoso, justifica seu estilo de vida pelo fato de que ele é, ao mesmo tempo, príncipe temporal e príncipe espiritual. "Então, o camponês começa a rir. 'Por que ris?', pergunta o bispo. 'É que', retruca o homem, 'estou pensando no momento fatal em que o diabo levará o príncipe temporal. Que figura fará então o príncipe espiritual?' O bispo passa a mão na boca, recolhe seu séquito e não diz mais uma palavra."[60] Recorre-se até mesmo às mulheres para dar lição ao clero, como neste *exemplum* do dominicano Humbert de Romans, em que um gordo arcediago, para quem as visitas pastorais são apenas pretexto para empanzinar-se, recusa-se a pregar. Uma mulher, frustrada em seu desejo de ouvir um sermão – o que confirma os comentários anteriores –, diz, então: "Eu bem vejo que não vos importais com nossas almas, já que nos deixais, como único traço de vossa visita, apenas os excrementos de vossos cavalos".[61]

Em outra história de Étienne de Bourbon, "um grande clérigo" faz um magnífico sermão sobre a humildade e a pobreza, descrevendo a imagem de Jesus montado num burro. Terminado o sermão, ele toma a frente de sua escolta, ricamente vestido e montado sobre um belíssimo cavalo. "Uma velha o ridiculariza diante de toda a assembleia interpelando-o: 'Ó mestre, dizei-me, foi desse burro e de tal cavaleiro que nos falastes?' Ele se calou, confuso."[62]

Na maior parte do tempo, contudo, é entre eclesiásticos que ocorre o acerto de contas. Frequentemente, são os clérigos regulares – sobretudo os das ordens mendicantes, das quais fazem parte muitos pregadores – que "executam" os seculares, em particular os bispos, arrogantes, gulosos, que vivem no luxo. A esse respeito, Jacques de Vitry reserva blagues edificantes, como esta pequena obra-prima de humor: "Ouvi dizer que uma vez uns demônios enviaram uma carta a prelados negligentes da Sicília dizendo o

60 Citado ibidem, p.88.
61 OWST, G. R. op. cit., p.168.
62 *Anecdotes historiques, légendes et apologues d'Étienne de Bourbon*, op. cit., p.216.

seguinte: 'Dos príncipes das trevas aos príncipes da Igreja, saudações! Nós vos agradecemos porque todos aqueles que vos foram confiados foram enviados a nós'".[63] Jeannine Horowitz e Sophia Menache, que citam esse texto, sublinham "a ironia lapidar do trocadilho contido nessa carta dos demônios, baseado no verbo latino *mitto* ('enviar', aqui no particípio passado, *missi*) e no jogo permitido por prefixação desse verbo (*comissi*, 'confiados')".

Os monges também recebem sua parte. Segundo Jacques de Vitry, esses inveterados tagarelas, se são proibidos de falar, dão um jeito de contar histórias usando os pés e fazendo gestos com as mãos. Conforme Césarie de Heisterbach, esses amantes de leituras profanas roncam durante os sermões, mas acordam em sobressalto, assim que o abade sussurra maliciosamente: "Eu vou contar-vos uma história maravilhosa: era uma vez um rei chamado Artur...". E os monges estão sempre em busca de novidades, nos detalhes da vestimenta, por exemplo. A esse propósito circulam boas pilhérias, como aquela que difunde, no fim do século XII, o *Specullum stultorum* (*Espelho dos tolos*): os monges são comparados ao asno de Brunellus, que fica desolado porque a natureza lhe deu uma cauda muito curta e tenta fazer uma artificial. Às vezes, as ordens monásticas rivais espalham blagues de uso interno, que denigrem seus concorrentes. Assim, os clunisianos, sempre acusados de viver com todo o conforto, zombam da austeridade dos cistercienses contando que eles não usam culotes sob a roupa para poder fazer suas necessidades mais rapidamente. É por isso que o satírico *Espelho dos tolos* confere a um deles esta grave interrogação metafísica: "O que eu faria se, de repente, o vento desnudasse meu traseiro?".[64]

Os pregadores troçam também dos padres ignorantes, fornicadores, maus cantores. É ainda a uma mulher que Jacques de Vitry atribui uma tirada cruel a um padre que lhe perguntou por que chorava enquanto ele cantava: "Senhor, eu sou a infeliz que teve seu asno devorado por um lobo e, quando vos escuto cantar, a voz de meu pobre asno me vem à memória". Os maus pregadores também são satirizados, especialmente pelos monges mendicantes, orgulhosos de sua superioridade nesse domínio. Jean Pauli critica os sermões intermináveis do Domingo de Ramos: "Já estivemos em sermões que duram oito horas. Esses longos sermões só são bons para adormecer as pessoas, para arriar os bancos da igreja e, no fim, o próprio pregador acaba estafado". Ao menos, diz ele, mestre Geiler de Kaisersberg vos entrega a Paixão em duas

63 Citado por HOROWITZ, J., MENACHE, S. op. cit., p.106.
64 CURTIUS, E. R. *La littérature européenne et le Moyen Age latin*. Paris: 1956, p.214.

voltas de colher de pau. Ele pega Jesus no Jardim das Oliveiras e, "em um sermão de uma hora, acaba com ele e o conduz a seu túmulo".[65]

Inegavelmente, os pregadores medievais sabem dar sabor a seus sermões, aplicando os conselhos que acabamos de evocar. E todas essas zombarias em relação a seus confrades têm uma só finalidade: restaurar a dignidade eclesiástica num clero decadente, cujas virtudes são degradadas pelos efeitos corruptores de uma sociedade urbana que multiplica as tentações. Uma vez ainda, o riso serve de agente de coesão de um grupo social para excluir os maus sujeitos e as novidades. Usa-se o mesmo procedimento para outras categorias sociais, dos camponeses aos cavaleiros, cuja arrogância e vaidade às vezes são arranhadas, como neste *exemplum* de Jacques de Vitry em que um jogral consegue enganar um nobre fazendo-o utilizar uma loção depilatória. "O histrião foi contar a ventura ao rei de Jerusalém e a seus cavaleiros. Estes foram rapidamente para a casa do cavaleiro em questão e o encontraram imberbe. Eles caçoaram dele e o deixaram entregue à sua vergonha. Certamente, ele teria preferido pagar cem marcos ao histrião a sofrer tal humilhação."[66]

Resta perguntar sobre o alcance do riso nos sermões medievais. Uma primeira lição concerne à técnica do cômico, cujos truques os pregadores manipulam muito bem. Suas histórias engraçadas nem sempre nos fazem rir hoje, mas algumas guardam certo frescor. O cômico, muitas vezes brutal, encontra em nossos dias alguma afinidade com o humor negro e o cinismo. Os pregadores mais espirituais têm um senso de partilha muito moderno, como o arcebispo franciscano Eudes Rigaud, no século XIII, capaz de responder a um clérigo descarado que, sentado à mesa diante dele, lhe perguntava: "Qual é a diferença, monsenhor, entre *Rigaud* e *Ribaud*?".* "Entre os dois, há a distância de uma mesa."

O riso dos sermões é um riso de combate; é uma arma a serviço do bem, ou antes, da moral cristã, contra o mal e os vícios. Se certos pregadores, sobretudo os franciscanos, têm tendência a cair na bufonaria, a imensa maioria entre eles recusa-se a rir por rir. O riso, que permanece um instrumento delicado, é sempre um objeto de suspeita. São Luís, tão próximo do espírito franciscano, "abstinha-se, tanto quanto podia, de rir na sexta-feira e, se já começara a rir sem se dar conta, parava em seguida",[67] relata Guillaume de

65 REIBER, E. *Propos de table de la vieille Alsace*. Strasbourg: 1866, p.17.
66 Citado por HOROWITZ, J., MENACHE, S. op. cit., p.170.
* Aqui há um trocadilho, pois *ribaud*, em francês, significa "patife", "debochado". (N. T.)
67 G. DE SAINT-PATHUS, *La vie et les miracles de Monseigneur Saint Louis*, p.79.

Saint-Pathus. Não se poderia dizer que o riso é uma atitude inocente. Na iconografia e na estatuária das catedrais, aliás, são sempre os diabos que riem; Jesus e os anjos só esboçam um vago sorriso.

Paradoxalmente, isso permite aos pregadores utilizar o riso em todos os domínios, incluindo o sagrado, porque o riso para eles é sempre um meio, nunca um fim – e na Igreja medieval, sabe-se, o fim justifica os meios. Quando se é capaz de queimar os heréticos para salvar as almas, ao mesmo tempo que se proclama o caráter sagrado de toda a vida humana, por que não seriam capazes de rir, utilizando os mistérios da religião, se isso pode contribuir para edificar? É nisso, de fato, que reside a diferença essencial entre o riso clerical da Idade Média e o nosso. O primeiro nunca é um fim em si mesmo nem divertimento; é sempre instrumento que visa a um fim elevado. O que permite rir de tudo. Tudo depende do objetivo pretendido. Constata-se, aliás, que os pregadores associam o riso ao medo, em sábia dosagem educativa. As histórias que mencionamos constituem parcela pequena no meio dos sermões, que exploram paralelamente o temor dos castigos.

Afinal, qual é a finalidade desse riso instrumental? Lutar contra os vícios, certamente, e ridicularizá-los. Mas, além disso, de forma menos consciente, trata-se de combater a novidade, a inovação, a evolução socioeconômica, responsável pela crescente depravação dos costumes. Urbanização, aceleração do comércio e atividades financeiras, enriquecimento pessoal dos burgueses, prática da usura, mais conforto para a classe dos comerciantes, importância crescente das pessoas da lei: fatores de independência do indivíduo e enfraquecimento das estruturas dos grandes domínios sobre os quais a Igreja fundou um modo de existência baseado na austeridade e na solidariedade. Tudo isso começa a transformar o vale de lágrimas numa confortável sala de espera: em vez de desprezar o mundo, passa-se a instalar-se nele, a tornar sua condição suportável, a afirmar sua posição e seu direito. A elevação do nível de vida desenvolve o individualismo desmoralizador: "É essa veleidade mais ou menos declarada, mais ou menos consciente que se encontra no monge curioso dos negócios deste mundo, no cardeal grão-senhor, no esbirro ávido de ganho, no camponês teimoso e astuto e, enfim, na mulher, coquete, tagarela e insubmissa".[68] Ao se hostilizar, pelo riso, essas personagens, frutos de uma evolução condenável, é essa evolução que se trata de bloquear. "O que produz, em consequência, o poder do riso do púlpito e seu valor retórico não é o poder leniente ordinariamente atribuído

68 HOROWITZ, J., MENACHE, S. op. cit., p.246.

ao riso, mas seu potencial coercitivo em relação a uma sociedade que tende a se distanciar dos trilhos traçados definitivamente para seu uso", escrevem Jeannine Horowitz e Sophia Menache, concluindo seu estudo intitulado *O humor no púlpito*. O riso do pregador é um riso conservador. A visão de mundo que se detecta aí é a mesma da das farsas: uma sociedade em que vencem os mais espertos. Mas a finalidade é inversa: o riso individualista da farsa encoraja cada um a pegar sua parte; o riso comunitário do sermão procura sufocar as veleidades de independência do indivíduo.

O RISO IMPERTINENTE DOS CLÉRIGOS

Nos risos medievais que concernem ao sagrado, é uma categoria muito audaciosa que testemunha a extraordinária liberdade de tom ainda tolerado na época, símbolo de uma sociedade segura de si mesma. Nós não retomaremos o *risus paschalis*, esse riso de Páscoa que permite aos padres e aos fiéis contarem piadas até nas igrejas, para exprimir a alegria da Ressurreição, nem os banquetes e festins dos padres, ocasiões de brincadeiras de gosto duvidoso, como quando os dominicanos espanhóis bebem à saúde de seus santos patronos enterrados nas igrejas, com o grito de "*Viva el muerto!*".

A partir do século XI, aparecem hinos em latim cujo texto, rearranjado, compõe-se de comentários burlescos. Entre os textos litúrgicos propriamente ditos interpõem-se tropos, interpolações, sob forma dialogada. Do século XII, Léon Gautier encontrou em dois livros de tropos latinos, "no meio de canções de caráter elevado e piedoso, graçolas da pior espécie".[69] Os dramas litúrgicos, destinados a romper a monotonia dos longos recitativos, degeneram rapidamente em cenas cômicas. No século XIII, o arcebispo Eudes Rigaud, mesmo tendo senso de humor, teve de proibir os religiosos de Montivilliers de cantar certos tropos um tanto pesados e os noviços de cantar em coro verdadeiras canções de caserna durante as recreações. Na abadia de Saint-Amand, ele proíbe os jovens religiosos de prolongar as completas com canções libertinas.

Não havia necessidade de ser um clérigo importante para compor essas canções em que reencontramos a veia goliárdica, tendo por base a paródia e a mistura de línguas e de gêneros sagrados e profanos. A introdução de trechos em língua vulgar nos dramas litúrgicos contribuiu, muitas vezes, para desviá-los para o cômico. Assim, a propósito de *Milagre de são Nicolau*, Louis Petit de

69 GAUTIER, L. *Histoire de la poésie liturgique*. Paris: 1886, p.13.

Julleville comenta: "Um meio sorriso está aí dissimulado e subentendido. Não é a incredulidade aberta e violenta, mas uma maneira muito gaulesa, ou muito francesa, de rir das coisas santas, mesmo acreditando nos santos".[70]

O costume de cantar durante os ofícios, entre os versículos latinos, comentários em língua vulgar, para explicar aos fiéis o sentido das palavras, dá lugar a desvios, com reflexões pessoais que têm pouca relação com o texto latino: zombarias contra as fantasias, contra Roma, que deixa seus clérigos morrerem de fome, alusões políticas contra a corrupção, contra o aumento das taxas por Eduardo II durante a guerra de Flandres, por exemplo. Em suma, o riso penetra por todos os interstícios da liturgia, cujo caráter pesado e tedioso afasta tanto os fiéis como os clérigos. O riso, então, é a irreprimível irrupção da vida que quebra os rituais mumificantes da liturgia. Sob as fórmulas mortas das litanias e das preces estereotipadas recitadas mecanicamente milhões de vezes, cresce a erva extravagante das preces cômicas. Sob as palavras decoradas do *Pater Noster*, surgem os fantasistas *Patenostre em francês*, de Maître Sylvestre (1170), *Patenostre do usurário*, *Patenostre dos amores* ou *Patenostre do vinho*, verdadeiro hino báquico ao mesmo tempo que anticlerical:

> *Pater noster*, bom senhor Deus,
> quanto vinho seria necessário para acabar com o luto:
> todas as alegrias, todos os sabores
> ficariam em lágrimas e prantos.
> ...
> Porque não vejo abade nem monge,
> nem clérigo, padre nem cônego,
> irmão menor nem jacobino,
> que não se lembre do vinho.[71]

Da mesma forma, o desmoralizado *Credo* transforma-se em apologia do prazer com o *Credo do descarado*, em que o "Eu creio em Deus" torna-se "Eu creio no jogo [de dados]":

> Creio muito no jogo de dados
> que muitas vezes me ganharam
> bons bocados que comi,

70 L. PETIT DE JULLEVILLE, *Les mystères*, t. I, p.74.
71 B. N., ms. fr. 837, fº 177.

e muitas vezes me embriagaram
e sempre me livraram
das minhas roupas até a última peça.[72]

"Alegres homilias" são compostas e declamadas nas festas. Uma das mais célebres, do século XIII, é uma adaptação da "farsa trágica da perda do falo do monge", evocando o destino de um infeliz religioso que se deitava todas as noites com uma mulher casada e terminou sendo castrado pelo marido dela. No século XV, é feita até uma paródia da Paixão, a *Passio cuiusdem monachi*, retomando as fórmulas evangélicas: "Naquele tempo...".

Entre os sermões alegres, existia um que agradava particularmente às mulheres, às quais era destinado; é o *Sermão alegre de São Veludo*, esse grande santo que "traz tanto bem ao corpo em que entra"; dotado de poderes milagrosos, ele faz "que os mamilos se encham de leite". Não é de espantar a elevação desse digno personagem ao estatuto de benfeitor da humanidade.

Também penetrante é o *corpus* das "missas parodísticas", que viola todos os tabus do sagrado: missas de bêbados ou missas de jogadores, que retomam o desenvolvimento do ofício divino deformando as palavras de maneira burlesca. Ou ainda os concílios burlescos, como o *Concílio do amor em Remiremont*, do século XII, concílio de mulheres que elogiam a superioridade dos eclesiásticos sobre os cavaleiros, em matéria de desempenhos amorosos. Outros concílios proclamam, com grande recurso a citações bíblicas, o direito dos padres de ter concubinas. A literatura de banquete, imitando a *Ceia de Ciprião*, já mencionada, vem completar esse conjunto saído da pena muito livre dos clérigos. Em *O padre que diz a Paixão*, assiste-se a um ofício burlesco da Sexta-Feira Santa, quando o oficiante não encontra as páginas certas, balbucia qualquer coisa enquanto os fiéis se impacientam e o clérigo assistente, que acha o Evangelho muito longo, responde:

Fac finis – Non fac, amis,
Usque ad mirabilia.

Como ninguém entende o texto em latim, todos batem no peito quando o padre grita: "Barrabás!". Tudo o que o celebrante quer é chegar logo ao resultado da busca. Assim,

72 Ibidem, fº 206.

quanto mais cedo o dinheiro é recebido,
Mais cedo a Paixão termina.[73]

É muito revelador que essas bufonarias, grosserias e obscenidades, que mais tarde serão consideradas blasfematórias, tenham sido toleradas na Idade Média. De início, indicam a necessidade de rir para escapar ao medo e aos deveres rigorosos do cristianismo medieval. É a reivindicação de uma "válvula de escape", ressaltada pelo texto de 1444, já citado. Mas é revelador também de uma confiança: ora, se se tolera tal excesso é porque não há dúvidas sobre a solidez dos valores; não se pensa que eles correm risco por causa das paródias. Há uma velha tradição de derrisão do sagrado desde a época babilônica. Ela caracteriza as religiões rigorosas e que multiplicam as proibições, assegurando o consenso em torno de seus valores. Pode-se brincar com esses valores porque eles estão além da contestação verdadeira. Quanto mais se acredita nisso, mais se torna divertido parodiar; quanto mais sérios, mais sua inversão faz rir. Por outro lado, é fácil constatar que uma sociedade totalmente permissiva não sabe mais rir: rir de quê, se ninguém acredita em nada? De que e de quem zombar, se cada um zomba de si mesmo?

Ao estudar a escultura religiosa do século XIII, Émile Mâle percebeu essa aceitação confiante da fantasia e do riso pelos clérigos: "O clero tolerava-os na catedral como tolerava os livros do coro. O cristianismo na Idade Média acolhia a natureza humana de forma completa. O riso, os desvios da imaginação jovem nunca foram condenados; a festa dos bobos e a festa do asno provam isso. Quando os bons cônegos de Rouen ou de Lyon viram o que os escultores tinham idealizado para decorar o portal em que o Senhor e os santos se mostrariam em toda a sua glória, foram, sem dúvida, os primeiros a sorrir. A fé profunda deu àqueles tempos de alegria a serenidade da infância".[74]

Mas é surpreendente ler o que vem logo a seguir: "À brincadeira dos artistas nunca se misturam indecência nem ironia. As enormes obscenidades que gostam de imaginar nas catedrais nunca existiram. ... A arte do século XIII é muito casta, surpreendentemente pura. ... Não há mais nenhum traço de ironia em relação às coisas do culto. Cita-se sempre o famoso capitel da catedral de Estrasburgo, decorado com o enterro burlesco de um ouriço levado por outros animais, enquanto um cervo reza a missa e um asno

73 Citado por ILVONEN, E. *Parodies de thèmes pieux dans la poésie française du Moyen Age*. Helsingfors: 1914.
74 MÂLE, E. *L'art religieux du XIIIe siècle en France*. Paris: 1898, éd. Livre de poche. Paris: 1958, t.I, p.120.

canta no coro. Mas esse baixo-relevo já desapareceu, e só o conhecemos graças a um desenho publicado no início do século XVII. ... Admitindo que a reprodução seja exata, só se pode ver nisso uma fantasia sem objetivo, no gênero daquelas do *Roman de Renart*".

O último comentário é fatal para Émile Mâle. Quem admitiria hoje que o *Roman de Renart* seja "uma fantasia sem objetivo"? Em todos os domínios, a Idade Média soube manipular o riso, fazer dele um instrumento a serviço de suas necessidades e de seus valores, sempre pronta a parodiá-los.

O RISO SENSATO DO BOBO DA CORTE

Ele soube utilizar a loucura, que os escultores e os vidreiros das catedrais representam sob os traços de um homem seminu, carregando uma clava – que se transformará mais tarde num bastão – e recebendo um pedregulho na cabeça: imagem do bobo caçado pelas crianças a pedradas. Trata-se de um bobo comum, do verdadeiro bobo, mais ou menos inquietante, de quem as comunidades procuram se livrar. Porém, é um bobo honorável, respeitável e respeitado, ao qual a Idade Média deu um lugar importante: o bobo do rei.

A instituição não é nova, mas conhece, nessa época, um grande desenvolvimento, a ponto de não somente os grandes senhores mas também as municipalidades e as corporações terem feito questão de adotá-lo, um pouco como mascote. O bufão municipal de Lille precede a procissão da Festa de Deus, entregando-se a palhaçadas e obscenidades; Nuremberg tem bufões que representam por ocasião do *Schembarlauf*, a segunda-feira antes da Quarta-Feira de Cinzas; em outras cidades alemãs, o *Possenreisser*, o *Pritschenmeister* ou o *Spruchsprecher* estão lá para exercer seu espírito satírico contra este ou aquele magistrado. Podem-se também alugar os serviços de um bufão profissional, como o "Grimpesulais" de Dieppe no fim da Idade Média. Os ofícios têm o seu: é possível vê-lo atuando na festa de Gayant, em Douai, na primeira semana de julho.

No início, a função do bufão parece ter sido mantida por um verdadeiro bobo, substituído, progressivamente, por hábeis histriões. É difícil saber a que categoria pertencem os bobos do rei na Idade Média, porque eles não têm identidade verdadeira. Usam apelidos como "Gonella", na corte de Ferrara, ou "Triboulet", na corte da França – termo originado do antigo verbo "*tribouler*", que significa "ter um cérebro oscilante", de onde vem o termo "tribulação". Entre os bobos, enumerou-se seis vezes o apelido da "dama de todas as cores". Débil mental, o bobo é também escolhido por sua deformidade: os reis fazem coleção de anões e aleijões que trocam entre si, e o rei da Escócia, Jacques IV (1473-1513), podia se vangloriar de possuir um verdadeiro monstro composto de dois corpos incompletos unidos na parte superior.

Considerado um híbrido, o bobo, de certa forma, faz parte da coleção de feras real. Ele carrega uma marca característica e simbólica: um capuz, acessório ultrapassado e ridículo, com orelhas de asno, que significam ignorância e sensualidade e que são símbolo de degradação. Como na Antiguidade, ele tem, muitas vezes, o crânio raspado, com exceção de uma mecha frontal, assim como o assinala, em 1357, Jean de Venette:

> E para confundi-lo ainda mais
> todos os seus cabelos foram tosados,
> como a um bobo de grande marquês.
> Isso foi para grande derrisão.[75]

O bobo veste uma casaca matizada, com bordas em pontas e losangos amarelos e verdes. O verde é cor da ruína e da desonra; o amarelo, cor do açafrão – que tem influências maléficas e atua sobre o sistema nervoso, provocando riso incontrolado –, é a cor dos lacaios, das classes inferiores, dos judeus. Às vezes aparece o vermelho, como no traje de Hainselain Coq, bobo de Carlos VI. Isso também é símbolo de fantasia, ideia reforçada pela bexiga de porco inflada, contendo ervilhas secas, que evoca a cabeça vazia do bobo. Sobre sua roupa, costuram-se pequenos sinos cujo tilintar incessante faz pensar no caos primitivo, na matéria inorgânica. O bobo carrega um bastão encimado por uma cabeça de bufão com guizos; é seu cetro derrisório, que para alguns evoca também um falo.

Às vezes, o bobo é vestido magnificamente, como o próprio rei. Ele recebe, aliás, suntuosos presentes de vestuário, como Triboulet, o bobo de René d'Anjou, ou como Hainselain Coq, que tinha 47 pares de sapatos, em 1404, ao passo que Guillaume Fouel, o bobo da rainha Isabel da Baviera, recebeu 103 pares em seis meses. A primeira função do bobo é confirmada por sua presença em jogos nobres, em particular no xadrez, em que é colocado ao lado do rei, que ele pode tanto proteger quanto paralisar com movimentos desconcertantes, atravessados, fora de qualquer lógica. Vários elementos sublinham, de maneira confusa, sua importância: na posição de xeque-mate, o termo "mate" pode vir da palavra persa que significa "morte" ou do italiano *matto* (louco);

75 Citado por LEVER, M. *Le Sceptre et la marotte. Histoire des fous de cour*. Paris: 1983.

ele designa a morte no jogo de tarô. Na Inglaterra, o bobo é chamado de bispo (*bishop*), cuja mitra assemelha-se ao capuz com orelhas – semelhança irreverente entre religião e loucura. Entre os árabes, a função do bobo no xadrez é representada por um elefante, *al-fil*, e de *fil* vem *fol* (doido), em francês. Enfim, no jogo de cartas, o bobo é o *joker*, o curinga, parente próximo de *trickster*, aquele que trapaceia, transgride as regras, perturba o jogo.

Por que os soberanos medievais têm sempre junto de si esse personagem ao qual conferem tanta importância? A regra, de fato, não conhece exceção: todas as casas reais e principescas têm seus bobos. A começar pelos reis da França. Em 1316, Filipe V cria o posto oficial de "bobo a título de ofício", cujo titular é nomeado vitaliciamente. Filipe IV tem como bobo Seigni Johan, originário de Rouergue, que encontramos entre os personagens de *Pantagruel*. Sob João, o Bom, conhece-se o bobo Jehan Arcemalle, que o acompanha no cativeiro, e também Mitton. Carlos V, o Sábio, dá muita importância a seu bobo, o que os historiadores racionalistas do século XVII não souberam entender. Para Sauval, é escandaloso que "o único príncipe a quem a França deu o nome de Sábio tenha tanta paixão por bobos". Ao menos três são mencionados em seu reino: um anônimo, em 1364; depois Thévenin, morto em 1374, para o qual o rei manda construir um magnífico mausoléu na igreja de Saint-Maurice de Senlis; por fim, Grand Johan, destinado à diversão do delfim a partir de 1375 e que Carlos VI assumirá em seguida.

O paradoxo continua: depois do rei sábio aconselhado por um bobo, surge um rei bobo, Carlos VI, cercado de bobos que são mais sábios que ele – Grand Johan, depois Hainselain Coq e vários outros, anônimos. A corte é um verdadeiro asilo: ao lado dos bobos do rei bobo, encontram-se os bobos e as bobas da rainha (Guillaume Fouel, Jehanne) e os bobos dos tios do rei (Jehannet e Milet, de Jean de Berry, Coquinet, de Louis d'Orléans). Sob Carlos VII, temos Robinet e Dago e a boba da rainha Marie d'Anjou, Michon. Luís XI desconfia dos bobos, como de todo mundo, e, segundo Brantôme, teria mandado executar o bobo de seu irmão Carlos, que o declarara responsável por isso. Episódio, sem dúvida, sem fundamento. Luís XII teve dois bobos conhecidos, Polite e Caillette. Os reis da Inglaterra também são bem providos de bobos: o bobo de Guilherme, o Conquistador, presta grandes serviços a seu senhor; Roger é o bobo de Henrique II, e João Sem Terra cobre o seu, Guillaume Picolphe, de benefícios: em 1200 ele lhe dá a terra de Fontaine-Osanne, na Normandia, e lhe confia sua guarda para toda a vida.

Encontram-se ainda vários bobos em todas as grandes famílias feudais. Na Bretanha, João V é acompanhado, por toda parte, por Coquinet; Artur III, por Dago, que começou sua carreira na corte da França; Denis d'Espinel é o bobo de Francisco II, cujas duas esposas sucessivas têm, pelo menos, três bobas: Madame de Toutes Couleurs (dama de todas as cores), Françoise Gaillard, Colette. Na Borgonha, Philippe le Hardi tem como bobo Nicolas (1363), depois Girardin (1371) e, por fim, Jean Quarrée (1388), ao passo que Coquerée é a boba de sua esposa Marguerite de Flandres. Do duque de Berry, são Lamy (1372-1374), Plantefolie (1376-1378), Huot (1386). Durante trinta anos (1447-1476), Triboulet, o primeiro com esse nome, foi o fiel bobo de René d'Anjou; é um verdadeiro personagem, ao qual é assegurado um luxuoso estilo de vida, de quem se toleram todos os caprichos e a quem se pagam até os óculos. Philippot, o Anão, chamado "Pequeno Bobo", o sucede em 1476, depois Faillon le Fol, a partir de 1480, ao passo que Michon le Folle, Gillette la Brune e Madame de Toutes Couleurs servem à esposa de René.

Todos esses bobos e bobas são pessoas importantes, internacionalmente conhecidas; são comprados, emprestados, e cada transferência é bastante comentada. Parece mesmo, segundo o testemunho de Guillaume Bonchet em relação ao século XIV, que existiram verdadeiras dinastias de bobos, ou centros de formação, viveiros da loucura oficial: "Esse servidor", escreve ele, "era de uma família ou de uma raça em que todos eram honestamente bobos e alegres; além disso, todos os que nasciam na casa em que esse servidor era nascido, mesmo que não fossem da linhagem, vinham ao mundo bobos e assim permaneciam durante toda a vida; de tal forma que os grandes senhores adquiriam bobos nessa casa e, por isso, ela era de grande valia para seu dono".[76]

Isso permite pensar que, desde essa época, tais bobos não eram bobos. Não é bobo quem quer. A função exige grande inteligência, como o dirá, mais tarde, um personagem shakespeariano em *Noite de reis*: "Esse palhaço é muito sábio para fazer o bobo; e, para desempenhá-lo bem, ele tem necessidade de espírito: deve observar o humor daqueles a quem agrada, a qualidade das pessoas e o momento, lançando-se, como um falcão desvairado, sobre a menor pluma que passa diante de seus olhos. É um ofício tão árduo quanto o do sábio; porque a loucura, que só pode ser mostrada sabiamente, é engenhosa; ao passo que os sábios, uma vez caídos na demência, perdem toda a razão".[77]

O bobo do rei existe para fazer rir. É sua função primeira. Mas não se trata, evidentemente, de um simples palhaço. Se o riso que ele provoca é importante, é porque traz consigo o que falta, em geral, nos círculos do rei: a verdade. Ex-

76 BOUCHET, G. *Les Sérées*, ed. C. E. Roybet, 1873-1882, t. V, p.51.
77 SHAKESPEARE, W. *La nuit des rois*, III, 1.

cluído da realidade por lisonjas, temores, mentiras, intrigas dos que o cercam, o soberano só conhece a verdade por meio de seu bobo – sobretudo a verdade penosa, aquela que fere, aquela que um homem sensato e atento à situação não ousaria revelar. É, por exemplo, o bobo de Filipe VI que é encarregado de anunciar o desastre naval de L'Écluse, em 1340. Ele o faz sob a forma de tirada: "Esses covardes ingleses! Esses poltrões!". "Como, primo?", inquieta-se o rei. "Como?! Porque eles não tiveram a coragem de se jogar no mar, como nossos bravos soldados franceses, que pularam a amurada, deixando os navios para o inimigo covarde, que não demonstrou nenhuma inclinação em segui-los."

O bobo é também aquele que lembra ao rei – como o fazia o escravo dos triunfadores romanos – que ele é apenas um mortal, partilha da condição humana, para evitar que mergulhe na embriaguez do poder solitário. É assim que Hamlet, falando no cemitério para o crânio do bufão Yorick, lhe diz: "Vai, pois, encontrar minha senhora [a rainha] em seus aposentos; dize a ela que a mais espessa camada de dissimulação não a impedirá de vir para cá. Que ela possa rir disso!".[78]

O bobo é a contrapartida à exaltação do poder, porque ele é o único que pode dizer tudo ao rei. Sob a proteção da loucura e, portanto, do riso, ele pode se permitir tudo. A verdade passa a ser a loucura do riso: "As relações do rei e de seu bobo", escreve Maurice Lever, "repousam, definitivamente, nessa convenção unanimemente aceita. O bobo dá o espetáculo da alienação e adquire, a esse preço, o direito à palavra livre. Em outros termos, a verdade só se faz tolerar quando empresta a máscara da loucura. ... E se a verdade passa pela loucura, passa, necessariamente, pelo riso.".[79]

A imunidade que o bobo usufrui, escreve, aliás, Jean Duvignaud, é "aquela que se confere aos objetos sagrados ou aos personagens detentores de uma força mágica. ... O bufão sabe livrar o soberano das inquietações, das preocupações, isto é, da ansiedade diante de sua salvação pessoal que sua situação de senhor do poder compromete gravemente".[80] Há, contudo, outro personagem, na corte, encarregado de lembrar ao rei a verdade de sua situação, um personagem que representa exatamente o sagrado: o confessor do rei, de quem já traçamos a história.[81] Ora, o confessor está longe de poder permitir-se a mesma franqueza do bobo. A aliança do trono e do altar faz dele um conselheiro, um auxiliar do poder, em vez de um diretor. Só o riso

78 Idem, *Hamlet*, V, 1.
79 LEVER, M. op. cit., pp.137-138.
80 DUVIGNAUD, J. *L'acteur. Esquisse d'une sociologie du comédien*. Paris: 1965, p 47.
81 MINOIS, G. *Le confesseur du roi. Les directeurs de conscience sous la monarchie française*. Paris: 1988.

é capaz de fazer o rei aceitar a verdade; o que ele não admite do sagrado, do religioso, admite da loucura – ao menos até o século XVI, porque depois dele a monarquia se livrará desse bobo cujo riso muito sensato lhe lembrava seus deveres. O confessor-cortesão, em compensação, continuará sua carreira.

O riso do bobo tem ainda, na Idade Média, outra função: ritualizar a oposição, representando-a. Verdadeiro antirrei, soberano invertido, o bobo assume simbolicamente a subversão, a revolta, a desagregação, a transgressão. É um parapeito que indica ao rei os limites de seu poder. O riso razoável do louco é um obstáculo ao desvio despótico. Não é apenas uma coincidência que a função de bobo do rei tenha desaparecido da França na aurora do absolutismo, no início do reino de Luís XIV: o monarca que pode, sem rir, comparar-se ao sol é muito sério para ser sensato.

O BOM E O MAU RISO DO TEÓLOGO

A Idade Média ri muito. Fala também do riso, e sua linguagem é dúbia. Os pensadores medievais retomam, em geral, Aristóteles, fazendo do riso uma propriedade da natureza humana, mas não um de seus traços essenciais.[82] Sobretudo, eles distinguem um bom riso de um mau. A partir do século XIII, todos os docentes das faculdades de Teologia consideram necessário consagrar um capítulo de seus ensinamentos ao riso: *de risu*. Reconhecendo a importância do fenômeno, fazem dele uma das marcas da natureza humana decaída. Entretanto, existe um riso bom: aquele que exprime a alegria do cristão e que deve ser moderado, quase silencioso, próximo do sorriso. O mau riso é o riso da derrisão, da zombaria e é, ao mesmo tempo, um riso físico, barulhento, sem graça, que sacode o corpo – o *risus cum cacchinis*, espécie de solução trocista, muito censurado no papa Bonifácio VIII, por exemplo, quando de seu processo, no início do século XIV. Franciscanos, como Alexandre de Halès, e dominicanos, como Albert le Grand, estão de acordo quanto a essa distinção.

O que os intriga é que o riso seja um fenômeno ao mesmo tempo espiritual e físico, ao encontro do espírito e da matéria. O bom riso é aquele que dá pouco espaço ao aspecto físico. Observando o riso pelo aspecto intelectual, os teólogos medievais são prejudicados pelo fato de que o latim que eles utilizam se transformou em língua morta, de uso puramente racional, conceitual, escolástico, mal adaptado à expressão dos sentimentos e do cô-

82 ADOLF, H. "On medieval laughter". In: *Speculum*, 22, 1947.

mico. Já o latim clássico não dispunha de um único termo para o riso. Para designar o sorriso, os escolásticos empregam a palavra *subrisus*, que, durante muito tempo, significou "riso no interior de si mesmo" ou "às escondidas". Ele só adquiriu seu sentido moderno no século XII, comenta Jacques Le Goff, que se interroga: "Eu me pergunto se o sorriso não é uma criação da Idade Média"[83] – esse sorriso que só no século XIII vem iluminar o rosto de um anjo ou de um Cristo, nas imagens de Amiens e de Chartres.

Tudo ficaria mais claro se Jesus tivesse rido. Infelizmente, nenhum texto canônico reporta isso. Entretanto, no século XIII, a Universidade de Paris organiza um debate público, um *quod libet*, a respeito desse assunto. O riso torna-se um caso de escola, uma questão de casuística. Aristóteles diz que o riso faz parte da natureza humana; Jesus, pela encarnação, assumiu integralmente nossa natureza; logo, Jesus podia rir. Mas será que riu? Eis a questão. Porque, se ele podia rir e nunca riu, isso não quer dizer que o riso seja mau.

Como a revelação não se pronuncia claramente sobre o riso, compete à razão decidir. Desenham-se duas correntes. Para a primeira, o riso é uma paixão da alma, logo um fenômeno antes de tudo espiritual, o que não é, necessariamente, positivo. "O riso é uma espécie de desarranjo e de surpresa", escreve Avicena em *De anima*. Para a segunda corrente, o riso advém, antes de tudo, da fisiologia. Pela teoria dos humores, ele é situado no nível do diafragma. Para a escola de Salerno, o temperamento sanguíneo é o mais inclinado ao riso, enquanto o melancólico tende à tristeza. Isidoro de Sevilha, no século VII, e mais tarde Bartolomeu, o Inglês, no século XIII, situam a sede do riso no baço, que se dilata para engendrar os cacarejos que se conhecem e que afetam também o intestino, o estômago, a bexiga e os aparelhos genitais, todas essas coisas pouco apetitosas que se encontram abaixo da cintura. Tudo isso testemunha uma concepção pouco elogiosa do riso, que, por outro lado, pode ter efeitos nefastos sobre a saúde: no século XIII, Roger Bacon desaconselha fortemente o riso para os velhos, porque há uma grande perda de energia. No século seguinte, Boccaccio lhe conferirá, ao contrário, virtudes terapêuticas.

Hesita-se, ainda, quanto a Dante, que condena o uso do riso na pregação e que, no entanto, escreve em *Banquete* que o riso e o sorriso são signos espirituais que permitem exprimir a "faísca da alma". Em *Paraíso*, ele sugere uma concepção mística do riso: o "santo riso" está além de todas as

83 LE GOFF, J. "Laughter in the Middle Ages". In: *A cultural history of humour*. Oxford: 1997, p.42.

maravilhas, e nenhum mortal pode suportar sua explosão. No Canto XXI, ele põe em cena Beatriz: "Ela não ria; mas, 'se eu risse', diz ela, 'acabarias como Semele, reduzido a cinzas'". Somente uma visão de Cristo e de Maria dará ao poeta a força de suportar o riso de Beatriz, que então pode lhe dizer: "Abre os olhos, olha como eu sou; viste coisas que te deram o poder de suportar meu riso". O santo riso pode, portanto, abrir-se sobre o divino; ele permite comunicar-se com "o riso do universo", e todos os cantos da terra não conseguirão "chegar perto do santo riso".

A partir do século XII, a Teologia permite uma pequena abertura em relação ao riso. O arcebispo de Tours, Hildebert de Lavardin, admite a legitimidade de certas brincadeiras que permitem relaxar. Mas é preciso desconfiar do riso culpado. Na mesma época, Hugues de Saint-Victor tenta separar as coisas. Em princípio, está claro que o riso é mau; ele nos foi inspirado pela carne e nos induz ao erro. Apesar de tudo, é possível distinguir uma alegria boa de uma má. Há um riso celeste, mas é um riso do coração, e não do corpo.[84] Quanto a Pedro, o Venerável, abade de Cluny, ele consente que os monges possam rir de tempos em tempos. Pierre le Chantre é mais reservado: ele só admite a alegria interior e multiplica de tal forma as condições e restrições ao riso – que deve ser de curta duração, silencioso, discreto – que o torna praticamente impossível. Para Jean de Salisbury, é preciso banir o riso provocado pelos profissionais, os bufões, mas é possível, se todas as condições de honestidade forem preenchidas, entregar-se a um riso discreto.

São Tomás de Aquino volta-se várias vezes para o problema do riso. "Problema" é exatamente o termo que convém. Ele disseca os dados e tira conclusões tão nuançadas que é difícil saber em que condições é permitido rir. Por certo, tudo é relativo: comparado com são Bernardo, São Tomás é um alegre companheiro. Ele pensa mesmo que os agelastas, os inimigos do riso, são pecadores – pecadores contra a razão. Sempre com rosto triste, são difíceis de suportar e desagradáveis para os outros: "Nas coisas humanas, tudo o que vai contra a razão é vicioso. Ora, é ir contra a razão ser um fardo para os outros, por exemplo, não se mostrando alegre e impedindo que os outros o sejam. ... Pecar é nunca brincar e fazer cara feia àqueles que brincam, repreendendo sua diversão, mesmo moderada. ... A austeridade, que é uma virtude, só exclui os regozijos excessivos e desregrados; ela se prende à afabilidade, que Aristóteles chama de amizade, eutrapelia ou alegria".[85]

84 HUGUES DE SAINT-VICTOR. *In ecclesiastem homeliae*, XIX, homilia 8.
85 SÃO TOMÁS DE AQUINO. *Suma teológica*, 2a, 2ae, quest. 168, art.4.

Eutrapelia: eis aqui, em bom aristotélico, a palavra-chave de Tomás de Aquino. Ele fala dela na *Suma teológica*, mas desenvolve a ideia, sobretudo, em *Comentário sobre a ética a Nicômaco*. A eutrapelia é uma virtude de moderação, que se manifesta por uma sadia alegria, oposta ao riso excessivo e agressivo da *bomolochia*, ou superabundância. De forma contundente, ele compara o riso dos *bomolochi* ao voo dos milhafres sobre os templos para decepar a carne das vítimas imoladas: é um riso de predador. Na outra extremidade, encontra-se a *agroichia*, essa selvageria rústica que torna o homem insuportável. O riso moderado é a ressurreição da virtude de *urbanitas*, o bom humor do homem de boa companhia.

Em boa lógica, Tomás de Aquino conclui que, se a distração honesta é lícita, a profissão daqueles que propiciam a distração, os comediantes, também o é: "O jogo é uma necessidade da vida humana. Porém, a cada uma dessas necessidades pode corresponder um ofício lícito. Logo, o ofício de comediante, destinado a distrair os homens, não é ilícito em si, e os que o exercem não vivem em pecado, desde que nisso incluam a moderação conveniente".[86]

Antes de nos maravilharmos diante da "espantosa amplitude de espírito" do Doutor Angélico, como o faz Hugo Rahner, é preciso, todavia, lembrar os limites estreitos nos quais ele encerra o riso. Em primeiro lugar, este deve ser moderado em suas manifestações. Nada de rolar por terra, sacudir as costas ou bater nas coxas: "a moderação nos movimentos exteriores do corpo" é estrita.[87] Em seguida, "a brincadeira deve respeitar as conveniências em relação às coisas e às pessoas". Não se deve brincar com o que é respeitável: os parentes, os justos, os poderosos, os fracos, a religião, os textos sagrados e, bem entendido, Deus. De qualquer forma, o riso nunca deve ser de escárnio ou de zombaria. Segundo a *Suma teológica*, a zombaria constitui um pecado mais grave ainda que a ousadia, porque ela humilha, procura fazer enrubescer. Zombar do mal não é um bem, porque o mal deve ser levado a sério. A ousadia ao menos leva o mal a sério, ao passo que a zombaria se diverte com ele, o que pode ser um pecado mortal. "Não se zomba de um mal ou de um defeito. Ora, quando um mal é grande, é preciso levá-lo a sério e não na brincadeira. Se, portanto, nós nos divertimos (*ludus*) ou se rimos (*risus*), é porque vemos esse mal como pouco considerável. Contudo, há duas maneiras de avaliar um mal importante: por ele mesmo, depois pela pessoa que é afetada por ele. Assim, quando nos divertimos ou

86 Ibidem, art.3.
87 Ibidem, art.2.

rimos do mal ou de um defeito de nosso próximo porque esse mal é, em si, pouca coisa, cometemos apenas um pecado venial e leve em sua natureza. Se, ao contrário, só avaliamos esse mal pela primeira pessoa que o sofre e o julgamos pouco grave, como fazemos sempre em relação às travessuras de crianças ou de tolos, há, nessa diversão e nessa zombaria, um desprezo total ao próximo; nós o consideramos tão pouco que julgamos inútil inquietarmo--nos com o mal dele; ao contrário, fazemos disso um objeto de brincadeira. Zombar da sorte é pecado mortal, e mais grave ainda que a ousadia que lançamos na face do próximo. Na ousadia, de fato, parece que levamos a sério o mal de outrem, mas o zombador diverte-se. Há mais desprezo e mais atentado à honra. Vemos, por aí, quanto a zombaria é pecado grave; e mais grave ainda à medida que a pessoa de que zombamos merece respeito. O pior será, portanto, zombar de Deus e das coisas divinas."[88]

OS AGELASTAS MEDIEVAIS: BERNARDO E HILDEGARDE

Como se vê, o campo do riso lícito é muito reduzido, mesmo para São Tomás. Outros se mostram ainda mais severos. Esquecendo esse aforisma do abade Eulógio: "Não me falem dos monges que não riem nunca. Eles não são sérios", o cisterciense Aelred de Rievaulx, em seu *De vita eremitica*, qualifica o riso de "veneno bebido com delícias" que corre "nas vísceras e nos membros". Para Rupert de Deutz, no século XII, somente o diabo ri, quando seduz os crentes. Muitos opõem-se à utilização do riso na pregação: é um procedimento grosseiro, demagógico, populista, chega a escrever Dante. Opinião partilhada, na Inglaterra, por Nicolas de Aquavilla: a educação dos fiéis deve fazer-se pelo medo. E os adeptos do método terrorista encontrarão um campeão na pessoa do pregador Jean Clérée, no século XV, que censura, nos fiéis, a preferência por sermões divertidos, "desses brincalhões e bons companheiros, que dizem coisas agradáveis e ficam no púlpito como histriões e jograis".[89] Bernardino de Siena, Jonas d'Orléans, Ludolfo de Saxe, Olivier Maillard, todos eles reiteram a condenação do riso.

A espiritualidade da Idade Média lhes é ferrenhamente hostil. Testemunham isso dois dos representantes considerados, com ou sem razão,

88 Ibidem, 2a-2ae, quest. 75, art.2.

89 Ver, sobre esse assunto, MARTIN, H. *Le métier de prédicateur en France septentrionale à la fin du Moyen Age (1350-1520)*. Paris: 1988.

como os mais eminentes: um homem e uma mulher, quase contemporâneos e todos os dois canonizados – são Bernardo (1090-1153) e Hildegarde de Bingen (1098-1179). Seus hagiógrafos e sobretudo seus admiradores do século XX, para quem o humor se tornou uma virtude indispensável, têm, contudo, feito grandes esforços para lhes dar uma face sorridente: Hildegarde seria o oposto da tristeza, que ofende a beleza da criação, e Bernardo escreveu a Abelardo uma carta na qual se apresenta como um jogral de Deus, um humilde *joculator*. Mas tudo isso não tem muito peso diante das violentas diatribes desses dois personagens contra o riso.

Em primeiro lugar, os dois lhe conferem uma origem diabólica. Não haveria, no início dessa fobia do riso, antigos traumatismos relativos a sua saúde delicada? Hildegarde conta que foi objeto de zombarias quando ficou doente; depois, quando se chocou com a resistência trocista das religiosas às quais queria impor uma reforma austera, ela atribuiu a Satã essa derrisão. Em sua primeira biografia, *Vita sanctae Hildergardis*, dos monges Godefridus e Theodoricus, ela é possuída por um demônio que tomado por uma mulher lhe dá o apelido de *Scrumpilgardis*, a "velha encarquilhada". O mesmo demônio trocista chama Bernardo de *Bernardulus*, "Bernardinho", por causa de sua fragilidade física; ele o trata também de "comedor de peras" e "engolidor de couves" em razão de seus ataques contra a gula. Eis aí, de acordo com os redatores de *Vita prima sancti Bernardi*, a marca da *derisio*, do pecado da língua, típica do demônio.[90] Aliás, Hildegarde afirma ter tido uma visão em que os anjos decaídos cometiam o primeiro pecado de derrisão. Hildegarde e Bernardo consideram-se amigos de Deus: consequentemente, aqueles que riem deles são amigos do diabo, e o próprio riso é diabólico.

Os ares satíricos que os ataques contra Bernardo adquirem parecem indício de sua hostilidade ao riso, como o escreve Laurence Moulinier: "Será que os autores das sátiras que acabrunham Bernardo não poderiam encontrar melhor exutório para sua hostilidade que esse riso libertador à custa de um santo conhecido por sua inabalável seriedade?".[91]

Em seguida, é desconcertante ver o empenho de Bernardo e Hildegarde em desvalorizar o riso, vinculando-o ao "baixo", às partes vergonhosas do corpo. Mesmo que eles se prendessem a certas concepções médicas da época, suas explicações e comparações são surpreendentes, vindas de autores espi-

---

90 MOULINIER, L. "Quando o maligno faz graça. O riso na Idade Média visto depois da hagiografia". In: *Annales, histoire, sciences sociales*, 52º ano, n.3, maio-jun. 1997.
91 Ibidem, p.468.

rituais. Para Bernardo, no tratado *Sobre os graus de humildade e de orgulho*, o homem que ri é como uma bexiga inflada, sacudida pelo ar que escapa dela: "Quando a vaidade começa a crescer e a bexiga a inflar, é indispensável fazer um furo grande, rejeitar esse vento, aliviar o ventre que se romperia. Assim, o monge, transbordando de alegria inepta, não consegue atualizá-la pelo riso e pelos gestos; ele explode nestas palavras de Héliu: "Eis que meu ventre é como um vinho bem fechado que faz explodir o odre (Jó, 32,19)".[92]

Santa Hildegarde recorre a uma imagem ainda mais precisa: o homem que ri não é mais que uma bexiga que se esvazia, é o jato de um falo que ejacula às sacudidelas, escreve ela no tratado *Causae et curae*. Aparentemente muito conhecedora da fisiologia, ela aprimora sua comparação: o corpo é sacudido pelo riso como pelos movimentos da cópula e, no momento do maior prazer, o riso faz jorrar lágrimas como o falo faz sair o esperma.[93] Elegante metáfora na pluma de uma religiosa, que acrescenta que esse "louco regozijo" não existia antes do pecado original. Então não havia risos nem risotas, mas somente a "voz das alegrias supremas". O riso, como o sexo, é fruto do pecado. Hildegarde obstina-se. O riso é como o peido: é um vento que, das medulas, percorre o fígado, o baço, as entrepernas e que provoca sons incoerentes, semelhantes a balidos. O riso nivela o homem à categoria de besta, "maltrata seu baço, compromete seu fígado e cria uma perturbação total de seus humores". Ele seca os pulmões, arruína a saúde. E a santa sugere um remédio contra o caso mais grave, o riso solto: uma beberagem à base de noz-moscada, açúcar e vinho quente.

Voltemos a são Bernardo, cuja *Legenda dourada* afirma que "se ele ria, era sempre de maneira que precisava fazer mais esforço para rir do que para reprimir as risadas: era necessário excitá-las antes que reprimi-las". Para ele, recusar o riso é uma virtude que distingue os cristãos dos pagãos, porque só aqueles sabem que é preciso chorar esperando o Juízo, o que lhes dá, evidentemente, uma vantagem considerável. A elite da Igreja, isto é, os monges-soldados, os templários, tem, aliás, uma regra para não rir, escreve ele. "Lá, se ocorre um gesto impertinente, um gesto inútil, um riso imoderado, um murmúrio, mesmo ligeiro, a falta nunca fica sem reparação. ... Os mímicos, os malabaristas, os comediantes, seus cantos bufões, seus espetáculos, tudo isso é vaidade a seus olhos ou insanidade que eles rejeitam e condenam."[94] Sempre sérios, "nunca penteados, raramente lavados",

92 SÃO BERNARDO. *Sur les degrés d'humilité et d'orgueil*, XIII, 41.
93 MOULINIER, L. op. cit.
94 SÃO BERNARDO. *A la louange de la milice nouvelle*, IV, 7.

esses heróis de Cristo encarnam o desprezo de si que deve caracterizar o verdadeiro cristão. "Com os cabelos desarrumados e hirsutos, sujos de poeira, mergulhados em sua imundície e em seu suor, eles se lançam sobre o adversário", do qual não temem a "selvagem barbárie".

Por outro lado, reconhece-se o mau cristão, o mau monge, pelo fato de que ele ri: "Gestos bufões, face hilária, andar frívolo. Ele é inclinado à brincadeira, ri facilmente por nada. Riscou da memória tudo o que conhecia, em si, de desprezível e, portanto, de entristecedor; apanhou, em seu espírito, tudo o que conhecia de suas boas qualidades ou, na falta delas, imaginou-as. Ele só pensa, pois, em coisas agradáveis (sem se perguntar se tem direito a elas). Por isso, não pode conter o riso nem ocultar sua alegria desmedida".[95]

Ao canonizar Bernardo e Hildegarde, a Igreja santificou dois agelastas autênticos, dois inimigos do riso. Mas Bernardo e Hildegarde não representam toda a Idade Média, felizmente. Eles exprimem a persistência de uma corrente que, na história do cristianismo, demoniza o riso. Essa corrente, que às vezes assume a primazia, é minoritária na Idade Média. Como acabamos de ver, essa época ri muito e ri de tudo; é capaz de zombar de seus próprios valores, ou, antes, de parodiá-los, de brincar com suas normas e seus interditos, de introduzir o lúdico até no sagrado.

Nisso, a Idade Média permanece exemplar: é uma verdadeira idade de ouro, se é que essa expressão tem sentido. Mais do que por suas realizações intelectuais, espirituais ou artísticas – estas só concernem a uma ínfima minoria que vive do trabalho da imensa massa camponesa confinada em espantosas condições materiais; intelectualmente, o melhor veio depois –, a Idade Média é grande porque é um dos raros momentos da História em que todas as categorias sociais, ricas ou pobres, chegaram a um consenso global sobre os valores e o sistema de mundo, consenso que lhes permitiu parodiar, com serenidade, esses valores, brincar com eles sem desconfiança, como crianças que brincam de imitar "gente grande", forçando o traço, fazendo-se de tolos, caindo no burlesco, justamente porque têm confiança nos adultos benfazejos que os vigiam. As risadas da Idade Média, mesmo as mais grosseiras e obscenas, são risadas claras, confiantes, de um mundo que atingiu certo equilíbrio, que não se questiona e que usufrui tal força vital que se pode dar ao luxo de rir de si mesmo. O riso da Idade Média é um riso de criança. Mesmo quando põe o mundo de ponta-cabeça, no Carnaval ou na festa dos bobos, ela não acredita nisso nem um instante.

95 Idem, *Sur les degrés d'humilité et d'orgueil*, XII, 40.

Mas ainda é preciso que todo mundo participe. As crianças que brincam são, ao mesmo tempo, cruéis com aqueles que se recusam a entrar no jogo. O riso medieval é obrigatório. A unanimidade é a regra. Ao contrário do que Mikhaïl Bakhtine pretendia, não é um riso popular de contestação, mas um riso de massa e de exclusão. A Idade Média exclui e marginaliza, pelo riso, aqueles que violam seus valores, ou que querem mudá-los, como o testemunham o charivari ou o humor dos sermões.

Ao mesmo tempo, o homem medieval, que parodia sua cultura na medida em que confia nela de maneira coletiva, não é enganado individualmente. Na farsa e na fábula, seu riso torna-se irônico, ou até cínico. Aí, ele não brinca com o mundo: observa-o e constata, lucidamente, que, no quadro dos grandes valores culturais e religiosos, proclamados pelas autoridades, cada um sai dos apuros como pode, trapaceia, mente e vacila, porque somente o astucioso escapa. O riso da Idade Média é também o riso da criança que, no teatro de bonecos, ri das trapaças que os ladinos fazem com os ingênuos, mesmo que estes sejam policiais ou párocos. Esse riso é provocado pela tomada de consciência da distância permanente que existe entre os grandes princípios morais fixados e a conduta concreta da vida cotidiana, impiedosa para os tolos de qualquer espécie.

Por fim, o homem medieval ri com um duplo riso contraditório: seu riso de festa, coletivo, manifesta a confiança que ele confere a seu contexto cultural, parodiando-o; o riso individual, pessoal, manifesta o prazer que ele pode ter ao enfrentar, em particular, o que respeita em grupo. Violar individualmente o que se admira coletivamente: não é esse o sal da existência? Os hipócritas chamam isso de hipocrisia. Deixemos de lado as grandes palavras. O riso medieval parece dever-se, em grande parte, a essa duplicidade – cumplicidade meio consciente.

Há múltiplas variantes, como temos percebido. E essa contestação se aplica essencialmente ao período central da Idade Média, do século XI ao XIV. Em seguida, essa alegre harmonia se desfaz. Tudo se torna mais amargo. O riso faz-se mais agressivo, a zombaria mais maldosa, a ironia mais cruel; os grandes medos suscitam risos nervosos e diabólicos. Rictos e zombarias deformam a face das feiticeiras. De chofre, as autoridades morais sancionam; proíbem as festas parodísticas em que estronda a subversão. O riso do fim da Idade Média é marcado pela volta do diabo. E, contudo, do grande medo do século XV vai sair o enorme estrondo de riso rabelaisiano da Renascença, cujos primeiros frêmitos se misturam aos espasmos dos terrores da Baixa Idade Média.

– 7 –

O RISO E O MEDO NA BAIXA IDADE MÉDIA

O retorno do diabo

Apesar dos recentes questionamentos, a periodização clássica da história da civilização ocidental permanece muito válida. Se a passagem de uma época para outra não é tão esquemática e brutal como já foi dito, também se sabe que, ao menos, as soleiras são transpostas em certos momentos. Um desses limiares marca a passagem da Idade Média para a época moderna, entre a metade do século XIV e o fim do século XV.

RIR PARA NÃO CHORAR

Se o termo "crise" tem um sentido, ele se encaixa justamente ao longo desse período, em que todos os domínios da vida humana foram profundamente perturbados, provocando uma verdadeira mutação das mentalidades. Isso começa no mundo repleto dos anos de 1330, quando a superpopulação relativa determina a volta da escassez e da fome, que tinham desaparecido havia séculos. Depois, quase ao mesmo tempo, na metade do século XIV, inicia-se a mais longa guerra da História, a Guerra dos Cem

Anos, e surge uma das mais terríveis epidemias que o mundo já conheceu, a peste negra, que matará quase um terço da população e conhecerá recorrências até cerca de 1460. Em uma Europa dizimada, esfomeada, devastada, a recessão econômica se instala; as tensões sociais agravam-se e degeneram: há motins desde os anos de 1350, revoltas urbanas a partir de 1380. As autoridades civis enlouquecem: crise da monarquia na França, Guerra das Duas Rosas na Inglaterra, conflitos dinásticos ou interurbanos na Espanha e na Itália. As autoridades religiosas cedem ao pânico: o papado, de início exilado em Avignon, dilacera-se, em seguida, com o Grande Cisma; circulam rumores do anticristo e de fim do mundo; os astrólogos calculam e elucubram; os profetas aterrorizam-se; as heresias proliferam; feiticeiros e feiticeiras multiplicam os *shabats* (ao menos segundo as autoridades); a dança macabra sai dos cemitérios superlotados para ornamentar capelas e igrejas; o maremoto turco invade e submerge Constantinopla, em 1453. As coisas não são melhores nas universidades, nas quais os pilares da razão são abalados pelo nominalismo. A dúvida, o paradoxo da "douta ignorância" e a loucura estão na moda. A Europa perdeu suas referências.

Não há, portanto, de que rir. É preciso, antes, tremer à chegada do Apocalipse, que Luís d'Anjou manda ilustrar nos quadros gigantes de uma tapeçaria, ao redor de 1380. Os pregadores mendicantes, Vincent Ferrier em primeiro lugar, semeiam o terror. E, contudo, nesse "outono da Idade Média", o riso amplifica-se, a ponto de cobrir o medo. Quando ouvimos esse riso, damo-nos conta de que os dois fenômenos estão ligados. Não é mais o riso lúdico dos séculos XII e XIII: é um riso desabrido, cacofônico, contestatório, amargo, infernal – o riso dos alegres esqueletos da dança macabra. Não se ri mais para brincar, mas para não chorar, e os ecos desse riso estão à altura dos medos experimentados.

Jean Delumeau analisou magnificamente esses medos.[1] Ele também mostrou muito bem como a Igreja dava aos fiéis meios de suportar essas angústias que ela própria suscitava.[2] Procissões, bênçãos, intercessão dos santos, indulgências, novas devoções, sem dúvida, ajudaram as gerações do fim da Idade Média a não cair por completo no desespero e na neurose coletiva. Mas, independentemente da fé, os povos também foram salvos pelo

1 DELUMEAU, J. *Le péché et la peur. La culpabilisation en Occident, XIIIe-XVIIIe siècle*. Paris: 1978.

2 Idem, *Rassurer et protéger. Le sentiment de sécurité dans l'Occident d'autrefois*. Paris: 1989.

riso. Os europeus do século XV tentam assegurar-se rindo muito. Diante do grande medo, o grande riso. E se esse riso é desbragado é porque, quanto mais alto e ruidoso, mais ele pode afugentar os maus espíritos, sufocar os rumores atemorizantes, fazer esquecer – durante uma gargalhada – os perigos que ameaçam. "Pois o medo", escreve Bernard Sarrazin, "tanto quanto o riso, pode ser um remédio para a angústia, para o medo religioso, como o demonstrou magistralmente Jean Delumeau em *O medo no Ocidente*. Falta escrever *O riso no Ocidente*: teríamos então duas histórias paralelas dos dois imaginários, do riso e do medo.".[3]

Jean Delumeau nota igualmente "uma espécie de rivalidade entre o riso e a religião", ou antes entre o "sagrado sério" e o "sagrado não sério", para enfrentar a angústia. *Decameron* testemunha isso. Na Florença assolada pela peste negra, em 1348, alguns rezam em procissão, mas é pura perda de tempo, nos diz Boccaccio: "É em vão que organizaram, não uma vez, mas várias, humildes preces públicas e procissões, e outras súplicas foram dirigidas a Deus por pessoas devotas; quase no início da primavera do dito ano, o flagelo desabou seus dolorosos efeitos em todo o seu horror e afirmou-se de maneira prodigiosa".[4] Outros reagem pelo riso: "Eles afirmavam que beber muito, usufruir, ir de um lado para outro cantando e se satisfazendo de todas as formas, segundo seu apetite, e rir e zombar do que pudessem rir era o remédio mais certo para tão grande mal". De igual modo, diante da avalanche de mortos, "eram raros aqueles que se comoviam com as lágrimas piedosas ou amargas dos parentes. Ao contrário, essas lágrimas eram, na maioria das vezes, substituídas por risos, ditos alegres e festas". É assim que um grupo de jovens, homens e mulheres, decide passar o tempo contando as histórias, engraçadas se possível, que compõem a trama de *Decameron*.

Essas histórias são tipicamente medievais. Elas não anunciam uma nova era: são o canto do cisne de um mundo que termina, que mergulha na derrisão zombando de si mesmo e de seus valores. O sagrado não é poupado. Ao contrário, há um prazer maligno, como nas fábulas, em rir dos monges dissolutos, em ridicularizar crenças populares, como o culto das relíquias, no inventário de Prévert: "Ele me mostrou, primeiro, o dedo do Espírito Santo inteirinho, mais sadio do que nunca; o focinho do serafim

3 SARRAZIN, B. "Rir do diabo da diabolização...". In: *Humoresques*, nº 7, Presses Universitaires de Vincennes: 1996, p.32.
4 BOCCACCIO, *Decameron*, 1ª novela.

que apareceu a são Francisco; uma das unhas dos querubins; um dos lados do Verbum Caro encostado na janela; as vestes da Santa Fé católica; alguns raios da estrela que apareceu aos três Reis Magos no Oriente; uma pluma cheia do suor de são Miguel quando ele combateu contra o diabo; o maxilar da morte de são Lázaro; e outras ainda".[5] Tudo isso suscitava hilaridade: "Todos riam muito do irmão Cipolla, e sobretudo de sua peregrinação e das relíquias vistas e trazidas por ele".

Ri-se também do inferno, de onde vem um certo Tingoccio, que conta sua estada lá, como uma espécie de paródia de Dante: "Meu irmão, quando cheguei lá embaixo, deparei com um que parecia conhecer de cor todos os meus pecados e que me ordenou prosseguir até um lugar para expiar minhas faltas no meio de grandes tormentos; ali, encontrei numerosos companheiros condenados à mesma pena que eu; e, lembrando o que tinha feito com a comadre e esperando, por esse pecado, uma pena maior ainda que aquela que me fora imposta, embora estivesse num grande fogo ardente, eu tremia de medo. 'O que fizeste mais que os outros que estão aqui para tremeres tanto, mesmo estando no fogo?' 'Oh, meu amigo', respondi, 'tenho muito medo do julgamento que me espera por um grande pecado que cometi outrora.' Ele me perguntou qual pecado. Respondi: 'Foi este: dormi com minha comadre; tantas vezes que perdi a pele ali'. Então ele, rindo muito, disse: 'És um tolo, não temas nada; aqui, ninguém liga para comadres'. Ouvindo isso, fiquei completamente tranquilo".[6]

Gaifonas para o diabo – e, ao mesmo tempo, para a Igreja, que o criou. Semelhantes impertinências encontram-se em Chaucer, ou nas *Cem novas novelas*.[7] Rir do diabo e do inferno é exorcizar o medo que se tem dele. Ora, o diabo está em toda parte, nessa época. Zomba-se dele e ele zomba dos homens, em uma grande bufonaria trágica. Ele é representado, às vezes, mantendo seu fogo nos mistérios, com orelhas de asno, o capuz com guizos, a túnica verde e amarela.[8] A festa dos bobos às vezes adquire ares de festa diabólica, e, em *Mistérios de são Crispim e são Crispiniano*, o bobo e o possuído se confundem.[9]

5 Ibidem, 10ª novela.
6 Ibidem, 7ª novela.
7 MERLIN, C. "O cômico das *Cem novas novelas*". In: *Cahiers de l'Association Internationale des Études Françaises*, n.37, maio 1985.
8 HASLINGHUIS, E. J. *De Duivel in het drama der Middeleeuwen*. Lyde: 1912.
9 CHAMBERS, E. K. *The Medieval Stage*. Oxford: 1903, v.2.

RIR DO DIABO E DO ANTICRISTO

Nos dias que precedem as representações dos mistérios, as diabruras se multiplicam, cada vez mais bufas, parodísticas e agressivas. Para o grande especialista da história do diabo, Jeffrey Burton Russel, essas diabruras tornam-se "paródias sérias".[10] O mundo infernal é, cada vez mais, tomado de forma derrisória, e Satã, que comanda o baile, é um alegre companheiro que gosta que riam em torno dele. Em 1947, Gottschalk Hollen descreve assim uma *Missa de jogadores* representada em cena: "Os jogadores constroem uma igreja de Satã; seus cardeais são os demônios do jogo. ... Suas igrejas são as tavernas e os jogadores, a comunidade. ... A epístola começa: 'O apóstolo Titivillus, príncipe das trevas, aos bêbados: – Irmãos, sede bêbados'".[11] Em um mistério da mesma época, vê-se Satã acompanhado de seis bobos numerados celebrando uma missa parodística;[12] em *Paixão de Troyes*, o bobo põe o bastão no lugar dos ídolos e declara: "É o bastão que domina". A entrada do inferno está sempre representada no teatro: é a "*Chappe Hellequin*", boca do inferno, cujo nome contamina certos personagens, como Arlequim.

O personagem de Satã fica cada vez mais embaçado nas representações, cujo sentido torna-se confuso. Ele é ridicularizado, mas, ao mesmo tempo, defendido, porque aparece cada vez mais sob os traços de uma vítima. Nos mistérios, assiste-se a processos parodísticos em que os diabos são a parte queixosa, acusando Deus de ter cometido uma injustiça contra eles. Eles são escarnecidos, mas sente-se, confusamente, que não estão errados. Moshé Lazar escreve a propósito de *Advocacia Nossa Senhora*, do século XIV: "Na confrontação, diante da corte suprema de Deus, Satã não deveria, segundo a lógica e o direito, perder o processo; porém, segundo as regras do jogo e do roteiro, ele só pode sair denegado, enganado, ridicularizado. ... Satã, consciente de desempenhar o papel de eterno perdedor, sempre vencido de antemão segundo as regras do cenário, adquire, na 'divina comédia', uma dimensão patética e até mesmo um pouco trágica".[13]

Em todo caso, tragicômica. Ri-se do pobre-diabo, bode expiatório, vítima de um Deus cuja justiça parece tão contestável. O que não impede que ele seja levado muito a sério. A multidão participa verdadeiramente do que

10 RUSSEL, J. B. *Lucifer: the Devil in the Middle Ages*. Cornel: 1984.
11 Citado por KOOPMANS, J. *Le théâtre des exclus au Moyen Age*. Paris: 1997, p.70.
12 JUBINAL, A. *Mystères inédits du XVe siècle*. Paris: 1837, v.2.
13 LAZAR, M. *Le diable et la Vierge*. Paris: 1990, p.13.

vê na cena, a ponto de enforcar o ator que fez o papel de Satã em *Paixão* de Meaux, ao passo que aquele que representou o diabo em *Desespero* se suicida tomando veneno.[14] Com certeza, o diabo permanece ferrenhamente mau; mas, ao mesmo tempo vítima e responsável, ele é objeto de zombarias e temores. Às vezes, aparece carrancudo, continuando burlesco; ele é quem marca as pausas cômicas no processo parodístico que concerne às profissões.

Nos Carnavais, ele é cada vez mais presente. Em Nuremberg, em 1475, aparece um novo carro durante a parada: o "Inferno", repleto de demônios e bobos. Esse carro logo se torna o centro das atrações, e o grande jogo consiste em tomá-lo de assalto, o que dá lugar a alegres extravasamentos. Logo, esses confrontos degeneram para lutas religiosas: em 1539, os jovens patrícios colocam sobre o carro a efígie de Osiander, chefe dos luteranos da cidade, no meio dos loucos. O conselho da cidade interdita, então, o cortejo de *Schembartläufer*. A mesma degeneração ocorre na Suíça, onde as autoridades tentam disciplinar o Carnaval. Na Hungria, lugar em que as festividades e as mascaradas – descritas, em 1476, por Hans Seybold – duram quase dois meses, o Carnaval está estreitamente associado ao diabo, como o testemunha, em 1502, o franciscano Pelbart Tamesvari, em seu manual de sermões, o *Pomerium*. Em 1525, o rei da Hungria, Luís II, usa ele próprio a máscara de Satã, com cornos de boi, bico de cegonha e rabo de serpente, enquanto os nobres se fantasiam de diabos.

Nesse fim da Idade Média, a grande questão também é a próxima vinda do anticristo, precursor do fim do mundo. O medo acentua-se a partir do fim do século XIV, estimulado pelas elucubrações proféticas. Desde 1349, o carmelita William de Blofield escreve a um dominicano de Norwich que circula um rumor: o anticristo já tem dez anos e vai reinar como papa e imperador. No mesmo ano, o franciscano Jean de Roquetaillade, em seu *Liber secretorum eventuum*, confirma que, sem dúvida, o anticristo já nasceu: a peste é um indício disso; outras catástrofes virão, pois ele deverá reinar três anos e meio, de 1366 a 1370, antes de ser eliminado por Cristo; virão em seguida mil anos de paz, depois o assalto de Gog e Magog, ao redor de 2370 e, enfim, o julgamento final. Outros colocam o milênio antes do anticristo, mas também utilizam a peste como signo anunciador.[15] Um autor francês da metade do século XIV, meditando sobre a multiplicação das catástrofes,

14 WOLTHUIS, G. W. *Duivels-kunsten en sprookjesgestalten. Studiën over literatum en folklore*. Amsterdã: 1952, p.141.

15 LERNER, R. E. "The black death and western eschatological mentalities". In: *American Historical Review*, 86, n.3, 1981, pp.533-552.

também vê nisso o anúncio da vinda iminente do anticristo.[16] Um autor anônimo inglês, em 1356, situa essa vinda em 1400,[17] tal como um "adivinho desconhecido", citado por Henri de Langenstein.

Entre o povo miúdo, o desvario traduz-se por movimentos sociais guiados por uma esperança profética. São os flagelantes de 1348-1349, que se fixam sobre a cifra de 33 e meio: 33 dias e meio de procissão, início de um movimento que deveria durar 33 anos e meio, período em que as ordens monásticas desapareceriam e tudo seria substituído por uma ordem nova, pura, desprendida dos bens terrestres e que duraria até o fim do mundo. Na Alemanha, os flagelantes investem contra o clero, negando-lhe qualquer caráter sobrenatural; eles contestam o milagre eucarístico, interrompem a missa. Seu outro alvo são os judeus, vítimas de um *pogrom* generalizado.

Os astrólogos também se intrometem. Conforme uma predição anônima de 1380-1383, o anticristo nasceu; ele fora anunciado pela conjunção de "Júpiter e Saturno no ano de 1365, que significaria o nascimento de um novo profeta. Este seria o anticristo, que destruiria a fé em Jesus Cristo por três anos e meio. E qualquer um pode reconhecer seu advento pela divisão desses três papas, dos quais um é o mensageiro do anticristo. ... Outro diz que, quando a cidade de Paris for ofendida, ela não demorará trinta anos para ser destruída".[18]

Para certos intelectuais, é quase o pânico. "Considero que nos restam apenas três anos até esse dia tão temido", escreve Nicolas de Clamanges.[19] Uma carta apócrifa do grão-mestre das hospedarias de Rhodes declara que o anticristo já está em ação, e Eustache Deschamps vê, nas desgraças do tempo, o trabalho de seus enviados:

> Oh! Anticristo, já vindos são teus mensageiros
> para preparar tua hedionda vinda;
> e da lei de Deus abandonam o uso
> falsos profetas, que já vão pelas ruas,
> vilas, cidades, país; um mata o outro.[20]

---

16 LERNER, R. E. *The Powers of Prophecy*. Berkeley: 1983, p.104.

17 WADSTEIN, E. *Die eschatologische Ideengruppe: Antichrist-Weltsabbat-Weltende und Weltgericht, in dn Hauptmomenten ihrer christlich-mittelalterlichen Gesamtentwicklung*. Leipzig: 1896, p.93.

18 Citado por BOUDER, J.-B. "Simão de Fares e as relações entre astrologia e profecia no fim da Idade Média". In: *Mélanges de l'école française de Rome*, t. 102, n.2, 1990, p.643.

19 NICOLAS DE CLAMANGES. *Opera omnia*. Lyon: 1613, p.317.

20 EUSTACHE DESCHAMPS. balada 1164.

O dominicano espanhol Vincent Ferrier deixa atrás de si um rastro de angústia. Em 8 de outubro de 1398, em uma visão, Cristo lhe confiou a missão de pregar o exemplo de Domingos e de Francisco para obter a conversão das multidões ante a vinda iminente do anticristo. Ele vai seguir essa ordem sem relaxar, acrescentando profecias de sua lavra. Em seu sermão sobre o anticristo de 10 de março de 1404, em Friburgo, ele anuncia que esse agente de Satã vai seduzir os fiéis, com dinheiro, com promessas, falsos milagres, argumentos filosóficos e, em seguida, torturar suas vítimas. "De início ele vos tomará todos os bens temporais. Depois, matará as crianças e os amigos na presença dos pais. Em seguida, cada hora, cada dia, ele vos arrancará um membro depois do outro, não de forma contínua, mas pouco a pouco."

Isso não tardaria a chegar. Em 1403, os indícios multiplicam-se. Na Lombardia, Vincent Ferrier recebe a visita do mensageiro de um grupo de eremitas que tiveram a revelação do nascimento do anticristo. No Piemonte, um comerciante de Veneza contou-lhe que noviços franciscanos tiveram uma visão terrível anunciando o mesmo acontecimento. Cotejando os testemunhos, o santo concluiu que o anticristo está chegando à adolescência: ele deve ter nove anos. Em 1410, ele escreve ao papa que a catástrofe é iminente porque o Cisma é a grande divisão anunciada por São Paulo em sua segunda epístola aos tessalonicenses. O anticristo vai reinar por três anos e, depois de seu aniquilamento, haverá 45 dias antes do fim do mundo. Não há chance, segundo Vincent Ferrier, de um milênio de paz.[21]

Alguns anos mais tarde, um burguês de Paris anota, em seu *Diário*, em 1429, a passagem de um pregador franciscano, irmão Richard, que se inspira no dominicano espanhol e anuncia, para 1430, acontecimentos extraordinários: "Ele dizia ser verdade que chegara havia pouco da Síria e de Jerusalém e que lá encontrou hordas de judeus que interrogou. Eles lhe disseram que o Messias nascera, que iria passar-lhes sua herança, a saber, a terra da promissão, e eles iriam para a Babilônia em bandos. Segundo as Santas Escrituras, esse Messias é o anticristo, que deve nascer na cidade de Babilônia, que outrora foi capital dos reinos dos persas".[22]

---

21 FAGES, H. *Histoire de Saint Vincente Ferrier*. Louvain-Paris: 1901-1905.

22 *Journal d'un bourgeois de Paris*. Paris: ano 1429, n.500, ed. do Livre de Poche, 1990, pp.255-256. Para as previsões relativas ao anticristo, ver MINOIS, G. *Histoire de l'avenir*. Paris: 1996.

Diante dessa ameaça iminente, trememos, certamente, mas, mesmo assim, encontramos maneiras de rir. O anticristo – quem poderia crer? – presta-se aos disfarces carnavalescos. Ele é colocado em cena, em 1331, em *O dia do julgamento*: reivindicando seus domínios, manda cunhar moedas com sua efígie. Em um mandamento burlesco, é dito que todos os povos devem utilizar essa moeda, sob pena de morte. Durante esse período inteiro, o anticristo é apresentado nas farsas como um personagem bobo, o *fatuus*, que significava, na origem, o "enfeitiçado".[23] Seu papel cômico é, de novo, explorado na época da Reforma, em, por exemplo, *A nova farsa do anticristo*. Do lado protestante, o papa é identificado com um anticristo burlesco na representação de *Concílio de Trento* (1545).[24] Isso é visto igualmente nos jogos satíricos alemães, como *Des Entkrist Vasnacht* (1521), *Die Totenfresser* ou o *Mandamento de Lúcifer aos pretensos clérigos, escrito há 140 anos por Nicole Oresme* (1550).

Riem do diabo, riem do anticristo e riem também desses grupos que a pregação oficial torna responsáveis pelas catástrofes do período: os judeus, em particular, mas também os mouros, os heréticos, os feiticeiros e as feiticeiras. Muitos escritos parodísticos e de inversão cômica são verdadeiros rituais de exclusão, de "erradicação dos elementos não desejáveis da sociedade", escreve Jelle Koopmans, que acrescenta: "Essas paródias são bem menos gratuitas do que se pensa: elas traduzem abertamente os rituais de exclusão e testemunham uma visão do que está deslocado na sociedade atual".[25] A ligação riso-diabo-exclusão é uma das linhas de defesa da cultura popular ocidental no século XV. O riso é, então, um riso de medo.

Os judeus são o alvo preferencial. Em Roma, no século XV, eles se tornam, à própria custa, a primeira atração do Carnaval, a ponto de, cerca de 1500, os viajantes chamarem o Carnaval de "a festa dos judeus". Eles pagam duplamente os custos: de um lado, exigem-se deles, por volta de 1400, quinhentas peças de ouro, contribuição estendida, pelo papa, em 1420, a todas as comunidades judaicas de seus estados; de outro lado, eles são fisicamente atores. A Companhia dos Judeus desfila em trajes amarelos e vermelhos e, sobretudo, eles devem participar das corridas de judeus, que o papa Paulo II criou ou confirmou ao redor de 1470. Sobre a mais longa avenida da cidade, denominada, por isso, o *corso*, depois de uma boa refeição,

---

23 KOOPMANS, J. *Le thèâtre des exclus au Moyen Age*. Paris: 1997.

24 AICHELE, K. *Das Antichristdrama des Mittelalters, der Reformation und Gegenreformation*. La Haye: 1974.

25 KOOPMANS, J. op. cit., pp.187 e 191.

os judeus, quase nus, só com uma pequena peça de tecido, devem correr até o palácio do papa. Para que tudo seja ainda mais engraçado, também fazem correr os corcundas, os mancos, os gordos, sob o sarcasmo, as zombarias, as brincadeiras de mau gosto. Humilhação infligida a uma comunidade, todavia, bem integrada à sociedade romana, mas que, apesar de tudo, é percebida como um elemento à parte, a qual se deve fazer sentir a diferença com um riso trocista. Nas farsas e nos mistérios, os judeus, associados ao diabo, são ridicularizados com ele. Assim, em *Paixão de Asfeld*, a dança diabólica é a *Judden dancz*; Cristo é vítima de um complô judaico-diabólico, e as anotações cênicas indicam: "Enquanto isso, os judeus e os diabos dançam" e: "No fim do canto, os judeus bebem ao culto do bezerro e comem o cordeiro".[26] É um riso agressivo de exclusão, que combina com os *pogrons*.

RISO DAS FEITICEIRAS

Não existe feitiçaria que não seja fonte de cômico. Jelle Koopmans pode, assim, falar de "duas extremidades que se tocam: a alegria do Carnaval e a repressão da feitiçaria".[27] É difícil, nesse domínio, distinguir a parte do cômico voluntário da do cômico involuntário. Assiste-se a empréstimos mútuos, do repertório da farsa para o dos manuais "sérios", de uso dos inquisidores. Os rituais que, supostamente, se desenrolam ao longo dos sabás prestam-se particularmente a cenas bufas, como beijar o traseiro de Satã ou o rabo de um gato; em outro sentido, as histórias cômicas são seriamente integradas aos manuais de perseguidores de feiticeiras, para ilustrar os poderes do diabo, mas também as artimanhas pelas quais se pode abusar dele. Por exemplo, o diabo diz, um dia, a um pobre que vai se transformar em mula e que era preciso vender essa mula ao bispo; o negócio é concluído: o bispo compra o animal e monta-o; ao passar perto de um rio, a mula salta na água e afoga o prelado.[28] O fato de encontrarmos essa anedota, ao mesmo tempo, em cenas cômicas do teatro medieval e nas obras de demonologia sobre as artimanhas de Satã ilustra bem a ambivalência do diabólico que se pode explorar tanto para fazer rir como para fazer tremer.

---

26 Citado em WENZEL, E. "Do Worden due Juden alle geschant". In: *Rolle und Funktion der Juden in spätmillelalterlichen Spielen*. Munique: 1992, pp.120-124.
27 KOOPMANS, J. op. cit., p.191.
28 RUSSEL, J. B. *Witchcraft in the Middle Ages*. Nova York: 1972, p.84.

Um dos mais célebres manuais de demonologia do século XV, o famoso *Malleus maleficarum* ou *Pilão das feiticeiras*, redigido em 1484 por Heinrich Kramer e Jacques Sprenger, pode, hoje, ser lido como perfeita obra cômica, ao mesmo tempo burlesca e grotesca, o que não era, evidentemente, a intenção de seus autores. Estes apresentam, com imperturbável gravidade, todos os símbolos que permitem reconhecer as feiticeiras, descrevendo seus poderes maléficos, as liturgias dos sabás nos quais os fenômenos de inversão sistemática oferecem desconcertantes semelhanças com o desenvolvimento dos Carnavais. Reencontramos todo o bricabraque dos relatos sobre as artes diabólicas, das quais muitas são reapresentadas nas histórias extraordinárias de Gregório, o Grande, como aquela da freira que engole um diabinho que está sentado tranquilamente em sua folha de salada.

O mundo de Kramer e Sprenger é, literalmente, grotesco: tudo é ilusão, porque Satã está em toda parte na obra. Este engana nossos sentidos, transformando os homens em animais ou as velhas em moças; ele próprio pode revestir todas as aparências e dar às feiticeiras poderes extraordinários: elas podem deslocar-se voando, provocar metamorfoses... Uma de suas mágicas favoritas, que ocupa numerosos capítulos do manual – e que revela muito das preocupações dos inquisidores –, é "privar o homem de seu membro viril".

O que elas fazem? Colocam esse órgão em uma caixa ou em um ninho, onde ele fervilha como grandes vermes. Quem perde o sexo pode consultar uma feiticeira para ter um de reserva; ela apresenta à pessoa um magnífico prato deles, dentre os quais pode-se escolher um. Os inquisidores citam testemunhos como o daquele homem que escolheu o maior deles, mas não pôde obtê-lo porque esse imponente pênis era de um padre, logo, consagrado. Tudo isso é contado em latim, com a maior seriedade: "As feiticeiras colecionam grande número de órgãos de macho, até vinte ou trinta, e colocam-nos num ninho de pássaro ou encerram-nos em uma caixa, onde eles se mexem como órgãos vivos e comem aveia e trigo, como pudemos constatar e tal como é de conhecimento público. Diz-se que isso é obra de ilusão diabólica. Um homem testemunhou que, depois de ter perdido seu membro, procurou uma feiticeira muito conhecida para pedir-lhe a restituição. Ela disse ao homem amputado que subisse em determinada árvore e escolhesse o que preferisse em um ninho onde havia vários membros. Ele escolheu um muito grande, e a feiticeira lhe disse: 'Não podes ficar com esse... porque esse é do pároco'".[29]

29 KRAMER, H., SPRENGER, J. *Malleus Maleficarum*. Nova York: ed. Montague Summers, 1948, p.121, parte II, quest.I, cap.7.

Um prodígio, se é que se podem escrever coisas semelhantes sem se rir. Atrás dessas elucubrações devemos ler o medo da castração e da impotência viril, tanto mais que o tema ocupa um espaço desproporcional no manual. Os autores, que se dirigem a um público sem condições de recorrer a um exorcista, estão conscientes de que essas histórias são ilusões sugeridas pelo diabo e que põem em jogo a função reprodutora do homem. Eles vivem num mundo grotesco, não se pode ter certeza de nada confiando nos sentidos. Seu grotesco é um grotesco inquietante, monstruoso; é o grotesco da alienação, segundo W. Kayser, aquele das *Tentações de Santo Antônio*, que tantos pintores do século XVI iriam ilustrar, aquele das visões de Jerônimo Bosch, de um mundo totalmente desarticulado em que os elementos do real se recompõem com maior fantasia – é o grotesco demoníaco. É também aquele de Arcimboldo, de suas "cabeças compostas" de frutas e legumes, ou do mundo exuberante de Bruegel, em que se misturam, em uma efervescência sinistra, a morte, a loucura, a monstruosidade e alguns seres humanos desvairados.

Nesse torvelinho ensurdecedor de formas e sons, a farsa, o mistério e a demonologia reúnem-se em uma celebração do diabo, da loucura e da morte, em que o grotesco encontra o sublime e a angústia explode de rir. No momento em que tudo se torna possível pelos sentidos enlouquecidos, nada mais é sério, e só o riso pode dissipar a alucinação. Quando Fouquet, em *Mistérios de santa Apolônia,* coloca um bufão que abaixa as calças; quando nas ruas se desenvolvem furiosas diabruras e sobre os palcos se afobam títeres com máscaras zoomorfas; quando os demonólogos contam como os diabos, mais numerosos que mosquitos, cortam os ares levando, cada um, um feiticeiro que deixam cair se, por acaso, escutam o som de uma *Ave Maria,*[30] devemos não apenas "convir que nossos ancestrais tinham um gosto muito particular pela farsa, pela malícia, na vida real", como escreve Jelle Koopmans,[31] mas também constatar que os homens do século XV, enlouquecidos com as desgraças da época, brincaram com seus medos. Um jogo que nem sempre é consciente, mas que sempre ressalta o aspecto cômico dos acontecimentos. Quando o mundo também se torna absurdo, quando as catástrofes se acumulam a esse ponto, que fazer senão rir? Rir de tudo, rir de todos, dos excluídos e dos poderosos, da loucura e da morte, de Deus e do

30 É o que escreve, em 1612, PIERRE DE LANCRE, grande perseguidor de feiticeiros, em *Tableau de l'inconstance des mauvais anges et démons.*

31 KOOPMANS, J. op. cit., p.221.

diabo. Nos Carnavais, proliferam deuses de dragões, imagens de perigos domesticados, como a famosa tarasca, a besta epônima de Tarascon, que aparece pela primeira vez em uma parada de 1465. Em 1474, organizou-se a primeira corrida da tarasca, com grande reforço de gritos e de risos: a derrisão vence o monstro.

A IRONIA CHEGA ATÉ DEUS

Deus não é poupado pelo riso, nesse fim da Idade Média. A tradição das missas, preces e sermões parodísticos certamente não é nova; mas, nesse caso, também o tom muda. Diante da aparente inércia divina perante as catástrofes, o riso torna-se acusador. Sobretudo, não levanta o dedinho para socorrer-nos. Vós que tudo podeis e que nos amais tanto! Olhai-nos sofrer! Esse é o sentido das preces parodísticas que vêm à luz no século XV. Desta vez, a blasfêmia não está longe, como o testemunham dois *Pater Noster* do fim do século XIV que, com nuance trocista, felicitam Deus por ficar tranquilamente no céu, enquanto males de toda espécie se abatem sobre a terra e o clérigo furta suas ovelhas. Ninguém sabe o que os homens fizeram para merecer semelhante sorte, mas o Senhor tem toda a razão em ficar longe dela. Essa é a lição do *Pater Noster em quartetos*:

Pater noster que és bem sábio,
tu és digno de todos os louvores,
porque lá em cima fizeste tua morada
e bem alto te escondeste
In celis.

Em nosso presente o mal abunda,
Cada um é cheio de orgulho e de ira.
Não há, neste mundo, alguém
de quem se possa dizer:
Sanctificetur.

Porque, nos tempos que ora correm,
Aquele que menos sabe
é o que mais pode angloriar-se na corte
e blasfemar contra ti e desprezar
Nomen tuum.

...
Por isso, se queres aceitar meu conselho,
Em cima, bem alto, deves ficar,
no paraíso, em nobre glória,
e nunca aqui embaixo descerás
Et in terra.

Eu me admiro e me maravilho
Porque estamos em tal perigo
por aqueles que usam veste vermelha
e só fazem tomar e comer
Panem nostrum.

Não há uma única vez,
porque não há dia da semana,
em que eles não nos pilhem de tal forma
que mal podemos sobreviver
Cotidianum.
...
Ora, não sei o que fizemos
Nem se pensas que isso vai durar,
Porque não acredito que exista
Ninguém no mundo que a tanto resista
Sicut et nos.[32*]

Essa ironia se encontra também no *Patenostre de Lombardie*, que data da mesma época. "Lombard" é, então, mais ou menos sinônimo de "rapace", "opressor". A agressividade é patente: "Não és louco, Pai Nosso, Te escondeste lá em cima, enquanto os diabos e os ingleses nos tomam *panem nostrum*".

Pater noster, tu não és louco,
porque te colocas em grande repouso,
que subiste alto *in celis*:
porque, agora, neste país,
não há ninguém que seja *sanctificetur*

32 Manuscrito da Biblioteca da Universidade de Genebra, 179 *bis*, fls.8-9.
* Trecho original em frânces arcaico. (N. T.)

nem que pense no tempo futuro
nem que invoque *nomen tuum.*
...
Só pensam no mal noite e dia
Ora, cuida-te bem *in celo*
sem te deixar, eu te louvo;
porque os diabos sabidos reinam
e tudo revolvem e tudo tomam
e é inferno *et in terra.*
E são espertos ingleses
que roubam *panem nostrum*
e nos dão muita pancada.
E aqueles que nos deveriam guardar
Só fazem atormentar-nos
Com sua gula *quotidianum*,
tiram o nosso sem razão
e nem dizem: *da nobis.*
...
Fazes muito bem ficando aí
porque aqueles que mantêm a guerra
não o fazem por nenhuma terra,
mas só para ter a *nostra.*
Ora, não acredites nisso,
porque se cá embaixo estivesses
e não soubesses te defender,
eles te fariam *sicut et nos.*[33*]

Uma *Ave Maria* parodística dá o mesmo conselho à Virgem: fica aí em cima. Esse tipo de literatura prolifera no século XV. Encontraram-se, entre outros, um *Pater Noster des Angloys* e um *Patenostre do povo comum segundo os tempos que correm*, muito anticlerical, que denuncia os padres parasitas:

Pater noster, que faremos
entre nós, pobres trabalhadores?
Todos nós carregamos acima de nós

33 Biblioteca Santa Genoveva, ms. 792, fº 13.
* Trecho original em frânces arcaico. (N. T.)

esses padres nobres, jovens e velhos;
e depois que tudo tomaram,
nós somos pobres sofredores
para ti *qui es in celis*.[34]

Citemos ainda a *Ave Maria des Espaignolz*, o *Invitatoire bachique*, a *Litania dos bons companheiros* e, mais tarde, o *Benedictus à confusão e à ruína dos huguenotes*. Os alegres sermões exploram o mesmo veio. Alguns são simples paródias lúdicas obscenas, como aquela composta pelo cronista Jean Molinet sobre *Saint Billouard*, sermão de duplo sentido, jogando com a superposição dos níveis hagiográfico e anatômico: ele pode ser ouvido pelos ouvidos castos, como a visita reformadora que o santo faz a um convento, e pelos ouvidos maliciosos, como a visita benfazeja de um pênis a um sexo feminino. Molinet, que viveu perto de Valenciennes, no fim do século XV, parece ter-se inspirado num caso de possessão diabólica que aconteceu nas proximidades.

Mas os alegres sermões degeneram rapidamente em crítica social e religiosa. Tornam-se ocasião de virulentas sátiras anticlericais, cujo tom aumenta no início da Reforma. Segundo uma testemunha, "quando o luteranismo começou em Bâle, uma mulher subiu ao púlpito, no *faubourg* Saint-Jean, ... e recitou um alegre sermão".[35] As paródias religiosas adquirem igualmente uma nuance política, desde o início do século XIV, como a paródia latina de um hino de Venance Fortunat, o *Vexilla regis prodeunt*, glorificando o assassinato de Piers Galveston, favorito de Eduardo II, da Inglaterra.

O RISO AGRESSIVO DAS "ALEGRES SOCIEDADES"

Tudo isso anuncia um novo clima, em que o medo dá ao riso um tom agressivo e violento. A mudança é notada especialmente nas festas, sejam elas regulares, organizadas ou espontâneas. Uma delas pode servir de protótipo. Em Arras, em 1434, no transcorrer de um inverno muito rigoroso, que castiga demais a população, esta se diverte construindo personagens de neve ou de gelo, em diferentes lugares da cidade. Conforme um texto contemporâneo, vê-se aí, entre outros, "no quarteirão da Rua de Haizerue,

34 Citado por ILVONEN, E. *Parodies de thèmes pieux dans la poésie française du Moyen Age*. Helsingfors: 1914, p.38.
35 Citado por PFRUNDER, P. *Pfaffen, Ketzer, Totenfresser. Fastnachtkulture der Reformationzeit. Die Berner Spiele von Niklaus Manuel*. Zurique: 1989, p.130.

um pregador chamado irmão Galopin fazendo sua pregação: esperança, desejo e paciência. Da mesma forma, diante de Loé Dieu havia a dança macabra, em que estavam, em figura de neve, o imperador, o rei, a morte e o jornaleiro. Diante da porta de Miolens, estava o rei e Paudesire e seu valete. Na Rua de Molinel foi feito o Grão-Senhor da Curta Vida e depois sua sepultura. Na entrada da abadia foi esculpido um homem selvagem e sua criada, que tinha por nome Margotine. Diante do Dragão [um albergue], a Grande Donzela, e em volta da torre homens de armas, e na entrada estava Perigo".[36]

Assim, espontaneamente, não somente os habitantes de Arras zombam do frio, mas estendem seu riso a perigos mais permanentes, de outra ordem: a dança macabra, que leva todo mundo, inclusive os perigos da vida política da época – a Grande Donzela é Joana d'Arc, queimada três anos antes; a derrisão atinge igualmente o clero, o rei, os senhores. Fixada no gelo, toda a sociedade do século XV, diante de seus medos, de suas injustiças, fica exposta às piadas da multidão. O riso adquire, aqui, aspectos vingativos. Robert Muchembled comenta: "Essa festa espontânea da neve expele tanto os medos reais, particularmente do frio e da morte, como os temores nascidos da sujeição às autoridades, ao rei, à Igreja. Como na dança macabra contemporânea, no Cemitério dos Inocentes, em Paris, os valores oficiais, impostos pela obediência a esses poderes, são criticados, pela citação da morte que nivela as condições, mas também pela derrisão e pela ironia, pelo riso...".[37]

A constatação pode ser estendida à maioria das festas da época, que Robert Muchembled classifica em oito categorias e nas quais ele vê apontar uma "agressividade, filha do medo". Essa agressividade se descarrega ao mesmo tempo pela violência e pelo riso. O Carnaval, com sua licença, suas turbulências, seu mundo às avessas, é sua expressão mais apropriada. O que muda, em relação à época precedente, é o caráter muito mais explícito e preciso das alusões. A derrisão, agora, aponta o dedo para os alvos. Na Alemanha, no fim do século XV, vê-se aparecer nos cortejos carnavalescos os *Läufer*, que dançam e correm, revestidos por uma grande túnica sobre a qual são pregados bilhetes com as chaves de São Pedro: são os vendedores de indulgências, e sobre as letras encontram-se os nomes das máscaras do Carnaval.

---

36 Arch. Munic. d'Arras, BB7, f° 78v°.

37 MUCHEMBLED, R. *Culture populaire et culture des élites dans la France MODERNE (XVe-XVIIIe siècle)*, ed. Champs-Flammarion, 1978, p.163.

Nos Carnavais alemães, é por volta de 1400 que aparece o *Fastnachts-piel*, pequena peça cômica em forma de farsa, que adquire progressivamente mais importância e cujo caráter satírico se acentua cada vez mais. Um autor como Hans Sachs (1494-1576) escreveu uma centena delas. A categoria dos *Meistersänger*, poetas urbanos faceciosos, compõe também pequenas bufonarias ou fábulas burlescas de um gênero original, o *Schwank*, denunciando os abusos: o *Pfaffe van Kalenberg*, de 1473, por exemplo, relata as aventuras burlescas de um pároco bufão que engana seus paroquianos.

A obra-prima do gênero é *Till Eulenspiegel*, publicada em 1478: é a história de um herói popular, morto em meados do século XIV, que, trocista, ironiza tanto os burgueses quanto os padres, senhores e monges e até o papa em uma série de aventuras burlescas. Essas farsas assumem um tom amargo e cruel e contornos de crítica social. O cavaleiro é apresentado como uma espécie de degenerado medroso; o clérigo, como um pedante parasita; o padre é um trapaceiro. Aumenta a pressão sobre os refratários ao riso, cuja seriedade reprovadora é considerada marca de hostilidade à causa popular. Se o riso é, mais que nunca, obrigatório no Carnaval, é porque ele se torna um símbolo de zombaria, um emblema da pertença à grande confraria do escárnio contra as autoridades em falência. "Esse jogo", escreve Jacques Heers, "presta-se muito bem a criticar todos os impostores, todos aqueles, estrangeiros ou reticentes, que se mantêm a distância das festas, zangam-se ou reprovam-nas abertamente. Daí uma série bem conformista, igualmente, uma gama regrada de pequenos quadros zombeteiros para escarnecer, imitar os maus modos dos rabugentos ou dos soberbos.".[38]

A sistematização do riso público e sua organização em instrumento de derrisão social são ilustrados pelo aparecimento, no fim da Idade Média, das "alegres sociedades". Seu papel, contudo, é ambíguo. De um lado, testemunham o rigor do movimento de zombaria subversiva que caracteriza a época; mas, de outro lado, à medida que esse movimento decorre de um molde associativo, ele é circunscrito, delimitado, regrado, organizado, ou seja, manipulado. Passa-se da fase do riso espontâneo, expressão livre da base, à do sindicato do riso. E, então, tudo depende da força e das circunstâncias locais.

Uma das mais célebres, dentre as sociedades, é a "Compagnie Folle de Dijon", ou Companhia da Mãe Louca. Ela aparece em um mandado do duque de Borgonha, de 1454, que confirma seu direito de organizar, todo ano, a festa dos "bobos alegres" e proíbe qualquer um de opor-se a ela:

38 HEERS, J. *Fêtes des fous et carnavals*. Paris: 1983, p.251.

E que alegres loucos sem perigo
do costume de nossa capela
façam a festa boa e bela,
sem ultraje ou derrisão.

Os quinhentos membros da sociedade são oriundos da burguesia das pessoas da lei, comerciantes, mestres de ofício, e suas atividades giram em torno da celebração da folia. À frente ficava a Mãe Louca, que era aquele "mais recomendável por sua boa aparência"; cercado de uma corte, ele devia ser muito rico para financiar boa parte das festas. No decorrer delas, os membros ordinários, que se diziam "lunáticos, ventilados, aduncos, almanaques velhos e novos, heteróclitos, joviais, melancólicos, curralistas, saturninos, fanáticos, alegres, coléricos", formavam a infantaria e desfilavam em roupa de bobos, bastão na mão, precedendo a carruagem da Mãe Louca. Notáveis da cidade, fantasiados de vinhateiros, declamavam versos satíricos contra as autoridades, civis e eclesiásticas, visando personagens de forma muito precisa. O conjunto era organizado e, antes, comportado. A composição social e a proteção ducal parecem garantias suficientes contra qualquer desvio subversivo do riso. A companhia contará, de resto, com membros de prestígio, como Henrique de Bourbon, príncipe de Condé, Henrique de Lorraine, conde de Harcourt, ou o bispo de Langres. Para ser admitido, é preciso submeter-se a um exame cômico, durante o qual se deve ter presença de espírito em réplicas e tréplicas e recebe-se um diploma em língua burlesca, paródia do jargão jurídico.

O caráter aristocrático é mais marcado ainda nos Cavaleiros da Ordem dos Loucos, fundado em Clèves, em 12 de novembro de 1381, por Adolphe de la Marck, conde de Clèves, e por 35 senhores que, quando da assembleia anual, vivem em total igualdade. É, aliás, o único elemento que parece justificar seu título de loucos. Em Paris, os "Enfants sans Souci", que desfilam em trajes de bobos em 1º de janeiro, parecem totalmente inocentes: alguns cantos mais ou menos idiotas, caretas, bufonarias... Em Rouen, a confraria dos "Coqueluchiers" pratica as mesmas atividades. A dos "Connards", ou "Cornards", que a sucede na mesma cidade, passeia seu abade dos "Connards", portando cruz e mitra, por toda a cidade. Em Évreux, é num 11 de junho, dia de São Barnabé, que tem lugar a *Facetia Conardorum*. Nesses cortejos, satirizam-se os acontecimentos marcantes do ano transcorrido.

Todas essas sociedades representam um contrapoder burlesco, com seu abade, bispo, príncipe, mãe, com títulos cômicos: príncipe dos tolos, príncipe da alegria, príncipe dos estouvados, mãe louca. Frequentemente, há um abade de Maugouvert – isto é, de mau governo – que a preside, o que fornece ocasião para processos burlescos em que a hierarquia é invertida. No norte da França, essas sociedades são particularmente numerosas e ativas e têm ligações entre si. O abade do Júbilo, cuja existência em Arras, de 1431 a 1534, é certa e é eleito pelos notáveis da cidade, administra um orçamento importante – mais de uma centena de libras – destinado à organização das festividades e dos banquetes em honra de seus homólogos das cidades vizinhas. Ele próprio é convidado para a festa do Rei dos Tolos, em Lille, em 1497, assim como para aquela do Príncipe do Prazer em Valenciennes e para a do Príncipe da Juventude, em Béthune. Em 4 de fevereiro de 1494, em Aire-sur-la-Lys, são reunidos o Abade do Júbilo, o Príncipe e o Abade da Juventude, o Legado do Exagero e o Rei das Barbas Cinzas das cidades vizinhas para os torneios burlescos.

Atrás da fachada dos estatutos dessas sociedades e dos vagos resumos dos cronistas, memorialistas e redatores de diários pessoais, adivinha-se, porém, que, na realidade, essas manifestações aparentemente inocentes podem dar lugar a derrapagens e extravasamentos, quando ressurge o elemento subversivo do riso. As regras da polícia, aplicáveis ao tempo do Carnaval, por exemplo, deixam pressupor tumultos. Em 1494, ordena-se a todos os estrangeiros que vêm participar do Domingo Gordo, em Arras, que deixem as armas com seus hospedeiros; solicita-se aos vagabundos que saiam da cidade e barra-se o acesso aos parapeitos. É um período muito difícil para as autoridades, confrontadas com um enorme afluxo de forasteiros, uma desordem incontrolável, em favor da qual, acobertadas pelas máscaras, todas as bandalheiras são possíveis. Um sinal revelador dessa dificuldade de administrar a situação é que, em 1490, foi suspenso o exercício normal da Justiça; pede-se aos sargentos para não efetuar prisões durante as festas. A cidade está nas mãos de sua dezena de alegres sociedades.

Ora, essas sociedades não parecem contentar-se em brincar de queimar gatos nem o Rei Carnaval em distrair gigantes; elas derivam para a oposição político-religiosa, que pode, sob a cobertura do riso, descambar para a heresia. Nessa cidade de Arras, em 1439, foi queimado, como valdense, o poeta Jean Frenoye, que tinha sido, outrora, um dos soberanos de alegres sociedades, o abade de Pouco Juízo. Os valdenses de Arras, suspeitos de formar uma seita diabólica, celebrando missas parodísticas, eram, aliás, chamados de *buffones*.[39] Os elos entre as alegres sociedades, heresia e feitiçaria também

39 HANSEN, J. *Quellen und Untersuchungen zur Geschichte des Hexenwahns und der Hexenverfolgung im Mittelalter*. Bonn: 1901.

estão estabelecidos em Cambrai. Em 1459, em Langres, é queimado outro herético, também ex-Abade de Pouco Juízo, o pintor Jean Lavite. Da mesma forma, são prováveis as relações entre a seita herética dos Turlupins, importante em Lille nos anos de 1460, e uma sociedade de atores de Abbeville.

Com a Reforma, esses vínculos se reforçam. Em Valenciennes, uma alegre sociedade, a Principado da Diversão, é acusada, diretamente pelas autoridades, de utilizar o riso e a ironia a serviço do diabo e do calvinismo: "Essas nescidades e práticas de insensatez não são de forma alguma toleráveis se não forem do interesse da honra de Deus; ou seja ... mas o diabo não tinha intenções que não vissassem a preparar tragédias vergonhosas para Deus e lamentáveis para os homens: pretendia, com essas tolices, abrir as portas aos sacrílegos de Lutero e de Calvino, animando essas comédias e espetáculos. ... Entre jogos e farsas profanas que rebaixam a dignidade das coisas sagradas e os ministros da Igreja".[40] As mesmas acusações se aplicam aos Tolos de Genebra e às Crianças sem Cuidados de Guyenne. Em 1549, uma "criança sem cuidados" de Rouen foi presa em Noyon e queimada em Paris.[41]

O riso da festa não é apenas suspeito de conluio com a heresia; ele pode também ser instrumento de desestabilização das autoridades civis. Todos os anos, durante o Carnaval, os "Connards" de Rouen e Évreux, dirigidos por seu *Abbas Cornadorum*, ridicularizam os magistrados e mantêm um tribunal sob as janelas daqueles de quem querem escarnecer. Aliás, as vítimas são cavaleiros, mestres, senhores. Tudo isso, sob o efeito dos males do tempo, corre o riso de degenerar. "A subversão do poder", escreve Maurice Lever, "está inscrita no próprio poder: a ordem existe para ser perturbada; a hierarquia, para ser invertida; o sagrado, para ser profanado. Não há sociedade que não gere seus próprios gêneros de transgressão.".[42]

DA LOUCURA NEGATIVA (BRANT) À LOUCURA POSITIVA (ERASMO)

Em todas essas manifestações, observa-se a onipresença da loucura, que cada vez mais fascina o homem do fim da Idade Média. O louco, com sua roupa tradicional, está presente em toda parte, até mesmo servindo de assinatura ou marca nos recibos de um pintor alemão, Albert de Horst, que

40 Citado por KONIGSON, E. *La représentation d'un mystère de la Passion à Valenciennes en 1547*. Paris: 1969, p.12.
41 PICOT, E. *Recueil général des sotties*. Paris: 3 vols., 1902-1912, t. III, p.81.
42 LEVER, M. *Le sceptre et la marotte. Histoire des fous de cour*. Paris: 1983, p.92.

trabalha, em 1485, a serviço do capítulo da catedral de Tréguier. Essa obsessão pela loucura que governa o mundo, derrisão suprema de uma sociedade que perdeu suas referências, de um mundo que se tornou amargamente risível, culmina com *Nau dos insensatos* e *Elogio da loucura*, de 1494 a 1509.

O louco sempre inquietou o homem racional, que, de bom grado, atribuiu à divindade a origem das desordens de comportamento, nomeando, por exemplo, a epilepsia de "grande mal" ou "mal sagrado". A loucura: possessão diabólica ou possessão divina? Vá saber! Resulta disso uma dupla atitude. De um lado, o respeito. Assim, chega-se a fazer derivar o termo "cretino" de "cristão" e "pateta" (*benêt*) de *benedictus*; fala-se igualmente, na Idade Média, do "louco Jesus": este não bendisse os pobres de espírito, e sua sabedoria não é loucura para os homens? Erasmo não hesita em ilustrar o *Elogio da loucura* com a cabeça de Cristo usando um capuz com guizos. O louco pode ser o morosofo, aquele que diz a verdade e que é um louco que Panurgo vai consultar para saber se deve se casar. Loucura e misticismo mantêm vínculos misteriosos.[43]

Do outro lado, a rejeição. O louco é aliado do diabo, a representação do irracional; perigoso, é frequentemente excluído, expulso, às vezes em grupos miseráveis. Esses débeis mentais, em certas ocasiões, são enviados com outros doentes para os santuários – como o de Gheel, sobre o Reno. São essas errâncias que estão na origem do tema de *Nau dos insensatos*, que Sébastien Brant ilustra, em 1494, em um grande poema, rapidamente traduzido e imitado. Josse Bade produz *Nau dos loucos*, em 1497, e Murner *Conspiração dos loucos*, em 1511. O tema literário da nau dos loucos é a derrisão dos homens que se dizem sábios. A loucura é utilizada como um repelente: trata-se de mostrar o absurdo de um mundo privado de códigos e proibições, de um mundo que renega seus valores. Esse mundo é louco e rimos dele, mas com um riso que não é alegre.

O sucesso do tema é tal que se vê aparecer pouco depois, nos Carnavais alemães, um carro que é a nave dos loucos. A bordo, figuras grotescas ou monstruosas, designando, às vezes, indivíduos específicos ou diabos, dentre os quais um, todo de preto, lança fogo ou água. Os diabos e os loucos estão no mesmo barco. É a nave do mal. É nessa nave informal que Jerônimo Bosch se inspira para seu célebre quadro, mesmo que, como os peritos estabeleceram, ele se deva a um poema holandês mais antigo, de 1413. Nos Carnavais, a nave dos loucos era, finalmente, tomada de assalto e incendiada.

43 WRIGHT, S. K. *The Vengeance of Our Lord. Medieval Dramatizations of the Destruction of Jerusalem*. Toronto: 1989.

Os homens que abandonaram os valores tradicionais são loucos e deve--se zombar deles. Esse aspecto negativo da loucura, objeto de riso, bufonaria desprezível, é reencontrado em outras circunstâncias: em certas danças macabras, o esqueleto veste uma roupa de louco, e Holbein mostra, sobre uma tela, um louco que segue a morte. Às vezes, obrigam certos criminosos a usar o hábito de louco em sua execução; é o caso, em Paris, em 1530, de um vigário que matou seu superior e, em Rouen, em 1533, do padre Étienne le Court. É uma associação comum da loucura ao mal, ao diabo, à morte.

Nas cidades medievais, o louco serve de alvo para os sarcasmos, para os apelidos, para as pancadas; já vimos que os artistas das catedrais os representam recebendo uma pedrada na cabeça. Bode expiatório e burro de carga, o louco torna permissível rir dos males, dos perigos, das angústias. Eis por que ele está tão presente no Carnaval, em liberdade, desafiando a multidão; zomba-se dele e ele é destruído. A loucura é miséria humana, e essa loucura é rechaçada pelo riso: "Sua passagem se inscreve como uma fuga grotesca, uma cavalgada bufa, alvo de todos os sarcasmos e simulacros de violência. Tudo isso, contudo, com grandes ímpetos de alegria esfuziante".[44]

Pode acontecer que, no Carnaval, pelo menos, não sejam os loucos os mais visados. Perseguem-se os sensatos, os sábios, os censores. Mas que diferença faz se o triunfo coroa os loucos ou os sábios? Na realidade, só há um vencedor: o riso. A vitória da derrisão, sob os traços da loucura, abre o caminho à verdade e ao bem: essa é a mensagem de Erasmo, em 1509, em *Elogio da loucura*, apologia do bom uso do riso. Em relação a Brant, a situação é inversa. O mundo é, certamente, guiado pela loucura, mas aqui o riso é construtivo: ele visa abrir caminho para a razão. Brant é o riso amargo da Idade Média que termina, que constata o naufrágio dos valores; Erasmo é o riso alegre da Renascença, que mostra a loucura do mundo antigo para favorecer a eclosão de um mundo novo, sensato. Riso desiludido de um lado, otimista de outro: entre essas duas gargalhadas, de acentos tão diferentes, passa-se da Idade Média à época moderna.

Erasmo sabe que a derrisão não é boa prensa, sobretudo na Igreja. Os censores, escreve ele, "clamarão que eu ressuscitei a comédia antiga, ou Luciano, que critica tudo e se diverte com tudo". Ele evoca a lembrança de Homero, de Virgílio, de Ovídio, de Policrato, de Sêneca e de outros que utilizaram a derrisão antes dele. "As pessoas inteligentes sempre usufruíram o

44 HEERS, J. op. cit., p.154.

privilégio de exercer seu espírito sobre a vida humana, desde que respeitem o sentido de medida." Erasmo não escarnece dos indivíduos, mas dos vícios: o riso é, assim, colocado a serviço da moral. É o que ele repete, em 1515, em uma longa carta a Martin Dorp. Ele não quer ferir ninguém, contrariamente a seus predecessores ironistas – mesmo são Jerônimo aferra-se com virulência a Vigilantius. Seu emprego de ironia é só para favorecer o bem: "A verdade do Evangelho penetra mais facilmente no espírito e implanta-se mais solidamente se for apresentada sob aparência agradável em vez de em estado bruto". Eis que se retoma a ideia dos pregadores humoristas medievais. Na pior das hipóteses, prossegue Erasmo, trata-se apenas de um divertimento inocente que, aliás, agrada a muitos: "Se é isso, caro Dorp, que denominas tolice, tens um acusado que se declara culpado ou, pelo menos, não protesta. Assim, para passar o tempo, para seguir o conselho de amigos, eu fui tolo, mas isso aconteceu apenas uma vez em minha vida. Ora, quem é sensato, afinal de contas?".

A virtude e a verdade não são, necessariamente, tristes, e o riso pode contribuir para dissipar o mal: "Isso mesmo que é relatado é louvado como brincadeira e como jogo sob uma máscara divertida, se bem que a alegria do tom exclui qualquer ofensa. Não vemos a força de um traço de espírito agradável e dito a propósito, mesmo que diga respeito a severos tiranos? Eu te pergunto que preces, que discurso sério teriam podido apaziguar o famoso rei tão facilmente como o fez a brincadeira de um soldado? Disse ele: 'Se não tivéssemos, na corte, algumas garrafas, teríamos dito coisas muito piores contra vós!' O rei pôs-se a rir e perdoou-os. Não é sem razão que dois grandes retóricos, Cícero e Quintiliano, dão conselhos sobre o riso". A argumentação de Erasmo é bem a marca de uma nova era: referindo-se aos antigos, ele prega um retorno à virtude sorridente – o que, em 1509, pouco tempo antes do início das guerras de religião, testemunha um grande otimismo. Essa loucura simpática é apenas uma ficção instrumental: trata-se de divertir para educar, ideia humanista sobre a questão.

No início do século XVI, essa nova ideia está longe de carrear adesões. A obra de Erasmo suscita vivas críticas dos teólogos, que, nessa época, combatem os pregadores bufões, como o franciscano Michel Menot ou o dominicano napolitano Gabriel Barletta, que talvez levasse as brincadeiras longe demais, quando, por exemplo, perguntava a seus ouvintes de que maneira, na opinião deles, a Samaritana pudera saber que Jesus era judeu. É preciso constatar que, circuncisão à parte, não havia marca evidente.

A FESTA SOB VIGILÂNCIA

No século XV, as autoridades civis, religiosas, espirituais, viam a derrisão com um olhar muito desconfiado. O grande sucesso da espiritualidade da época, a *Imitação de Cristo*, não cessa de repetir: o cristão deve estar sempre alerta e ser consciente de sua miséria. O riso é suspeito. Quando Joana d'Arc, em 24 de maio de 1431, se põe a rir de seu ato de abjuração, os juízes pensam que isso traía a duplicidade dela. Apenas riso de alívio, segundo Salomon Reinach. Revelador igualmente é o comentário de Lemaire de Belges, que relata, em 1491, a morte de Dunois: "Essa foi a sentença duvidosa de Deus sobre um grande zombador!".

Deus pune os zombeteiros e não acolhe de bom grado, no paraíso, os que riem. Como o demonstrou o grande estudo de André Vauchez, *A santidade no Ocidente nos últimos séculos da Idade Média*, todos os canonizados da época, em particular os bispos, são santos tristes: "Jovens tristes – Pierre de Luxembourg lembrava, rudemente, a seus próximos que 'Cristo nunca riu' –, adolescentes desencantados com a realidade e que mais nada esperam das instituições eclesiásticas, esses são os santos bispos do fim da Idade Média, no território francês".[45] A derrisão é, cada vez mais, entendida pelos notáveis como um vício, característica do populacho ou de salteadores, como aqueles espertallhões que, segundo relata Bourgeois de Paris, em 1449, "fizeram um rei e uma rainha para sua zombaria". Foram mandados para a prisão.

Certamente, esse não foi o menor de seus malfeitos, mas isso indica, todavia, que as autoridades agora estão decididas a reprimir as manifestações coletivas do riso, acusado de ameaçar a paz social. Aqui, impõe-se a insolúvel questão de saber quem começou: as autoridades iniciaram o combate às festas populares, até então inocentes, porque a cultura de elite estava evoluindo para formas sérias e ordenadas, considerando a diversão do povo como superstição? Ou as festas populares transformaram-se em motivo de tantos problemas que as autoridades foram obrigadas a punir? Dito de outra forma: as elites decidiram matar o riso popular ou o riso popular decidiu subverter as elites, provocando a reação destas últimas?

É impossível destrinçar o problema. Não se pode, honestamente, estabelecer a anterioridade deste ou daquele agente. Como acontece nos problemas socioculturais, tudo está misturado. Se é possível estabelecer uma prioridade,

45 VAUCHEZ, A. *La sainteté en Occident aux derniers siècles du Moyen Age*. École Française de Rome: 1988, p.357.

ela recai, provavelmente, sobre o medo. As espantosas crises suscitam pânico, angústia, tensão, confronto: senhores e burgueses temem as reações do povo camponês e urbano e adotam medidas repressivas para assegurar ordem e segurança; a ralé zomba de maneira agressiva dos dirigentes, cuja incúria é em parte responsável pelas crises. O confronto começa: riso turbulento e zombeteiro de um lado, interdição ou limitação da festa de outro. Só a partir das Reformas, protestante e católica, é que o elemento propriamente cultural será considerado, como uma cultura mais refinada das elites, mais racional e mais austera, condenando o riso grosseiro e inconveniente do povo. Ainda não se trata de choque entre duas culturas, mas daquele dos mantenedores da ordem medieval contra o riso agressivo, julgado um tanto perigoso, das festas coletivas.

As autoridades civis e religiosas reagem de comum acordo. Em Lille, o conselho municipal proíbe os jogos, as danças em torno das fogueiras de São João, plantações de milho, as assembleias de paróquias, desde 1382 – interdição renovada em 1397, 1428, 1483, 1514, 1520, 1554, 1552, 1559, 1573, 1585, 1601. Essa repetição é sinônimo de ineficácia, é claro, mas também de obstinação na política de controle do riso festivo. De maneira mais sutil, as autoridades tentam apossar-se das festas, para transformá-las em espetáculos disciplinados, celebrando a ordem estabelecida em vez de subvertê-la por meio da paródia.

O participante torna-se um espectador cuja conduta é ditada e vigiada, e as festividades se transformam numa parada ritual que desdobra, aos olhos das pessoas, todas as hierarquias sociais. O objetivo é, então, substituir o riso agressivo e subversivo por um riso de convenção, puramente lúdico. Um pouco por toda parte, assiste-se a esse duplo movimento, tanto no norte da França (em Valenciennes, por exemplo, os turbulentos grupos de juventude são enquadrados, e o Carnaval se transforma num magnífico espetáculo) quanto na Itália. Em Florença, os dois aspectos se sucedem. Na grande época dos Médici, o príncipe – aqui, Lourenço, o Magnífico – faz do Carnaval um instrumento a serviço de sua política, "a serviço de sua glória", escreve Jacques Heers, "de sua casa e de sua cidade, da paz pública, contra todos os fatores adversos e os inimigos de seu poder. O Carnaval florentino dessa época apresenta-se a nós como um excelente exemplo de alegre festa popular, antes contestatória e depois confiscada para melhor proveito do homem no poder e dos seus. É agora a festa dos elogios e da exaltação".[46]

46 HEERS, J. op. cit., p.268.

Vasari descreveu extensamente essas festas do Carnaval florentino e seus esplendores, os carros, os costumes. Ri-se, brinca-se, diverte-se, mas não se contesta. Trata-se da política do "pão e do circo". Encoraja-se a busca de prazer, celebra-se o amor e até mesmo um certo grau de licenciosidade, o que desarma qualquer tentativa de contestação social. Há sempre um carro com diabos, mas é puro decoro convencional, e não existem mais os turbulentos ataques a loucos e a diabos: "O Carnaval florentino e dos Médici permanece ainda o reino dos loucos, mas, aparentemente, cada vez menos, por simples referência ou hábito que tende a se perder. ... A loucura, erigida em espetáculo, não sustenta todo o cortejo".[47] Sob a fachada de loucura, é, na realidade, a celebração da submissão voluntária e conformista.

Para Savonarola, que dirige Florença de 1490 a 1498, essas diversões são ainda supérfluas. Substituídas por procissões, lamentações e cantos de salmos, elas desaparecem por um tempo. Mas o gosto do espetacular e do excessivo persiste e ilustra como o riso está próximo das lágrimas. A partir dessa época, os florentinos organizam, durante o Carnaval, o desfile do Triunfo da Morte, com um imenso carro todo negro, ornado de todos os atributos macabros: ossadas, cruzes brancas, esqueletos levantando-se do caixão a cada batida do tambor, participantes vestidos de preto, usando máscaras com a figura de morte, brandindo uma tocha negra e cantando o terrível *Miserere*, que serve de lição a todas as danças macabras da época: "Dor, choro e penitência são agora nossos tormentos. Essa companhia da morte grita por penitência. Nós fomos o que sois, vós estareis mortos, tal como nos vedes. Aqui de nada serve, depois do mal, fazer penitência".

Aumentar o riso livre, jogando com a atração pelo espetacular e pelo teatral, é um procedimento comumente utilizado por todos os poderes, desde os imperadores romanos mais tirânicos até os técnicos da política-espetáculo democrática, dos jogos de circo até a midiatização atual dos eventos esportivos. Os poderes do século XV, confrontados com a subversão avassaladora da derrisão, encontraram espontaneamente a receita. Transformar o ator em espectador, deixando-lhe a ilusão de participar: é também o que saberá fazer muito bem a Igreja da Contrarreforma com suas pompas barrocas e suas missas espetaculares. No século XV, o movimento apenas começara. Tenta-se controlar, ou seja, interditar, as expressões muito turbulentas do riso coletivo, o que provoca, às vezes, reações hostis.

47 Ibidem, p.284.

A festa dos loucos é particularmente visada. Os censores eclesiásticos associam-nas às festas pagãs e, sobretudo, tentam demonizá-las. "Não são diversões, são crimes. ... Pode-se fazer um jogo da impiedade? Pode-se fazer um divertimento de um sacrilégio? Ninguém brinca, sem perigo, com uma serpente, ninguém se diverte, impunemente, com o diabo.".[48] Ou ainda: "É verdade que, se todos os diabos do inferno tivessem de organizar festas em nossas igrejas, eles não poderiam agir de outra maneira...".

As diferentes autoridades eclesiásticas multiplicam as condenações. A Universidade de Paris, em 1444, declara que os participantes das festas dos loucos "devem ser tratados como heréticos". O concílio de Bâle, em 1435, interditou essa prática, assim como o concílio provincial de Rouen, em 1445. O bispo de Reims tentou limitar a licenciosidade delas, em 1479. O de Troyes, em 1445, procurou pôr fim à festa dos loucos, mas encontrou tamanha resistência que teve de recuar. Os chefes eram os próprios cônegos, que, nessa ocasião, improvisavam jogos satíricos no primeiro domingo de janeiro: "Os dos capítulos de São Pedro, de santo Étienne e de santo Urbano fizeram, sobre altos cadafalsos, um jogo de personagens, vituperando e injuriando o bispo e os mais notáveis da catedral, que tinham, em virtude da Pragmática, exigido a supressão da festa". O riso é, desta vez, muito agressivo. O mesmo acontece, em 1487, com o bispo de Tournai. Interdição também ineficaz é aquela contra o *obispillo* de Gérone, em 1475.

O Carnaval é objeto de rigorosa vigilância, e as medidas adotadas o associam ao charivari. Desde 1404, o sínodo de Langres decide: "Os eclesiásticos não devem assistir – muito menos se divertir com ele – ao charivari, no qual se usam máscaras que têm figuras de demônios. Porque não apenas lhes proibimos essa diversão como a proibimos também a todos os fiéis de nossa diocese".[49] As autoridades civis vedam, igualmente, o uso de máscaras: as sentenças dos Parlamentos de Rouen e de Paris, em 1508 e 1514, interditam sua venda no recinto do palácio. A de 1508 especifica que "é proibido a todas as pessoas usar, vender ou comprar máscaras, narizes ou barbas falsos e outros disfarces, sob pena de multa de cem libras". Fantasiar-se é enganar, ao mesmo tempo, a natureza e a polícia.

Durante o Carnaval, reforça-se a vigilância; os canhões das muralhas são mantidos carregados, como em Agde, Saint-Omer ou Valenciennes. Os concílios provinciais multiplicam as decisões contra as "farsas e as momi-

48 Citado por HEERS, J. op. cit., p.178.
49 Citado por THIERS, J.-B. *Traité des jeux et des divertissements*. Paris: 1686, p.328.

ces". Para os charivaris, como ressaltou Yves-Marie Bercé, as condenações eclesiásticas são muito anteriores às civis,[50] mas essa prática, que visava manter o equilíbrio social e matrimonial tradicional, por uma espécie de autodisciplina da comunidade, utilizando a derrisão como arma, torna-se indesejável a partir do século XV. Para as autoridades, o riso coletivo torna-se suspeito, potencialmente perigoso e subversivo.

A Idade Média termina com risos e ranger de dentes. Risos da insensatez e da derrisão, atrás dos quais as elites cultivadas viam a zombaria do diabo. A unanimidade medieval é quebrada: social, religiosa e politicamente, a cristandade, no amanhecer da Renascença, explode em classes, em confissões e em estados rivais. Os confrontos que se preparam não se prestam ao riso. No século de fanatismos que se abre, a invectiva é mais frequente que a gargalhada. Todavia, é o século de Rabelais. O que significa a "gargalhada ensurdecedora" (segundo a fórmula de Mikhaïl Bakhtine) do monge-médico em tal época? Não é incongruente esse Gargântua hilário e *bon vivant* em uma Europa onde cada um se prepara, seriamente, para morrer por ideias?

De fato, o riso de Rabelais é um manifesto, como a confissão de fé de Augsbourg ou o catecismo do Concílio de Trento. É o grito de zombaria de todos aqueles que pregam uma leitura cômica do mundo, como outros pregam uma leitura protestante ou uma leitura católica. É a fundação do partido do riso, que cristaliza contra si, imediatamente, as oposições das pessoas sérias de todas as fronteiras: "rabelaisiano" é um insulto entre os reformados e os católicos, mas também entre as pessoas finas, entre os alunos de Castiglione. Esse riso é intolerável. Esse riso gordo, que estoura como o ribombar do trovão, cobrindo as invectivas sectárias, assoprando as páginas dos in-fólio teológicos e salpicando de perdigotos as faces flácidas dos doutores, é uma blasfêmia, uma heresia – e a mais perigosa de todas: a heresia cômica. Contudo, Rabelais não diz nada mais que as farsas e as fábulas da Idade Média. Diz melhor, isso é tudo. Mas ele o faz acintosamente. Ele gargalha, quando a hora não está mais para gargalhadas. É isso que é imperdoável. De chofre, o riso, que no século XV se havia tornado suspeito e amargo, transforma-se em desafio. O mal está encarnado, circunscrito: é o riso rabelaisiano, o riso baixo, obsceno, que não respeita nada e que, provavelmente – asseguram seus inimigos –, não crê em nada. "Rabelaisiano" e "ateu" são, agora, termos associados – e condenados. Na verdade, é nessa época que começa o confronto entre partidários e adversários do riso.

---

50 BERCÉ, Y.-M. *Fête et révolte. Des mentalités populaires du XVIe au XVIIIe siècle*. Paris: 1976, p.41.

– 8 –

A GARGALHADA ENSURDECEDORA DA RENASCENÇA

O mundo rabelaisiano e suas ambiguidades

De início, devemos dar a César o que é de César e a Mikhaïl Bakhtine o que lhe pertence. Seu estudo, muitas vezes citado nos capítulos precedentes, é essencial para a época da Renascença. Ele nos servirá como ponto de partida para colocar os problemas próprios ao século de Rabelais, e, se nossas conclusões diferem das dele, seu trabalho permanece indispensável para a compreensão do riso rabelaisiano.

É ele que cita essa passagem de B. Krjevski, da qual tomamos emprestada a expressão-título deste capítulo: "O estrépito da gargalhada ensurdecedora que contaminou a Europa avançada, que levou até o túmulo os eternos fundamentos do feudalismo, foi uma prova alegre e concreta de sua sensibilidade à mudança de ambiente histórico. Os estouros desse riso 'historicamente' colorido não apenas abalaram a Itália, a Alemanha ou a França (antes de tudo, faço alusão a Rabelais com *Gargântua* e *Pantagruel*), mas também suscitaram um enorme eco além dos Pireneus".[1]

1 KRJEVSKI, B. *Le réalisme bourgeois des débus*. Leningrado: 1936, p.162.

Essa frase contém o essencial da tese de Bakhtine: a Renascença foi a rejeição da cultura oficial da Idade Média pelo riso popular, por uma "carnavalização direta da consciência, da concepção do mundo e da literatura".[2] Os humanistas utilizaram a cultura popular cômica medieval como alavanca para reverter os valores culturais da sociedade feudal. Pelo riso, eles liberaram a cultura do sendeiro escolástico estático e introduziram uma visão de mundo dinâmica, otimista e materialista. O revelador dessa revolução pelo riso foi Rabelais, o Marx da hilaridade, o fundador da internacional do riso, cujo apelo à união dos ridentes do mundo inteiro prefigura o que o *Manifesto* lançará aos proletários. A analogia não é fortuita: escrevendo na URSS dos anos 1930, Bakhtine não podia deixar de dar a sua obra contornos marxistas, mesmo que suas íntimas posições pessoais ainda sejam, hoje, objeto de debate.[3]

UM RISO CRIADOR

O riso tem um poder revolucionário. Melhor: é um verdadeiro demiurgo, uma potência criativa capaz de ressuscitar os mortos, cerzida na cultura popular da Idade Média, na qual vida e morte se misturam de forma inextricável, num processo indefinido de decomposição e renascimento. O tema é ilustrado, no século XVI, pela farsa *Os mortos-vivos*, em que, para curar um advogado que se crê morto, um de seus amigos simula o estado de um cadáver fazendo caretas desopilantes, que forçam os assistentes e o próprio advogado a rir. Demonstram-lhe, assim, que os mortos devem rir para ressuscitar. É o que ele faz, e fica curado. Para Bakhtine, o tema da morte-ressurreição pelo riso é uma transposição, para o registro grotesco, da imortalidade histórica do povo, e a visão cômica do mundo torna-se, assim, o meio pelo qual a cultura popular afirma seu caráter indestrutível e triunfante.

A hipótese é discutível, mas fecunda. Alarguemos a perspectiva. Gostaríamos de demonstrar que, se o século XVI marca uma verdadeira reviravolta na história do riso, este se inscreve na evolução cultural geral dessa época. A Renascença repousa, entre outras, sobre a contradição flagrante entre o humanismo sorridente e o fanatismo religioso. Diante dessas duas atitudes, o riso rabelaisiano parece incongruente. Entre o sorriso fino e de bom-tom de *O cortesão*, de Castiglione, e a austeridade impiedosa de Calvino, Ra-

---

2 BAKHTINE, M. *L'Œuvre de François Rabelais*. Paris: trad. francesa., 1970, p.273.
3 Cf. PERRIER, S. "Petit voyage en Bakhtinie". In: *Europe*, n.757, maio 1992, pp.92-99.

belais e seus êmulos, com seus deboches de flatos e arrotos, suas grosserias blasfematórias, parecem marginais contestadores, rejeitados, ao mesmo tempo, pela antiga e pela nova cultura da elite.

Entretanto, sua "gargalhada ensurdecedora" ressoa de um canto a outro da Europa e do século. Ela é, de fato, o primeiro ensaio de riso total – existencial, poder-se-ia dizer. Fruto do humanismo e da cultura popular medieval, ela zomba dos antigos valores dominantes, utilizando as formas populares tanto quanto as cultas. Ela suscita, portanto, a dupla oposição dos mantenedores da tradição e dos partidários de um humanismo refinado. Estes últimos, à imagem de Erasmo, condenam o grosseiro riso rabelaisiano, ao passo que os primeiros condenam apenas o riso assimilado à impiedade.

A Renascença conhece, pois, esquematicamente, o rompimento dessa cultura em três setores: o riso, o sorriso, o sério. Mas, entre a face do Carnaval e a face da Quaresma, todas as nuances e todas as evoluções são possíveis. Essas três atitudes não são novas; o que é novo é que, agora, elas se opõem, se condenam e se excluem mutuamente. Acabou-se a época em que se podia ser, ao mesmo tempo, devoto e gargalhante, pertencer à elite dos poderosos e contorcer-se de rir. Conduzir-se como um porco e preservar seu prestígio social é, doravante, privilégio reservado aos soberanos: veja-se Henrique VIII. Os outros devem escolher seu campo: a austeridade sem falha dos reformadores religiosos, só recorrendo ao sarcasmo para atacar os vícios e os heréticos; o sorriso polido e superior do cortesão manejando a zombaria espiritual e de bom grado maldosa; o riso barulhento da seita rabelaisiana, encarando a vida como um Carnaval, pronto a camuflar, sob gargalhadas de riso grotesco, os sopros de angústia que penetram pelos buracos da existência.

Todos os historiadores das mentalidades fizeram uma constatação: é no século XVI, em particular com o aparecimento da imprensa, que o rompimento entre cultura das elites e cultura popular alarga-se de forma decisiva. "O século XVI", escreve Yves-Marie Bercé, "foi um momento de ruptura entre uma prática coletiva exuberante, ao mesmo tempo tradicional e indisciplinada e, de outro lado, uma religião de pessoas instruídas, querendo-se purificadas de toda excrescência idólatra, pretendendo voltar à essência de uma mítica Igreja primitiva. ... O segmento de pessoas que liam e escreviam, novo por sua importância, perdera a lembrança das formas de pensamento que o precederam e que continuavam, paralelamente, nas fileiras da imensa maioria que não tivera acesso aos prestígios da escrita."[4] Mas a ruptura entre

4 BERCÉ, Y.-M. *Fête et révolte. Des mentalités populaires du XVIe au XVIIIe siècle*. Paris: 1976, p.138.

cultura do riso e cultura séria não coincide com o corte entre cultura popular e cultura das elites. O riso, como forma de encarar a existência, encontra-se tanto nas elites como no povo. E o mérito de Rabelais é, justamente, ter realizado a síntese entre o cômico popular medieval, de base corporal, e o cômico humanista, de base intelectual.

Com Rabelais, começa de fato o riso moderno, que não é mais cômico. Esse riso que, como diz Octavio Paz, é "a embriaguez da relatividade das coisas humanas, o estranho prazer da certeza de que não há certezas". Esse riso humanista é profundamente ambíguo. Mais além da bufonaria de superfície, Rabelais prenuncia a era do absurdo, a nossa, e se ele toma o partido de rir dela é porque não adianta nada chorar por ela. É a marca de todos os ridentes sérios dos tempos modernos. É também o que, desde o século XVI, atrai para ele o ódio dos donos da verdade, que acreditam que seu sorriso é um sopro que fissura os ídolos, abala os templos de todas as religiões, verdadeiras e falsas, clericais e laicas.

"Riso-dobradiça, o riso de Rabelais, saído da ambivalência carnavalesca, introduz a ambiguidade da derrisão moderna",[5] escreve Bernard Sarrazin. Os debates dos historiadores em torno da impiedade real ou suposta de Rabelais demonstram a que ponto seu riso perturba.[6] Toda a sua obra, do prólogo de *Gargântua*, dirigido aos "beberrões ilustres, e a vós, bexiguentos preciosos", às últimas linhas de *O quinto livro*, é uma imensa gargalhada. Mas do que ri e como faz rir? Ele "quis provar que se pode fazer alto riso com riso baixo", diz-nos Bernard Sarrazin. Rabelais-Janus tem um riso de duplo sentido: ele utiliza as receitas do riso carnavalesco medieval e retira delas um riso filosófico moderno.

Tudo tem duplo sentido, dois níveis, em Rabelais; tudo pode ser lido pelo direito e pelo avesso. Decorre disso seu sucesso em todas as categorias sociais e também as interpretações contraditórias de sua obra. Tomemos um exemplo da maneira como ele aborda um dos mitos fundamentais do fim da Idade Média: o inferno. Epistemon, que foi lá vê-lo depois dos muito sérios Ulisses, Enéas e Dante e antes dos muito cômicos Arlequim e Tabarin,[7] assistiu a um verdadeiro Carnaval: lá, a inversão é a regra. Os diabos são "bons companheiros", e Lúcifer é bastante sociável; quanto aos condenados,

5 SARRAZIN, B. "Rir do diabo da diabolização...". In: *Humoresques*, Presses Universitaires de Vincennes: n.7, 1996, p.35.

6 Cf. MINOIS, G. *Histoire de l'athéisme*. Paris: 1998, pp.107-180.

7 *A alegre história de Arlequim*, 1585; para Tabarin, sua descida aos infernos é mencionada em uma obra de 1612.

"eles não são tão maltratados como se imagina". Desempenham funções cuja humildade contrasta com a glória que cada um teve na terra. Há, aliás, personagens históricos da Antiguidade, da cristandade e heróis mitológicos. Sua presença não tem nenhuma relação com seu passado moral. César e Pompeu são alcatroeiros de navio; Cleópatra, vendedora de cebolas; o rei Artur, limpador de toucas; Ulisses, ceifeiro; Trajano, pescador de rãs; os cavaleiros da Távola Redonda, remadores do Rio Estige; Júlio II, criador de patês; Bonifácio VIII, escumador de panelas, e assim por diante. Nicolau III (terceiro) está lá só para justificar um trocadilho: "Nicolau, para terceiro, era papeleiro".

O ponto comum é a inversão das situações, os orgulhosos sendo humilhados por aqueles que foram pequenos na terra. Diógenes vive no luxo e castiga Alexandre, que não lhe preparou os calções. Epicteto, rico e ocioso, diverte-se com as moças, ao passo que Ciro vem mendigar um dinheiro. Jean Lemaire de Belges está lá, brincando de papa, fazendo com que reis e pontífices lhe beijem os pés, para vender-lhes indulgências e dispensas "de valor nenhum"; os bobos do rei são os cardeais. Villon também está lá e, como Xerxes vende sua mostarda muito caro, ele urina em suas sobrancelhas. Nesse mundo fervilhante e obsceno, os bexiguentos são mais de cem milhões.

Essa carnavalização do inferno inscreve-se em uma longa tradição de farsas medievais. Se ela faz rir, é por seu caráter parodístico, pelo rebaixamento do "alto", equiparado a um bulício orgânico. Para os contemporâneos de Rabelais, é também porque ela dá segurança: se são essas as penas do inferno, não são tão temíveis. É o riso de alívio que arruína os esforços terroristas da pastoral oficial; é a divina surpresa, o relaxamento brutal de tensão, no qual os analistas veem uma das principais fontes do riso. Ele exorciza o medo, sem negar a existência do inferno. Teologicamente, poder-se-ia dizer que esse castigo por inversão não é pequeno. Mas o que o torna imperdoável é que ele é apresentado pelo riso. É em torno do riso que a divisão e o confronto se efetuam. Se as pessoas riem do fim dos tempos, é porque não existe nada de sério. O riso aparece como arma suprema para superar o medo. Quem ri do inferno pode rir de tudo. O riso – eis agora o inimigo – para aqueles que levam tudo a sério.

UM RISO DESTRUIDOR

O riso pode até mesmo nos prestar serviço aqui embaixo: fazer morrer agradavelmente. Morrer de rir: fala-se disso desde a Antiguidade, e

Rabelais conjuga erudição histórica e erudição médica para nos lembrar nove casos clássicos e as explicações de Galiano, de Alexandre de Afrodísio e de Avicena, para quem, por exemplo, o açafrão, "quando se toma dose excessiva, tanto excita o coração que o despoja de vida, por resolução e dilatação supérflua".[8]

A popularidade desse tema é manifesta, na época de Rabelais. Em 1503, o humanista Ravisius Textor consagra um capítulo de seus mortos célebres aos "mortos de alegria e de rir"; em 1507, Batista Fulgosa também relata alguns casos. Em *Gargântua*, o episódio do Mestre Janotus de Bragmardo é característico: "Assim que o sofista acabou de falar, Panocrates e Eudemon se mataram de rir, tanto que pensaram que iam entregar a alma a Deus, nem mais nem menos que Crasso, vendo um asno comendo cardos, e que Filemon, que morreu de rir ao ver um asno comendo figos colhidos para o jantar. Junto, competindo com eles, Mestre Janotus começou a rir tanto que as lágrimas lhe vinham aos olhos pela veemente concussão da substância do cérebro, na qual foram espremidas essas umidades lacrimais, escoadas até os nervos ópticos. Para eles, estavam representados Demócrito heraclitizando e Heráclito democratizando.".[9]*

A síntese das figuras emblemáticas do riso e das lágrimas resume toda a ambiguidade de Rabelais diante do drama da vida e da morte, ambiguidade que confirma os rumores sobre sua própria morte. "Fechai a cortina, a farsa acabou!", ele haveria declarado em 9 de abril de 1553, data de sua agonia. Teria acrescentado: "Vou procurar um grande *talvez*". Como esse *talvez* está próximo do "Quem sou eu?", de Montaigne! E como a "farsa" anuncia a "cânula cósmica" de Alvin Toffler! Que a vida seja uma farsa e que se seja capaz de dizer isso no último momento é uma audaciosa novidade no mundo cristão. Contudo, tal fato não é suficiente para morrer de rir, mesmo que três anos mais tarde Aretino, pintor e poeta de reputação ateia, quase o tenha conseguido: durante um jantar, ele é tomado por um riso desmedido, ouvindo uma história licenciosa, cai para trás com sua cadeira e morre. O riso e a impiedade, mais uma vez, têm uma impertinente tendência a associar-se. A brincadeira que encerra o testamento de Rabelais – "Eu não tenho nada valioso; devo muito; o resto dou aos pobres" – não é uma paródia ridicularizando a caridade cristã e as obras piedosas?

---

8 RABELAIS, F. *Gargântua*, cap.10.
9 Ibidem, cap.20.
* Em "língua rabelaisiana". (N. T.)

Não é de surpreender que Rabelais tenha sido, desde o século XVI, equiparado a Luciano pelos agelastas de qualquer espécie, protestantes ou católicos. Sob o pretexto de fazer rir, ele ataca a verdadeira religião, escreve Henri Estienne: "Quem não sabe que nosso século fez reviver um Luciano em um François Rabelais, em matéria de escritor que fere com remoques qualquer religião? Nós não sabemos que a finalidade deles ... apesar de parecerem apenas afastar a melancolia dos espíritos ... é espicaçar a verdadeira religião cristã? Isso quer dizer não acreditar em Deus nem na Providência, não mais que o maligno Lucrécio".[10] A obra de Rabelais foi condenada ao Index em 1564, e em 1587 o padre J. Benedicti lembra que aquele que lê as obras dele "está excomungado e só deve ser absolvido se consentir em queimar tais livros e fazer penitência".[11]

O riso rabelaisiano é mais impertinente que aquele das farsas medievais? Na aparência não. Todas as suas "impiedades" têm precedentes que não chocaram as autoridades. É nisso que Lucien Febvre se apoia para fazer de Rabelais um bom cristão.[12] Mas o contexto é muito diferente. Com o desencadeamento da Reforma, as polêmicas inflamam-se, os insultos explodem e as acusações de ateísmo proliferam. No século XVI não se pode mais rir do que divertia as multidões no século XIV. Nesse clima tenso, lançar, um atrás do outro, cinco paralelepípedos hilariantes, como o faz Rabelais, parece provocação sistemática. No meio de dogmatismos desenfreados, o riso aparece como insuportável blasfêmia.

O riso rabelaisiano é mais vivamente sentido porque, atrás de sua erudição arcaica, é muito moderno. As alusões geográficas e pessoais são claras, a sátira político-religiosa aflora nitidamente. O que fere mais, talvez, os chefes dos credos opostos, fixados numa visão estática do mundo, é que o riso rabelaisiano faz surgir um dado novo, o tempo, que lhes sugere que seus combates são estéreis porque são ultrapassados, fossilizados, não têm mais poder sobre a vida. As civilizações também podem morrer de rir, quando seus valores se tornam derrisórios. O riso rabelaisiano é um pouco o riso do tempo, que deixa atrás de si o mundo medieval. Como os papistas e os huguenotes poderiam perdoá-lo? "É o próprio tempo, alegre e zombeteiro de uma só vez", escreve Mikhaïl Bakhtine, "'o alegre garoto de Heráclito', a quem pertence a supremacia no universo, que injuria e louva, bate e

10 ESTIENNE, H. *Apologie pour Hérodote,* La Haye, ed. de 1735, p.178.
11 BENEDICTI, J. *Somme des peschez et remedes d'iceux*. Lyon: 1587, livro I, cap.2.
12 FEBVRE, L. *Le problème de l'incroyance au XVIe siècle. La religion de Rabelais*. Paris: 1942.

embala, mata e faz nascer. Rabelais traça um quadro de excepcional vigor do devir histórico nas categorias do riso, o único possível na Renascença, época em que fora preparado pelo curso altaneiro da evolução histórica."[13] O historiador russo lembra, muito a propósito, uma passagem de Marx que ilustra essa última fase de uma civilização: "A história age profundamente e passa por numerosas fases enquanto conduz ao túmulo a forma caduca da vida. A última fase da fórmula histórica universal é sua comédia. Por que o curso da história é assim? Isso é necessário para que a humanidade se separe alegremente do passado".[14]

A dimensão temporal do riso cômico de Rabelais também lhe confere um aspecto grotesco que poderia derivar, facilmente, para perspectivas inquietantes. Pantagruel e Gargântua são figuras da alegria de viver, e o uso terapêutico do riso é evidente para o médico Rabelais. Mas quem diz terapia diz, necessariamente, doença. Se o riso cura, cura de quê? Se o autor declara, no início de sua obra, que

> "É melhor escrever sobre risos do que sobre lágrimas,
> Porque o riso é próprio do homem",

é porque ele toma o partido do riso. Decisão consciente, que não esconde que seria possível tomar o partido do choro. Trata-se de uma escolha: por Demócrito, contra Heráclito. Essa escolha dá à obra um aspecto burlesco endiabrado, marcado pela exaltação do "baixo", do material, do corporal fundamental: comer, excretar, copular. Nivelar por baixo, reduzir o sublime a funções biológicas elementares é, evidentemente, bastante engraçado, mas não muito otimista. O espírito mais genial depende, de fato, de sua digestão.

O fato de que a ostentação do escatológico e do excrementoso e de que o recurso à degradação sistemática das funções "nobres" seja batizado como "burlesco" ou "grotesco" é secundário. O que importa é o sentido que o autor pretende dar a essa prática. Bakhtine, que opta pela versão otimista, escreve: "Quando Hugo diz, falando do mundo de Rabelais, '*totus homo fit excrementum*', ele ignora o aspecto regenerador e renovador da satisfação das necessidades que o espírito literário europeu havia perdido, em sua época".[15]

---

13 BAKHTINE, M. op. cit., p.431.
14 Ibidem, citado na p.432.
15 Ibidem, p.154.

Mais recentemente, Dominique Iehl, em seu estudo *O grotesco*, opõe-se àqueles que, como Kayser, "queriam descobrir em Rabelais, atrás do ímpeto dinâmico, uma forma de derrapagem, de deslizamento inquietante para a incoerência. Isso seria um erro, por certo, porque a proeza de Rabelais é de sempre ter sabido conservar, no grotesco, um vigor excepcional que o distingue de qualquer forma de niilismo". Ele faz, contudo, uma ressalva significativa: "Também é verdade que o grotesco rabelaisiano está tão perto da vertigem que se tornará a figura do autêntico grotesco".[16]

DA VERTIGEM RABELAISIANA AO RISO TRÁGICO DE AGRIPPA D'AUBIGNÉ

Essa "vertigem" rabelaisiana é a versão pessimista e angustiada de seu riso. É também o que o faz moderno. Seu personagem mais humano é Panurgo, o medíocre, o supersticioso, o trapaceiro e, sobretudo, o medroso. Panurgo é aterrorizado: "Eu morro de medo", diz. Ele encarna o homem do século XVI, assaltado por terrores escatológicos e terrestres, mas também o homem moderno. Géralde Nakam pôde falar da angústia antológica de Panurgo: "Panurgo é só medo. Tudo o apavora: o cachalote, os chouriços, as palavras rigorosas, os Ganabim. Certamente, Panurgo representa a humanidade média ... mas essa humanidade tem medo".[17] Panurgo sobrevive ao medo graças a seus subterfúgios e, sobretudo, a seu humor. Pouco importa o anacronismo do termo: ele existe. Panurgo tem humor, do tipo humor negro, que o ajuda a se debater no combate da vida.[18]

O humor é qualidade rara no século XVI, que, contudo, precisaria muito dele. Rabelais não nos poupa das atrocidades e dos males de sua época: pestes, guerras e massacres castigam de forma permanente; queimam-se pessoas "vivas como arenques defumados"; faz-se churrasco dos heréticos. A morte está em toda parte, inseparável companheira da vida: o nascimento de Pantagruel causa a morte de sua mãe, Badebec. Esse é o otimismo do grotesco popular, dirá Bakhtine: a morte gera a vida. Mas pode-se também inverter a perspectiva: a vida carrega os germes da morte. "A morte é uma

16 IEHL, D. *Le grotesque*. Paris: 1997, pp.30-31.
17 NAKAM, G. "Riso, angústia e ilusão". In: *Europe*, n.757, maio 1992, número consagrado a Rabelais, p.28.
18 MÉNAGER, D. "O humor rabelaisiano". In: *Humoresques*, 1996, pp.65-76.

realidade física, em qualquer dimensão que Rabelais a apresente, mítica ou cirúrgica", escreve Géralde Nakam. "Ora ela ocupa um espaço infinito de desespero e de temor: o deserto seco em que Pantagruel nasce, em *Pantagruel*, e, em *O quarto livro*, o abismo de ondas que ameaça engolir nossos heróis na tempestade são de escala bíblica. ... O medo atazana todos os personagens, o fogo e a água os envolvem, o nada vai engoli-los. Leviatã ou Apocalipse: a imensa dramaturgia da tempestade, em *O quarto livro*, remete à angústia do nada. No mais das vezes, a morte é detalhada com uma crueldade fria, há uma precisão das dissecações e das gravuras anatômicas. Trata-se sempre de matanças. ... A realidade alucinante da morte também é figurada por aquela goela enorme que se abre diante do único sobrevivente dos 660 cavaleiros, já que 659 são presos pela nassa e queimados. É a garganta do gigante Pantagruel, que, aqui, é a Goela da Morte."[19]

Que quadro poderia ilustrar melhor os massacres das guerras amargas que o espantoso *Triunfo da morte*, de Bruegel, o Antigo, pintado alguns anos mais tarde? Vê-se aí um bufão aterrorizado que se refugia sob uma mesa de jogo onde reina um crânio. Rabelais e Bruegel, o mesmo combate – o que nos instiga a refletir sobre o riso rabelaisiano.

Há mais: a morte e a desgraça atingem de forma indiscriminada, parecendo mesmo ter predileção pelos inocentes, pelos bons, pelos meigos. Assim, a peste mata aqueles que se devotam aos doentes e poupa os maus: "Os párocos, vigários, pregadores, médicos, cirurgiões e boticários que iam visitar, curar, e consolar os doentes, assim como fazer pregações, morriam todos de infecção, e esses diabos pilhadores e assassinos nunca pegavam o mal. Por quê, senhores? Pensai nisso, eu vos rogo".[20] Esse problema do mal se acrescenta ao absurdo de todo o resto. Não há refúgio possível? A utópica abadia de Thélème, refúgio e fortaleza, poderia ser um. Vã esperança. Essa abadia, que se encontra em "Utopia", também é destinada à catástrofe. Em suas fundações, descobre-se uma profecia anunciando guerra, infelicidades, desastres.

Então, bebamos e comamos, empanturremo-nos até arrebentar! É com razão que Géralde Nakam discerne nos excessos de mesa rabelaisianos o apetite do desespero, uma "bulimia suicida": "A bulimia rabelaisiana, seus desejos jamais satisfeitos criam a mesma vertigem de desespero. As patuscadas sempre preenchidas por embutidos e tripas não satisfazem o vórtice do mal-estar, de uma infelicidade ontológica: angústia do sexo e angústia

19 NAKAM, G. op. cit., pp.27-28.
20 RABELAIS, F. *Gargântua*, cap.27.

de morte reunidas. No país do Outro e do excesso, em *O quinto livro*, diagnostica-se, claramente, essa bulimia suicida: comidas ali são comezainas, o último sopro vem de baixo, no "peido da morte".[21] É por isso que Panurgo "defecava, urinava, limpava a garganta, arrotava, peidava, bocejava, cuspia, tossia, soluçava, espirrava, escarrava como um arcediago".[22]

A redução última, o cúmulo do rebaixamento da condição humana, encontra-se no final escatológico de *O quarto livro*, em que Panurgo, aterrorizado, faz suas necessidades e finge-se de mata-mouros diante de seus excrementos: "Que diabo é isto? Chamais isto de diarreia, chapisco, caganeira, merda, soltura, dejeção, matéria fecal, excremento, deixada, borra, bosta ou espiroqueta?".[23] Não! É uma matéria preciosa, o "açafrão da Hibérnia". Fecha-se o círculo: tudo se reduz a um monte de merda. "A merda não é, necessariamente, sinônimo de grossura cômica. Como comer, beber, o sexo e a própria morte, tudo o que se refere ao corpo é ambivalente. Panurgo encolhe-se de medo da morte. Tudo é matéria fecal, decomposição: eis o que diz o final de *O quarto livro*."[24]

A visão rabelaisiana do mundo é uma constatação de despeito. Todas essas histórias gargantuescas e pantagruélicas são absurdas e pode-se rir a bandeiras despregadas até o momento em que se dá conta de que esse mundo carnavalesco é o nosso. Então, sempre é possível rir, mas um riso diferente – o riso da impotência resignada. Uma grande gargalhada à beira do precipício, eis o que Rabelais nos oferece. Esse riso, ele o oferece, de início, a seus contemporâneos, como antídoto aos terrores e à angústia: se tudo se reduz a um monte de borra, nossos medos são vãos e é melhor rir deles.

Rabelais dá o tom do riso moderno, que é sempre ambivalente. Na outra ponta do século, Montaigne lhe faz eco, mais discretamente. Montaigne não gosta de tristeza: "Eu sou isento dessa paixão, não a amo nem a estimo", diz-nos ele desde o segundo capítulo de seus *Ensaios*. O sábio perigordino é um espectador divertido da comédia humana. Ele ri de nossos pretensos saberes: "Nossas loucuras não me fazem rir, são nossas sapiências". O mais cômico é o próprio homem e suas pretensões; sua preferência também vai mais para Demócrito que para Heráclito, a quem consagrou todo um capítulo: "Demócrito e Heráclito foram dois filósofos, dos quais o

21 NAKAM, G. op. cit., p.23.
22 RABELAIS, F. *Gargântua*, cap.21.
23 Idem, *Le quart livre*, cap.67.
24 NAKAM, G. op. cit., p.24.

primeiro, julgando vã e ridícula a condição humana, só saía em público com o rosto zombeteiro e rindo; Heráclito, tendo piedade e compaixão dessa mesma condição, mostrava o rosto continuamente triste e os olhos cheios de lágrimas. ... Eu prefiro o primeiro tipo de humor; não porque seja mais agradável rir que chorar, mas porque ele é mais desdenhoso e nos condena mais que o segundo; e me parece que nunca podemos ser tão desprezíveis quanto merecemos. ... Nossa própria condição é tão ridícula quanto risível".[25]

Particularmente ridículos são aqueles que se julgam importantes, porque "no mais alto trono do mundo, só estamos sentados sobre o cu".[26] Fórmula magistral, digna de figurar no frontão dos palácios reais e presidenciais. O antigo prefeito de Bordeaux o sabe muito bem: a opinião que temos das coisas importa mais que as próprias coisas, e o humor supremo, aquele que testemunha a verdadeira sabedoria e o desprendimento autêntico, é morrer com um dito espirituoso. Montaigne nos cita uma coleção desses ditos, atribuídos a condenados à morte: aquele que expressa o desejo de que o levem a cavalo evitando tal rua, porque ele deve dinheiro a um comerciante que poderia rogar-lhe uma praga; aquele que pede ao carrasco "que não lhe toque o pescoço porque ele é muito sensível a cócegas"; aquele que se recusa a beber no copo do carrasco, porque tem medo de pegar varíola; aquele cujo confessor lhe declara que ele vai jantar com Nosso Senhor e ele responde ao confessor que vá ele próprio, pois, no que lhe concerne, está jejuando, e assim por diante.[27]

Rir, chorar: a diferença é menor do que pensamos, como já o dissera Rabelais. Com frequência, "nós choramos e rimos da mesma coisa": é o título do capítulo 37 do primeiro livro, cujo conteúdo ilustra largamente a proposta. Ambivalência do real e ambivalência do riso: a tomada de consciência dessa ambiguidade é uma das características da Renascença. O mundo é mais complexo do que a Idade Média pensava. Sobretudo, a realidade é raramente unívoca e exclusiva: o bem nunca é só branco e o mal só negro; o cômico e o trágico misturam-se, muitas vezes, de forma incongruente. Os humanistas, que colecionam exemplos antigos, adquirem a medida da ambiguidade fundamental do ser. Por outro lado, a ciência relativiza as perspectivas. De Colombo a Galileu, o mal cresce desmedidamente: novo

---

25 MONTAIGNE, *Ensaios*, livro I, cap.50.
26 Ibidem, III, 3.
27 Ibidem, I, 40.

continente, novos astros. "O mundo é apenas uma ervilha, a França, um átomo", escreve Agrippa d'Aubigné.

Talvez seja nesse autor, desesperado pelo horror dos confrontos religiosos de sua época, angustiado pela loucura dos homens, que encontramos a expressão mais pertinente do riso trágico. Em uma visão, Coligny assiste a seu próprio massacre e à mutilação de seu cadáver, que sabe ser inevitáveis, e ri:

> ... Coligny ria da multidão
> Que com seu tronco sovado brincava com uma bola,
> Mesmo entre altos prazeres, mesmo em lugar tão doce,
> Mesmo com tudo o que ele via, não ficava em cólera.
> Um jogo lhe foi, dos Reis, a louca perfídia,
> Cômico o sucesso da grande tragédia.[28]

Estamos aí à beira da loucura. O mundo das guerras de religião é um mundo de loucos. Esses grupos de fanáticos que se massacram a propósito de ridículos detalhes imaginários, em nome de uma religião de amor, atingem o cúmulo da desrazão – desrazão mortal e diabólica. A Europa inteira se transforma em uma nave de loucos. A loucura do século XI ainda era uma loucura doce, que o sábio e o moralista podiam utilizar para nos fazer rir dos defeitos e dos vícios: "Vós rides e aplaudis com um sorriso tão beato que, ao ver-vos em torno de mim, podia pensar que estais embriagados de néctar, como os deuses homéricos, com uma pitada de droga para esquecerdes vossas preocupações", declara a Loucura aos homens em *Elogio da loucura*, de Erasmo. Trata-se ainda de loucura positiva, a loucura do morosofo, o louco-sábio que nos pode guiar, mostrando-nos o caráter derrisório de nossos atos e de nossa vida. Essa loucura é divertida. Ela até pode ter discretos acentos rabelaisianos, como quando lembra aos homens que devem sua existência à parte vergonhosa de seu ser. A "origem do mundo" está lá. "Eu vos pergunto: o que engendra deuses e homens: a cabeça, o porte, o seio, a mão, a orelha, todas as partes consideradas respeitáveis do corpo? Absolutamente! O propagador da espécie humana é essa parte tão ridícula e absurda a qual não se pode nomear sem rir."[29]

28 AGRIPPA D'AUBIGNÉ, *Les tragiques*, livro II, c. 1431-1436.
29 ERASMO, *Elogio da loucura*, II.

O tema da loucura, já o vimos, é invasivo na virada dos anos 1500. Os tolos e os loucos são cada vez mais presentes na literatura, mas sua função ainda é positiva; espectadores trocistas, eles zombam do antigo mundo medieval e escolástico. Pelo meio do século, essa doce loucura descamba para a demência frenética, passando dos livros ao mundo real. Os loucos furiosos que se estripam em nome de Cristo são os arautos de uma nova era. Eles sempre riem, mas esse riso torna-se ricto e sarcasmo de ódio. Michel Foucault viu isso muito bem, porém, em nossa opinião, situa esse deslocamento meio século mais cedo: a loucura substitui a morte, a dança dos loucos sucede à dança macabra e sob o capuz com guizos esconde-se um risonho crânio vazio. "A derrisão da loucura substitui o relevo da morte e de sua seriedade. Da descoberta dessa necessidade, que reduz fatalmente o homem a nada, passa-se à contemplação desdenhosa desse nada que é a própria existência. O terror diante desse limite absoluto da morte interioriza-se em uma ironia contínua; ele é desarmado por antecipação, torna-se irrisório. ... O que há no riso do louco é que ele ri antes do riso da morte; e o insensato, pressagiando o macabro, desarmou-o."[30]

Essa amarga loucura universal serve a objetivos múltiplos e contraditórios. Moralmente, seu riso é, ao mesmo tempo, riso do vício e escárnio do vício. O pecador é um louco que ri com o riso do diabo e, ao mesmo tempo, ri-se do pecador. Intelectualmente, essa loucura é auxiliar e inimiga da razão. O homem é louco; o homem ri disso, e esse mesmo riso pode, simultaneamente, ser fonte de sabedoria: "Talvez esteja aí o segredo de sua múltipla presença na literatura do fim do século XVI e início do XVII, uma arte que, em seu esforço por dominar essa razão tão procurada, reconhece a presença da loucura, de *sua* loucura, cerca-a, ataca-a para, finalmente, triunfar sobre ela. É o jogo de uma era barroca".[31] No fim do século XVI, o riso da loucura integra-se à literatura, "signo irônico que embaralha as referências do verdadeiro e do quimérico", conclui Michel Foucault.

O TRIUNFO DO BOBO DO REI: O SÉCULO DE TRIBOULET-CHICOT

Um personagem encarna esse papel ambíguo do morosofo, que faz surgir a razão da loucura: é o bobo do rei, que conhece seu apogeu no século XVI, em

30 FOUCAULT, M. *Histoire de la folie à l'âge classique*. Paris: 1972, p.26.
31 Ibidem, p.47.

todas as cortes europeias. Até o papa tem um: em 1538, em Aigues-Mortes, Francisco I oferece tecidos de ouro e uma medalha a Le Roux, "gracioso" do soberano pontífice. Contudo, os concílios proibiam essa prática aos eclesiásticos; não interditaram também os astrólogos e os *castrati*, que se pavoneavam no Vaticano?

É sob Francisco I que o bobo real se torna, de fato, um personagem central: quem não conhece Triboulet, mais célebre que a maior parte dos ministros? Esse filho de camponês, débil e embrutecido, cujo nome verdadeiro é Férial, nasceu perto de Blois. Espécie de aborto corcunda, dotado de grandes olhos e nariz proeminente, foi assumido, muito jovem, por Luís XII, que o confiou a um governador, Michel Le Vernoy. Suas zombarias cáusticas, sua falsa ingenuidade, seu sólido bom-senso fazem dele um conselheiro do rei muito ouvido. Francisco I lhe permite assistir ao Conselho, dar opiniões, dizer a cada um sua verdade, conduzir-se com a maior impertinência. Seu papel é expressar a verdade pelo riso, pela derrisão, chamando as coisas por seu nome, ou seja, chamando as sublimes "razões de Estado" pelo que elas são na verdade: vulgares cálculos de interesse. Com a afirmação do absolutismo, o rei, cercado de conselheiros-cortesãos, tende a perder o contato com a realidade e, sobretudo, com os aspectos desagradáveis do real. Somente o pseudobobo pode, impunemente, desmistificar, desvelar as quimeras e os falsos saberes. Com a condição de desempenhar bem seu papel, eminentemente ambíguo: quem pode conhecer a psicologia exata desses seres híbridos, meio sábios, meio loucos? Em que proporção eles são atores e se identificam com seus personagens?

Triboulet é o riso ministro de Estado, o riso da loucura-sensatez. Rabelais sabia tão bem isso que o utilizou em suas histórias malucas. Em *O terceiro livro*, Panurgo dá a Triboulet uma escritura de bobo e segue seu conselho de consultar o oráculo da Divina Garrafa.[32] Francisco I tem vários bobos, como o Negro Ortis, convertido ao cristianismo, que chegou a pronunciar os votos de franciscano; Clément Marot comporá seu epitáfio. Há também Villemanoche e Guillaume de Louviers: quanto mais bobo, mais ri e mais faz rir, mais se é sábio.

O sucessor de Triboulet é um meridional: Jean-Antoine Lombard, apelidado Brusquet e nascido em Antibes cerca de 1520. Aventureiro sem escrúpulos, faz uma brilhante carreira graças a sua habilidade e audácia.

32 RABELAIS, F. *Le tiers livre*, cap.45.

Depois de rudimentares estudos de medicina, ele estreia como charlatão: cirurgião na armada francesa, inventa uma poção mais mortífera que os mosquetes inimigos. Condenado à morte pelo condestável de Montmorency, é interrogado pelo delfim, a quem ousa responder: "Senhor, há um só, entre aqueles que tratei, que alguma vez tenha vindo se queixar a vós? Não os curei para sempre?". Esse é bem o tipo de verdade que se espera de um bobo e que não se tolera de nenhum outro: curar um paciente de uma doença ordinária, permitir-lhe viver alguns anos mais para, finalmente, morrer com uma doença dez vezes mais dolorosa. Não é, de fato, uma medicina sensata?

Seduzido por sua personalidade, o delfim, futuro Henrique II, confere sua graça a Brusquet e o conserva como bobo da corte durante todo o seu reinado. Ele atuará também sob Francisco II e Carlos IX. Brantôme relatou numerosas anedotas relativas a brincadeiras de gosto duvidoso, cuja vítima é Pierre Strozzi, marechal da França, que replica no mesmo registro. Brusquet conta a dois franciscanos que Strozzi está possuído pelo demônio: eles vêm surpreendê-lo no leito para exorcizá-lo e a cena degenera em pancadaria, no quarto do marechal, com muitas blasfêmias, sob os olhos de Brusquet, hilário. Ele oferece a Strozzi uma refeição grotesca, com patês contendo velhos arreios; e faz um buraco com um broche no suntuoso manto dele. Seguro do apoio real, permite-se tudo, e a corte sente-se obrigada a rir de suas desonestidades. Ele recebe joias, objetos preciosos, obtém o lucrativo cargo de chefe da estalagem do rei. Todavia, esse vidente não tem a última palavra. Na primeira vez, Strozzi o denuncia à Inquisição, que o manda prender; era uma blague, e o marechal liberta-o. Mas Brusquet, por azar, tinha parentes huguenotes, e o campo dos Guises não era dotado de senso de humor: ele teve de exilar-se na casa da duquesa de Bonillon e morreu em 1568.

Outro bobo notável do reino de Henrique II foi um picardo, Thony ou Antoine, nascido nos arredores de Coucy. Esse era um puro-sangue, saído de uma família especializada em reprodução de bobos: os dois irmãos mais velhos exerciam a mesma função, um deles a serviço de Hippolyte d'Este. Era um profissional cuja formação foi confiada, pelo duque de Orléans, a Louis de La Grove, apelidado "A Farsa", ex-bufão que se tornara preceptor de bobos. Detalhe divertido (?): Thony destinava-se ao sacerdócio, antes de dedicar-se à bufonaria. De início a serviço de Henrique II, ele passa, em seguida, a servir o temível condestável Anne de Montmorency, que estimula seu humor negro: "Deus nos guarde dos padres-nossos do Senhor Condestável", teria ele dito diante de um grupo de heréticos enforcados por ordem de Anne. Thony, aparentemente, mantém sua função até 1572, e o condestável permanece muito satisfeito. "Com mais de 65 anos, ele revelava o avesso do mundo, sua face derrisória, e isso, tudo indica, encantava-o", escreve Maurice Lever.[33]

Contemporâneo de Thony é o impertinente Martin Le Bailli, que se permite ostentar o grande colar da ordem de Saint-Michel. Sob Carlos IX, encontramos também Étienne Doynie, Pierre de Provins, Greffier de Lorris. Henrique III, além de seus "queridos", é apaixonado por bobos – que desempenham, como os primeiros, um papel ambíguo. O lado teatral do personagem só pode seduzir um soberano que, além de tudo, é muito inclinado à zombaria e às tiradas de espírito. Assim, ele confere a seus bobos licença excepcional, além de grandes honrarias e vantagens, escandalizando os eclesiásticos que o cercam. Para muitos dos moralistas religiosos, é o diabo que fala pela boca do bobo do rei, e eles gostariam de enviar para a fogueira esse agente do anticristo, como feiticeiro. Quando, em março de 1584, o rei enobrece Chicot, os protestos fervilham, e quando morre Thulène, o poeta da corte, Jean Passerat, pede para receber a mesma gratificação que ele:

> Sir, Thulène está morto, vi sua sepultura.
> Mas quase está em vós ressuscitá-lo:
> Fazei um poeta herdeiro de seu estado:
> O poeta e o bobo são da mesma natureza.

Os pregadores da Liga são particularmente virulentos. Depois da morte do rei, o pároco Jean Boucher estigmatiza assim seu bobo Sibilot: "O que Henrique foi podemos julgar por esse bruto impuro, esse espantoso monstro Sibilot. Apesar de não haver nada mais ignóbil que esse ser, nada mais inclinado a bebedeiras e ao deboche, e mais sujo de blasfêmias, ele provocava uma alegria barulhenta quando surgia, bastão na mão, espuma na boca, como um cão raivoso, olhos inflamados e furiosos, babando pus...". É possível que tenham tentado assassinar Sibilot porque, na conta de 1588, confere-se uma gratificação a um médico que "tratou Sibilot de uma ferida que ele teve".

O mais célebre bobo de Henrique III, talvez graças a Alexandre Dumas, foi Antoine Anglarez, cognominado Chicot por causa de sua baixa estatura.* É também um meridional, com toda a alegre verve que isso pressupõe, nascido em 1540, em Villeneuve-sur-Lot. Espírito vivo, espirituoso, zom-

---

33 LEVER, M. *Le sceptre et la marotte. Histoire des fous de cour*. Paris: 1983, p.196.

* *Chicot*, em francês, significa toco de árvore ou fragmento de dente quebrado. (N. R.)

beteiro, hábil em destacar defeitos e ridículos de cada um assim como em manipular a sátira, é, de fato, um militar que, de início, serviu ao marquês de Villar, depois a Carlos IX como mensageiro oficial, depois ao duque de Anjou como "porta casaco", encarregado de seu guarda-roupa. Não se trata, pois, de um profissional do riso. Se nunca teve o título de bobo, preencheu essa função: o rei permite-lhe entregar-se a suas bufonarias "quando quiser", diz Agrippa d'Aubigné. Contrariamente a Sibilot, ele é muito popular, porque não hesita em arranjar-se com os "preferidos". No meio dessa corte em que tudo é absurdo ou tudo é desencaminhado, ele aparece como o único homem de bom-senso, cujo riso expressa a verdade, como o testemunha este panfleto:

A rainha-mãe conduz tudo,
O duque de Espernon rouba tudo,
A Liga quer fazer tudo.
O Guizard se opõe a tudo,
Os príncipes de sangue perdem tudo,
O cardeal é bom para tudo,
O rei da Espanha compreende tudo,
Só Chicot ri de tudo.

A verdade, a triste verdade pelo riso, só Chicot pode permitir-se dizer a seu "Henriquinho". Em dezembro de 1585, enquanto a autoridade real está tão baixa que Guise, Damville e Henri de Navarre reinam em Champagne, em Languedoc e na Gasconha, ele declara cruamente a Henrique III, segundo o *Espelho dos príncipes*, de René de Lucinge: "Tu és o homem mais infeliz do mundo, e eu, o outro. Tu, porque todos os súditos zombam de ti e, por teres nascido grande rei, serás o menor que já existiu na França, pois, enquanto te fazes de monge com tuas devoções, ouvir-se-á dizer que há um rei de Champagne, outro de Languedoc, outro da Gasconha que vestirão o hábito pela tua cabeça. Quanto a mim, serei desgraçado porque eles me darão um pontapé no traseiro".

O espírito de Chicot só podia agradar a seu quase compatriota Henri de Navarre que, tornando-se Henrique IV, toma a seu serviço esse bom companheiro: "O rei amava esse homem", escreve L'Estoile, "mesmo doido como era, e não achava grave nada que ele dizia". A familiaridade de Chicot com Henrique IV era sem limites. Ele chamava o rei de "meu pequeno rei de Bourbon", "o primeiro herético de todos os reis da França", e assinava "Superintendente de Bufonaria de Sua Majestade".

Mais que nunca, o bufão exprime a verdade, em termos crus ou até cínicos; ele tem o privilégio de dizer bem alto o que todo mundo pensa baixo, o que é muito útil ao rei para fazer que enxerguem a realidade aqueles que ainda não compreenderam ou que fingem acreditar que a política é guiada pelos grandes princípios e pelos ideais morais e religiosos. Se Henrique IV pensa baixo que "Paris vale uma missa", Chicot encarrega-se de dizer bem alto: "Para um rei, pouco importa a religião, Deus e o diabo; só o poder conta". L'Estoile traz suas propostas ao rei, em 1592: "Pensas, meu querido senhor, que a caridade que empenhas para dominar teu reino deve exceder a caridade cristã? De minha parte, tenho assegurado, por todo canto, que, havendo necessidade, entregarás huguenotes e papistas aos notários de Lúcifer e que és o pacífico rei da França. Ainda assim, dizem que vós, os reis, só tendes religião na aparência".[34] No mesmo ano, diante de toda a corte, Chicot dá este conselho ao rei: "Senhor, meu amigo, vejo bem que tudo o que fazes afinal não te serve de nada, se não te fazes católico. É preciso que vás a Roma e, estando lá, proste-te diante do papa para que todo mundo te veja, pois, do contrário, não acreditarão que és católico. Depois, faze um clister de água-benta, para acabar de lavar o resto de teus pecados".[35]

Vê-se claramente: a função do bobo do rei evoluiu sensivelmente ao longo do século XVI. O bobo, sob a aparência de zombar do rei, transformou-se em seu instrumento, seu conselheiro, seu porta-voz. Não é mais um contrapoder de derrisão, é um agente de informação, um intermediário entre o soberano e os súditos, encarregado de explicar os verdadeiros motivos da política real, atrás da fachada engraçada. O riso passou para o serviço do poder, tem por missão expor as verdadeiras motivações – pouco confessáveis – da política, parecendo repudiá-las. Colocar a verdade na boca do bobo é um meio de manter a ficção da respeitabilidade do poder; explicar a realidade, evitando o cinismo. Portanto, o riso tornou-se um verdadeiro instrumento de propaganda.

Esse jogo é muito conveniente para Henrique IV. Porém, ele só pode funcionar se o poder permanecer lúcido. Se ele engana a si próprio, se acaba por acreditar em suas próprias motivações nobres, por identificar-se com seus pretextos morais e religiosos, então o jogo está terminado. Se o rei muito cristão e o rei católico se imaginam, verdadeiramente, muito cristão e

34 *Journal de L'Estoile pour le règne de Henri IV.* Paris: t. I, 1589-1600, ed. R. Lefèvre, Paris, 1948, p.169.

35 Ibidem.

católico e querem que os outros também acreditem verdadeiramente, então, cai-se na tragédia. Não se brinca mais, não se ri mais, leva-se tudo a sério: não haverá lugar para um bobo da corte com Luís XIV.

É com Henrique IV, nessa corte barroca e dissipada, que o papel de bufão do rei atinge seu último desenvolvimento, fazendo do riso um auxiliar da política e conferindo a esta última sua aparência de jogo que ainda não perdeu nenhum contato com a realidade. É ainda Chicot que lembra ao rei essa prosaica realidade e o aconselha a desconfiar dos devotos que se levam a sério, os membros da Liga: "Não me admira [diz ele, outra vez, a Sua Majestade, pilheriando] que exista tanta gente desesperada para ser rei e com tanta pressa de sê-lo: é coisa desejável; 'rei da França' é um belo termo, e a função é honesta, pois, trabalhando uma hora por dia em qualquer coisa pequena, ele pode viver o resto da semana e ultrapassar seus vizinhos. Mas, por Deus, senhor, meu amigo, guardai-vos de cair entre as mãos dos membros da Liga, porque podereis cair nas mãos de algum que vos agarrará como uma linguiça e depois mandará escrever sobre vosso poder: 'Atrás do escudo de França e de Navarra, aqui se refugiou para permanecer para sempre.' Isso é perigoso para a passagem de víveres".[36]

Morto Chicot, em 1592, quem o substitui é um antigo cozinheiro do cardeal de Bourbon, Guillaume Marchand, denominado Mestre Guilherme. Muito feio, bizarro e espirituoso, ele ilustra o novo papel do bobo do rei, intermediário entre o soberano e o povo. Instalado sobre a Pont-Neuf, lê pequenos textos satíricos para os passantes. Textos em verso ou em prosa, comentando a política, muitos dos quais são de sua autoria. É uma espécie de cancioneiro que encarna o bom-senso popular. Bastante apreciado, ele faz rir muito, até mesmo um burguês como L'Estoile, que coleciona, com empenho, esses boletins de informação satírica: "Hoje adquiri de Mestre Guilherme cinco bufonarias de sua lavra, que ele mesmo levava e distribuía, cinco sóis: não valem cinco dinheiros, mas me fizeram rir mais que se valessem dez".

Esse oráculo do riso, muito consultado, sabe perfeitamente utilizar o cômico para disfarçar a audácia de seus propósitos, como o relata a brochura anônima intitulada *Demonstração de Pierre du Puis sobre o despertar de Mestre Guilherme*: "O que ele dizia era tão envolvido por garatujas, ressalvas e exceções que não se podia lhe reprovar nada, senão ele mordia rindo". Ele se intromete em todos os assuntos políticos e opõe-se, ao mesmo tempo, aos

36 Ibidem.

huguenotes e aos jesuítas. Para os primeiros, seu riso é o riso do diabo, e o panfleto anônimo intitulado *O lunático de Mestre Guilherme* avisa-o: "Fazes bem em não gostar dos reformados; o próprio diabo lamenta vê-los; porque, se eles estão crus, são os bobos e os bufões que serão eliminados". Quanto aos segundos, ele os culpa de ter lançado o rei "nos laços de sua [deles] enredada religião". Contudo, ele toma o partido do confessor do rei, o padre Coton, que é alvo de graves acusações depois do assassinato de Henrique IV; ele compõe um libelo vingador contra o virulento panfleto *Anticoton*:

> Aqui jaz o Senhor Anticoton
> Enterrado até o queixo
> Pelo braço de Mestre Guilherme,
> Que dele livrou o reino.

Mestre Guilherme, com sua palavra franca, caracteriza, à sua maneira, a desordem de costumes que reina na corte: "Somos um reino de quinquilharias". Ele se refere aos parvos, aos novos-ricos, aos burgueses fidalgos. Cada um em seu lugar, na pirâmide social desejada por Deus e pelo rei: o bufão faz-se defensor do conformismo e da ordem social e coloca a derrisão a serviço do poder. No *Alfabeto moral de Mestre Guilherme*, ele escreve:

> Feliz o súdito que mantém o espaço
> que seu príncipe lhe marca e nunca o ultrapassa.
> ...
> Seremos sempre invencíveis na França,
> enquanto vivermos com inteligência.
> Os inimigos estrangeiros nada poderão contra nós.
> Mas, se loucos, insensatos nos desligarmos
> desse vínculo sagrado que nos mantém em ordem,
> sem falta perderemos e todos pereceremos.

Não se trata mais de bufonaria, é a forma moral. O riso contestador do bobo transformou-se no conformismo sério do moralista. Desde então, a função quase não tem justificativa. O jovem Luís XIII, que "detestava naturalmente os graciosos e os bufões", segundo seu médico Héroard, acostuma-se, contudo, com Mestre Guilherme, que aprova o assassinato de Concini. Doravante, a função parece arcaica, e os últimos titulares quase não têm importância.

Na mesma época, as desventuras de Nicolas Joubert, Príncipe dos Bobos, chefe da confraria burlesca das Crianças sem Cuidados, vão confirmar que os tempos mudaram. Essa confraria funde-se com a da Paixão, mas o Príncipe dos Bobos tem sempre a obrigação de fazer uma entrada solene em Paris, a "entrada tola", presenteando a companhia a sua custa. Nicolas Joubert, apelidado Angoulevent, bem que gostaria de ser dispensado, mas foi coagido a respeitar suas obrigações; ele apelou. Ao longo do processo, em 1606, o advogado Julien Peleus tenta justificar a necessidade de um bobo público, "cargo não apenas agradável, mas muito necessário ao Estado. ... O apelante não é nem farsista nem jogador, porém é o presidente, o príncipe, o monarca dos jogadores, comediantes e farsistas". Tempo perdido. A nova era não é mais a da farsa. O Carnaval já teve seu tempo, e o século de Luís XIV, que se inicia, quer o sublime e não a bufonaria. Angoulevent conservará sua função, contudo ela se extingue com ele.

Na corte, no século XVI, não há apenas bobos: há também bobas. Quase sempre, elas pertencem ao círculo das rainhas e das princesas. A história registra ao menos Madame de Rambouillet, na corte de Francisco I, depois Cathelot, diminutivo de Catarina, que faz rir as princesas: Marguerite de Navarre, depois Marguerite de Valois, sua sobrinha, em seguida Éléonore da Áustria, depois suas filhas, Madeleine e Marguerite. Catarina de Médici mantém uma extravagante coleção de macacos, anões, anãs, animais exóticos, muçulmanos (um mouro e um turco) e bobas, das quais duas são conhecidas: Jardinière e Jacquette. Sua filha Élisabeth tem como boba uma certa "Legado".

Henrique IV, não há dúvida, também teve uma boba: Mathurine, espécie de dragão hermafrodita, ex-cantineira da armada, cujas brincadeiras de caserna provocam o riso tonitruante dos conquistadores baratos. Os cortesãos ficam repugnados com os modos "dessa boba, mais imprudente que tola", indigna-se Pierre Colins. Ela é onipresente na corte e, às vezes, senta-se à mesa do rei. É o que acontece em 27 de dezembro de 1594, quando do atentado de Jean Chastel; na confusão – e isso já é revelador das maneiras delicadas da dama –, o rei pensa, de início, que foi ela que lhe quebrou um dente, dando-lhe uma cabeçada, como relata L'Estoile: "Naquele instante o rei, que se sentiu ferido, olhando os que estavam ao redor dele e avistando Mathurine, sua boba, começou a dizer: 'Maldita seja essa boba! Ela me feriu!' Mas ela, negando, correu a fechar a porta e isso permitiu que esse assassino não escapasse".[37] A boba tem mais presença de espírito que os cortesãos...

37 Ibidem, p.439.

Mathurine ganha 120 libras de salário para divertir o rei; Mestre Guilherme, 180, e esses fundos provêm dos "Pequenos Prazeres". O bobo e a boba também têm numerosas vantagens em espécie. Um rápido olhar para os outros países permite constatar que a situação lá é idêntica. Na Espanha, conhece-se o bobo de Carlos V, Perricquou, e a tradição se perpetua por mais tempo que na França: Velázquez, no século XVII, imortalizou os bufões do rei em seis retratos célebres. Em 1638, registra-se que o bobo de Filipe IV assiste a uma tourada de coroa e com um cetro na mão. Essa identificação do rei e de seu contrário reencontra-se na Inglaterra, onde Monarch é o bobo de Elisabeth; em Milão, escolhe-se como bobo o sósia do *condottiere* Malatesta e, em Mântua, ele se chama *Primogenitus*. O bobo é o avesso do rei, o rei para rir, destinado a lembrar ao soberano sério a realidade concreta. O riso como equilíbrio do poder político: eis o que é digno do século de Rabelais.

RISO E NATUREZA HUMANA. O CASO DOS ÍNDIOS

O interesse pelo riso, sob seus diferentes aspectos, marca a Renascença. Tratados ressaltam seu valor terapêutico. Em 1560, o médico Laurens Joubert publica *Tratado do riso, contendo sua essência e seus maravilhosos efeitos, curiosamente investigados, avaliados e observados*... Em 1579, o mesmo autor apresenta *Causa moral do riso, do excelente e renomado Demócrito, explicado e testemunhado pelo divino Hipócrates e suas epístolas*. Ele se baseia em *Romance de Hipócrates*, à época muito considerado nos meios intelectuais, que expõe as virtudes do riso. Para Joubert, rir é "o mais maravilhoso" dos dons de Deus; é um privilégio concedido "apenas ao homem, entre todos os animais, por ser o mais admirável", e que lhe permite ter uma vida social e psicológica equilibrada. Esse médico adota, portanto, a contracorrente da teoria diabólica do riso; faz dele um dom divino, como Ronsard, que escreve, em um poema dedicado a Belleau:

> Deus, que ao homem tudo submeteu,
> Apenas ao homem, somente a ele, o riso concedeu
> Para se alegrar, e não à besta,
> Que não tem razão nem espírito na cabeça.

A importância do riso na cultura da Renascença é igualmente revelada por uma novidade: ele entra na "grande" literatura. Confinado aos gêneros populares da farsa e da comédia, durante a Idade Média, que só trataram de assuntos nobres – filosofia, teologia, história – com grande seriedade, eis que com Boccaccio, Rabelais, Cervantes e Shakespeare o riso ascende ao estatuto filosófico. Com o exemplo dos antigos, mas apoiando-se também nas descobertas modernas, percebe-se que o riso pode constituir uma visão global do mundo, que ele pode ter um valor explicativo e existencial, que pode colocar-se como rival da concepção séria e trágica imposta pelo cristianismo oficial. O riso não é só divertimento, pode ser uma filosofia: eis uma das grandes descobertas da Renascença, que dá ao riso direito de cidadania na grande literatura.

Os espíritos mais curiosos interrogam-se, por exemplo, sobre o papel do riso na comunicação, e isso é, para eles, um primeiro questionamento dos absolutos da época. Tomemos o caso de Jean de Léry, esse calvinista convicto que, em 1556, se junta à pequena comunidade francesa conhecida como "França Antártica", estabelecida na entrada da baía do Rio de Janeiro. Em 1578, de volta à França, ele relata sua experiência em *História de uma viagem feita ao Brasil*. Uma de suas maiores surpresas, chegando de uma Europa séria e fanática, foi constatar que os índios riam sem cessar. É um "povo que foge da melancolia", escreve ele. "Eles detestam os taciturnos, mesquinhos e melancólicos". O estado natural seria uma hilaridade permanente? "Eles só fazem rir." Uma piroga vira, provocando pânico nos europeus? Eles "começam a rir tão alto que nós os vemos e ouvimos soprar e troar sobre a água, como uma tropa de soldados".[38] Os europeus assam um frango? Os índios "riem e caçoam de nós". Eles riem desses brancos que comem falando sem parar, que têm vestimentas bizarras etc. Eles riem dos fatos mais horríveis, como os atos de canibalismo. Uma vez, Jean de Léry julga que se preparam para comê-lo, mas era um engano, que suscita grandes gargalhadas. Outra vez, os índios apressam-se em matar e comer uma mulher; Jean de Léry, caridoso, propõe-se a batizá-la, mas ela lhe ri na cara. "Ela, rindo de novo, foi golpeada e morreu dessa maneira."[39] Foi uma alegre refeição. Será que o autor tinha consciência da incongruência de seu gesto?

Jean de Léry fica perplexo. O que significa esse riso perpétuo, misterioso, ambivalente? Ele exprime a inocência original, a alegria dionisíaca de liberdade total? Não traduz, antes, a perversão satânica de uma humanida-

---

38 J. DE LÉRY, *Histoire d'un voyage en terre de Brésil*. Le Livre de Poche: ed. F. Lestringant, 1994, p.300.

39 Ibidem, p.360.

de que não foi resgatada do pecado original? O riso também poderia ser o signo revelador fundamental da condição humana. Deus criou o homem para rir ou, ao contrário, ele é signo da queda? Num nível menos elevado de especulação, Jean de Léry percebe também o papel social do riso. Acontece-lhe rir com os índios, riso cúmplice de amizade ou de autoderrisão: o riso dos índios faz com que ele compreenda, por exemplo, o ridículo da moda do vestuário europeu. Assim, o riso do selvagem pode ser a voz da razão. Pode ser também o riso da exclusão, da rejeição: os tupinambás, aliados dos franceses, riem de outros povos indígenas. Ao mesmo tempo, Jean de Léry toma consciência do caráter derrisório dos conflitos entre europeus: na pequena comunidade branca perdida no continente sul-americano, digladiam-se partidários e adversários da transubstanciação!

O RISO COMO ARMA OFENSIVA. NASCIMENTO DA CARICATURA

Esse debate nos remete à Europa, onde, paradoxalmente, as lutas religiosas do século XVI contribuem para uma nova fonte do riso: o riso como arma satírica de propaganda. Esse riso, evidentemente, não é novo, já o conhecemos. Mas ele adquire novas e mais vastas dimensões, pelo caráter fundamental dos riscos e pela violência dos confrontos. A aliança do riso e do ódio religioso dá sentido completo à expressão do riso diabólico.

Quando o riso diz respeito ao sagrado, a conflagração é terrível, porque o sagrado é o sério por excelência, é intocável. Fazê-lo objeto de escárnio é sacrilégio e blasfêmia, é atacar o próprio fundamento da existência. Esse é o aviso de Calvino, invectivando "esses zombadores" que "se enganam", tanto reformados quanto católicos; eles riem, divertindo-se com as tolices e as brincadeiras dos papistas; porque, na verdade, não têm nenhuma religião. Eis o que torna Erasmo insuportável aos olhos dos fanáticos de todos os lados: ele introduz a brincadeira na religião. Curiosamente, isso lhe provoca críticas de Étienne Dolet, que não era, contudo, nenhum devoto. Em 1534, em uma carta a Guillaume Scève, ele trata o holandês de "bufão", culpado de humor sacrílego: "Ele ri, brinca, faz trocadilhos a propósito do próprio Cristo". No ano seguinte, em *De imitatione ciceroniana adversus Desiderium Erasmus*, ele o qualifica de "Luciano" e de "sem Deus". Acusações que provocam perplexidade, da parte de um homem que será queimado, em 1546, como "ateu relapso". Isso significa simplesmente que a interferência da derrisão na religião é considerada por muitos como intolerável atentado ao sagrado, qualquer que seja ele: não se brinca com essas coisas. O Concílio de Trento condena todos aqueles que se servem dos episódios e das palavras das Escrituras em "bufonarias, fábulas, vaidades", *ad scurilia, fabulosa, vana* – condenação retomada pelos concílios provinciais de Milão, em 1565, de Bourges, em 1584, de Aix, em 1585, e de Toulouse, em 1590.

Essas decisões testemunham uma nova sensibilidade. As autoridades eclesiásticas ficam mais suscetíveis, se é que se pode dizer isso, no que se refere ao sagrado e a tudo o que concerne, direta ou indiretamente, a ele. A Idade Média era mais tolerante nesse aspecto, mas os tempos mudam. Os confrontos religiosos tornam flagrantes a ameaça de desvio cético ou ateu que o riso representa e a tendência de surgir uma contrarreligião.

É verdade que existem índices inquietantes. O povo permite-se manifestações de derrisão que não têm mais o caráter inocente de outrora: em 1541, na saída da representação de *O mistério dos Atos dos Apóstolos*, na hospedaria de Flandre, em Paris, os espectadores formam bandos turbulentos, "gritando que o Espírito Santo não quis descer", como o expõe o procurador geral: "eles zombavam e, publicamente, pelas ruas, arremedavam os atores, invertendo tudo o que tinham ouvido".[40] L'Estoile escandaliza-se com a multiplicação de espetáculos ímpios em que atores, vestidos como eclesiásticos, representam "coisas dissolutas e de mau exemplo". Ele fica ultrajado com essas "farsas, comédias, sátiras em latim ou francês, contendo lascívia, injúria, invectivas, degradação", segundo as expressões do Parlamento. Os comediantes italianos atraem mais pessoas que os melhores pregadores, espanta-se ele, e o povo apressa-se para assistir a espetáculos como esse indigno balé de seios animados em que as moças "mostram os seios, peitos abertos e outras partes peitorais que têm um contínuo movimento e que essas boas senhoras agitavam no compasso e na medida, como um relógio". Que fazia lá o respeitável L'Estoile? Pode-se perguntar... Sempre parece que o riso afasta as lágrimas da decência ultrajada e da religião achincalhada, para grande dano dos reformadores. A própria rainha, Catarina de Médici, "ria com toda a vontade" nas comédias de "Zany e Pantalon".

Henri Estienne escreve, em *Apologia para Heródoto*, que a impiedade progride pelo riso. A *Bíblia* é ridicularizada; zomba-se de episódios inverossímeis e nebulosos que ela contém; escarnece-se dos milagres. Os

---

40 Citado por LEBÈGUE, R. *Le mystère des Actes des Apôtres. Contribution à l'étude de l'humanisme et du protestantisme français au XVIe siècle*. Paris: 1929, p.197.

ímpios praticam a ironia, a zombaria, "risadas e remoques" contra a credulidade dos fiéis das duas religiões. Eles declaram "não crer em Deus nem em sua providência mais do que acreditaram no maligno Lucrécio". Abusados, descrentes, eles caçoam do paraíso e do inferno; este último, dizem, não é mais real que o bicho-papão e parece-se com as "ameaças que se fazem às criancinhas". Aqueles que acreditam nessas fábulas são "uns pobres idiotas". Ao redor de 1538-1540, começa-se também a falar do famoso tratado "dos três impostores", o *De tribus impostoribus*, que ridiculariza as três religiões reveladas: a judaica, a cristã e a muçulmana.

Em breve, fica claro o divórcio entre o riso e a fé. Mas o riso é uma arma de dois gumes. Por que não utilizá-lo contra o mal, contra a heresia, contra a impiedade? Ele pode servir para estigmatizar os vícios e os pecados, para fulminar o adversário mal pensante. É bem o que pensa Lutero, de temperamento ardente e perfeitamente adaptado à diatribe satírica. Segundo ele, Deus e o diabo caçoam um do outro, riem de forma maldosa de suas desventuras mútuas. Ele próprio lamenta não estar à altura de integrar esse concerto de zombarias: "Ó, Senhor! Sou muito pequeno para caçoar de semelhantes diabos. Eu bem que gostaria de fazê-lo, mas eles são melhores que eu em troças e têm um deus que se tornou mestre na arte da zombaria; ele se chama o Diabo e o Mau Espírito". Lutero, que imagina a corte celeste povoada de antissemitas à sua imagem, empresta a Deus e aos anjos um senso do cômico tão refinado quanto o dele: "Quando Deus e os anjos escutam um judeu peidar, quantas gargalhadas e cambalhotas dão!". O riso não é nem divino nem diabólico; é uma arma, e todas as armas são boas contra os adversários da verdadeira fé.

Sem chegar às grosserias luteranas, o autor anônimo de *Sátiras cristãs da cozinha papal*, em 1560, pensa que o riso pode ser colocado a serviço da verdade. "E então lembro-me do verso de Horácio: o que impede aquele que ri de dizer a verdade? Assim, cheguei de nada a tudo, rindo. De fato, é certo que os variados costumes dos homens e as diversas naturezas fazem com que a verdade deva ser ensinada por diversos meios: de sorte que ela pode não somente ser recebida com demonstração e grave autoridade mas também sob a cobertura de alguma facécia."[41] Outro protestante, Pierre Viret, partilha essa opinião: "Se lhes parece que é preciso tratar tais matérias com grande gravidade e modéstia, não nego que é necessário tratar a palavra

41 *Satires chrestiennes de la cuisine papale*, 1560, p.3.

de Deus com grande honra e reverência; mas eu gostaria muito que eles considerassem que a palavra de Deus não é tão severa e tétrica, ela tem ironias, farsas, brincadeiras honestas, remoques e ditos convenientes a sua gravidade e majestade".[42]

Calvino, obviamente, não concorda com isso. Para ele, o riso não tem lugar em assuntos religiosos; ao ouvi-lo, Henri Estienne, com seu panfleto satírico *Apologia para Heródoto*, converte a religião "em rabelaiseria". Rabelais: a ovelha negra dos reformadores austeros, protestantes ou católicos, culpado por ter feito o elogio da "virtude curativa do riso". Nem uns nem outros podem perdoá-lo por ter comparado as virtudes das *Crônicas de Gargântua* às da *Bíblia* e do Evangelho: aqueles que leem as crônicas e acreditam em seu conteúdo ficam dispostos a sacrificar a vida por elas; esse livro salva; ele cura dor de dente, varíola ou gota, e "os editores, em dois meses, o venderam mais que a *Bíblia* em nove anos".

A intolerável aproximação demonstra, uma vez mais, aos olhos dos religiosos extremistas, que o riso e a fé são incompatíveis. Um pouco por toda parte, em país católico ou protestante, o divórcio se confirma entre os crentes rigorosos, do tipo puritano, adeptos de uma reforma radical, intolerante e séria, e os fiéis do tipo medieval, que praticam uma religião sincretista, que mistura sagrado e profano, alegre e supersticiosa. Na Inglaterra, no último quarto do século, desenvolvem-se festas populares sazonais, com danças, peças cômicas e farsas que escarnecem dos puritanos: a *Merry England* manifesta sua oposição ao puritanismo, que inventa, então, a palavra *clown* para designar esses rústicos, esses camponeses ignorantes e risonhos.

As lutas religiosas, tão sérias e tão trágicas, contribuem, entretanto, para o aparecimento de um gênero cômico destinado a um belo futuro: a caricatura. Tecnicamente, a impressão, que permite a difusão de grande número de exemplares de folhas volantes, é elemento decisivo. Ainda era preciso dominar as regras normativas da beleza, para poder expressar, voluntariamente, a fealdade como antítese do belo e do bem. A Idade Média conheceu figuras grotescas nas miniaturas e esculturas, maneira de zombar do mal em geral e, talvez, de exorcizá-lo. Na arte do retrato, predominam os estereótipos, como o testemunham os rostos anônimos dos reis e dos santos na estatuária religiosa. O realismo, que nasce no século XV com a multiplicação de retratos por encomenda, prepara o aparecimento da caricatura: a observação precisa das particularidades individuais permite a possibilidade

42 VIRET, P. *Disputations chrestiennes*. Paris: 1544, p.57.

de acentuar este ou aquele traço característico com finalidade cômica, e os carnês de Leonardo da Vinci contêm estudos de cabeças grotescas, a feiura sendo, a seus olhos, a expressão do particular, que altera os traços da beleza e de seus cânones universais.

A beleza é obra divina, e a fealdade é a expressão do mal, segundo a simbólica medieval. A arte do retrato individualizado acompanha a grande promoção do individualismo que caracteriza a Renascença. Cada indivíduo é único, insubstituível: é isso que faz sua dignidade e sua fragilidade. É muito revelador constatar que, desde o início, a tentação cômica está presente; percebe-se que é suficiente pouca coisa para fazer oscilar para o ridículo uma fisionomia nobre, que a máscara de dignidade de cada homem é fina e que atrás, sempre perceptível ao olho atento, transparece o rosto grotesco. Ninguém escapa: cada um de nós tem seu aspecto ridículo, e todo homem sério tem um avesso cômico.

Dessa forma, a exploração malévola dessa realidade é inevitável, num contexto de conflito. Especialmente porque o século XVI dá grande importância à aparência. O rosto revela o caráter e a personalidade, porque esta última molda nossos traços. Em virtude da íntima união alma e corpo, é possível julgar o indivíduo por sua aparência. Aristóteles já havia estabelecido correspondências entre as características animais e os traços do caráter humano, e os tratados de fisiognomonia, que proliferam na época da Renascença, retomam o essencial de suas conclusões – como *De humana physiognomonia*, de Giambattista Porta, em 1586.

As primeiras caricaturas ainda guardam um aspecto muito alegórico, que procura degradar e dessacralizar o adversário. Por exemplo, quando Melancton descreve o "asno-papa", o *Papstesel*, com o braço direito como pata de elefante, que significa o poder temporal, em um tronco feminino, que sugere a lubricidade. Em 1546, Lucas Cranach faz dele uma pintura em madeira. Obscenidade e violência marcam igualmente uma gravura em cobre, de 1580, *A vitela de monge*, em que se veem diabos assando monges na grelha, depois de lhes ter retirado das entranhas grande quantidade de imundícies.

Assim, a caricatura nasce espontaneamente do ódio. Aviltar, degradar, humilhar pelo riso, que adquire aqui toda a sua dimensão diabólica. Só no fim do século a caricatura "civiliza-se", domestica-se, na Itália, com aquele que passa por verdadeiro fundador do gênero: Annibal Carrache (1560-1609), criador de uma escola de arte em Bolonha. Em 1646, uma coletânea de suas gravuras é publicada por Mosini, que, em seu comentário, explica que o pintor fez seus desenhos para descansar, por brincadeira, carregando (*caricare*) nos traços: assim nasce o termo. A *commedia dell'arte*, com suas máscaras, contribui para fixar as regras do gênero, e, numa temporada em Florença, Jacques Callot, que se associa ao arquiteto e promotor de festas Giulio Parigi, enche sua galeria de figuras grotescas. Percebe-se, então, que a caricatura pode ter um lado simpático e que o aspecto cômico de um indivíduo pode revestir-se de valor positivo: ambivalência do riso, cuja função agressiva apareceu primeiro, como quase sempre.

AS VARIAÇÕES NACIONAIS DO RISO

De fato, o riso do século XVI explode em todos os sentidos: macarrônico, picaresco, burlesco, grotesco, humorístico, satírico, irônico. A afirmação dos temperamentos nacionais é acompanhada por certa diversificação geográfica do riso, embora ainda seja preciso exagerar nas diferenças: em cada um desses risos há mais de universal que de particular. Na Itália, o gênero macarrônico e pseudopopular aparece com um beneditino, Teofilo Folengo, apelidado Merlin Coccaio, autor, em 1517, do romance *Baldus*, que transforma em derrisão o latim erudito. São aventuras ridículas, poéticas, oníricas, achincalhando sem cessar a lógica e os nobres sentimentos. É a afirmação do trivial e do baixo em uma visão louca, monstruosa, grotesca do mundo – visão em "anamorfose", diz Jean Duvignaud.[43] Essa obra, na qual Rabelais se inspirará, ilustra a frase de Aretino: "Com uma pena e uma folha de papel, eu zombo do universo".

Essa primeira literatura macarrônica também tem valor social e político; é o riso ácido, corrosivo, denunciando a miséria popular atrás da fachada dos corsos principescos da Renascença. A tendência ao excesso e à invectiva corresponde a uma "necessidade de compensação à glorificação abusiva de certos valores religiosos, nobiliários, monárquicos".[44] Ao mesmo tempo, essa crítica da sociedade contemporânea se recusa a ver o desabamento de certos valores.

Na mesma época, põe-se em evidência a *commedia dell'arte*, espécie de Carnaval sobre o palco, metáfora caricatural da existência, existência do avesso, com criados que mandam em seus senhores. Reencontra-se aí a tradição da atelana, com seus estereótipos, como Pantalon, o pai rabugento e tolo. O gênero impõe-se, bufão, trivial, burlesco, em 1545, com a formação,

43 DUVIGNAUD, J. *Rire et après*. Paris: 1999, p.170.
44 *Précis de littérature italienne*. Paris: dir. de C. Bec, 1982, p.209.

em Pádua, da primeira companhia de atores profissionais. As autoridades religiosas e civis tentam, em vão, interditar essas impertinências que fazem até grandes senhores rir.

Ao riso macarrônico dos italianos, que conserva um aspecto lúdico, corresponde o riso picaresco dos espanhóis, que surge quase ao mesmo tempo. Esse riso é mais áspero, amargo ou mórbido, porque ele é marcado pelo pecado original. *A vida de Lázaro*, em 1554, é uma farsa moralizadora, ascética, quase mística. Depois da falta de Adão, o homem é um ridículo títere, que os autores picarescos não se cansam de aviltar e de cobrir de riso desdenhoso. De *Guzman de Alfarache* (1599), de Mateo Aleman, a *Buscon* (1626), de Quevedo, o pícaro desaba para o imundo e o repugnante. Guzman come ovos podres e jumento morto; um porco o faz cair no defumador; uma noite, ele é encerrado com cadáveres. Quanto ao herói de *Buscon*, ele é coberto de excremento, escarros e baba. "O homem é reduzido", escreve Maurice Molho, "ao estado de autômato fisiológico, defecador e cuspidor".[45] Inversão dos autores sublimes da mística espanhola? Digamos melhor, complemento, avesso: para Teresa d'Ávila e Juan da Cruz, o homem não vale mais que para Aleman e Quevedo. Há niilismo em todos eles. Depois da maçã, o homem é irremediavelmente maldito, mau, perdido, e cada um deles expressa, à sua maneira, a raiva da condição humana, seu desejo de desertar, de acabar com ela: perdendo sua identidade na fusão com o divino ou humilhando-se na infâmia, sob um riso diabólico. Aqui, não há compromisso pragmático: estamos na Espanha. Se o cômico macarrônico é um jogo que termina em canções, o cômico picaresco é um jogo que termina em condenação à morte: a da humanidade. A vida é uma tourada, e o riso, o toureiro, mesmo que Cervantes tenha introduzido aí um pouco de sentimento, de ternura, de humor.

Tudo isso é grotesco, no sentido literário e artístico do termo. A palavra aparece, nessa época, com a descoberta, pouco antes de 1500, de antigas decorações complexas no subsolo, as "grotas" da Casa Dourada de Nero. Trata-se de uma invenção mediterrânea, que dá lugar, desde o início do século XVI, a um estilo pleno de fantasia, bizarrice, evocando o sonho e, às vezes, a loucura. A coisa existia antes da palavra, isso é certo; mas, no século XVI, ela entra no vocabulário e adquire verdadeira autonomia. E, como nada surge por acaso, pode-se dizer que o riso grotesco nasceu da consciência humanista da ambiguidade e da ambivalência do ser. Ele cor-

45 *Romans picaresques espagnols*. Paris: introd. de MOLHO, M. ed. de la Pléiade, 1968.

responde ao aparecimento de uma nova sensibilidade: o medo suscitado pelo crescimento brutal dos conhecimentos, que começa a tornar fluido o seguro mundo das aparências. Riso de uma tonalidade nova, ambígua, baseada no contraditório: "a proliferação e a dissolução, a exuberância e a evanescência. Ao lado de um grotesco fundado sobre o jogo, a invenção, a combinação, em que o movimento da vida é sustentado pelas forças do riso, um grotesco de alienação, de ocultação, que se une às formas do sonho, em que o riso é ampliado pelo trágico e torna-se símbolo de uma inquietante estranheza".[46]

Macarrônico, picaresco, grotesco – o que mais? Burlesco? Esse corte do riso em fatias e em categorias estratificadas não corre o risco de também se tornar ridículo? A mania de classificação pode recair nos excessos escolásticos. A questão foi recentemente levantada a propósito do burlesco.[47] Ao lado dos gêneros precedentes, italiano e espanhol, vê-se, de fato, aparecer na França, no século XVI, um gênero do cômico literário que seria tipicamente gaulês e que se expandirá na primeira metade do século XVII. Jean Emelina definiu-o como um gênero impertinente, ligeiro, trivial, desrespeitoso, ousado, elegantemente indecente, brincalhão, jovial, parodístico, às vezes iconoclasta, tendo uma "função de desrecalque, no sentido popular e psicanalítico do termo. O burlesco age como uma libertação de tudo o que pesa sobre o indivíduo e a sociedade, às vezes de maneira desenvolta e elegante, mais frequentemente de forma grosseira. Esse é seu aspecto mais desacreditado. Ele é o escândalo intolerável do vulgar e da 'indecência', isto é, do que não convém".[48] O aspecto folgazão, lúdico contrasta fortemente com o trágico picaresco e lhe confere um ar superficial e ligeiro que seria anunciador do "espírito francês". Alguns o veem apontar desde 1520 em *Heptaméron*, de Marguerite de Navarre, que Marcel Tetel qualifica de "Decameron travesti".[49] A expressão demonstra, aliás, que não há nada de hermético nas categorias do riso, e a contaminação é confirmada por Frédéric Deloffre, que fala de "macarrônico francês".[50]

46 IEHL, D. *Le grotesque*, op. cit., p.8.
47 DEFAYS, J.-M. "O burlesco e a questão dos gêneros cômicos". In: *Poétiques du burlesque, Actes du Colloque International du Centre de Recherches sur les Littératures Moderne et Contemporaine de l'Université Blaise-Pascal*. Paris: ed. D. Bertrand, 1998.
48 EMELINA, J. "Como definir o burlesco", ibidem, p.65.
49 TETEL, M. "Tiradas e jogos burlescos no *Heptaméron*", ibidem.
50 DELOFFRE, F. "O macarrônico francês", ibidem.

A corrente afirma-se com *A nova fábrica de excelentes traços de verdade. Livro para incitar sonhadores tristes e melancólicos a viver de prazer*, de 1579, depois com o *Formulário recreativo*, de Bredin le Cocu, de 1590.[51] Mas o burlesco só atinge seu verdadeiro desenvolvimento nos anos 1630-1640, em oposição à preciosidade ambiente: Voiture, Saint-Amand, Scarron lhe dão cartas de nobreza e, em 1649, a anônima *Vida de Nosso Senhor em versos burlescos* empurra o gênero até as fronteiras da blasfêmia, em uma espécie de prefiguração de *A vida de Brian*, de Monty Python.

ADVENTO DO HUMOR

Eis-nos na Inglaterra. A geografia do riso enriquece-se no século XVI com aquilo que se tornará o mais belo florão do planeta cômico: o humor. Se a época redescobre que o riso é próprio do homem, ela não está ainda plenamente consciente de que o humor é a quintessência do riso. Já dissemos: a coisa existe muito antes da palavra, e o aparecimento do termo na *Encyclopaedia Britannica* de 1771 só faz consagrar uma forma de espírito sem dúvida tão antiga quanto a humanidade.

Nessa longa história, a Renascença corresponde a uma etapa importante: a tomada de consciência da existência, em certos indivíduos, de um tipo de temperamento extravagante, de um humor capaz de ultrapassar agradavelmente as contradições da vida e da natureza humana. E é na Inglaterra que se produz essa emergência, já com Chaucer, que apresenta o narrador de *Canterbury tales* como um homem consciente de seu personagem, dissimulando, sob a aparência melancólica e um pouco embaraçada, uma malícia e uma vivacidade de espírito espantosas. O humor especifica-se na época dos Tudor e no início dos Stuart, a contar de 1550, sobretudo, partindo da velha teoria médica dos "humores", debatida por Robert Fludd e pelo dramaturgo Ben Jonson, por exemplo.

Este último apresenta, por volta de 1600, em *Every Man out of his Humour*, um primeiro esboço de definição:

> Esse nome pode, por metáfora, aplicar-se
> à disposição geral do caráter:
> por exemplo, quando uma qualidade particular

51 PÉROUSE, G.-A. "Algumas prefigurações do estilo burlesco nos livros recreativos da Renascença", ibidem.

> se apossa de um homem a tal ponto que força
> seus sentimentos, seus espíritos, seus talentos,
> seus fluxos misturados a escoar-se todos no mesmo sentido,
> então, sim, pode-se dizer que existe aí um *humor.*

Para Jonson, o predomínio de determinado humor em um indivíduo confere-lhe uma excentricidade, uma bizarrice de caráter nitidamente cômico. Se o indivíduo em questão toma consciência dessa originalidade e usa-a diante das dificuldades da vida, o "humor" (no sentido fisiológico do termo) transforma-se em humor no sentido moderno do termo. Vários países estão dispostos a transpor a barreira: a Espanha, onde a excentricidade de Dom Quixote é claramente um "humor"; a França, onde Corneille e Scarron, entre outros, utilizam várias vezes a expressão "ter humor", no sentido jonsoniano; a Itália, sobretudo, onde o *umorismo* designa um sistema de pensamento baseado na extravagância barroca. Em 1602, é fundada, em Roma, a academia *Umoristi,* reunindo aristocratas que praticam o *umore.* Havia também os *lunaici,* os *estravaganti,* os *in fiammati,* os *fantastici,* os *intronati.*

É, contudo, na Inglaterra que a barreira cai, discretamente. Não há ata de nascimento do humor. Um dia, dão-se conta de que ele existe, lendo Shakespeare, por exemplo. Não é o gordo Falstaff quem nos oferece uma das definições mais precoces dele: *a jest with a sad brow* ("uma brincadeira dita com ar triste")?[52] É uma definição incompleta, por certo; mas um dos traços do humor é justamente ser indefinível. Pode-se praticá-lo, reconhecê-lo, mas jamais descrevê-lo. Não é de surpreender que esse instrumento pragmático, que permite ultrapassar as dificuldades – ou esquivar-se delas –, se tenha aclimatado, de início, na Inglaterra? "Otimismo triste ou pessimismo alegre", ele reflete também as contradições desse país no século XVI, em particular o confronto entre puritanismo e alegria de viver da *Merry England.*

Thomas More, que deixou a reputação de ser humorista, é uma das primeiras ilustrações disso. Seu humor vem da união dos contrários: um temperamento feliz, consciente da fragilidade da natureza humana. "Enquanto procuro curar a loucura dos outros, é necessário que eu seja tão louco quanto eles", escreve ele em *Utopia,* e lhe atribuem esta prece: "Senhor, dai-me senso de humor. Dai-me a graça de saber discernir uma

52 SHAKESPEARE, W. *Henry IV,* 2ª parte, v, 1.

brincadeira, para que eu usufrua alguma felicidade na vida e que a partilhe com os outros". A degradação gerada pelo pecado original, que pode ser fonte de desespero, é a principal causa do humor cristão. Ainda é preciso usufruir um caráter feliz. O humor tem necessidade de contraste: é um duplo olhar, sobre os acontecimentos e sobre a vida; um simples olhar só vê as aparências e produz, de maneira inevitável, tolice ou fanatismo, ou, mais frequentemente, os dois ao mesmo tempo.

O olhar humorístico é capaz de nos fazer sorrir de qualquer coisa – mesmo que seja da asneira e do fanatismo. "Se formos dotados de humor, podemos fazer uma leitura humorística de textos desprovidos de humor", escreve Robert Favre.[53] É o que faz, por exemplo, Reginald Scot, um autor elisabetano que, em sua peça intitulada *Discoverie of Witchcraft*, cita e traduz trechos de *Pilão das feiticeiras* e de *Demonomania*, de Jean Bodin. De repente, esses monumentos de asneira séria com sentido específico provocam o riso no auditório. Nesse caso, não há necessidade de explicação: lidas em um ambiente neutro, as histórias de *Malleus* – como a do rapaz transfigurado em asno de quem só se percebe a verdadeira natureza três anos mais tarde, quando se vê que ele se ajoelha ao ouvir o sino da elevação da eucaristia – transformam-se em puro cômico. Os autores anglicanos do fim do século XVI recorrem amplamente a essa ironia de segundo grau para ridicularizar as diabruras e as superstições dos papistas. Os tratados de demonologia, que apresentam os sabás e os atos das feiticeiras sob forma de culto invertido, com uma imaginação delirante e verdadeiramente carnavalesca, são, para os adversários, inesgotáveis fontes humorísticas.[54]

Desde o início do século XVII, a técnica humorística instala-se na Inglaterra de forma tão perfeita que, às vezes, é difícil discernir a parte séria da humorística. Tomemos o grande ensaio "científico" de Robert Burton, *Anatomia da melancolia*, publicado em 1621.[55] Essa obra, que se apresenta como um estudo médico dos efeitos do humor melancólico, foi, até a época presente, objeto de numerosos comentários muito sérios. Robert Escarpit, entretanto, em seu pequeno tratado *O humor*,[56] está persuadido de que se trata

53 FAVRE, R. *Le rire dans tous ses éclats*. Lyon: 1995, p.106.
54 ROBERTS, G. "The devil and comedy". In: *Humour and History*. Oxford: ed. K. Cameron, 1993.
55 Cf. SIMON, J.-R. *Robert Burton et l'anatomie de la mélancolie*. Paris: tese de Letras, 1964; TREVOR-ROPER, H. "Robert Burton and the *Anatomy of melancholy*". In: *Renaissance Essays*. Londres: 1961.
56 ESCARPIT, R. *L'humour*. Paris: 1960.

de uma "brincadeira". Lembremos que o autor começara sua carreira com uma comédia em latim sobre os charlatães, *Philosophaster* (1606), o que pode, de fato, nos levar a questionar a seriedade de seu tratado médico. Robert Escarpit vê aí "perfeitos exemplos dessa técnica humorística, muito moderna, derivada do deslocamento jonsoniano entre as duas naturezas do excêntrico, que consiste em fazer passar um comentário manifestamente (e causticamente) aberrante no meio de uma frase de imperturbável gravidade. Assim, tendo declarado que os jesuítas acumulam o sacerdócio com o exercício da Medicina, Burton acrescenta tranquilamente: 'Nesse momento, há um certo número deles que, *permissu superiorum*, são cirurgiões, intermediários, alcoviteiros e parteiros'".[57] Resumindo, trata-se de "uma brincadeira de classe, elaborada com toda a seriedade necessária ... de ponta a ponta, e percebe-se nela o sorriso sorrateiro de Burton". De súbito, somos levados a ler a obra com um olhar diferente, à espreita dos traços de causticidade. Burton, suspeito de humor, é sério, por exemplo, quando trata do suicídio e sugere, entre medidas psicológicas de bom-senso, um tratamento à base de peônia, angélica, hipérico, que têm a virtude de afugentar o diabo, assim como a betônica, que afasta os maus espíritos?[58]

Assim, a mistura espantosa de humanismo e conflitos religiosos, no século XVI, faz ressoar o riso em todas as direções: maldoso riso sarcástico do fanático, riso gigantesco e ambivalente do rabelaisiano, riso macarrônico caricatural e lúdico, riso picaresco amargo e mórbido, riso grotesco inquietante, riso burlesco, impertinente, riso humorístico sutil e abusado... O riso explode em mil pedaços, e as gargalhadas compõem a grande sinfonia de autoderrisão, insuportável para os ouvidos dos reformadores religiosos intransigentes. Cacofonia de risos infernais ou gritos de desafio do homem diante do nada?

AS COLEÇÕES DE HISTÓRIAS ENGRAÇADAS

Rabelais deu o tom. O século XVI ri, com entonações diferentes. Inegavelmente, a explosão dos valores tradicionais liberou uma necessidade universal e variada do riso, que se manifesta, entre outros, pela multiplicação de histórias engraçadas: faz-se provisão de riso para momentos difíceis. A

57 Ibidem, pp.30-31.
58 MINOIS, G. *Histoire du suicide*. Paris: 1995, p.124.

coleção de blagues é riso em conserva, porque não há certeza de tê-lo sempre fresco. Esse tipo de obra não é, de certa forma, um sinal de penúria, uma precaução diante do acúmulo de ameaças? De fato, os medos tornam-se precisos, as angústias tornam-se mais profundas, o conforto habitual da religião revela-se menos eficaz.

As histórias engraçadas também têm outra função. Destinadas a ser contadas entre amigos, em reuniões particulares de pessoas do mesmo meio e de mesma cultura, elas desempenham a função de cimento social, excluindo os outros, os *outsiders*, os estrangeiros, que não são queridos. Os que riem entre si fazem-no, em geral, à custa de um grupo social, étnico ou religioso: blagues antijudeus, antipuritanos, antinobres, anticatólicos... Alvo são também os defeitos, as taras, os vícios; o riso consolida assim os preconceitos e contribui para construir uma sociabilidade por exclusão. Um estudo sociológico dos temas das histórias engraçadas é um bom indicador da evolução das mentalidades.

É preciso desconfiar, todavia, de uma ilusão: se as coleções de blagues multiplicam-se na Renascença, é também por uma razão técnica, a saber, porque a imprensa permite a difusão dessas pequenas obras. Durante longo tempo, elas ainda são manuscritas, minuciosamente copiadas por amantes de ditos espirituosos, para seu uso pessoal. A primeira coleção do gênero foi elaborada, ao redor de 1450, pelo humanista Poggio Bracciolini, que reuniu, em seu *Liber facetiarum*, as blagues, quase sempre escabrosas, que circulavam nos meios pontificais de Roma. Blagues em latim, para uso interno, visando pessoas precisas, aptas a seduzir um público culto. Elas são impressas em 1477 e circulam amplamente na Europa, suscitando imitações.[59]

É também dos meios eclesiásticos que sai o *Schimpf und Ernst* (Riso e seriedade), do monge alemão Johannes Pauli. Ele explica que compôs sua coleção de histórias engraçadas para que "os monges reclusos nos mosteiros tenham o que ler para distrair o espírito e relaxar": não é possível confinar-se sempre na ascese. Os ambientes aristocráticos não escapam a essa nova necessidade. Em 1528, no segundo volume de *O cortesão*, Castiglione reúne numerosas histórias destinadas a divertir a companhia; voltaremos a isso mais à frente. Considerada aqui como complemento da conversação

59 BRACCIOLINI, P. *Liber facetiarum*. In: *Opera omnia; Monumenta politica et philosophica rariora*. Turim: série II, 4-7, 1964-1969; v.I; *Facetiae*. Nova York e Londres: trad. ingl. B. J. Hurword, 1968.

elegante, a história engraçada deve, portanto, preencher as condições de forma e conteúdo: *finesse* e decência, essencialmente. Em 1553, o inglês Thomas Wilson, em seu manual *A arte da retórica para uso dos que estudam eloquência*, analisa todos os tipos de brincadeira em decorrência de suas exigências; o livro, aumentado em 1567, é uma verdadeira coleção de blagues refinadas.

Menos refinadas, mas muito mais divulgadas, são *As cem histórias alegres (A Hundred Merry Tales)*, publicadas em 1526, num desconfortável formato in-fólio, por um grupo de humanistas ingleses, sob a direção de John Rastell. Este, meio-irmão de Thomas More, cresce num meio culto e espiritual. Seu genro, John Heywood, é o autor de várias comédias e coleções de epigramas e gracejos, como seu homônimo Thomas Heywood. Tornada logo célebre, a obra de Rastell é impressa in-oitavo, formato mais prático para levar a reuniões entre amigos, e essas histórias percorrem o reino. Shakespeare inspirou-se em algumas delas, mas, na época dele, já parecem um pouco desgastadas. Encontram-se traços delas ou alusões a elas em *Muito barulho por nada, Noite de reis, As alegres comadres de Windsor, A megera domada*. Na obrigação de compor certas obras rapidamente, sob encomenda, o grande William não desdenha de recorrer aos *jest books* que circulam na Inglaterra para introduzir alguns ditos espirituosos nos diálogos de suas comédias.[60]

Robert Burton também aprecia essa literatura, e encontra-se em sua biblioteca a obra de um êmulo de Rabelais, o monge médico Andrew Boorde, *The Merry Tales of the Mad Men of Gottam* (As alegres histórias dos loucos de Gottam). Boorde talvez não seja mais que um sobrenome adaptado do francês antigo *lourde*, significando "brincadeira trapaceira". Burton também possui *O banquete de blagues* (*The Banquet of Jests*), atribuído a Archie Amstrong. Sempre despistando, Burton escreve, contudo, em *Anatomia da melancolia*, que as histórias engraçadas, longe de ser remédio para o humor sombrio, só fazem agravá-lo: ele se baseia no fato de que essas brincadeiras sempre têm um aspecto maldoso, cujas vítimas são indivíduos ou tipos sociais ridicularizados, humilhados. Elas geram, afirma ele, ressentimento e desejo de vingança, podendo ter consequências dramáticas. Até onde se sabe, ele próprio não tinha nada de divertido.

60 BREWER, D. "Elizabethan merry tales and the merry wives of Windsor: Shakespeare and popular literature". In: *Chaucer to Shakespeare: Essays in Honour of Shinsuke Ando*. Cambridge: ed. T. Takamiya e R. Beadle, 1992, pp.145-161.

Uma das mais ricas coleções cômicas é a muito séria *Jocorum et seriorum libri duo*, publicada, em 1600, por Melander, que insiste em lembrar que ela se inscreve numa longa tradição de sábios, incluindo teólogos medievais que, antes dele, escreveram histórias para rir. Trata-se de conferir ao gênero sua carta de nobreza e de fazer do riso uma qualidade do homem do mundo.

O RISO DOS CORTESÃOS

Castiglione já o tentara. *O cortesão*, que supostamente relata uma conversa livre entre membros da jovem e refinada sociedade do palácio de Urbino, em 1507, é pontuado por frequentes gargalhadas.[61] A segunda das quatro noites é consagrada ao riso, por proposta de uma jovem e bela viúva, de caráter bem-humorado, chamada Emilia Pia: "Quando o riso diminui, a senhora Emilia diz: 'Cessai de nos fazer rir com vossas brincadeiras e dizei-nos, antes, como utilizá-las, como prepará-las e tudo o que sabeis sobre o assunto'". O "mestre" é Bernardo Accolti, poeta sustentado por Júlio II e Leão X, uma das coqueluches literárias dos círculos da moda na Itália renascentista. Sobre esse assunto, ele é o porta-voz de Castiglione.

Depois de lembrar que é impossível definir o riso, e que este é, na verdade, próprio do homem, ele lhe atribui uma função recreativa e de divertimento. Concepção muito redutora: o riso do cortesão não é uma visão de mundo, mas uma simples recreação. "Tudo o que provoca o riso exalta o espírito do homem e lhe dá prazer, permitindo-lhe, por momentos, esquecer as preocupações e atribulações que frequentam a vida. Assim, vós vedes que o riso é bom para todos e que aquele que sabe provocá-lo no momento e no lugar certos é digno de elogios."

Bernardo especifica a pluralidade dos risos: o dos cortesãos não é, evidentemente, o "dos idiotas e dos bêbados, ou dos *clowns* estúpidos e dos bufões". Ele deve respeitar limites muito precisos. De início, em seus alvos: não zombar nem dos desgraçados inocentes, que merecem piedade, nem dos viciados e criminosos miseráveis, que merecem ódio, nem da religião, porque isso logo descamba para a blasfêmia. Em seguida, na forma: não cair no grotesco, no trivial, no grosseiro, "lembrando-nos sempre de nossa dignidade de fidalgo, evitando palavrões e gestos indecentes, contorções

61 Todos os exemplos seguintes são tirados de *O cortesão*, tradução nossa.

grotescas do rosto e do corpo e fazendo apenas movimentos que permitam àqueles que nos escutam e veem imaginar muito mais do que podem ouvir e ver e, assim, provocar-lhes o riso".

Bernardo e Castiglione distinguem três tipos de brincadeira: a história do tipo narrativo, com desenvolvimento cômico; o dito espirituoso ou comentário, breve e bem colocado; e o "gracejo em ação", o *practical joke* dos ingleses, "que compreende uma história, um breve comentário e também uma certa dose de ação". Bernardo fornece numerosos exemplos de cada tipo, com múltiplas variantes e subcategorias. Essas brincadeiras, normalmente atribuídas a personagens históricos, parecem apenas capazes de nos fazer esboçar um sorriso de polidez. Ora, a cada vez, Castiglione assinala que os presentes "gargalham". É a relatividade do cômico, sem dúvida, porém, mais frequentemente, evolução da sensibilidade: o homem do século XVI ri e chora com muito mais facilidade que nós. "O arcebispo de Florença diz ao cardeal de Alexandria que o homem possui três coisas: o corpo, a alma e seus bens, mas os bens lhe são disputados pelas pessoas da lei, o corpo pelos médicos e a alma pelos teólogos." Eis um dito espirituoso, citado como exemplo por Castiglione, que hoje não desencadearia hilaridade. Também algumas anedotas, que ainda podem fazer sorrir, parecem desgastadas: "Andrea Coscia visitou um fidalgo que, de forma muito descortês, deixou-o em pé enquanto ficava sentado; Andrea lhe diz: 'Já que Vossa Senhoria me ordena, vou me sentar para obedecer-vos', e sentou-se".

É preciso redobrar a prudência nas brincadeiras de ação, porque é muito delicado enganar qualquer um sem vexá-lo, humilhá-lo, fazer dele um inimigo, mostrar-se mau e cruel. Por precaução, Bernardo conta uma anedota na qual ele foi vítima: no Carnaval de Roma, o cardeal de San Pietro, sabendo que ele gostava de fazer blagues com os monges, disfarçou um de seus servidores de frei mendicante; Bernardo, mascarado, faz crer ao falso monge que ele é procurado pela polícia e, para salvá-lo, constrange-o a montar na garupa de seu cavalo. "Imaginai, portanto, que espetáculo era ver um monge na garupa atrás de uma máscara, sua roupa voando ao vento, a cabeça sacudida para a frente e para trás, como se fosse cair! Vendo isso, os nobres começaram a jogar-nos ovos", segundo o costume. Protegido por seu disfarce, Bernardo alegra-se com a derrota do pseudomonge, até o momento em que este último, para quem os comparsas passaram os ovos, "parecendo agarrar-me para não cair, esmaga alguns ovos sobre meu peito, outros sobre a cabeça e vários no rosto, até que eu ficasse todo pingando". E o cardeal e seus amigos torciam-se de rir, na janela. O episódio é quase tão engraçado quanto as batalhas de tortas com creme do cinema mudo. Os ouvintes de Bernardo riem com toda a alma...

Sabendo que se trata de brincadeiras aristocráticas, o espanto com as obscenidades rabelaisianas é menor. Esse tipo de brincadeira é, de fato, uma tradição italiana que conhece seu apogeu entre 1450 e 1550: a tradição da *beffa*, a farsa, a blague, a trapalhada. Os exemplos fervilham na literatura, desde *Decameron*, em que se enumeram oitenta referências, até *Novelas*, de Matteo Bandello, passando pelas histórias de Sacchetti, Masuccio Salernitano, Sabadino degli Arienti e Antonfrancesco Grazzini.[62] Na vida, a prática da *beffa* é onipresente, da taberna e do Carnaval à corte dos duques de Milão e de Ferrara. Os arquivos judiciários estão repletos dessas blagues equivocadas que geravam demandas. O gosto da brincadeira é uma das características da aristocracia italiana do século XVI, que manda instalar, em seus jardins, armadilhas para pregar peças nos visitantes, como essas fontes que, de repente, põem-se a andar. Os Farnese mandam preparar seus jardins de Caprarola por Vignola, e é Buontalenti quem prepara os de Pratolino, dos Médicis.

As principescas cortes italianas da Renascença são extremamente aficionadas a farsas de todos os gêneros. O bufão do papa Leão X é um padre, frei Mariano; o do duque de Mântua, Matello, disfarça-se de monge e parodia os ofícios. Em 1492, na corte de Milão, a princesa Beatriz d'Este manda colocar animais selvagens no jardim do embaixador de Ferrara, e todos os seus frangos são mortos; Ludovico Sforza, esposo de Beatriz, acha isso muito engraçado. Perto de Viterbo, a família Orsini manda edificar, em seus jardins, uma gruta imitando a entrada do inferno, em cuja sombra fazem-se piqueniques.[63] O gosto do riso na península é atestado pela extraordinária riqueza do vocabulário concernindo a esse tipo de brincadeira: *baia, beffa, burla, facezia, giuoco, legerezza, pazzia, piacevolezza, scherzo*... Ao menos uma dezena de adjetivos qualifica o que é divertido: *beffabile, beffevole, burlesco, faceto, festevole, giocoso, grottesco, mottevole, scherzoso, sciocco*... Os bobos de corte italianos são renomados entre os melhores da Europa: Diodato, o bobo de Beatrice d'Este, em Milão; Fritella, o de Isabella d'Este, em Mântua; Scocola, o de Borso d'Este; e ainda Gonella, Dolcibene... Os príncipes não colecionam apenas manuscritos antigos, mas também histórias engraçadas,

62 FONTES, A. "O tema da *beffa* em *Decameron*". In: *Formes et significations de la beffa*. Paris: ed. A. Rochon, 2 vols., 1972-1982; BOILLET, D. "O uso circunspecto da *beffa* em Masuccio Salernitano", ibidem; ROCHON, A. "Uma data importante na história da *beffa*: a novela de Grasso legnaiolo", ibidem; PLAISANCE, M. "A estrutura da *beffa* em *Cene*, de GRAZZINI, A." ibidem; FIORATO, A. "O mundo da *beffa* em Matteo Bandello", ibidem.

63 BAROLSKY, P. *Infinite jest: wit and humour in Italian Renaissance Art*. Nova York: 1978.

como as do padre toscano Arlotto Mainardi ou as dos humanistas Poggio Bracciolini e Angelo Poliziano.[64]

A prática da *beffa* inscreve-se num contexto cultural preciso, que ela contribui para revelar: um meio aristocrático que se quer refinado, sempre à procura da beleza do gesto em uma atmosfera de competição e exaltação da virtude individual. Sociedade em que a afirmação de si passa pelo rebaixamento do outro – o que pode chegar ao sadismo, como em certas histórias de Bandello. A atmosfera deletéria de *Romeu e Julieta* reflete bem essa sociedade cuja principal mola de ação é o ódio da família rival. O riso da *beffa* é, quase sempre, um riso de exclusão, que pode chegar a um nível escatológico digno de Rabelais: em um relato de Bandello, Madonna Cassandra tem por amante um monge; seu marido fica sabendo e então se disfarça de monge, toma um laxante antes de se deitar com a mulher e cobre-a de excrementos. É nesse contexto que Castiglione escreve, e isso explica melhor os esforços para evitar a trivialidade e a indecência.

Na corte da França, as brincadeiras também são muito apreciadas, salvo raríssimas exceções, como a rainha Ana de Bretanha. Seu marido, Luís XII, gosta de rir e, às vezes, aventura-se a pregar peças na soberana. Brantôme conta que os embaixadores tinham o costume de ir vê-la depois da visita ao rei. Eles eram introduzidos pelo príncipe de Chalais, M. de Grignaux, seu primeiro chanceler, que era poliglota. A rainha lhe pede que a ensine a dizer algumas palavras amáveis na língua dos embaixadores para poder cumprimentá-los. Chalais, que era farsista, ensina-lhe um punhado de grosserias e ri com o rei. Ana, avisada a tempo dessa pequena "canalhice", como diz Brantôme, é tomada de espantosa cólera:

"Um dia, tendo a rainha lhe pedido algumas palavras em espanhol para dizê-las ao embaixador da Espanha, e sendo-lhe dita uma pequena canalhice rindo, ela logo a aprende; no dia seguinte, esperando o embaixador, M. de Grignaux conta o fato ao rei, que o achou bom, conhecendo seu humor alegre e agradável; no entanto, ele foi ao encontro da rainha e contou-lhe tudo, com a advertência de evitar pronunciar aquelas palavras. Ela foi tomada de tão grande cólera que queria expulsar M. de Grignaux, apesar da risada do rei, a quem ela ficou sem ver por vários dias, mas M. de Grignaux pediu-lhe humildes desculpas, dizendo que o fizera para divertir

64 LUCK, G. "*Vir facetus:* a Renaissance ideal". In: *Renaissance Philology,* 55, 1958, pp.107-121; FONTES, A. "Poder (do) riso. Teoria e prática das facetas humanistas nos séculos XV e XVI; as facetas humanistas nas três coleções de L. Domenichi". In: *Réécritures,* 3. Paris: 1987, pp.9-100.

o rei e fazê-lo distrair-se e que ele não agira tão mal, já que o rei a advertira quando o embaixador chegou; e assim, pelos rogos do rei, ela se acalmou".

Zombar do soberano é apanágio do bufão do rei. Mas o tempo das guerras de religião vê desenvolver-se a sátira política. Reis e rainhas tornam-se alvo de zombarias cada vez mais virulentas, especialmente Catarina de Médici, "mulher machona", e Henrique III, "rei mulher ou homem rainha". Sob Henrique IV, os panfletos satíricos multiplicam-se, como *A sátira menipeia da virtude do católico de Espanha*. No século XVI, o riso diversifica-se, portanto, e explode por toda parte sem comedimento. É símbolo de vitalidade, sem dúvida, mas não vai demorar para provocar reação, quando as crescentes exigências de civilidade e decoro se unem às dos reformadores religiosos. Erasmo já ressalta em seu *Manual de civilidade* que a explosão de riso, esse riso imoderado que sacode todo o corpo e que os gregos chamavam de "sacudidelas", não tem decoro em nenhuma idade. É possível imaginar a *Gioconda* rindo às gargalhadas? Agrippa d'Aubigné dá este conselho ao príncipe:

> Salva tua dignidade; mas que teu riso não atinja
> Nem o gordo nem a criança nem a garça malcheirosa;
> Que teus gracejos não tenham nada do bufão descarado,
> Teus olhos sejam sem fissura, cheios de civilidade,
> Para que, sem ferir, tu agrades e rias;
> Distingue apenas o trocista com tuas zombarias.[65]

DE RABELAIS A SHAKESPEARE

A gargalhada ensurdecedora da Renascença termina com Shakespeare, que nos deu a imagem mais completa da variedade e ambiguidade do riso. Em suas comédias, certamente há o riso franco, jovial, recreativo. Mas o riso autêntico, profundo está na tragédia e no drama. A vida é fundamentalmente uma tragédia, não uma comédia, e o "verdadeiro" riso é aquele que vem pontuar esse tecido trágico. O riso é uma reflexão sobre a tragédia; é uma forma de interpretá-la, de ver-lhe o sentido, ou a falta dele. E todos os grandes, de Shakespeare a Hugo, viram isto: o homem é grotesco, a condição humana é grotesca.

---

65 AGRIPPA D'AUBIGNÉ. *Les tragiques*, II, 1387-1392.

Todo ser, todo ato, sublime ou horrível, possui seu lado derrisório. Ricardo III, a encarnação do mal, tem seu aspecto cômico quando ele toma consciência da própria iniquidade, da dissolução de seu ser, do qual fazia o centro do mundo: "Então, fujamos... O quê? Fugir de mim? Boa razão! Por quê? Por medo de que eu não castigue a mim mesmo... Quem? Eu mesmo! Bah! Mas eu me amo!... Por quê? Por um pouco de bem que fiz a mim próprio? Oh, não! Ai de mim! Eu me execrarei antes pelas abomináveis ações que cometi. Sou um celerado!... Mas não, minto, não o sou. Imbecil, fala, pois, bem de ti mesmo... Imbecil, não te adules".[66] Incoerência, inconsistências da pessoa, da identidade, mesmo a mais consolidada, que se dissolve como sonho, que se dá conta de que a vida não é mais que um devaneio. "Meu reino por um cavalo!" Como terminar de forma mais derrisória?

O reencontro do riso e da morte está no centro do teatro elisabetano e jacobino, pelo viés do estudo do suicídio em particular. A maior parte das comédias ressalta o lado grotesco desse ato. Grandiloquentes ou parodísticos, os suicidas são ridículos, a menos que o suicídio seja para eles um estratagema, como em *O mendigo cego de Alexandria*, de Chapman. O suicídio é desmistificado e, expondo suas verdadeiras motivações, os autores põem à luz seu aspecto derrisório. Confirma-se assim que, para o espírito da Renascença, pode-se rir de todos os assuntos, tudo é redutível ao derrisório. Para Bernard Paulin, que estudou muito essa literatura, "não há espaço para manifestar espanto por ver unidas as noções de suicídio e de comédia. Nenhum assunto exclui, *a priori*, a brincadeira, nem mesmo a farsa, e o teatro nacional inglês nos habituou às muitas variações cômicas sobre o tema, essencialmente sério, da morte".[67] Em *Every Man out of His Humour*, Ben Jonson também coloca uma cena de suicídio, o de Sórdido, um nome evocador; esse suicídio resulta de um cálculo odioso, que faz Bernard Paulin escrever: "O tom é o da farsa, que atenua a sensibilidade. O suicídio de Sórdido é grotesco e não nos comove nem um pouco, de início porque o enforcado se conduz como um monstro e, em seguida, porque ele se identifica com seu humor. Um humor que se enforca por um motivo ridículo não nos faz derramar lágrimas".[68]

---

66 SHAKESPEARE, W. *Ricardo III*, v.3.
67 PAULIN, B. *Du couteau à la plume. Le suicide dans la littérature anglaise de la Renaissance*. Lyon: 1977, p.262.
68 Ibidem, p.564.

Tudo se reduz a uma bufonaria. O infeliz Hamlet não passa de um boneco, perseguido pela ilusória questão de ser. Esse príncipe incoerente faz-se passar por louco: é na bufonaria que encontra consistência, é por ela que ele espera encontrar a verdade. O riso esconde e revela, ao mesmo tempo.

Um dos ápices do grotesco é a encenação do pseudossuicídio de Gloucester, em *Rei Lear*. Lá se concentra todo o ridículo da existência humana, de *nossa* existência, que nos conduz à velhice e à morte. Que imagem surpreendente da humanidade! O duque de Gloucester, velho e cego, confinado em seus sonhos e em suas desgraças, quer terminar com a vida. Ele pede a Tom que o leve à beira da falésia, para que salte. Tom é o bobo de Bedlam. Esse bobo benévolo engana o velho, conduzindo-o a uma ponta de poucos centímetros, e o salto fatal é um salto de pulga. Assim, nesta vida, "os tolos conduzem os cegos", a loucura salva a sabedoria, que é só ilusão e nos transporta ao ridículo; mesmo o fim é fracassado. Entramos na vida da forma mais trivial, saímos dela da maneira mais lamentável, e entre os dois gesticulamos a meio caminho entre a loucura e a cegueira. Não é risível? Os que querem levar essa comédia a sério são, sem dúvida, os mais risíveis.

O grande homem do teatro shakespeariano não é nem Hamlet nem Macbeth nem Henrique V, mas Falstaff, *Sir* John Falstaff, que ri, faz rir e de quem se ri. Ele é odioso, medroso, fanfarrão e mentiroso; sua divisa é "Come, bebe e diverte-te, porque amanhã estarás morto". Ele é o riso rabelaisiano por excelência. Só comete um erro, fatal: confia num político, crê na palavra de um poderoso, no caso o príncipe Henrique, que o rejeita de forma odiosa assim que se torna o respeitável Henrique V:

"Eu não te conheço, velho! Vai rezar. Os cabelos brancos caem mal num bobo e num bufão. Há muito tempo vi, em sonhos, um homem dessa espécie, também estufado de orgia, também velho, também profano. Mas, ao acordar, desprezei meu sonho. Trata agora de ter menos ventre e mais virtudes; renuncia à gula; saiba que teu túmulo tem de ser três vezes mais largo que o dos outros homens. Não me retruques com uma resposta de bufão. Não imagines que sou o que era. Porque, Deus sabe e o mundo saberá, eu expulsei de mim o antigo homem e rejeitarei assim aqueles que foram meus companheiros".[69]

Falstaff morre por isso. O príncipe Henrique, tornado rei, rejeita e mata o riso. Essa cena é um pouco a ilustração da reviravolta cultural europeia do fim do século XVI: depois de terem flertado com o riso na época da Renas-

69 SHAKESPEARE, W. *Henry IV*, 2ª parte, v.5.

cença, as autoridades morais e políticas o rejeitam como diabólico e impõem um ideal clássico de grandeza e de nobreza. O ridículo grandiloquente mata o ridículo trivial. Luís XIV, que não leu Montaigne, esquece-se de que, vestido com todas as suas bugigangas, está sentado sobre seu traseiro, como todo mundo. Fim do riso: a partir de agora se abre a grande ofensiva político-religiosa do sério.

– 9 –

ACABOU-SE O RISO

A grande ofensiva político-religiosa do sério (séculos XVI-XVIII)

Desde a metade do século XVI, ocorre uma poderosa reação contra a gargalhada da Renascença. Essa reação visa, em primeiro lugar, às manifestações sociais do riso popular: Carnavais e várias festas são o alvo de repetidas interdições por parte das Igrejas e do poder civil. Depois, rapidamente, essa ofensiva aumenta para o conjunto das atividades culturais. O riso torna-se suspeito. Se não se pode negar que ele seja próprio do homem, então ele é a marca do homem decaído.

Esse movimento contra o riso é apenas uma das consequências da evolução global da civilização ocidental. Sejamos sérios, retomemo-nos! Essa é a palavra de ordem de uma Europa consciente da necessidade de restaurar a ordem ameaçada pelas fortes sacudidas das descobertas e das Reformas. Ora, o riso é a desordem, o caos, a contestação. Não é rindo que se fundam as bases de um mundo estável e regenerado. O recreio terminou.

Para começar, que cessem todas as bufonarias populares que colocam o mundo do avesso! Cada um no seu lugar, cada um no seu posto, a serviço de Deus e do rei! A aliança de uma Igreja triunfante e de uma monarquia absoluta não poderia tolerar as turbulências sediciosas do Carnaval e da festa dos bobos. Mesmo o bobo do rei não tem mais lugar ao lado de um soberano do direito divino, diretamente esclarecido pelo Espírito Santo. O riso deve também ser eliminado das altas esferas da cultura e da espiritualidade, em proveito do solene, do grandioso, do imponente, da nobreza. A hora é do majestoso. As regras da eloquência sagrada e civil expulsam qualquer recurso à brincadeira. A pastoral condena, rigorosamente, a derrisão, grave pecado contra a caridade – exceto quando visa aos inimigos da fé: a questão é debatida. A nova espiritualidade é austera. Dos calvinistas aos jansenistas, o tom não é gracioso, e até mesmo os jesuítas alinham-se pela severidade do ambiente. Depois de tudo, nós somos os condenados em potencial: não há de que rir, a não ser para o diabo.

Certamente, moralistas, teólogos, agentes do Estado sabem que eles não podem abolir por completo o riso. Ao menos, que o riso se discipline; que ele se faça polido, discreto, elegante, distinto, se possível silencioso, e que só apareça por motivos válidos: ridicularizar os defeitos, os pecados, os vícios, reagir a inocentes brincadeiras com finalidade recreativa. Para as elites do mundo clássico e barroco, as Igrejas Protestante e Católica, o riso pode, a rigor, ser um ornamento da vida social e cultural, conformando-se a regras muito precisas; de modo algum ele poderá compor o tecido da existência, que é profundamente trágico, portanto, sério. A simples ideia de que o trágico possa ser cômico constitui uma monstruosidade em relação a esse pensamento do unilateral e do exclusivo.

PROTESTO CONTRA O CARNAVAL

É preciso terminar com o riso obsceno e subversivo do Carnaval e de outras festas populares. Na Europa, de ponta a ponta, a campanha intensifica-se a partir da metade do século XVI. Desde 1540, o Parlamento interdita a mascarada noturna organizada pela abadia dos Connards em Rouen, que tinha feitio rabelaisiano. O abade dos Connards, com um presunto em uma mão e um báculo em outra, seguido dos confrades, em hábito de Momo, em meio a mil facécias, solicitava ao Parlamento o direito de celebrar os dias gordos. Na procissão, notavam-se um papa, um rei, um imperador e um bobo, que se lançavam num mundo muito redondo para zombar dele. O abade concedia o direito de usar máscaras, e aqueles que lhe desobedeciam deviam beijar-lhe o traseiro e receber um peido no rosto. Pulsões e fantasias tinham livre curso; durante a refeição, um pseudomonge lia passagens de *Pantagruel*. Esses regozijos tinham muitas semelhanças com os de Lille ou os de Metz, nos quais um abade facecioso celebrava o casamento de gigantes e o bobo, Jehan, preso por uma corda, dançava sobre uma carroça, fazendo rir a multidão; em Dijon, os bobos da Mãe Louca, com seus guizos, divertiam--se com o jogo *peido na goela*: "é a metamorfose da cidade transformada em seu próprio teatro", escreve M. Grinberg. "Ela brinca com sua loucura, vista através do prisma da juventude, que lhe devolve, com sua cumplicidade, todas as intrigas, baixarias e fraquezas que ela carrega em seu seio."[1]

Aí reside o problema. É que entre o riso desbragado e a violência a fronteira é frágil, fluida e facilmente ultrapassável, sobretudo na atmosfera de conflitos religiosos que então prevalecem. O Carnaval muda de tom no século XVI. O caráter anódino dos divertimentos, que ridicularizam certas funções e certas categorias sociais, de forma forjada e muito ritualizada, às vezes dá lugar a ataques religiosos muito mais contundentes. Em 1521, o Carnaval de Wittemberg adquire ares de manifestação antipapista. No mesmo ano, nas cidades luteranas, Thomas Murner torna-se alvo de piadas e, em Estrasburgo, zomba-se do "Gato Gordo". Em Berna, em 1523, Nicolas Manuel organiza um Carnaval contra o papa e contra o clero e difunde, pela imprensa, explicações sobre cenas alegóricas: a derrisão torna-se propaganda político-religiosa. O movimento alcança Bâle e Zurique, enquanto em Lucerna, ao contrário, queima-se o boneco que representa Zwingli.

Nessa época, escreve Yves-Marie Bercé, "a antiga inocência é substituída pela suspeita". O poder civil, inquieto, intervém: em 1538, Francisco I interdita as abadias da juventude, suspeitas de propagar as ideias da Reforma. Nas cidades flamengas, o imperador interdita a festa do Rei dos Bobos, como em Lille, em 1540, e um cronista de Valenciennes justifica essas medidas pelo fato de que esses regozijos "induzem o povo a fazer badernas e derrisões contra nossa santa religião". Seu zelo anticarnavalesco também tem uma motivação social: "Como essas representações eram feitas por profissionais, mais capazes de excitar o riso que a piedade – como exigiria uma mascarada espiritual –, é por isso que os senhores magistrados, quando muitos camponeses já estavam infectados pela heresia de Calvino e para não lhes dar ocasião de atribuir à Igreja um abuso introduzido por esse tipo de gente, ordenaram suprimi-los".[2]

1 GRINBERG, M. "Carnavais da Idade Média e da Renascença". In: *Carnavals et mascarades*. Paris: ed. P. G. d'Ayala e M. Boiteux, 1988, p.55.

2 LE BOUCQ, S. *Histoire civile de Valenciennes*. Ed. F. Brassart, 1871, citado por BERCÉ, Y.-M., *Fête et révolte. Des mentalités populaires du XVIe au XVIIIe siècle*. Paris: 1976, p.67.

Os Carnavais não só atentam contra a religião católica como também ameaçam a ordem pública, degenerando, às vezes, em conflitos armados. O caso mais célebre é o Carnaval de Romans, durante a Delfinada, em 1580, que se encerra com uma dezena de mortos. Confronto de confrarias, tendo como pano de fundo lutas sociais e religiosas: "No início de 1580", escreve Yves-Marie Bercé, "a cidade estava dividida em dois partidos que sonhavam em assegurar, pela força, o controle da cidade. Serve era o chefe de um dos partidos de fabricantes de tecidos, implantado nos bairros dos artesãos e suspeito de huguenotismo. Um partido da praça principal, de dominante burguesia mas com grande clientela popular, tinha o apoio do governador Maugiron".[3] Durante quinze dias, o Carnaval se desenrola normalmente, com as extravagâncias habituais, mas o medo existe e o riso não é suficiente para exorcizá-lo. Um boato faz tudo oscilar; a explosão da violência toma o lugar da gargalhada.

Outros elementos concorrem para tornar o Carnaval suspeito. Nos países protestantes, o puritanismo reinante não pode tolerar a extrema licenciosidade que acompanha essas festas. As cidades calvinistas serão ainda mais zelosas que as católicas em interditá-las. Além disso, o mundo carnavalesco e suas inversões, assim como o charivari, questionam instituições religiosas fundamentais, como o casamento. Transformar em derrisão esses ritos sagrados é tolerável quando nenhuma ameaça séria paira sobre a religião; agora, a ameaça existe e a contestação pelo riso torna-se, pois, uma aliada das forças do mal, que devem ser reprimidas. Assim, em Rouen, os Connards não são bem tratados, nem pelos protestantes nem pelos papistas. Em 1562, quando os primeiros se tornam senhores da cidade, eles proíbem suas manifestações: "Como é costume na cidade haver muitas insolências e mascaradas, na semana anterior à Quaresma, feitas por uma companhia que chamam de Connards, tudo isso terminou de comum acordo e com o consentimento do povo, condenando essas loucuras e maldades, e alguns foram rejeitados a pedradas pela arraia-miúda".

O século XVI é também o momento em que a cultura popular e a cultura das elites afastam-se uma da outra, de forma decisiva, como o demonstrou Robert Muchembled.[4] A cultura das elites, livresca e esclarecida, já racional, visa ao controle de si, do corpo social e do meio ambiente. Para ela, a festa torna-se celebração didática e séria de uma ordem, isto é, o inverso da

3 BERCÉ, Y.-M., op. cit., p.76.
4 MUCHEMBLED, R. *Culture populaire et culture des élites dans la France moderne (XVe-XVIIIe siècle)*. Paris: 1978.

festa popular, aparente questionamento cômico dessa ordem. "Os valores da sensibilidade subjetiva, de espontaneidade pessoal, o gosto do prazer, os frutos da 'natureza' foram rejeitados em proveito da 'cultura', de uma racionalização voluntarista, de uma subordinação de toda a visão de mundo a uma concepção ética. Desde então, as festas parecem suspeitas, culpadas; elas não são mais desejadas. O cômico fora substituído pelo didatismo."[5] A cultura popular é a natureza mal compreendida, ou, dito de outra forma, a magia, a superstição ou a feitiçaria que se entrevê por trás de todos esses enormes risos camponeses. A religião esclarecida e as elites sociais têm a vontade comum de suprimir o riso carnavalesco.

OS LOUCOS PARA O ASILO

É tempo de colocar o mundo nos eixos e de eliminar dele a loucura. A grande desvalorização da loucura também começa no século XVI, e com ela é rejeitada a visão cômica e carnavalesca do mundo invertido. O amável *Elogio*, de Erasmo, é só um testemunho da popularidade do tema desde o início do século, mas para Brant, já em 1494, "a ideia de que o Carnaval é feito para se divertir é invenção do diabo ou da loucura. ... O gorro com guizos traz angústia e pena, mas nunca repouso". A demonização do Carnaval e da loucura está lançada. Em 1501, em *Stultiferae naves* (Naves loucas), Josse Bade põe em cena uma frota de seis navios: o de Eva (pecado original) conduz os cinco sentidos desencaminhados que nos fazem cometer loucuras. Conforme a palavra de Lutero, "o mundo às avessas é um mundo perverso", e seu inimigo Thomas Murner concorda com ele nesse ponto: "Os pés estão sobre o banco, a carroça na frente dos bois". Para Quevedo, "tudo está do avesso"; para Pierre Viret, "aqueles que deveriam ensinar e conduzir os outros vão de soslaio, de esguelha, de través, ao contrário". No início do século XVII, Giacomo Affinati publica *O mundo invertido, de baixo para cima,* em que afirma: "O pecado introduziu tal confusão no mundo que se pode dizer que todas as coisas estão do avesso". Agrippa d'Aubigné lamenta-se: "Como num mundo invertido, o velho pai é espancado por seu filho perverso". Em 1589, em *Asilo dos loucos incuráveis,* o cônego italiano Tomaso Garzoni fala "dos loucos endiabrados e desesperados", que são "uma infinidade de inimigos de Deus que vimos, em nosso tempo, cometer toda espécie de rapinas,

5 BERCÉ, Y.-M. op. cit., p.71.

violências, sacrilégios, homicídios e rebeliões que se possa imaginar. ... Eles merecem mil forcas"; ele assimila a loucura à morte das danças macabras, que "não se preocupam nem com reis nem com imperadores". A obra, reeditada onze vezes, traduzida para o alemão, para o inglês e para o francês, expressa um sentimento muito difundido nessa época: o mundo é louco, tudo está do avesso e as pessoas riem desse universo carnavalesco que só pode ser obra do diabo. Os quadros de Bosch e Bruegel já o sugerem; figuras do início do século XVII o confirmam, multiplicando cenas incongruentes, com comentários explícitos: "O mundo está revirado, eu não compreendo", pode-se ler num deles, de 1616. Outro, de 1635, mostra um mundo ao revés, entre Demócrito, que ri, e Heráclito, que chora, com a legenda:

> Vede esse mundo revirado
> De bens mundanos tão ornado,
> Que por um nada quer perecer
> Sob a sombra de cego prazer.
> E Satã que sempre vigia
> Lhe promete bens à maravilha
> Sabendo que sob o prazer
> Esconde-se um mortal arrepender.

Jean Delumeau, de quem tomamos emprestada essa citação, comenta: "Por aí é possível ver a transição da farsa e dos charivaris para o discurso culpabilizador. Mesmo nas festas, a loucura e o mundo às avessas podiam constituir uma maneira de endireitar situações de desordem. ... Mas a cultura humanista e clerical ultrapassou esse nível de regulação banal das condutas. Extrapolou e dramatizou a situação de loucura e inversão: ela descobriu ali o pecado".[6]

Segundo a maioria dos historiadores das mentalidades (Delumeau, Bercé, Muchembled, Thomas, Davis), charivaris, abadias da juventude, festas dos bobos e outros Carnavais não eram nada subversivos. "Licença não é, absolutamente, rebelião", observa Nathalie Davis, e a maior parte deles julga que essas manifestações do cômico popular reforçam a ordem estabelecida, como já vimos. Alguns membros da classe dirigente tinham mesmo intuição desse papel, como o legista Claude de Rubys, que escreve, no fim do século

6 DELUMEAU, J. *Le péché et la peur. La culpabilisation en Occident, XIIIe-XVIIIe siècle*. Paris: 1983, p.151.

XVI: "Às vezes é preciso tolerar que o povo se faça de louco e se divirta, por medo de que, tratado com muito rigor, ele chegue ao desespero".[7] Apesar de tudo, é inegável que uma violenta deriva contestatória se produz com os conflitos religiosos. Inevitavelmente, a atualidade invade as festas satíricas, e essa evolução se confirma no século XVII, culminando com o partido da Fronda, que tem aspectos de Carnaval sangrento.

A preocupação das autoridades, portanto, não é de todo infundada. Acontece, cada vez mais, de festas degenerarem em badernas sérias. O jesuíta Mariana pensa, aliás, que essa violência faz parte do plano divino para fazer do indivíduo um ser social. Por exemplo, em 1636, o Carnaval de Bourges transforma-se em motim contra os oficiais de Justiça, enquanto em Clermont um comissário é assassinado: "Os habitantes de Clermont, conta uma testemunha, mascarados, na época do Carnaval, foram até a casa, forçaram as portas e, estando o dito comissário com saúde, o perseguiram e o jogaram do teto para o piso da rua".[8] No Carnaval de Bordeaux, em 1651, executa-se a efígie de Mazarin. As máscaras, os disfarces, o vinho facilitam a passagem da folia para a rendição. Sob o reino de Luís XIII, muitas revoltas contra os fiscais de Richelieu começam com festas em que indivíduos disfarçados, enfarpelados com um sobrenome, esquentam-se e se atracam com os agentes do poder, como os Lanturlus, de 1630.

Tudo começa com o riso, e é exatamente isso que torna o Carnaval suspeito aos olhos das autoridades. Assim, em 1705 ainda, em Guéret, os meirinhos são cercados por habitantes vestidos de mulher e dirigidos por um açougueiro, Tixerat: "Depois de terem bebido, estando tomados pelo vinho, alguns jovens foram até ele para pegar o tambor e passear pela cidade; ele seguiu-os, como era de costume nos Carnavais, ainda mais sendo o tambor-mor da cidade, e os jovens lhe colocaram uma peruca de mulher e assim ele desfilou pelas ruas dançando com esses jovens". Houve um episódio semelhante, em 1707, durante o Carnaval: eles são perseguidos por um grupo de homens vestidos de mulher. O disfarce feminino é particularmente usado: essas megeras musculosas são a encarnação do mundo ao contrário e tornam a fuga do intruso mais vexatória. Na Inglaterra, o chefe dos camponeses revoltados contra as prisões (1628-1631) faz-se chamar Lady Skimmington, Madame Charivari. Para Yves-Marie Bercé, "ao menos no início, as revoltas populares do século XVII francês eram cheias de esperança.

7 Citado, idem, p.144.
8 A. N., E 126 A, fº 155.

Tratava-se de rir à custa dos fiscais e dos exatores. Sua expulsão adquiria a forma do procedimento do bode expiatório, de vexação tradicional, sem desespero e sem tragédia, em que só o riso e o vinho tinham lugar".[9]

Não há nada de espantoso, portanto, no fato de as autoridades terem visto, no riso carnavalesco, uma manifestação diabólica: "Os diabos, durante o Carnaval, reviram como podem a natureza do homem; depois, apoderando-se dele, enviam-no para o inferno", escreve, em 1580, um padre checo, Vavrinec Rvacocsky.[10] Como num eco, um padre de Senlis afirma, em 1664: "O demônio corruptor, esse caluniador universal, desgastou e sujou nossas mais puras tradições com escândalos públicos, com deboches legitimados. Quereis que eu vos forneça exemplos os mais grosseiros e os mais populares? Não foi ele quem inventou, quem introduziu o Carnaval no meio da penitência, no tempo misterioso da septuagésima, que nos dá boas lições e leis?".[11]

Nem todas as festas degeneram em revolta, longe disso. Porém, mais que a realidade das coisas, o que importa é a opinião dos responsáveis, e estes têm inegavelmente a impressão de um aumento de ameaça subversiva no seio das festas populares. Não podemos nos esquecer de que estamos em plena psicose de feitiçaria. Depois de queimar os feiticeiros, encerram-se os loucos. Em 1632, Vicente de Paula reforma Saint-Lazare para acolher os alienados; em 1656, foi criado o Hospital Geral de Paris e, em 1676, o rei prescreve a criação de um estabelecimento semelhante em cada cidade. As autoridades religiosas colaboram com as autoridades civis nessa obra do "grande encerramento". Exigência de ordem pública, de moral e de salubridade. "Se a loucura, no século XVII", escreve Michel Foucault, "é quase dessacralizada, é, em primeiro lugar, porque a miséria sofreu aquele tipo de decadência que a faz ser percebida, agora, apenas no horizonte da moral. ... Surge uma nova sensibilidade: não mais religiosa, mas social. Se o louco aparecia normalmente na paisagem humana da Idade Média, era rindo de outro mundo. Agora, ele vai se destacar como um 'caso de polícia' concernindo à ordem dos indivíduos na cidade.".[12]

---

9 BERCÉ, Y.-M., op. cit., p.84.

10 Citado por STAUFFER, R. *Dieu, la création et la providence dans la prédication de Calvin.* Berna-Frankfurt: 1978, p.203.

11 DESLYONS, J. *Discours ecclésiastiques contre le paganisme des Roys de la Fève et du Roy-Boit pratiqués par chrétiens charnels en la veille et au jour de l'Épiphanie de N. S. Jésus-Christ.* Paris: 1664, p.21.

12 FOUCAULT, M. *Histoire de la folie à l'âge classique.* Paris: 1972, p.74.

A festa popular é uma espécie de loucura coletiva, e o olhar das autoridades sobre ela torna-se suspeitoso. Ela ameaça a ordem pública. Assim, o riso carnavalesco, demonizado pela religião e acusado de subversão pelo Estado, é combatido por todas as autoridades. "Acusado de paganismo, depois de imoralidade e, por fim, de perturbar o descanso público, o Carnaval resiste, adapta-se, morre e renasce na profusão de seus símbolos e imagens",[13] escreve M. Grinberg. Durante mais de dois séculos, autoridades religiosas e civis esforçam-se por ampliar – ou, ao menos, disciplinar – o riso do Carnaval, das festas comunitárias e de confraternização, das festas dos bobos. Obra de longo fôlego, que encontra fortes resistências e cujos resultados são irregulares.

QUE A FESTA TERMINE!

Na Alemanha, a famosa *Schembart* de Nuremberg, onde se queima, em efígie, um pastor hostil às diversões populares, aconteceu, pela última vez, em 1539; no ano seguinte, a falta de dinheiro é pretexto para não organizar a festa. Na Inglaterra, pode-se seguir a cronologia do término das festas em Coventry: as de São Jorge, da Ascensão, de Pentecostes, de Corpus Christi cessam entre 1535 e 1547; as de São Pedro e São João, em 1549; a de *Hock Tuesday*, celebrando uma vitória sobre os piratas normandos, em 1579; os jogos de bola, em 1595. Os pregadores puritanos atribuem essas diversões a desvios papistas. A partir de 1550, as eleições do *Mock Mayor* (Prefeito do Riso), do *Bishop of Unreason* (Bispo da Derrisão) ou ainda do *Master of Merry Disports* (Mestre dos Prazeres) desaparecem, pouco a pouco, nas grandes cidades. As festas renascem um pouco sob a Restauração, mas a onda metodista põe fim a elas a partir dos anos 1730. Em Piemonte, os sínodos diocesanos interditam, a partir de 1592, a prática do Rei da Juventude e de seu alegre cortejo, que entravam nas igrejas, em Mondovi, Saluces, Turim, Ivrée, Verceil; a última menção data de 1749. Na França, o movimento é geral. Editos de 1539 e 1561 proíbem as máscaras. Em 1538, há um decreto contra as abadias da juventude.

No norte, o poder empreende a luta contra as festas de dedicação das igrejas, festas denominadas *ducasses* ou *kermesses*, que, segundo o jesuíta Antoine de Balinghem, em 1615, causam mais de 130 assassinatos por ano. Desde 1531, Carlos V tenta limitar a duração delas; em 1588, Filipe II ordena que todas as dedicações de Artois sejam celebradas ao mesmo tempo, em 7 de julho ou

13 GRINBERG, M., op. cit., p.57.

no domingo seguinte; em 1601, os "jogos de moralidade, farsas, sonetos, ditados, refrãos, baladas" são proibidos nos Países Baixos. Em Lille, todos os aspectos de diversões populares são alvo de repetidas condenações: a festa dos Inocentes, o costume de zombar de príncipes (1514 e 1544), de fazer desfiles de juventude (1520), de plantar *milho* – costume que proporcionava ocasião de o Principado da Diversão organizar bufonarias e cerimônias burlescas em todas as cidades do norte, sob a direção de um Preboste dos Patifes, de um Capitão da Alegre Inteligência ou de um Guardião da Dama Ociosa. Em 1560, um decreto de Filipe II proíbe "cantar, jogar, divulgar ou brincar publicamente, com companhia ou em segredo, algumas farsas, baladas, canções, comédias, refrãos ou outros escritos semelhantes de qualquer matéria ou em qualquer língua que seja, tanto velhos como novos, nos quais sejam misturados questões, proposições ou fatos referentes a nossa religião ou a pessoas eclesiásticas". Igualmente proibidos são "os jogos mudos, denominados encenação ou representação por personagens". A aplicação é estrita: em 1563, sete homens são presos e condenados à retratação, em camisa, por ter representado, sem autorização, o *Jogo do veado de ouro*.

A mesma evolução ocorre em Valenciennes e em Arras, onde é vetado, em 1593, 1597 e 1598, "fazer danças, brincadeiras, mascaradas e assembleias públicas diante das ruas, tanto de dia como de noite, e cada um deve comportar-se com toda a modéstia". As diversões populares, que num primeiro momento se ensaiara limitar, são agora proibidas. De maneira semelhante, em Lyon, em 1566, os estatutos sinodais editam que "nesses dias da festa dos Inocentes, e outras, não se vejam igrejas representar jogos, tragédias, farsas nem exibir espetáculos ridículos com máscaras, armas e tamborins".

Os pregadores populares redobram os anátemas contra todas as formas de regozijo popular, identificado com resquícios de paganismo. Em 1600, o franciscano Philippe Bosquier, nascido em Mons (1561-1636), publica *Sermões sobre a parábola do prodígio evangélico*; aí estigmatiza as festas pagãs, que, segundo ele, servem de modelo para os Carnavais: "A idolatria era pura libertinagem em suas festas e sacrifícios, assim como em seus deuses e deusas, dos quais não sei de nenhum que não tivesse sido prostituto ou prostituta. ... Eu não ousaria esboçar em língua vulgar as impudicícias das festas dos faunos, nem das festas saturnais e florais, celebradas por prostitutas nuas e homens enfarinhados".[14]

14 BRUNET, G. "Les sermons du père Bosquier". In: *Archives littéraires et historiques du nord de la France et du midi de la Belgique*, 3ª série, t. IV, 1854, p.461.

No leste do reino, as famosas companhias da Mãe Louca, das quais participam inclusive grandes personagens, também são objeto de repressão. Em Châlons, onde até o príncipe de Condé era um confrade da Mãe Louca, o conselho da cidade proíbe, em 1626, as atividades dessa sociedade, decisão confirmada pelo Parlamento de Paris. Em Dijon, uma ordem real, de 1630, aboliu as manifestações da Mãe Louca, em razão de "desordens e deboches produzidos contra os bons costumes, contra o repouso e a tranquilidade da cidade". As últimas veleidades cessam em 1650. Em Guyenne, o Parlamento interdita máscaras e assembleias de Carnaval, em 1636.

A evolução político-religiosa da primeira metade do século XVII condena, irremediavelmente, essas manifestações de certa forma ainda ligadas a uma autonomia municipal que a monarquia absoluta não tolera mais. As magistraturas não permitem mais eleições, ocasiões de regozijos, mas tornam-se ofícios venais hereditários. Como escreve Harvey Cox, "o direito divino dos reis, a infalibilidade pontifical do Estado totalitário moderno floresceram depois que a festa dos bobos desapareceu".[15] As desordens da Fronda, cuja feição satírica e lúdica parece dar razão aos censores que identificam a festa com a revolta, só fazem precipitar o movimento de repressão. Como sublinha Michel Vovelle, nos anos 1620-1630, o Carnaval foi "não apenas o suporte, mas a expressão privilegiada da recusa". Em 1630, por exemplo, são os sininhos dos bobos que chamam à revolta os Cascaveous de Aix e os Lanturlus de Dijon. Durante a Fronda, panfletos, caricaturas, bufonarias ridicularizam Mazarin e a regente. Em 1649, uma mascarada apresenta uma "grande pantomima onde se representa a farsa dançada no teatro da França pelo cardeal Mazarin"; Momo dirige o canto, e tudo termina com a execução do cardeal Caramantran.

O restabelecimento da autoridade traduz-se por uma nova onda de interdições, reforçada pelo espírito jansenista e, no século XVIII, pelo das Luzes. As correntes mais contraditórias da elite cultural parecem unir-se contra as manifestações do riso popular. "A festa popular, que tivera uma função ritual, que permitira criticar a sociedade, que assegura, às vezes, o equilíbrio entre trabalho e diversão, perdia todo o sentido", escreve Robert Muchembled. "As autoridades eram hostis aos excessos que resultavam dela. Os novos valores de seriedade, razão, trabalho, economia, obediência às hierarquias, respeito à religião lhe eram antitéticos."[16]

---

15 COX, H. *La fête des fous. Essai théologique sur les notions de fête et de fantaisie*. Trad. francesa. Paris: 1971, p.16.

16 MUCHEMBLED, R. op. cit., p.388.

À exigência política de ordem acrescentam-se as normas de decoro social, que reforçam os interditos teológicos; é de bom-tom, para o "homem honesto", não rir, ou, ao menos, deve fazê-lo discretamente. Dominique Bertrand, em seu belo estudo *A história do riso na idade clássica*, demonstrou que os tratados de civilidade estão de acordo com o ideal religioso de austeridade: mostrar os dentes e a língua ao rir é inconveniente.[17] Nesse ponto, há unanimidade entre católicos e protestantes; nos Países Baixos, o Carnaval é combatido dos dois lados. No século XVII, o catecismo protestante explica que "esse maldito dia de Baco" é uma superstição romana contrária à palavra de Deus. O pastor calvinista Peter Brod escreve, em 1761: "no dia da Terça-Feira Gorda, os cristãos têm condutas extravagantes e condenáveis. Alguns usam roupas do outro sexo e, com isso, são levados a entregar-se à luxúria. Outros encobrem sua vida e disfarçam-se de almas vindas do inferno. É por isso que concordamos em chamar esse dia de festa dos diabos".[18] O católico espanhol Rodrigo Caro, no século XVII, estabelece a mesma ligação entre o paganismo e o demônio: "Como Janus era o companheiro de Saturno, os meses de dezembro e janeiro foram consagrados aos dois, ao mesmo tempo; é por isso que durante as festas de Janus havia tais excessos, personagens monstruosos e demoníacos, homens vestidos de mulher e com o rosto pintado".[19]

O espírito das Luzes não é mais favorável às festas burlescas, indecentes, de mau gosto, relíquias de uma época bárbara e grosseira, como as qualifica, em 1741, um fidalgo de Dijon, espírito curioso por "antiguidades", em suas *Memórias para a história da festa dos bobos que era realizada, outrora, em várias igrejas*.

Onde prelados jansenistas exercem seu rigor, a luta contra o Carnaval testemunha uma rigidez particular. Em Châlons, o bispo Vialar, de 1640 a 1680, manda vigiar a cidade e os lugares afastados, aos domingos, feriados e no período da Terça-Feira Gorda, para descobrir eventuais foliões. Jean-Georges de Souillac, bispo de Lodève, de 1733 a 1750, faz o mesmo; seu sucessor, Jean-Félix de Fumel, muito mais tolerante, é acolhido com fogos de alegria. "É tempo de nos desfazermos dessas memórias que nos tornam ridículos perante os povos do norte", escreve, em 1774, um eclesiástico simpatizante do jansenismo. Em Rouen, Jacques-Nicolas Colbert envia, em

---

17 BERTRAND, D. *Histoire du rire à l'âge classique (1540-1780)*. Paris: 1985.
18 Citado por BOITEUX, M. "Carnavais e mascaradas na Itália". In: *Carnavals et mascarades*, op. cit., p.123.
19 Citado por BAROJA, J. C. *Le Carnaval*. Trad. francesa. Paris: 1979, p.338.

1687, um questionário com o objetivo de descobrir os charivaris, sociedades de juventude e outros "ajuntamentos ridículos". Em Aix, o bispo Grimaldi, na metade do século XVII, interdita as práticas derrisórias do Carnaval local, em razão do costume que os calceteiros tinham de ir dizer suas verdades aos "grandes deste mundo". Como nunca é possível suprimir bem o que é substituído, os eclesiásticos reformadores tentam divulgar novas práticas destinadas a preencher os dias livres pela interdição do Carnaval. Desde 1625, o jesuíta Balinghem faz *Doze propostas para passar agradável e honestamente os dias da pequena Quaresma*. Para ele, o Carnaval é "um erro que há muito tempo, e a título de herança de pai para filho, tomou posse do espírito do ser humano, ... uma doença inveterada, ... o maldito costume de abandonar, nessa estação, o temor e o respeito a Deus". Ofícios religiosos, exposição do Santo Sacramento, preces de quarenta horas: eis o que certamente substitui os risos diabólicos do Carnaval.

AS RESISTÊNCIAS

É difícil avaliar a eficácia das medidas. As resistências fazem-se sentir um pouco por toda parte, e em breve as autoridades precisam aceitar um compromisso. Em 1560, o vigia do bispo de Fréjus foi expulso da catedral por homens mascarados, furiosos com a interdição da festa dos Inocentes. Pela mesma razão, Aix, em 1583, e Fréjus, em 1588, conhecem verdadeiros motins. Na metade do século XVII, Pamiers é palco de conflitos épicos entre o bispo Caulet, inimigo ferrenho das festas, e a população, aqui apoiada pelos cônsules e pelo governador do castelo de Foix. Em 1662, o bispo manda prender os tocadores de oboé e de tambor; em 1663, os foliões, protegidos por uma escolta fornecida pelo tenente do castelo, vêm zombar do bispo sob suas janelas, na noite de São João; o prelado replica expondo o Santo Sacramento; em 1668 e 1669, novos confrontos em Pamiers, Saurat, Tarascon; intervenção do Parlamento de Toulouse; em 1674, o bispo é obrigado, pelo governador do condado, a tolerar os saltimbancos. A lista dos feridos é interminável, no início do século XVIII, em Alet, Castellane, Allans. Em 1740, em Montpeyroux (diocese de Lodève) um boneco representando o bispo, sobre um asno, é queimado no lugar do Rei Carnaval, ao passo que ao lado, em Rives, dança-se sob as janelas do prior, tudo com a aprovação do senhor local.

Na segunda metade do século XVIII, os Parlamentos multiplicam as proibições, com uma capacidade que parece limitada. Segundo Robert Muchembled, a época conhece um ressurgimento da festa popular. Um pouco por toda parte, formas espontâneas de mascarada subsistem, a despeito das repetidas condenações. Em Auvergne, as medidas do Presidial* de Clermont, de 1632, dos Grandes Dias contra as "festas de baladas" em 1665 e 1667, têm pouco efeito. Às vezes, uma manifestação desaparece, como o concurso de jato de urina entre rapazes e moças em Grasse, 1706, que perturbava o bispo. Mas muitas vezes os partidários da festa iam mais longe, como na diocese de Quimper, em 1766, quando o bispo quis proibir o perdão de "Saint-Servais" em Duault.

Ou a festa se mantém ou então se chega a uma solução de compromisso, aproveitando rivalidades entre as diferentes autoridades, como é o caso, já visto, de Pamiers. Os costumes locais oriundos do direito feudal, que eram motivo de riso, bufonarias e zombarias, até que resistem bem, mesmo que os mais ricos possam dispensá-los. Assim, entre muitos outros, ocorreu com o direito de "*merdouladou*", em Tulle: no domingo antes do Carnaval, os recém-casados do ano deviam jogar uma pedra em um barril cheio de sujeira, na presença de oficiais de justiça do condado e sob pena de uma pequena multa para os que fugiam dos respingos. Da multa saíam-se bem os mais abonados. Assim, escreve Yves-Marie Bercé: "Elevando-se na hierarquia social, o espírito burlesco desaparecia e só o princípio da renda subsistia. Aqueles que não queriam expor-se aos risos e às vaias podiam facilmente evadir-se sem romper a solidariedade comunitária. Os mal-humorados e as pessoas delicadas abstinham-se de sair às ruas no dia fixado".[20]

Na maior parte das localidades, as festas populares se mantêm até o fim do século XVIII: a festa do Traseiro, na Picardie, na qual os jovens escoltam uma pessoa montada ao contrário em um asno, recolhendo uma "multa" dos mais abastados; festas de loucura, um pouco por toda parte; festas da juventude, charivaris. Enquanto uma desaparece – como a dos padeiros e a dos moleiros, em Viena (Dauphiné), com seu cortejo burlesco de homens nus e untados de fuligem, os "escurecidos", dos quais não se ouve mais falar depois do início do século XVII –, muitas outras se transformam e, sobretudo, tornam-se seculares, com o clero desligando-se, progressivamente, dessas manifestações pouco conformes à nova dignidade. Muitas vezes também o bobo se torna profissional: um saltimbanco oferece seus serviços e é pago para garantir o espetáculo.

---

* Antigo Palácio da Justiça. (N. R.)

20 BERCÉ, Y.-M. op. cit., p.20.

No século XVII, as autoridades devem recuar várias vezes diante de expressões desordenadas do riso: em janeiro de 1666, durante os Grandes Dias de Clermont, que tentam disciplinar as cerimônias, o Príncipe da Grande Folia vem apostrofar o intendente, e um alegre tumulto é organizado sob suas janelas. O representante do rei e os magistrados devem participar das festividades. "O mais fácil era rir com eles e retirar-se, para não ficar atordoado." Em muitas localidades, os representantes da ordem preferiam ficar a distância, durante o Carnaval, por saber que sua intervenção correria o risco de desencadear um motim. Riscos e violências de toda espécie beneficiam-se de relativa impunidade, e o Carnaval constitui o que chamamos, hoje, de "lugar sem lei"; o direito de rir substitui o direito real e, se ele não é menos impiedoso, é ainda mais injusto. Assim, em Gourdon (Quercy), durante o "jogo selvagem" que ocorre no primeiro domingo da Quaresma, o tenente geral retira-se para sua casa de campo "para não transformar a Justiça em ilusão".

Entretanto, essa prática cessa em 1680. A guerra entre os poderes e as manifestações do riso popular coletivo prosseguem durante todo o século XVIII. Lentamente, o Rei Carnaval cede terreno ao rei absoluto. Ele recua, não tanto diante do clero quanto diante da potência acrescida dos parlamentos, duvidosas máquinas antirriso, que por toda parte se dedicam a conter os transbordamentos da alegria popular e a limitá-la estritamente no tempo: em 1782, por exemplo, o Parlamento de Paris proíbe os habitantes de Aux de invadir a Quaresma com o Carnaval. A luta é dura até as vésperas da Revolução. Juízes, procuradores, membros do marechalato têm de se esforçar muito, porque os ridentes não brincam: um cavaleiro é morto em 1754, quando os guardas tentam interromper um jogo; em 1767 e 1778, juízes e procuradores fiscais são postos a correr pelos foliões. Em 1780 e 1782, o procurador real do Presidial de Augers quis intervir nas desordens que todo ano marcam a festa da Natividade da Virgem em Saint-Florent-le-Vieil; os guardas, mal preparados, tentam, em vão, pôr termo às rixas e, como na canção, têm de bater em retirada, rapidamente. Em 1781, o procurador de Saint-Gilles-Croix-de-Vie, em Vendée, manifesta sua impotência: "Para me opôr a um populacho cujo costume esquentou o cérebro a ponto de achar-se no direito de matar tudo o que se opunha a sua licença armada, eu só tinha o zelo pela ordem, sem nenhuma força para secundá-lo".

Nesse combate bem real entre o Carnaval e a Quaresma, entre o desabrido riso popular e a séria administração, é conveniente evitar juízos apressados e parciais que nossa época tem tendência a formular. Nostalgia de um passado idealizado, quando a festa popular dava a cada um a possibilidade de exprimir livremente suas pulsões, em uma sociabilidade convivial próxima da natureza e dos ritmos sazonais. Esse é um mito mantido por um certo folclore, por uma busca artificial do "autêntico" e por preocupações ecológicas nem sempre bem esclarecidas. Fazer do combate entre a Quaresma e o Carnaval uma luta da maldosa cultura das elites, séria e rebarbativa, que utilizaria os poderes civis e religiosos para eliminar a boa cultura popular, livre e fraternal é, evidentemente, forçar a risada. Não façamos disso a luta entre o bem e o mal, erro que nem mesmo a historiografia contemporânea evita sempre. Como escreve o procurador de Saint-Gilles, o riso carnavalesco está sempre prestes a matar: ele é agressivo, intolerante, violento; humilha, degrada, despreza, vexa; riso da coesão estreita de pequenos grupos, é excludente; não admite oposição, impõe sua lei, persegue os recalcitrantes, elimina aqueles que não querem se divertir; tirânico, não tolera os que não gostam da festa.

Esse riso opressor e perigoso dá sua medida plena nos charivaris, contra os quais a Igreja tenta, em vão, lutar desde o século XV. Em 1609, em *Livro da momice,* Claude Noirot recapitula as decisões sinodais tomadas contra esse costume desde 1404. Sua ineficácia deve-se, em parte, à falta de colaboração das autoridades civis, que só intervêm em caso de rixas graves ou morte de pessoas. Certamente, o Parlamento de Toulouse admite, em 1551, que se pode "pedir reparação de injúria àqueles que organizam os charivaris; o hábito não pode desculpá-los, porque essas insolências vão contra os bons costumes", mas, de fato, a justiça senhorial e real não vê com maus olhos as práticas que reforçam a ordem familiar e patrimonial.

A juventude diverte-se e não admite que se fixem limites a seu riso. A partir do momento em que é dito "diversão", tudo é permitido. Os arquivos judiciários estão repletos dos excessos das companhias de juventude. Eis um exemplo entre milhares de outros: na noite de 1º a 2 de novembro de 1701, em Arras, os jovens, fantasiados de arlequins, boticários ou avôs, festejaram o dia de Todos os Santos de maneira burlesca, antes de agredir os guardas urbanos, ferindo um cabo e um sargento. Certamente, eles se divertiam. Em Aix-en-Provence, Michel Vovelle aponta uma série contínua de charivaris degenerando em violências esporádicas que são sinal de profunda hostilidade em relação ao corpo da cidade, a cavalgadas burguesas e bailes distintos. Em fevereiro de 1783, as "máscaras armadas" de Vivarais revoltam-se contra os magistrados e os funcionários da lei. Escárnio e agitação são, mais que nunca, parentes.

DESAPARECIMENTO DA FESTA DOS BOBOS

A festa dos bobos desaparece no século XVII. Já muito desacreditada no fim da Idade Média, é objeto de repressão sistemática, tanto mais eficaz quanto mais enfraquecido se torna o poder civil. Organizada pelos meios eclesiásticos e para eles, ela não pode resistir às novas exigências de decência e austeridade, de separação entre o sagrado e o profano, que se impõem nas igrejas. Golpes mortais lhe são desferidos no século XVI, e quando o Parlamento de Dijon a proíbe, em janeiro de 1552, ela já é uma prática moribunda – apesar de ainda se ter arrastado durante um século, como escreve, em 1645, com reprovação, o cartuxo Mathurin de Neuré a seu amigo Gassendi: [entre os franciscanos de Antibes] "nunca os pagãos celebraram com tanta extravagância suas festas repletas de superstições e de erros, como ocorre na festa dos Inocentes, segundo o costume dos franciscanos de Antibes. Nem os padres religiosos nem o guardião vão ao coro nesse dia. Os frades laicos, os frades hortelões (frères-coupe-chou), os pedintes, os que trabalham na cozinha e no refeitório, os jardineiros ocupam o lugar deles na igreja e dizem que fazem o que é conveniente a essa festa, pois representam os loucos furiosos, que de fato são. Eles se vestem com os ornamentos sacerdotais, mas esfarrapados e no avesso; simulam ler com óculos que não têm lentes e nos quais amarram casca de laranja, o que os torna disformes e tão assustadores que é preciso ver para acreditar, sobretudo depois que acendem os turíbulos que têm nas mãos e se agitam zombeteiramente, soprando cinza no rosto e na cabeça uns dos outros. Com esse equipamento, eles não cantam nem hinos nem salmos nem as missas de costume, mas balbuciam palavras confusas e gritos tão loucos, tão desagradáveis, tão dissonantes quanto os de um bando de porcos que grunhem; de sorte que bestas-feras não fariam melhor que eles o ofício desse dia. De fato, seria melhor levar certas feras às igrejas para louvar o Criador a sua maneira, e isso seria uma prática mais santa que suportar esse tipo de pessoa que zomba de Deus querendo cantar seus louvores, eles são mais insensatos e mais loucos que os mais insensatos e mais loucos animais".[21]

Renunciando a celebrar sua própria derrisão, o cristianismo perde uma dimensão essencial para tornar-se unilateralmente sério. Tanto mais que, na mesma época, são proibidos jogos e comédias nas igrejas e nos cemitérios: decisões dos Concílios de Bâle (1435) e Rouen (1445), estatutos sinodais de Orléans (1525 e 1587), de Lyon (1566 e 1577), de Angers (1595 e 1668), entre outros.

21 Citado por THIERS, J.-B. *Traité des jeux et des divertissements*. Paris: 1686, pp.449-450.

A cada vez, invocam-se as mesmas razões: essas práticas advêm do paganismo e são indecentes. O riso é expulso das igrejas por ser pagão e imoral. É o que afirmam os provinciais de Sens, em 1528, de Cologne, em 1536, de Cambrai, em 1565: "Em certos dias de festa, os eclesiásticos têm o costume, sob pretexto de recreação honesta, de fazer coisas que, pelo desregramento que cresce de um dia para o outro, muito escandalizam os fiéis por causa das bufonarias que se praticam em certos lugares e em certas igrejas e que têm relação mais com o paganismo que com a modéstia cristã".[22] O concílio provincial de Toledo, em 1566, lembra que as igrejas existem "para que os cristãos encontrem nelas um culto tranquilo e digno de sua piedade", e que o riso fica, portanto, proibido. Pelos estatutos de Lyon, de 1566 e 1577, "não se deve tolerar, nas igrejas, jogos, tragédias, farsas e exibir espetáculos ridículos com máscaras, armas e tamborins e outras coisas indecentes que acontecem nelas, sob pena de excomunhão".[23] O Concílio de Reims, em 1583, proíbe as "brincadeiras ridículas", e o de Aix, em 1585, todos os "divertimentos". Os estatutos sinodais de Chartres, em 1550, publicam "que nem os estudantes nem os clérigos nem as crianças do coro nem os padres façam nada de tolo ou ridículo na igreja, e que ninguém o faça nas festas de São Nicolau, Santa Catarina, dos Inocentes nem em nenhum outro jogo, sob pretexto de diversão. Enfim, que sejam banidas das igrejas as roupas de bobos, que são personagens de teatro".[24] Essas interdições são renovadas em 1575.

As procissões também não devem mais ser ocasião de folganças – o que são frequentemente, como parece descobrir o Concílio de Tours em 1583: "Soubemos, de forma fidedigna, que na maior parte das procissões desta província foi introduzido o mau costume de apresentar espetáculos ridículos nas procissões públicas que os pais da Igreja instituíram para glorificar Deus".[25] Esses risos "são, antes, capazes de atrair a cólera de Deus". São, portanto, proibidos, sob pena de excomunhão. Em 1549, o concílio provincial de Cologne faz uma constatação idêntica e ordena que as procissões "aconteçam com ordem, gravidade e modéstia e que se reprimam os risos, as zombarias, os entretenimentos inúteis".[26] A mesma decisão se dá em Milão, em 1565. Em 1642, o bispo de Angers constata que os jovens, "ao escarnecer da Santa Igreja", desviam o sentido da procissão do Santíssimo Sacramento: eles cantam canções de

22 Idem, p.447.
23 Idem, p.448.
24 Idem, p.451.
25 Idem, p.464.
26 Idem, p.465.

amor a suas amantes, "que são expostas em público, para esse efeito";[27] e que cessem os risos nos cemitérios, parem de "fazer aí zombarias e facécias que eles chamam de moralidades", declara o sínodo de Angers, em 1527.

Na Espanha, empreende-se uma luta sistemática contra os *obispillos*, essas festas burlescas no decorrer das quais, como na de São Nicolau ou na dos Inocentes, se elege um rei para dar ordens grotescas e pronunciar discursos cômicos. Em Gerona, onde se podem seguir as peripécias desse combate, transcorrem 150 anos entre a primeira medida de interdição, em 1475, e o desaparecimento efetivo do costume, em 1621: um século e meio para abafar uma gargalhada! Em 1541, consegue-se limitar o alcance: a festa fica restrita às crianças, sendo o *obispillo* o mais jovem dos cantores, além de representar o bispo; em 1563, a festa é expulsa da catedral e deve se desenrolar fora dela; em 1566, o concílio provincial de Toledo interdita essa prática que "injuria a dignidade episcopal", e o sínodo de Cádiz, em 1591, confirma essa decisão. Mesmo um espírito aberto, como Bartolomé de Las Casas, vê nesses costumes um vestígio das saturnais.

JEAN-BAPTISTE THIERS, TESTEMUNHA DA REPRESSÃO DO RISO

Uma obra exprime exatamente a posição do clero clássico do grande século em relação ao riso e ao divertimento: o *Tratado dos jogos e diversões que podem ser permitidos ou que devem ser proibidos aos cristãos segundo as regras da Igreja e o sentimento dos pais*, publicado em 1686, com toda a aprovação oficial. O autor, Jean-Baptiste Thiers, é doutor em Teologia e pároco de Champrond. Sua posição é relativamente equilibrada, típica do novo clero formado em seminários de piedade esclarecida.

Abordando a delicada questão do escarnecimento, ele separa as coisas: é permitido zombar, evitando o excesso, que é "momice" ou "bufonaria", e o foco nos defeitos, que é "grosseria" ou "rusticidade". Para permanecer cristã, a zombaria precisa ser "inocente e não ferir nem a caridade nem a religião nem a honestidade dos costumes".[28] Para zombar bem, é preciso utilizar termos elevados e sugerir mais do que dizer – o que não é uma mentira, porque as pessoas sabem que é uma brincadeira. É preciso ser natural, sem afetação, evitar as ambiguidades, zombar antes para se defender que

27 Idem, p.467.
28 Idem, p.12.

para atacar, não cair na bufonaria com gestos e caretas, evitar a arrogância e palavras desagradáveis, não debochar com muita frequência, não caçoar de traços que possam se voltar contra nós, não zombar coletivamente: "A melhor zombaria não tem valor quando choca toda uma nação, toda uma ordem ou toda uma comunidade de pessoas. ... Porque há pessoas honestas em todos os países e em todas as profissões, e é grande injustiça cometer um crime contra alguém por causa do nome que recebeu ou por sua profissão".[29]

Para descrever essas precisões técnicas, Thiers inspira-se em Quintiliano e Cícero. Mas ele acrescenta mais. O escarnecimento não deve ser maldoso, a exemplo de Thomas More: ele tinha um temperamento malicioso, "mas suas zombarias eram sem fel e sem amargura, eram sinceras, doces, honestas, não tinham nada de rude nem de chocante". Não se deve zombar dos grandes defeitos nem caçoar por maledicência ou com palavras grosseiras. Não se deve jamais troçar de alguém em uma igreja, porque isso é fazer dela "covil de ladrões que se entretêm com coisas agradáveis e divertidas"; por mais forte que seja a razão, um pregador nunca deve escarnecer no púlpito.

Além disso, há assuntos tabus. Não zombar de Deus nem da religião: "Isso é coisa de ímpios que levam sua boca suja ao céu". Nunca caçoar dos santos, de seu culto, das relíquias, das cerimônias da Igreja: "Só os heréticos, os Lutero, os Calvino, os Rabelais, os Henri Estienne, os Boccaccio e os Marot, os ministros Du Moulin e seus colegas tratam assim as coisas da religião".[30] Jamais zombar das Escrituras nem das preces da Igreja. Não escarnecer dos amigos nem dos infelizes nem dos grandes, porque isso faz que "prejudiquemos a nós mesmos e que atraiamos maus negócios". Nunca caçoar das pessoas de bem nem de seus parentes nem dos soberanos. Estes últimos devem também abster-se de qualquer zombaria, já que isso pode prejudicá-los: Henrique IV debochou da feiura e dos amores do capitão de La Réole, Ussac, que logo deu lugar ao inimigo. E não se pode ironizar durante a Quaresma, sobretudo diante da aproximação da morte, assunto que deve ser abordado com temor e tremor: nem pensar em fazer uma boa tirada de espírito para aliviar o medo. "É por isso que nunca será suficientemente censurado esse trocista que, vendo-se perto de entregar a alma, diz àqueles que o assistem: 'Fechai a cortina, a farsa acabou'; e é faltar aos deveres da piedade cristã aprovar as baixas zombarias que Montaigne relata."[31]

29 Idem, p.26.
30 Idem, p.38.
31 Idem, p.20.

Tudo isso à parte, caçoai tanto quanto quiserdes! E Thiers, será que fazia humor? Depois de ter consagrado cinquenta páginas e sete capítulos às condições da boa zombaria, ele conclui que, de qualquer forma, "o melhor é não fazê-lo. ... Julgo que devemos evitar não apenas as zombarias desmedidas, mas, falando de modo geral, toda espécie de escárnio". É claro que Cristo e os pais algumas vezes escarneceram, mas são casos excepcionais. Zombemos com moderação.

Deixemos igualmente de lado todas essas coleções de histórias engraçadas: "Não se deve dar importância às coleções de ditos espirituosos nem a livros de histórias, novelas, contos, aventuras, fábulas feitos para agradar e divertir", porque "o que mais aparece neles é o espírito de libertinagem e de impiedade".[32] O cristão deve, assim, abster-se de assistir a comédias, que são absolutamente proibidas aos eclesiásticos pelos estatutos sinodais de Troyes (1529), Lyon (1566 e 1577), Évreux (1644), Agen (1666 a 1673), Alet (1640), Séez (1674), Besançon (1676), pelos Concílios e sínodos de Milão (1565), Bordeaux (1583), Bourges (1585), Avignon (1594), Narbonne (1609), Aix (1658 e 1672), Orléans (1664). Todos esses textos censuram os "bufos, farsistas, comediantes" que, com suas "vãs brincadeiras", sujam os olhos e as orelhas do próximo. Aliás, não se deve estranhar que as farsas, as bufonarias, as marionetes e todos os divertimentos dessa natureza sejam proibidos aos verdadeiros fiéis que professam a religião católica, uma vez que o são também para os heréticos que chamamos de "pretensos reformados". Eis o que traz em termos expressos um artigo de sua disciplina: "As momices e besteiras não serão toleradas nem fazer o rei beber nem a Terça-Feira Gorda nem os jogadores de passa-passa nem torneios de piadas nem marionetes".[33] Todos os saltimbancos e bufões foram condenados pelos Concílios de Sens (1524), Narbonne (1551), Bourges (1584) etc.

As mascaradas são intoleráveis. São restos pagãos das saturnais, e o uso de disfarces é contrário tanto à lei civil quanto à lei religiosa. As ordens de Francisco I (1539), Carlos IX (1561), Henrique III (1579) e uma sentença da corte de Rouen, em 1508, proíbem "todas as pessoas de usar, vender ou comprar rostos falsos, máscaras, narizes ou barbas falsas e outras coisas que servem para disfarçar". Isso, de fato, facilita os atos criminosos, mas também permite que os indivíduos se entreguem a diversões proibidas. Disfarçar-se é um ato contrário à natureza, sobretudo se se travestir em

32 Idem, pp.50-51.
33 Idem, p.312.

pessoa do sexo oposto, porque "a natureza revestiu cada sexo de vestimentas que lhe são próprias".[34] É uma afirmação surpreendente, mas, como não pode provar que Deus criou o homem de calções e redingote, Thiers acumula decisões conciliares contra os travestis. Disfarçar-se de animal é ainda mais infame: é rejeitar a imagem de Deus para ficar no nível da besta, como faziam os pagãos. Em uma palavra, isso é diabólico. Paradoxalmente, vestir-se de religioso é ainda pior: "A mais criminosa das mascaradas é aquela em que se usa hábito de religioso ou religiosa. ... Pode-se dizer o mesmo dos hábitos dos eclesiásticos, que não são menos dignos de veneração que os dos religiosos e das religiosas, os dos magistrados e os de todas as outras pessoas que merecem ser respeitadas".[35]

Bem entendido, as mascaradas são particularmente proibidas aos eclesiásticos, como o testemunha uma série de textos conciliares e sinodais, citados por Thiers.[36] Ele prossegue suas considerações sobre as "loucuras do Carnaval". Sua argumentação é impagável: trata-se de preparar a Quaresma, estação de choro, medo e tremores; ora, não é com o riso que se preparam as lágrimas! "A alegria é má disposição para a tristeza." Dever-se-ia, ao contrário, impregnar-se de dor, para ficar de acordo com o ambiente.

Contudo, o homem sente necessidade de se divertir, afirma Jean-Baptiste Thiers, mas "ele não tem necessidade de jogos nem de divertimentos, se se conservar no bem-aventurado estado de inocência em que Deus o criou. Porque, mesmo que tivesse de trabalhar no paraíso terrestre, seu trabalho lhe seria agradável".[37] Notemos que a punição do pecado original não é o trabalho, como se diz sempre, mas o divertimento. O ideal seria poder trabalhar de forma contínua, permanecendo sempre sério, sem ter necessidade de descansar nem de rir. Mas, infelizmente, "a fraqueza do homem é tão grande depois do pecado original que, não podendo se ocupar, sem cessar, das coisas sérias, ele é obrigado, de vez em quando, a se divertir".[38] O riso só é útil, portanto, "para nos tornarnos capazes de ocupações sérias". Sempre evitando diversões bufas e abstendo-nos totalmente, nos domingos e dias santos, de "momices, farsas, fábulas ou pretensas histórias". Portanto, é permitido rir – discretamente – fora dos dias de trabalho, dos domingos, dos dias feriados e da época da Quaresma.

34 Idem, p.319.
35 Idem, p.328.
36 Idem, pp.328-331.
37 Idem, prefácio.
38 Idem, p.1.

AUTORES ESPIRITUAIS E PREGADORES CONTRA O RISO

Generosa concessão! Na realidade, Jean-Baptiste Thiers só faz expressar a hostilidade geral da espiritualidade clássica em relação ao riso. Com raras exceções, a imensa maioria dos pensadores cristãos, de 1550 a 1800, de todas as tendências, condena o riso, essa tara da humanidade degenerada, esse desafio diabólico ao Deus vingador, terrível e sério. Entre os grandes nomes da Contrarreforma, Carlos Borromée, em um concílio provincial de 1565, denuncia as peças encenadas na Páscoa porque elas provocam o riso e fica indignado contra a maneira cômica com que representam a vida de Cristo. Da mesma forma, Roberto Belarmino pronuncia-se, em sua carta de 1608, pela eliminação de qualquer tipo de derrisão nos escritos da vida de santos: rir de São José, corneado pelo Espírito Santo, por exemplo, é uma verdadeira blasfêmia.[39] Em *Exercícios espirituais,* Inácio de Loyola exorta: "Não riais nem digais nada que provoque o riso!". Enquanto Pio V proíbe à Igreja o riso imoderado, Sisto V manda colocar no Index as coleções de histórias divertidas de Domenichi e Guicciardini. Em um manual para uso dos confessores, Hernando de Talavera escreve: "Peca-se contra o sexto mandamento falando e rindo em excesso, mesmo que não seja à custa do próximo", e em 1605, seu compatriota Gaspar Lucas Hidalgo fustiga "a terça-feira toda em risos". São João da Cruz condena, em *A subida do Carmelo,* "a vã alegria que se tem com as criaturas". O beneditino Louis de Blois (1506-1606), autor espiritual muito lido, dá este conselho em *O guia espiritual*: "Se não podeis impedir-vos de rir, ride com moderação e, por assim dizer, religiosamente; que vosso riso mal mereça o nome de riso. Fugi das gargalhadas como de um grande obstáculo ao objetivo desejado e como de um precipício no qual a alma cai e se perde. O riso excessivo e desordenado viola o asilo do pudor, dissipa o interior e expulsa a graça do Espírito Santo".[40] *Entretenimentos espirituais,* de Vicente de Paula, recomenda redobrar as mortificações por ocasião do Carnaval e evitar as "patetices" durante as recreações dos retiros. Grignon de Monfort condena as "zombarias malignas" e faz as moças cantarem:

> Beber, comer, dormir, rir,
> Para nós deve ser grande martírio,

assim como a fornicação.

---

39 BURKE, P. "Frontiers of the comic in early modern Italy, 1350-1750". In: *A Cultural History of Humour.* Polity Press, 1997, p.69.

40 BLOIS, L. *Le guide spirituel.* Paris: ed. F. de Lamennais, 1820, p.99.

De sua parte, o cura de Versalhes, Hebert, pede aos pais que "nunca pareçam muito alegres diante de suas filhas". Para Guillaume Briçonnet, o domingo é feito "não para rir e folgar, mas para chorar", ao passo que Bernardino de Siena repete que "rir e regozijar-se com as coisas seculares não é próprio de homem sensato, mas de frenéticos" – conselho partilhado por Godeau, bispo de Vence. Léonard de Port-Maurice afirma, em 1750, que Jesus nunca riu; Philippe d'Outreman qualifica os regozijos de "festas dos diabos". Aliás, depois da descoberta dos manuscritos ateus do abade Meslier, em 1729, atribui-se a ele um sorriso diabólico. Atrás do riso está Satã. Essa é a opinião do jesuíta Martin del Rio: "Satã gosta de provocar o riso nos homens, para que, alegres e plenos de contentamento, eles se entreguem à impiedade".[41] Seu confrade Pierre de Villiers, assim como o padre Senault, empenha-se contra a comédia, que provoca um riso perigoso; e quando, em 1694, o padre Caffaro parece defender o riso das novas peças porque elas foram expurgadas das grosserias de outrora, é vigorosamente atacado por libelos. As decisões contra a comédia multiplicam-se: desde 1641, há a declaração real que visa eliminar da comédia os elementos triviais e lascivos; depois, a resolução da Sorbonne, em 1694, que vê na derrisão uma "infâmia"; e ainda a interdição dos comediantes italianos, por Luís XIV, em 1697. O rei, que no início do reinado gargalhava forte diante das pantalonadas, torna-se sério com a idade e cede, pouco a pouco, às pressões do partido devoto e de madame de Maintenon: "A velha enrugada do grande homem", escreve a princesa Palatina, "exigia a supressão da comédia". Luís XIV abandona a comédia italiana a partir de 1689, e Bossuet, o bispo cortesão, que sabe escolher seu momento, martela o prego no caixão de Arlequim com suas *Máximas e reflexões sobre a comédia*, em 1694; agora que o rei não ri mais, persegue o riso.

Por toda parte, os oradores sacros vociferam contra a diabólica hilaridade. O jesuíta Nicolas de la Pesse, em seu sermão "Sobre os perigos de um fiel que não sofre", recomenda procurar a cruz, a dor e fugir do riso.[42] A mesma tonalidade se encontra em seu confrade Claude Texier (1610-1687).[43] Outro membro da Companhia de Jesus, o padre La Colombière, anatematiza os que riem: "Infeliz daquele que ri, duplamente infeliz sois vós que rides agora, que

41 DEL RIO, M. *Les controverses et recherches magiques*. Trad. francesa. Paris: A. Du Chesne, 1611, p.55.
42 MIGNE. *Collection intégrale et universelle des orateurs sacrés*, t. 22, 1845.
43 Idem, t. VII.

rides nestes dias desgraçados, quando o inferno está escancarado, quando o príncipe deste mundo parece ter recuperado seu antigo império, quando os pecados se multiplicam até o infinito, quando não se distinguem mais os fiéis dos idólatras".[44] O signo do verdadeiro cristão é verter lágrimas: "É preciso chorar sem parar, ouvintes cristãos, para apaziguar Deus; mas, depois de ter enfraquecido sua cólera por nossas lágrimas, é necessário ainda chorar para satisfazer sua justiça. Para destruir o pecado é preciso detestar a alegria criminosa que se experimenta no uso ilícito dos bens criados; porém, para expiar esse pecado, deve-se ainda renunciar à alegria inocente que esses mesmos objetos nos propiciam".[45]

De fato, como é possível não ficar morto de medo? "Eu me espanto de ver-vos pensar nos prazeres e não vos ver morrer de medo." Só há uma explicação: o diabo desforra-se orquestrando as abominações do Carnaval: "Quando eu vejo os fiéis sacudirem toda uma cidade com seus risos imoderados, com o ruído de seus festins e suas danças lascivas; quando os vejo passar noites e dias em excessos imperdoáveis aos pagãos, nas assembleias em que o demônio preside, em que só se adora o ídolo do mundo, como, eu me pergunto, como, em tão pouco tempo, tão infame paganismo elevou-se sobre as ruínas de um cristianismo florescente?".[46]

O Carnaval é alvo de uma coorte de pregadores. Um dos mais virulentos é Jean Richard, cognominado Advogado, morto em 1719. Na realidade, Richard é um leigo, casado, que compõe dezenas de sermões. Para ele, o Carnaval, "ilusão perigosa do demônio", é uma celebração satânica que põe o mundo do avesso; o homem rebaixa-se ao nível das bestas; veem-se os pobres, que tanto se queixam da miséria, desperdiçar, empanzinar-se; "eles consomem, em três ou quatro dias, o trabalho de várias semanas". Só o diabo pode inspirar isso: "Esse cruel inimigo dos homens e esse ambicioso usurpador da glória do Criador quer partilhar o tempo; ele pretende ter seus dias, como o Criador tem os Dele. Para isso, persuade os cristãos de que são dias gordos, e que seria crime não usufruí-los; dias em que o luxo, a gulodice, os excessos, os espetáculos, as folias, as máscaras, as impurezas são pecados de época".[47]

Em seu sermão "Sobre as zombarias", Richard, o Advogado, parte dos exemplos bíblicos e evangélicos. São sempre os maus que zombam;

---

44 Idem, t. VII, p.1005.
45 Idem, p.1000.
46 Idem, p.1043.
47 Idem, t. XVII, p.1103.

eles riram de Jesus, de Paulo, e esse riso vem do orgulho: "Ele os torna bufões críticos, exigentes, chocantes como uns Demócritos". "O zombador é um apóstata, um homem inútil para o mundo, tem uma língua perigosa e põe os irmãos aos seus pés por desprezo."[48] Qualquer zombaria, mesmo a mais espiritual, é má: "Falo dessas zombarias que vêm de um espírito exigente, vão, bufão, precipitado, invejoso, ímpio ... que, como se estivesse dispensado das leis da civilidade e do cristianismo, caçoa insolentemente de tudo, para fazer-se de espiritual e agradável. Falo das zombarias habituais, delicadas, diretamente combinadas, preparadas pelo amor-próprio, expressas de maneira galante, mas maligna, nas quais entram o religioso e a devota, os exercícios de piedade e nossos santos mistérios e em que, seja por satisfação, seja para vingar-se, se faz do riso um prazer e uma glória, à custa da reputação do próximo".[49]

A zombaria pode arrastar sua vítima a extremos, até ao suicídio, como o demonstram os casos de Saul e Abimelech. Zombar é "regozijar-se segundo o espírito do demônio", e, de qualquer forma, tentar provocar o riso dos outros é malsão: "Se é pouco sensato rir das bufonarias de outrem, é ainda menos sensato fazer que os outros riam". Que os zombadores fiquem prevenidos, porque Deus zombará deles enviando-os para o inferno: "Morre-se rindo e zombando como se viveu; e é com esse terrível castigo que Deus se vinga do homem. Vós zombastes de Vosso Pai: agora sereis zombados".

O tom nunca muda nos sermões do século XVIII. Em *Pequenas homilias ou instruções familiares especialmente para as pessoas do campo,* em 1761, Girard, vigário de Saint-Loup, avisou os humildes: contam-se histórias engraçadas, às vezes obscenas, "brinca-se, gargalha-se; ninguém se digna a confessá-lo; aplaude-se; louvam-se e admiram-se aqueles que as proferem com mais espírito e graça; eles são procurados como pessoas de conversação agradável. Porém, que estranha surpresa na hora da morte e no dia do temível julgamento de Deus, quando se encontrará, a propósito desse assunto, um grande número de crimes; quando se verá que esses discursos envenenados e encantadores terão causado a danação de várias pessoas e farão com que muitas outras pereçam no futuro".[50] O inferno está repleto daqueles que riem...

48 Idem, t. XVIII, p.619.
49 Idem, p.618.
50 GIRARD, M. *Les petits prônes,* t. I. Lyon: 1761, p.415.

HERÁCLITO E O SACERDOTE-MODELO

Como é possível rir em semelhante mundo? Essa é a questão que o jesuíta Vieira propõe em *Pleito em favor das lágrimas de Heráclito*. Aquele que ri do que acontece no mundo não é um ser humano, mas o último dos brutos insensíveis. "Confesso que poder rir é próprio do ser racional; mas digo que o que há de mais impróprio à razão é o riso. Se o riso indica o ser racional, as lágrimas denotam o uso da razão. ... Qualquer um que conheça bem o mundo não poderia deixar de chorar, e se ri e não chora é porque não conhece o mundo. O que é esse mundo senão o universal encontro de todas as misérias, de todos os sofrimentos, de todos os perigos, de todos os acidentes e de todos os tipos de morte? E à vista desse imenso teatro, tão trágico, tão lúgubre, tão lamentável, onde cada reino, cada cidade, cada família mudam continuamente a cena, onde cada sol que se levanta é um cometa, cada instante que passa, um desastre, e cada hora, cada instante, um milhar de infortúnios; sim, à vista de tal espetáculo, qual é o homem que não se sente prestes a chorar! Se ele não chora, demonstra que não é racional; se ri, prova que as bestas irracionais também têm a faculdade de rir."[51]

Vieira pronunciou esse pleito em Roma, perante cardeais, em uma espécie de processo do riso. Diante dele, a defesa do riso de Demócrito era assegurada pelo padre Cataneo, que não teve muito sucesso. Curioso paradoxo de um jogo retórico, de um procedimento para rir que consagra o sucesso das lágrimas! É um caso derrisório e, contudo, revelador: o fato de que na capital do mundo cristão os chefes dessa cristandade tenham organizado esse debate demonstra, ao menos, seu interesse pela questão, que é tratada em profundidade. O riso, da mesma forma que as lágrimas, é encarado aqui como uma atitude existencial, traduzindo uma posição filosófica global: eu posso, enquanto homem responsável e moral, rir desse mundo sabendo o que acontece? Confessemos que, colocada nesses termos, a questão é embaraçosa; de repente, os inimigos do riso parecem-nos menos risíveis.

Bem mais risível, em compensação, é o esforço do clero em banir qualquer espécie de hilaridade das relações sociais. Em 1731, o bispo de Londres, Edmund Gibson, vê na ironia a mais grave ameaça à religião;[52] quanto ao casuísta Jean Pontas, ele escreve, em 1715, em *Dicionário de casos*

51 Citado por DELUMEAU, J. *Le péché et la peur*. Paris: 1983, p.510.
52 *The charge of Edmund, Lord Bishop of London, to the clergy of his diocese*. Londres: 1731.

de consciência: "É raro e difícil servir-se dela sem pecado". O padre-modelo deve vigiar-se para não rir, sem, contudo, ser triste. É o que se entende como uma atitude "modesta", conforme especifica Tronson, superior do seminário de Saint-Sulpice: "Deve-se evitar gargalhar, assim como rir frequentemente; mas também não é preciso ser triste, sombrio, muito sério e muito grave. ... Ela [a modéstia] condena as palavras de mentira, de zombaria, de desprezo, de bufonaria, de lisonja, de vaidade e todas as outras que podem ferir o decoro ou causar mal àqueles com quem se conversa".[53] Em seu exame de consciência, o seminarista deve perguntar-se: "Não falamos muito alto e, talvez, gargalhando? ... Não caçoamos uns dos outros, sobretudo daqueles com quem não simpatizamos? Não tornamos ridículas, às vezes, as boas ações, as máximas cristãs e as práticas de piedade? ... Não nos divertimos fazendo zombaria ou menções prejudiciais ao próximo?".[54] Os regulamentos de todos os seminários insistem na necessidade de ser sério, pois "só estamos neste mundo para fazer penitência". O de Tréguier, em 1649, proíbe, no recreio, "as zombarias picantes, as contestações, as leviandades, as palavras indecentes e as canções mundanas".

Massillon, em *Discurso sobre a modéstia dos clérigos*, é mais específico ainda: "Nossos colóquios devem sempre ser marcados pela piedade, pela gravidade e pela modéstia", porque o que num leigo é bufonaria ou "diversão ilícita" num padre é blasfêmia. Mesmo entre padres, nada de risos, nada de brincadeiras: "Deveis banir de vossas conversas a alegria profana e imoderada, as brincadeiras de baixo nível, a indecência dos discursos mundanos e não acreditar, como sempre acontece, que, porque estais reunidos com vossos confrades, sem a presença de leigos que poderiam se escandalizar, vos seja permitido entregar-vos a excessos de discurso e de alegria que vos fariam enrubescer se estivésseis diante do mundo".[55] Com mais razão, na presença de leigos, "nossos modos, nossas diligências, nossa linguagem, nossa aparência devem sustentar a santa dignidade de nosso estado; os descansos mais autorizados no mundo, as familiaridades mais comuns, os discursos de alegria e de brincadeira mais bem recebidos tornam-se, para nós, no mundo, indecências".[56]

---

53 *Œuvres de Tronson, supérieur du séminaire de Saint-Sulpice. Examens particuliers sur divers sujets propres aux ecclésiastiques et à toutes les personnes qui veulent s'avancer dans la perfection.* Paris: ed. de 1823, pp.412, 418.
54 Idem, pp.227, 237.
55 *Œuvres complètes de Massillon*, t. XI. Paris: 1822, p.158.
56 Idem, p.192.

No púlpito, "acontece muitas vezes que pastores, ao utilizar uma conversação baixa, bufa, indecente em lugar da linguagem da doutrina e da verdade, parecem antes histriões e saltimbancos que ministros respeitáveis do Evangelho; de modo que a palavra santa, destinada a confundir os pecadores e a confortar os justos, na boca deles é um escândalo aflitivo, para uns, e uma derrisão de desprezo e de impiedade, para os outros".[57]

Massillon aborda aí um problema muito debatido nos séculos XVII e XVIII: o lugar do riso na eloquência, sagrada e profana. Cada vez mais, esse lugar é reduzido. Desde 1554, Adrien Turnèbe, em *Comentário sobre A instituição oratória*, obra de Quintiliano, desaprova o recurso ao cômico nos advogados e, pouco depois, Pierre de La Ramée, em *Ciceronianus*, deplora o gosto excessivo de Cícero pela brincadeira em seus pleitos. Em 1612, Antoine de Laval, que aborda, em *Propósitos das profissões nobres e públicas*, a tarefa do advogado, exclui o recurso ao cômico e ao riso, que degradam a função. No mesmo momento, o célebre advogado Guillaume du Vair ilustra a gravidade do magistrado com discursos grandiloquentes, retóricos, desprovidos do mínimo humor. Nessa época, o riso é banido do Parlamento de Paris: "Lá, não era permitido rir", revela d'Espeisses, em 1609. Marc Fumaroli, em seu impressionante estudo *A idade da eloquência*, escreveu: "O aticismo ascético recomendado aos advogados bane, impiedosamente, aos mais 'borromeus'* entre os retóricos eclesiásticos, o recurso ao riso, ao sorriso. ... Para a maioria dos advogados dos séculos XVI e XVII, o 'sal' com o qual Cícero temperava tão bem suas orações é banido do recinto do Palácio. O cômico e até a simples ironia são, a seus olhos, indecências que ofendem a gravidade dos juízes e corrompem os costumes do Palácio, introduzindo nele um estilo de teatro, de 'comediantes mercenários' e de 'histriões'".[58]

A alusão a Carlos Borromeu não poderia ser mais justificada. O arcebispo de Milão é favorável a um estilo oratório muito severo, como o expõe, em 1585, seu secretário e confidente Jean Botero, que, em *Predicatore verbi Dei*, exclui qualquer recurso a brincadeiras. É, igualmente, a posição do jesuíta Louis de Cressolles, que desenha o retrato do orador sacro ideal em *Theatrum veterum rhetorum* (1620), e de seu confrade Nicolas Caussin em *A corte santa* (1624).

---

57 Idem, p.162.

* Como se verá no parágrafo seguinte, alusão a Carlos Borromeu, arcebispo de Milão no século XVI. (N. R.)

58 FUMAROLI, M. *L'age de l'éloquence, rhétorique et "res literaria" de la Renaissance au seuil de l'époque classique*. Paris: ed. A. Michel, 1994, p.488.

O PADRE GARASSE E A BATALHA DO RISO

Precisamente em 1624 estoura o caso Garasse, uma gargalhada seguida de uma voz de trovão que fizeram grande ruído na igreja e na pretoria. Motivo da agitação: a grave questão de saber se é legítimo e desejável utilizar o riso contra os inimigos da fé. O padre François Garasse, jesuíta formado em Toulouse, espírito fervente, truculento, intrigante e audacioso, publicou em agosto de 1623 uma volumosa obra de mais de mil páginas, *A doutrina curiosa dos belos espíritos desta época*. Esse concreto no pântano é um requisitório contra os libertinos céticos e ateus, que acabavam de evidenciar-se pela publicação de um texto anônimo ridicularizando a religião, *O Parnaso satírico*, atribuído a Théophile de Viau. O sangue de Garasse lhe sobe à cabeça: ele pega sua pluma e redige, em três meses, seu milhar de páginas, colocando-se no terreno do adversário: nós também somos capazes de zombar e colocar os ridentes de nosso lado! Ele descreve os libertinos como um bando de bufões deslocados que se reúnem nos cabarés ou na capela de Isle-du-Pont-de-Bois, em Paris, e se entregam a violentas paródias antirreligiosas, sacrílegas, misturando obscenidades e blasfêmias. Escarnecendo de todas as práticas de piedade, eles não hesitam em ir em bandos para rir dos sermões nas igrejas e ridicularizar a austeridade dos huguenotes. Fazem troça dos absurdos que a *Bíblia* contém e só têm dificuldade ao escolher entre a baleia de Jonas, os 967 anos de Matusalém, as histórias escabrosas de Lot, que engravida suas filhas com a bênção divina, o asno de Balaão e a serpente falante do paraíso terrestre, sobre a qual os libertinos perguntam: "Como ela andaria, saltitante, sobre a ponta da cauda, voaria ou se arremessaria como uma flecha animada?". O episódio favorito do Antigo Testamento parece ser a cauda do cão de Tobias, que ele abanava em sinal de contentamento pela volta do dono. Garasse fica exasperado:

"Parece que essa cauda do cão de Tobias foi feita expressamente para entreter o espírito preguiçoso dos libertinos, tal como a cauda do cão de Alcebíades foi feita para divertir os tolos e os preguiçosos de Atenas. Porque, em vez de pensar, de falar, de meditar sobre os mistérios de sua salvação, eles se divertem discorrendo sobre a cauda do cão de Tobias, como se fosse um fato de grande consequência, e parece que essa cauda é uma pedra no caminho dos ateus, uma vez que, de cem libertinos, oitenta que quiserem zombar das Escrituras começarão por aí suas risadas e irão contra o velho provérbio que diz que não se deve nunca começar pelo rabo".[59]

59 GARASSE, F. *La doctrine curieuse des beaux esprits de ce temps*. Paris: 1623, p.552.

A resposta de Garasse inscreve-se na mesma veia. Se *A doutrina curiosa* certamente não "gelou de medo" Théophile de Viau e seus libertinos, como o escreve Marc Fumaroli,[60] também não fez rir os intelectuais cristãos: estes ficaram escandalizados com a trivialidade do tom empregado pelo jesuíta, que, segundo eles, degrada a fé. Os ataques contra Garasse vêm, portanto, do campo que ele contava defender. Aos olhos de seus detratores, seu principal erro foi, talvez, a mistura de gêneros: querer, ao mesmo tempo, doutrinar e ridicularizar os libertinos é imperdoável falta de gosto. O assunto é muito sério para rir. É o que lhe escreve o jesuíta Guez de Balzac, que recebe uma réplica fustigando sua preciosidade.

O ataque mais sério vem do padre François Ogier, que publica, em 1623, *Julgamento e censura da doutrina curiosa de François Garasse*. Um padre, diz ele, não deve rebaixar-se a tais procedimentos, indignos de sua condição. Grosseiro, bufão, dissoluto, trivial, Garasse é um "Rabelais", um "zombador de Deus e dos homens", um "mestre em bufonarias e em contos brincalhões", e sua maneira de polemizar com os libertinos evoca "um diálogo de bufos que fingem brigar, a golpes de bastão, no mercado, para fazer o espectador rir". Ogier censura nele o fato de "tomar emprestadas palavras de calão e do bordel e de só ostentar seus torneios mordazes e satíricos". A zombaria é "indigna do púlpito ou de um livro que trata dos sagrados mistérios de nossa religião". Ele rebaixa o padre ao nível dos "comediantes e saltimbancos". Que o bufão Garasse escreva farsas para o povo, mas que não se ponha a discutir grandes ideias nem livros elevados como os de Charron: "Garasse, meu amigo, os livros de Charron são de gama muito alta para espíritos baixos e populares como o vosso. ... Permanecei, Garasse, com vosso nível ordinário, com vossos doutores autênticos, Marot e Mellin de Saint-Gelais, dos quais retirais tão bons argumentos, os colóquios de Cesarius, esse belo tesouro de exemplos, Rabelais. ... Conservai, solenemente, lendo-os, vosso belo humor; do contrário, o mundo perderia mil boas palavras para rir; e deixai as obras de Charron, muito sérias, para os espíritos mais fortes e de melhor categoria que o vosso".[61]

Três meses mais tarde, em janeiro de 1624, Garasse publica trezentas páginas nas quais faz a *Apologia do padre François Garasse, por seu livro contra os ateus e libertinos do nosso século e resposta às censuras e calúnias do autor anônimo.*

---

60 FUMAROLI, M. op. cit., p.329.

61 Citado por PINTARD, R. *Le libertinage érudit dans la première moitié du XVIIe siècle*. Paris: 1943, p.473.

Ele lembra aí a virtude da brincadeira e do riso para a defesa da fé. "É melhor adormecer o leitor ou fazê-lo rir?" "Os traços e as tiradas de espírito não devem ser qualificadas de bufonarias. ... Existe uma virtude chamada eutrapelia ... pela qual um homem inteligente faz bons e agradáveis ditos espirituosos que despertam a atenção dos ouvintes e dos leitores, acachapados pelo volume de um escrito tedioso ou de um discurso sério."[62] Garasse defende-se de ter utilizado a bufonaria: a gravidade do assunto exige, justamente, que a atenção seja mantida pelo recurso a um estilo "agradável".

Mas, a despeito do peso de seus in-fólios – o incansável jesuíta produz ainda, em 1625, uma colossal *Somme théologique* –, François Garasse perde a causa: o riso não tem lugar nas questões religiosas. Em 1658, o padre François Vavasseur, em *De ludicra dictione*, tenta resgatar a eutrapelia cristã, mas é inútil. Quando o futuro bispo Pierre-Daniel Huet procura utilizar o "ridículo" para desconsiderar o cartesianismo, suas *Novas memórias para servir à história do cartesianismo* caem no vazio. Ele propõe uma ficção que só ele acha engraçada: Descartes não morreu na Suécia e, em seu lugar, foi enterrado um manequim de papelão; para preservar sua preciosa tranquilidade, o filósofo foi viver, incógnito, na Finlândia. Afinal de contas, dirá d'Alembert, "se era absolutamente preciso que alguém ficasse com o ridículo, não deveria ser Descartes".

O caso Garasse é mais importante do que parece à primeira abordagem. Perdendo a batalha do riso, os pensadores, oradores e escritores católicos privam-se de um instrumento essencial que lhes fará muita falta nos grandes combates do século XVIII. Desprezando essa arma como grosseira e indigna, eles deixam seu monopólio para os adversários, que vão utilizá-la amplamente, aperfeiçoá-la, refiná-la, adaptá-la. Voltaire não está longe disso. Assim, no momento em que a Igreja se torna ridícula por romper com a ciência moderna – o caso Galileu data de 1633 –, ela amputa todo um setor cultural, o da ironia, da brincadeira, do riso. Optando pelo pomposo, pelo pesado, pelo tedioso, pelo sério, ela se afasta um pouco mais da cultura moderna civil. A Igreja abandona o riso ao diabo, que nem pedira tanto. O erro é colossal.

Certamente, ainda existirão curas engraçados, monges libertinos, vigários gargalhantes, autores espirituais, polemistas e apologistas zombadores, mas serão franco-atiradores, marginais da fé, muito malvistos pela instituição. Nós os encontraremos no capítulo seguinte. De acordo com o

62 GARASSE, F. *Apologie*. Paris: 1624, p.41.

anônimo *Canteiro da retórica francesa* (1659), o riso só é bom para o povo. Aos olhos de Ogier, um dos crimes de Garasse foi ter, utilizando a brincadeira, tornado possível a leitura de seu livro pela "ralé", ao passo que essas matérias elevadas deveriam ser reservadas para a elite pensante – e, para a ralé, nada vale um in-fólio em latim sem o menor traço de humor: "Garasse escreve, em um estilo e de uma maneira muito popular, coisas capazes de atrair a ralé do povo para a leitura de seu livro". É pouco provável que a "ralé" se tenha debruçado sobre as mil páginas do padre Garasse, mesmo considerando-se que, no ano seguinte, apareceu uma segunda edição. Mas o comentário é significativo: a Igreja detém a verdade, e a verdade é séria.

Como vimos, os nomes que aparecem com mais frequência na luta contra o riso são nomes de jesuítas, o que surpreende um pouco, vindo da parte de uma ordem considerada leve, aberta, apta para o compromisso. Essa falta de gosto lhe será fatal, como judiciosamente comentou Marc Fumaroli: "Os jesuítas não conseguirão mais recuperar o terreno perdido: ... a arte de atacar sem se tornar odioso escapará, muitas vezes, aos discípulos de Loyola. Especialistas na arte do elogio e da celebração, eles se mostrarão regularmente desajeitados na arte do panfleto. Souberam fazer-se admirar e, às vezes, temer: nunca souberam conquistar o riso das 'pessoas de bem', o que Paris, como um todo, não perdoa. Na guerra de panfletos em meio à qual eles viveram até sua expulsão, no século XVIII, não souberam encontrar o tom justo. O espectro de Garasse não os abandonou".[63]

UM RISO JANSENISTA?

Justamente Garasse é atacado, em 1626, por uma personalidade marcante da época, o abade de Saint-Cyran, que faz aparecer, anonimamente, três volumes intitulados *A suma de defeitos e falsidades capitais contidos na suma teológica do padre François Garasse*. O tom é de menosprezo. Saint-Cyran não é exatamente animador. Para ser profundo, é preciso ser tedioso, e a brincadeira é sinal de ignorância, de superficialidade e de vulgaridade. Garasse é apenas um palhaço, um pobre pregador perdido em questões que o ultrapassam.

A priori, não há nada de surpreendente. Saint-Cyran é o jansenismo, e os jansenistas não têm reputação de ser agradáveis. Profunda convicção da

63 FUMAROLI, M., op. cit., p.327.

decadência humana, grande probabilidade da condenação eterna, predestinação, negação do livre-arbítrio, incapacidade total de alcançar o bem, o verdadeiro, o absoluto, temor a um Deus terrível, eis o que predispõe a um sombrio pessimismo, expresso por Pierre Nicole. Segundo ele, o cristão deve imitar seu modelo, Jesus, que nunca riu: "Ele sempre teve sua cruz diante dos olhos. ... Por aí se vê que satisfação ele podia ter no mundo. ... Assim, é preciso ter em mente que ele nunca riu. Nada nunca se igualou à seriedade de sua vida: e é claro que o prazer, a diversão e tudo o que pode distrair o espírito não têm lugar neste mundo. A vida de Jesus é toda voltada a Deus, toda ocupada por Ele e pela miséria dos homens, sem que tenha dado à natureza o que não poderia recusar sem destruí-la".[64]

Esse velho lugar-comum sobre Cristo nunca ter rido conhece uma nova saga no século XVII. Para Bossuet, é uma evidência; para Rancé, um axioma: "O riso lhe era desconhecido",[65] e as *Notícias eclesiásticas* – o órgão jansenista – não duvidam disso. Em 1739, ainda, citam o antigo reitor da Universidade, M. Dupuis, que lembrava essa primeira verdade declarando que a consciência dos males da Igreja é suficiente para impedi-lo de rir. Constatando, em artigo recente, que alguns continuam, ainda hoje, a afirmar, sem rir, que Jesus nunca riu, Jacques Le Brun escreve precisamente: "O fato de que um argumento tão inconsistente ainda possa ser proposto com toda a aparência de seriedade convida o historiador a interrogar-se sobre a natureza das instituições que o sugerem com algum grau de convicção".[66]

Voltemos a Nicole. Já que Jesus nunca riu, ninguém deve rir. É preciso, pois, perseguir aqueles que suscitam essa vergonhosa atitude, a começar pelos comediantes: "Se o cristão se considera pecador, ele deve reconhecer que não há nada mais contrário a esse estado que o obriga à penitência, às lágrimas e à fuga dos prazeres inúteis que a busca de uma distração tão vã e tão perigosa como a comédia".[67] Esta última é objeto de ataques sistemáticos, sendo o mais conhecido o de Bossuet. Mas os autores jansenistas participam com muito zelo da investida. Um exemplo: Barbier d'Aucour, um advogado amigo de Port-Royal, lembrando que "Augusto mandou matar um bufão que zombava de Júpiter, ... [que] Teodósio condenou às feras os farsantes que ridicularizavam nossas cerimônias", declara que

---

64 NICOLE, P. *Essais de morale*, XIII, p.285.

65 DE RANCÉ, A.-J. *Éclaircissements de quelques difficultés*. Paris: 1685, p.213.

66 LE BRUN, J. "Jesus Cristo nunca riu: análise de uma argumentação teológica". In: *Homo religiosus*. Paris: 1997, p.435.

67 NICOLE, P. *Traité de la comédie* (1667). Paris: ed. L. Thirouin, 1998, p.104.

Molière merece a mesma sorte: é apenas "um ímpio que zomba do céu e ri de seus raios".[68]

Em Port-Royal, onde as constituições proíbem a zombaria e o riso imodesto, os solitários levam uma vida totalmente desprovida de brincadeiras. Para o abade Bremond, que não gosta deles, isso vem de seu incomensurável orgulho, que os impede de tomar consciência de seu lado ridículo: "Eles corrompem, mas não o ridículo do homem decaído; desprezam-se sinceramente, mas nunca têm a tentação de rir de si mesmos, ... a vida sectária mata o humor. Talvez fosse melhor dizer que a falta de humor faz nascer sectários. ... Eles serão quase todos assim, humildemente sufocados por seu próprio mérito, ou, no mais das vezes, pelo de seus amigos. Eles se dão muita importância, pessoal ou corporativa, uma ideia prodigiosa, levando-se mais a sério do que é permitido ao cristão homem de bem".[69]

Se eles quisessem olhar-se bem, pensa Bremond, eles explodiriam de rir. Eles acarretam o ridículo, ou o cômico involuntário, até afirmar, como Arnauld d'Andilly, que se pode ceder às paixões para enganar o demônio, fazendo-o crer que ele ganhou! A astúcia é cômoda e não tão rara em certos místicos de espírito frágil. Veja-se Louise de Bellère du Tronchay, uma obcecada com a danação, que assegura ser seguida por um bando de demônios em forma de gatos e que se inflige mortificações extravagantes. Atacada por um ciúme doentio de Maria Madalena, que passa seu tempo abraçada aos pés de Cristo na cruz, ela arranca a imagem da santa, dizendo: "Dai-me vosso lugar, há muito tempo que estais aí" e põe-se a acariciar "seu" Jesus. As cartas que ela envia a seu confessor revelam, segundo Bremond, uma neurose erótica. Essa louca foi internada no asilo de Salpêtrière, em 1677, mas dizia que se fazia passar por louca para se humilhar. Caso extremo, certamente, mas já vimos, com os pais do deserto, que o excesso ascético desemboca no absurdo cômico.

Sem dúvida, os jansenistas não são sensíveis. Contudo, há riso em Port-Royal. Assim, escreve Bremond, "Lancelote, que nunca rira até então, desde que chegou a Port-Royal, tem sua desforra. Foi preciso que o próprio Saint-Cyran lhe assegurasse isso, ensinando que o riso solto provavelmente tinha origem celeste".[70] O próprio Lancelote lhe diz: "Só há alegria entre nós, e nosso coração está tão repleto dela que isso resplandece em nossa face. ... Nunca encontrei uma festa tão completa".

---

68 Idem, p.159.
69 BREMOND, H. *Histoire littéraire du sentiment religieux en France,* t. IV. Paris: 1920, p.252.
70 Idem, p.248.

Sainte-Beuve também falou de um solitário de Port-Royal, de temperamento risonho, nos anos 1640-1650; trata-se do médico Victor Pallu: "Sendo médico, no mesmo dia de sua recepção, gorro na cabeça e, mais tarde, à vontade no Jardim de Tours, ele discutiu a questão do riso, demonstrou-a como útil e saudável e escreveu belas coisas sobre o assunto em latim. Risonho por natureza, ele incorporava, imagino, alguma coisa do tema de seu discurso".[71]

O riso de Port-Royal é ora o riso do sectário que exprime sua certeza de fazer parte de um pequeno grupo de eleitos, ora o riso do desesperado para quem o comportamento humano, sendo irremediavelmente mau, afeta a todos – e, portanto, é indiferente ser hilário ou viver chorando. Risos de extremistas, isto é, risos paradoxais, irracionais. Sainte-Beuve, que raciocina e intelectualiza, desaprova e não compreende "esse riso inextinguível do homem decaído, do grande homem não restaurado, que se fixa na garganta; esse riso de Hamlet, no qual Molière morreu, no qual envelheceu o seco e magro Voltaire".[72]

Mas o domínio privilegiado do riso jansenista é a ironia polêmica. Situando-se eles próprios fora deste mundo corrompido, os senhores estão certos ao torná-lo derrisório, ao ressaltar o cômico, o ridículo, o burlesco, o grotesco, o absurdo das convenções mundanas. É uma posição confortável e eficaz: paradoxalmente, foram os tristes espíritos jansenistas que melhor iluminaram o cômico irrisório da comédia humana. Num nível mais elevado, isso faz nascer a ironia devastadora de Pascal.

Sua tarefa é facilitada pelo fato de que, diante da mesma constatação, os jesuítas decidiram não rir, opondo seu otimismo sério ao alegre pessimismo de Port-Royal. Surpreendentes alianças: a Companhia de Jesus, mais humana, mais indulgente, mais "leve", fala tristemente dos meios de salvação, e Port-Royal ridiculariza, rindo, as esperanças dos pecadores. O riso não é sempre sinal de otimismo; ele já é polidez ou o pudor do desespero.

Entretanto, o riso não é unanimidade entre os jansenistas. Assim, quando, em 1654, Louis-Isaac Lemaistre de Saci responde – em um texto satírico intitulado *As iluminuras do almanaque dos jesuítas* – a um almanaque da Companhia de Jesus chamado *A derrota e a confusão dos jansenistas*, provoca indignação nos partidários de Port-Royal. Um jansenista anônimo, em *Carta de uma pessoa de posição*, afirma que o riso não é cristão, pois nem os anjos nem Cristo

71 SAINTE-BEUVE. *Port-Royal*, t. I. Paris: ed. de la Pléiade, 1953, p.683.
72 Idem, p.857.

riram; baseando-se nessa revelação, ele opõe o sorriso ao riso. Também aí, Sainte-Beuve não consegue deixar de intrometer-se, enfurecendo-se com "a pesada e crassa forma de brincadeira", a "literatura indigna e burlesca de M. de Saci". "O riso vulgar", diz ele, "de que se trata aqui vem do desacordo, da desordem experimentada sob um ângulo imprevisto e pelo reverso que bruscamente se desmascara: aí gargalha-se. Na harmonia, canta-se, sorri-se, o rosto se ilumina, há lágrimas de amor. Por mais animado que se queira imaginar um céu cristão, não é possível conceber que lá exista riso; é preciso deixá-lo para os deuses de Homero em seu Olimpo, onde é inextinguível, como suas desordens e seus adultérios".[73] Contudo, o Grand Arnauld tomou o partido das *Iluminuras*, mostrando que a *Bíblia* muitas vezes utiliza a zombaria. A ironia é a arma dos pessimistas, porque sua causticidade pode corroer as falsas certezas dos otimistas de encomenda. É por isso que Pascal ri, como o veremos.

BOSSUET, OU A MORTE DO RISO

Bossuet nunca ri. Nenhuma forma de hilaridade tem graça aos olhos desse agelasta patológico, encarnação quase caricatural da expressão "levar-se a sério". Cartas, sermões, tratados são, nesse ponto, de total coerência, e suas *Máximas e reflexões sobre a comédia* permanecem um dos pilares da luta contra o riso.

Na base desses pilares, há uma convicção inabalável. Jesus nunca riu, e isso não por acidente, porque não existissem trocistas entre os doze, mas deliberada e sistematicamente porque a condição humana corrompida exige lágrimas, e a careta do riso é uma máscara indecente que deforma a imagem de Deus. "Jesus ... assumiu nossas lágrimas, nossas tristezas, nossas dores e até nossas fraquezas, mas não assumiu nossas alegrias nem nossos risos e não quis que seus lábios, onde a graça residia, fossem dilatados uma única vez por um movimento que lhe parecia acompanhado de uma indecência indigna de um Deus feito homem."[74] Nossa natureza é a dor; o riso é a decepção e o erro; um belo rosto é um rosto em lágrimas; a fealdade é uma fácies deformada pelo riso.

---

73 Idem, p.772.

74 BOSSUET. *Maximes et réflexions sur la comédie*, XXXV. Todas as citações provêm da edição de *Obras completas de Bossuet*, por Outhenin-Chalandre. Besançon: 1836. Aqui, t. III, p.576.

Contraprova: não apenas Jesus não riu como riram dele durante sua vida e sobretudo por ocasião da Paixão. "É preciso que o insulto da zombaria o persiga até sobre a cruz e mesmo na proximidade da morte; e, enfim, que se invente na Paixão uma nova espécie de comédia, em que todas as brincadeiras sejam, por assim dizer, tingidas de sangue, em que a catástrofe seja totalmente trágica."[75]

A zombaria é, portanto, em si, uma atitude odiosa, um pecado, uma tara social que corrói as relações humanas. É a expressão cabal do orgulho: "O que é a derrisão senão o triunfo do orgulho, o reino da imprudência, o alimento do desprezo, a morte da sociedade racional, a vergonha da modéstia e da virtude? Não vedes, zombadores empedernidos, quanto opróbrio e quanta risada haveis causado ao divino Jesus? E não temeis renovar o que há de mais amargo na Paixão?".[76] "A derrisão é o último excesso e o triunfo do orgulho."[77]

São os inimigos da fé, os libertinos que utilizam a derrisão para "envenenar os espíritos com suas zombarias sacrílegas". Isso põe Bossuet fora de si, e sua audácia fica à altura de sua vulnerabilidade diante do riso. A zombaria o confunde totalmente, porque ele não pode compreender que se aborde, com o riso, uma questão tão séria quanto a fé. "Se quereis discutir a religião, que o seja com a gravidade e o peso que a matéria demanda. Não façais brincadeiras despropositadas com coisas tão sérias e tão veneráveis. Essas importantes questões não se decidem com meias palavras e assentimentos de cabeça, com essas sutis zombarias das quais vos vangloriais e com esses desdenhosos sorrisos."[78]

É, portanto, dever do soberano reprimir a derrisão, a zombaria, o riso. O rei, imagem de Deus, não ri e, acima de tudo, não caçoa de ninguém: "Um discurso escarnecedor é insuportável em sua boca", lembra Bossuet em *Política tirada da Sagrada Escritura*. Não devemos nos deixar levar "por zombarias insolentes. Não há nada mais odioso. ... Ao contrário, é generosidade do príncipe reprimir maledicências e zombarias ofensivas".[79] Convém ser digno e triste, porque, diz Bossuet citando os Provérbios, "uma face triste inibe a língua maledicente".

O riso em si mesmo, em sua essência e sob todas as formas, é mau. Malditas sejam "as gargalhadas de riso que fazem esquecer a presença de Deus e a conta que é preciso prestar-Lhe das mínimas ações e das mínimas

75 BOSSUET. *Sermon sur la Passion de Jésus-Christ*, t. I, p.552.
76 Idem, ibidem.
77 Idem, *Oraison funèbre d'Anne de Gonzague*, t. XI, p.605.
78 Idem, *Sermon sur la divinité de la religion*, t. I, p.84.
79 Idem, *Politique tirée des propres paroles de l'Écriture Sainte*, III, 14, t. IV, p.171.

palavras; e, enfim, todo o sério da vida cristã".[80] Bossuet não se detém em nuances: bufonaria ou brincadeira leve, tudo o que pode contribuir para provocar riso é um vício, "uma malícia particular nas palavras pelas quais se quer agradar aos outros, ... a bufonaria ou, mais precisamente, a brincadeira, nos meios cristãos é uma ação leviana, indecente, em todo caso prejudicial, segundo São Tomás, e indigna da gravidade dos costumes cristãos".[81]

A própria eutrapelia, esse humor usufruído pelo homem de bem, não encontra graça aos olhos da "Águia de Meaux". Ele começa a fazer uma análise muito orientada do termo para reduzi-lo, pura e simplesmente, à bufonaria – o que lhe deforma o sentido – e condena em bloco qualquer forma de riso: "Os tradutores verteram essa palavra grega, *eutrapelia*, para 'urbanidade', 'polidez'; *urbanitas*, segundo o espírito de Aristóteles, pode-se traduzir por 'brincadeira', 'zombaria'; para compreender bem, 'encanto, vivacidade de conversação, acompanhada de discursos agradáveis'; melhor dizendo, 'palavras que fazem rir'. É assim que ele se explica em termos formais, quando fala dessa virtude em suas Morais. Ela é tão frágil que, o mesmo nome que lhe dá o filósofo, São Paulo dá a um vício, que é aquele que nossa Vulgata traduziu por *scurrilitas*, que se pode interpretar, conforme os pais, com um termo mais geral, 'brincadeira', 'arte de fazer rir'; ou, afinal, 'bufonaria': São Paulo a denomina *eutrapelia*, e a reúne a palavras sujas e desonestas e a palavras tolas: *turpitudo, stultiloquium*. Assim, segundo o apóstolo, os três defeitos do discurso são ser desonesto, ou ser tolo, leviano, ou ser brincalhão e bufão, se assim se quiser traduzir: porque todas essas palavras têm um sentido que ele não consegue explicar com palavras precisas. E atentai que São Paulo intitula tal discurso com seu melhor nome; porque podia denominá-lo *bomolochia*, que é a palavra própria dada pelos gregos e que o próprio Aristóteles deu à bufonaria, *scurrillitas*. Porém, São Paulo, depois de ter tomado a brincadeira em sua mais bela aparência e ter lhe dado um bonito nome, classifica-a entre os vícios: não que seja totalmente proibido alguém ser brincalhão; mas é desonesto sê-lo sempre, ainda mais se for por profissão".[82]

É desonesto ser divertido: Bossuet consiste nisso. Os temperamentos joviais são suspeitos e, visivelmente, o bispo reprova em Aristóteles e São Tomás o fato de terem tentado justificar o bom humor. Para Aristóteles, é

80 Idem, *Maximes et réflexions sur la comédie*, XII, t. III, p.559.
81 Idem, ibidem, XXIV, t. III, p.559.
82 Idem, ibidem, XXXI, t. III, p.571.

normal: ele é pagão; já para São Tomás, o oráculo canonizado da teologia católica, é um pouco mais embaraçoso. A crítica rebuscada de Bossuet só se concentra em revelar sua raiva visceral do riso: para ousar contrariar esse monumento que é o Doutor Angélico, era necessário que sua aversão pelo bom humor fosse profunda. Depois de ter lembrado que, para santo Ambrósio, "é preciso evitar não somente as brincadeiras excessivas mas ainda toda espécie de brincadeiras", ele escreve: "São Tomás, para amenizar essa passagem tão contrária à eutrapelia de Aristóteles, diz que esse pai quis excluir a brincadeira não da conversação mas da doutrina sagrada, pela qual ele entende a Escritura, a pregação ou a teologia; mas pode-se ver que não é essa questão que santo Ambrósio propõe, e sabe-se, aliás, que, por razões que não constituem a profunda sabedoria de São Tomás, não se pode esperar sempre dele uma exata interpretação dessas passagens dos santos pais, sobretudo quando ele tenta colocá-los de acordo com Aristóteles, de quem eles, sem dúvida, não retiraram suas ideias".[83]

Bossuet põe sua erudição seletiva a serviço de sua obsessão. Jesus disse: "Infeliz daquele que ri"; é claro, e isso deveria ser suficiente para pôr fim à questão. Mas, para acabar de convencer os espíritos joviais, nosso bispo releu a *Bíblia* e seu olhar de águia não encontrou a mínima justificativa para o riso: "É certo que não se vê nos Santos Livros nenhuma aprovação nem nenhum exemplo autorizado desses discursos que fazem rir".[84] Nada o tocou durante sua leitura, nem mesmo a cauda do cão de Tobias! Não há uma vírgula que não seja séria nesse livro sagrado de onde ele retira uma avalanche de citações cuidadosamente selecionadas.

Quanto às autoridades humanas, todos os pais da Igreja condenaram o riso, afirma o prelado: "Eu não conheço nenhum dos antigos que, longe de classificar as brincadeiras como qualquer ato de virtude, não as tenha olhado como viciosas".[85] Há uma nova série de citações, de são Basílio a são Jerônimo e de santo Ambrósio a são João Crisóstomo, verdadeira antologia da literatura agelasta.

O caso amplia-se: um cristão nunca pode rir. O riso inocente não existe. Na melhor das hipóteses, é uma marca de leviandade culpável; na pior, uma atitude profundamente diabólica. O Carnaval "é uma invenção do demônio para contrariar os desígnios da Igreja", declara o *Catecismo de Meaux*, redigido

83 Idem, ibidem, XXXII, t. III, p.572.
84 Idem, ibidem.
85 Idem, ibidem, XXXI, t. III, p.571.

por Bossuet. Esses foliões mascarados lembram "os judeus e os soldados que despojaram Nosso Senhor, que lhe vedaram os olhos e lhe fizeram mil ultrajes durante a noite da Paixão".[86] O único remédio, nesse tempo de abominação, é refugiar-se nas igrejas para as preces de quarenta horas. Carnaval, "licença desenfreada", "infâmia de excessos debochados", "alegria dissoluta", dias de infelicidade em que os homens levam "uma vida mais brutal que as bestas-feras", "ó dias verdadeiramente infames e que merecem ser apagados do calendário! Dias que nunca seriam suficientemente expiados por penitências da vida inteira, muito menos por quarenta dias de jejum mal observados"...[87]

Bossuet fulmina também aqueles que colocam seu talento a serviço do riso. Maldito seja Molière, a vergonha do século, a abominação das letras francesas, a encarnação do diabo, que, graças a Deus, acaba de morrer "por assim dizer diante de nossos olhos", "representando seu *Doente imaginário* ou seu *Médico à força* ... e passou das brincadeiras do teatro, no meio das quais quase deu o último suspiro, para o tribunal do céu, que diz: 'Infelizes os que riem, porque chorarão'".[88] Justa recompensa para o histrião, para o bufão "que ainda enche as salas de teatro de equívocos grosseiros que nunca deveriam infectar os ouvidos dos cristãos". Digna oração fúnebre.

Se Bossuet investe assim contra as impiedades e as infâmias de que estão repletas as comédias de Molière, é porque estava indignado com uma carta de um teatino, o padre Caffaro, que tivera a imprudência de afirmar que era possível escrever e representar comédias, assistir a elas e rir sem colocar a alma em perigo. Em sua carta privada de 9 de maio de 1694, o bispo repreende o religioso: "Enviastes uma carta que desonra vosso caráter, vosso hábito e vossa santa ordem. ... Se não me ouvirdes, recorrerei a testemunhas e avisarei vossos superiores; por fim, depois de ter esgotado todas as vias da caridade, eu o direi à Igreja e falarei como bispo contra vossa perversa doutrina".[89] Envergonhado e confuso, o padre Caffaro, em sua resposta de 11 de maio, pede humildemente perdão; à guisa de desculpa, ele declara ter falado do que não conhece: "Eu asseguro a Vossa Eminência, diante de Deus, que nunca li comédias, nem de Molière nem de Racine nem de Corneille; ou, ao menos, nunca li uma inteira. Li algumas de Boursault, daquelas que são agradáveis, nas quais não encontrei nada contra

86 Idem, *Catéchisme de Meaux*, lição VII, t. V, p.453.
87 Idem, *Sermon sur la loi de Dieu*, t. I, p.214.
88 Idem, *Maximes et réflexions sur la comédie*, V, t. III, p.553.
89 Idem, *Lettres*, t. II, p.770.

a verdade; e, baseado nelas, acreditei que as outras eram iguais. Tinha uma ideia metafísica sobre uma boa comédia".[90]

A despeito dessas fracas desculpas de Caffaro, nas quais ele deve ter percebido o cômico involuntário, Bossuet compõe e publica, no mesmo ano (1694), *Máximas e reflexões sobre a comédia.* Sua conclusão é definitiva: "A índole dessas peças cômicas é procurar a bufonaria: o próprio César não achava que Terêncio era divertido; sempre se quer mais elevação no risível; e o gosto que se tem por Aristófanes e por Plauto demonstra a que grau de licenciosidade a brincadeira pode chegar. Terêncio, que, a exemplo de Menandro, é moderado no ridículo, nem por isso é mais casto; sempre é muito difícil separar o agradável do ilícito e do licencioso. É por isso que comumente encontramos nos cânones essas quatro palavras unidas: *ludicra, jocularia, turpia, obscoena* – os discursos joviais, os discursos bufões, os discursos desonestos, os discursos sujos – não que as coisas estejam sempre misturadas; mas é que elas se seguem tão naturalmente, têm tanta afinidade, que é vã empresa tentar separá-las".[91]

Essa ausência de senso de humor faz de Bossuet um caso excepcional. Entretanto, quando Hyacinthe Rigaud faz o retrato do prelado, ilumina o rosto dele com um ligeiro sorriso, que se pode interpretar como se desejar: versão idealizada por um artista indulgente (e cortesão) ou reprodução realista de um sorriso simplório? Cruel dilema. Mas uma coisa é certa: se Bossuet conseguiu ocupar tanto espaço na cultura, na política e na Igreja do século XVII, é porque estava de acordo com seu tempo. Ele exprime o espírito dessa época sem inteligência, mas com eloquência e um toque de caricatura. Frequentemente, essa é a chave do sucesso e o caminho para a celebridade. Que semelhante adversário do riso tenha tal autoridade é revelador da aversão dos responsáveis morais da época, pela hilaridade.

DESAPARECIMENTO DO BOBO DO REI

Uma época que se diz séria, racional, cartesiana e que encerra os loucos não poderia, evidentemente, tolerar a presença desses morosofos saídos de uma idade bárbara, os bobos do rei, cuja lista oficial termina no século XVII, tanto na Inglaterra como na França.

90 Idem, *Œuvres complètes,* t. II, p.771.
91 Idem, *Maximes et réflexions sur la comédie,* t. III, p.575.

Elisabeth gosta muito de seus bobos, mas controla-os de perto. Sob os dois primeiros Stuart, as insolências do bufão Archie Amstrong acabam por cansar, e ele é devolvido, em 1637, por causa de suas impertinências contra o arcebispo Laud, que, como Bossuet, não aprecia brincadeiras. Em 1630, uma coleção anônima de pilhérias foi publicada sob o nome de Archie Amstrong, *A Banquet of Jests and Merry Tales*. Seu sucessor, Muckle John, mal deixou traços.

O último bobo notório da monarquia britânica é Thomas Killigrew (1612-1683), que inicia sua carreira como companheiro de farra de Carlos II, durante seu exílio na França. De volta à Inglaterra com o rei, na Restauração, em 1660, ele usufrui grande liberdade na corte, liberdade várias vezes ressaltada por Samuel Pepys em seu *Diário*: é "um alegre malandro, mas fidalgo, a quem o rei muito estima" (24 de maio de 1660); ele descompõe o soberano por causa de sua preguiça, exceto para o deboche (8 de dezembro de 1666); ele "recebe uma gratificação para o guarda-roupa, para seus capuzes e guizos, com o título de bobo do rei, ou bufão, e é privilégio de sua função zombar e escarnecer de quem quer que seja, sem ofensa" (13 de fevereiro de 1668); Lord Rochester não pode, contudo, deixar de dar-lhe um soco, em fevereiro de 1669; enquanto diretor do teatro real, ele mantém uma prostituta por vinte *shillings* por semana, para as necessidades dos atores (24 de janeiro de 1669). Killigrew também é autor de comédias obscenas, dentre elas *O casamento do pastor*, publicada em 1664. Seu filho Henri, personagem ainda mais audacioso, duas vezes banido da corte por seus excessos, parece, todavia, ter sido o bobo de Guilherme III, em 1694; o holandês parece não gostar de brincadeira, e a menção ao bobo do rei desapareceu definitivamente nessa data.[92]

Na França, a função cai em desuso alguns anos antes. Desde o reino de Luís XIII, ela perde seu profundo sentido de contrapoder do riso, de monarquia invertida do cômico. O absolutismo de direito divino pretende representar a autoridade de Deus sobre a terra e não poderia tolerar nenhum contrapoder. A monarquia absoluta é o poder político que se leva a sério, que erige como dogma o mito do direito divino e que exclui, com isso, qualquer crítica cômica da autoridade. O bobo do rei, se subsiste, não é mais que uma diversão privada, um palhaço doméstico, do qual Maurice Lever resume assim a evolução no século XVII: "À medida que se avança no século, observa-se uma degenerescência do riso. Privado, pouco a pouco, desse universalismo que lhe permitia, na Idade Média e na Renascença, exprimir a verdade primordial sobre o mundo e sobre o homem, ele perde ao mesmo

92 WELSFORD, E. *The Fool: His Social and Literary History*. Londres: 1935.

tempo seu poder regenerador e liberador. Nesse contexto, o território do bobo reduz-se às dimensões da boa palavra, da tirada engenhosa, da alusão irônica, do epigrama cuidadosamente mosqueado. Mas, sobretudo, o bobo 'clássico' perdeu de forma definitiva seu caráter de oposição. Se ele ainda conserva sua faculdade crítica, só a exerce no caso de defeitos individuais. Sua presença ao lado do rei não mais questiona a ordem do mundo; ele não é mais seu duplo derrisório, sua caricatura viva, sua poderosa imagem negativa. O monarca absoluto pode agora reinar sem entraves: o grande perturbador está bem morto".[93] O bufão de Luís XIII, Marais, é uma boa ilustração disso. Esse dançarino, que tem talento para a imitação, faz toda a corte rir imitando o velho duque de Épernon. Em cena, pode ser muito engraçado, como o escreve Malherbe em 28 de fevereiro de 1613, por ocasião de um baile no Louvre: ele dança, fantasiado de pastor, "com bufonarias tão agradáveis que acho que nunca vi ninguém rir como riu a rainha". Ele também faz o rei rir muito, conforme Tallemant des Réaux: dois músicos tinham sido privados da metade de seu salário. "Marais, bufão do rei, deu--lhes uma ideia para recuperá-lo. Foram com ele ao pequeno quarto dançar uma mascarada semivestidos: o que tinha gibão não tinha calções e vice--versa. 'O que quer dizer isso?', pergunta o rei. 'Senhor', responderam, 'é que pessoas que só têm metade de seus proventos só podem vestir-se pela metade.' O rei riu e devolveu-lhes a graça."[94] Certas tiradas dos bobos atestam a persistência de um verdor medieval na corte: "Marais diz ao rei: 'Há duas coisas em vossa função que eu não poderia suportar.' 'O quê?' 'Comer sozinho e peidar acompanhado.'".[95] Esse tipo de humor que Luís XIII parece apreciar não agrada a Richelieu, que obtém a demissão de Marais por falta de respeito à dignidade do lugar-tenente de Deus na terra.

O irmão do rei, o duque de Orléans, também tem seu bobo, Sauvage, um gozador que parodia a *Gazeta* de Renaudot na *Gazeta burlesca* e que "todos os dias, para se divertir, fazia alguma impostura". Uma vez, ele fez acreditar que uma mulher ficou grávida por força da imaginação. "Nas escolas de Medicina, estudou-se a questão, isto é, se a força da imaginação seria suficiente para conceber."[96] Suas brincadeiras são do mesmo nível das de Marais: "Ele apostou que diria a Sua Majestade: o asno vos foda [nós diría-

93 LEVER, M. *Le sceptre et la marotte. Histoire des fous de cour*. Paris: 1983, pp.287-288.
94 DES RÉAUX, T. *Historiettes*. Paris: ed. de la Pléiade, t. I, 1960, p.336.
95 Idem, ibidem, p.339.
96 Idem, ibidem, pp.361-362.

mos: "Vá se foder"] sem que ele se zangasse. E eis como aconteceu: quando Monsenhor o viu, disse: 'Olá, Sauvage, nada de novo?' 'De fato', responde ele, 'contaram-me de uma mulher que solta peidos por onde sabeis e, em vez de 'Deus te abençoe', dizem-lhe: 'O asno vos foda'. Monsenhor pôs-se a rir. 'Por minha fé', exclamou o bobo, 'eu ganhei.'".[97]

O último bobo do rei na França, Angély, é um cavalariço espirituoso, transferido para o serviço de Luís XIV por volta de 1660. Insolente, zombador, cáustico, ele fica atrás da poltrona do rei, durante as refeições, e atira zombarias contra os cortesãos presentes. Como ele é bem informado, é temido, e a prática da chantagem lhe permite amealhar 25 mil escudos. Até Ménage tem medo dele, como confessa em suas *Memórias*: "Estava um dia no jantar do rei, no qual também se encontrava Angély, com quem eu não queria falar, para que ele não pudesse dizer nada de mim". Angély ilustra o desligamento da função do bufão real e, de maneira mais geral, do riso: ele só conserva seu lado trocista, agressivamente escarnecedor. Seu fim também é exemplar: esse risonho perverso é vítima de um complô de cortesãos que temem ser alvo de seus pérfidos comentários, o que os desgraçaria perante o rei. Ele é despedido e não é substituído: ao contrapoder do riso, sucede a servidão voluntária da bajulação. Luís XIV não terá ninguém para zombar dele. Cercado de ministros servidores, cortesãos obsequiosos, prelados adoradores, ele só pode esquecer seus limites. Não há nenhum riso para lembrá-lo da realidade, porque em Versalhes o próprio riso está encarcerado. Só é usado pelos inimigos do rei. O despotismo começa.

Não é muito surpreendente que Voltaire tenha aprovado o desaparecimento do bobo. A instituição do bobo do rei era, diz ele, um vestígio dos tempos bárbaros. "Éramos um tanto bárbaros, tanto quanto o somos deste lado dos Alpes. Cada príncipe tinha seu bobo oficial. Reis ignorantes, criados por ignorantes, não podiam conhecer os nobres prazeres do espírito: eles degradavam a natureza humana a ponto de pagar pessoas para lhes dizer patetices."[98] Voltaire julga o riso do bobo pelo que ele se tornara no século XVII – um palhaço trivial – e esquece seu papel medieval de consciência cômica.

Em sua época, alguns grandes personagens ainda têm um bufão. Pierre-Jean Grosley viu, em 1738, o do cardeal Fleury, no castelo de Muette, travestido de cardeal. A duquesa de Bourbon-Condé, herdou, em 1711, Maranzac, ex-escudeiro do Grande Delfim. Ela se diverte registrando uma

97 Idem, ibidem, p.362.
98 VOLTAIRE. Carta a Horace Walpole, 15 de julho de 1768.

coleção de suas idiotices, difundidas em cinquenta exemplares: as *Maranzakiniana*. Até o fim, atores tentarão atrair a atenção e fazer a corte rir com suas pilhérias, mas isso nada mais tem em comum com o papel de bobo do rei. Boutet de Monvel (1745-1811) fica indignado, aliás, ao ver seu colega Dugazon rebaixar-se, fazendo-se de palhaço: "Vi, na corte da França, bobos com títulos, embora a moda, digamos, já esteja ultrapassada e seus nomes não constassem mais da casa do rei. Vi um comediante do teatro francês fazer esse personagem baixo. Vi-o vangloriar-se do título de *Cocasse*, seguindo a corte. ... Vi Dugazon permitir-se, diante da família real, facécias, momices de saltimbanco, contos sujos, contrafações indecentes que teríamos medo de pronunciar, ... todos os bobos conhecidos, cuja reputação ainda não existia em seu tempo, teriam sido mais delicados com a escolha desses prazeres. Foi no século XVIII que vi Dugazon e um certo Musson, pintor, empregarem, para exibir-se, esses indignos recursos. E o que é mais espantoso; eu os vi consegui-lo".[99]

HOBBES: O RISO, ORGULHO DO FRACO

O riso da Renascença envelheceu. Outros indícios o confirmam. A evolução do gosto literário, por exemplo, para o sério, depois para o lacrimejante; o menosprezo votado a Rabelais, nos séculos XVII e XVIII. A própria filosofia interroga-se de novo sobre esse curioso fenômeno e põe em causa a afirmação aristotélica do "próprio do homem". Já Gassendi, em *Dissertações em forma de paradoxo contra os aristotélicos* (1649), tende a retirar do riso seu privilégio humano, afirmando que as demonstrações de Aristóteles repousam sobre tautologias que não provam absolutamente nada. A distinção de natureza entre homem e animal é assim tão evidente? Thomas Hobbes, que examina o riso do ponto de vista psicológico, social e moral, curiosamente coincide com Bossuet: tanto para o filósofo ateu como para o bispo, o riso é uma manifestação de orgulho, de vaidade e de desprezo pelos outros.

Em seu tratado *Sobre a natureza humana*, Hobbes explica o desencadeamento do riso pela descoberta repentina de uma superioridade inesperada, que nos coloca em situação de força: "Poder-se-ia concluir que a paixão do riso é um movimento de vaidade, produzido por súbita concepção de alguma vantagem pessoal, comparada a uma fraqueza que agora notamos nos outros

99 Citado por LEVER, M. op. cit., p.292.

e que não tínhamos antes".[100] Acrescenta-se aí um sentimento agressivo de triunfo sobre os outros ou sobre sua posição anterior, se bem que o riso sempre retoma suas características homéricas de desafio agressivo.

Em *Leviatã*, Hobbes vai ainda mais longe: o riso é a marca dos fracos, dos pusilâmines, daqueles que sempre têm necessidade de reassegurar-se comparando-se com os outros: "A súbita glorificação de si é a paixão que produz caretas que chamamos de riso. ... Ela atinge, sobretudo, aqueles que estão conscientes de possuir, ao menos, atitudes e que são obrigados, para continuar a estimar-se, a ressaltar as imperfeições dos outros homens. É porque rir muito dos defeitos dos outros é sinal de pequenez de espírito, uma vez que a marca dos grandes espíritos é ajudar os outros a se libertar do desprezo e comparar-se apenas com os maiores".[101]

O riso não é mais que uma manifestação aviltante e que despreza a vaidade e o orgulho dos espíritos pequenos. De visão global da existência, ele se transformou em procedimento intelectual da crítica, instrumento destruidor a serviço da razão. Para Rabelais, todo mundo pode rir; para Voltaire, o mundo é risível. Na Renascença, todos podem rir, com acentos diferentes, porque o riso é próprio do homem e essência da vida. Na época clássica, muitos não riem mais: os responsáveis, as autoridades defendem a ordem, a grandeza, a imobilidade das instituições, valores e crenças de um mundo, enfim, civilizado. Essa atitude exige seriedade, já que o riso é o movimento, o desequilíbrio, o caos. O riso é, portanto, relegado à oposição. Reduzido à função crítica, de escárnio, de derrisão, de zombaria, ele se torna ácido. Envelhecendo, o vinho d'Anjou rabelaisiano torna-se vinagre voltairiano. Isso é, ao mesmo tempo, causa e consequência dos juízos severos que fazem incidir sobre ele os defensores dos valores estabelecidos. Degustemos agora o riso novo.

100 HOBBES, T. *De la nature humaine*, IX, 13.
101 Idem, *Léviathan*, I, 6.

– 10 –

O RISO AMARGO DO BURLESCO

A era da desvalorização cômica (primeira metade do século XVII)

O grande assalto contra o riso nos séculos XVII e XVIII fracassou. O riso não apenas não morreu como nem sequer recuou.

Sem falar do riso individual cotidiano, tão natural no homem como a respiração, o riso coletivo – o riso social – continua a ressoar a despeito dos anátemas. Mas ele se transforma, não tanto pelas críticas mas em razão da evolução cultural global.

Essa mutação acompanha o desenvolvimento da consciência reflexiva da sociedade. Na primeira metade do século, o riso é ainda, essencialmente, uma maneira de conduzir-se e de ver o mundo; esse riso existencial, muitas vezes burlesco, confere grande espaço à dimensão corporal. As novas exigências de refinamento dos costumes e a promoção de valores sérios, da pastoral do medo, da decência, da ordem e do equilíbrio, provocam uma reflexão sobre o riso e, portanto, uma tomada de consciência sobre sua natureza e seus usos. Nas elites, o homem dissocia-se pouco a pouco de seu riso, que se torna ora espetáculo, ora instrumento. A ironia substitui a blague, o humor, a brincadeira grosseira. Na corte de Luís XIII, realizam-se torneios obscenos, ri-se às gargalhadas e mata-se em duelos; na de Luís XV, zomba-se refinadamente e assassina-se por uma tirada de espírito. O riso torna-se, antes de tudo, um instrumento de crítica social, política e religiosa.

Na época de Scarron, o mundo é burlesco e grotesco, isto é, irremediavelmente absurdo, e só se pode rir dele. Na época de Voltaire, o mundo é trágico e sério, e o riso deve servir para transformá-lo, destruindo com a ironia os erros, os prejuízos e as injustiças. A sátira substitui a bufonaria.

Cada vez mais, o homem utiliza o riso de maneira consciente, com uma finalidade precisa que é, frequentemente, agressiva e destruidora. Dominando essa faculdade, faz dele um instrumento, uma arma. Transformando-se em ironia e humor, o riso bruto perde a naturalidade, civiliza-se, intelectualiza-se e refina-se. Ele também é domesticado: suas manifestações coletivas são, cada vez mais, organizadas, enquadradas, normalizadas. Quando não é instrumento, é espetáculo: a festa está sob vigilância.

É uma evolução inelutável e positiva, que torna o riso uma faculdade cada vez mais humana. A nostalgia da idade rabelaisiana pode fazer sorrir tanto quanto a da idade de ouro, do paraíso terrestre ou das fábulas ecológicas. Se Rabelais faz rir, é justamente porque ele é apenas literatura. Um mergulho em seu mundo seria, sem dúvida, bem menos engraçado. É o que se começa a compreender no século XVII: o homem deve controlar o riso.

TALLEMANT DES RÉAUX, TESTEMUNHA DE UMA ÉPOCA BURLESCA

No início, nos anos 1600-1650, predomina a atmosfera burlesca. Para vivenciá-la, nada melhor que uma leitura das *Historiettes*, de Tallemant des Réaux. Já se falou muito mal dessa grosseira coleção de anedotas, cujo autor não tem, certamente, nem o talento nem a profundidade de Saint-Simon. Mas o que nos importa aqui é a exatidão dos fatos relatados, e, desse ponto de vista, Antoine Adam escreveu, muito a propósito: "Aqueles que falam com desdém do valor histórico das *Historiettes* fariam muito bem se nos citassem obras análogas em que o número de erros seja tão pequeno e o número dos 'pequenos fatos verdadeiros' tão considerável".[1]

Ora, esses "pequenos fatos verdadeiros" são quase sempre cômicos, como se a corte e os grandes vivessem em riso perpétuo e passassem seu tempo pregando partidas de mau gosto e contando piadas obscenas. É

1 ADAM, A. *Introdução às Historiettes de Tallemant des Réaux*, 2v. Paris: ed. de la Pléiade, 1960, t. I, p.XXIII. Todas as citações de Tallemant vêm desta edição.

uma opção do autor, sem dúvida, mas onde há fumaça há fogo: a própria escolha é uma indicação disso, tanto como o fato de Tallemant ter podido reunir, sem punição, as centenas de histórias divertidas e verídicas a propósito de personagens conhecidos. É uma leitura sadia, além de edificante e desmistificadora, apesar de piedosa. Ela nos mostra o avesso da galeria de retratos da história oficial. Mas será realmente o avesso? Não seria antes o lado autêntico desses homens e dessas mulheres cuja grande história nos apresenta apenas o lado oficial, logo, o artificial e teatral? Esses ministros, esses prelados, esses abades, esses cortesãos, esses financistas são garotos crescidos, perpétuos adolescentes que, de tempo em tempo, posam para a posteridade e para os livros de História, mas que entre cada episódio da alta política só pensam em divertir-se. Eles evoluem no burlesco e assemelham-se, por sua truculência, a personagens de Scarron.

A começar pelo rei, que não tem medo do triste Senhor de seus retratos oficiais. No que se refere a sua infância, é suficiente reportar-se ao *Diário* de seu médico, Jean Héroard, de quem Tallemant escreve: "Héroard redigiu vários volumes que relatam desde a hora de seu nascimento até a poltrona de La Rochelle, e nos quais só vereis a que horas ele se levantou, tomou café da manhã, escarrou, cuspiu, urinou etc.".[2] Luís XIII é alegre,* como se diz, e não muito intelectual. Segundo Tallemant, suas questões metafísicas situam-se, antes, no nível da braguilha. "No início, o rei era muito gay e se divertia bastante com M. de Bassompierre. Uma vez ele lhe perguntou por que o *vit* [velho termo francês para pênis] se voltava sempre para a esquerda. 'Porque, Senhor', respondeu Bassompierre, 'vós o manipulais em vossa calça sempre com a mão direita.' Ele, às vezes, dizia coisas muito engraçadas."[3] Esse bom rei Luís XIII sabia divertir-se com miudezas e ver o lado pândego das coisas: "Ele se divertiu muito tempo imitando caretas de moribundos. Estando o conde de la Rocheguyon na extremidade, o rei manda um fidalgo lhe perguntar como ele se comportaria. 'Dizei ao rei', diz o conde, 'que ele terá pouco divertimento. Ele não perde por esperar, começarei logo com minhas caretas. Eu o ajudei muitas vezes a imitar os outros, será a minha vez quando chegar a hora'".[4]

---

2 DES RÉAUX, T. *Historiettes*, t. I, p.339.
* No original, o autor faz um trocadilho com as palavras gai (alegre) e gay (homossexual), numa alusão à opção sexual de Luís XIII. (N. R.)
3 Idem, ibidem.
4 Idem, p.335.

Sobre a rainha circulam boas histórias, como aquela da "planta da cidade". Uma dama da Casa Real, recém-casada, recebe uma carta do marido, que está em La Rochelle, dizendo-lhe quanto a deseja. Para certificar-se de que será compreendido, ele lhe faz um desenho de "*um gros catze en bon arroy*" (um pênis em ereção). A rainha, que abria todas as cartas endereçadas a suas damas de companhia, deu uma olhada rápida e distraída. "Tendo percebido aquele desenho, disse: 'Certamente, é o mapa da cidade. Oh, que bom marido, com todo esse cuidado com sua mulher!' Depois disso, aquilo passou a chamar-se *mapa da cidade*."[5] Que Ana da Áustria pudesse confundir a planta de La Rochelle com um sexo em ereção podia até ser desculpável: sabe-se que raramente via seu marido.

Na galeria de retratos que Tallemant nos oferece, proliferam personagens truculentos, entre os quais vários eclesiásticos. É o caso de André Boulanger (1582-1657), um padre agostiniano, com temperamento de bufão, que não consegue impedir-se de contar pilhérias e ditos licenciosos: "Ele sempre pregava como um saltimbanco, não que pretendesse fazer rir, mas era bufão naturalmente e tinha algo de Tabarin na aparência. Não precisava se esforçar para isso, tanto que, quando dizia graçolas, ele próprio se castigava, porém nascera para aquilo, não podia se controlar".[6] Seus sermões com frequência tinham duplo sentido obsceno, que era apreendido com malícia: "Ele dizia às damas: 'Vós vos queixais do jejum; ele vos faz emagrecer, dizeis. Reparem', dizia ele, mostrando um braço gordo, 'eu jejuo todos os dias, e eis aqui o menor dos meus membros'" – o membro viril incluído, certamente. Ei-lo agora pregando em um convento de religiosas, fazendo alusões à virgindade: "Uma noviça", diz ele, "é como um pedaço de tecido grosso ou de seda, que começa a desfiar com as primeiras agulhadas; mas, por mais bem feito que seja o novelo, sempre resta um pequeno buraco que não se consegue tampar". ... Ele dizia que o paraíso era uma grande cidade: "Há a avenida dos mártires, a grande rua dos confessores; contudo, não há a grande rua das virgens; é como um beco bem estreito, bem estreito".[7]

O padre Boulanger não hesita em apostrofar os fiéis do alto de seu púlpito. Abordando o tema dos amantes de Maria Madalena, "ele os descrevia vestidos na última moda": "Enfim", dizia ele, "eles estavam como esses

5 Idem, p.337.
6 Idem, t. II, p.156.
7 Idem, ibidem.

dois grandes vitelos que se encontram aí diante de meu púlpito". Com ele, os episódios bíblicos, mesmo os mais solenes, perdem a dignidade. É o caso de Deus diante de Moisés, sobre o Sinai: "Quando Ele fala a Moisés, é sobre uma montanha; contudo, Ele só lhe mostrava as costas e falava com ele como uma moça mascarada". O padre sempre dá um jeito de dar a suas frases um sentido ambíguo. Em um sermão, demonstra estar desolado com a paixão das mulheres pelos romances: "A propósito de romances, ele dizia: 'Bem que eu gostaria de tirá-los das mulheres, mas, mal viro o traseiro, elas já estão com o nariz lá dentro.'".

Evidentemente, o padre Boulanger não vive em odor de santidade. Uma vez, quando ele pregava sobre o advento no *faubourg* Saint-Germain, formou-se uma "cabala de monges por causa do escândalo que suas bufonarias causavam", e o bispo de Paris mandou prendê-lo.

Esse padre burlesco está no antípoda da imagem que os promotores da Contrarreforma gostariam de dar à Igreja. Contudo, ele está longe de ser uma exceção. Os retratos de Tallemant des Réaux só representam, brilhantemente, centenas de outros casos, cujos traços o historiador pode encontrar nos espessos volumes manuscritos das oficialidades diocesanas. Realmente, nem todos os padres do século XVII tinham a seriedade com que queriam revesti-los Tronson, Bossuet e Massillon. Apresento, por puro prazer, outro exemplo de abade cômico, sempre tirado das *Historiettes*: François Le Métel, senhor de Boisrobert (1589-1662).

Esse antigo protestante, convertido ao catolicismo em 1612 e eleito cônego de Rouen, faz da *Bíblia* um espetáculo de comédia musicada, zomba do capítulo eclesiástico, parodia *Le Cid* para o cardeal Richelieu: "Para divertir o cardeal e aplacar, ao mesmo tempo, a inveja que ele tinha de *Le Cid*, ele o faz representar, de forma ridícula, por lacaios e cozinheiros. Entre outras coisas, no trecho em que Don Diego diz a seu filho: 'Rodrigo, tens coração?', Rodrigo responde: 'Pai, só tenho lombo'. Ninguém sabia representar uma história como ele; não havia melhor comediante no mundo".[8]

Ateu, homossexual e pedófilo, o abade de Boisrobert tem direito a vinte páginas nas *Historiettes*. Alguns extratos:

"Ele chamava Ninon de *sua divina*. Um dia, foi à casa dela acompanhado de um belo rapaz. 'Mas', ela lhe disse, 'esse malandro vem sempre encontrá-lo.' 'Sim', respondeu ele, 'quero torná-lo um mestre, por isso ele vem sempre.' 'É', retrucou ela, 'porque ninguém lhe faz o que lhe fazeis.'".

8 Idem, t. I, p.400.

"Coudray-Géniers era o relator de um processo que ele perdeu. Ele pôs-se a praguejar contra ele. 'O ingrato se esqueceu do prazer que tinha, outrora, quando eu o fodia.' Isso era no tempo em que ele era um belo rapaz."

"Ele dizia outro dia, a jovens que mal conhecia, que estava muito cansado porque fizera sexo duas vezes, uma com uma garota e outra com o irmão da garota. 'Ela era donzela', afirmava ele, 'e me custou vinte pistolas. O irmão só custou dois escudos. Entretanto, tive muito mais prazer com o irmão do que com a irmã.'"

"Scarron conta que Boisrobert lhe disse um dia: 'Estou me sentindo mal porque cometi um pequeno excesso'. 'É?! O quê?' 'Usei a pica duas vezes esta manhã.' 'Ah! Senhor abade, estais errado, deveríeis usá-la, moderadamente, mais uma vez.'"

"Ele se vangloriava, para si mesmo e para os outros, de algo ainda mais ridículo: 'Não imaginais', disse, 'a glória que tive com minha idade. O lacaio de madame de Piémont [é uma parente da governanta das moças], um dos mais belos rapazes que já vi, fodeu-me duas vezes', mas ele não devia vangloriar-se, porque depois, em Vitória, teve necessidade de um clister. O boticário teve dificuldade de introduzir o que era preciso no reto, tão estropiado estava."

"Em 1661, no tempo da morte do cardeal Mazarin, um homem de Nancy dirigiu-se ao Palácio, aos boateiros, e lhes disse: 'Eu vos suplico, senhores, dizei-me se é verdade o que nos contaram em Nancy, que Boisrobert se tornou turco e que o grão-vizir lhe deu grandes rendas e vários belos rapazes para se divertir e que, de lá, ele escreveu aos libertinos da corte: 'Vós, senhores, vos divertis renegando Deus cem vezes por dia; eu sou mais esperto que vós: reneguei-o só uma vez e me dei bem'."[9]

É bom acrescentar que, nessa época, "brincar de abade" era uma distração apreciada em certos meios e consistia em fazer tudo aquilo que ordenasse aquele que era designado como abade.

Terminemos com uma palavra sobre o duque de Orléans, irmão do rei da França. Ele também gostava de uma brincadeira: "Um dia, ao ver um dos seus dormindo de boca aberta, soltou-lhe um peido lá dentro. Esse pajem, ainda meio adormecido, gritou: 'Selvagem! Eu farei o mesmo na tua goela'. Monsieur seguiu adiante. Então perguntou a um criado de quarto chamado Fresne: 'O que ele disse?' 'Ele disse, senhor', respondeu gravemente o serviçal, 'que fará o mesmo na goela de Vossa Alteza Real.'"[10]

9 Idem, pp.407, 413-414, 395.
10 Idem, pp.359-360.

Essa anedota lembra outra de Tallemant, que a cita em nota: é a história de um conselheiro do Grande Conselho do rei, Bugnon, que, durante uma festinha com amigos, é acometido por diarreia. Não ousando sair, vai até um armário. "Às apalpadelas, atraído pelo aroma, encontra uma caixa de ameixas. É lá que descarrega seu pacote. Ainda está nesse gabinete quando chega madame Gaillard. Ele se encolhe num canto, pois ela quer pegar algumas ameixas da caixa, mas só encontra marmelada. Então se põe a gritar bem alto. 'Senhora', diz o rapaz, 'sou fidalgo. Não me difameis, foi um acidente, estou doente'. A mulher, encolerizada, escorraça-o como a um poltrão."[11]

Não nos cansamos de ler. Mas paremos por aqui o exame das *Historiettes*. Essa breve revisão é suficiente para delinear a atmosfera rabelaisiana na qual evoluem as classes abastadas da primeira metade do século XVII. O riso está no coração da vida, no coração das funções elementares – a excreção, a sexualidade. Tanto o homem da corte como o burguês vivem no burlesco escatológico e obsceno. Essa trivialidade vivenciada se encontra igualmente como expressão de um desejo de libertação das exigências morais e religiosas.

A ZOMBARIA BLASFEMATÓRIA DOS LIBERTINOS

A ousadia, na escatologia e na pornografia, não tem mais o caráter ingênuo e natural que podia ter em Rabelais. Acabamos de ver isso, por exemplo, com Boisrobert: trata-se de chocar e provocar, o que gera um riso agressivo. É o caso, especialmente, dos libertinos mais audaciosos. Contudo, é surpreendente constatar que as brincadeiras mais blasfematórias continuam a beneficiar-se de grande indulgência da opinião pública e das autoridades civis: até metade do século XVII, o riso encobre todas as espertezas e serve de pretexto para as mais ousadas ações. Com a condição, é claro, de que a origem social dos atores seja suficientemente elevada...

Primeiro exemplo. Em 1646, o cavaleiro de Roquelaure, qualificado por Tallemant des Réaux de "espécie de louco que, com isso, era o maior blasfemador do reino ... tendo encontrado, em Toulouse, pessoas tão loucas quanto ele, celebrou a missa num jogo de pela, comungou, conta-se, as partes vergonhosas de uma mulher, batizou e casou cães e fez todas as impiedades imagináveis". Isso lhe custou uma primeira prisão, em 17 de fevereiro de 1646. Solto, ele retoma sua vida escandalosa. Vicente de Paula e os devotos pedem sua cabeça

11 Idem, p.360.

à rainha, e a Assembleia do clero envia uma delegação à corte para exigir sanções. Roquelaure é encerrado na Bastilha, em 15 de abril de 1646, mas elevam-se vozes no círculo de Mazarin: não se pode "prender um homem de condição por bagatelas como essas"! Prevenido de que, em seu processo, teria Deus contra ele, Roquelaure retruca: "Deus não possui tantos amigos como eu tenho no Parlamento".[12] Atraindo os ridentes para seu lado, o blasfemador "de condição" pode esperar sair de lá, embora Roquelaure avalie que é mais seguro fugir.

Segundo exemplo: na Inglaterra, no início da Restauração, um pequeno grupo de aristocratas libertinos, conduzidos por *Sir* Charles Sedley, entrega-se a um *pratical joke* (uma boa peça) muito ousado. Em junho de 1663, o mencionado Sedley aparece inteiramente nu no balcão do cabaré do Coq, em Londres, e diante de uma multidão hilária começa, relata Samuel Pepys em seu *Diário*, "a imitar todas as posturas lúbricas e sodômicas imagináveis; insultou as Escrituras e pregou uma espécie de sermão charlatão, anunciando que tinha para vender um pó milagroso que faria correr em seu encalço todos os que, na cidade, tivessem uma cona, e grande número de pessoas ficava sob o balcão para vê-lo e ouvi-lo. Quando ele terminou, pegou um copo de vinho, lavou a boca, depois bebeu-o; em seguida, pegou outro e bebeu à saúde do rei".[13] Ora, Sedley escapa disso com uma severa reprimenda e a promessa de não recomeçar. "Diz-se que o fizeram prometer bom comportamento, sob pena de pagar quinhentas libras, porque não havia lei contra o que ele cometeu." Promessa, aliás, não cumprida, pois, em 23 de outubro de 1668, o mesmo Sedley se entrega, com o lorde Charles Buckhurst, futuro conde de Midlesex, a uma das primeiras seções de *stripping* registradas nos anais: eles correm pelas ruas de Londres completamente nus e lutam a socos com os guardas que foram prendê-los. Dessa vez, o próprio rei intervém... para repreender os soldados. Desgostoso, Pepys conclui que vive em um mundo de loucos.[14]

Na França, os libertinos devem mostrar-se um pouco mais prudentes quando se entregam a brincadeiras blasfematórias, mas alguns, como Théophile de Viau, ousam, escreve uma testemunha, "ter vários discursos ímpios contra Deus, a Virgem, os santos; ele retirou da *Bíblia* as palavras mais sacrossantas, as quais o dito Théophile transformava em risadas e impiedades".[15] O barão Blot, por sua vez, tem a ousadia de comparar Maria

12 Idem, t. II, p.385.
13 PAPYS, S. *Diário*, 1º de julho de 1663.
14 Idem, 23 de outubro de 1668.
15 Citado em LACHÈVRE, F. *Le procès du poète Théophile de Viau*. Paris: 1909, t. I, p.215.

a Leda, ambas tendo sido engravidadas por um volátil, pomba ou cisne. Alain Cabantous, em *História da blasfêmia no Ocidente*, destaca a importância do riso nas "brincadeiras às vezes licenciosas, com episódios ou personagens bíblicos, zombarias cruéis relativas à agonia de Cristo, ironia a certos dogmas cristãos, eivados de libertinagem e epicurismo".[16]

Esse riso libertino, que suscita o contrarriso apologético de Garasse, não é, aliás, muito alegre. É desanimador rir da bestialidade humana quando se percebe que ela é incurável. Conscientes de formar uma elite secreta, desprezando as crenças, superstições e preconceitos da massa, praticando um conformismo de fachada, os desabusados não demonstram nenhum proselitismo. Não procuram mudar o mundo, de uma indescritível bestialidade. Seu riso não é de crítica positiva; é o riso petulante do espectador que lamenta o nível do espetáculo, uma espécie de sub-riso, como aquele determinado por um cômico tão miserável que não há outra solução. De fato, quando o comediante cai abaixo de certo nível, não se ri mais dele, ri-se de si mesmo, da própria idiotice: como é possível ser tão besta a ponto de perder tempo vendo tal estupidez? O riso do libertino erudito, dos anos 1620-1650, é um pouco isso, com o sentimento de que o mundo todo é uma "asneira" digna do pior cômico, como o resume La Mothe Le Vayer: "Toda a nossa vida é, na verdade, uma fábula; nosso conhecimento, uma asneira; nossas certezas, uma ilusão; resumindo, todo esse mundo é apenas uma farsa, uma perpétua comédia".[17]

É um riso lasso, o riso pessimista do libertino que não espera nada do mundo nem dos outros e que suspeita até que a razão humana está contaminada pela loucura. "No início do século XVII", escreve Michel Foucault, "a libertinagem não era exclusivamente um racionalismo nascente: era outro tanto de inquietação diante da presença da desrazão no interior da própria razão, um ceticismo cujo eixo não era o conhecimento, em seus limites, mas a razão integral.".[18]

O riso é menos sombrio quando se dirige a uma confissão rival, que ele trata de transformar em derrisão. O uso da zombaria prolonga as guerras de religião e marca a época triunfante da Contrarreforma. Na Holanda espanhola, a despeito das suspensões e dos apelos à ordem da parte dos superiores, jesuítas como Costerus, Johannes Gouda, Maximilien van Habbeke e Johannes David não hesitam em tornar-se palhaços no púlpito, em utilizar uma linguagem picante, em fazer brincadeiras (*opportuna jocatio*) nem em

16 CABANTOUS, A. *Histoire du blasphème en Occident*. Paris: 1998, p.96.
17 LE VAYER, L.-M. *Dialogues d'Orasius Tubero*. Ed. de 1716, t. I, p.5.
18 FOUCAULT, M. *Histoire de la folie à l'âge classique*. Paris: 1972, p.114.

unir o gesto à palavra para ridicularizar os protestantes e seus pastores.[19] O católico Richard Verstegen, estabelecido em Anvers, publica uma série de panfletos cômicos antiprotestantes, em 1617 e 1633.[20]

Por seu lado, os protestantes não deixam de zombar das superstições papistas. Assim, em 1635-1636, o caso da possessão diabólica das religiosas de Loudun, que os católicos levam tão a sério, desencadeia o sarcasmo dos ingleses. Viajantes céticos vão até lá e observam, ironicamente, todos os sinais de fraude, o que exaspera os jesuítas. Thomas Killigrew, já citado, assiste às seções de exorcismo e ressalta que, durante os interrogatórios das possuídas, "o padre só fala em latim, o diabo, em francês". Quando o exorcista pede ao demônio que vista de ferro o corpo da religiosa e propõe que o inglês o toque, este constata: "Só senti carne firme, braços e pernas rijos". O duque de Lauderdale, que estava em Paris em 1637, também vai assistir aos exorcismos. "Comecei a suspeitar de velhacaria", escreve ele, e quando lhe mostram, sobre a mão de Joana dos Anjos, os nomes de Jesus, Maria e José, "milagrosamente" inscritos, ele percebe que se trata de água-forte: "Perdi a paciência e fui dizer a um jesuíta o que eu realmente pensava". Em seguida, ele pede a esse jesuíta que tente uma experiência: ele pronunciaria uma frase em língua estrangeira e pediria ao demônio possuidor da religiosa que a traduzisse. Confusão do jesuíta: "Ele me respondeu: 'Esses diabos nunca viajaram', o que me fez estourar de rir, e não pude obter mais nada". Um por um, lorde Willoughby, George Courthop, Charles Bertier testemunham o mesmo ceticismo, o que irrita profundamente os exorcistas. Para John Locke, que escreve em 1678, toda essa história é um golpe montado por Richelieu com religiosas comediantes.

Nossos viajantes também são muito sarcásticos em relação às superstições comuns dos católicos e, em particular, ao culto de relíquias. Por toda parte, eles destacam a credulidade dos fiéis diante de objetos, uns mais horrorosos que outros: lanterna de Judas, bengala de Moisés, sangue de Cristo, leite da Virgem, louça das núpcias de Caná – a qual não tem nada a ver com o estilo daquela época, ressalta John Locke. Este último, lembrando que, em Toulouse, se pretende possuir o corpo de seis apóstolos, ironiza: "Isso é muito, se se considerarem todos os restos que mostram por aí".[21]

---

19 ANDRIESSEN, J. *De jezuïeten en het samenhorigheidsbesef der Nederlanden, 1585-1648*. Anvers: 1957, pp.184-190; MORTIER, R. *Un pamphlet jésuite "rabelaisant", le "hochepot ou salmigondi des folz" (1596): étude historique et linguistique suivie d'une édition du texte*. Bruxelas: 1959; PORTEMAN, K. "Na 350 jaar: de 'sermoonen van Franciscus Costerus". In: *Ons Geestelijk Erf*, 43, 1969, pp.209-269.

20 ROMBAUTS, E. *Richard Verstegen: een polemist der Contra-Reformatie*. Bruxelas: 1933.

21 LOUGH, J. *France observed in the Seventeenth Century by British travellers*. Stocksfield: 1984.

A SANTA ZOMBARIA PASCALIANA

Paradoxalmente, um dos maiores zombadores do século não tem nada de cético nem de brincalhão. O jansenista Blaise Pascal, tão consciente do destino trágico do homem, demonstra, em *Provinciais*, uma ironia mordaz, que se poderia qualificar de voltairiana até pelo fato de ter por alvo os jesuítas. Pascal não se contenta em ironizá-los; na 11ª carta, ele procura justificar a própria zombaria. Existe, diz ele, uma zombaria cristã, caridosa, justa, a serviço da verdade e do sério; uma zombaria acachapante, que elimina o superficial, o inútil, o supérfluo, o falso; enfim, uma zombaria piedosa, grave, santa.[22] Pascal, como todos os jansenistas, gosta de brincar com paradoxos e aparentes contradições que formam o tecido da decaída condição humana: grandeza e miséria do caniço pensante! Fazer rir para revelar o sério da existência é um de seus paradoxos.

Ficando no contrapé dos pregadores clássicos, Pascal afirma que o próprio Jesus foi zombador: não caçoou de Nicodemo, que se julgava um sábio? Melhor ainda: Deus Pai zombou de Adão, se concordarmos com a interpretação de João Crisóstomo e Hugues de Saint-Victor. Depois que Adão comeu a maçã, escreve Pascal, "Deus, em punição, tornou-o sujeito à morte e, após tê-lo reduzido a essa miserável condição, zombou dele com estas palavras de escárnio: 'Eis o homem que se tornou como nós', o que é uma ironia sangrenta e sensível com que Deus o espicaçava".[23]

Deus zombou de Adão depois do pecado original; ele também escarnecerá dos condenados, no fim: "A sabedoria divina unirá a zombaria e a risada à vingança e ao furor que os condenará aos suplícios eternos". O espetáculo, de fato, tem seu grão de sal, da parte de um Deus infinitamente bom! Que magnífico presente para os libertinos! Mas Pascal, aqui, só retoma o tema clássico da pastoral do medo.

Os pais da Igreja, os doutores, os santos da Idade Média também se entregaram à ironia: Jerônimo, Tertuliano, Irineu, Agostinho, Bernardo não são grandes cômicos? Ainda nesse caso, a declaração é um tanto arriscada, como já vimos, mesmo que Pascal consiga encontrar três ou quatro passagens desses autores justificando o recurso ao riso; por exemplo, Agostinho teria escrito que "a caridade, às vezes, nos obriga a rir dos erros dos homens, para levá-los a rir de si mesmos e a evitá-los".

---

22 MOREL, J. "Pascal e a doutrina do riso grave". In: *Méthodes chez Pascal.* Paris: 1979.
23 PASCAL, B. *Les provinciales,* 11ª carta.

Portanto, conclui Pascal, "não é conduta contrária à dos santos rir dos erros e dos desvios dos homens". Daí o direito que ele tem de rir dos erros e dos desvios dos jesuítas. "Por que, meus padres, a imaginação de vossos autores deverá passar por verdade de fé, e não se pode zombar de passagens de Escobar e de decisões tão fantásticas e tão pouco cristãs de vossos outros autores sem ser acusado de rir da religião?"

"Existe coisa mais própria para provocar o riso que ver algo tão grave quanto a moral cristã repleta de fantasias tão grotescas quanto as vossas?" Por exemplo, quando os jesuítas dizem "que um religioso não é excomungado por tirar o hábito para dançar, trapacear ou ir incógnito a lugares de deboche (*incognitus ad lupanar*) e que se cumpre o preceito de celebrar a missa ouvindo quatro quartos de missa, ao mesmo tempo, de diferentes padres"; "que se pode matar para evitar uma bofetada ou uma injúria, que é possível ser salvo sem nunca ter amado Deus ... que um juiz pode, conscientemente, ficar com o que recebeu para cometer uma injustiça". Entregando-se a uma enumeração um tanto simples de certos excessos da casuística jesuíta, Pascal pretende ilustrar uma das teorias clássicas do riso: o efeito de surpresa. "Então, digo eu, quando se ouvem essas decisões e outras semelhantes, é impossível que essa surpresa não faça rir, porque nada supera a desproporção surpreendente entre o que se ouve e o que se vê".

É, portanto, dever dos cristãos zombar da frouxa moral dos jesuítas. Em compensação, a zombaria utilizada pelos jesuítas é uma bufonaria blasfematória, prossegue Pascal, que se prende à *Devoção facilitada* e às *Pinturas morais*, do padre Le Moine, à *Consolação dos doentes*, do padre Binet, e, certamente, às obras do padre Garasse. É verdade que ele se mostra particularmente severo quanto à blasfêmia, quando fica indignado com o fato de o padre Le Moine ter escrito um *Elogio do pudor, em que se demonstra que todas as belas coisas são vermelhas ou sujeitas a enrubescer*, ou quando ele acusa Garasse de unir "a blasfêmia à heresia" ao definir a encarnação. Esta é a definição: "a personalidade humana foi sobreposta à personalidade do Verbo". Assim, com os jesuítas, diz Pascal, "o espírito de bufonaria, de impiedade e de heresia ri do que existe de mais sagrado", e aí não se riu mais.

Pascal não é, de fato, um verdadeiro ridente – isso é duvidoso. Ele parece rir, zombar dos casuístas, mas é só uma máscara que mal dissimula a indignação irada de alguém que, imbuído do próprio mérito ("eu, que só falei tanta verdade e tanta moderação", escreve na mesma carta), está persuadido de que representa a "verdadeira" religião. Pascal tem o estofo dos fanáticos, e, sem dúvida, é bom para sua memória que ele não tivesse tido tempo de colocar em ordem seus *Pensamentos*. Como estão, centenas dentre eles são suficientemente inquietantes.

A SALVAÇÃO PELO RISO: O HUMANISMO DEVOTO

O riso do humanismo devoto que se espalha nessa primeira metade do século XVII, tão cheia de contrastes, é mais franco. Em uma Igreja Católica que se orienta para lágrimas triunfantes e que vê a salvação na tristeza, um grupo de eclesiásticos avança para o céu, gargalhando. Nos alegres cortejos figuram capuchinhos, beneditinos, seculares e numerosos jesuítas que não partilham as visões severas de seus confrades. Esses otimistas situam-se na trilha de Francisco de Sales, que inverte por completo a perspectiva. Para ele, não é o riso que é diabólico, mas a tristeza. Satã não ri, ele é triste e gostaria que todo mundo o fosse: "O maligno gosta de tristeza e melancolia porque ele é triste e melancólico e o será eternamente: portanto, ele gostaria que todos fossem como ele".[24]

Francisco de Sales falou muito da tristeza, com profunda humanidade e sem anátemas. Ele sabe que não é fácil rir sempre. "É justificável não ser sempre alegre, uma vez que não somos donos da alegria, para tê-la quando quisermos", mas não devemos entregar-nos à melancolia. A tristeza pode ser salutar se for provocada pelo remorso das faltas, pelo sentido do pecado, porém não nos devemos comprazer com ela; é preciso que o cristão "se alegre com sua tristeza". Essa é uma fórmula admirável, nas antípodas da espiritualidade corrente no século XVII, que consiste em afligir-se com a alegria.

O bispo de Annecy, em *Tratado do amor de Deus*, intitula assim um capítulo: "A tristeza é quase sempre inútil". Ele atribui isso a três causas:

"1. Ela provém, às vezes, do inimigo informal que, por milhares de sugestões tristes, melancólicas e covardes, obscurece o entendimento, enfraquece a vontade e perturba a alma. ... O maligno, preenchendo o espírito humano de pensamentos tristes, retira-lhe a facilidade de aspirar a Deus e lhe dá tédio e desânimo extremos, para desesperá-lo e estragá-lo.

2. Outras vezes, procede da condição natural, quando o humor melancólico nos domina; e esse não é vicioso, em si mesmo, mas nosso inimigo se serve dele para urdir e tramar mil tentações em nossa alma. Ele se aproveita de espíritos mornos, tristes e melancólicos, pois os perturba facilmente com desgostos, suspeitas, raivas, murmúrios, censuras, preguiça e muita gordura espiritual.

3. Finalmente, há uma tristeza que a variedade dos acidentes humanos nos traz. ... Ora, essa tristeza é comum nos bons e nos maus, porém, nos

24 DE SALES, F. *Introduction à la vie dévote*, IV, 12.

bons, é moderada pela aquiescência e resignação na vontade de Deus. ... Ao contrário, essa tristeza é comum nos mundanos e transforma-se em desgostos, desesperos e perturbações de espírito. ... O mundano é rabugento, pesado, amargo e melancólico, apesar das prosperidades terrestres, e sua influência é, quase sempre, bravia, irritante e insolente".[25]

A vida devota tem a reputação de tornar seus adeptos tristes. Francisco de Sales sabe disso e o deplora, ele que pensa que um santo triste é um triste santo, como dirá Bernanos. Ouvir-se-á: "Vós caireis no humor melancólico, perdereis crédito no mundo, vos tornareis insuportável, envelhecereis antes do tempo".[26] Essa é a imagem que a nova devoção conseguiu dar de si mesma, para grande prejuízo de Francisco de Sales.

Ele reabilita a eutrapelia. Enquanto Bossuet a identifica à bufonaria, Francisco de Sales faz dela uma qualidade de "modesta alegria e jovialidade", que gera um riso são e santo, por oposição ao riso malsão e doentio da zombaria, ao qual Pascal recorrerá em *Provinciais*. O riso é bom, mas não qualquer riso: "Quanto aos jogos de palavras que se fazem com modesta alegria e jovialidade, eles pertencem àquela virtude chamada eutrapelia pelos gregos, que nós podemos chamar de conversação agradável; e por isso entendemos como honesta e amigável recreação ocasiões frívolas que as imperfeições humanas fornecem. É preciso apenas evitar passar da jovialidade honesta à zombaria. Ora, a zombaria provoca o riso pelo desprezo e pela humilhação do próximo; mas a alegria provoca o riso pela simples liberdade, confiança e familiaridade franca, unidas à gentileza da palavra".[27]

Na linhagem de Francisco de Sales vêm alegres jesuítas cujo riso sonoro escandaliza alguns, a começar por Pascal. Este toma como exemplo Etienne Binet, um religioso que quase poderia ser qualificado de rabelaisiano. Nascido em Dijon, em 1569, ingressa na Companhia de Jesus, em 1590, e faz uma bela carreira, chegando a provincial de Paris, onde morre, em 1639. Esse bom padre tem um incorrigível bom humor. Rir é sua palavra de ordem: é a melhor arma contra o diabo, que é um triste senhor; é também o melhor medicamento, remédio universal para o corpo e para o espírito. Suas obras espirituais o são em todos os sentidos do termo, especialmente *Consolação e regozijos para os doentes e pessoas aflitas*, publicada em 1620, que é um verdadeiro tratado de terapia pelo riso.

---

25 DE SALES, F. *Traitè de l'amour de Dieu*, XI, 21.
26 DE SALES, F. *Introduction à la vie dévote*, IV, 1.
27 Idem, III, 27.

Essa obra se apresenta como um diálogo entre o doente e o consolador, que recomenda um remédio radical, "à gaulesa": é o tratamento "desses simples aldeões que ainda vivem à velha e boa moda gaulesa! Porque se eles estão doentes, com febre alta, logo lhes dão o mais gordo toicinho da casa, providenciam-lhe uma garrafa de vinho forte e lá, diante de um belo e grande fogo, fazem com que jante bem. Os pobres rapazes suam em bicas, e isso tanto lhes faz bem, apesar dos médicos, que a febre, de uma forma ou de outra, vai-se e bem depressa, pois o homem de bem ou morre ou sara logo. Ele não pode se dar ao luxo de ficar muito tempo doente. No dia seguinte, ou vai para o arado ou para o cemitério. Para que serve enlanguescer de tempo em tempo e no final morrer?!".[28] Nada melhor que um bom vinho de Bourgogne para curar-se, como o fazia um amigo de Binet, que, aliás, era médico: "Esse bom médico de Bourgogne que, acometido por febre alta, mandava buscar o melhor vinho branco de sua adega ... e, com grandes goles de vinho de Beaune, expulsava a febre de Chalon".[29]

Afinal, o que são as doenças? Pancadas amigáveis que Deus nos dá para nos fazer entrar mais depressa no paraíso. Então, por que nos queixamos? "O paraíso é como a França, onde nossos antigos gauleses tinham o costume de ficar na porta da igreja quando o padre realizava casamentos e dar socos no noivo; à força de golpes, levavam-no, batendo tambor, até o grande altar. Não era raiva, e sim uma velha cortesia daquele bom tempo. Aliás, os agressores eram o pai, irmãos, parentes e amigos do pobre rapaz, que só fazia rir sob a saraivada de socos; no final, ele tinha de agradecer e sorrir. Esse costume permanece ainda no paraíso. A febre, a gota, a pedra, as tristezas, todos esses males são os agressores que, como marechais, nos martelam uns depois dos outros e não nos deixam até que nos tenham empurrado para dentro do templo de Deus vivo."[30]

Frequentemente, as doenças residem mais na cabeça que no corpo. Assim, o antigo arcebispo de Bourges, sob Carlos IX, que estava preso ao leito por causa de gota, ouviu gritar que a cidade fora tomada: "Deveríeis ver o bom prelado correr à porta como um dromedário e saltar os degraus quatro a quatro. Ele alcançou a grande torre e subiu tão depressa que deixou sua gota no meio do caminho e não a encontrou mais".[31]

28 BINET, E. *Consolation et réjouisances pour les malades et personnes affligées.* Paris: 1627, p.522.
29 Idem, p.313.
30 Idem, p.687.
31 Idem, p.525.

Um dos procedimentos de Binet é zombar dos médicos, para focalizar sobre eles o pensamento dos doentes, que, assim, esquecem seus males: "Parece-me que, gritando contra os médicos, espanto minha febre". "Se eles levantam uma cova no canto do cemitério, sem eles todo mundo seria um cemitério", e não vale a pena servir-se deles: eles só fazem adiantar em alguns dias nossa morte. "E se é o caso de enviar, todos os anos, uma meia dúzia mais cedo para o paraíso, por que não fazem isso com eles próprios?"[32] E eis o doente reanimado: "Vejo que estais de bom humor. A cor já aparece em vosso rosto. Será que não agrada a Deus que eu interrompa vosso discurso? Quem sabe não sarais dizendo injúrias a vosso médico?".[33]

A propósito da vida cristã, Binet desenvolve imagens psicológicas, expressivas, sem ser refinadas. Um exemplo de sua retórica delicada se encontra em *A flor dos salmos*, título enganador, em que se trata de um mau cristão: "Não tendes Deus? Tendes um que se chama ventre. Mas, tal Deus, tal serviço. Vossos pulmões são o templo; o fígado, seu altar, sempre coberto de sangue e de sujeiras; o estômago, o turíbulo; a fumaça que sai dele é o mais doce incenso; a gordura é a vítima; o cozinheiro é vosso capelão que está sempre trabalhando ... e vossas inspirações só vos chegam pela chaminé do fogão; os molhos são vossos sacramentos, e os soluços, vossas mais profundas profecias. Toda a vossa caridade ferve em vossas grandes panelas. Vossa esperança, na estufa, está sempre encoberta entre dois pratos".[34] Essa espiritualidade "gaulesa" não é do agrado de Pascal, que também não devia apreciar outro jesuíta gracejador que é Louis Richeome.

Nascido em Digne, em 1554, foi professor de Teologia em Lyon e em Bordeaux – onde morreu, em 1625 – e viveu em Roma de 1607 a 1616. Para ele, o riso é excelente, um presente divino, destinado a instruir-nos. Ele desenvolve essa ideia em *Adeus à alma devota*, em que se revela um bom observador da natureza humana. Com um espírito providencialista e finalista que prenuncia os achados ridículos do abade Pluche, ele pensa que Deus criou coisas risíveis para nos fornecer imagens do mundo moral. Assim, por que Deus teria criado macacos senão para nos fazer rir? Tudo neles concorre para esse efeito: "Os macacos têm uma alma insana e ridícula; o corpo deles é próprio para fazer rir, retirado do retrato de sua alma; uns não têm cauda e são pelados em certo lugar; outros, como as macacas, apresen-

32 Idem, p.511.
33 Idem, p. 525.
34 BINET, E. *La Fleur des psaumes*, II, p. 71.

tam uma longa e disforme extensão de cauda; os pés não são nem pés nem mãos, mostrando-se semelhantes, todavia, aos dois; a face nem é rosto de homem nem de besta, disformemente enrugada, salpicada de verrugas, aveludada por pelos desajeitados, a garganta fendida até as orelhas, em suma, extremamente disformes e com uma feiura artificial e agradável".[35]

Se Deus não gostasse de rir, não teria criado os macacos. Sua "agradável feiura" é também uma imagem do lado grotesco das necessidades humanas. O que há de mais ridículo, por exemplo, que homens comendo? Suponhamos que sejam surpreendidos por uma espécie de extraterrestre que não sabe o que significa comer: "Será que ele não diria consigo mesmo: 'O que eles fazem agora ... esquartejando corpos mortos e assados; tirando desses sepulcros de pasta pedaços do morto e enfiando todos esses pedaços num buraco e remexendo o queixo e as extremidades desse buraco; e despejando nele ainda vidros ou copos? Em que abismo será que eles jogam tudo isso? Será que são mágicos exibindo sua arte?'".[36]

Nós somos feios, ridículos, grotescos, risíveis. Nossas vestes são ridículas e nossos medos, absurdos: testemunhas disso são essas mulheres de roupas "recortadas, desfiadas, mosqueadas, pregueadas, abalonadas, infladas, alteadas". E o que dizer de nossas pretensões intelectuais? Os anjos e os demônios devem torcer-se de rir quando nos ouvem: "Os tomistas têm seu forte e suas peças de artilharia numa escola; os escolásticos, em outra; e cada um pensa que é o melhor. Presenciei várias disputas e ouvi sutilmente pessoas se atracando por diversas questões ou então falando, com grande empáfia, sobre a natureza e a ação dos anjos, e imagino como os bons anjos presentes deviam rir com compaixão dos que falavam tão aleatoriamente de sua essência, de sua maneira de ouvir ou de agir. Também me parece ouvir os demônios zombar e rir com ar superior, vendo os debatedores esgrimindo sua ignorância, sobretudo os que querem ostentar seu saber".[37]

A humanidade decaída é ridícula, e nada impede que se ria dela – ao contrário. Outro jesuíta, Pierre-Juste Sautel, nascido em Valença em 1613, exprime isso de forma particularmente bufa em escritos burlescos, como *Marcha fúnebre de uma pulga*, em versos latinos. Numerosos capuchinhos partilham essa atitude de escárnio que não está longe da dos libertinos ateus: este mundo é uma farsa. É precisamente o que escreve o padre Yves de Paris

35 RICHEOME, L. *L'adieu de l'âme dévote*. Paris: 1602, p.83.
36 RICHEOME, L. *La peinture spirituelle*. Paris: 1628, p.380.
37 RICHEOME, L. *L'académie d'honneur*. Paris: 1615, p.215.

(1590-1679) em *Teologia natural*: "O mundo seria uma comédia contínua se tivéssemos o dom de vê-lo por dentro como vemos uma face". De qualquer forma, o riso faz parte de nossa natureza: "Já vi pessoas", escreve ele, "que, dois ou três dias depois de um grande luto, de repente, por um motivo insignificante, explodem juntas num riso involuntário, por um transporte da natureza, que reivindica seus direitos e se restabelece, conjurando esse humor melancólico, sem ouvir as leis da razão".[38]

O DEMÓCRITO CRISTÃO E SEUS COMBATES

Étienne Binet quer nos fazer "estourar de rir". Pierre de Besse decide: "É preciso que eu ria, ridicularize, bufoneie e zombe de tudo". Ele publica, em 1615, *Demócrito cristão*. Rir é uma força, uma virtude, e Demócrito deve ser o modelo dos cristãos: "Se ele ri, não pense que com isso não está zombando; porque, rindo, ele diz verdades e, zombando, não deixa de ser sábio. ... Entregar-se às lágrimas denota fraqueza de coração e falta de coragem. Mas rir e zombar no auge da aflição é desafiar as vaidades do mundo, é mostrar virtude e demonstrar que se é homem".[39]

A devoção não exclui o riso, ela até o estimula em algumas pessoas. O abade Bremond lembrou alguns títulos de obras cômicas redigidas ou inventadas nessa época: *A tabaqueira espiritual para fazer espirrar as almas devotas até o Senhor*; *O doce tutano com molho apetitoso dos santos e saborosos ossos do advento*; *Óculos espirituais*; *Seringa mística para as almas constipadas de devoção*[40]... O próprio Fléchier teria composto um sermão bufo, anonimamente, segundo a tradição medieval, e vários autores fustigaram a tristeza jansenista: o capuchinho Jacques d'Autun, em *As justas esperanças de nossa salvação opostas ao desespero do século*, Yves de Paris ou ainda o franciscano François Bonal, que escreve em *O cristão da época* que a caridade "não tem nada de comum com essa negra religião sempre amedrontada, inquieta e febril que, para conquistar a virtude austera e orgulhosa, erige a melancolia como perfeição e consagra a tristeza como coisa celeste; que de um meditabundo, de um escrupuloso e de um desgostoso

38 DE PARIS, Y. *L'agent de Dieu dans le monde*. Paris: 1656, p.172.
39 DE BESSE, P. *Démocrite chrétien*. Paris: 1615, p.1.
40 BREMOND, H. *Histoire littéraire du sentiment religieux en France*, t. I. Paris: 1929, p.321, nota 1.

quer fazer um inspirado, um santo, um profeta; que canoniza seus medos, seus sonhos e seus fantasmas, suas convulsões e suas doenças e os apresenta como visões, premonições, revelações e sofrimentos divinos".[41]

Os padres franceses não são os únicos a fazer troça, nos anos 1600-1650. Nos Países Baixos, a reputação de "palhaço" do padre Petrus Stevens, de Onssenisse, chega até os ouvidos do deão de Hulst-in-Zeeuws-Vlaanderen, e os visitantes da abadia beneditina de Affligem, em 1634, ficam intrigados com as gargalhadas contínuas vindas da enfermaria e do dormitório. Em 1645, o bispo de Gand torna a proibir as beguinas de dar gargalhadas e de deitar-se duas no mesmo leito.[42] Os místicos tendem ao riso, como a religiosa Catharina Daneels, em Louvain, "muito inclinada a rir, não por vaidade ou imprudência, mas por alegria natural", segundo sua biografia espiritual. A mística flamenga Marie Petyt, de Hazebrouk, ri dos próprios sofrimentos, e, para Philippe de Néri, o riso tem sentido religioso. "O que nos provoca o riso vem do interior e faz-nos cócegas no coração", escreve o jesuíta Adriaen Poirters.

Nem todo o clero dessa época é triste. Uma corrente burlesca atravessa parte de suas fileiras e em todas as ordens religiosas há alguns que reivindicam o direito de rir. Garasse é uma espécie de porta-voz deles: "Há no mundo espíritos tão malformados que, quando veem um religioso rir, julgam-no um perdido, um réprobo ... Mas, meu Deus, o que essas pessoas querem de nós? Que nos derretamos em lágrimas? Que gemamos como os rapazinhos das abóbadas que fazem uma cara chorona como se a abóbada os arrebentasse com seu peso, mesmo que eles não levem nenhuma carga?".[43]

Garasse e o humanismo devoto não são a Igreja. Eles representam uma corrente, fortemente influenciada pelo burlesco literário ambiente, mas já contestada, tanto pelos jansenistas como pela maioria dos jesuítas, pela hierarquia, pelos espiritualistas, pelos reformadores. De fato, há uma batalha do riso no seio das Igrejas da primeira metade do século XVII. Um livro publicado em Bruxelas, em 1627, ilustra bem esse combate, sob forma de parábola: *A peregrinação de Duyfkens e de Willemynkens*, a história de duas irmãs que encarnam, respectivamente, a seriedade da vida religiosa (Duyfkens) e o riso profano (Willemynkens). Ao longo de sua peregrinação para a Jerusalém

41 BONAL, F. *Le chrétien du temps*. Paris: 1655, ed. de 1672, p.145.
42 VERBERCKMOES, J. "The comic and the counter-reformation in the Spanish Netherlands". In: *A Cultural History of Humor*. Oxford-Cambridge: ed. J. Bremmer e H. Roodenburg, 1997, p.79.
43 GARASSE, F. *Apologie*, 1624, p.45.

celeste, diversos episódios permitem expor os argumentos. Willemynkens retoma a velha posição do riso como próprio do homem, do riso indispensável como recreação e para assegurar o equilíbrio. "Eu preciso rir, de vez em quando, para que meu coração se sinta bem." Não se pode ser sempre sério, e, aliás, "as pessoas são seduzidas pelo riso e preferem cantos cômicos". Se fôssemos sempre sérios, "o que diriam? Eles zombariam de nós se nossa única distração fosse colher flores". Para Duyfkens, ao contrário, a única alegria lícita é a que vem do bem e da religião. E é essa que a arrebata.[44]

A luta está sempre presente. Jordaens pinta várias vezes, nos anos 1630 e 1640, as alegres cenas da noite de Reis, e o cônego regular Peter Croon admite que as festividades ligadas a esse evento são legítimas, com a condição de que as brincadeiras e os risos permaneçam nos limites decentes. Ele chega a aceitar a velha tradição do Evangelho da Rã, afirmando que os Reis Magos, quando viram Jesus mamando em Maria, exclamaram: "O rei bebe!", expressão que se tornou o sinal das bebedeiras da noite de Reis. Na abadia de Stavelot, não se gosta de temperamentos melancólicos, e tenta-se fazer rir o frei Jacques Rahier,[45] enquanto, em Bruxelas, Joan de Grieck se pergunta se aqueles que só riem uma vez por mês têm alma.[46]

Rir ou não rir? A questão é debatida pela enésima vez e, academicamente, pela Universidade de Louvain, em dezembro de 1611, dia de santa Luzia. Por ocasião dessas *quaestiones quodlibeticae*, o filósofo e humanista Erycius Puteanus defende a posição de Demócrito: o riso é expressão de sabedoria. Ele questiona com seus adversários o argumento de que Cristo nunca riu: se Cristo, Deus feito homem, escolheu não rir, é justamente para nos mostrar que o verdadeiro riso é divino; ele rirá quando abandonar a condição humana.

O riso é atributo divino – alguns fazem dessa afirmação um uso inquietante: Deus zombará dos danados, repetem tanto o pregador flamengo Jacob Moons quanto o eremita italiano Angelo Maria de San Filippo, entre muitos outros. Os juízos são partilhados, mas os adversários do riso na religião pouco a pouco levam a melhor. Garasse e seus semelhantes são marginalizados, desprezados, rejeitados como bufões indignos, enquanto um clero cada vez mais severo incita os fiéis a controlar sua hilaridade. Ainda em 1690, o bispo de Gand investe contra "o miserável verme da terra que tem a

44 VERBERCKMOES, J. op. cit., pp.78-79.
45 HOYOUX, J. "Les moines de l'abbaye de Stavelot en 1633". In: *Bulletin de l'Institut Historique Belge de Rome*, 37, 1966, pp.361-369.
46 DE GRIECK, J. *De Sote Wereldt, ofte den waeren af-druck der wereldtsche sottigheden*. Bruxelas: 1682, p.292.

impertinência de rir na presença de seu Deus, do Cristo humilhado", prova de que o combate ainda não está ganho. Porém, cada vez mais, os clérigos ridentes se escondem, como o beneditino Adriano Banchieri, que publica seus relatos cômicos sob pseudônimo; e o riso como manifestação religiosa é relegado a certas franjas sectárias, tais como os *ranters* ingleses, para quem o céu existe quando se ri e o inferno, quando se sofre.[47]

AS COLEÇÕES DE FÁBULAS ENGRAÇADAS: UMA MODA REVELADORA

A força do riso, na primeira metade do século XVII, e sua evolução para formas mais refinadas podem também ser discernidas nos escritos laicos, públicos ou privados, e nos testemunhos sobre as relações sociais. A zombaria faz estragos; ama-se zombar dos outros nesses anos barrocos. O fato não é novo, mas parece ganhar amplitude com o uso crescente da escrita. Confiam-se ao papel os sarcasmos, na correspondência privada, como o mostram as cartas de Balzac, e até nos tratados científicos. O sucesso de Galileu não está ligado apenas a suas qualidades de astrônomo e de matemático. O *Saggiatore*, o *Diálogo* são obras-primas da literatura sarcástica; até o papa riu delas... até certo ponto. É uma novidade reveladora que se possa fazer humor na física: para seduzir, para persuadir, é preciso fazer rir.

Rir é o prazer dos deuses, afirma La Fontaine:

Que um papa ria, de boa-fé
Não ouso assegurá-lo, mas eu resistiria a um rei
Bem infeliz se ele não ousasse rir:
É o prazer dos deuses.[48]

E é tão doce maldizer o próximo, descreve Quinault:

Sem a doçura que se experimenta em maldizer,
Há poucos prazeres sem tédio.
Nada é tão agradável quanto rir
Quando se ri à custa do outro.

47 NORTON, A. L. *The World of the Ranters*. Londres: 1970.
48 LA FONTAINE. "Le milan, le roi et le chasseur". In: *Fables*.

Com a nova moda dos salões, a retomada da vida social, os jantares, os encontros nos meios urbanos nobres e burgueses, a arte de contar blagues se desenvolve. Para brilhar na sociedade, nada melhor que um talento de contador cômico, e é preciso espírito aberto nesse domínio. Portanto, é útil constituir um estoque de boas histórias. Os *jest books*, coleções de fábulas engraçadas, fervilham nessa época. Impressos ou manuscritos, cuidadosamente copiados logo depois das reuniões, estão entre os livros mais consultados nas bibliotecas privadas.

Todo homem de boas maneiras tinha seu exemplar, desde personalidades célebres até burgueses anônimos. Esse incorrigível tagarela que foi Samuel Pepys reuniu numerosos livrinhos engraçados, encontrados nos alfarrabistas.[49] O bispo de Ely, Moore, legou sua coleção particular à Universidade de Cambridge. O erudito William Sancroft (1617-1693) copiou pessoalmente 150 histórias engraçadas, algumas em latim. Um dos mais renomados colecionadores do gênero foi *Sir* Nicholas Le Strange (1603-1656), que copiou meticulosamente mais de seiscentas blagues recolhidas ao longo de conversas, algumas das quais, especialmente picantes, vinham de sua mãe; em cada história, ele indicava o nome de quem a contara e agrupava todas sob o título de *Merry Passages and Jests*.[50] Nos Países Baixos, Constantin Huygens, o Jovem (1628-1697), secretário particular de Guilherme III, Samuel van Huls, o Velho (1596-1688), e muitos outros tinham também sua coleção.[51]

O recordista é, sem dúvida, o advogado Aernout van Overbeke (1632-1674), em Haia, que deixou não somente um manuscrito de 2.440 histórias engraçadas mas também a reputação de brincalhão, de trocista, de impagável farsista. Em uma carta, ele relata como, durante uma viagem marítima às Índias, não parou de fazer rir os membros da equipe: "Eu recorri às minhas blagues e brincadeiras, e eles não conseguiam parar de rir".[52] Graças a esse holandês brincalhão, a viagem pareceu mais curta, mas não se sabe se o capitão apreciava ver sua tripulação morrendo de rir.

A coleção de Overbeke, intitulada *Anecdota sive historiae jocosae*, contém histórias variadas, em holandês, francês, alemão, inglês, espanhol, italiano,

---

49 *Catalogue the Pepys Library at Magdalene College Cambridge*. Cambridge: ed. R. Latham, 7 vol., 1975-1993.

50 *Merry Passages and Jests: A Manuscript Jest Book of* Sir *Nicholas Le Strange*. Salzburgo: ed. H. P. Lippincott, 1974.

51 ROODENBURG, H. "To converse agreeably: civility and the telling of Jokes in Seventeenth-Century Holland". In: *A Cultural History of Humour*, op. cit., pp.112-130.

52 Idem, p.127.

latim, incluindo desde as blagues mais grosseiras até as mais sofisticadas, cuja compreensão pressupõe o conhecimento da literatura latina clássica e também o da Vulgata. Encontram-se aí histórias anônimas, porém outras colocam em cena personagens reais e históricos, como Sócrates e Henrique IV, magistrados contemporâneos de Overbeke e pessoas de sua família. Algumas são ultrapassadas há muito tempo; outras, ao gosto da época e inéditas. É uma compilação muito eclética, portanto, dirigida a todas as classes e categorias sociais. "Trata-se de uma gama humorística extraordinária", afirmou Herman Roodenburg, que sobreviveu ao estudo dessas 2.440 preciosidades.[53]

Todos os temas são abordados, e os prediletos são o sexo, o casamento, as relações sociais e os defeitos femininos. Entre as piadas suscetíveis de fazer rolar de rir um marinheiro holandês, ao redor de 1650, há a seguinte (já contada, segundo Herman Roodenburg, por Poggio, Clément Marot e Béroald de Verville em *O meio de fazer fortuna*, em 1610): uma mulher raspa o púbis; antes de fazer amor, seu marido coloca um sapatinho de bebê no pênis porque não quer andar descalço no restolho. Ou ainda esta outra: dois pederastas, um homem e seu genro, dormem juntos numa taverna, inocentemente; à noite, o genro sobe em cima do sogro, que, furioso por ser acordado, grita: "Meu Deus! O que você pretende? Eu já lhe dei minha filha para ficar livre disso!". Essa história "inocente", segundo as palavras de Herman Roodenburg, é extremamente ousada para a época, o que talvez explique o fato de ter sido excluída por Overbeke. Naquele tempo, não se brincava com a sodomia – ao menos fora da alta sociedade.

Além dessas, foram registradas muitas outras compilações e colecionadores. Na Holanda, o sucesso dessas publicações é nítido a partir de 1600, e é possível relacionar 25 títulos do século XVII, representando setenta edições. Os colecionadores, que no século XVI pertenciam à alta aristocracia e aos meios intelectuais – como o secretário de Guillaume d'Orange, Marnix de Sainte-Aldegonde –, são agora mais variados. Desde 1605, um *gentleman farmer,** Dirck Jansz, menciona entre seus livros um *jest book* do qual retira suas histórias "para instruir e edificar as crianças", conforme se encontra em seu diário. Os relatos engraçados não são todos "sujos". Joseph Scaliger se presenteia, antes de 1609, com um exemplar recente de *Nederlantsche Wechcorter*, com grande

53 Idem, p.121. O conjunto foi publicado sob o título completo: *Anecdota sive historiae iocosae: een zeventiende eeuwse verzameling moppen en anekdotes*. Amsterdã: ed. R. Dekker, H. Roodenburg, H. J. van Rees, 1991.

* Distinto fazendeiro. Em inglês no original. (N. E.)

variedade de piadas. O pastor Daniel de Dieu, em Flushing, possui, ao redor de 1600, um velhíssimo exemplar do *Rollwagenbüchlein*. Na Inglaterra, ainda circulam coleções dos anos 1520-1550, como *A Hundred Merry Tales, The Four Elements, The Merry Tales of the Mad Men of Gottam*. Todos esses livros se encontram nas lojas dos alfarrabistas, nas barracas de curiosidades ou na carga dos mascates, como observa – em data tardia, 1692 – Anthony Wood. Quarenta anos antes, a demanda é muito grande: um observador holandês escreve, em 1653, que "atualmente, os melhores livros não são vendidos, ... os impressores, segundo dizem, obtêm seus lucros com Till Eulenspiegel".

É que as coleções de histórias engraçadas também pretendem ser um meio de combater a melancolia, o *stress* versão Luís XIII, a doença da moda, que, depois de 1586, Timothy Bright, em *Tratado da melancolia*, apresenta como produto da vingança divina e da tentação diabólica. Os ataques de bílis negra, descritos por Fernel em 1607 e por Robert Burton em 1621, são a explicação universal para a tristeza. Em 1637, Huygens prescreve a seu melancólico amigo Barlaeus esse maravilhoso antidepressivo que é o riso: "O essencial é que encontreis um assunto para rir e brincar", e, para ajudá-lo, envia-lhe algumas dessas historietas engraçadas. Além do mais, as coleções de piadas vangloriam-se de "resumir o tempo", de abreviar o tédio das tardes intermináveis. Utilizáveis tanto para o riso solitário (pela leitura) quanto para o riso social (pela conversação), elas permitem, por exemplo, distrair os companheiros de viagem. Em 1609, o *Vermeerderd Nederlandtschen wech-corter* proclama-se "muito agradável para ler e útil para fazer passar o tempo em viagens, em vez de ficar tagarelando em coches e barcas". Entre as mais difundidas dessas obras figuram, na Holanda, o *Saint Niklaesgift* (1644), *De gaven van de milde Saint Marten* (1654), *Het Leven en Bedrijf van Clément Marot* e o *De Geest van jan Tamboer* (1656).

As histórias relatadas, como indicam os títulos, ultrapassam as fronteiras. As blagues cosmopolitas ilustram ainda a internacional do riso. Em uma Europa em que as individualidades nacionais estão nascendo, o humor não tem pátria. As atmosferas rabelaisianas são universais, e os empréstimos dão-se de um país a outro.

A EVOLUÇÃO DO RISO NO SÉCULO XVII E SUA SIGNIFICAÇÃO

Entretanto, os *jest books* são reveladores da evolução dos valores culturais e sociais. Não se ri da mesma coisa em 1600 e em 1700. As coleções holandesas de 1661 (*Eerlyckewren*) e 1671 (*De Doeve, ende blyde wereldt*) criticam a grosseria de suas predecessoras e descartam qualquer história referente a sexo. Em 1663, um manual de civilidade inglês, *The Refined Courtier, or A Correction of Several Indecencies Crept into Civil Conversation*, recomenda evitar brincadeiras indecentes. As piadas relativas ao clero diminuem. Ao redor de 1700, elas não representam mais que um sexto do conjunto nos novos *jest books* ingleses. Ainda são muito moderadas: por exemplo, a do camponês que, no confessionário, em troca da absolvição oferece ao padre ensiná-lo a fazer um chapéu de palha; ou aquela em que um padre corcunda é comparado a Zaqueu em sua árvore; na Holanda, uma história relata como o bispo de Gand é ridicularizado por um servidor que retira um urinol de baixo de sua mesa. Evidentemente, é menos divertido, mas é mais polido, mais civilizado que as grosseiras pilhérias dos anos 1600-1650.

A mesma evolução pode ser observada na maneira como são relidas as obras cômicas de outrora. As histórias do *Decameron*, por exemplo, são seriamente revistas e corrigidas, na forma e no conteúdo. Aliás, elas só haviam escapado aos raios do Concílio de Trento graças à intervenção do duque de Florença. Uma versão expurgada aparecera em 1582: certas histórias desaparecem, como aquela do inquisidor hipócrita; outras são transformadas, como a do monge que se disfarça de arcanjo Gabriel para seduzir uma virgem. Até Castiglione é expurgado em 1584. O espírito da Contrarreforma exerce pesada pressão sobre a elite social e cultural italiana para eliminar ou, ao menos, refinar o riso e a brincadeira. Um manual de civilidade para cortesãos, de Giambattista Giraldi Cinthio, aconselha o leitor a jamais ser o primeiro a fazer uma brincadeira, porque isso pode ser interpretado como falta de respeito em relação ao príncipe. Em 1617, outro manual, *Il cittadino di repubblica*, do genovês Ansaldo Cebà, recomenda moderar as brincadeiras e adaptá-las ao meio.

Muito reveladora é também a evolução, na Itália, da prática da *beffa*, ou *practical joke*, tão apreciada pela aristocracia, como já vimos. No século XVII, tende-se a substituir a *beffa* por brincadeiras puramente verbais.[54] Castiglione já sugerira isso, mas a transformação é lenta: mesmo os moralistas estritos, como Della Casa, que em 1558 critica os tipos mais inconvenientes de *beffa*, admitem que os pobres humanos exilados neste vale de lágrimas têm necessidade de tiradas para se distrair.[55] Na metade do século XVII, numerosos testemunhos demonstram que continuam a entregar-se a brin-

54 LEBATTEUX, G. "A crise da *beffa* em *Diporti* e os *Ecatommiti*". In: *Formes et significations de la beffa*. Paris: ed. A. Rochon, t. I, 1972, pp.179-202.
55 DELLA CASA, G. *Galateo*. 1558, ed. inglesa Harmondsworth, 1958, cap.19.

cadeiras jocosas. Os viajantes estrangeiros são frequentemente vítimas disso: em 1645, "fomos bem regados por nossa curiosidade", escreve John Evelyn em seu *Diário* a propósito das fontes de Pratolin;[56] em 1670, outro inglês, Richard Lassels, teve direito, nas grutas de Cupido, a "poltronas regadoras nas quais, quando a pessoa se sentava, um grande jato de água lhe jorrava em plena face".[57] No ordinário cômico, jatos de água são fontes inesgotáveis de riso – não seriam eles que forneceriam, mais tarde, a primeira *gag* cinematográfica, "o regador regado"?

Contudo, desde o século XVII, moralistas autores de manuais de civilidade começam a julgar tudo isso pueril e inconveniente. Em 1654, Emmanuel Tesauro trata com desprezo essas "brincadeiras populares" e defende a brincadeira verbal, baseada na utilização espiritual da língua. A essa altura, numerosas academias italianas praticam esses exercícios refinadamente, quando o trocadilho ocupa destaque especial. Analisando essa evolução e constatando que ela é contemporânea ao aparecimento da caricatura nos grandes artistas clássicos, Peter Burke sugere que essas manifestações de um espírito barroco, exercendo-se sobre palavras e imagens, eram "uma forma de compensação psicológica, uma reação diante do retraimento do cômico, ... em outras palavras, eram o trabalho de artistas clássicos, significando que eles tinham necessidade de se esquivar, de tempo em tempo, da idealização, já que as formas procedentes da esfera cômica lhes eram, doravante, interditadas".[58]

O barroco como recreação para artistas e escrivães clássicos fatigados: ao menos, a ideia tem o mérito de reunir esses dois termos quase sempre opostos nos manuais de arte e literatura. Na realidade, eles são as duas fachadas de um mesmo edifício, as duas decorações indissociáveis de um novo conjunto cultural: a civilização da Contrarreforma. O classicismo exprime seu lado sério, solene e congelado; o barroco, o lado recreativo, vivaz e mutante. Toda civilização tem essas duas faces e a irrepreensível necessidade de rir de si mesma. Esse riso se reveste de diferentes formas, mas, no fundo, é eterno. Sob o efeito do processo civilizador, analisado por Norbert Elias, ele experimenta, na segunda metade do século, a necessidade de se refinar. Já despontam o *wit* e o humor, e se o riso mais opulento da Renascença conhece uma relativa renovação no século XVII é antes sob a forma

---

56 EVELYN, J. *Diary*. Oxford: ed. E. S. de Beer, t. II, 1955, p.418.
57 LASSELS, R. *A Voyage of Italy*. Londres: 1670, p.134.
58 BURKE, P. "Frontiers of the comic in early moden Italy, 1350-1750". In: *A Cultural History of Humour*, op. cit., p.71.

de interesse arqueológico, arcaico e literário. É assim que é preciso ver as edições de autores cômicos italianos do século XVI, as *beffe* de Grazini, em 1756, e a vida do padre bufão Mainardi, da Veneza de 1763.

Outra questão básica torna-se flagrante: a mudança do conteúdo das coleções de histórias jocosas não revela uma degradação do sentido moral? *A priori*, isso pode parecer paradoxal. De fato, zomba-se dos vícios clericais, as blagues blasfematórias se retraem, assim como as pilhérias referentes ao sexo, à infidelidade, aos desvios sexuais; isso não seria sinal de um melhoramento de costumes e de polidez? A menos que se trate de uma aceitação crescente dessas atitudes: à medida que elas se tornam banais, não fazem mais rir e desaparecem das coleções de histórias engraçadas. Da mesma forma, o recuo do medo diante de certas ameaças, diante de certas instituições, também pode explicar que não se ria mais delas, porque o riso é uma espécie de exorcismo: "Se ris, é porque tens medo", escreve Georges Bataille. Montesquieu constatará isso: zombar menos da religião é sinal de culpa. Ele escreve em *Meus pensamentos*: "Uma prova de que a falta de religião perdeu terreno é o fato de que os trocadilhos não são mais baseados nas Escrituras nem na linguagem da religião: a impiedade não tem mais graça". O comentário talvez seja prematuro para sua época, mas encontra confirmação, no fim do século, nestas palavras de um eclesiástico, relatadas por Mercier: "Não há mais cabeleireiros fazendo pilhérias sobre a missa. ... Seria bom que houvesse, de vez em quando, alguns sacrilégios. Ao menos, pensariam em nós; mas eles se esquecem de nos faltar com o respeito".[59] Eis uma coisa que teria surpreendido Bossuet e os pregadores da Contrarreforma: se não se zomba mais do sagrado, não é porque o sagrado venceu, é que não há mais interesse por ele. Pior que a zombaria é a indiferença.

É preciso ser prudente quanto à interpretação dos temas cômicos. Em relação a certos assuntos, as coleções de histórias engraçadas, "à medida que são menos satíricas, podem, simplesmente, significar uma aceitação de imoralidade", escreve Derk Brewer.[60] Essa impressão é reforçada pelo viés cínico que adquirem as obras dos moralistas do reino de Luís XIV. A zombaria comum faz rir dos defeitos pouco conhecidos e defende a moral, ridicularizando-a; o cinismo faz rir de vícios de tal forma integrados às práticas sociais que, às vezes, passam por qualidades. O efeito de surpresa vem, então, do fato de

59 MERCIER, S. *Tableau de Paris*. Paris: 1783, t. III, p.92.

60 BREWER, D. "Prose jest-books in the sixteenth to eighteenth centuries in England." In: *A Cultural History of Humour*, op. cit., p.107.

trazer à luz sua verdadeira natureza, e o riso que decorre disso é amargo, quase vergonhoso. La Rochefoucauld (1619-1680) é o mestre do gênero, com suas *Máximas* incisivas de 1678: "O que torna a vaidade dos outros insuportável é o fato de ela ferir a nossa; ... nós geralmente perdoamos os que nos aborrecem, mas não podemos perdoar aqueles a quem aborrecemos; ... prefere-se falar mal de si mesmo a não falar nada". Passar da zombaria grosseira a esse tipo de humor pernicioso é muito mais que um refinamento na expressão: é fazer a constatação pessimista do triunfo da imoralidade, que as piadas sórdidas da era burlesca pensavam assumir de supetão.

Madame de Sévigné é a espantosa comprovação disso. Nela, o amoralismo é levado a tal ponto que seu cinismo se torna involuntário, quase cândido. Suas cartas testemunham, sem cessar, uma monstruosa indiferença diante das situações mais trágicas. Um exemplo disso é o tema do suicídio de Vatel, mordomo do príncipe de Condé, em 1671, cuja notícia não afeta em nada o jantar que mal começara: "Gourville tratou de reparar a perda de Vatel; ela conseguiu. Jantamos muito bem, fizemos colação, passeamos, ceamos, jogamos, fomos caçar. Tudo estava perfumado de junquilhos, tudo parecia encantador".[61] Suas considerações desenvoltas a respeito dos enforcados "que faziam uma cara horrível" e da selvagem repressão na Bretanha, depois da revolta de 1675, introduzidas furtivamente entre conversas frívolas sobre intrigas de vizinhança, tudo no mesmo tom maligno, constituem o auge do cinismo aristocrático. No final das contas, é preferível a prosa do duque de Saint-Simon, que, ao menos, é mau intencionalmente. A odiosa tagarelice de madame de Sévigné não é engraçada, ao passo que é possível rir dos retratos assassinos de Saint-Simon. É a indiferença, e não a virtude, que mata o riso.

Afinal, o riso disciplinado que se impõe pouco a pouco, sob o reino de Luís XIV, na elite culta corresponde a uma abdicação das exigências morais em proveito de uma estabilização social e política numa ordem de direito divino. Expliquemo-nos. A primeira metade do século foi extremamente conturbada, a confusão culminando com a Fronda, a Guerra dos Trinta Anos e a revolução inglesa. O riso participa assim de todos os combates, exprime todas as contestações e todas as desordens, exige todas as liberações: panfletos e caricaturas contra os cardeais ministros, bufonarias teatrais na Itália e na França, escárnios barrocos do humanismo devoto, obscenidades blasfematórias dos libertinos, grosserias escatológicas e sexuais dos meios

61 SÉVIGNÉ, Mme de. *Correspondance*. Paris: ed. de la Pléiade, 1972, t. I, p.236.

da corte, burlesco satírico e parodístico do romance, de Scarron a Sorel. Durante as atrozes matanças da Guerra dos Trinta Anos, a Europa é tomada pelo riso solto. Nunca a assimilação do riso ao caos foi tão justificada. Mas esse riso também exprime o vital e o primordial, diante de um mundo tornado carnavalesco onde tudo parece do avesso, onde a França católica e real apoia uma república calvinista contra o rei católico, onde um cardeal ministro é amante da rainha, onde camponeses e burgueses se revoltam, onde súditos executam um rei. O grande riso barroco e burlesco é a reação ao cômico dessa situação. E esse enorme riso é, ao mesmo tempo, moral: ele denuncia o absurdo, o excesso, as injustiças, zombando, escarnecendo de todos esses importantes incapazes. Ao redor de 1660, a Europa não pode mais rir disso.

Os poderes se restabelecem, a sociedade estabiliza-se, as hierarquias reencontram suas bases, as injustiças, suas justificativas, as hipocrisias, sua máscara séria. Uma nova ordem se estabelece. O riso sempre teve seu lugar no quadro clássico, mas é um riso disciplinado, conveniente, de bom-tom, decente, discreto, fino. Um riso que acomoda as convenções sociais e políticas, que defende os valores, excluindo os desvios e os marginais; o riso de Molière, de Boileau, de La Bruyère, que até Bossuet aprecia. Certamente, esses ridentes sabem que o mundo é mau, mas é preciso mudá-lo. Então, vamos rir desses avarentos, dos distraídos, dos burgueses pretensiosos, dos velhos amorosos, vamos rir de todos esses furúnculos ridículos que permeiam o corpo social, mas não vamos rir do próprio corpo. O grande riso burlesco da época de Luís XIII tinha uma dimensão cômica; ele ria da vida do homem. O pequeno riso polido da época de Luís XIV é puro divertimento, um pequeno jogo superficial que zomba de alguns defeitos anódinos para assegurar a seriedade dos valores fundamentais. Essa é a grande diferença, esperando a volta de ridentes mais radicais.

O RISO AMARGO DO ROMANCE CÔMICO

A literatura é a expressão privilegiada dessa reconversão do riso. A palavra-chave, na primeira metade do século, é "burlesco". O termo abrange realidades nuançadas, mas que traduzem uma visão fundamentalmente cômica e contestatória. Dominique Bertrand propôs uma análise inteligente em *Poéticas do burlesco*: "Cômico dos limites, o burlesco começou ligado a um riso filosófico, na linhagem dos cínicos gregos e de Demócrito. O burlesco transgride todos os tabus, reivindicando o direito de rir de tudo, incluindo a morte e o sagrado. A explosão burlesca no século XVII, na França, ilustra a defasagem radical entre as tentativas oficiais de domesticação do riso e as práticas extremas, que se rebelam contra a imposição de normas e regras. Atrás do riso, é a liberdade de pensamento que está em causa".[62]

Essa vontade de liberação se apoia na constatação do absurdo e da vaidade das convenções sociais, das instituições. Ela afirma o primado da moral sobre o social, intuindo o caráter inelutável do mal: "Muito marcada por um pessimismo cristão, a degradação burlesca humilha as pretensões e o orgulho excessivo do homem".[63] Ela é "o avesso melancólico do humor e do riso", e é acompanhada de perpétua autoderrisão, brinca frequentemente com a morte e com o macabro, desmistifica, relativiza, zomba dos absolutos, denuncia a hipocrisia das aparências. O burlesco é uma atitude típica de períodos de crise de valores, quando o mundo perde sua inteligibilidade, gerando uma vertigem no pensamento. E "essa vertigem passa pelo riso".

A forma e os assuntos tratados traduzem esse desarranjo do pensamento, com uma predileção pela reescritura bufa de obras-primas consagradas, pela dessacralização dos grandes mitos, pela derrisão e pela paródia das epopeias sérias: sob a pena de Scarron, a *Eneida* transforma-se em *Virgílio travesti*. Uma estética trivial, irregular, provocante, popular destrói os ídolos; os grandes assuntos tornam-se minúsculas farsas.

Essa forma literária convém, particularmente, aos marginais da escrita: os Cyrano, os Dassoucy, os Le Petit... Para Dominique Bertrand, "observa-se uma correlação entre situações de crise individual e a predileção pelo estilo burlesco".[64] Este último se permite, de fato, acertar as contas e entregar-se à crítica social com a virulência que autoriza o uso da linguagem popular. Brébeuf, que publica, em 1650, uma paródia do sétimo livro da *Eneida* – decididamente maltratada – e, em 1656, outra da *Pharsale*, de Lucano, introduz nelas ataques contra os grandes:

> É preciso dizer, cá entre nós,
> Os grandes têm um cu como vós,
> Às vezes sarnento como o do outro
> E menos honesto que o vosso.[65]

---

62 BERTRAND, D. Introdução a *Poétiques du burlesque. Actes du colloque international du Centre de Recherches sur les Littératures Modernes et Contemporaines de l'Université Blaise-Pascal*. Paris: 1998, p.21.
63 Idem, p.22.
64 Idem, p.23.
65 BRÉBEUF. *L'Aenéide en vers burlesques*, pp.41-42.

A significação social do burlesco aparece também em duas obras dos três irmãos Perrault, compostas por volta de 1648: as paródias de *Eneida* e os *Muros de Troia*. Na primeira, que se apresenta como livre tradução do texto latino em octossílabos, vê-se a Sibila em plena crise de aerofagia, perturbada por Apolo, que lhe sopra o traseiro, enquanto Eneias cai de ponta-cabeça; o suicídio de Dido, que "enterra um ferro no próprio seio", é simplesmente o resultado da ingurgitação de um pó de ferro para curar sua varíola, e assim por diante. Para Marc Soriano, que estudou com cuidado esses dois textos, a degradação ridícula a que os irmãos Perrault submetem os textos de Virgílio corresponde a um desejo de manter distância da cultura popular: ser "povo" para melhor menosprezar o povo. "Tratar-se-ia de uma vontade manifestada pela burguesia depois de a Fronda ter renegado suas simpatias populares e ter zombado do poder central. Reação que, nos Perrault, é ainda mais franca e mais decidida porque eles lamentam ter cedido à tentação inversa".[66]

Essa interpretação vai ao encontro da de Mikhaïl Bakhtine, que vê, nas obras burlescas do início do século XVII, um empobrecimento do grande cômico rabelaisiano, grotesco e popular. Rabelais está sempre na moda, mas ele é confiscado pela corte, cujas festas utilizam os temas e os personagens dos romances: baile de máscaras intitulado *Nascimento de Pantagruel*, em 1622, em Blois; *Balé das linguiças*, em 1628, no Louvre; *Bufonaria rabelaisística*, em 1638.[67] Nesse contexto, diz Bakhtine, há "degenerescência" do espírito rabelaisiano: "É, de início, o aparecimento de aspectos puramente decorativos e alegorias abstratas, que lhe são estranhos; a obscenidade ambivalente derivada do 'baixo' material e corporal degenerado em uma frivolidade erótica e superficial. O espírito popular e utópico, a nova sensação histórica começam a desaparecer".[68]

O caráter grotesco da festa popular desvia-se, de um lado, tornando-se decorativo e pretexto para deboche nos meios aristocráticos; de outro, é recuperado pelos burgueses, que se afirmam, nessa época, por meio de uma nova corrente literária: o burlesco. Para Bakhtine, esse novo gênero se desenvolve nos diálogos pseudopopulares como os "falatórios": *Falatório das peixeiras* (1621-1622), *Falatório da parteira* (1622), *Falatório das mulheres de Montmartre* (1622), *Amores, intrigas e cabalas das domésticas das grandes casas de*

66 SORIANO, M. "Burlesco e linguagem popular de 1647 a 1653: sobre dois poemas de juventude dos irmãos Perrault". In: *Annales ESC*, julho-agosto de 1969, p.974.
67 CLOUZOT, H. "Balés de Rabelais no século XVII". In: *Revue des Études Rabelaisiennes*, t. V, p.90.
68 BAKHTINE, M. *L'œuvre de François Rabelais*. Paris: trad. francesa, 1970, p.110.

nossa época (1625)... Tudo isso seria apenas a "degenerescência dos francos propósitos grotescos expressos em praça pública", mesmo que "uma pequena faísca carnavalesca ainda brilhe nesse gênero".[69]

Mas não existe aí uma espécie de ilusão cômica em Bakhtine?[70] Não é restritivo ver, no riso literário do século XVII, um simples "processo de retraimento, de bastardia e de empobrecimento progressivos de formas, ritos e espetáculos carnavalescos na cultura popular, ... uma formalização das imagens grotescas do Carnaval"?[71]

Há, de fato, na literatura burlesca que emerge ao redor de 1600, um elemento original que não deve nada à cultura popular. O romance burlesco e o humanismo degradado, a expressão da amargura que acompanha o naufrágio de um grande sonho. A confiança no homem que marcara a primeira Renascença soçobrou no naufrágio das guerras de religião. O homem é, decididamente, de uma bestialidade e de uma maldade incuráveis; é "o mais odioso dos vermes que a natureza permitiu aflorar na superfície da terra", como diria Swift, mais tarde. O romance cômico exprime profundo pessimismo; se ele aparece ao mesmo tempo que o jansenismo, é porque tem a mesma origem que ele: o homem é mau, irrecuperável, detestável. Jansenius e Scarron são filhos da mesma decepção; o *Augustinus* e o *Romance cômico* são irmãos gêmeos. Os dois esmagam o homem com uma espécie de despeito amoroso. O primeiro desvia-se tristemente dele para colocar suas esperanças em Deus; o segundo pisa alegremente, ferozmente, rabugentamente no antigo ídolo. Nos dois casos, trata-se de rebaixar e humilhar o homem: por meio de lágrimas de culpa ou por zombaria mortífera. Jansenius, que chora, e Scarron, que ri, têm, cada um à sua maneira, o poder de arrastar o homem para a abjeção.

Bakhtine se engana: não há espírito carnavalesco degenerado nesses atores burlescos. Essas pessoas são tristes, e seu riso é amargo. Do Carnaval, eles certamente tomam emprestado o cenário, mas os autores não têm nada a ver com as festas alegres: são fantoches bestiais e maldosos. O primeiro a ilustrar o gênero é o inglês Barclay, que publica, em 1603, o romance *Eufórmio*, história sórdida cujo anti-herói é um pobre homem covarde, tolo, supersticioso, que multiplica suas desventuras pelos albergues. A fauna humana é descrita sem complacência: os pobres são patifes; os ricos, ladrões; os clérigos, hipócritas; os nobres, brutos ignorantes; os médicos,

69 Idem, p.112.
70 Idem, pp.110 e 113.
71 Idem, p.43.

perigosos charlatães; os juízes e os magistrados, sádicos inconscientes. Tudo transborda de vício e gatunice. O povo tem o que merece ao confiar nesses mestres corrompidos. A herança picaresca é evidente.

Há picaresco também em Charles Sorel, esse parisiense, filho de procurador, nascido por volta de 1600, que queria ser o "Demócrito do século", o zombador exacerbado. Seu amigo Guy Patin descreve-o como um "homem de muito bom-senso e taciturno que parece bastante melancólico mas não o é". Todavia, Sorel admite que é sua melancolia que o leva a escrever histórias engraçadas. No prefácio de *História cômica de Francion,* em 1623, ele explica que quis fazer um livro "que fosse antes divertido que sério, de maneira que uma causa melancólica produzisse um efeito facecioso". Seu riso é bem amargo. Seus heróis, imorais, evoluem num mundo que se divide em dois: a massa estúpida e os mestres odiosos. "Na maioria dos senhores é mais cavalo que os próprios cavalos. Eles não se ocupam com um exercício de virtude, só fazem remoer três pequenos ossos em cima de uma mesa."

A existência cotidiana é de uma trivialidade cômica, e, diante da zombaria, é a única atitude possível. "Fala-se dos romances cômicos em geral", ele escreve em *Bibliothèque françoise,* "mas nós os dividimos em satíricos e burlescos, e alguns são tudo isso junto. Os bons romances cômicos e satíricos parecem mais imagens da história que os outros. Sendo as ações comuns da vida seu objeto, é mais fácil encontrar neles a verdade. Como vemos mais homens inclinados ao erro e à tolice do que à sabedoria, há muita ocasião de zombaria entre eles, e seus defeitos só produzem sátira".

O "terrível pessimismo" do riso de Sorel, conforme a expressão de Antoine Adam, guarda, contudo, um viés de esperança: se ele escarnece de todas as categorias sociais, é porque gostaria de ensinar os homens a "viver como deuses", utilizando a razão; se, em *História cômica de Francion,* ele assume o papel do louco Collinet, é porque deseja reformar os homens pelo riso. O riso de Sorel desafia de tal maneira as leis e as convenções que, temendo as possíveis reações do poder, ele publica, em 1626, uma segunda versão, atenuada, de seu romance.

Com Paul Scarron, outro burguês parisiense, dez anos mais novo que Sorel, o burlesco flerta com a morte. Esse doente, com paralisia nas duas pernas aos 28 anos, insone, sofrendo mil males, desdenha a morte até o fim:

> Diante da morte que tudo mina
> Dando-me como presa aos vermes,
> Eu canto...[72]

72 SCARRON. *Virgile travesti,* I, 3-9.

Ele ainda se permite uma última brincadeira: "Nunca vos farei chorar tanto como vos fiz rir", diz ele a seu círculo de relações. "Por minha fé, nunca poderia acreditar que fosse tão fácil zombar da morte." Sem dúvida, ele teria rido se soubesse que sua viúva um dia desposaria o rei Luís XIV em pessoa e faria reinar uma austera devoção em Versalhes!

Em *Romance cômico*, em *Virgílio travesti*, Scarron zomba das nobres epopeias, dos heróis perfeitos, dos sonhos sublimes dessa pobre humanidade de loucos, escroques, idiotas e cambaios que se imaginam ser os reis da criação. "É um riso inquietante, pelo fato de ser carregado de densidade insuspeitável", escreve Jean Serroy. "O burlesco de Scarron, reivindicado como tal, é o olhar do homem encarquilhado pela doença, transformado em meio homem em sua cadeira de rodas, olhando o mundo de baixo e só tendo o riso como único recurso."[73]

O riso desse enfermo é o contrário da alegre aceitação de sua condição: é um riso de desafio, de condenação deste mundo, uma proclamação de ateísmo ou um grito de ódio contra um criador incompetente. Esse riso deveria ressoar nos ouvidos de todos os deuses da terra, perseguir todos os demiurgos amadores, últimos responsáveis por esse lodaçal. O mundo, tal como Scarron o vê, não é, de fato, honra para nenhum deus. Em 1649, *A Paixão de Nosso Senhor em versos burlescos*, provavelmente composta por Lignères, é uma paródia blasfematória que causa escândalo e que leva o jesuíta Vavasseur a publicar, em 1658, um enorme e pedante tratado, *De ludicra dictione*, contra o burlesco.

Ridicularizando a mitologia, o burlesco indispõe certos guardiães de valores. "De um lado, escarnecer de deuses mortos pode ser considerado um meio de glorificar uma religião viva que os sucedeu. Mas, de outro, tocar numa forma do sagrado, mesmo caduca, é tocar no sagrado como um todo",[74] escreve V. Gély-Ghédira, que conclui: "O humor e o sagrado parecem ter dificuldade de entrar em acordo". Já na Antiguidade, Macróbio se indignava com o fato de Apuleio ter podido troçar do mito de Psique, e Écouchard-Lebrun fará a mesma censura a La Fontaine em 1774.

O burlesco não pode, evidentemente, agradar aos defensores do sério. Em 1652, Pellisson condena o "furor burlesco", flagelo vindo da Itália, onde

73 SERROY, J. "O incipit de *Virgílio travesti* ou as regras do *eu*". In: *Poétiques du burlesque*, op. cit., p.318.

74 GÉLY-GHÉDIRA, V. "De quem se caçoa? O burlesco mitológico no espelho de Psique". In: *Poétiques du burlesque*, op. cit., p.265.

acreditam ser divertido dizer coisas contra o bom-senso e a razão. O próprio Scarron hesitou, pois declarou, no início de sua carreira: "Se eu tivesse de escrever contra algum desconforto do gênero humano, seria contra os versos burlescos. ... Depois do mau hálito e dos maus comediantes, não conheço maior desconforto".

A FRONDA, APOGEU E MORTE DO BURLESCO

O burlesco é, entretanto, a liberação pelo riso. É a ele que a Rússia deve sua primeira liberação literária, na segunda metade do século XVII. Nessa época, o espírito burlesco, vindo do Ocidente, penetra o império dos czares e encontra terreno fértil para se desenvolver: o da cultura popular. Espalha-se então um "riso particular, de defesa e de ataque, esse riso que se chama em russo satírico mas que toma emprestado seus efeitos, o mais das vezes, do burlesco e progride até o absurdo",[75] escreve Régis Gayraud. Esse riso nós reencontramos em *O abecedário do homem nu e pobre*, visão amarga e caricatural de um mundo risível, e em *Ofício para a taverna*, paródia de ofício religioso para beberrões, composta em 1666, sem dúvida por um padre.[76] As paródias bufas desse gênero multiplicam-se então; é o começo de uma liberação da literatura, e "essa partida é acompanhada de grande gargalhada".[77]

Na França, o burlesco é a linguagem dos partidários da Fronda, e os anos 1648-1652 marcam o forte retorno do riso contestador e subversivo. Richelieu já suscitava a verve dos satíricos que o qualificavam de "protetor dos bufões" ou de "charlatão de seu teatro"; *A Miltíade* diz ainda dele:

É o ministro dos infernos,
É o demônio do universo.

Em 1642, com a morte do cardeal, um panfleto intitulado *Notícias do outro mundo referentes ao senhor cardeal de Richelieu* apresenta-se sob a forma de um despacho assim datado: "Do inferno, em 4 de dezembro de 1642, às 10 horas da manhã": dois postilhões chegam da terra para anunciar ao mundo

---

75 GAYRAUD, R. "O burlesco na prosa literária russa do século XVII e suas reminiscências". In: *Poétiques du burlesque*, op. cit., p.105.
76 LIXACËV, D. "O velho riso russo". In: *Problemy poètiki i istorrï literatury*. Saransk: 1973, p.78.
77 GAYRAUD, R. op. cit.

infernal a próxima chegada do cardeal. O diabo, galhofeiro, cede-lhe o trono, sobre o qual manda gravar:

> Como meu orgulho não conseguiu me igualar a um deus,
> Escolhi minha morada dentro deste rico lugar.*

Com Mazarin, o riso satírico desencadeia-se. As "mazarinadas" são um dos grandes momentos da zombaria política. Sem surpresa, é Scarron que dá o sinal, com seu panfleto de 1651 contra o "tirano Jules", intitulado *A Mazarinada* – designação que se tornou genérica para mais de cinco mil panfletos recenseados.[78] O burlesco corre solto, em octossílabos de preferência, e Mazarin neles é visto de todos os ângulos e em todas as cores. Estes quatro versos de Scarron são reveladores do tom empregado:

> Ilustre em tuas partes vergonhosas,
> Apenas tua braguilha é famosa.
> Em vez das virtudes cardeais,
> Só tens as animais.

Ana da Áustria também tem direito à sua parte de obscenidades. Por exemplo, em *A custódia da rainha*:

> Povo, não duvideis,
> É verdade que ele a fode.
> E é por esse buraco
> Que Jules nos estropia.

Essa avalanche de panfletos revela a riqueza das potencialidades burlescas em todos os meios sociais. Quatro anos de riso insano, a despeito das violências, dos boatos, das intrigas, da miséria e dos achaques de toda espécie. Raramente, na História, foi visto tal nível de deboche, de veia cômica, de chocarrice, de hilaridade. Sim, a Fronda é, de fato, o "triunfo do burlesco". Uma enorme gargalhada prolongada, nas ruas de Paris ou de Bordeaux! As "mazarinadas", lidas em público, desencadeiam tempestades de riso – rir às

---

* No original há um trocadilho com o nome de Richelieu. "Rico lugar", em francês, é "*riche lieu*". (N. E.)

78 CARRIER, H. *La presse de la Fronde: les mazarinades, 1648-1653*. Genebra: 1989.

gargalhadas, rir até as lágrimas, rir até rolar por terra, rir até urinar nas calças... ou pior: "Sujamos nossos calções à força de rir", diz um personagem das *Agradáveis conferências de dois camponeses de Saint-Ouen e de Montmorency sobre os costumes do tempo*.[79] Dominique Bertrand tem razão de falar da "inundação cômica que as brochuras de propaganda 'frondosas' propiciaram a um público popular".[80]

O grande vencedor da Fronda não é nem Luís XIV nem Mazarin nem os parlamentares: é Rabelais, é o riso desbragado, sem freio. Por uma vez, os grandes do mundo – rei, rainha, ministros, fidalgos, magistrados, políticos – são reduzidos à sua justa medida: o nada. Há vacância de poder, as autoridades são dispersadas e o povo ri, o povo troça desses senhores que se creem tão importantes. Quatro anos de Carnaval, preparados por meio século de espírito grotesco.

O riso não é apanágio dos partidários da Fronda; ele brota de todos os lados. Mazarin, certamente, é o alvo principal, mas as chalaças se entrecruzam. Estudando uma das peças produzidas no decorrer do Carnaval de 1649, *O ministro de Estado, flambado,* que descreve o processo burlesco e a execução do cardeal, Dominique Bertrand demonstra que "desordem e riso se associam diretamente: Mazarin é designado como fator de perturbação, porque introduziu o Carnaval na cúpula do Estado. As gargalhadas são o sinal mais flagrante da indignidade do cardeal, tanto como homem da Igreja quanto como homem de Estado. ... A crítica subjacente à mazarinada é dupla: Mazarin deixa-se influenciar pelos farsantes, mas não seria ele próprio digno de ocupar o lugar de bobo da corte?".[81]

Mazarin é um bufão, aconselhado por bufões e é preciso derrubá-lo pela bufonaria. A Fronda tem ares de Carnaval. O panfleto descreve a execução do cardeal como a do Rei Carnaval. Estamos em plena tragicomédia, e nisso ainda há uma surpreendente semelhança entre o que se vê no palco e o que se vê nas ruas de Paris. Sob Luís XIII, um espetáculo cômico compreende, em geral, três partes: um prólogo cômico, de preferência obsceno, recitado, a partir de 1690, pelo célebre ator Bruscambille; depois uma tragicomédia; enfim, uma farsa na qual triunfam verdadeiras estrelas da bufonaria, como Turlupin, Gaultier-Garguille ou Guilherme-Gordo, do qual Tallemant diz

79 1649. O texto crítico foi publicado por DELOFFRE, F. *Annales de l'Université de Lyon.*
80 BERTRAND, D. "A Fronda e o riso: os equívocos de uma mazarinada". In: *Humoresques,* n.5, Presses Universitaires de Vincennes, p.21.
81 Idem, p.27.

que "não se podia vê-lo sem rir" e que morreu – apropriadamente – durante o Carnaval de 1634.

"Esses farsistas", diz Antoine Adam, "não são, contudo, nem ignorantes nem grosseiros. Suas brincadeiras costumam ser muito sujas. Entretanto, não são populares. Ao contrário, seriam pedantes e se assemelhariam a gracejos de carabineiros. Seria preciso saber várias línguas e conhecer Aristóteles para compreender-lhes todo o sentido.".[82] Também é o caso das farsas eruditas de Tabarin, populares entre 1619 e 1625. Na Itália, na mesma época, desenvolve-se um gênero similar, baseado na paródia das grandes epopeias, com Allessandra Tassoni, Giambattista Basile, Michelangelo Buonarotti il Giovane. Peças como *Pentamerone* ou *Fiera* combinam a verve popular, o espírito barroco, a paródia, a contestação política e social.

Na França, a tragicomédia culmina entre 1625 e 1640: são 68 títulos entre 1630 e 1639. Jovens autores, como Du Ryer, Auvray, Pichon, Rayssiguier ou André Mareschal, cujas peças são encenadas pelo elenco dos Comediantes do Rei, habituam o público a uma verve satírica, bufa, que conjuga o sério e o cômico, o grande e o irrisório e em que o solene se dissolve no bufão. É o espírito da época, o do burlesco, que triunfa no romance, no palco, na corte, nos salões onde proliferam as piadas aprendidas nas coleções e mesmo em parte no clero, com Garasse e seus êmulos. Mesmo que a tragicomédia tenha declinado depois de 1640, o público permanece impregnado por ela e se aborrece, durante muito tempo, com a nova comédia. A opinião pública, formada pelo burlesco, está prestes a transformar a epopeia dos cardeais ministros em pantalonadas bufas. Se a *Eneida* pode se reduzir a uma bagatela de chocarrices, por que a ascensão do absolutismo por direito divino não se resumiria às desventuras de um pequeno neurótico pretensioso – o jovem Luís XIV –, guindado ao centro das intrigas por uma mãe austríaca inconsciente e por seu amante, um cardeal-boneco italiano, ambos confrontados com um punhado de príncipes e parlamentares frágeis? A aurora radiante do Sol-Real é também a tragicomédia burlesca da Fronda.

Esta última é a apologia do período caótico que se segue às guerras de religião. Período de extravagâncias que conheceu todos os excessos, do preciosismo ao jansenismo e da libertinagem à Contrarreforma. Depois dos pesadelos dos conflitos religiosos, o riso burlesco marca, ao mesmo tempo, o alívio e a amargura; sim, sob essa aparência pomposa, a aventura humana

82 ADAM, A. *Histoire de la littérature française au XVIIe siècle*. Paris: t. III, 1962, p.176.

é uma farsa sangrenta, e o riso avulta sob a Fronda: como levar a sério esses palhaços enfeitados que disputam o poder?

Mas uma gargalhada não pode durar eternamente. O sério deve readquirir seus direitos. O caos da hilaridade que foi a Fronda não teria preparado o advento do despotismo, sugerindo ao poder que tudo era possível? É o que afirma Guez de Balzac, em 1658; em *Aristipo, ou Da corte*, ele desmonta "o mecanismo que leva da bufonaria à tirania", conforme a fórmula de Dominique Bertrand, com um "príncipe sensível aos sortilégios da ficção e do riso". Mazarin e seu círculo, "bufoneando e recorrendo às fábulas, persuadem o príncipe de que ele não é obrigado a manter sua palavra, depois de tê-lo convencido de que não está mais sujeito às fantasias e às visões dos legisladores. É assim que se criam os tiranos". É assim que se criam os Luís XIV... A monarquia absoluta de direito divino nasce da bufonaria, filha do burlesco; até a História pratica a ironia!

Para o novo poder, há uma urgência: colocar cada coisa em seu lugar, depois dos sobressaltos caóticos do período burlesco. O próprio riso precisa entrar nas fileiras, disciplinar-se, apurar-se, moralizar-se; em uma palavra: civilizar-se. Como nos jardins, deve existir um riso à francesa, que manterá o regime ridicularizando as faltas, os defeitos, os desvios. Mas pode-se, verdadeiramente, domesticar o riso? Intelectualizado, este, disfarçado de humor ácido, não vai tardar em corroer as bases do poder e da sociedade.

– 11 –

DO RISO POLIDO À ZOMBARIA

O poder ácido do espírito (séculos XVII e XVIII)

Quando jovem, Luís XIV gosta de rir – sobretudo do próximo. Ele não quer pessoas tristes a sua volta e é visto, frequentemente, hilário, rindo a bandeiras despregadas. Ele ri de bom grado assistindo às comédias de Molière, que vão ao encontro de sua política: zombando das extravagâncias e das pretensões dos nobres e dos burgueses, o comediógrafo presta serviço ao rei, mesmo que isso faça rilhar as dentaduras aristocráticas. Depois da Fronda, tudo o que possa rebaixar os grandes é bem-vindo. Quando Molière escreve, em *O improviso de Versalhes*, que "o marquês hoje é figura de comédia, e como em todas as comédias antigas vê-se sempre um criado bufão que faz rir os ouvintes, da mesma forma, em todas as nossas peças atuais, é preciso um marquês ridículo que divirta a companhia", isso, sem dúvida nenhuma, diverte o soberano. Na representação de *Escola de mulheres*,

> Que fez Sua Majestade
> rir a bandeiras despregadas,

ele se deleita ao ver destinados à derrisão os velhos maridos; e, na representação de *Tartufo*, não se importa de ver os devotos sob suspeita de hipocrisia. Porque Luís XIV, dos anos 1660 a 1670, não é verdadeiramente um modelo de virtude. Zombando dos velhos, dos maridos traídos, dos avarentos e dos censores beatos, Molière só pode fazer rir um rei jovem, sedutor, perdulário e de costumes levianos.

O POLIMENTO DO RISO: RABELAIS REVISITADO

Nessa época, o riso é aliado do rei. Porém, não importa de que tipo: se um riso policiado, submisso, disciplinado; ou um riso cortesão, que adula os gostos e as vontades do soberano. Luís XIV, apesar de seu temperamento refinado, desconfia do espírito. Saint-Simon insiste várias vezes nessa "aversão do grande rei pelo espírito". O homem espiritual é potencialmente perigoso. Até suas relações com os cortesãos mais dedicados são ambíguas.

Um exemplo, entre muitos outros, é o duque de Lauzun, que Saint--Simon descreve como "cheio de espírito, ... zombador e baixo até com a criadagem, ... cruel no que se refere aos defeitos e sempre pronto para expô--los ao ridículo, ... por isso perigoso para os ministros, temido por todos na corte e com muitos traços cruéis e picantes que não poupam ninguém".[1] Esse zombador que semeia o pânico entre os cortesãos, e cujas tiradas estão em todas as bocas, não hesita em ofender Sua Majestade. A propósito das frequentes e ridículas mudanças de indumentária do chanceler Voysin, ele responde a cortesãos que lhe perguntam sobre as novidades de Marly: "'Nada', diz ele naquele tom baixo e ingênuo que costumava usar. 'Não há novidades: o rei se diverte em vestir sua boneca.' A gargalhada domina os assistentes, que entendem bem o que ele quer dizer e também lhe sorriem malignamente, e ele alcança a porta".[2] Luís XIV nomeou em bloco vários marechais da França. "M. de Lauzun diz que o rei, como os grandes capitães, tomou o partido do traseiro na sela."[3]

Ao longo do desastrado ano de 1709, por sugestão da duquesa de Gramont, a grande nobreza é convidada a doar suas baixelas de prata à La Monnaie para ajudar o esforço de guerra. Lauzun não fica muito entusiasmado e

1 SAINT-SIMON. *Mémoire*. Paris: ed. de la Pléiade, 1988, t. VIII, p.620.
2 Idem, t. IV, p.793.
3 Idem, t. II, p.547.

responde a todos que lhe perguntam se ele contribuiu: "'Não ainda; não sei a quem me dirigir para fazer a doação, e depois, sei lá se tudo isso não precisa passar sob a saia da duquesa de Gramont?' Nós todos explodimos de rir; quanto a ele, fez uma pirueta e nos deixou".[4] O rei não gosta, desconfia do duque e não deixa de rir à custa dele. Em 1701, quando Lauzun, seguindo Luís XIV, se prepara para entrar na casa da duquesa de Bourgogne, "o porteiro, ignorante e estouvado, puxou-o pela manga e mandou-o sair. O sangue lhe subiu ao rosto, mas, pouco seguro quanto ao rei, não respondeu nada e saiu. O duque de Noailles, que por acaso era o mordomo nesse dia, foi o primeiro a perceber o acontecido e contou ao rei, que, de forma maligna, só fez rir e ainda teve tempo de ver Lauzun atravessar a porta. O rei raramente se permitia essas travessuras, mas havia pessoas que provocavam isso nele, e M. de Lauzun, que ele sempre temera e de quem jamais gostara, era uma delas".[5]

As blagues de Luís XIV não têm nenhuma relação com as trivialidades de seu pai. Rabelais, que aquecia o coração de Luís XIII, tornou-se um espantalho, um monstro incompreensível da era gótica. Como se pode rir de suas obscenidades?, pergunta-se, em 1690, La Bruyère na quinta edição de *Caracteres*: "Marot e Rabelais são indesculpáveis por terem semeado tanta sujeira em seus escritos; ambos tinham muito gênio e criatividade para poder dispensar esse lixo, mesmo para aqueles que preferem rir a admirar. Rabelais, especialmente, é incompreensível; seu livro é um enigma, ou seja, inexplicável; é uma fantasia, é o rosto de uma bela mulher com pés e cauda de serpente ou de qualquer outra besta disforme; é a monstruosa união de uma moral engenhosa e fina com uma suja corrupção. Quando ele é ruim, ultrapassa o pior, é o encanto da ralé; quando é bom, é excelente, pode tratar dos assuntos mais delicados".

A incompreensão é tanta que os intelectuais dizem entre si que Rabelais deve ter um sentido oculto: senão, como explicar sua imensa popularidade de outrora? É preciso, portanto, fazer sua exegese histórico-alegórica. O primeiro a ter essa ideia extravagante é o grande historiador Jacques de Thou, na segunda metade do século XVI. Esse homem sério fica um pouco desconcertado com Rabelais, que, cultivando "uma liberdade de Demócrito e uma brincadeira exagerada, diverte seus leitores com nomes absurdos e falsos, pelo ridículo que concede a todos os estágios da vida e a todas as condições do reino".

4 Idem, t. III, p.482.
5 Idem, t. II, pp 40-41.

No século seguinte, a edição de Amsterdã (1659) dá, anexa, uma primeira lista de chaves de leitura que Pierre-Antoine Le Motteux aperfeiçoou em sua edição inglesa de 1693.[6] Em 1752, o abade de Mary publica, em Amsterdã, *Rabelais moderno, ou suas obras ao alcance da maioria dos leitores*, em oito volumes: o texto fica submerso num aparato científico que tem seu mérito mas afoga o cômico; a língua é modernizada e o texto, expurgado de suas piores grosserias. No mesmo ano, em Genebra, outro abade, Pérau, publica uma versão consideravelmente diminuída, da qual se retiram todas as obscenidades, cenas e alusões escatológicas. Não sobra muita coisa, e o Rabelais novo, purgado de suas "sujeiras", não provoca mais gargalhadas. O texto torna-se tão inocente que, em 1776, a Biblioteca Universal de Romances pode publicar uma versão "para damas". Na mesma época, Éloi Johanneau e Esmangar produzem uma edição erudita em nove volumes, o *Variorum*.

Sepultado sob a exegese, ressuscitado sob a forma de contos para mocinhas, Rabelais, descaracterizado, metamorfoseia-se em autor anódino de aventuras divertidas de dois bons gigantes, Gargântua e Pantagruel. Suas obscenidades, sua grosseria, sua vulgaridade não passam adiante. Os ridentes do século XVIII só têm por ele um refinado desprezo, expresso por Voltaire em *Cartas filosóficas*: "Rabelais, em seu extravagante e ininteligível livro, difundiu muita alegria e uma impertinência ainda maior: ele foi pródigo em erudição, dejetos e tédio; um bom conto de duas páginas é trocado por volumes de besteiras; só algumas pessoas de gosto bizarro gabam-se de entender e apreciar essa obra completa. O resto da nação ri das brincadeiras de Rabelais e despreza o livro. Nós o vemos como o primeiro dos bufões, e é lamentável que um homem com tanto espírito tenha feito uso tão miserável dele; é um filósofo embriagado que escreveu dominado pela ebriedade".

O maior ridente do século XVIII condena, de forma implacável, o maior ridente do século XVI. Para Mikhaïl Bakhtine, ao qual é preciso voltar uma vez mais, isso se deve "ao processo de decomposição do riso que ocorre no século XVII. O domínio do riso retrai-se cada vez mais, perde seu universalismo. De um lado, emparelha-se com o típico, com o generalizado, com o mediano, com o banal; de outro, defronta-se com a invectiva pessoal, ou seja, é dirigido a uma pessoa específica. A individualidade histórica universal cessa de ser alvo do riso. Progressivamente, o universalismo cômico do tipo carnavalesco torna-se incompreensível".[7] Houve "generalização, abstração empírica, tipificação".

6 BOULENGER, J. *Rabelais à travers les âges*. Paris: 1923.
7 BAKHTINE, M. *L'Œuvre de François Rabelais*. Paris: 1970, p.120.

Tudo isso é verdadeiro. O contexto cultural é totalmente diferente. Entre Rabelais e Voltaire, existiu Bossuet, mas sobretudo Descartes, Boileau, Molière, Swift, Shaftesbury, e Kant não está longe. O riso não é mais um sopro vital, um modo de vida; tornou-se uma faculdade de espírito, uma ferramenta intelectual, um instrumento a serviço de uma causa, moral, social, política, religiosa ou antirreligiosa. Ele se decompôs em risos mais ou menos espirituais, em risos funcionais, correspondendo a necessidades precisas. O ridente generalista deu lugar aos especialistas, quase se pode dizer aos profissionais, com tudo o que isso significa de competência e enfraquecimento. Tal como no esporte, em que o amador procura saúde e bem-estar mediante uma prática equilibrada e o profissional granjeia glória e dinheiro por meio da superação e de recordes, o riso, a partir do século XVIII, tem seus atletas de alto nível, seus artesãos do ridículo – sem nuance pejorativa –, dos quais Voltaire é o campeão, e tem também seus amadores, cuja prática cotidiana recebe agora o nome de humor.

A transição efetua-se, progressivamente, na segunda metade do século XVII, quando se passou do burlesco vulgar à Scarron ao burlesco distinto à Boileau. Charles Perrault exprimiu assim a diferença entre as duas concepções: "O burlesco é uma espécie de ridículo [que] consiste na discrepância entre a ideia que se tem de uma coisa e a ideia verdadeira, assim como o razoável consiste na conveniência dessas duas ideias. Ora, essa discrepância se dá de duas maneiras: uma falando de forma baixa das coisas mais elevadas; outra falando magnificamente das coisas mais baixas. Foram essas duas inconveniências que formaram os dois burlescos que mencionamos. O autor de *Virgílio travesti* revestiu de expressões comuns e triviais as coisas mais elevadas e nobres, e o autor de *Lutrin*, pegando a contramão, descreveu as coisas mais comuns e abjetas em termos pomposos e magníficos".[8]

Há uma mudança de temas e também de termos. O segundo aspecto é, talvez, o mais importante. A invasão da linguagem por termos coloquiais, populares e chulos não deixa de inquietar a elite social e intelectual. Falar como os patifes é tornar-se igualmente patife, é favorecer a infiltração da ralé na melhor sociedade. A língua deve permanecer como uma barreira social, e só se deve rir entre si. Em 1652, Guez de Balzac, em *Diálogos*, investe contra o "modo baixo e grosseiro" do estilo burlesco, que o faz semelhante às farsas, contra "as caretas de vilões, as posturas relaxadas, as máscaras disformes e odientas que provocam medo nas crianças e admiração

8 PERRAULT, C. *Parallèle*, t. III, p.298.

no povo". Quando a burguesia começa a falar a língua do povo, a subversão social espreita. Balzac escreve durante o período da Fronda, o que dá mais peso a suas palavras. "Mas talvez resida nisso a verdade do burlesco (e a razão de seu silêncio depois de 1660): a inconveniência", escreve C. Nédélec.[9] A passagem do burlesco baixo ao burlesco distinto é, antes de tudo, uma mudança de linguagem, como o testemunha, em 1674, Bernard Lamy em *A retórica ou a arte de falar*.[10]

"É UM ESTRANHO EMPREENDIMENTO FAZER RIR AS PESSOAS DE BEM"

Ocorre o mesmo com o teatro. O desaparecimento da tragicomédia na França, na metade do século XVII, dá lugar a uma comédia influenciada pela Itália e pela Espanha, com d'Ouville, que explora o tema do amor contrariado, pronto para seduzir um público de jovens submetidos ao poder familiar. Também nesse caso, o estilo é considerado bufão e as situações, inconvenientes na nova ordem social. Thomas Corneille se rebela contra as "conversas de criados e bufões com príncipes e soberanos". Não se pode deixar de ter cuidado com a mistura de burgueses e fidalgos: a cada um seu ridículo, a cada um seu riso! A segregação do cômico é acompanhada pela estratificação da sociedade de classes.

Por fim, chega Molière. "Ele não era alegre. Provavelmente nunca foi", escreve Antoine Adam;[11] "Molière, taciturno, difícil de manter fora da zona de silêncio em que gostava de encerrar-se", vai encarnar o cômico clássico à francesa. Para isso contribuem, além de aspectos puramente técnicos de seu talento, duas grandes razões. Em primeiro lugar, seu caráter melancólico. Para ser um grande cômico, é preciso ser sério, de uma seriedade próxima da tristeza, que permite sentir em profundidade a miséria, a pequenez, a maldade, a mesquinhez, a mediocridade do homem e zombar de seus defeitos tocando no ponto exato, evitando o mau gosto. A tarefa não é fácil: "É um estranho empreendimento fazer rir as pessoas de bem", diz Molière, porque as pessoas de bem não riem de nada – são muito "de bem" para isso.

---

9 NÉDÉLEC, C. "Gíria e burlesco". In: *Poétiques du burlesque, Actes du Colloque International du Centre de Recherches sur les Littératures Modernes et Contemporaines de l'Université Blaise-Pascal*. Paris: 1998, p.357.

10 NOILLE-CLAUZADE, C. "O burlesco no século XVIII: uma questão de gênero, de estilo ou de autor?" In: *Poétiques du burlesque*, op. cit.

11 ADAM, A. *Histoire de la littérature française au XVIIe siècle*. Paris: 1962, t. III, p.225.

A outra grande qualidade de Molière é seu senso de opinião pública: adivinhando as correntes e as tendências, ele sabe tocar as cordas sensíveis – sensíveis demais, às vezes. Entre o riso e a indignação a distância é tão pequena quanto entre a honestidade e a hipocrisia. Molière põe a sociedade em cena enfatizando ligeiramente aquele ponto que incomoda, e o riso brota. Ele traduz a vida, e o bom tradutor é também criador. "Um autor cômico", diz Paul Bénichou, "segue o fluxo geral do público para quem escreve; nas ações que põe em cena, difunde e encarna pensamentos de todo mundo; ele procura, para sua zombaria, o auditório mais vasto. ... Molière não pode ser um 'pensador', já que não poderia ser partidário; e sempre se edificará no vazio quando se pretender explicar como declarações de guerra aquilo que, nele, é apenas a tradução, na linguagem quase sempre irresponsável do riso, dos juízos de valor já formados por seus ouvintes.".[12]

Mesmo com Molière, o riso à francesa concorre, até o fim do século XVII, com um certo riso à italiana. É uma concorrência entre as companhias, mas também no conteúdo: não se ri da mesma coisa com os comediantes italianos do rei, instalados em Paris desde 1661, e com os comediantes franceses. Com os primeiros, formados na tradição da *commedia dell'arte*, evolui-se para uma concepção já humorística da vida, para um humor desabusado, resignado e intencionalmente cínico.[13] Um cinismo insidioso, que se dissimula atrás de palavras, que ostenta as fachadas para fazer passar melhor os conteúdos. Nossa época tornou-se perita nesse jogo, com suas "limpezas étnicas" e seus "direcionamentos de alvo", mas já no século XVII, quando Arlequim recapitula suas façanhas "na medalha" (moedeiros falsos), nos "regimentos do arco-íris" (criado), quando ele lembra que "seguiu o rei em suas galeras" (como condenado) e que quase "morreu de falta de ar" (ser enforcado), o que ele faz senão desculpar seus crimes apresentando-os de forma humorística? Será que um patife que tem tanto espírito pode ser tão mau? A insinuação é inquietante para a moral, sobretudo quando a justificativa das trapaças pela linguagem se torna sistemática. Em uma de suas comédias, *As aventuras dos Campos Elísios*, os mortos ironizam os logros e as trapaças de sua vida passada. A comédia italiana retoma o espírito cínico de La Rochefoucauld. O público ri das pilhérias e das troças desses autores burlescos que perderam as ilusões. O humor aparece, e sua primeira cor é o negro.

12 BÉNICHOU, P. *Morales du grand siècle*. Paris: 1948, p.212.

13 *Le théâtre italien de Gherardi ou le Recueil général de toutes les comédies et scènes françaises jouées par les comédiens italiens du roy pendant tout le temps qu'ils ont été au service*. Paris: 1741, reprod. Slatkine. Genebra: 1969, v.3.

Charles Mazouer, recentemente, escreveu: "É bem possível que o humor, cujo espaço permanece restrito no antigo teatro italiano, explique de maneira competente o espírito dessas comédias: realce jovial, zombeteiro, de uma sociedade má, essa atitude lúdica mal disfarça uma resignação amarga e a tentação do consentimento indulgente do mal ou do cinismo. Colombina, a mais atraente humorista da companhia, permanece como a figura emblemática da comédia italiana".[14]

Em compensação, o espírito molieresco é mais sério, mais moralizador. Com os italianos, ri-se de toda a comédia social, profundamente má e inevitável; com os franceses, ri-se apenas de certos tipos, considerados maus, que precisam ser excluídos, pela derrisão, de uma sociedade globalmente boa. Sabe-se que Molière deve muito a Scaramouche e, em seu gênero, é um Dom Quixote que ainda crê que é possível eliminar os vícios. Mas não sejamos cegos: a despeito da interdição oficial dos italianos, em 1697, Arlequim é mais popular que Molière. Muito contestado quando era vivo, Molière deve parte de seu triunfo póstumo à glorificação orquestrada pelos manuais de literatura, obras de professores formados em humanidades e seduzidos pelo cenário oficial da propaganda clássica de Luís XIV. É uma miragem do "grande século", que mal começa a se dissipar graças aos pacientes esforços de historiadores que, depois de Pierre Goubert, tiveram a audácia de desafiar o mito, que ainda guarda alguns adoradores tardios.

Quando as pessoas querem rir, em 1690, vão ver Arlequim e não Molière; e, depois de 1697, elas se apressam para ver as representações semiclandestinas do teatro de feira, encenadas por companhias interditadas. Os "empresários de espetáculos", que recorreram a todas as rixas para desafiar o teatro francês, perpetuam a tradição burlesca, repleta de alusões satíricas, recebidas por um público cúmplice com um riso de desafio. Chega-se até a parodiar os comediantes franceses e seus alexandrinos, daí as reações violentas como o assalto e o incêndio do teatro de Holtz, na feira de Saint-Germain, pelos comediantes franceses, em 1709. O decreto de 1710 que proíbe "representar comédias por diálogos, monólogos ou outros" pretende impor o cômico oficial, mas o regente, ridente sagaz e impenitente, volta a chamar os italianos depois da morte de Luís XIV.

Esse conflito entre cômico oficial e cômico clandestino traduz um confronto entre duas concepções de sociedade e, mais além, de mundo. O

---

14 MAZOUER, C. "O humor no antigo teatro italiano". In: *Humoresques* n.7, Presses Universitaires de Vincennes, 1996, p.85.

cômico oficial, de convenção, visa reforçar a norma social excluindo, pela ironia, os desvios, os marginais e os contestadores de qualquer espécie. Há alvos bem precisos. Sério, pedagógico, ele demonstra aos homens de bem quanto é ridículo um avarento, uma pessoa que procura sair de sua condição, um ímpio, uma mulher que quer ser sábia, um doente imaginário... Uma vez que as normas sociais mudam, o cômico sofre as consequências disso. Sabe-se que Molière teria desejado ser tragediógrafo e que suas melhores peças são, na realidade, tragédias: *Dom Juan, O misantropo, Tartufo* não são engraçadas... Molière leva o mundo muito a sério e acredita que pode mudá-lo. É um grande artista – e isso não desagrada à "Águia de Meaux" –, tem a mesma estirpe que Bossuet: aos olhos desses dois homens, o mundo é trágico, mas aperfeiçoável; os vícios podem ser perseguidos pela ameaça divina, de acordo com um, e pelo riso, de acordo com o outro. Quando Molière faz rir – o que sempre acontece, sem exagero –, ele se prende a um defeito ou a um vício ligado à organização social, isto é, que se pode remediar e que não é, portanto, trágico. Quando ele aborda os grandes temas e as grandes questões da condição humana – Deus, os outros... –, não evita a tragédia, porque deseja ardentemente poder mudar o que quer que seja.

Já o cômico clandestino tem uma visão global do mundo e toma o partido dele. O mundo é mau, e nada podemos fazer contra isso; então, o melhor é rir. Esse riso se dirige ao mundo todo e a toda a comédia humana. É um riso mais de espectador que de ator e abrange todas as nuances possíveis: da bufonaria grosseira ao humor mais delicado, do riso rude ao cinismo superior.

DE *O DIABO COXO* À ÓPERA CÔMICA: O SENTIDO DO BIZARRO

O primeiro tipo de cômico é mais difícil de dominar. É preciso ser um verdadeiro artista para "fazer rir os homens de bem", e a grandeza de Molière é, precisamente, essa. O segundo tipo, mais livre, é mais difundido e mais popular. A oposição entre os dois persiste ao longo de todo o século XVIII. Desde os primeiros anos, o teatro de feira confirma seu sucesso com Alain-René Lesage, um bretão de origem plebeia, formado pelos jesuítas de Vannes, que expõe sua filosofia da existência, em 1707, com *O diabo coxo*. Esse diabinho é Asmodeu, que é libertado por um estudante de Espanhol de uma garrafa onde estava aprisionado e que, em troca, mostra ao rapaz todas as tragicomédias, manipuladas por Satã, que se desenrolam na cidade. Dino Buzzati retomará essa ideia em *O K*. O mundo visto por Lesage é eminentemente risível, picaresco, grotesco, burlesco; cada um persegue suas quimeras, ridículos e patéticos ao mesmo tempo. Os homens são títeres com os quais brinca Asmodeu, um diabo coxo e farsante: "Eu faço casamentos ridículos, uno velhos babões com lavadeiras, senhores com suas servas e moças maldotadas com ternos amantes sem fortuna. Fui eu quem introduziu no mundo o luxo, o deboche, os jogos de azar e a química. Sou o inventor do carrossel, da dança, da música, da comédia e de todas as novas modas da França. Resumindo, eu me chamo Asmodeu ou o diabo coxo".

Para Lesage, o próprio mundo é risível, e essa é a revanche do diabo. Trata-se de uma visão cômica global, que ele desenvolve nas peças *Turcaret, Gil Blas, Arlequim, rei de Serendibh*, uma paródia de *Efigênia*, ou ainda *Rômulo* (em que Pierrô é o fundador de Roma e Polichinelo o papa, o que não muda em nada a história do mundo). Em *O mundo do avesso*, Arlequim – sempre ele – segue Merlim em um mundo encantado, espécie de sonho utópico em que as pessoas da lei são honestas e os maridos não são cornudos. Lesage luta pelo teatro de feira, com *Os funerais da feira*, em 1718, e depois com *Lembrança da feira da vida*.

Lesage é audacioso, porém não é mau. Seu riso é compassivo e sem ilusão. Ele é excelente na paródia, incluindo a da ópera, com *A paródia da ópera de Telêmaco*, e, em 1724, na feira Saint-Germain, cria uma "ópera cômica". Mas toda ópera não é cômica? Como se podem olhar sem rir – ou sem dormir – esses personagens que se agitam cantando frases incompreensíveis, desenvolvendo ações ordinárias como se fossem as mais graves? O grotesco é ainda acrescido pelo conteúdo das intrigas que fazem o século XVIII girar em torno de atormentadas aventuras mitológicas. A isso somam-se a decoração, o maquinário, os "efeitos especiais" que provocam ridículas reviravoltas dramáticas: "Eu não consigo segurar o riso diante de algumas catástrofes trágicas", escreve o abade Mably. As pessoas sensatas só podem rir da ópera, a propósito da qual Saint-Évremond declara: "Uma tolice carregada de música, de dança, de máquinas, de decorações; é uma tolice magnífica, mas ainda assim uma tolice".

Essa opinião é partilhada por muitos espíritos esclarecidos: Addison, Steele, Muratori, Gravina, Maffei, Boileau, La Bruyère, Crescimbeni. Para eles, não se deve ter vergonha de achar a ópera grotesca, e o empolgamento que ela suscita na alta sociedade do século XVIII permanece um mistério. Certamente, o espetáculo estava mais na plateia do que na cena, mas, enfim, prossegue Saint-Évremond em *Carta sobre as óperas*, "pode-se imaginar que um senhor chame seu criado ou lhe dê uma gorjeta cantando, que um amigo faça uma confidência a outro cantando, que se tomem decisões cantando, no Conselho, que se exprimam as ordens com canto e que melodiosamente se matem homens a golpes de espada ou dardo, em um combate ...? Se quereis saber o que é uma ópera, eu vos direi que é um trabalho bizarro de poesia e música no qual o poeta e o músico, influenciados um pelo outro, dão-se ao trabalho de fazer uma obra ruim".

"Trabalho bizarro", sem dúvida, mas que se inscreve também na corrente bufa do século XVIII. Esse mundo irracional de pessoas que fazem tudo cantando é a forma aristocrática do burlesco que atravessa todo o século. A "ópera-bufa" é apenas sua versão mais extravagante. Para Fontenelle ou para o marquês de Argenson, burlesco e bufão são a mesma coisa; é o cômico extremo, que eles atribuem aos italianos. É reabilitando o lado bufão de Molière que ele se torna cômico para nós: tarefa à qual se dedica Nougaret em *Teatro para uso dos colégios*.[15]

Eis o que revela o esforço do século para dirigir a imagem e o sucesso do cômico oficial para o teatro. Mas os anátemas da Igreja contra a comédia fazem gorar qualquer tentativa. Nos colégios jesuítas, certamente há teatro, mas trata-se de peças sob medida, didáticas e morais. Desconfia-se das comédias, às quais os mestres preferem as tragédias, que exaltam suas nobres virtudes. No entanto, elas aparecem timidamente, com *O mercado das ciências*, em 1667, no colégio de Chalon-sur-Saône, para romper um pouco "o tédio de ver o sangue que a tragédia faz correr em nossos teatros". Em 1693, apresenta-se a comédia *Diógenes*, no colégio de Caen. A *ratio* dos estudos de 1703 proíbe a tragicomédia e recomenda a maior prudência quanto à comédia. Certos professores jesuítas escrevem algumas para seus alunos, como o padre de Creceau. Um assunto risível é designado: os jansenistas, contra os quais Bougeant escreve, em 1731, *La femme docteur*.[16]

Fora dos colégios, a comédia moralizante arrasta-se penosamente. É um dos grandes erros dos filósofos das Luzes acreditar na possibilidade de uma "comédia séria", que, conforme o desejo de Diderot em *Diálogos sobre o filho natural*, apresentaria não os vícios, mas as virtudes, os deveres, num ambiente de alegria, otimista, franco e aberto. Algumas tentativas, nesse sentido, terminam em comédias lacrimejantes que não fazem ninguém rir. A virtude não é um tema cômico, e o bom humor forçado é muito artificial para provocar o riso. Rousseau, mesmo tendo ele também um lado "escoteiro", mostrou-se mais clarividente que Diderot, nesse ponto, criticando as comédias morais. A recusa de qualquer concessão à bufonaria, à farsa – que a *Encyclopédie* reserva

15 QUÉRO, D. "A estética do bufão". In: *Poétiques du burlesque*, op. cit.
16 DAINVILLE, F. de. *L'éducation des jésuites, XVI-XVIIIe siècles*. Paris: 1978, pp.476-480 e 500.

à "grosseria do populacho" – não favorece a eclosão de um teatro cômico esclarecido. Contudo, os filósofos compõem-se para suscitar o riso – mas é o riso da derrisão, da zombaria. Eles são divertidos quando mostram os dentes, o que tenderia a reforçar a teoria do riso como manifestação agressiva.

Contudo, na Itália, o veneziano Carlo Goldoni (1707-1793) consegue a façanha de criar "um cômico que consiste, mais que em suscitar o riso ou o sorriso, em alegrar o coração por meio de uma confiança profunda na existência, na natureza, na razão".[17] Goldoni dá uma segunda chance à *commedia dell'arte*, misturando o cômico farsesco com o cômico de meia-tinta. Esse otimista põe em cena a psicologia em ação, de modo amável e em proveito de uma moral individual e social. Ele é virtuoso e, por isso, faz rir – docemente.

Arlequim não é virtuoso e faz rir francamente no século XVIII, o que termina por provocar uma polêmica na Alemanha, onde Gottsched queria expulsá-lo de cena, enquanto Lessing toma sua defesa. Em 1761, Justus Möser, em *Harlequin oder die Verteidigung des Grotesk-Kormischen* (Arlequim ou a defesa do cômico grotesco), desenvolve a ideia de modo grotesco, empregando suas próprias leis. Esses debates, aliás, estão na origem das primeiras obras sérias sobre a história do riso, já que, em 1788, Flögel, um crítico literário alemão, publica *História do cômico grotesco*, que se soma à sua *História dos bufões da corte* e aos quatro volumes de sua *História da literatura cômica*.

DE DESCARTES A KANT: O OLHAR DESCONFIADO DA FILOSOFIA

Os filósofos continuam a interrogar-se sobre a natureza do riso. O novo Aristóteles, Descartes, que recria o mundo a partir do *cogito*, deve explicá-la. Mas sua explicação se revela muito falaz e simplificada. No tratado sobre *As paixões da alma*, de 1649, ele dá, de início, uma descrição fisiológica do fenômeno: o riso é provocado por um afluxo de ar expulso dos pulmões por um brusco acesso de sangue, e esse sangue vem do baço, que se dilata, como se sabe, sob efeito de uma surpresa agradável, ligada à admiração ou à raiva. A despeito de sua independência em relação a Aristóteles, Descartes permanece muito influenciado pela teoria dos humores: "Aqueles cujo baço não é sadio estão mais sujeitos a ser não apenas mais tristes como também, por intervalos, mais alegres e mais dispostos a rir que os outros; tanto assim que o baço envia dois tipos de sangue ao coração; um muito

17 BEC, C. (ed.). *Précis de littérature italienne*. Paris: 1982, p.243.

espesso e grosseiro, que causa a tristeza; o outro bastante fluido e sutil, que causa a alegria. E muitas vezes, depois de rir, a pessoa se sente naturalmente inclinada à tristeza porque, quando a parte mais fluida do sangue do baço se esgota, a outra, mais grossa, sucede-a no coração".[18] Exteriormente, esse afluxo de ar faz pressão sobre os músculos da garganta, do diafragma e do peito, que por sua vez "movimentam os do rosto conectados a eles; é a essa ação do rosto, com essa voz inarticulada e ruidosa, que chamamos riso".

Isso é tudo para a mecânica do riso. Psicologicamente, ele talvez possa ser dissociado da alegria. O mecanismo pode ser acionado por causas físicas, como o fato de recomeçar a comer depois de longa interrupção ou apenas "a simples ideia de comer", como o pretende o espanhol Vivés. Para ele, o riso também pode ser provocado pela indignação, pela aversão, e "geralmente tudo o que pode inflar subitamente o pulmão dessa maneira causa a ação exterior do riso".

É certo que o riso resulta às vezes da alegria, porém esta "só pode causá-lo quando é medíocre"; por outro lado, é preciso que ela seja mesclada com a raiva, ou com a admiração, e com a surpresa. Pode-se ter um exemplo com a zombaria: "A derrisão ou zombaria é uma espécie de alegria misturada com raiva que surge no momento em que percebemos algum defeito em uma pessoa que se imagina ser digna dele; e, quando isso ocorre inopinadamente, a causa de morrermos de rir é a surpresa ou a admiração".[19] Acontece a Descartes gargalhar zombando dos outros filósofos, por exemplo: "Sua maneira de filosofar é muito cômoda para aqueles que têm espírito medíocre", ele escreve em *Discurso do método.* Essa é a boa zombaria, "aquela que retoma convenientemente os vícios, fazendo-os parecer ridículos, sem, todavia, rir de si mesmo nem manifestar raiva contra as pessoas; não é uma paixão, mas uma qualidade dos homens de bem, que demonstra a alegria de seu humor e a tranquilidade de sua alma, as quais são marcas de virtude, e muitas vezes a direção de seu espírito, o que parece dar aparência agradável às coisas das quais se zomba".[20] Pode-se rir ouvindo as zombarias de outro, mas é melhor não rir de si mesmo enquanto se zomba, para não parecer muito cheio de si e também porque as zombarias sonsas "surpreendem mais aqueles que as ouvem".

Há também a má zombaria, aquela dos fracassados, dos enfermos, que cospem seu veneno por despeito ou amargura: "Vê-se que aqueles com defeitos muito evidentes, por exemplo os que são coxos, zarolhos, corcundas

18 DESCARTES, R. *Les passions de l'âme,* art.126.
19 Idem, art.178.
20 Idem, art.180.

ou que receberam alguma afronta pública, são particularmente inclinados à zombaria; porque, ao desejar ver os outros tão desgraçados quanto eles, livram-se dos males que os afligem e consideram-nos dignos".[21]

Visivelmente, para Descartes, o riso é suspeito. Eu rio, logo, odeio. Processo mecânico que escapa à razão e que se traduz por caretas e ruídos desprovidos de qualquer dignidade, o riso pode facilmente tornar-se inconveniente. A filosofia da primeira metade do século XVII rejeita os costumes burlescos e tende, antes, para os censores religiosos. Nós vimos a hostilidade de Hobbes por essa expressão irracional de amor-próprio. O chanceler Bacon não se mostra mais favorável: ele subtrai ao riso domínios interditos, como o Estado e a Igreja,[22] e desaconselha aos velhos esse dispêndio de energia inútil.[23]

Um dos estudos mais negativos do riso na metade do século XVII é o de Cureau de La Chambre, conselheiro do rei e seu primeiro médico comum. Em 1663, na edição em dois volumes de seus *Caracteres das paixões*, ele consagra menos de cinquenta páginas ao riso. Sua descrição do homem que ri é sem nuances: "É uma crise, uma espécie de delírio, de histeria, de epilepsia, de uma violência inconfessada que deixa sem forças e que pode até provocar a morte". Essa passagem, semelhante a certos quadros flamengos da época, nos leva a indagar se o riso, no século XVII, não era mais violento que hoje, o que explicaria as reticências dos moralistas e dos manuais de civilidade diante dessa explosão de selvageria:

"O peito agita-se tão impetuosamente e com sacudidelas tão frequentes que mal se pode respirar, perde-se o uso da palavra e é impossível engolir o que quer que seja. Do flanco sobe uma dor tão forte que parece que as entranhas se dilaceram e que vão se abrir; e nessa violência vê-se o corpo todo dobrar-se, entortar-se e recompor-se. As mãos comprimem as costelas e apertam-nas vivamente; o suor sobe ao rosto, a voz se perde em soluços e o hálito, em suspiros inflados. Às vezes, essa agitação chega a tal excesso que produz o mesmo efeito que os medicamentos; ela expulsa os ossos das articulações, causa síncopes e, por fim, a morte. A cabeça e os braços sofrem os mesmos estremecimentos que os flancos e o peito, mas, entre esses movimentos, vedes que eles ocorrem aqui e ali, com precipitação e

21 Idem, art.179.
22 THOMAS, K. "The place of laughter in Tudor and Stuart England". In: *Times Literary Supplement*, 21 de janeiro de 1977, pp.77-80.
23 MINOIS, G. *Histoire de la vieillesse*. Paris: 1987, p.370.

desordem, e que depois percorrem de uma costela a outra, como se tivessem perdido todo o seu vigor; as mãos tornam-se lassas, as pernas não conseguem sustentar-se e o corpo é obrigado a cair".[24]

E nosso ridente está literalmente "desabado", esgotado, quase sem vida. É possível imaginar o que seria uma crise de riso coletivo, na corte ou na taverna. O mais divertido, se é que se pode afirmar isso, é que o homem nem sabe por que ri, prossegue Cureau de La Chambre: "Não há nada mais ridículo que ver aquele que não consegue controlar sua natureza e que acredita ser seu confidente ignorar aquilo que lhe é mais próprio e mais familiar; rir a todo momento sem saber por que e não conhecer sequer o motivo nem os movimentos que formam essa paixão".[25]

Depois de ter descrito os sintomas desse estranho comportamento, Cureau de La Chambre dedica-se a procurar as causas. Ele passa em revista as explicações mais comuns: admiração misturada com alegria, alívio, constatação de um mal ou de uma deformidade sem dor. Para ele, três aspectos são essenciais, os quais depreciam o riso. De início, ele está associado a um sentimento de superioridade: rimos ao constatar um defeito ou uma fraqueza nos outros, o que supõe um mínimo de consciência. "É por essa razão que as crianças não riem antes de quarenta dias; é como se a alma estivesse amortalhada, mergulhada nessa quantidade de humores que não são capazes de nenhum conhecimento; mas, à medida que a umidade diminui, as luzes aumentam e elas adquirem, pouco a pouco, o poder de rir, começando pelo sorriso, e algum tempo depois tornam-se capazes de um riso veemente."[26]

Em seguida, há um efeito de surpresa; os seres mais frágeis, mais cândidos e mais ignorantes são os mais fáceis de ser surpreendidos e atacados pela hilaridade. "Os jovens e os biliosos riem mais dos defeitos dos outros que os velhos e os sábios, porque são naturalmente insolentes e arrogantes; os loucos e os ignorantes não notam os ditos espirituosos nem torneios engenhosos; as mulheres e os sanguíneos são mais propícios ao riso, porque têm uma inclinação natural para a adulação."[27]

Resultado: os sábios, instruídos, inteligentes e bons riem pouco. Como sabem tudo, não são surpreendidos, e como são bons, não são vaidosos. "Os sábios riem menos que os outros, porque não são nem ignorantes nem mali-

24 LA CHAMBRE, C de. *Les charactères des passions*. Paris: 1663, v.2, t. I, cap. IV, "Du ris", pp.230-231.
25 Idem, p.227.
26 Idem, p.261.
27 Idem, p.264.

ciosos, há poucas coisas que lhes são novas e eles se desvencilham facilmente das imperfeições."[28] Inversamente, o riso é próprio dos débeis, dos ignorantes, dos tolos, dos maus. Isso é próprio do homem, já que os animais não experimentam esse tipo de surpresa agradável e não há do que ter orgulho.

Enfim, o riso é uma atitude social: o solitário não ri ou não tem um riso verdadeiro. "É verdade que a companhia determina a produção do riso e que a alma deseja aparentar que está surpresa."[29]

Essa concepção negativa do riso reaparece pouco depois em Leibniz: nas críticas que dirige a Shaftesbury, ele escreve que o riso, que escapa à razão, tende naturalmente ao excesso. Distinguir entre o riso vulgar e o riso moderado lhe parece muito aleatório. Os tipos de riso não coincidem com as categorias sociais: quantas pessoas, na elite, têm um riso grosseiro, sonoro, vulgar? "O vulgar é mais difundido do que se pensa, [porque] há grande quantidade de pessoas que são povo quanto à racionalidade." Acreditar que a razão pode regular o riso é ilusório.

Spinoza é, nitidamente, mais favorável. Mas, como Hobbes, não tem reputação de santo. Para ele, o riso, que contribui para o desenvolvimento do ser, participa da natureza divina. O júbilo está em Deus. "O riso, como a brincadeira, é pura alegria e, consequentemente, desde que não seja excessivo, é bom em si mesmo. Por certo, é uma superstição selvagem e triste que proíbe o prazer."[30] Em compensação, a zombaria, que participa do ódio, é condenável: "Sempre evitei tornar derrisórias as ações humanas, deplorá-las ou maldizê-las; ao contrário, tentei compreendê-las".[31]

Kant é quase da mesma opinião, com uma análise mais intelectualizada. No início, há um fenômeno psíquico: a descoberta repentina de um absurdo, de uma incongruência, isto é, de uma realidade totalmente diferente do que era esperado. De súbito, a tensão psíquica se mobiliza para atender a essa realidade, descarrega-se brutalmente. "É preciso que haja, em tudo o que provoca um riso vivo e ruidoso, um elemento absurdo (o que faz com que a compreensão não encontre satisfação). O riso é um efeito resultante da maneira como a tensão da espera é reduzida a nada. Essa transformação, que não é agradável ao entendimento, é precisamente o que provoca, de forma indireta, uma alegria muito viva."[32] A dificuldade

28 Idem, p.251.
29 Idem, p.247.
30 SPINOZA, B. *Éthique*, IV, prop. XLV, corol II, scolie.
31 Idem, *Traité de l'autorité politique*, I, 4.
32 KANT, E. *Critique de la faculté de juger*. Paris: ed. A. Renaut, 1995, p.321.

consiste em explicar como um fenômeno psíquico pode desencadear essa reação física. Kant, realmente, não o consegue: ele fala de uma sinergia, de uma harmonia entre corpo e espírito, o corpo "imitando" o que se passa no espírito – o que resulta num jogo de palavras.

O riso é positivo, afirma Kant; ele faz bem, tem valor terapêutico. Infelizmente, é difícil provocá-lo: "Voltaire dizia que o céu nos deu duas coisas para equilibrar as múltiplas misérias da vida: a esperança e o sono. Ele poderia ter acrescentado o riso, se o meio de suscitá-lo em pessoas sensatas fosse fácil e se o espírito ou a originalidade de fantasia, que lhe são necessários, não fossem tão raros quanto o talento para compor obras complicadas como as dos sonhadores místicos".[33] Também Kant opõe o riso benfazejo ao riso zombador: "O escárnio equivale ao ódio", escreve ele.

O SÉCULO DE ASMODEU, O DEMÔNIO ZOMBADOR

O escárnio é, contudo, o riso do século. Todo mundo conhece o grande trocista Voltaire. Ora, se ele adquiriu tamanha celebridade, é porque é a quintessência de uma época em que a zombaria está em toda parte. Essa época não é, aliás, mais maldosa que qualquer outra; se as pessoas zombam, é porque acreditam, enfim, ser donas de seu destino. A zombaria generalizada, no século XVIII, testemunha uma sociedade que, depois das dúvidas da "crise de consciência europeia" (entre 1680 e 1710), pensa ter encontrado, com a razão crítica, o caminho para o progresso, para a verdade, para a civilização. A razão está morta; o bom-senso prospera, prolifera e ri das fraquezas passadas, dessas miragens, dessas brumas que se dissipam no amanhecer de uma nova era. A razão acorda e ri desses sonhos. E, como o riso agora está policiado, ela ri docemente, com inteligência – faz ironia.

Forma intelectual do riso, baseada em razoável certeza e desprezando o erro, a ironia está por toda parte. Depois do burlesco, raivoso e subversivo, sacudindo o mundo porque não chega a compreendê-lo, a ironia é a atitude daquele que compreende – ou julga compreender – e se contenta em troçar dos erros porque sabe que eles podem desaparecer. O ironista é seguro de si e pode permitir-se ironizar. E como todo mundo se tornou sensato e seguro de si, todo mundo troça. Ri melhor quem ri por último.

33 Idem, pp.322-323.

Os adversários das Luzes não são os últimos, nesse concerto de troças. Basta ver a *História dos cacouacs,* surgida em 1757. O livro faz uma análise dessa tribo orgulhosa que não aceita nenhuma autoridade, que se deleita e se vangloria da palavra "verdade", ensinando que tudo é relativo, que cospe em cada palavra seu veneno, escondido sob a língua. Não religiosos, os cacouacs divinizam a natureza, e uma de suas obras intitula-se: *Plano de uma religião universal para uso daqueles que podem prescindir dela e na qual se pode admitir uma religião, com a condição de que ela não interfira em nada.* Esses seres barulhentos e fanfarrões podem ser afugentados com um assobio. A zombaria pega no ponto e os filósofos ficam furiosos. Em 1760, eles são novamente ridicularizados na comédia parodística *Filósofos.* Aí se vê também o grande ecologista Jean-Jacques Rousseau entrar em cena de quatro, com uma alface no bolso. Entre os mais espirituais dos anti-Luzes, o abade Fréron é um trocista de primeira, que dá trabalho a Voltaire.

Todo mundo zomba de todo mundo, e há muita inventividade quanto aos procedimentos utilizados. A velha paródia burlesca chega a efetuar um retorno com *Homero travesti ou A Ilíada em versos burlescos,* um pecado de juventude de Marivaux (1717). A ideia do viajante estrangeiro que vê as instituições e os costumes com um olhar novo e destaca disso o lado ridículo, contrário ao bom-senso, é um filão brilhantemente explorado por Montesquieu e seus persas, Goldsmith e seu chinês, Voltaire e seu huroniano, Cadalso e seu africano. O gênero utópico, em plena renovação, também permite impertinências. Quanto à viagem imaginária, ela é desenvolvida pelo espírito cáustico de Swift; nada escapa à sua troça devastadora, que faz tábua rasa da cultura, das instituições, das crenças, das práticas e dos costumes desse "espantoso verme" que é o homem. A ironia de Swift é um niilismo trocista que constitui o extremo limite da zombaria do século XVIII. Mas todas essas zombarias têm um alvo privilegiado: a organização social de sua época. Os cômicos da geração precedente incidem sobre vícios e defeitos individuais para preservar o corpo social. Estes, ao contrário, riem do corpo social, que julgam mau e querem reformar pelo bom-senso. "Eles denunciam", escreve Paul Hazard, "um presente que os irrita mas que acreditam ser possível mudar. Seu inimigo é o estado social, tal como o encontraram ao nascer; que seja destruído, que seja substituído, e o futuro será melhor".[34]

34 HAZARD, P. *La pensée européenne au XVIIe siècle.* Paris: 1963, p.19.

O HUMOR, VACINA CONTRA O DESESPERO

Desde o início do século XVIII, é possível distinguir, nitidamente, a ascensão dessa contestação social pelo riso. Na Inglaterra, em 1713, o médico e erudito John Arbuthnot funda o Scriblerus Club, o clube dos escrevinhadores, que aciona a luta trocista conta a idiotice. No mesmo momento, assiste-se nesse país à tomada de consciência do humor no sentido moderno – indefinível – do termo. A primeira utilização da palavra, nessa acepção, data de 1682, e Shaftesbury é um dos primeiros a explicitá-la, em 1709, em *Sensus Communis: An Essay on the Freedom of Wit and Humour.* Dois anos mais tarde, em um artigo do *Spectator* de 10 de abril de 1711, Addison distingue o verdadeiro humor do falso: "Assim como o verdadeiro humor tem um ar sério, enquanto todo mundo ri em volta dele, o falso humor ri o tempo todo, enquanto todo mundo mantém um ar sério em volta dele". A propósito das obras burlescas que aparecem na época, ele escreve: "Essas obras incoerentes ou delirantes que circulam entre nós sob títulos extravagantes ou quiméricos são produto de cérebros degenerados e não obras de humor".

Os ingleses começam, portanto, a precisar essa noção, que acompanha a afirmação da consciência individual, a ascensão de valores individualistas que John Locke defende na mesma época. Humor e sentido de liberdade caminham juntos. Aquele que tem humor é um homem livre, separado de si mesmo, dos outros e do mundo. É lógico que o humor apareça pouco depois do *habeas corpus* e da *Declaração dos direitos*. O humor não tem, definitivamente, o sentido que lhe dava Jonson, ou seja, aquele de um humor físico involuntário. Agora, é uma atitude voluntária e consciente, uma espécie de filosofia de vida baseada no distanciamento.

Outros homens de letras ingleses tentam delimitar melhor essa qualidade evanescente, com alguns tropeços. Assim, em 1744, Corbyn Morris consagra um tratado às distinções entre espírito, humor, zombaria, sátira e ridículo. A obra testemunha o interesse que se confere a essas noções, mas as definições propostas por ele ainda são fluidas:

"Um homem de humor é capaz de representar com facilidade um personagem fraco e ridículo na vida real, seja assumindo-se como tal, seja fazendo-o ser representado por outra pessoa, de maneira tão natural que se poderá, por assim dizer, tocar com os dedos as bizarrices e as fraquezas mais extravagantes do personagem.

Um humorista é uma pessoa da vida real, obstinadamente apegada a extravagâncias de sua própria lavra, bizarrices que são visíveis em seu temperamento e em sua conduta.

Resumindo, um homem de humor é aquele capaz de representar e de revelar, com felicidade, as extravagâncias e as fraquezas de outros personagens.".[35]

Em 1762, Henry Home dá uma definição que retoma a de Shakespeare: "O verdadeiro humor é próprio de um autor que aparenta ser grave e sério, mas pinta os objetos de tal maneira que provoca a alegria e o riso".[36] Era preciso aguardar as precisões da *Encyclopaedia Britannica*, de 1771. Ora, os autores se restringem e, à guisa de definição, remetem a dois termos: *fluid* e *wit*. O primeiro faz alusão ao humor no sentido jonsoniano, que não prossegue. Quanto ao segundo, é assimilável ao "espírito", ao senso de agilidade intelectual. Essa faculdade também é característica do século XVIII europeu: ser *witty*, ser espiritual, é uma qualidade admirada, procurada, indispensável para a ascensão na sociedade. O *wit* também é uma arma, uma fina espada cinzelada que, quando toca, pode matar – porque ridiculariza, e no século XVIII, na sociedade aristocrática, o ridículo mata. Mata politicamente, socialmente e, por vezes, psiquicamente, levando ao suicídio. A palavra espirituosa substitui, com vantagem, o duelo.

O *wit* difere do humor. Os jovens impiedosos do Hell Fire Club (clube do fogo do inferno) são *very witty*, mas não têm senso de humor. O *wit* é frio, intelectual, intencional – mas nem sempre –, maldoso e desdenhoso. O humor acrescenta um ligeiro toque sentimental e amigável cumplicidade; ele nunca é mau. O *wit* suscita a zombaria triunfante e agressiva; o humor, o sorriso reconfortante. Apesar de tudo, ele tem um ar de família. Eis como Addison estabelece a filiação: "A verdade é a fundadora da família e gerou o bom-senso. O bom-senso gerou o espírito (*wit*), que se casou com uma dama de um ramo colateral chamada alegria, que lhe deu um filho: o humor. O humor é, pois, o mais jovem dessa ilustre família e, descendendo de parentes com disposições tão diferentes, é de temperamento instável e diverso. Às vezes, adquire ar grave e nuances solenes, outras é desenvolto e se veste com extravagância, de sorte que parece ora sério como um juiz, ora farsista como um saltimbanco. Mas tem muito de sua mãe e, qualquer que seja seu estado de alma, nunca deixa de fazer rir a companhia".[37]

Na Inglaterra, no século XVIII, o humor apresenta grande variedade de nuances, de acordo com as doses de pessimismo e de melancolia acres-

35 MORRIS, C. *An Essay Towards Fixing the True Standards of Wit, Humour, Raillery, Satire and Ridicule*. Londres: 1744, p.13.
36 HOME, H. *Elements of criticism*. Londres: 1762, p.161.
37 ADDISON. *The spectator*, n.35, 10 de abril de 1711.

centadas ao tratamento. Porque o humor, de certa forma, é a vacinação do espírito, que é imunizado por doses moderadas de pessimismo. Entre a vacina de Jenner e o humor do doutor Johnson, há semelhanças. Um cuida do corpo, outro do espírito, e esses dois britânicos contemporâneos utilizam a mesma ideia. O humor é uma vacina contra o desespero. Depois da dose cavalar que era o burlesco, medicamente comparável à sangria, esse novo tratamento preventivo permite afrontar o absurdo fundamental do ser, preservar o sorriso em qualquer circunstância, sem medo e sem ilusão. Lúcido, realista, compassivo e sorridente: assim aparece o humorista.

Injetado em grandes doses, o pessimismo virulento gera um humor negro e amargo, tal como o de Jonathan Swift, que Robert Escarpit definiu, com razão, como "uma pessoa que tem espinhos por fora e rosas por dentro. Para atingir sua profunda generosidade, é preciso vencer o obstáculo de sua impiedosa ironia, geradora de tal desespero metafísico, de tal desgosto com o universo humano, que nos perguntamos se a loucura que o acabrunhou nos últimos anos não foi consequência disso ou, o que seria mais grave, a causa".[38]

Swift, o Esfolado, é um homem de coração, e é, sem dúvida, porque leva a humanidade a sério que o humor, para ele, é o único remédio contra o desespero de não poder acabar com o mal. É só por amar a humanidade que ele descreve a idiotice criminosa desse "verme" sob os traços repulsivos dos Yahous e que sugere a seus compatriotas irlandeses que comam seus filhos para sair da miséria. É também para humilhar o orgulho humano que ele nos lembra de que "os homens nunca são tão sérios, pensativos e concentrados quanto quando estão sentados no penico".

André Breton não se engana quando põe Swift em primeiro lugar em sua *Antologia do humor negro*: "Em matéria de humor negro, tudo leva a crer que ele seja o verdadeiro iniciador". "Impassível, glacial, ... mas sempre indignado", Swift está nos antípodas de Voltaire, que "vive perseguindo a zombaria, aquela do homem que apreendeu as coisas pela razão, nunca pelo sentimento, e se encerrou no ceticismo".

O humor negro de Swift advém de seu imenso amor pelo ser humano, o indivíduo concreto. É impossível amar os seres humanos se não se é profundamente individualista. Amar essa abstração, essa entidade, esse conceito que é a humanidade, o gênero humano, é uma declaração puramente intelectual, que não implica nenhum sentimento real. Swift escreve: "Sempre detestei todas as nações, profissões e comunidades e só sei amar

38 ESCARPIT, R. *L'humour.* Paris: 1960, pp.42-43.

indivíduos. Eu abomino e odeio, sobretudo, o animal que leva o nome de homem, embora ame, de todo o meu coração, João, Pedro, Tomás etc.". Preparando o próprio epitáfio, Swift lembra, justamente, que seu riso visava aos vícios, às coletividades, mas nunca aos indivíduos:

> Pode-se dizer, sem dúvida, do deão
> Que sua veia era muito satírica.
> Ele não a expurgou desse excesso:
> Entre todas, sua época merecia a sátira.
> Ele ignorava a malevolência,
> Fustigava o vício, mas poupava o nome.
> Ninguém em particular pode ser igualado
> A milhares de pessoas, numa alusão...
> Ele só combatia sem tréguas os defeitos
> Que afligem o comum dos mortais.
> Porque detestava essas pessoas indignas
> Para quem o humor é apenas zombaria.[39]

Em 1729, Swift forneceu um modelo de humor corrosivo com seu famoso opúsculo: *Modesta proposta para evitar que as crianças pobres da Irlanda sejam um fardo para seus pais e para seu país e para torná-las úteis à comunidade*. A obra apresenta-se como um verdadeiro tratado de economia política, com fórmulas e cálculos extremamente sérios. A demonstração também é imperturbável. A Irlanda sofre de três males: a penúria alimentar, a pobreza e a superpopulação. A solução (como não se pensou nisso mais cedo?) é simples: que os pobres vendam seus filhos como carne de açougue! Apoiando-se em cifras, Swift prova que os três problemas seriam resolvidos. Para que o sistema seja eficaz, ele dá conselhos a respeito da criação, dos abatedouros e das receitas de cozinha. É a obra-prima do humor negro, sem dúvida, dada a enormidade da coisa. Trata-se de atrair a atenção para a situação dramática da população irlandesa, e aqui a ironia substitui a diatribe com vantagem.

O riso de Swift às vezes é menos virulento, mas ele visa sempre à estupidez humana, causa essencial do mal. Ora, existe prova maior de estupidez que acreditar em astrologia? Em 1707-1709, Swift faz a Europa gargalhar, ridicularizando o astrólogo John Partridge num almanaque fictício, predizendo o momento preciso de sua morte, depois confirmando a morte com

39 SWIFT, J. *"Poème sur sa propre mort"*. In: *Œuvres*. Paris: ed. de la Pléiade, 1965, p.1579.

um relato circunstanciado e uma pseudoconfissão do referido Partridge. Voltaire ainda ria em 1752.[40]

Swift chega a desejar a loucura, para não ter mais consciência da idiotice e da maldade. Ele gostaria, comenta, de atingir "esse grau de felicidade sublime que se chama faculdade de ser bem enganado, o estado agradável e sereno que consiste em ser um louco entre patifes". Ele se exaure: a partir de 1736, desliza para a loucura. É difícil levar o humor até aí.

Goldsmith não vai tão longe: sua amargura traduz-se por uma desconfiança benevolente, expressa em *Le vicaire de Wakefield*. Paralelamente, Sterne demonstra um humor fantasioso e original em *Tristram Shandy*, Samuel Johnson desenvolve um humor literário cáustico em seus diálogos com James Boswell e Sheridan refugia-se em um humor de salão muito fútil.

O humor *made in England* é exportado, mas guarda, ao longo do século XVIII, um sabor muito *British*. Quando é mencionado, conserva sempre a pronúncia inglesa. Na França, é preciso esperar o *Dicionário* de Littré (1873) para encontrar uma pronúncia à francesa, e sempre é ressaltado que se trata de uma particularidade inglesa. Na Holanda, Belle van Zuylen escreve a seu irmão, em 1765, a respeito de suas conversas com os ingleses: "Eu tenho um pouco desse humor que eles só encontram em sua ilha". Na Alemanha, Lessing lembra que o humor é uma importação inglesa.

Na França, apesar de a palavra existir desde 1725 – quase o mesmo tempo que o neologismo inglês *suicídio* –, sua utilização é bastante limitada, como testemunha este comentário de Voltaire, em 1762: "Eles têm um termo para designar essa brincadeira, esse cômico verdadeiro, essa alegria, essa urbanidade, essas tiradas que escapam de um homem sem que ele duvide delas; fornecem essa ideia pela palavra 'humor', *humour*, que pronunciam *yumor*. E acreditam que só eles têm esse humor, que as outras nações não possuem esse termo para expressar tal característica do espírito; contudo, é palavra antiga em nossa língua, empregada nesse sentido em várias comédias de Corneille".[41] Voltaire erra na propaganda: o humor não é uma brincadeira involuntária, ao contrário.

No fim do século, madame de Staël descreve o humor inglês com mais precisão, mas exagera o lado grave e acentua o caráter nacional. Se isso fosse verdade, esse produto estaria ligado ao clima tristonho das ilhas britânicas

40 MINOIS, G. *Histoire de l'avenir.* Paris: 1996, p.386.
41 VOLTAIRE. "Mélanges littéraires". In: *Œuvres complètes.* Paris: ed. L. Moland, 1877-1885, v.54, t. 19, p.552.

e não poderia ser adaptado a outro lugar, como o *cricket*: "A língua inglesa criou uma palavra, *humour*, para exprimir essa alegria que é uma disposição do sangue mais que do espírito; ela se prende à natureza do clima e dos costumes nacionais; seria inimitável em qualquer lugar onde as mesmas causas não a desenvolvessem. ... Existe morosidade, eu diria quase tristeza, nessa alegria; quem vos faz rir não participa do prazer que causa. Percebe-se que a pessoa escreve numa disposição sombria, quase irritada com aqueles que diverte. Como as formas bruscas tornam o louvor mais picante, a alegria da brincadeira procede da gravidade de seu autor".[42]

O humor aclimata-se lentamente na França. O *Dicionário da Academia*, em 1762, vê no "humorista" apenas um médico partidário da teoria dos humores, e um século mais tarde, em 1862, Victor Hugo ainda evoca com curiosidade "essa coisa inglesa que se chama humor". Taine, em *Notas sobre a Inglaterra*, não lhe dá muita importância: é "a brincadeira de um homem que, fazendo isso, mantém o rosto sério". Littré definiu o humor como "palavra inglesa que significa alegria de imaginação, veia cômica", e a Academia francesa ignora soberbamente o termo até 1932. A *Enciclopédia*, em 1778, mencionara a palavra, mas só fornecendo exemplos, sem abordar a questão da definição.

VIVER E MORRER ZOMBANDO

Na França, no século XVIII, não existe humor, mas há "espírito". E é a coisa mais difundida na alta sociedade, em que é indispensável mostrar-se espirituoso para ter sucesso. Mesmo os desesperados demonstram espírito, porque "a melhor filosofia, em relação ao mundo, é aliar o sarcasmo da alegria à indulgência do desprezo", escreve Chamfort, que vê a vida como uma armadilha, como um calabouço em que somos lançados e onde o instinto de preservação nos obriga a permanecer. "Viver é uma doença, ... a morte é o remédio", constata também. E comete suicídio em 1794.

Senancour, por sua vez, prefere assistir até o fim ao espetáculo grosseiro da existência: "A vida me entedia e me diverte. Nascer, crescer, fazer grande barulho, inquietar-se com tudo, medir a órbita dos cometas e, depois de um tempo, deitar-se sob a grama de um cemitério; isso me parece suficientemente burlesco para ser visto até o fim". A vida é uma farsa penosa, e é

42 STAËL, Mme de. *De la littérature*, I, cap.15.

melhor rir: "É melhor julgar as coisas menos infelizes que julgá-las cômicas", e eis por que "procuro em cada coisa o caráter bizarro dúbio que a torna um veículo de minhas misérias. ... Eu rio de dor, e me julgam alegre". O riso de Beaumarchais não é mais otimista. "Eu me obrigo a rir de tudo, por medo de ser obrigado a chorar", diz Fígaro.

Deixar essa espécie de vida não é, portanto, um drama. É a ocasião para dizer a última piada, para menosprezar a morte, a vida, o ser e mostrar que o riso tem a última palavra. Fontenelle declara, em 1757, com quase cem anos: "Isso não dá mais, tudo se vai... É tempo de ir embora, porque começo a ver as coisas tal como são". Seu médico, que lhe pergunta se está sofrendo, recebe esta resposta filosófica: "Não, sinto dificuldade de existir". Em 1744, Alexander Pope responde ao seu, que tenta tranquilizá-lo: "Assim, meu senhor, eu morro de ser curado!". Samuel Garth, em 1719, prefere dispensar os médicos: "Senhores, deixem-me morrer de morte natural", e, depois de receber a extrema-unção com óleo santo: "A viagem começou: já engraxaram minhas botas". Em 1746, o presidente do Parlamento da Borgonha, Jean Bouhier, pede silêncio em torno dele: "Psiu! Estou espiando a morte". O último desejo de Saint-Évremond, em 1703, é: "Reconciliar-me com meu apetite". Em 1709, o pintor holandês Bakhuysen, antecipando Jacques Brel, pede a seus amigos que riam e bebam em seu enterro. Em 1750, o abade Terrasson, que um confrade se apressa a confessar, no leito de morte, aponta para sua governanta: "Confessai a senhora Luquet: ela responderá pelo patrão". Mesmo em cima do cadafalso, o espírito não perde seus direitos: Bailly diz ao carrasco que se ele está tremendo é porque sente frio; e Expilly reclama por ter de comparecer, no mesmo dia, diante do tribunal dos homens e do de Deus.

O mestre do trocadilho, o marquês de Bièvres, autor de *Almanaque dos trocadilhos*, de 1771, e a quem se atribuem mais de quatro mil deles – "o que pode conter toda uma filosofia das relações humanas", escreve Robert Favre –, deixa a vida com um último trocadilho. Isolado em Spa, na Bélgica, declara: "Eu me vou neste passo",* e dirigindo-se ao padre: "Pode trazer seus óleos, já estou cozido!".

Alguns, mais empenhados, fazem humor póstumo, mostrando com isso que o riso é mais forte que a morte. A moda de epitáfios cômicos é também uma marca reveladora do espírito do século XVIII. Uma coleção dessas risadas

* No original há um trocadilho sonoro com a palavra "Spa", cidade onde o marquês se encontra, e "c' pas", que pode significar "este passo". (N. E.)

do outro mundo aparece em 1782: a *Coleção de epitáfios sérios, brincalhões, satíricos e burlescos*. Swift preparou vários para si mesmo. Na maioria das vezes, são compostos por outros, que assim se vingam sem risco da réplica de um adversário desaparecido. O *Dicionário literário* insurge-se contra essa prática, que considera caluniosa. Nem sempre é esse o caso, como no epitáfio do marechal de Saxe, composto por Piron:

> Maurice cumpriu seu destino:
> Ride, ingleses; chorai, prostitutas.

Tudo isso testemunha ao menos uma coisa: a necessidade inveterada de zombar, escarnecer, troçar:

> ... é preciso que eu ria
> de tudo o que vi todos os dias de minha vida.

O texto acima é o que diz, no início do século, um personagem de Regnard. Para Voltaire, isso se torna uma razão de viver: "Eu sempre me deito com a esperança de zombar do gênero humano ao acordar. Quando essa faculdade me faltar, será um sinal seguro de que está na hora de partir", escreve ele a um correspondente. Zombar do mundo é a única maneira de superar o absurdo. Em Voltaire, é também uma doença, uma obsessão: "Há três meses eu me arrebento de rir, ao me deitar e ao me levantar", afirma a Thierlot, em 11 de agosto de 1760.

Aos olhos de Voltaire, a zombaria é a melhor aliada da razão, "o grande meio de diminuir o número de maníacos", fanáticos, entusiastas, sectários: ela os mata pelo ridículo. "Não valerá nada o ridículo atrelado ao entusiasmo por todos os homens de bem? Esse ridículo é uma potente barreira contra as extravagâncias de todos os sectários."[43] Para ele, a zombaria é, manifestamente, um substituto da violência física: "Se ele não tivesse escrito, teria assassinado", diz Piron a respeito dele. É melhor não ser alvo desse caçador de cabeças que não larga a presa. O infeliz Lefranc de Pompignan, entre outros, foi vítima dessa experiência:

> Sabeis por que Jeremias
> Chorou tanto em sua vida?

43 VOLTAIRE. *Traité sur la tolérance*. Paris: ed. Garnier-Flammarion, 1989, p.56.

É que um profeta previu
Que, um dia, Lefranc o traduziria.

O imprudente Lefranc tivera a insensatez de culpar os filósofos, em seu discurso de recepção na Academia francesa. O resto de sua vida foi um inferno. Ridicularizado por um dilúvio de epigramas, mal ousava sair de casa.

Assim, quando Voltaire escreve, em *Dicionário filosófico*, que o riso é uma expressão de alegria, sem nenhum sentimento de orgulho, de superioridade nem de agressividade, ficamos um tanto céticos: "O homem", ele explica, "é o único animal que chora e ri. Como choramos por aquilo que nos aflige, só rimos daquilo que nos alegra. Os pensadores achavam que o riso nasce do orgulho e que nos julgamos superiores àqueles de quem rimos. ... Qualquer pessoa que ri experimenta uma alegria verdadeira, naquele momento, sem ter nenhum outro sentimento".

Em 1765, em *Novas misturas*, Voltaire publica *Conversação de Luciano, Erasmo e Rabelais nos Campos Elísios*: os três grandes zombadores comparam as sociedades de suas respectivas épocas, o que faz sobressair os perigos da zombaria no mundo cristão, dirigido por fanáticos e escroques. Voltaire mostra-se indulgente com Rabelais – que ele maltrata em outra passagem – explicando suas grosserias como tática deliberada para atacar a superstição; de fato, ele lhe empresta esse propósito: "Eu compus um volumoso livro de contos para dormir de pé, repleto de sujeiras, no qual eu ridicularizava todas as superstições, todas as cerimônias, tudo o que se sonhava no meu país, todas as condições, desde a do rei e do sumo pontífice até aquela do doutor em Teologia, que é a última de todas: dediquei meu livro a um cardeal e fiz rir até aqueles que me desprezavam".[44]

Nesse texto, como em *Cartas a Sua Alteza, o Príncipe, sobre Rabelais e sobre outros acusados de falar mal da religião cristã*, Voltaire atribui a Rabelais intenções que não eram as dele. Ele vê nos romances um vasto ataque contra a Igreja, dissimulado sob fábulas grosseiras por razões de segurança. O zombador vê zombaria por toda parte. De fato, Voltaire vê em Swift "o Rabelais da boa companhia" e lhe é infinitamente grato por "ter ousado ridicularizar a religião cristã",[45] o que é um estranho equívoco a propósito de um homem que escreveu, com seu habitual espírito cáustico: "Se abolissem o cristia-

44 Idem. *Conversation de Lucien, Érasme et Rabelais*. In: *Mélanges de Voltaire*. Paris: ed. de la Pléiade, 1961, p.740.
45 VOLTAIRE. *Lettres IV sur les auteurs anglais*, ibidem, p.1184.

nismo, que outro assunto no mundo permitiria que os livres pensadores, os pensadores rigorosos e outros pilares da ciência expressassem sua dimensão? De quantas admiráveis produções nos deveríamos privar? ... Nós, que nos lamentamos todos os dias do declínio do espírito, vamos jogar às urtigas o maior, se não o único, que nos resta?".

O próprio Voltaire nos dá a prova de que seu riso é, antes de tudo, agressivo e guerreiro: ele não suporta que outros riam dele. A menor zombaria é sentida como ferida mortal. Ousam parodiar sua tragédia *Semiramis*? É uma "sátira odiosa", e ele consegue que seja proibida. Isso se repete com cada uma de suas peças: *Alzirette,* paródia de *Alzira; Le Bolus,* paródia de *Brutus; As crianças encontradas,* paródia de *Zaïre*. Crébillon, cuja *Catilina* foi parodiada em *Catilinette,* torna-se seu aliado e, graças a madame Pompadour, essas intoleráveis zombarias são censuradas.

O que Voltaire detesta ainda mais é a caricatura, que o deixa totalmente impotente. A um texto trocista, responde-se com uma zombaria; mas o que fazer quando um pintor lhe deforma o retrato? É curioso constatar como nosso homem é preocupado com sua aparência – ele não tem nem 78 anos quando, em 1772, o pintor genovês Jean Huber faz dele uma série de caricaturas, aliás notáveis pela verdade psicológica: o zombador ressequido aparece nelas em todo o seu esplendor. Voltaire fica doente. Furioso, escreve à marquesa de Deffand em 10 de agosto de 1772: "Ele me tornou ridículo, de ponta a ponta da Europa. Meu amigo Fréron não me caracteriza melhor para divertir aqueles que compram suas folhas". Crime de lesa-majestade, seguido de uma bofetada quando Jean Huber lhe envia uma carta de cortante ironia, em 30 de outubro: "Mas, senhor, sois vós o único ser sério que ousaram pintar sem consentimento? Sempre fizeram caricaturas do Ser Supremo. Imitai o bom Deus, que sempre riu delas".

Em 1775, quando Voltaire tem 81 anos, Huber faz nova caricatura. O velho escreve em 24 de janeiro de 1776: "Tudo isso é muito desagradável. Um homem que se postasse na atitude que me deram e que risse como me fizeram rir seria muito ridículo". O trocista recusa a troça; será que ele tem dúvidas sobre a nobreza do riso, de *seu* riso? Ele sabe que a imensa maioria do público só terá dele uma imagem difusa, mas teima em dar a impressão mais lisonjeira possível. No fim de 1775, Denon faz seu retrato em Ferney e envia a ele. Voltaire lhe responde: "Não sei por que me desenhastes como um macaco estropiado, com uma cabeça pensa e um ombro quatro vezes maior que o outro. Fréron e Clément se alegrarão muito com essa caricatura". Ele pede a Denon que não mostre o trabalho a ninguém e envia-lhe um modelo de si mesmo em "uma postura honesta e decente e de uma semelhança perfeita": que o pintor se inspire nele!

SÁTIRA POLÍTICA E CARICATURA

Não é de surpreender que esse século de zombaria tenha conhecido o verdadeiro desabrochar da caricatura. No século XVII, ela ainda hesita sobre o caminho a seguir. Jacques Callot (1592-1635) aperfeiçoa a técnica, realizando retratos grotescos, inspirados na *commedia dell'arte*; esses retratos podem adquirir uma dimensão inquietante, e, atrás dessas máscaras, Wolfgang Kayser acredita discernir o riso do diabo. Mas a vocação zombeteira da caricatura ainda não nascera. Para os artistas, esse gênero permanece pura diversão, sem função precisa. Bernini se diverte em caricaturar Inocêncio XI, e quando, em 1665, ele vem a Paris e propõe caricaturar Luís XIV, ninguém sabe do que se trata. Chantelou, que o acompanha, explica "que eram retratos que faziam aparecer o feio e o ridículo". O primeiro caricaturista profissional aparece no século XVII: é o romano Pier-Leone Ghezzi (1674-1755), que executa uma galeria divertida de aristocratas, mecenas, padres e artistas.

É adquirindo uma dimensão social que a caricatura se torna uma arte autônoma, e é muito lógico que receba sua carta de nobreza no país onde se desenvolvem, na mesma época, o humor e o *wit*. William Hogarth (1696-1764) é o Jonathan Swift da pintura: a mesma verve inventiva, a mesma rabugice, a mesma amargura diante da estupidez humana, do mal e da injustiça, a mesma vontade de corrigir, por meio de uma zombaria fria e desiludida. É uma caricatura ácida que estigmatiza os males da sociedade: em *Gin Lane, O banco dos magistrados, A época, A carreira de uma prostituta* ou ainda *Credulidade, superstição e fanatismo*, como comenta Dominique Iehl, "todos os recursos da mistura grotesca são utilizados para descrever a desordem do espírito religioso, em uma Igreja desordenada, repleta de signos sagrados, de rostos simplórios, apatetados, sonsos e obstinados, que são outras tantas variantes da inanição metodista".[46]

Na Inglaterra, onde o parlamentarismo e o apreço pela liberdade fazem progressos decisivos, no século XVIII, a caricatura já ataca a esfera política, em parceria com o panfleto. Hogarth também é pioneiro nesse domínio, em que trabalha com o satirista Henry Fielding. Constata-se, com surpresa, que, nessa sociedade que se quer refinada e polida, a verve escatológica e obscena está sempre viva. O traseiro, o *rump*, volta de maneira obsessiva nas caricaturas: ele é enorme, barulhento, nauseabundo, rabelaisiano. "A ideia de mostrar o traseiro humano é curiosamente persistente na arte grosseira do

46 IEHL, D. *Le grotesque*. Paris: 1997, p.39.

século XVIII", escreve Peter Thomson, autor de um artigo recente, de título evocador: "Magna farta: Walpole and the golden rump" (O grande peido: Walpole e a bunda de ouro).[47]

Em caricaturas pouco conhecidas, Hogarth utiliza largamente a imagem do clister purgando o enorme traseiro do ministro Walpole, enquanto Fielding se junta ao ataque contra a família real em sua ópera de 1731, *The welsh opera*. Na caricatura intitulada *Broad bottoms* (Grandes traseiros), veem-se o rei George e o primeiro-ministro agachados, defecando sobre o povo. O *rump*, que lembra o *Rump Parliament* (Parlamento corrupto) da época de Cromwell, é também associado à ideia de liberdade, e em 1734 um grupo de pares da oposição jacobina funda o Rumpsteak Club.

Em março de 1737, aparece uma estampa satírica que faz rir Londres inteira: *A festa da bunda de ouro*. A dita-cuja é do rei George II, postado sobre um pedestal, nu, visto de costas, soltando um enorme peido: "Os ventos do leste, do sul e do sudoeste levantam-se em tempestade", diz a inscrição – citação da *Eneida* – sobre o pedestal. O rei, cujas desordens sexuais eram bem conhecidas, é representado como um sátiro, ao passo que a rainha Caroline se apressa em lhe fazer uma lavagem com ouro líquido. Os cortesãos maravilham-se, e a cena se desenrola em um cenário suntuoso; sobre os cortinados brilham bundas bordadas a ouro.

Dois dias mais tarde, Fielding apresenta a peça satírica *The Historical Register for the Year 1736*. Dessa vez, é demais. Em 24 de maio, Walpole lê, diante das comunas, trechos do manuscrito de uma peça que ele atribui a Fielding e que talvez seja apenas uma montagem, *The Golden Rump*. Ultrajados, os deputados criam uma lei controlando a imprensa, o *Licensing Act*, apesar de o conde de Chesterfield ter feito um discurso em favor da liberdade.

A IRONIA, O ESPÍRITO E A LOUCURA

Entretanto, o mesmo Chesterfield, em sua correspondência privada, mostra-se hostil ao riso, marca de má educação, ruído incongruente, sem falar na "grotesca deformação do rosto que ele provoca"; é o que o populacho "chama ser alegre".[48] Em outra carta, ele afirma: "O riso barulhento é a alegria

47 In: *Humour and History*. Oxford: ed. K. Cameron, 1993.

48 *The Letters of the Earl of Chesterfield to His Son*. Londres: ed. C. Srachey, 1901, carta 144, de 9 de março de 1748.

do populacho, que só se diverte com coisas idiotas, porque o verdadeiro espírito (*wit*) e o bom-senso nunca provocaram riso".[49] Conselhos de um grande aristocrata a seu filho: faça o que eu digo, mas não faça o que faço. Chesterfield tem, na realidade, a reputação de grande gracejador, a ponto de lhe ser atribuída a autoria de um livro de blagues, e é conhecido por seus trocadilhos. Para Samuel Johnson, seus escritos "ensinam uma moral de prostituta e maneiras de mestre de dança". Mas Johnson não pode lhe dar lições: "Ele ri como um rinoceronte", afirma Tom Davies, o que Boswell apresenta de forma mais amena: "um grunhido de bom humor". Johnson é capaz de classificar os bateleiros do Rio Tâmisa no registro de insultos obscenos, como o faz em outubro de 1780. O mesmo contraste se encontra em Goldsmith, que escreve, de um lado, que "o riso sonoro trai um espírito vazio" e, de outro, defende o riso diante de Chesterfield.

É claro que a ocasião faz o ladrão. Diderot estava certo em assegurar que "a brincadeira tem limite, e se o brincalhão o ultrapassar não é mais um homem de espírito, mas um impertinente", ou seja, cada um atravessa alegremente a fronteira segundo as circunstâncias. Quanto ao impacto dessas impertinências em matéria de sátira política e social, é impossível avaliar. Com certeza, o riso dos filósofos não transformou o Antigo Regime. No domínio das mentalidades, o efeito da derrisão é, às vezes, desesperadamente nulo. Mas será que o riso sozinho consegue derrubar um preconceito, uma superstição, uma bobagem, uma crença estúpida? Séculos de zombaria não eliminaram nem a astrologia nem os fundamentalismos religiosos. É porque é preciso um mínimo de espírito para apreciar o espírito, e aqueles que o têm já são convertidos; para os outros, o muro da estupidez constitui uma blindagem impermeável à ironia. Portanto, a ironia é para uso interno; ela mantém o bom humor, permite suportar a estupidez e absorver os golpes baixos da existência. "A vida é uma tragédia para aqueles que sentem e uma comédia para aqueles que pensam", diz, bem a propósito, Horace Walpole.

Certamente, o riso não é sinônimo de verdade. Não é suficiente ter espírito para ter razão. O veneno hilariante de Voltaire faz aceitar erros e até monstruosidades; ele nos legou, por exemplo, a imagem, totalmente falsa, de um Fréron idiota e mau. Colocar os que riem de seu lado pode ser uma manobra desleal que disfarça a falta de razão ou de argumentos, e esse é o caso, às vezes, das troças do século XVIII. "Muitos dos risos agressivos", escreve Robert Favre, "são apenas risos de desforra, encarregados de mar-

---

49 Idem, carta 146, de 19 de outubro de 1748.

car a capacidade humana de ressaltar a maldade de nossos semelhantes e, igualmente, de triunfar sobre os males e as imperfeições de nossa sociedade e até mesmo de nossa condição.".[50]

A ironia pode ser uma proteção. Elevada a um valor social, pode também transformar-se em agente corrosivo que produz a decadência. Segundo Vladimir Jankélévitch, de fato, a ironia dissolve o trágico da existência, decompondo-o em pequenos pedaços que são, cada um, tratados pelo escárnio. Além do mais, à força de tornar tudo ridículo, ela desemboca na indiferença e na indecisão: "Essa ironia presumida e escrupulosa não acredita em nada, nada vale a pena e o mundo é só vaidade. ... O ironista é hesitante, não ousa. Ele não tem 'fraqueza' nem injustiça flagrante nem humana predileção; mantendo equilibradas as formas de ser, renuncia à parcialidade das iniciativas aleatórias que resolvem as alternativas da escolha. O 'desinteresse' irônico não seria 'indiferença'? Indiferente a ironia o é igualmente, quer se interesse por nada, quer se interesse por tudo".[51]

A ironia sistemática não destrói apenas o sério da existência, mas também a coerência do pensamento discursivo, pulverizado em uma multidão de situações independentes. Assim, "o espírito de conversação tende a tornar-se, no século XVIII, zombaria mundana, ao mesmo tempo que a evidência cartesiana degenera em fenomenismo ou em solipsismo".[52] Enfim, os ironistas como Voltaire são acusados "de ter sido grandes escamoteadores, de destrinchar grandes questões, de reduzi-las a bobajadas ou a pseudoproblemas: os mais sérios debates, para o ironista, provêm de equívocos de palavras, e é suficiente, não é?".[53]

O diabo é ironista porque é um grande ilusionista, o grande mágico. Nada existe verdadeiramente, nada é realmente sério, tudo se presta ao riso. O ironista termina por flutuar entre o real e o irreal, entre o autêntico e o virtual. Ele esvazia o conteúdo objetivo e reduz o mundo a palavras. Hegel não vai demorar para reagir a esse "discurso sobre o discurso", a essa "logologia". A onipresença da ironia desempenha uma função social essencial. O século de Voltaire privilegia a aparência. Perder a face, ser ridículo é deixar de existir, pois, num mundo ironista, o ser é o parecer. Pareço ser, logo sou: essa é a nova lógica social das elites. Daí a importância do espírito, do *wit*, que per-

50 FAVRE, R. *Le rire dans tous ses éclats*. Lyon: 1995, p.61.
51 JANKÉLÉVITCH, V. *L'ironie*. Paris: ed. Champs-Flammarion, 1964, pp.156-157.
52 Idem, p.158.
53 Idem, pp.159-160.

mite, ao mesmo tempo, afirmar e ridicularizar o outro, logo, eliminá-lo. Uma ilustração marcante disso é dada pelas *Memórias* de Saint-Simon. O pequeno duque é obcecado pelo espírito; nas centenas de retratos que realiza, esse é o critério fundamental – além do nascimento, bem entendido. Dirk van der Cruysse, em seu notável estudo *O retrato nas memórias de Saint-Simon*, pôde estabelecer estatísticas e extrair delas uma curva de Gauss do caráter espiritual dos cortesãos, segundo o julgamento do duque:[54] 6,5% têm "espírito infinitamente"; 17% o têm "bastante"; 65% têm, simplesmente; 5,5% o têm "medíocre"; 2,4% o têm "pouco" e 1,2% o têm "abaixo de medíocre" (as fórmulas utilizadas podem variar). É fácil compreender por que a principal censura que ele faz a Luís XIV é este não gostar das pessoas de espírito...

No que se refere a si próprio, Saint-Simon não se considera desprovido de espírito, e é preciso admitir que suas *Memórias* são espirituosas. Seus retratos de vitríolo contam-se às centenas, dentre os 2.100 recenseados nessa obra monumental; o do duque de Vendôme é particularmente cuidado. Grande amante de ditos espirituosos, Saint-Simon não deixa de citar aqueles que ouviu. Aliás, ele tem em sua biblioteca vários volumes de coleções, como *Scaligerane ou bons mots, Menagiana ou les bons mots de Ménage, La vie et les bons mots de Santeuil*.[55]

Assim, o duque de Lauzun, em quem despreza a "baixeza", fascina-o pela capacidade de produzir palavras de espírito que deixam seus adversários estáticos. "Ele investia sobre todo mundo, sempre com uma palavra penetrante, sempre com toda a doçura",[56] retirando-se em seguida com um sorriso. A lista de suas vítimas é impressionante, indo do duque de Orléans ao próprio rei, como já vimos. Saint-Simon relata grande quantidade de suas tiradas, usando termos que as igualam a verdadeiros golpes de espada: "pontudas", "agudas", "perfurantes"; não somente o interlocutor fica "mortificado" como os assistentes "morrem de rir". Contadas por Saint-Simon, são cômicas, sobretudo quando ele lhes acrescenta fantasias de linguagem, maliciosas ou cândidas. A melhor é a famosa "oração ejaculatória", em vez de "oração jaculatória", termo técnico que designa "uma prece curta e fervorosa pela qual a alma se eleva a Deus", diz o *Dicionário da Academia*. Seria um lapso? Uma imagem desrespeitosa mostrando que a prece de Lauzun

54 VAN DER CRUYSSE, D. *Le portrait dans les mémoires du duc de Saint-Simon*. Paris: 1971, pp.246-248.
55 *Catalogue des livres de feu monsieur le duc de Saint-Simon*. Paris: 1755, p.38.
56 SAINT-SIMON. *Mémoires*. Paris: ed. de la Pléiade, 1988, t. VIII, p.638.

jorrava como esperma? De qualquer forma, trata-se de uma das últimas brincadeiras de Lauzun. Doente, ele é vigiado em seu quarto por Biron e pela mulher deste, sua principal herdeira, que ele detesta. Eles estão escondidos atrás de um biombo para surpreender eventuais decisões testamentárias do moribundo. "Ele queria castigá-los por isso e se divertir, ao mesmo tempo. Então começa a falar alto, como se estivesse só, e faz uma oração ejaculatória, pedindo perdão a Deus pelos pecados de sua vida, expressando-se como um homem persuadido de sua morte próxima e dizendo que, na impossibilidade de fazer penitência, quer ao menos servir-se de todos os bens que Deus lhe deu para resgatar seus pecados e legá-los aos asilos. ... A senhora Biron fica desesperada. Isso era exatamente o que o duque queria. Ele manda chamar os notários, os faz entrar e dita seu testamento, que é um golpe mortal para a senhora Biron. Todavia, demora para assinar e, sentindo-se cada vez melhor, não o assina mais. Ele se diverte com essa comédia e ri ao comentar com algumas pessoas, quando se restabelece."[57]

A zombaria faz estragos na alta sociedade: "Ninguém quer ser ridículo. É melhor ser odiado", escreve, em 1760, Jacques Abbadie. Esse austero aposentado vê no riso, com os acentos que ele adquiriu no século XVIII, uma agressão, uma arma criminosa cuja motivação é o orgulho. Ele o condena sem apelo: "Nós nos alegramos em rebaixar os outros. São tantas as pessoas que deixam de aspirar à glória; temos prazer em vê-las tornar-se ridículas. ... Por que será que os homens nunca riem quando veem uma pedra ou um cavalo cair, mas não deixam de rir quando veem a queda de um homem, já que um não é mais ridículo que outro? É que não há nada que nos interesse no tombo de uma besta, ao passo que existe algo muito interessante no rebaixamento de outros homens: isso nos dá prazer. Acreditamos rir inocentemente, mas sempre rimos de maneira criminosa".[58]

Contudo, ressalta Abbadie, os homens fazem tantas coisas grotescas, cujo absurdo não os toca porque lhes é habitual: o que há de mais ridículo que as contorções da dança ou os uivos da ópera? Poder-se-ia acrescentar aí a etiqueta da corte, à qual Saint-Simon é tão apegado, ou o grosseiro baile de duques avermelhados e emperucados. E o que dizer da lisonja sem limites que o culto de Sua Real Majestade exige? Um bispo tão "sensato" como Fléchier pode declarar, sem rir, ao rei: "Só vosso gênio

57 Ibidem, p.641.
58 ABBADIE, J. *L'art de se connaître soi-même ou la Recherche des sources de la morale.* La Haye, 1760, pp.382-383.

é capaz de satisfazer a todos. Sois a própria fonte de vossos conselhos. Sustentais o peso dos negócios. Devemos a vosso coração e a vosso espírito tantos sucessos; vosso poder os produz; vossa prudência os prepara. Tendes ao mesmo tempo a glória do desígnio e da execução. ... A Igreja e os altares só têm a vós como defensor. A causa do céu é a vossa, e, enquanto tantos príncipes unem seus exércitos contra vós, vós, intrépido e sereno, vos unis a Deus".[59] Tais fórmulas só se repetirão, laicizadas, na URSS de Stalin. O desaparecimento do bobo do rei abre caminho para a loucura coletiva dos cortesãos.

A loucura ronda sempre, conquistando suas presas atrás da fachada sensata do século. Para Fontenelle, ela é tão onipresente quanto no tempo de Erasmo, e ele o faz dizer em seu *Pigmaleão*:

> Meu domínio se impõe sempre melhor.
> Os homens do presente são mais loucos que seus pais;
> Seus filhos os superarão,
> Seus netos terão ainda mais quimeras
> Que seus extravagantes ancestrais.[60]

Profecia clarividente. A loucura, no século XVIII, é menos brutal que no XVI, mas é mais insidiosa, proteiforme. Diderot a vê no centro da razão, o que é muito inquietante para as Luzes. *O sobrinho de Rameau* estabelece nova relação entre loucura e razão, o que gera um novo tipo de riso. De um lado, a loucura é produto de uma pressão coletiva que exclui os extravagantes pela zombaria. "Quiseram-me ridículo e eu me fiz tal", diz o Sobrinho, louco porque foi designado como tal pela opinião bem pensante. De outro lado, essa loucura recai sobre as pessoas "normais", que só podem julgar-se sensatas por oposição aos loucos. "Sem o louco", escreve Michel Foucault, "a razão seria privada de sua realidade, seria monotonia vazia, tédio de si mesma, deserto animal que tornaria evidente sua própria contradição.".[61] É um pouco o que acontece com o rei absoluto privado de seu bobo: sem seu contrário, ele não tem consciência de seus limites.

Há mais: o que Diderot quer demonstrar é que o fato de designar loucos cria um vínculo essencial entre eles. Mostrar e definir loucos, em termos

59 FLÉCHIER, E. *Œuvres complètes*. Paris: ed. Fabre de Narbonne, 1828, t. IX, p.76.
60 FONTENELLE. *Pygmalion, prince de Tyr*, prólogo. In: *Œuvres*. Paris: 1790, t. IV, p.472.
61 FOUCAULT, M. *Histoire de la folie à l'âge classique*. Paris: 1972, p.365.

racionais, é participar dessa loucura: "A razão aliena-se no próprio movimento em que toma posse da desrazão".[62] Vertigem, delírio existencial, tomada de consciência da distância e de quanto a verdade racional é irredutível no mundo real. Daí surge um novo riso: solitário, incomunicável, um riso louco – o daquele que compreende que se é sempre o louco de alguém e que o outro, decididamente, é louco. Se esse sentimento de loucura relativa transborda do domínio intelectual para o do sentido e do desejo, isso cria o riso sádico. Se este ressoa no fim do século XVIII é porque se trata de um fenômeno cultural, ligado à generalização da zombaria aristocrática, que não cessou de aumentar ao longo do século. A troça, erigida em regra de vida, termina por corroer a razão e o sentimento.

Entretanto, Sade tem medo da loucura, do internamento. Essa época, que brinca com a desrazão, teme uma contaminação com origem nos asilos. Ocorrem movimentos de pânico, como em 1780, em Paris, quando se fala de infecção dos espíritos oriunda do Asilo Geral. As obras de Medicina da época reúnem uma forma de doce loucura na qual o doente ri ou sorri sem cessar: a imbecilidade. O "imbecil feliz" perde a razão por uma causa médico-moral: masturbação, abuso do álcool, pancadas, ressecamento do cérebro, nos velhos. "Os imbecis não são agitados nem furiosos: raramente sombrios, mostram um rosto estupidamente alegre e quase sempre igual, quer estejam felizes, quer sofram", afirma, em 1785, o *Journal de Médecine*, que aconselha: "Não há nada melhor que inocular a sarna, e esse meio deveria ser tentado em todos os imbecis". O século das Luzes tem lados aterradores: dos tratados de Cagliostro à *Insecto-théologie* de Lesser, de Mesmer a Swedenborg, ele paga seu tributo à loucura – mas da mesma forma como se entregam vítimas ao Minotauro: para que ele nos deixe em paz. A loucura perde seu aspecto bufão da Renascença. Ela não faz mais rir; provoca medo. O riso racionaliza-se, intelectualiza-se. É o riso cerebral da zombaria.

O REGIMENTO DA CALOTTE: UMA "COMICOCRACIA" CONTRA O ABSOLUTISMO (1702-1752)

Na primeira metade do século XVIII, um grupo de gracejadores aristocratas quer reabilitar a loucura: é o Regimento da Calotte, uma sociedade de ridentes, fundada em 1702, para exercer "o policiamento do ridículo" na

62 Idem, p.366.

alta sociedade. Inspirando-se na República de Babin – uma sociedade nobre polonesa, do século XVI, que criara a República jovial –, concedendo brevês, seus membros colocam-se sob o signo da loucura: a "*calotte*" em questão era o capacete de chumbo que colocavam na cabeça dos doentes mentais.

Essa alegre companhia queria recriar a função do bobo do rei, modernizando-a. Esse bobo exerceria um poder real sobre o Conselho, para "descartar, pela sátira, os maus ministros, os cortesãos vis e os conselheiros de baixo nível". A loucura no poder é o que reivindica, em 1732, uma quadra calotina:

> Se um rei pudesse, em paz,
> Reunir todos os loucos para o conselho,
> Ele poderia, com direito, proclamar-se
> O maior rei do universo.

O Regimento da Calotte testemunha uma reação ao mesmo tempo cultural, literária e social da aristocracia. Reabilitar o riso espiritual para fazer dele um instrumento de seleção moral: essa ética do riso se exerce pela atribuição de brevês burlescos, sarcásticos, que recrutam, de forma imaginária, os novos membros para a zombaria. Isso pressupõe uma escrita espirituosa e erudição, marcas de belos espíritos. Esses brevês cômicos são redigidos por um pequeno grupo de homens de letras, em sua maioria eclesiásticos, os "divinos abades", que se reúnem nos cafés próximos à Ópera Cômica. Esses campeões da sátira, mais hábeis no manejo da pluma que no do hissope de água-benta, são o abade Guillaume Plantavit de La Pause, conhecido como "o mais cáustico dos homens", autor de *Cartas de um rato calotino*, de 1727, grande golpe de sabre partindo ao meio jesuítas (*Política e intrigas dos jesuítas*, 1716) e jansenistas (*O jansenismo desmascarado*, 1715); o abade Guyot Desfontaines; o abade de Grécourt, que ironiza, em 1727, as querelas político-religiosas em *Les rillons-rillettes, ou la Bulle Unigenitus* e que publicará as *Maranzakiniana*, em 1738; o abade François Gacon, um misógino, autor de *Novas sátiras contra as mulheres*, de 1695, e de *Secretário do parnasso*, de 1723. A essa fina equipe de sotainas bordadas une-se Pierre-Charles Roy, autor de *Carnaval da loucura* (1717) e do tratado *A Momus, filósofo, no dia de sua maioridade* (1727). É a ele que caberá a tarefa delicada de redigir os brevês para Voltaire, Fontenelle e Crébillon. É preciso ainda se lembrar de um ministro, o conde de Maurepas, e de algumas outras plumas afiadas.

Esses artistas da derrisão têm por tarefa restaurar a tradição do riso moral diante das "importunas lições de uma sabedoria austera duramente aprendida", mas também diante da "indecência dos chistes", da "pasquinada" da farsa, do riso grosseiro do teatro de feira – de Florent Dancourt a Lesage. Dancourt é particularmente odioso, ridicularizando, em suas comédias burlescas, uma nobreza militar cujos membros se revelam incapazes de lutar, vivem como fanfarrões, desperdiçam o dinheiro que não têm e casam-se com moças burguesas para voltar a dourar seus brasões. Esses "ataques grotescos" devem cessar; é preciso restaurar o riso refinado, distinto, espirituoso, depurado, sadio, decoroso, moral – enfim, nobre.

Rejeitando o riso vulgar, popular, burguês, o Regimento da Calotte tem o culto do belo espírito, que é quase só espírito, transfigurado por um riso divino até no leito de morte. Assim, Emmanuel de Torsac – um dos fundadores do regimento –, cujo *Elogio histórico* assegura que seu "belo espírito velará essa morte por tanto tempo quanto possa, com tiradas espirituosas, rindo de tudo, fornecendo o modelo de uma inestimável virtude". Riso salvador e reacionário ao mesmo tempo, que se opõe ao riso baixo dos novos-ricos e recém-enobrecidos. Lê-se, nesse mesmo *Elogio* de Torsac: "Ele nos lembrava sempre que o próprio Momus podia ser corrompido, que existe uma espécie de anulação para quem aceita rir com o comum dos mortais". Torsac tivera a brilhante ideia de estabelecer um registro de todas as tiradas de espírito da nobreza autêntica desde Clovis: uma espécie de antologia das blagues aristocráticas de origem controlada, uma espécie de *who's who* do riso. Cada um no regimento procura sua "genealogia cômica", esperando encontrar entre seus ancestrais um Triboulet, um Chicot ou um Brusquet ou, mais modestamente, um Connard ou uma Mãe Louca.

O alvo favorito do regimento são os nobres mais recentes, como o financista Samuel Bernard, que recebe um brevê de "inspetor das dançarinas do regimento":

> De labrego e casca-grossa que era,
> Ele será reputado claramente
> Como honesto e bravo fidalgo.

O regimento pratica um verdadeiro racismo do riso, como o demonstrou Antoine de Baecque em seu notável estudo sobre "as estratégias aristocráticas da alegria francesa", em que escreve, a propósito da "comicocracia aristocrática" do regimento: "O riso tornou-se um privilégio a mais, oferecido à nobreza para indicar sua superioridade em relação às grosseiras gargalhadas da ralé".[63] Existe, portanto, uma maneira nobre de rir, transmitida com todo o patrimônio biológico. É um aspecto inesperado da reação aristocrática que visa preservar a cultura nobiliária das contaminações, que se traduz pelo aparecimento de numerosas obras, desde *Diversas espécies da nobreza e maneiras de estabelecer as provas*, de Ménentrier (1685), até *Ensaio sobre a nobreza da França*, obra póstuma de Boulanvilliers (1732). Desde o início do século, o marquês de Argenson notava, com satisfação: "A arte da brincadeira tem feito grandes progressos. Os versos burlescos de Scarron, que divertiam nossos pais, hoje chocam nosso gosto mais depurado. A brincadeira era criança no século de Luís XIV; o nosso chegou à perfeição na insignificância. Quanto mais decaídos somos no gênero sublime, mais avançamos no frívolo".[64]

Na verdade, o riso do regimento não é sempre distinto, especialmente nos jantares oferecidos pelos grandes senhores protetores da companhia, que, aliás, logo adquire feição de sociedade báquica.[65] Em março de 1718, o abade Plantavit de La Pause dissipa, em uma única noite, as trinta mil libras que acabara de herdar. Foi num pantagruélico festim ao longo do qual ele come, bebe e "faz brincadeiras espirituosas". A orgia provoca grande ruído; os cortesãos acorrem e o próprio regente, afinal um *connaisseur*, vai dar uma olhada e declara "nunca ter visto nada tão curioso".

O regimento, que maldiz Rabelais, tem, portanto, seus momentos rabelaisianos. Às vezes, ele retoma também a tradição popular do charivari, quando seus membros vão em cortejo ruidoso ler o brevê sob a janela de seus adversários. Nessas ocasiões, são acompanhados pela tropa de choque, os "dragões" do regimento, colocados sob os auspícios do "deus peido", com uma bandeira que representa uma criança soltando um flato. Entre as vítimas dessas "sabarandas" figuram madame de Saint-Sulpice, uma pernóstica; Fagon, médico de Luís XIV; Antoine de Parisifontaine, tenente do corpo da guarda real, que desafia para uma corrida um jovem alferes da guarda, ou ainda o procurador Moriau, conhecido por seus dissabores conjugais.

---

63 BAECQUE, A. de. "As gargalhadas. O Regimento da Calotte, ou as estratégias aristocráticas da alegria francesa". In: *Annales, histoire, sciences sociales*, ano 52, n.3, maio-junho de 1997, p.498. Os trabalhos de Antoine de Baecque são fundamentais para a história do riso no século XVIII, e nós lhe somos muito devedores. No momento de imprimir este livro, foi anunciada a próxima publicação de uma importante obra desse autor, *Les éclats du rire. La culture du rire au XVIIIe siècle*.

64 Citado, idem, p.481.

65 DINAUX, A. *Les sociétés badines, bachiques, chantantes et littéraires*. Paris: 1867.

As relações entre esses aristocratas ridentes e o poder político são muito movimentadas. São excelentes sob a Regência e no início do reino de Luís XV: ferozmente antiabsolutista, o regimento aprova de forma plena o retorno da nobreza ao poder, o afastamento dos novos-ricos de mérito e dos grandes encarregados burgueses. A aristocracia deve imitar a monarquia, à qual fornece seus conselheiros naturais. É bom que estes sejam ao mesmo tempo cômicos, porque "saber rir é reinar" e "reinar é saber rir", escreve o chanceler Maurepas, membro do regimento, que assim traduz a divisa de Momus: *Cui ridere regnare erat*. Enquanto outros aconselham a *Política extraída das Sagradas Escrituras*, ele faz o elogio das "utilidades do riso como forma de governar", em seu tratado sobre *A arte de alegrar e de simplificar o trabalho do rei*. Rir para reinar: o rei deve "saber rir de tudo" e utilizar o temor do ridículo.

Durante esse tempo, o poder serve-se efetivamente da força de derrisão representada pelo regimento para ridicularizar, logo eliminar, os oponentes. O poder pelo riso e o riso no poder: fato excepcional, mas muito real. O regente encomenda, por exemplo, um brevê para ridicularizar o marquês de Brie, como relatam as *Notícias calotinas*: "Foi o próprio regente que lhe deu o brevê para fazer a leitura pública. O senhor Brie conteve a gagueira até certo trecho. Então o papel caiu de suas mãos, o que fez rir o regente e os cortesãos que o acompanhavam. 'Esse retrato está perfeito porque vos reconheceis nele', diz-lhe o regente". O venerável cardeal Fleury pede a Maurepas que lhe prepare um brevê contra o abade Pucelle, conselheiro do Parlamento: com semelhante nome,* o infeliz abade presta-se a todo tipo de chocarrice e alusões obscenas, e seu brevê, intitulado "Rendez--nous, Pucelle", é cuidadosamente elaborado. Mais tarde, em 1731, Luís XV proporá a nomeação de seu mosqueteiro Saint-Martin como generalíssimo do regimento e, em 1744, o regimento participará do concerto de louvores para a cura do Bem-Amado.

Mas o absolutismo retoma rápido seus direitos. Esse regime que não possui mais loucos não tem mais nada a fazer com os ridentes. Sob Luís XIV, as relações são tensas, porque o regimento insiste em sua liberdade. Torsac, eleito generalíssimo em 1712, coloca-o sob a égide da lua e, em um projeto de dicionário cômico, proíbe os neologismos relacionados com o sol. Alguns ministros são "brevetados", como o duque de Bourbon, o príncipe de Conti, o marquês de Argenson, mas também o arquiduque de Sens e os

* *Pucelle* significa donzela. (N. T.)

tenentes de polícia Ravot d'Ombreval e René Hérault, qualificados de "caça de sátira" e de "*aliboron* dos desopiladores de fígado".

Quando o próprio Torsac se transforma num "déspota absoluto" no interior do regimento – ele envia "intendentes gerais" para a província –, seus conselheiros decidem reunir os "estados gerais da Calotte" no Campo de Marte: esses estados recebem as queixas e, sob 333 chefes de acusação, eles suspendem o generalíssimo e o enviam como embaixador ao país dos déspotas, no Império Otomano. Esse episódio, relatado pelos anais do regimento, é imaginário e simbólico; ele quer mostrar que o riso é a "liberdade jovial inerente ao caráter francês". Liberdade para a aristocracia, ao menos.

O poder político, qualquer que seja, leva-se muito a sério para tolerar por longo tempo o contrapoder do riso. Membros do regimento são presos. Roy é exilado em 1717; bem mais tarde, ele será espancado até a morte. Plantavit de La Pause é retido durante quatro anos na ilha de If, de 1743 a 1747. O regimento pode contar com protetores – como o marechal de Villars, o conde de Charolais, o marquês de Livry, Maurepas, a guarda dos Sceaux Fleuriau d'Armenonville –, mas nada pode salvá-lo quando ele ataca um grande "peixe", a marquesa de Pompadour, plebeia enobrecida e amiga dos tragediógrafos. Maurepas, por ter composto e distribuído *As peixadas*, é exilado em Bourges, e Pont de Veyle, suspeito de ser coautor, é encarcerado.

A ZOMBARIA DE SALÃO

Em 1752, depois de meio século de existência, o regimento se autodissolve com uma última festa burlesca, o *Descarrilamento geral da Calotte*, espécie de ópera cômica focalizando a loucura, que não encontra mais ninguém digno de entrar para o regimento. O cortejo final é o enterro dos calotinos, vítimas do "riso desnaturado", da farsa e dos "suspiros" da tragédia. A aliança das lágrimas e do riso viria com o fim do riso distinto.

Contudo, a tradição de ter um bufão em certos regimentos perpetua-se até o fim do século XVIII. Os regimentos suíços, servindo na França, têm, até 1792, seu *Lustig* (do qual vem o francês "*loustic*", que significa farsista, chocarreiro), um bobo que distrai os soldados, como lembra Paul-Louis Courier: "Ele os diverte, impede-os, às vezes, de se enforcar quando não conseguem desertar, consola-os no momento da *schlague* (pão negro e ferros) e da insolência dos oficiais nobres".

O Regimento da Calotte é apenas um episódio isolado, exemplo do espírito profundamente zombador do século. Na boa sociedade, torna-se indispensável distinguir-se pelas tiradas de espírito, pelos comentários ferinos. Fazer rir para existir, de preferência fazer rir à custa dos outros. Os manuais de civilidade tentam fixar regras de boa conduta. Como, pois, fazer rir em sociedade, de forma inteligente, espirituosa e sem maldade? Em 1695, Morvan de Bellegarde proíbe o recurso a trivialidades, "que não são boas para o povo", e também os trocadilhos e outros jogos de palavras, "puerilidades" que precisam ser abandonadas, deixadas para os italianos, com seus ditos picantes e com seus equívocos. É preciso ser reservado: elas não são toleradas nem "entre as pessoas de bem, mesmo que seja brincando em conversas particulares".[66] Esse autor nota a recrudescência das zombarias grosseiras nas conversas: "É recente o fato de pessoas de qualidade, de certa idade, tomarem liberdade entre si, com modos que não se perdoariam nem em seus lacaios".[67]

Ser um zombador hábil não consiste somente em saber espicaçar o outro, mas também em saber esquivar-se, aparar os golpes, responder com elegância, sem dar nenhuma chance ao ridículo, do qual não é possível se livrar mais: "Depois que se cai no ridículo, não se volta mais, porque não se suporta mais. ... Estamos num século maldoso em que cada um procura zombar do próximo e ridicularizá-lo".[68] É por esse motivo que Morvan de Bellegarde compõe, em 1696, uma volumosa obra, verdadeiro manual de *self-defense* em sociedade: *Reflexões sobre o ridículo e sobre os meios de evitá-lo*.

Antes de tudo, não se expor inutilmente, pois "pode-se cair no ridículo pelas próprias coisas em que se é bom. Um homem que canta ou que dança, que fala ou que escreve polidamente, que tem qualquer talento raro, se aplaude seu mérito, se o louva, se quer que todo mundo o admire, expõe-se à risada de todos".[69] Outra regra: não provocar desrespeitosamente o adversário; toda a dificuldade consiste em atacar sem ferir e em receber golpes sem acusá-los: "É preciso ser muito esperto para zombar dos outros por seus defeitos ou por sua conduta; isso significa dar-lhes uma espécie de direito de caçoar de nós, por sua vez. ... A zombaria é de difícil uso, e até perigosa se não for acompanhada de circunstâncias que lhe retirem o amargor. Ela deve divertir os indiferentes sem magoar os interessados; esse passo é arriscado: a finalidade da zombaria fina é animar a conversação; se revelais a estupidez ou as fraquezas do outro, vós o ofendeis. ... As pessoas de espírito que es-

66 BELLEGARDE, M. de *Réflexions sur l'élégance e la politesse du stile*. Paris: 1695, p.176.
67 Idem, *Réflexions sur le ridicule et sur les moyens de l'éviter*. Paris: 1696, p.201.
68 Idem, p.115.
69 Idem, ibidem.

cutam caçoadas põem-se do lado dos ridentes e apostam naquele que fala. Um homem sem preparo demonstra desgosto pelo que é dito, e o despeito que ele aparenta reanima a brincadeira, que se esgotaria por si mesma".[70]

O ridente fino tem estratégias e táticas. A conversação em sociedade é um verdadeiro combate. O salão é um campo fechado onde cada um, para esgrimir, se faz zombador e onde o interlocutor é um adversário em potencial. A arma é o riso; o golpe mortal é o ridículo. Para aperfeiçoar-se na arte de zombar sem esforço, ele pode consultar numerosas obras: *Boas palavras e bons contos, da zombaria dos antigos e dos zombadores de nosso tempo*, de François de Callières; *História das coisas mais cômicas ocorridas na Europa*, de Pierre Colins; *Os autores de bom humor*, de Gabriel Guéret... Podem-se também encontrar anedotas para reciclar em *Pesquisas históricas sobre os bobos dos reis da França*, de Menestrier, ou em *Memória para servir na festa dos bobos*, de Du Tilliot.

Há também todas as coleções de boas tiradas e de blagues que Saint-Simon não negligencia, mas que convém utilizar com moderação. Um manual holandês de 1735, o *Groot ceremonie-boeck der beschaafde zeeden*, toma o exemplo de um homem do mundo "que tem sempre com ele um dicionário de boas tiradas, que o estuda diariamente, que nunca se encontra em sociedade sem ter decorado 25 delas e que agarra a menor ocasião para lançar uma delas".[71] Esse comentário demonstra que a obsessão de parecer espirituoso é um fenômeno europeu, mas revela também como estão em moda essas pequenas obras in-oitavo que muitos têm o cuidado de deslizar para o bolso, manuais do pequeno zombador em sociedade ou do *teach yourself* a zombaria. O livro em questão aconselha a citar as palavras espirituosas como se fossem espontâneas e originais – o que deixa a entender que esse está longe de ser o caso.

O riso espiritual do século XVIII tenta infiltrar-se no mundo da religião. Não contra ela, mas por ela: como aliado, como salvador. As religiões, atropeladas pelo riso dos livres-pensadores, defendem-se muito mal: com in-fólios em latim, com argumentos de outra época. No período do humor e do espírito, da zombaria e da troça, elas parecem fazer tudo para tornar-se ridículas; às graçolas de seus adversários, oferecem, de um lado, os rostos austeros, fechados, exaltados, fanáticos do metodismo, do puritanismo, do jansenismo, do calvinismo exacerbado, e, de outro, as faces empoadas e

70 Idem, p.63.
71 Citado por ROODENBURG, H. "To conserve agreeably". In: *Cultural History of Humour*, op. cit., p.124.

efeminadas dos abades de corte debochados e de certos bispos incrédulos ou entregues a torpezas, tais como o grande e gordo cardeal de Bernis, êmulo de Casanova. A zombaria tem a parte mais fácil contra as Igrejas do século XVIII, que decidiram, com a Contrarreforma, rejeitar o riso. Depois que caem os últimos estampidos cômicos do humanismo devoto, na metade do século XVII, a religião hasteia uma seriedade imperturbável; só admite lágrimas, e, para os mais exaltados de seus membros, a histeria fanática – desde os neuróticos de Cévennes até as convulsões de Saint-Médard. No século da razão e da ironia, isso não é sensato nem divertido.

SHAFTESBURY: O HUMOR CONTRA O FANATISMO

Justamente no país do humor, aparece uma corrente, no fim do século XVII, que desejaria reintroduzir a alegria na fé. Os platônicos de Cambridge, como Benjamin Whichcote, e as teorias latitudinárias, segundo os quais a natureza e a razão não estão totalmente corrompidas, querem fazer do bom humor e da brincadeira sorridente as bases da vida religiosa, em lugar do receio e do medo. É o que reivindica o arcebispo de Canterbury, Tillotson, distinguindo entre o *wit* mau, que leva à zombaria, e essa alegria indefinível que começa a ser chamada de humor e que nos aproxima de Deus.

Inserir o riso, ao menos um certo riso, no coração da religião: esse é o objetivo perseguido por Anthony Ashley Cooper, conde de Shaftesbury (1671-1713), personalidade notável que, segundo Paul Hazard, "tinha muitas razões para ser otimista e uma única, decisiva, para maldizer a vida". Rico, culto e tuberculoso, Shaftesbury tem um humor feliz, que se reflete em seu estilo amável, contido, sem esforço nem constrangimento. E esse bom humor se aplica também à religião: "A maneira melancólica com que nos ocupamos da religião é, a meu ver, o que a torna tão trágica e determina tantas tragédias no mundo. Minha opinião é a seguinte: já que tratamos a religião com boas maneiras, só podemos tratá-la com muito bom humor".

Shaftesbury acredita que o bom humor está na raiz da fé, e esta, se for autêntica, deve manifestar-se no riso. Ele tem consciência da dificuldade: há risos e risos. Não são os maus e os vulgares que mais riem, mais alto, mais alegremente, mais abertamente, sem desconfiança? "É o humor da soldadesca, quando ela está no ápice da crueldade e no próprio ato da vilania, como o saque de uma cidade, pilhagem, violência, morte e torturas. Quem é mais alegre? Onde a farsa, a bufonaria, a brincadeira são mais perfeitas, mais acabadas? Onde se ri mais francamente? Quem conhece melhor o riso e prefere mergulhar nele? Em quem ele chega à perfeição, é mais *bona fide*, e (como se diz) do fundo do coração? Os tolos e os simples, esses pobres, como são tratados? O que vale o riso numa conversa? De que natureza? ... A diversão de ir ver Bedlam. ... O descanso ordinário dos príncipes e de seus semelhantes: o bufão da corte, o anão, o macaco humano! ... E, no entanto, o que é mais considerado que essas zombarias? Esse é um riso melhor? Observe a maldade da coisa e imagine, em consequência, outro riso. Como seria bom poder transformar esse riso vulgar, sórdido, ordinário, exorbitante, assustador, num gênero mais contido, mais dócil, que mereça ser chamado de riso ou, ao menos, seja de outra espécie!"[72]

Shaftesbury tenta descrever e distinguir as duas espécies de riso em uma obra manuscrita de 1706-1707, a *Pathologia sive explicatio affectum humanorum*. De um lado, a *jocositas*, o escárnio agressivo, marca de orgulho e de superioridade, provocada pela descoberta de um defeito no próximo; de outro, a *hilaritas*, espécie de humor alegre e amigável gerado pela revelação de alguma coisa de bom e de belo. Nesse teste, até então pouco conhecido, Shaftesbury descreve, por assim dizer, os dois modos de rir, a propósito dos quais os filósofos se confrontaram. Será reconhecido, em *jocositas*, o riso segundo Hobbes, e, em *hilaritas*, um riso próximo do de Spinoza:

"Porque *hilaritas* e *jocositas* não são a mesma coisa. De fato, *hilaritas*, essa espécie de riso moderado que se deixa controlar, é uma forma de admiração, certa alegria que nasce do espetáculo ou do exame de um objeto exterior que julgamos belo. Porque, se considerarmos esse objeto como parte de nós mesmos, naturalmente ou conquistado com esforço, essa alegria cai na fanfarronice ou no orgulho, se se tratar de altas qualidades. A *jocositas* é um tipo de riso descontrolado, que não se consegue frear; é uma alegria que nos leva a ver no outro uma feiura vergonhosa, que nos parece estranha mas é como se representasse um bem para nós. Prazer e alegria só podem ser encontrados em um objeto bom e belo, quer o seja de fato, quer o consideremos como tal. Ora, esse riso não é nem desejo nem rejeição nem dor, mas prazer e alegria; ou seja, esse ridículo ou esse mal, no outro, é tido como bom e belo, de nosso ponto de vista. Portanto, é da malevolência e do ódio que tal riso procede, é uma espécie de maldade, um prazer com o mal alheio".[73]

72 SHAFTESBURY. *Exercices*. Paris: trad. L. Jaffro. 1993, p.392.

73 SHAFTESBURY. *Pathologia sive explicatio affectum humanorum*, manuscrito do Public Record Office. Londres: PRO 30/24/26/7. Reproduzimos a tradução de B. Carra de Vaux, publicada por L. Jaffro no artigo "Humor e pensamento livre". In: *Lumière et Vie*, n.230, dezembro de 1996, p.49, nota 31.

O problema é que esses dois modos de rir – o bom e o mau – coexistem e, às vezes, na mesma pessoa. Ambos participam da natureza humana. Querer introduzir o riso na religião não equivaleria a introduzir o lobo no covil, já que o riso pode revelar-se devastador? Esse é o aviso de John Brown, em *Three Essays on the Characteristics* (1751), e de William Wotton, que explica, em *Bart'lemy Fair, or An Inquiry After Wit* (1709), de que o riso vai erodir a autoridade civil e religiosa, dissolver as tradições, os ritos e as instituições, colocar em perigo todo o corpo social. Thomas Sprat, por sua vez, teme por todo o sistema de crenças. Traumatizados pelas zombarias de Tindal, Collins ou Toland, os membros do clérigo anglicano têm medo de rir, e mesmo um espírito independente como Swift abandona a causa do riso na religião, ironizando a ironia dos livres-pensadores em seu opúsculo sobre *A abolição do cristianismo* (1708). Leibniz, como já vimos, não se deixa convencer: ele acha que a tendência natural do riso é o excesso e que, uma vez desencadeado, a razão não poderá mais detê-lo. Berkeley também se opõe ao manejo do ridículo na religião.

Depois de ter refletido muito sobre a questão, Shaftesbury redige uma longa *Carta concernindo ao entusiasmo*, o último termo tomado no sentido religioso de exaltação produzida por um forte sentimento de participação no divino. Em 1708, com as desordens provocadas, em Londres, por grupos calvinistas *cevenols*, aparece a oportunidade de publicar a *Carta*. Esse grupo de histéricos "inspirados", convulsivos e profetas das desgraças, perturba a ordem pública e espalha ruídos alarmantes. É o caso de reprimi-los? Absolutamente não, escreve Shaftesbury: "A repressão, que se baseia no temor, é o pior dos remédios: seu uso, com certeza, só serve para agravar a melancolia do caso e recrudescer a causa das desordens. Proibir aos homens os temores naturais e tentar substituí-los por outros temores só pode ser um método contra a natureza".[74] Em caso de repressão, esses entusiastas se apresentariam como mártires e se levariam muito mais a sério. É preciso tratá-los com humor e ironia.

Shaftesbury amplia o debate. O que produz entusiastas fanáticos é a ausência de riso na religião – o riso sob suas duas formas: o humor e o espírito (*wit*). O humor permite uma distância em relação a si e aos outros: "Ele interdita", escreve Laurent Jaffro, "essa forma de coincidência absoluta de si mesmo consigo mesmo, que é a estupidez, ou a fusão entre si mesmo e o outro, que é a inspiração; ele interdita *a fortiori* essa con-

74 SHAFTESBURY. *A Letter Concerning Enthousiasm*. Londres: 1708, p.17.

junção de estupidez e inspiração que é o entusiasmo fanático".[75] Quanto ao *wit*, é "uma expressão social do desenvolvimento do espírito crítico. É necessária a reflexão do riso diante do espetáculo do fanatismo".[76] Assim, Shaftesbury une *wit* e *humour*, que se tende a separar, emprestando a um a malevolência e a outro a benevolência. Na verdade, a diferença entre os dois reside sobretudo no fato de que o primeiro é mais intelectual e o segundo, mais sentimental.

Eis por que o riso global não degenera em grande riso antirreligioso. Ele se autorregulará porque, em sua dimensão crítica, participa da razão. Longe de se opor a ela, ele é seu agente, ridicularizando o que é insensato. "Que ridículo pode manter-se contra a razão? Ou como um homem com pouca capacidade de refletir pode suportar um ridículo mal colocado? Nada é mais ridículo que isso, de fato. O vulgar, com certeza, pode devorar a zombaria sórdida, uma simples farsa ou bufonaria, mas só o espírito mais fino e mais verdadeiro pode levá-lo até os homens de sensibilidade e educação."[77]

Em outra obra, *Characteristicks of Men, Manners, Opinions*, Shaftesbury retoma as relações entre *wit* e *humour*; ele demonstra que seu uso livre, nas relações sociais, acaba por poli-los, refiná-los. Liberdade, espírito, humor: essa é, de certa forma, a divisa de Shaftesbury. O riso espiritual não pode se desenvolver sem liberdade: "O espírito melhorará em nossas mãos, e o humor se refinará por si mesmo, se estivermos atentos para não o corromper nem o reduzir pela violência, pelos maus-tratos e por prescrições severas. Toda polidez é fruto da liberdade. Policiamo-nos uns aos outros, aparamos os ângulos e as arestas desiguais com uma espécie de choque amigável".[78] No mesmo texto, Shaftesbury defende "a liberdade de zombar, a liberdade de questionar tudo, em uma linguagem decente, e a permissão de esclarecer e refutar qualquer argumento, sem ofender o interlocutor: essas são as condições que tornam agradáveis os colóquios intelectuais".[79] Sem a liberdade de rir, de caçoar e fazer humor, não há progresso da razão. Shaftesbury enuncia aí, em 1711, o que seria o espírito das Luzes.

75 JAFFRO, L. "Humor e pensamento livre", op. cit., p.3.
76 Idem, p.4.
77 SHAFTESBURY, op. cit., p.11.
78 SHAFTESBURY. *Characteristicks of Men, Manners, Opinions*. Londres: *Times*, 1711. Um dos ensaios, publicado em Londres em 1709, intitulava-se *Sensus Communis. An Essay on the Freedom of Wit and Humour.*
79 Idem, p.70.

O RISO POPULAR VISTO PELOS PINTORES: ÁLIBI DA BURGUESIA?

Como era o riso popular no século XVIII? Apesar das pressões exercidas pelas autoridades, o povo continua a rir. Como diria, na Restauração, o advogado Dupin: "O rei reina, o ministro governa e aumenta impostos, os franceses se submetem mas riem". É um dos raros prazeres que não são taxados.

Atribuem-se ao riso várias virtudes. Um astrólogo italiano, conhecido como abade Damasceno, vangloria-se, em 1662, numa brochura que vende em Orléans, de poder descrever os temperamentos pela maneira de rir: os melancólicos fazem "hi, hi, hi", os biliosos, "hê, hê, hê", os fleumáticos, "há, há, há" e os sanguíneos, "hô, hô, hô". É o que consta no *Dicionário de Trévoux*, em seu artigo "Rir", em que se trata de outra espécie de hilaridade: o "riso de Saint-Médard", riso forçado, com a ponta dos lábios, em alusão ao fato de que o santo, de acordo com Gregório de Tours, tinha o dom de curar dor de dente e era representado mostrando os dentes, o que lhe dava um ar risonho.

Na Holanda, também há diversão, e o riso holandês se fixa em centenas de quadros que são testemunho das várias facetas da alegria popular. Ao contrário dos artistas franceses e italianos, que se dedicam aos assuntos nobres e artificiais da beleza clássica, os flamengos, na tradição de Bruegel, descem às tavernas, assistem às festas populares, às quermesses e penetram nos interiores burgueses. Os quadros transbordam desse mundo fervilhante em que os seres hilários, de feições cômicas, se agitam em todos os sentidos: eles bebem, comem, digerem, dançam, fumam, cospem, urinam em um turbilhão caótico que evoca uma grande gargalhada. No século XVII, uma multidão de gravuras anônimas junta-se às composições de Rubens, de Rembrandt, de Jordaens, de Steen, de Brouwer, de Graat, para restituir cenas de estrato popular. É um mundo camponês, artesão, mas também bom burguês, como se vê em *O rei bebe*, de Jacques Jordaens. O contraste com o riso mediterrâneo é ilustrado por duas telas quase contemporâneas: *Homem rindo*, de Rembrandt, espécie de Falstaff peludo cujos traços rústicos explodem num grande riso selvagem, e *Demócrito*, de Velázquez, o filósofo da ironia intelectual, que aponta o dedo zombador para o globo terrestre, teatro da comédia humana.

Na Holanda, Jan Steen é uma das principais testemunhas desse deboche do riso popular. É preciso dizer que o valentão, frequentemente representado em suas telas, não inspira desgosto. No caso de *Autorretrato com alaúde,*[80] pintado por volta de 1665, ele aparece como uma espécie de Falstaff, gordo, hilário, com um rosto de bêbado e um olhar que convida a partilhar prazeres supostamente pouco refinados; de pernas cruzadas e desabado sobre a mesa, ele é a antítese do distinto *Cavaleiro rindo*, de Frans Hals. Aliás, existe provocação nessa atitude, como uma incitação ao riso grosseiro. Porque o riso é contagioso. Os pintores e os autores de coleções de piadas sabem disso, tanto que não deixam de colocar, sobre suas telas ou no início do volume, o retrato de um alegre folgazão, como o do autor cômico Jan Tamboer, muito conhecido na época: "Um rosto que ri nos faz rir", diz Horácio.

Jan Steen utiliza constantemente esse procedimento. Em *Alegre companhia sob a pérgula*, ele ainda está lá, estourando de rir, com um pichel na mão. O riso e o álcool estão no centro de sua vida. Depois de se casar com a filha de Van Goyen, ele administra uma cervejaria, que logo vai à falência; obtém, então, uma licença para vender álcool em sua casa e mergulha nas dívidas. Seu quadro intitulado *Casa desfeita*, pintado em 1661, dá uma ideia do que podia ser seu interior: um cafarnaum onde reina a mais completa desordem.

Desde os primeiros quadros, ele tende para o grande cômico: um arrancador de dentes, um casamento caipira, *A cozinha magra* e *A cozinha gorda*. Ele não desdenha o gênero histórico, mas trata-o com derrisão: *Sansão humilhado, Ceres zombada*. Antes de tudo, interessa-se pelo cômico da vida cotidiana. Não há um quadro em que não figure um elemento cômico: grandes blagues, farsas, regozijos. Steen parece testemunhar a onipresença do riso na vida popular dessa época. Seu contemporâneo Adriaen Brouwer dá a mesma imagem de uma sociedade que se diverte ruidosamente, como na famosa cena de *Fumantes,*[81] em que a boca escancarada do personagem central, como um sorvedouro aberto, se apressa em engolir o conteúdo de um pichel, enquanto, atrás, um conviva, com um dedo no nariz, se livra do catarro e do tabaco. A celebridade, em Amsterdã, é o autor cômico Jan Tamboer, "João, o Tambor", cujo nome verdadeiro é Jan Meerhuysen: ele faz os espectadores uivarem de rir e lhe são atribuídas várias coleções de blagues. Sweerts, Schellinks, Questiers são conhecidos graças a seus escritos e a suas pinturas de grande comicidade. Sweerts, por exemplo, é um cômico de banheiros públicos, e um de seus quadros serve de modelo

80 Fondation Thyssen-Bornemisza, Madri.
81 Metropolitan Museum of Art, Nova York.

a uma gravura anônima, *O encontro arriscado das inscrições de banheiros*.[82] É uma cena escatológica de realismo cru, que dá uma ideia do que poderia ser o lugar público e seus arredores, onde cada um faz suas necessidades diante de todo mundo, em uma cidade do século XVII. O povo se diverte, e os pintores nos mostram isso. De Rabelais a Steen, aparentemente estamos no mesmo mundo.

Por que esses pintores e autores insistem tanto no cômico da vida popular? Em um artigo sobre "as estratégias e as funções da pintura cômica no século XVII", Mariët Westermann[83] sugere uma resposta. Com certeza, há uma explicação natural que não é totalmente falsa: a visão de cenas cômicas é reconfortante, acalma-nos e expulsa a melancolia, e seu valor recreativo permite-nos recuperar as forças para cumprir as tarefas sérias. Mas provavelmente há outras razões obscuras nesses pintores e naqueles que encomendam e compram os quadros, ou seja, burgueses holandeses abastados. Duas dessas razões são, ao mesmo tempo, complementares e contraditórias.

Em primeiro lugar, representar comportamentos sociais que as novas normas de polidez reprovam pode ser um meio de condená-los: vejam como esses beberrões, esses fumantes são repugnantes, ridículos! Edificar pelo contraexemplo: esse é o princípio dos autores cômicos que, nos anos 1670, defendem a prática do realismo cômico diante da sociedade Nil Volentibus Arduum, que, em Amsterdã, faz campanha pela moralização do teatro em um espírito calvinista. Sexualidade, escatologia, adultério, roubo, tabagismo, alcoolismo: tratar esses flagelos sociais com o riso, ressaltando o ridículo por meio de uma exposição pública, é tão eficaz quanto uma argumentação séria. Dirck Pers ilustra isso em *Bacchus wonder-wercken*, justapondo um elogio cômico do álcool e uma condenação séria e fundamentada. Mostrar para ridicularizar: a receita ainda será empregada sob o Terceiro Reich com a exposição da "arte degenerada".

A mesma explicação se pode dar para o Carnaval: exibir o avesso para melhor justificar o direito, estampar na tela as desordens provocadas pelos comportamentos que se quer eliminar. O primeiro biógrafo de Jan Steen, A. Houbraken, no início do século XVIII, afirma que a "pintura espiritual" de seu herói visa mostrar que uma vida desregrada conduz à selvageria. A licença

82 Reproduzido do artigo de WESTERMANN, M. "How was Jan Steen funny? Strategies and functions of comic painting in the seventeenth century". In: *A Cultural History of Humour*, op. cit., p.153.
83 Idem, pp.134-178.

da pintura flamenga preencheria, portanto, uma função moral: reforçar os valores burgueses fazendo rir dos contravalores.

A segunda motivação é mais perturbadora: "Rir das baixezas dos bufões, dos prazeres que não nos podemos consentir permite que nos deleitemos com o espetáculo sem incorrer na censura moral".[84] O processo de civilização, de refinamento e a exigência de dignidade, de decência, de respeitabilidade, que marcam a afirmação de um modo de vida urbano, policiado, do qual a burguesia se vangloria, são, evidentemente, acompanhados por numerosas frustrações. As proibições e os tabus multiplicam-se. O grande desrecalque freudiano começa; a enorme lixeira do inconsciente enche-se de desejos recalcados, ao passo que o superego dopado pela Reforma religiosa bloqueia as saídas. Ter em casa um quadro grosseiro, ver quadros maliciosos ou cenas de bebedeira é como um sonho; uma satisfação simbólica, ou sublimada, de desejos proibidos. Há dois bons álibis para assegurar a moral: a arte e o riso. Regalar-se com a visão e fantasiar diante das cenas de prazeres desabridos dos camponeses, pensando que eles devem aproveitar a oportunidade: dessa maneira, o riso da pintura holandesa pode também ser uma proteção hipócrita dos valores burgueses. Esse riso é, ao mesmo tempo, refúgio, camuflagem e liberação. Em parte, já é o caso de Rabelais, cujo riso, ao contrário do que afirma Mikhaïl Bakhtine, não é verdadeiramente popular: Rabelais serve-se do popular para divertir uma elite cultivada e aburguesada, que entra em sua ficção para descarregar as tensões pelo riso. A pintura cômica holandesa prolonga esse papel que o cinema e o desenho animado cômicos retomarão.

O cômico pictural como jogo de enganos entre a moral e o desejo pode tornar-se muito sutil, como o demonstra a evolução das interpretações do quadro de Steen *Moça com ostras*,[85] de 1660. Num interior burguês, uma bela moça, sorrindo gentilmente, prepara ostras. Ela tem uma numa das mãos e, com a outra, acrescenta sal; ligeiramente curvada sobre a mesa, interrompe o gesto e olha o espectador do quadro. É uma cena encantadora, que faz um autor escrever em 1873: "Uma Madona não poderia ser mais bela nem mais casta".[86] Durante muito tempo, os críticos viram nesse quadro inocente a vontade de Steen de se fazer perdoar por suas grosserias, evocando, com um cenário em arco ogival, uma imagem da Virgem.

---

84 Idem, p.164.
85 MAURITSHUIS, L. H.
86 Citado por WESTERMANN, M. op. cit., p.167.

De qualquer forma, esse olhar é insistente, perturbador. Vai direto para os olhos do burguês, o que, para uma moça, é (na época) muito ousado. E é pouco comum salgar uma ostra, uma vez que o fruto do mar já é impregnado pela água do mar. Então nos lembramos de que, no século XVII, a ostra é considerada um afrodisíaco e que se usa o sal para espantar pássaros, eles próprios uma metáfora do falo. Além do mais, a expressão "não esquecendo o sal" é utilizada para designar uma mulher virgem, o que essa moça visivelmente não é. De repente, é toda a cena que se torna salgada. Eis a nossa Madona transformada em uma pequena viciada, cujo olhar malicioso e o pequeno sorriso são um convite provocador a prazeres sugeridos pela maneira delicada como utiliza seus dedos finos. O anjo torna-se demônio: é uma nova brincadeira de Jan Steen, para acelerar a respiração do burguês, de rosto já congestionado. Porque o sal é também a metáfora para um espírito fino e vivaz: "Essa é a arte cômica reservada aos iniciados", escreve Mariët Westermann, "efetuando assim uma discriminação social entre os espíritos sofisticados e aqueles que se batem nas coxas".[87]

CARNAVAL E FESTAS POPULARES: O RISO CONTESTADOR

Voltemos a este último. Se o riso cotidiano não evoluiu nos séculos XVII e XVIII, o riso coletivo organizado sofreu forte pressão por parte das autoridades, que gostariam de suprimir essas ocasiões de desordem. O charivari é o que resiste melhor. Surgindo de forma quase espontânea, em lugares e datas imprecisas, ele se revela difícil de controlar. Além do mais, as autoridades civis, que veem nisso uma espécie de mecanismo de autorregulação da comunidade aldeã, fecham os olhos e cooperam pouco, ou nada, com as autoridades religiosas, na repressão.

Do início ao fim do século XVIII, os charivaris são assinalados na França, tanto no norte[88] como na Bretanha. Assim, em Rennes, um processo é aberto, em 18 de junho de 1784, a propósito de um charivari realizado quatro dias mais cedo na paróquia de Saint-Pierre-en-Sainte-Georges, por ocasião do casamento de um viúvo de 63 anos com uma celibatária de 54.[89] Caso

87 Idem, ibidem.
88 MUCHEMBLED, R. *Culture populaire et culture des élites dans la France moderne (XVe-XVIIIe siècles)*. Paris: ed. Flammarion, 1978, pp.367-376.
89 LEBRUN, F. "Um charivari em Rennes no século XVIII". In: *Annales de Bretagne et des pays de l'Ouest*, 1986, t. 93, n.1, pp.111-113.

semelhante acontece na Inglaterra, onde, em 1737, em Charing Cross (Londres), um homem de mais de setenta anos casa-se com uma moça de 18: "um grande *skymmington* heroico-burlesco" foi organizado.[90] O movimento parte sempre da juventude, mas os adultos estão presentes e aprovam. O riso turbulento continua sendo o meio de sancionar condutas que põem em perigo o mercado matrimonial local ou que vão contra a ordem conjugal tradicional (marido espancado, por exemplo). Contudo, nota-se na Inglaterra uma progressão de charivaris dirigidos aos maridos que espancam as mulheres. O riso acompanha a evolução das sensibilidades.

As companhias de folia, como grupos permanentes bem localizados, são alvos mais fáceis para as autoridades, por isso desaparecem rapidamente ao longo do século XVII. Uma das últimas manifestações é relatada em 1666 por Esprit Fléchier, em Clermont. Chega "um bando de jovens, cujas roupas, lambuzadas de verde e amarelo, pareciam um tanto extravagantes", escreve o bispo. Eles fazem um barulho ensurdecedor, com tambores e flautas. O intendente quer deter o cortejo. É inútil. Então manda chamar os participantes. "Dois ou três desses senhores, saindo do grupo, vão até a sala do intendente e, saudando-o de maneira muito louca, dizem: 'Sabei que somos os oficiais do Príncipe da Alta Folia e vamos impor o tributo ordinário a um senhor estrangeiro que vem roubar a mais bela ninfa de seu reino. Temos nossas vozes'. Mal terminam de falar essas palavras, todos os tambores, entrando no pátio, fazem um barulho tão grande que nada mais se consegue ouvir na casa. O mais simples então é rir com eles e retirar-se para não ficar surdo."[91]

Assim, as autoridades são ainda obrigadas a recuar diante da parada cômica e rir com os foliões. Mas isso é apenas tolerância, com uma relação de forças muito precária. Aliás, os antigos admitem que não é mais como outrora. "Que pena!", explica um velho senhor a Fléchier, "Os príncipes da folia de nosso tempo faziam outras magnificências; o que nos entretém hoje nos provocaria piedade quando éramos jovens, e só nos divertimos agora com a lembrança das coisas passadas.". O refrão é conhecido, é ouvido ainda hoje. Mas em 1666 ele corresponde a uma realidade: as companhias de folia estão prestes a desaparecer. Assim como o rei não tem mais bobo, as municipalidades também demitiram o delas. A cidade precisa de ordem e de seriedade.

---

90 *Read's Weekly Journal*, 16 de abril de 1737.
91 FLÉCHIER, E. *Mémoires sur les grands jours d'Auvergne*, 1666.

O caso do Carnaval é mais delicado. Apontado pelos pregadores como ocasião de deboche e falta de respeito, ele evolui e se adapta. A partir da segunda metade do século XVII, ele se divide em dois: o Carnaval aristocrático separa-se do Carnaval urbano. Sob a forma de baile de máscaras, torna-se festa privada, encerrada nos espaços dos salões – como as mascaradas da intendência de Caen, ao redor de 1700, e em Nantes, a partir de 1729 –, ou festa da corte, cada vez mais pesado e tendendo para o espetáculo. O Carnaval urbano começa a fragmentar-se: na Provença, os notáveis e seus violões distinguem-se do povinho e seus tamborins.

Michel Vovelle, que estudou *As metamorfoses da festa na Provença de 1750 a 1820*, constata que esse estilhaçamento do Carnaval é acompanhado de uma deriva contestatória de caráter social: "Essa festa, predominantemente juvenil, aparece carregada de contestações e revela as tensões da sociedade rural".[92] A ascensão do riso de classe torna-se precisa e os bispos dificilmente toleram as folias. Eles conseguem, às vezes, codificá-las, como em Arles ou em Saintes-Maries. Sempre se queima Caramantran, e as originalidades locais perpetuam-se: cavalgadas celebrando Baco em Châteaurenard, dança do ritmo da rainha de Sabá por travestis em Vitrolles e em Tarascon.

Numerosas outras festas provincianas persistem até o fim do Antigo Regime: variedades de charivaris, como o passeio do velho Mathurin, o malcasado, em Trets; o julgamento de um marido espancado e ridículo no primeiro dia da Quaresma, em Saintes-Maries; o passeio de um marido espancado pela mulher, escarranchado sobre um asno e voltado para a cauda. A tradição da derrisão prossegue: no dia de Ramos, em Marselha, fazem com que os "gavots" (trabalhadores temporários vindos dos Alpes) acreditem que vão distribuir grão-de-bico grátis na igreja de Chartreux e caçoam daqueles que comparecem. Em maio acontece a festa da "bela de maio" – papel desempenhado por uma velha desdentada –, durante a qual moças enfeitadas fazem a coleta. Em Corpus Christi, em Aix, um estranho desfile mistura Momus, deus da sátira, que zomba dos passantes, Baco, judeus, diabos, leprosos, inocentes, bandalhos da cidade com varíola que se esfregam na poeira imitando os sofrimentos e, no fim do cortejo, a "mouert", a morte, que grita "hohu" para assustar o povo. O riso, o diabo, a morte: trio bem conhecido, associação sulfurosa na qual cada parceiro centraliza os outros. O sentido geral desse cortejo burlesco é exorcizar as forças más pelo riso.

---

92 VOVELLE, M. *Les métamorphoses de la fête en Provence de 1750 a 1820*. Paris: 1976, p.25.

Na Provença, no fim do Antigo Regime, há uma festa a cada dez dias em Marselha, considerando-se apenas as festas oficiais, e festas selvagens surgem por toda parte, recorrendo também à derrisão como exorcismo. Assim, em Cadenet, em 1745, os católicos desenterram um protestante, "Montagne", e o arrastam pela lama em uma farândola zombadora, cantando: "Pobre Montagne, você não poderá ir à pregação em Lourmarin".

A necessidade de escárnio parece aumentar, no século XVIII, tanto no povo quanto nas elites, o que revela, como no fim da Idade Média, a ascensão de uma crença difusa, não tanto religiosa, dessa vez, porém mais política e social. Cultura popular e cultura das elites unem-se na necessidade de ridicularizar para reassegurar. É preciso neutralizar, pela ironia, o medo do outro, o medo dos outros.

O Carnaval romano, como descreve Goethe, em 1788, adquire, cada vez mais, um comportamento antijudaico: na mascarada da *Giudiata*, destrói-se, simbolicamente, a comunidade judaica, ao passo que, no ritual de *Moccoletti*, cada um leva um círio aceso e procura apagar o do vizinho lançando-lhe esta ameaça inquietante: "Morra quem não tem fogo!". Há também uma paródia de rixa de facas e o parto de uma criatura informe, além de habituais obscenidades, cortejos de polichinelos, eleição de um rei cômico, tudo em meio a risos e a grande liberdade. "O Carnaval de Roma", escreve Goethe, "não é propriamente uma festa oferecida ao povo, mas o povo a oferece a si mesmo. ... Nada de procissão brilhante à aproximação da qual o povo deve rezar e temer: aqui as pessoas se limitam a dar um sinal anunciando que cada um pode ser tão louco e tão extravagante quanto queira e que, com exceção de golpes de punhal, tudo é permitido.".[93] Mikhaïl Bakhtine vê nisso o símbolo da "indestrutibilidade do povo", que forma "um todo triunfalmente alegre e que ignora o medo". É melhor dizer que o riso existe para exorcizar, para recalcar um medo latente que se esconde sob os rituais derrisórios da *Giudiata*, de *Moccoletti* e das rixas.

Os Carnavais espanhóis também são ambíguos. No centro do Carnaval madrileno, desenrola-se o ritual do "enterro da sardinha", imortalizado por Goya. É uma cerimônia em que o estranho burlesco é reforçado pelas tintas sombrias e avermelhadas, pelos rostos crispados e com esgares odiosos que o artista deu aos personagens. Trata-se de uma mascarada, com falsos padres que cantam salmos fúnebres, portam batinas extravagantes, aspergem a multidão com água-benta bombeada com seringa de penicos de quarto; garotos dançam às arrécuas diante do cortejo e injuriam as velhas. No cemitério,

93 GOETHE. *Voyages en Suisse et en Italie*. Paris: 1862, pp.458-459.

enterra-se a sardinha numa caixa de doce de amêndoas e queima-se um odre de vinho disfarçado de títere que tem na boca a sardinha. Resta um grande manequim de cartolina, representando uma velha de sete pernas; cortam-lhe uma por semana até o Sábado Santo, quando lhe arrancam a cabeça. A significação desses gestos permanece misteriosa. Certamente, os eruditos da elite culta não se dariam ao trabalho de explicá-los, e a ironia retoma o primeiro plano. Seria, de novo, um rito de inversão: "Chamar uma coisa por seu contrário, para fazer surgir o que se ama sob a máscara do que se detesta, é próprio do burlesco popular, sempre com dois gumes".[94] Fala-se de "ironia como revolta contra a austeridade".[95] Resta saber se os participantes estão conscientes do papel que desempenham.

Pode-se dizer o mesmo do rito de decapitação de *Pero Palo*, em Villanueva de la Vera, na província de Cáceres: um boneco de madeira de três metros de altura, vestido de preto com colete branco, persegue os homens antes de ser julgado e decapitado. Para alguns, tratar-se-ia do diabo, que, dessa vez, é vencido pelo riso. Essa interpretação é reforçada pelo fato de que, em 1752, a Inquisição, que até aquele momento suspeitava de heresia, paga aos organizadores e participa livremente com estandartes e tambores.

Qualquer que seja o sentido profundo – se é que há um – dessas manifestações, é inegável que existe um aspecto tangível: a contestação pelo riso. Agitação, licença, mundo às avessas, liberação de pulsões e de desejos proibidos pelas normas morais: o camponês desafoga-se psiquicamente no Carnaval, como o burguês se desafoga mentalmente diante de um quadro malicioso. Talvez seja verdade que todos os risos, sonoros ou insinuados, altos ou abafados, participam, em última instância, da consolidação de ordem social, moral e política, desempenhando a função de válvula de escape. Contudo, escrevem Pier Giovanni d'Ayala e Martine Boiteux, essa "exaltação do mundo às avessas, que instala a desordem com alegria desenfreada, [é] sempre ameaçada pela ordem estabelecida".[96] Acontece que as válvulas não são suficientes. Ainda mais porque os valores e as instituições, corroídos por um século de troça nas elites cultas, estão enfraquecidos. No fim do século XVIII, há uma conjunção do riso popular, que não perdeu nada de seu aspecto contestador, e do riso aristocrático, marca de ironia crescente em relação aos valores tradicionais. O encontro do riso emocional com o riso cerebral se traduzirá pelo grande estampido do grotesco romântico.

94 *Carnavals et mascarades*, sob a dir. de D'AYALA, P. G. e BOITEUX, M. Paris: 1988, p.151.
95 Idem, ibidem.
96 Idem, p.155.

– 12 –

O RISO E OS ÍDOLOS NO SÉCULO XIX

O escárnio nos combates políticos, sociais e religiosos

Com a Revolução, começa um longo período de combates políticos, sociais, religiosos e também nacionais e ideológicos. Não se trata mais de debates de ideias, mas de confrontos furiosos, às vezes sangrentos. Novas forças irrompem nessa mistura e, no desencadear das paixões, ressoam mais invectivas que gargalhadas. Não se zomba, uiva-se de ódio. O riso reencontra sua velha vocação de insulto, de agressão verbal e visual, de exclusão e zombaria humilhante, como nos tempos de Homero.

De Rivarol a Hébert, os sarcasmos soam baixo, lançam-se trocadilhos sobre as cabeças sangrentas, arrastadas para a ponta das estacas, e dançam-se farândolas em volta da guilhotina. A Revolução adquire, às vezes, ares de um grande Carnaval, com mascaradas antirreligiosas. A liberdade de expressão permite o desabrochar da caricatura, e a verve cômica do povo e dos panfletários acorda como nos tempos da Fronda. O riso liberado participa da grande salada revolucionária, e não é mais possível encerrar-se em seu canto. A vida política no século XIX, que avança de maneira caótica em direção à democracia, necessita do escárnio, uma vez que o debate livre não pode prescindir da ironia. Riso e democracia são indissociáveis, apesar de os regimes autoritários, que se baseiam num pensamento único, não conseguirem tolerar esse distanciamento criado pelo riso.

O riso de combate, o riso partidário, conhece, portanto, um extraordinário renascimento no século XIX. Esse será o objeto deste capítulo. Porém, já desponta um riso mais moderno, mais vasto, que engloba tudo, riso de Demócrito para uns, riso diabólico para outros, riso do *nonsense*, do absurdo, herdeiro do grotesco romântico. Desse riso filosófico trataremos no capítulo seguinte.

OS ARISTOCRATAS, PARTIDO DO RISO (1789-1790)

A Revolução poderia ter sido uma festa. Não foi nada disso. Os novos atores da vida política são pessoas muito sérias. Quando se dirige o processo da História, não se brinca. O tom é dado na reunião dos Estados Gerais. Em 6 de junho de 1789, o terceiro estado adota um código de conduta para os debates que especifica a interdição do riso durante as seções. Parece que se está de volta ao tempo das regras monásticas: os membros devem permanecer impassíveis, como convém à dignidade da representação nacional;[1] há censores encarregados de zelar por isso. No entender desses burgueses sérios, o riso evoca a frivolidade e a zombaria arrogante da aristocracia. Para encarar os graves problemas da Reforma, essa preocupação não é excessiva, e um correspondente afirma: "Acreditai, caro amigo, esta nação, que é tão alegre e espiritual, tão amigável, tão propensa ao riso, é capaz de esforços sérios. ... Quando fixa objetivos importantes ... esta nação não é frívola nem ridente. Ao contrário, é capaz de elevar-se ao pico do sério tanto quanto de mergulhar nas mais sublimes discussões".[2]

Num primeiro momento, todas as novas liberdades de expressão e de imprensa colocam-se igualmente contra o riso: já que não é mais necessário dissimular, não é preciso recorrer à sutil ironia que, no Antigo Regime, azedava os debates dos filósofos. Cada um pode expor, sem desvios, seus argumentos. A Revolução não é a Fronda, não é uma revolta para rir. O

1 CASTALDO, A. *Les méthodes de travail de la Constituante*. Paris: 1989.
2 *Première lettre à un ami sur l'Assemblée des États généraux*, citado por BAECQUE, A. de. "Parliamentary hilarity inside the French Constitutional Assembly (1789-1791)". In: *A Cultural History of Humour*. Oxford-Cambridge: 1997, pp.182-183.

povo também é convocado para silenciar o grande riso grosseiro: um pouco de dignidade, o momento é histórico! Além disso, os Carnavais, as mascaradas não são resquícios de fanatismo, de ritos grosseiros e supersticiosos, intoleráveis na França esclarecida e regenerada? Por toda parte, as novas autoridades tentam proibir as festas tradicionais. Por exemplo, o *Journal de la Sarthe*, em abril de 1791, destaca o ridículo da festa dos açougueiros em Mans, que acontecia no Domingo de Ramos, quando irrompiam "treze moleiros vestidos de ferro, com velhas marmitas na cabeça, armados com imensas varas, correndo como loucos sobre cavalos descarnados, representando os doze apóstolos do Senhor". Tais besteiras não devem acontecer mais: "Essa instituição prende-se ao antigo regime feudal". Aliás, são os dragões e os gigantes que têm de desaparecer, para tornar-se objeto de estudo dos primeiros folcloristas. Assim, Graouilly de Metz apresenta, em 1807, uma conferência intitulada *Observações sobre o uso, em Metz e em várias outras cidades, de passear a imagem ou o boneco de um monstro ou dragão, em regozijo pela pretensa vitória sobre o monstro, por um santo libertador da cidade oprimida por esse animal.* Ele declara que essa festa é "ridícula no século esclarecido em que vivemos".

No início da Revolução, o riso está, nitidamente, no campo dos aristocratas, que acusam os patriotas de matar "a alegria francesa", apegando-se ao sério. A ironia fina e distinta é praticada na corte e nos salões. É o que lembra madame de Staël: "Os homens de outrora uniam a elegância de maneiras ao uso habitual da brincadeira; mas essa união pressupõe uma perfeição de gosto e de delicadeza, um sentimento de superioridade, de poder, de categoria social, que a educação pela igualdade não desenvolve. Essa graça, tão imponente e leve, não convém aos costumes republicanos; ela caracteriza, distintamente, os hábitos de uma grande fortuna e de um estado elevado".[3]

Com o uso permanente da ironia, na alta sociedade do Antigo Regime, passou-se a acreditar na ideia de que "saber rir" é prerrogativa estritamente nobre, sinônimo, para os aristocratas, de boas maneiras e, para os burgueses, de superficialidade e descompromisso culpável. São, portanto, os primeiros que utilizam a zombaria nos debates revolucionários. Na Assembleia, o conde de Mirabeau, contrarrevolucionário notório, adquire logo a reputação de "alegre órgão da aristocracia". Contra seu irmão e contra os oradores do terceiro estado, ele empreende uma "guerra do riso", que choca profundamente seus sérios adversários, como quando ele reivindica,

3 STAËL, Mme de. *De la littérature considérée dans ses rapports avec les institutions sociales.* 1800, I, 2.

em janeiro de 1790, uma declaração dos direitos dos cavalos. Apelidado de "*Riqueti-la tounne*", ele redige, em 1790, um jornal que dá um resumo humorístico dos debates na Constituinte: *Os jantares, ou A verdade vem rindo*. Ele se empenha em divertir os leitores, fazendo-os rir e parodiando as seções da "Comédia nacional".

Ao longo do inverno de 1789-1790, uma série de panfletos humorísticos zomba da Assembleia, apresentada como um espetáculo cômico, que se reuniu na sala do picadeiro. Em seu primeiro número, *O Espetáculo da Nação*, anuncia: "Os grandes comediantes da sala do picadeiro vão apresentar hoje *O rei despojado*, antigo espetáculo cômico muito apreciado". *A crônica do picadeiro*, *O grande estábulo*, *Os cavalos do picadeiro*, *O livro novo dos charlatães modernos*, *É possível rir disso*, *Almanaque das metamorfoses nacionais*: são numerosas as publicações satíricas contra a Assembleia. Paródias bíblicas satirizam "os novos apóstolos da liberdade".

Nesse gênero, o melhor é *Atos dos Apóstolos*, jornal criado em novembro de 1789 por um grupo de satiristas sustentado por Gattey (impressor do palácio real), que se apresenta como "os espíritos mais alegres de todo o país, herdeiros do marquês de Bièvres", inventor do trocadilho. Algumas plumas ácidas colaboram, como Rivarol, Palissot, Sabathier. Graças aos talentos do gravador Weber, uma caricatura é publicada em cada número.

O riso contrarrevolucionário chega às ruas, com *Atos dos Apóstolos*, em um artigo datado do "Dia dos Reis", no início de 1790, defensor do Carnaval, enquanto a municipalidade de Paris proíbe o uso de máscaras, por temor das confusões e dos complôs. O *Atos*, anunciando o "circo nacional do travesti", dirigido pela "máscara sereníssima", Condorcet, finge, ironicamente, expressar o ponto de vista dos patriotas, escrevendo que certos indivíduos mal-intencionados tinham proclamado que a revolução não duraria porque era triste e severa, que cessara a alegria, qualidade essencial do espírito francês; ao contrário, essa revolução iria mostrar que permaneceria fiel ao espírito cômico organizando uma mascarada.

Os Carnavais Políticos e o *Grande Baile a Fantasia Patriótico*, da Terça-Feira Gorda de 1790, dão uma descrição cômica das máscaras que os chefes patriotas poderiam usar: Le Chapelier, de mordomo, Talleyrand, de "agarra-tostão", o duque de Orléans, de "príncipe de sangue", o doutor Guillotin, de "serralheiro levando sua nova máquina", e o abade Grégoire, de rabino. "Fantasias reveladoras", diz o jornal, ao passo que o panfleto intitulado *O Exílio da Terça-Feira na Assembleia Nacional* critica ironicamente a proibição do Carnaval para o povo a fim de torná-lo reservado para a Assembleia, em suas seções cômicas.

Zombarias do mesmo tipo florescem no início de 1791, quando novos personagens aparecem no desfile de máscaras do Carnaval jacobino, tal como Robespierre, fantasiado de fantasma, "com um longo hábito branco e um véu sobre a cabeça". Para não causar medo, as pessoas são avisadas com antecedência de sua chegada. As publicações insistem no fato de que a aristocracia encarna o espírito francês, alegre, espiritual, moldado, durante séculos, pela "boa monarquia", indestrutível, em oposição a essa "felicidade decretada por nossos novos soberanos, isto é, o Diretório dos Jacobinos".

O riso fino, irônico, o espírito leve e alegre da aristocracia, contra a felicidade grave, séria, dos patriotas, à maneira de Jean-Jacques Rousseau: essa é a imagem caricatural idealizada pelos contrarrevolucionários, que se apresentam então como autênticos defensores do riso. Mas essa situação não dura muito: o riso é uma arma preciosa demais para que os patriotas, em cujas fileiras há muitos espíritos "verdes" e vivos, deixem seu monopólio para os adversários.

TÁTICA DO RISO PARLAMENTAR NA CONSTITUINTE

Voltemos à Assembleia Nacional. Depois da criação do regulamento interno proibindo o riso, em 6 de junho de 1789, ela não consegue manter a seriedade por mais de 48 horas. Em 8 de junho, o primeiro riso solto ganha os bancos dos deputados, a propósito de um comentário irônico de um representante de Languedoc, censurando Malouet por não respeitar a agenda de deliberações. Antoine de Baecque, em um estudo sobre a "hilaridade parlamentar na Assembleia Constituinte", contabilizou 408 crises de riso em 28 meses de trabalho, ou seja, uma média de 14 por mês. É muito, se considerarmos a séria resolução do início, mas pouco, se pensarmos na longa duração das sessões. A Declaração dos Direitos do Homem e a Constituição de 1791 certamente não foram elaboradas em meio às gargalhadas de 945 cômicos: os deputados compareciam, no mínimo, três vezes por semana, o que não é excessivo. Pode se tratar de um riso de alívio, provocado por um orador canhestro ou por uma proposição incongruente. Assim, em 3 de agosto de 1789, um membro do baixo clero, depois de se desculpar por sua inexperiência, sugere que a Assembleia se consagre à religião e que contrate um capelão para confessar os deputados, antes e depois de cada proposta de lei; nesse momento, afirma o *Monitor Universal*, "a Assembleia explodiu em ruidosa gargalhada", o que não impediu o padre de detalhar seu projeto diante de centenas de burgueses que se mantinham eretos até o momento de o presidente interromper a sessão. A mesma gargalhada ocorre em 7 de agosto, quando o bispo de Chartres propõe dignamente um decreto sobre a caça, que deveria ser praticada com armas não mortíferas. O abade Grégoire também faz rir quando insiste em ler cartas anônimas que recebeu, enquanto os deputados, que não têm nenhum interesse nelas, respondem, em coro e a cada fala, com um categórico "não" e acabam por bradar, destacando as sílabas: "Quei-me, quei-me, quei-me as cartas!".

Esse tipo de riso recreativo representaria, segundo Antoine de Baecque, um pouco menos que a metade das crises de hilaridade na Assembleia. Nos outros casos, o riso revela-se menos inocente. Pode ser provocado por um comentário irônico sem maldade, como aquele dirigido a Malouet, em 8 de junho, ou por zombarias, gênero em que brilha o conde de Mirabeau. Mas a seriedade logo volta. Os parênteses de hilaridade são breves, e, se um orador tenta prolongá-los indevidamente, é chamado à ordem mesmo quando se trata de Mirabeau: "Eu me pergunto se estamos reunidos aqui para uma sessão de epigramas e se a tribuna é um palco",[4] diz-lhe, em 26 de setembro de 1789, o deputado Lavie. Muitos temem uma deriva humorística que perderia de vista a razão, único guia reconhecido nos trabalhos da Assembleia.

Entretanto, essa primeira Assembleia Nacional da história da França integra o uso do riso de forma quase natural. Ao contrário do que afirmam os aristocratas, a prática da jovialidade no Antigo Regime não é apanágio da nobreza. A maior parte dos deputados do terceiro estado é formada por pessoas de espírito, habituadas às conversas de salão. O domínio da ironia, adquirido ao longo do século XVIII, encontra agora sua realização cabal. Na Assembleia, o riso não tem nada de elemento de distração: é fator de ordem, sancionando as irregularidades de conduta, as violações do regulamento, os propósitos incongruentes. Longe de aviltar, ele serve à dignidade da Assembleia e impede que personalidades mais fortes adquiram influência excessiva: um breve comentário espirituoso pode conferir a esses grandes homens um pouco de modéstia. Por mais sérios e inteligentes que sejam, só podem capitular diante do riso de novecentos deputados. "O riso", escreve Antoine de Baecque, "era excepcionalmente autorizado para que restaurasse a ordem, injetasse uma dose de humildade e servisse de antídoto natural à *hybris* dos homens no poder.".[5] O riso põe os oradores muito pomposos em seu lugar. Serve também para divertir, pela utilização frequente da paródia – sobretudo bíblica – e de citações latinas.

4 BAECQUE, A. de. op. cit., pp.179-199.
5 Idem, p.184.

Os deputados patriotas logo compreendem o uso que podem fazer dele. Uma brincadeira bem colocada faz com que se reconheça um recém-chegado entre seus pares, na tradição da ironia de salão. Para seduzir, é preciso fazer rir. O conde de Mirabeau, que cultiva esse hábito desde o início, logo suscita adversários no campo oposto, que rapidamente captam o perigo que ele representa para pessoas sensíveis ao espírito. Em 19 de setembro de 1789, ocorre um passe de armas entre os dois irmãos inimigos. O Mirabeau mais velho, o patriota, denuncia a tática do caçula Mirabeau, o contrarrevolucionário: "Esse membro obstinado utiliza brincadeiras para nos desunir, e, se a alegria é uma santa tradição do espírito francês, a discórdia é uma tradição desastrosa".

Diante do riso de discórdia dos aristocratas, que repousa em algumas individualidades, o riso dos patriotas é um riso de coesão, visando reforçar a solidariedade do grupo parlamentar ao zombar de um membro da oposição. A ambiguidade do riso, que une e que exclui, funciona aqui a todo vapor. Em 28 de agosto de 1789, discute-se a questão do veto real. Dois oradores realistas são silenciados por um comentário cáustico, lançado na sala, sugerindo que se enviem os dois para seu regime favorito: o despotismo, em Constantinopla. "Essa tirada sarcástica forçou o orador a sentar-se imediatamente, sob um abafado riso geral."

Os patriotas da Assembleia souberam, portanto, utilizar o riso tático a serviço de estratégias sérias. O parlamentarismo abre um novo campo ao riso e aos ridentes. É o que discerne muito bem, em janeiro de 1790, um panfleto de nome evocador, *O Regimento da Calotte*: "Eu acredito que a alegria, longe de ser nociva às operações para garantir nossa liberdade, serviria, ao contrário, para manter cada um em seus deveres, para dissolver as intrigas, prevenir as pretensões do orgulho e, sobretudo, para castigar os maus cidadãos denunciando, de maneira irônica, quanto são torpes e baixos". Numerosas brochuras da primavera de 1789 aconselham também a utilizar o riso diante dos "rostos desprezíveis" dos nobres e dos "rostos vazios" do clero.

Para alguns, o alegre temperamento francês é totalmente oposto ao absolutismo da República. O despotismo não autoriza a alegria. A República é o reino da virtude austera, da felicidade séria, com a qual não se brinca. Só a monarquia temperada, limitada, permite a livre expressão da alegria. É o que escreve, no fim de 1788, um ex-jesuíta, Joseph Antoine Cérutti, em *As vantagens e as origens da alegria francesa*. Para ele, o francês é visceralmente alegre, não consegue deixar de brincar nem ficar sério por muito tempo. É o primeiro esboço de um mítico "temperamento nacional", que resultará, na segunda metade do século XIX, no "espírito gaulês", desembaraçado, licencioso e alegre.

Não é de surpreender que Rabelais conheça, então, um resgate de interesse. Mas ele é apresentado de forma utilitária e restrita. Suas impertinências são vistas como outros tantos ataques à monarquia e à Igreja. Em 1791, Guinguené publica *Da autoridade de Rabelais na presente revolução e na Constituição civil do clero*. Para ele, as grosserias de Gargântua e as extravagâncias suntuosas de Pantagruel são sátiras contra o modo de vida dos reis. Os personagens de Rabelais frequentemente baixam as calças; daí a fazê-los precursores dos *sans-culottes* há apenas um passo, que Guinguené atravessa de forma abusiva. É verdade que, no mesmo momento, Hébert não hesita em acrescentar "o *sans-culotte* Jesus!".

A CARICATURA, INSTRUMENTO DO RISO REVOLUCIONÁRIO

Com a Revolução, o riso encontra outro meio de expressão: a caricatura. O procedimento não é novo, já o vimos, mas ele conhece uma verdadeira explosão quantitativa, ao passo que o conteúdo sofre mudanças essenciais. A caricatura política, aparecida sob a Liga e desenvolvida sob a Fronda, era, até o século XVII, muito complexa, pegando emprestados elementos da cultura popular – com procedimentos de inversão carnavalescos, mantendo a tônica sobre o corpo e as funções naturais – para colocá-los a serviço de uma mensagem muito elaborada. Às vezes inspirada em gravuras alegóricas, ela se dirigia a um público ainda limitado e informado, e, no século XVIII, era objeto de comércio clandestino para colecionadores.

Com a proclamação da liberdade de imprensa, no fim de agosto de 1789, a caricatura invade literalmente Paris e as grandes cidades francesas. Antoine de Baecque reuniu um *corpus* de mais de seiscentas delas, o que permite destacar as principais tendências.[6] Esses desenhos comentados não são obras ingênuas. Se utilizam elementos populares, temas carnavalescos e mascaradas, é para alcançar um grande público, compreendendo artesãos, operários iletrados e até camponeses ricos. Típica, nesse sentido, é a famosa caricatura que mostra a inversão das três ordens, com a vitória do camponês, que declara: "Nós sabíamos que teríamos nossa vez". Carnavalesca e pedagógica, como se queira, ela põe em cena tipos coletivos. Mas os alvos individuais também são numerosos,

6 BAECQUE, A. de. *La caricature révolutionnaire*. Paris: 1988. Aos estudos de Antoine de Baecque é preciso acrescentar, sobre esse tema, a recente obra de DUPRAT, A. *L'histoire de France par la caricature*. Paris: 1999.

porque os combates revolucionários permitem que fortes individualidades sobressaiam, tornando-se *leaders* – ídolos para alguns, monstros para outros. E a caricatura é a destruição dos ídolos pelo riso, sua redução ao estado de patifes: "A derrisão inclui aqui um importante processo de marginalização, de exclusão moral, política e social. Ela atribui de maneira muito concreta, pelo desenho, um valor degenerescente à personagem do adversário. Elabora retratos ridículos, construindo, por meio deles, o negativo da nova sociedade sonhada. ... Conjurando o mal, a caricatura permite ao *Homo novus* revolucionário representar-se diferente e superior, definitivamente forte e virtuoso".[7]

A função essencial da caricatura revolucionária é a dessacralização, o rebaixamento dos antigos valores, dos antigos mestres, dos antigos ídolos: monarquia, nobreza, clero são precipitados numa onda de escatologia e obscenidade. Essa função é claramente definida por uma moção do Clube dos Jacobinos: "Vamos empregar todos os desenhistas para fazer as caricaturas mais desonrosas contra os inimigos dos jacobinos. M. Gorsas ficará encarregado de emprestar seu gênio burlesco para a execução desse projeto". Da mesma forma, o comitê de saúde pública pede a David que empregue todos os seus meios e seus talentos para "realizar muitas gravuras e caricaturas que possam despertar o espírito público e fazê-lo sentir como são atrozes e ridículos os inimigos da liberdade e da República". Segundo o comitê, essa "espécie de escrita falada e colorida serve maravilhosamente aos iletrados", é uma arma de propaganda eficaz entre os *sans-culottes*.

É ainda a virtude guerreira do riso que é explorada, no prolongamento de uma tradição de escárnio do século XVIII. O grotesco de dessacralização funciona plenamente contra o clero, mostrando monges, abades, bispos em posturas as mais indecentes e obscenas. Depois do caso de Varennes, caricaturas de violência insuspeitada investem contra a monarquia e contra o rei, que se encontra reduzido, por um processo rabelaisiano, ao estado de um simples organismo fisiológico, de um corpo que serve apenas para trânsito de alimentos. "O assassinato do pai foi marcado pela moda de um grotesco impuro e acusador. O patife Luís XVI tornou-se rei do Carnaval, rei impotente, rei guloso e beberrão, rei porco: o corpo do rei passeia pela caricatura à frente de uma mascarada generalizada. Esse corpo real, outrora sagrado, torna-se um corpo de 'buracos grotescos'; a boca por onde se empanzina *O Guloso*, a boca por onde ele vomita, e por fim o ânus, constantemente sugerido pelas referências à 'covinha'."[8]

7 Idem, p.21.
8 Idem, p.44.

Vê-se que o grotesco rabelaisiano, longe de ser essa festa popular alegre, que celebra as funções fundamentais e o ciclo eterno e otimista nascimento-crescimento-geração-morte – como escreve Bakhtine –, é portador de um cômico violento, agressivo, odioso, contra as mesmas funções e esse mesmo ciclo, já que o aviltamento supremo consiste em reduzir o inimigo a suas funções.

Do lado contrarrevolucionário, utiliza-se igualmente a caricatura, apesar de ser para Boyer de Nîmes, um instrumento desleal e ignóbil. Em 1792, em *História das caricaturas da revolta dos franceses*, ele procura mostrar que "todos os meios são bons quando se quer virar de ponta-cabeça o altar e o trono". A seus olhos, a caricatura revolucionária é mais ou menos o resultado de um complô huguenote, e ele se recusa a ver nela o mínimo elemento cômico. Em 1793, cortam-lhe a cabeça. Muitos contrarrevolucionários têm, no entanto, o senso de humor apurado, mas sua tarefa é mais difícil. Eles não podem rivalizar no obsceno, na escatologia, na violência; seus desenhos não exploram a realidade do momento e só chegam a antecipar uma eventual desforra que consegue divertir apenas um público muito limitado![9]

É no exterior que a caricatura contrarrevolucionária produz suas melhores obras, porque o riso, nesse caso, é portador de um sentimento antifrancês. Além do mais, na Inglaterra trabalham verdadeiros profissionais da caricatura, cujo estilo cáustico, acerbo e virulento condiz com essa época de guerra. Três artistas distinguem-se por sua agressividade temperada de amargura. Citemos primeiro Isaac Cruikshank (1756-1810), cujo nome rangente é muito sugestivo e cujos desenhos contra a Revolução, contra Napoleão, contra as taras da sociedade e da política inglesas têm, às vezes, uma cor sinistra. James Gillray (1757-1815) possui um temperamento particularmente sombrio; é preciso dizer que esse filho de irlandeses, inválido de guerra, não tem muitas razões para crer que a vida é rosa. Ele descarrega seu humor ácido contra a Revolução Francesa, contra Bonaparte, contra as taras de seu próprio rei louco, George III, contra os deboches do príncipe de Gales e de James Fox, sustentando a política de William Pit. Depois, cansado desse mundo de doidos, suicida-se em 1815. Já seu contemporâneo Rowlandson (1756-1827) suporta a vida até o fim, graças ao olhar cínico que lhe dirige; suas caricaturas, despojadas de qualquer aspecto moral, são características do viés amargo adquirido pela ironia nesses anos turbulentos.

9 Cf. LANGLOIS, C. *La caricature contre-révolutionnaire*. Paris: 1988.

Durante mais de vinte anos, de 1792 a 1815, a Europa mergulha numa guerra de amplitude sem precedentes. Os princípios revolucionários abalam todos os regimes em vigência, difundem ideias subversivas para a ordem social. Tais perturbações espalham profunda inquietude, e o riso tende a se concentrar em dois polos agressivos: o riso partidário, que caçoa do adversário político e social, e o riso cínico, que zomba de tudo e de todos.

O romantismo nascente acrescenta ao último tipo um colorido diabólico, particularmente sentido nas obras de Goya (1746-1828), "o primeiro grande encenador do absurdo", segundo Malraux. Suas caricaturas, repletas do fantástico e da angústia, ultrapassam o contexto concreto de sua época e visam ao universal. Em suas obras, os bufões, feiticeiros, carrascos, vítimas, jovens e velhos misturam-se numa cacofonia diabólica, "o Carnaval da vida transforma-se em Carnaval da morte"[10] e seu grotesco é tão sombrio e opressivo que o riso fica bloqueado no fundo da garganta.

De ponta a ponta da Europa a caricatura se expande, logo se apropriando do procedimento da litografia, desenvolvida por Aloys Senefelder (1771-1834). Ela revela uma deformação grotesca da visão do mundo: degrada, avilta, é o aspecto visual do riso de dessacralização. Redutora, ela põe em evidência o ridículo da comédia política e social. Ela desce o herói de seu pedestal e espezinha o orgulho humano. Os poderes em vigência dificilmente suportam isso. Na França, diante dos abusos, um censor de caricaturas é designado em 1789 – sem efeito. Uma verdadeira guerra de caricaturas desenrola-se a partir de 1791. Em 21 de julho de 1792, um decreto ordena perseguições contra os autores desses desenhos difamadores. A virtude no poder fica repugnada com esses métodos grotescos. Sob o Diretório, a caricatura orienta-se para a sátira de costumes. Napoleão, cujo físico se presta tão bem à caricatura, não pode tolerar esse atentado à seriedade de seu regime, e a censura recrudesce. Mas nada consegue deter o escárnio em imagem: "A caricatura, que durante séculos foi um jogo, torna-se um mundo", escreve Malraux.

O espírito satírico da nobreza desdobra-se, no século XVIII, em uma ironia (verbal e intelectual) de salão; o da burguesia encontra seu meio de expressão na caricatura de imprensa, no século XIX. Daumier, nascido em 1808, logo lhe vai conferir suas cartas de nobreza.

---

10 IEHL, D. *Le grotesque*. Paris: 1997, p.25.

A MASCARADA REVOLUCIONÁRIA OU O RISO AMEAÇADOR

A revolução também é o ressurgimento do riso popular, que explode nas festas improvisadas, espontâneas, situando-se na linha direta do Carnaval e associando violência e escárnio. Por exemplo, em maio de 1790, em Marselha, o povo toma o forte São João, massacra o comandante e passeia seus intestinos na ponta de um bastão, gritando: "Quem quer carne fresca?". Atrás, uma longa farândola organiza-se, e todo mundo gargalha. A cena é típica dessa "contaminação da festa e da morte", de que fala Michel Vovelle.[11] Desrecalque coletivo, violência e morte estão intimamente ligados, e a farândola endiabrada, espontânea, alegre, igualitária é a forma de expressão corporal ideal para esse tipo de excesso. Selvagem e inquietante, como a dança macabra, ela expressa também a solidariedade dos participantes por seus ares de corrente humana, levada pelo riso. Sem chefe, ela serpenteia ao acaso, imagem de uma humanidade bêbada e louca. Cada um é um elemento da corrente, sem responsabilidade, sem domínio sobre seu destino, preso pelo conjunto e sacudido de acordo com os movimentos do grupo. Dança selvagem, opõe-se ao baile popular organizado, no qual o indivíduo está em primeiro lugar. Para Michel Vovelle, "a farândola assume seu papel de esporte formal espontâneo da festa contestadora, na tradição do Carnaval e do charivari".[12] As autoridades logo percebem seu caráter subversivo e igualitário: a municipalidade de Marselha proíbe a farândola em 2 de agosto de 1792.

É uma medida ilusória. Por toda parte em que surge uma mascarada, surge a farândola. Em Tulle, ela conjuga-se a uma procissão burlesca em que os participantes portam vestes sacerdotais, parodiando o funeral de um membro do clero: sobre o féretro, um chapéu quadrado, um missal, duas orelhas de asno. E ri-se às gargalhadas. A farândola mistura violência, riso e morte. Também permite recalcar o medo, porque, nela, cada um é anônimo e integrado no todo. E é exatamente o riso que conduz à dança, riso caótico e sem fim, que farta, ensurdece e exorciza também a violência, o medo e a morte.

O riso é, de fato, a principal diferença entre a festa revolucionária oficial e a festa revolucionária espontânea. Se esta se "distingue do modelo ideal difundido pelos organizadores, é, sobretudo, pelo lugar que concede à derrisão", escreve Mona Ozouf.[13] Para esse tipo de festa, procuram-se todos os

---

11 VOVELLE, M. *Les métamorphoses de la fête en Provence de 1750 a 1820*. Paris: 1976.
12 Idem, p.105.
13 OZOUF, M. *La fête révolutionnaire, 1789-1799*. Paris: 1976, p.103.

elementos que podem provocar o riso, como em Pau, onde a sociedade popular exige "apresentar o ridículo dos presidentes, conselheiros, advogados, padres, procuradores". Caricatura viva, a mascarada ridiculariza exagerando os traços psíquicos: assim, em Montignac, o rei Ferdinando é representado como um anão, precedido de duas crianças carregando bastões de bobo.[14]

Mais frequentemente, utiliza-se a figuração animal. O asno e o porco têm posto de honra nas mascaradas antirreligiosas, em que o espírito da festa dos bobos ressurge de forma espontânea: um cavalo coberto com uma estola eclesiástica, um asno com mitra e trajes episcopais, participantes fantasiados de padres, mulheres espancando santos e santas, um pseudobispo fazendo, mecanicamente, o gesto de bênção, aspergindo água-benta, incenso; em Sainte-Énimie, em Lozère, os dragões são vestidos de padre.[15]

Há outros tantos elementos medievais, conhecidos como festa do asno e festa dos bobos. Se esses elementos reaparecem em um contexto visceralmente anticlerical e antirreligioso, não seria indício de que, já na Idade Média, essas manifestações tinham a mesma significação, apenas de maneira menos consciente? As mesmas causas, os mesmos efeitos e vice-versa. Não se pode deixar de reconhecer as semelhanças entre a festa dos bobos do século XIV e a mascarada de 1793. Se é conferido caráter antirreligioso à segunda, por que contestá-lo na primeira?

O riso da mascarada antirreligiosa exorciza o medo suscitado pela audácia blasfematória da festa. É uma blasfêmia, um desafio a um Deus que não existe mas que, mesmo assim, faz tremer. Séculos de pastoral do medo deixaram traços nos espíritos. O apogeu do movimento situa-se na grande campanha de descristianização que vai de vendemiário a ventoso ano II (1793). Os participantes têm consciência do alcance sacrílego de seu gesto e são um pouco como as crianças que, durante a noite, se vangloriam desafiando as almas penadas. É preciso fazer barulho e rir muito alto para expulsar o medo. Para Michel Vovelle, trata-se de uma "terapêutica da derrisão, a mascarada, tomando emprestados das práticas populares em via de erradicação, como o charivari, sua linguagem e seus acessórios: o boneco, o asno com mitra, o cortejo burlesco; enfim, é uma passagem sem transição da violência à alegria, da execução à farândola".[16]

De sua parte, Mona Ozouf destacou esse aspecto de exorcismo que se desencadeia sob o riso de transgressão antirreligioso. Ri-se para ter

14 ROY, E. *La société populaire de Montignac pendant la Révolution*. Bordeaux: 1888.
15 DELOZ, P. J. B. *La Révolution en Lozère*. Mende: 1922.
16 VOVELLE, M. op. cit., p.265.

segurança: as relações, que aparentam alívio geral, testemunham inquietações. "A mascarada não evolui, mesmo nos terrores da cidade, sem um obscuro sentimento de desafiar o céu, como se vê em numerosos testemunhos. As sociedades populares ressoam com congratulações: não aconteceu nada, o raio não caiu sobre a cabeça dos profanadores! Deus não faz milagre em favor das imagens arrancadas de seu nicho! A essa satisfação ruidosa eleva-se a ambiguidade de uma blasfêmia que encobre, como um apelo, o medo escondido na fanfarronice, o sentido vivo da transgressão escandalosa."[17]

A festa medieval dos bobos desenrolava-se com o aval do clero, o que constituía um para-raios ideal, uma garantia de impunidade em caso de esse sagrado ter algum poder. A mascarada é mais arriscada, pois não há mais para-raios. Apenas o riso é mais forte e mais rangente, porque deve garantir-se.

A mascarada política, contra a monarquia e os poderes civis, assume um caráter de desafio, de transgressão com risco, num plano puramente humano, logo, mais fácil de ser controlado. O ritual é naturalmente carnavalesco; passeia-se, sobre um asno, o boneco do tirano, que será julgado e queimado em meio a gargalhadas, como em Nice, em 1792, em 20 pluvioso, em Grasse e em Mônaco, alguns dias mais tarde. A transferência de Caramantran, o Rei Carnaval, para Luís XVI é sugerida, e sobre esse esboço ornamenta-se, varia-se, diversifica-se, com mais ou menos imaginação, mas sempre com a finalidade de derrisão: em Arles, em 3 de outubro de 1793, um *sans-culotte* é amarrado sobre um asno para desempenhar o papel de contrarrevolucionário, debaixo de uma enxurrada de graçolas; em Marselha, em 29 de abril de 1792, uma carroça de Baco é puxada por 22 asnos, simbolizando a aristocracia; injuria-se a família real apresentando Maria Antonieta como uma prostituta, vestida com andrajos, quando não é substituída por uma cabra para acompanhar a "execrável companhia" do rei, representada por um porco no qual se jogam excrementos e todo tipo de estrume. Às vezes, o ritual é mais elaborado, quando os instigadores têm um pouco mais de cultura: em Morteau, o cortejo compreende um boneco da rainha ladeado por doutores da Sorbonne e também o "cardeal Collier e madame Valois-Lamothe, um grande grupo de aristocratas com longas orelhas", asnos mitrados, alegorias do tempo e do destino e a efígie de Luís, enterrado no esterco sob "risadas e gracejos".[18] O riso da festa espontânea é,

---

17 OZOUF, M. op. cit., p.110. Ver também, sobre esse assunto, SCREECH, M. A. *Laughter at the foot of the cross.* 2.éd. Penguin Books, 1999.

18 GAUME, Mgr. *La Révolution. Recherches historiques sur l'origine et la propagation du mal en Europe depuis la Renaissance jusqu'à nos jours.* Paris: 1856-1859.

muitas vezes, carregado de ameaças: como quando se passeia o boneco de "Louis le Raccourci", como "se o manequim burlesco, banido, lapidado, afogado, queimado, como uma vítima sacrifical, estivesse anunciando outras".[19]

As mascaradas são mais numerosas nas regiões de forte tradição carnavalesca, como o sudoeste, o que ilustra bem a continuidade do fenômeno. A Revolução, então, é vivida como a realização desse mundo às avessas para o qual o Carnaval anual preparava os espíritos. Nesse sentido, para essa população, a Revolução é uma festa, um Carnaval em tamanho natural. "O arcaísmo cultural era mais forte que a inovação revolucionária", escreve Mona Ozouf.[20]

De repente, é a vida que se torna uma festa permanente; uma sociedade de dessacralização, baseada no riso de escárnio, é colocada em evidência. É o velho sonho da idade de ouro, do país da fartura, da festa perpétua, que renasce. Todos os textos que relatam os banquetes populares insistem "no riso e na alegria", onipresentes. Os problemas são absorvidos pela festa permanente.

Essa aspiração repousa na prática contínua da derrisão, isto é, o refúgio dos ídolos. Ela ultrapassa a divisão entre revolucionários e contrarrevolucionários, pois estes últimos recorrem aos mesmos métodos, como na caricatura: cortejos parodísticos contra os jacobinos, execução de bonecos representando os chefes montanheses, sobre um amontoado de certificados de cinismo. Segundo um relato, em Blois, em 25 termidor ano VI, teve-se "o prazer de queimar Robespierre sob traços disformes, e essa caricatura faz as pessoas gargalharem". Segundo outro, em Vic-le-Comte, no ano III, "há uma festa alegre, amarra-se um jacobino, passeia-se com ele, com tambor e pífaro, por todas as ruas; canta-se e dança-se; as pessoas param por instantes diante da casa dos jacobinos e os assustam; chegou a vez de eles irem para a lanterna". Em Paris, em pluvioso ano III, queima-se um boneco "com forma de jacobino" e colocam-se suas cinzas num penico, antes de jogá-las no esgoto.

Essa utilização sistemática do escárnio pode ter um valor pedagógico, sobretudo quando é organizada pela burguesia: trata-se de colocar em cena os aspectos ridículos do Antigo Regime para melhor inspirar desprezo por eles. Em Pau, por ocasião da festa da razão, as pessoas fazem desfilar asnos vestidos de magistrados, "imitando seu andar lento e o ar grave desses presidentes de barrete", diz o processo verbal, que acrescenta: "Viram-se os atributos, as caricaturas, que representam, para o povo, o triunfo da liberdade sobre a escravidão".

19 OZOUF, M. op. cit., pp.106-107.
20 Idem, p.108.

Esse aspecto é raro na festa espontânea, que tem, antes, um sentido de antecipação. Sob as aparências provocadoras, ameaçadoras e burlescas, ela anuncia o mundo futuro, aquele que se deseja. Riso e violência estão intimamente ligados. Brandir as tripas de um governador ou a cabeça de um aristocrata, espetada na ponta de uma vara, é violência crua, e os risos que acompanham esse procedimento lembram os dos tupinambás canibais antes de comer seus congêneres, e que tanto espantaram Jean de Léry no século XVI. Esse riso difere daquele que agitava os fanáticos das guerras de religião quando eles estripavam, mutilavam, cortavam os órgãos genitais, jogavam bola com as cabeças? Como bem observou Mona Ozouf, uma interpretação inspirada na teoria de René Girard não se aplicaria, neste caso: não se trata de representar a violência, parodiá-la, descarregá-la sobre bodes expiatórios para prevenir e exorcizar a violência social existente. Ao contrário, há nessas mascaradas uma verdadeira incitação à violência e uma ameaça aos inimigos da Revolução. A violência avisa e antecipa, e o riso que a acompanha é desumano e reduz o adversário a um objeto desprezível. Esse riso é guerreiro e homérico.

Não é de surpreender que as autoridades desconfiem dele. Os governos revolucionários combatem o Carnaval com tanta energia e pouca eficácia quanto a Igreja: "O Carnaval é saudado pelos comissários com a mesma impotência desolada com que os padres o saudavam outrora; lembrando o fracasso dessas autoridades eclesiásticas, os comissários recorrem a isso como justificativa pessoal, já que a fulminante eloquência dos pregadores não conseguiu abalar o reino do Carnaval".[21] Para Mona Ozouf, a luta das autoridades contra o Carnaval e contra as mascaradas que o prolongam explica-se por duas razões. De um lado, a festa espontânea contradiz a utopia racional que essas autoridades tentam impor; esse riso selvagem é contrário à ordem exigida por uma sociedade ideal de pequenos proprietários austeros e severos. Por outro lado, essas festas exprimem um espírito de independência, de insubordinação, que é capaz de alimentar uma resistência política. A efígie do Carnaval, que será queimada, pode servir de suporte para materializar todos os inimigos do povo, que amanhã talvez sejam os chefes de hoje. Já em Marvéjols, em Lozère, a efígie foi vestida de padre constitucional.

Decididamente, o riso em liberdade é muito perigoso. Por toda parte em que é possível, a Revolução tenta pôr fim às festas que ela própria não organizou. Em Tarascon, a famosa saída do dragão, a tarasca, é deixada, em 1790, nas mãos dos camponeses dos arredores; em 1791 e 1792, a festa

21 Idem, p.276.

é muito discreta e, sob a pressão das autoridades patriotas locais e de Arles, desaparece em 1793 e 1794, para renascer em parte em 1795, depois abertamente em 1802. Sob o Consulado e o Império, as autoridades civis e eclesiásticas, embora mal reconciliadas pela Concordata, colaboram na luta contra as festas populares, relíquias das superstições de outrora e perigos para a ordem pública. Mas as resistências populares estão vivas. O prefeito e o bispo tiveram de conjugar esforços, o desejo de regozijo os vence. Em 1808, o bispo de Cambrai é abandonado por sua escolta de jovens porque proibiu violinos e menestréis na igreja; ele agora tem direito a uma efígie grotesca nos cortejos: vinga-se com riso a proibição do riso, e o tribunal não encontra ninguém para testemunhar essa afronta. O jardim do pároco de Fourmies é devastado pelo mesmo motivo. As ducassas de Flandres, festas patronais, retornam ainda mais bonitas e prolongam-se por três ou quatro dias. Nos campos do norte, a imbricação de festas religiosas e divertimentos profanos sobreviveu a dois séculos de esforços da Igreja para separar o sagrado do profano e a dez anos de perseguições pela administração revolucionária.[22]

Entretanto, a tendência à folclorização é muito clara a partir do Império. Os ataques resultam na formalização da festa popular, que perde sua espontaneidade, reforça sua dimensão de espetáculo em detrimento da participação viva, de integração à vida "real". A festa torna-se um elemento relatado, articulado, do qual não se distingue mais a função vital; um elemento exterior, um espetáculo folclórico, que acabaria por desprender-se e desaparecer se o turismo não se apropriasse dele no século XX. A domesticação do riso festivo popular se inicia. Mesmo uma atitude compreensiva como a do bispo de Saint-Brieuc, Caffarelli, sob o Império trai uma nova concepção: é preciso deixar o povo com suas festas, se isso lhe dá prazer: afinal, elas o ocupam, o consolam e evitam que procure outros ídolos mais perigosos. Já começa a surgir a ideia de que o riso pode tornar-se o ópio do povo: "O povo vinculou vários acontecimentos felizes de sua vida a ideias e sentimentos religiosos. Ele está intimamente convencido de que é Deus que faz crescer suas plantações, que abençoa seus trabalhos com colheitas abundantes, e quer agradecer nos dias que seus pais marcaram para isso. Por que afligir esse povo apresentando-lhe ideias mais ou menos filosóficas? Por que lhe roubar as únicas consolações que tem? Por que enfraquecer as ideias religiosas que o animam? Será que isso o tornaria mais submisso?".[23]

22 MUCHEMBLED, R. *Culture populaire et culture des élites dans la France moderne (XVIe-XVIIIe siècle)*. Paris: 1978, pp.370-375; BERCÉ, Y.-M. *Fête et révolte*. Paris: 1976, p.181.
23 A. N. F[19] 5539-5542, 5544.

A FESTA OFICIAL: O RISO, ÓPIO DO POVO?

Se as festas tradicionais só reaparecem no Império, é porque as festas oficiais, criadas pela Revolução, fracassaram por não se terem ancorado no riso. Excessivamente pedagógicas, pesadas, rígidas, elas querem oferecer uma imagem estável e durável da sociedade futura – materializar a utopia, de certa forma. Utilizam a abstração para erigir novos ídolos, a pátria, a liberdade, a razão; procuram sacralizar o profano, mostrar o mundo no lugar em que deveria estar. Elas são o inverso das festas populares tradicionais, que destroem os ídolos, invertem a ordem estabelecida e zombam dos valores.

A festa oficial rejeita o riso e o escárnio; para "conjurar a decadência, essa doença das sociedades, para regularizar o tempo da Revolução",[24] ela deve ser séria, virtuosa, austera e, inevitavelmente, tediosa. Em uma bela tese complementar, *As festas revolucionárias em Angers do ano II ao ano VIII*,[25] Benjamin Bois descreve o caráter sério das novas celebrações. O jornal angevino *Les Affiches*, de 12 de agosto de 1793, insiste na necessidade de abandonar a "alegria louca" das antigas festas: "A hora é crítica; a alegria louca que outrora presidia as festas cívicas deu lugar a um sentimento reflexivo que caracteriza o homem regenerado e que convém ao austero republicano. Ó, vós, que vos tornardes infelizes instrumentos do furor do fanatismo, escutai o grito da humanidade e vede se é o caso de servir ou de abandonar o seio da pátria".[26]

Mesmo o 14 de julho, do qual Jean-Pierre Bois traça muito bem a história,[27] não permite o riso. Em 14 de julho de 1790, cantam-se hinos patrióticos e grandiloquentes de Chénier e de Desaugiers, as pessoas se abraçam, choram, mas ninguém ri. Momo, deus da zombaria, faz, contudo, uma aparição incongruente em uma medíocre peça alegórica de Joseph Aude, representada no Teatro da Federação, *O jornalismo das sombras ou Momo nos Campos Elísios*, mas não consegue provocar hilaridade. Será preciso esperar quase um século e um contexto muito diferente para que o 14 de julho se torne uma festa alegre, porque se renovou com uma certa forma de derrisão e de questionamento das hierarquias sociais. A partir dos anos 1880, existem dois 14 de julho: a festa oficial, com desfiles e discursos, e a festa popular, com seus bailes turbulentos, seus jogos voluntariamente absurdos e sua

24 OZOUF, M. op. cit., p.339.
25 Paris: Alcan, 1929.
26 Citado por BOIS, B. op. cit., p.13.
27 BOIS, J.-P. *Histoire des 14 juillet. 1789-1919*. Rennes: 1991.

atmosfera igualitária, fator de desregramento moral. Ao lado do 14 de julho sério, o 14 de julho do riso: "O outro tempo da imensa festa patriótica é o tempo popular, sempre transferido para a iniciativa das municipalidades ou de republicanos imaginativos. Aqui, o essencial é a alegria. Todos os relatos de festas do 14 de julho insistem na alegria republicana, que é sinônimo de fraternidade espontânea, de desaparecimento momentâneo das diferenças sociais, de convívio acolhedor. É o simples prazer de divertir-se e rir junto: é a festa, 'o dia em que os corações se entregam à alegria, em que todos se apertam as mãos'", escreve *Le Temps*.[28] E Jean-Pierre Bois dá alguns exemplos dos jogos praticados então: "Em Fontaine-les-Croisilles, uma cavalgada; em Hermies, um corso de bruxos e um concurso de fumantes, um jogo de galinhas e um jogo de tesouras; em Waugentin, o jogo do barbante da abundância, uma corrida de saco, a corrida de balde; em Courcelles-le-Comte, o jogo de moringas; em Vendin-le-Vieil, em 1886, a corrida de rãs, o jogo da frigideira, o concurso de café quente servido às damas e, por fim, o ápice da festa: um concurso de mentirosos que sempre provoca grande hilaridade".[29]

Essa hilaridade deve-se à presença da derrisão e à momentânea supressão das barreiras sociais, ambas vividas como parênteses ao longo do ano: abolição temporária do racional e da ordem normal, que contribui para reforçar esses dois valores. O parentesco com o Carnaval é evidente.

No século XIX, o jogo político complica-se e, ao mesmo tempo, as técnicas de governo aperfeiçoam-se e refinam-se. Os êmulos de Maquiavel estudam meios de dirigir as massas com eficácia, já que tomaram consciência de sua importância. Os métodos grosseiros de intimidação e de repressão são largamente empregados, mas os regimes parlamentares recorrem a soluções mais sutis, e o *slogan* romano "pão e circo" retorna com toda a força. Esse velho procedimento, aperfeiçoado até o limite num Antigo Regime despótico, vai encontrar desenvolvimento pleno nos Estados democráticos modernos. Como "ópio do povo", o riso pode mostrar-se mais eficaz que a religião. Os prefeitos da Restauração e da Monarquia de Julho já discernem muito bem a utilidade dos charivaris e do Carnaval para a manutenção da ordem pública e dos bons costumes. Claude Tillier escreve sob a Monarquia de Julho: "É uma das grandes alegrias do Carnaval, é a comédia do povo, e rindo ele aprende boas lições. É, aliás, um meio de repressão bastante eficaz contra esses pequenos escândalos que a lei não pode alcançar, e o charivari é um

28 Idem, p.183.
29 Idem, p.184.

auxiliar muito útil, às vezes, para o procurador do rei. ... Eu sou o censor dos costumes públicos, o bicho-papão dos maridos que se embriagam e das mulheres que batem nos maridos; para cada pequeno escândalo que dou a vossos administrados, poupo-lhes um grande".[30] Sob a Restauração, o subprefeito de Marmande escreve ao ministro do Interior, a propósito dos charivaris: "No fundo dessas justiças populares, encontramos, talvez, certa moralidade. Os jovens da vila, para quem um divertimento semelhante é sempre uma novidade, reúnem-se todas as tardes, dão testemunho da censura pública e cumprem o uso invariavelmente estabelecido".[31]

Há uma inversão completa: essas festas turbulentas, perseguidas durante séculos, são agora recuperadas pelos poderosos como auxiliares da ordem pública, como mecanismos de autorregulação da sociedade. Ao longo do século XIX, de fato, o alvo dos charivaris evolui: há cada vez menos maridos submissos e cada vez mais maridos que espancam as esposas. Yves-Marie Bercé constatou isso, no caso da França, e E. P. Thompson, no da Inglaterra. O testemunho a seguir data de 1840, em Surrey: "Quando anoitecia, um cortejo se formava. Vinham primeiro dois homens com enormes chifres de vaca, depois outro com uma grande e velha peixeira pendurada no pescoço. ... Em seguida chegava o orador do bando e logo após uma companhia multicolorida, munida de sinos, gongos, chifres de vaca, apitos, ossos. ... A um sinal, eles paravam e o orador punha-se a recitar uma série de versos ... que começavam assim:

> There is a man in this place
> Has beat his wife!!
> Has beat his wife!!
> It is a very great shame and disgrace
> To all who live in this place
> *It is indeed upon my life!!!**

Então, todos os instrumentos da parada começavam a tocar, acompanhados de vaias e uivos. Uma fogueira era acesa e, em torno dela, todos dançavam como se estivessem loucos. Podia-se ouvir o barulho a três qui-

30 TILLIER, C. *Bulletin de la société scientifique de Clamecy*. 1967, pp.24-31.

31 Citado por BERCÉ, Y.-M. *Fête et révolte*, op. cit., p.43.

* Há um homem neste lugar/Que bate na esposa!!/Que bate na esposa!!/É uma grande vergonha e desgraça/Para todos os que moram neste lugar,/Isso é um peso na minha vida!!! (Em inglês no original.) (N. E.)

lômetros. Depois de uma meia hora, pedia-se silêncio e o orador dirigia-se outra vez à casa, expressando o desejo de não precisar voltar e convidando o marido à recuperação moral".[32]

Em 1904, em Cambridgeshire, um marido ébrio e brutal sofre um charivari de duas horas com frigideiras e caldeirões, o que o obriga a fugir definitivamente. O riso turbulento mostra-se aqui mais eficiente que o juiz de paz.

Entretanto, o charivari pode revestir-se de aspectos de contestação das autoridades públicas, seja contra as decisões da Justiça, seja no quadro das lutas sociais. Na Inglaterra, aqueles que se recusam a contribuir para as pesquisas de juventude, como aquela denominada "escravos do trabalho", expõem-se a desagradáveis represálias bufas.[33] O mesmo ocorre com os que, com suas denúncias, provocam condenações judiciárias julgadas muito pesadas: uma mulher vítima de estupro, cujo agressor é executado (1817), um proprietário que faz condenar um garoto que lhe furtara ovos (1878). Policiais, pregadores, guarda-caças, preceptores, recrutas do exército sofrem, às vezes, a mesma sorte.[34]

A derrisão popular turbulenta encontra novo campo de incidência nos conflitos sociais. As manifestações carnavalescas, nas quais se queimam bonecos representando os magistrados, acontecem na Inglaterra, nos períodos de agitação radical (anos da década de 1790) ou ainda por ocasião das agitações camponesas de 1870. Os não grevistas "amarelos" também constituem novo alvo. O festivo riso popular de contestação entra, assim, nos conflitos modernos.

Os governos, que agora compreendem quanto podem tirar partido da festa, não hesitam em utilizá-la. Mas geralmente representam um fracasso, pois, apesar de ser possível criar uma festa, o riso não acontece por decreto, e uma festa sem riso não é popular. O caso alsaciano, entre 1870 e 1914, é esclarecedor. A partir de 1871, as autoridades alemãs, para se reconciliar com a opinião pública da nova província, põem em prática uma estratégia cultural baseada na criação de festas e sociedades carnavalescas. Associando demonstração de força, glorificação do Reich e descontração popular do Carnaval, elas esperam favorecer a integração pelo riso. É em vão: essas festas, muito oficiais, tornam-se simples paradas às quais se assiste sem participar. As contrafestas

32 Citado por THOMPSON, E. P. "Rough music: le charivari anglais". In: *Annales ESC*, março--abril de 1972, pp.296-297.
33 BERCÉ, Y.-M. op. cit., p.23-24.
34 THOMPSON, E. P. op. cit., p.305.

dos oponentes francófilos, a partir de 1900, assim como as monótonas filas de estudantes contestadores não têm mais sucesso: "Esse culto da pátria perdida parece muito grave para utilizar, ao menos publicamente, os recursos da sátira, da derrisão ou da blasfêmia", escreve Marie-Noëlle Denis.[35]

No entanto, a questão alsaciana suscita um jorro de caricaturas, francesas e alemãs. Como no caso de Saverne, em 1913. Um oficial prussiano, Forstner, faz declarações provocantes; o governo imperial teme perturbações e determina um deslocamento de forças exagerado, desproporcional ao incidente, o que reforça a hostilidade alsaciana. Na Alemanha, o jornal satírico *Simplicissimus* ridiculariza o governo com uma caricatura em que se vê Poincaré condecorar Forstner com legião de honra por serviços prestados à França e na qual a Prússia é um enorme porco-espinho que devora as formigas alsacianas dizendo: "É preciso me amar, seus vagabundos!".

A SÁTIRA POLÍTICA, DA IRONIA À MISTIFICAÇÃO

Certamente é na sátira política que o riso encontra, no século XIX, seu terreno predileto. Os debates parlamentares, o início da democracia, a liberdade de imprensa criam as condições ideais para um grande debate de ideias em que a ironia é chamada a desempenhar um papel essencial. Santa ironia, libertadora dos povos, à qual Proudhon dirige, em *Confissões de um revolucionário*, um hino surpreendente: "A ironia foi, em todos os tempos, o caráter do gênio filosófico e liberal, o selo do espírito humano, o instrumento irresistível do progresso. Os povos estagnados são todos sérios: o homem do povo que ri está mil vezes mais perto da razão e da liberdade que o anacoreta que reza ou o filósofo que argumenta. ... Ironia, verdadeira liberdade, és tu que me livras da ambição do poder, da servidão dos partidos, do respeito pela rotina, do pedantismo da ciência, da admiração pelos grandes personagens, das mistificações da política, do fanatismo dos reformadores, da superstição desse grande universo e da adoração de mim mesmo".

O século XIX oferece uma multidão de exemplos de utilização do riso na sátira política. Na França, aparece uma imprensa satírica cujos títulos evocadores *Le Grelot, Triboulet, Polichinelle, Le Charivari, Le Rire* sugerem que

35 DENIS, M.-N. "Festas e manifestações na cidade imperial de Estrasburgo (1870-1918). Entre derrisão e blasfêmia". In: *Revue des Sciences Sociales de la France de l'Est*, 1994, sobre o tema de *A Europa do riso e da blasfêmia*.

ela tem origem no bobo do rei. Diante ou ao lado do poder – democrático ou autoritário, já que a França conheceu, em um século, todos os tipos de regime –, o jornalismo satírico liga-se à tradição do morosofo: ele diz sua verdade fazendo-se de louco. "Sua" verdade, porque não é suficiente ser espiritual para ter razão. Esses Triboulet modernos são indispensáveis: uma República democrática tem tanta necessidade de bobos quanto uma monarquia absoluta, porque atrás da democracia, fachada de liberdade, há um Estado moderno, poder despótico, ídolo sem rosto, Leviatã sem cabeça, anônimo e onipresente. *Big Brother* precisa de um irmão cômico, para que o riso o faça recordar que ele só existe por e para os cidadãos.

A sátira política, contudo, tem suas limitações e ambiguidades: ela ridiculariza seus adversários mas, ao mesmo tempo, desencadeia as crises e pode, assim, contribuir para a tolerância dos abusos. O que os censores eclesiásticos já tinham percebido há tempo é que só se pode rir das faltas graves, que devem suscitar indignação. O risco é ver o riso substituir a revolta e a cólera legítimas. Por ocasião do escândalo do Panamá, por exemplo, zomba-se desses "devoradores de cheques" satirizados pelas caricaturas: isso não contribuiria para minimizar a gravidade da corrupção parlamentar e fazê-la entrar gradativamente nos usos e costumes? A sátira política "pratica a ofensiva utilizando as forças do cômico e do ridículo. Com a mesma ambiguidade, porque libera uma crítica que o riso detona", escreve Georges Balandier.[36]

O humor engajado encontra na França um alimento inesgotável nas contínuas mudanças de regime a partir de 1830, depois nas crises da Terceira República. No fim de 1830, o editor-jornalista Charles Philipon funda *A Caricatura* e anuncia seu objetivo em 28 de abril de 1831: "*A Caricatura* não deixará de ser o espelho fiel de nosso tempo de chalaças, de decepções políticas, de macaquices e paradas religiosas, monárquicas ou patrióticas". O tom está dado, e a Monarquia de Julho terá de empreender todos os esforços para estrangular o espírito satírico. Apenas nesse ano, o tribunal criminal pronuncia 69 condenações de caricaturistas. A caricatura política atinge sua maturidade e torna-se uma arte à parte, autônoma, com o marselhês Daumier (1808-1879), um dos colaboradores de *A Caricatura*: longe de deformar, seus desenhos ressaltam a realidade psicológica dos personagens, com uma expressividade grotesca que não tem nada de rabelaisiano, mas evoca a concepção trágica de Kayser.

36 BALANDIER, G. *Le pouvoir sur scène*. Paris: 1980, p.88.

Ultrapassada, a monarquia amordaça a caricatura pela lei de 1835. Philipon funda, então, *Le Charivari*, orientando-o para a crítica social, que se desenvolverá ainda mais com o *Jornal para Rir*, em 1848: a burguesia, a moda, a arte moderna, os salões artísticos são os alvos principais. A caricatura contribui, inegavelmente, para desvalorizar a Monarquia de Julho. Graças a ela, Louis-Philippe passa à posteridade como um lorpa.

Sob a Segunda República, a liberdade de imprensa reencontrada permite a renovação de jornais satíricos, muitas vezes efêmeros. Em 1848-1849, em *A Revista Cômica para Uso das Pessoas Sérias*, Nadar apresenta em quadrinhos a *Vida pública e privada de Môssieu Réac*, oferecida à opinião pública. O jornal, no qual colaboram Arago, Balzac e Nerval, ataca, sobretudo, Thiers e Louis-Napoléon.[37] Este último terá uma matilha de caricaturistas em seu encalço com novas publicações, como *O Riso* (1867) ou *A Lanterna* (1868).

A caricatura amplia sua gama de alvos com o retrato-charge, cujas enormes cabeças não têm, necessariamente, valor de derrisão. Gill, isto é, Louis Gosset de Guines, que morre louco em 1885, é seu melhor representante. A arte não escapa à corrosão dessacralizante da caricatura. Em 1865, por exemplo, Paul Hadol publica, em *A Vida Parisiense*, um desenho parodístico do *Angelus* de Millet, mostrando dois camponeses com corpo de cavalo, com a legenda: "Orai, meus irmãos, pelas batatas doentes".

A sátira penetra até na publicidade nascente. A utilização de um personagem ilustre para elogiar os méritos de um novo produto é ideia antiga. Quando se trata de um personagem do passado, o espírito é, em geral, comportado: Napoleão I, por exemplo, é associado ao conhaque, ao queijo *camembert*, à água-de-colônia, ao tabaco, logo à bicicleta e ao refrigerador. Mas, quando se trata de personagem vivo, o tom pode tornar-se ferino, como sob a Terceira República. A palma vai para o cartaz de Eugène Ogé, impresso em 1899: "Se estais com tosse, tomai *Suprêmes Pilules*, do doutor Trabant". Vê-se aí, sentada numa poltrona, uma velha senhora gripada a quem um homem barbudo, portando fuzil e esporas, propõe as pílulas milagrosas. A velha senhora é a rainha Victoria, e o homem, o presidente do Transvaal, Kruger. Estamos em plena Guerra dos Bôeres, em que os ingleses têm muitas dificuldades e "tomam a pílula". Essa piscadela maliciosa de Ogé a um público francês anglofóbico depois do caso de Fachoda não é apreciada pelo governo, que envida esforços para se aproximar de Londres. A prefeitura de polícia

37 BELLET, R. "Uma B.D. político-moral de Nadar, *Les Aventures de Môssieu Réac* (1848-1849)". In: *Humoresques*, n.5, Presses Universitaires de Vincennes, pp.31-46.

interdita o cartaz. O fato de um pequeno desenho humorístico colocar em perigo o futuro acordo cordial já diz muito sobre o poder atribuído à derrisão.

Muitos outros exemplos iluminam a história da Terceira República até 1914: um cartaz de 1888 exige a "liquidação" do estoque de uma grande loja de roupas em que os manequins são os presidentes do Conselho e os parlamentares; numerosos prospectos põem em cena presidentes e soberanos, fazendo alusão aos últimos acontecimentos. Analisando essa produção, que frequentemente reúne chefes de Estado prestes a entrar em guerra, Anne-Claude Lelieur e Raymond Bachollet veem nisso "uma vontade coletiva dos franceses de afastar os perigos por vir. ... Esse efeito de distanciamento divertido contrasta com a gravidade dos assuntos enfocados, uma vez que, quando se fala de paz, é porque a guerra já começou ou vai se desencadear; pois, se os grandes do mundo têm, nas imagens, relações amigáveis, sabe-se que, na realidade, muitos se odeiam cordialmente, representam interesses divergentes e são, nesse sentido, perigosos em potencial".[38] Novamente, trata-se de ressaltar a ambiguidade da derrisão na política: o riso pode adormecer o medo dos franceses, mas não pode impedir a eclosão da Guerra Mundial. A publicidade humorística utilizando homens políticos cessa, aliás, a partir da guerra de 1914-1918. Esses responsáveis, esses Guilherme II, Clemenceau, Pétain e outros George V não são engraçados. Pode-se achar graça em homens que fizeram matar de oito a dez milhões de pessoas, com os melhores pretextos do mundo?

Desde o fim do século XIX, a sátira política torna-se mais ferina e profunda. Os títulos da imprensa humorística multiplicam-se, atestando a generalização do espírito de derrisão. *A Caricatura*, fundada em 1880 por Robida, retomando um título célebre, não poupa ironias ao progresso tecnológico e ao mundo mecânico que ele prepara. *O Riso*, de Félix Juven, *A Mesa de Orçamento*, de Schwarz e Joncières, *O Grito de Paris*, de Natanson, *O Correio Francês*, de Roques, prosseguem na linha política, com um acento inquietante. *O Gato Preto*, de Salis, *A Flauta*, *O Sorriso*, fundado por Alphonse Allais em 1899, são, aparentemente, mais leves, mas, sob a aparência de diversão, eles contribuem para solapar as bases da razão, o que vai mais longe que a simples sátira política. Brincando com o absurdo em que o mundo está mergulhando, esses intuitivos do *nonsense* fundamental do universo ilustram a fórmula de André Breton: "Não há nada que um humor inteligente não possa reduzir a uma gargalhada, ou até mesmo a nada".

38 LELIEUR, A.-C., BACHOLLET, R. "Celebrações político-publicitárias". In: *Humoresques*, n.5, p.66.

Seu gosto pronunciado pela mistificação é revelador. É ainda André Breton quem analisa isso: "Trata-se, nada menos, de experimentar uma atividade de espírito terrorista, com muitos propósitos, que põe em evidência o conformismo medíocre, usado até o limite, destaca dos seres a besta social extraordinariamente limitada e fustiga-a deslocando-a, pouco a pouco, do quadro de interesses sórdidos". O século XIX é rico em mistificações. Isso começa com a fabricação de coisas falsas: falsos autógrafos de grandes homens, falsos diplomas, falsos incunábulos, fraudes de toda espécie. Na série de falsos históricos, Courtois e Letellier conseguem enganar centenas de burgueses, sob a Monarquia de Julho, fabricando pesquisas do século XII que provam que seus ancestrais participaram das cruzadas. Letellier tem um ateliê bem equipado, de onde saem, a pedidos, cartas de Lutero, Calvino, Francisco I, Henrique II, Diane de Poitiers, Henrique III, Racine, La Fontaine... O campeão indiscutível nesse domínio é um ex-empregado de Letellier, Vrain-Lucas, que explora a incrível credulidade do matemático Michel Chasles, membro do Instituto e grande amante de peças históricas: em nove anos e por 140 mil francos-ouro, ele lhe vende 27 mil documentos, desde cartas de Maria Madalena e de Lázaro ressuscitado até uma correspondência entre Sócrates e Euclides, passando por documentos de Júlio César, Dagoberto, Carlos Magno... Ele chega a fornecer a Chasles uma carta de Blaise Pascal provando que este último descobriu a gravitação universal, e Chasles faz disso o objeto de uma conferência retumbante na Academia de Ciências!

Outro grande mistificador, Paul Masson (1849-1899), especializa-se na História contemporânea, com a publicação das memórias íntimas de Boulanger e de Bismarck. No domínio artístico, um dos casos mais célebres é aquele montado em 1910 por Roland Dorgelès, que expõe, no Salão da Independência, uma tela atribuída a um pintor italiano, J. R. Boronalli, *O sol se põe sobre o Adriático*. Críticos, admiradores e difamadores lhe consagram artigos inflamados. Trinta e sete anos mais tarde, em *Bouquet de Bohême*, Dorgelès revela que a tela fora pintada pelos movimentos do rabo de um asno... Humor *fin de siècle* que não seria renegado por um artista como Toulouse-Lautrec (1864-1901), de quem Natanson dizia: "[Ele] gostava de rir. De rir às gargalhadas, até as lágrimas". Como se sabe, suas obras desvendam o aspecto caricatural da vida social e do mundo do espetáculo. Atrás de todas essas risadas, é possível distinguir homens que têm distância crítica em relação ao mundo, à vida, aos valores, aos ídolos. Certamente não é preciso superestimar a importância dessa visão irônica da política, das artes, da cultura: ao primeiro toque de clarim, a Europa inteira vai se precipitar nas trincheiras, como um único homem, para proceder ao massacre metódico e patriótico. Mas as sementes estão lá; vão germinar no sangue dos valentes para fazer eclodir o riso do absurdo.

AS VARIEDADES DA SÁTIRA SOCIAL EUROPEIA

Constata-se a mesma evolução no restante da Europa – da Suíça, onde Rodolfhe Toepffer (1799-1846) cria *gags* ridículas, "sempre animadas pela pressa e constantemente à procura de alguma coisa",[39] à Itália, onde é ilustrado o *Fiscietto* (1848). Na Alemanha desenvolve-se, de início, a caricatura romântica, fantástica, espiritual, cheia de diabos, com Voltz e Geissler. Ela cria temas próximos das diabruras de Le Poitevin (1806-1870), Grandville (que morre louco em 1847), Gustave Doré – cujo gênio ridículo dá origem a um mundo mágico, pleno de reminiscências medievais e de angústias diante de uma natureza repleta de espíritos aterradores – e Robert Seymour, caricaturista de Dickens, que se suicida em 1836. Do outro lado do Reno, a sátira política começa verdadeiramente com os *Fliegende Blätter*, fundados em 1845 e inspirados em *Le Charivari*, depois com a *Leuchtkugeln*, criada em 1848 em Munique, e com o *Berliner Charivari*. Mas ela só se difundirá em 1896, com o aparecimento do *Simplicissimus*, de Albert Langen, em Munique: cáustico e cortante, o jornal prende-se a todos os dogmatismos e obscurantismos, assim como ao militarismo de Guilherme II. Seu riso é muito amargo e seu universo, negro e inquietante. Em 1902, o caricaturista Olaf Gulbranson começa a trabalhar nele.

Ao longo do século XIX, acontece na Alemanha uma reflexão sobre a função do riso, do escárnio e do humor na sociedade e na política. Desde o início do século, a alta sociedade berlinense reveste-se de um senso inato de humor, e o *berliner Witz*, o espírito berlinense, até então atribuído às classes populares, torna-se ingrediente obrigatório nas conversas de salão. Em 1840, um viajante inglês comenta, com certo enfado, esse torneio de espírito dos berlinenses, essa certeza de possuir um senso de humor superior: "Eles têm muita maldade e graça insidiosa; um ar cáustico; querem ter a última palavra e estão empenhados em conquistar o apoio dos ridentes contra seus antagonistas, de classe superior ou inferior, cultos ou sem educação".[40]

---

39 SEARLE, R., ROY, C., BORNEMANN, B. *La caricature, art et manifeste, du XVIe siècle à nos jours*. Paris: 1974, p.201.

40 HOWITT, W. *The Rural and Domestic Life of Germany: with Characteristic Sketches of its Cities and Scenery*. Londres: 1842, p.441.

Berlim, "pátria do espírito", como o proclamam os guias, vê desenvolver--se, nos anos 1840, uma polêmica sobre o riso. Para muitos, ele é uma válvula de escape que permite ao povo expressar seu descontentamento de forma pacífica. Válvula benéfica para uns, porque garante a manutenção da ordem, e nefasta para outros, porque reduz a tensão revolucionária. O primeiro ponto de vista é o de Gustav Kühne, que, em *Mein Carneval in Berlin 1843*, pede às autoridades que deixem o povo expressar seu espírito satírico, que é como um *Luftloch*, um "sopro de ar", permitindo-lhe exteriorizar seu desgaste e suas frustrações. Aos olhos do comunista Ernst Dronke, em compensação, a sátira política é desprezível, porque os berlinenses acreditam que basta rir de uma injustiça para fazê-la desaparecer.[41] Theodor Mundt coloca os dois de acordo, afirmando que o espírito satírico berlinense tanto pode levar à revolta quanto acalmar os excitados.[42] Para outros, o riso também pode ser um elemento de coesão social, pelo fato de partilhar a mesma cultura. Em uma população berlinense que, em 1840, segundo o censo, já conta com 85% de alfabetizados, entre os adultos, o impacto de uma literatura satírica corre o risco de ser muito sensível. As leis de 1819 impõem, aliás, uma censura rigorosa a essas publicações.

Como sob o Antigo Regime, na França, essas leis tiveram o efeito de estimular a verve humorística, que camufla a crítica sob a aparência de diversão anódina, nos almanaques, nos cartazes, nos livros de adivinhas e de ditos espirituosos. A atitude da polícia quanto a isso reflete o dilema exposto há pouco: tolerância plena demais para permitir um exutório, interdição estrita demais para evitar uma contaminação profunda. Um personagem cômico surge constantemente nessa literatura ilustrada, satírica e suspeita: Eckensteher Nante. *Eckensteher*, literalmente "aquele que fica no canto", é o sobrenome dado ao trabalhador operário, que espera todos os dias a contratação, caricaturado com os traços de um trabalhador forte, de pálpebras pesadas, lábios espessos, impudente e indolente, boné na cabeça, uma espécie de buldogue malicioso, de espírito vivo e linguagem chula. Nante, diminutivo de Ferdinand, é prenome comum nos meios populares. Eckensteher Nante, com seu grande bom-senso, é conhecido em toda a Europa central. Ele aparece em 1832. Criação literária de satiristas profissionais, dirige-se à classe média ascendente, que se identifica com ele. "Rir *com*

41 DRONKE, E. *Berlin*. Berlim: 1846.
42 MUNDT, T. *Die Geschichte der Geselschaft in ihren neueren Entwickelungen und Problemen*. Berlim: 1844.

Nante tornava possível aos alemães ostentar uma robusta cultura política fora do alcance da repressão. Mas rir *de* Nante permitia prever os limites da revolta na Alemanha pré-revolucionária. ... Logo ele se torna um símbolo de todo o povo alemão, personificando as esperanças, os temores e os fantasmas da classe média que não quer ser povinho."[43]

No início, a popularidade de Nante deve muito ao talento cômico do ator Friedrich Beckmann, que desempenha o papel numa comédia, em Berlim. Rapidamente, ele se torna o centro de numerosas anedotas e historietas ilustradas, algumas das quais são pretextos para jogos de palavras e brincadeiras sem pretensão. Em *Nante als Fremdenführer*, de 1840, ele compõe um tratado de *viel-o-sauf-ische* (filosofia), literalmente "muito a beber", que lhe vale o título de "doutor em sabedoria humana". Em outra história, desafiado por uma moça, ele retruca: "Ei, senhorita, sois muito avançada. Por acaso não sois filha do líder parisiense George Sand, para ignorar assim vosso sexo?".[44] Mas a brincadeira, às vezes, vai mais longe. Em 1847, ano de crise profunda, de intrigas e miséria entre o povo, Albert Hopf estigmatiza o paternalismo filantrópico dos patrões liberais alemães e as estéreis discussões dos políticos: um grupo de ricos proprietários funda um clube para discutir a miséria dos pobres: as seções parecem banquetes prussianos. Como ajudar os pobres? Eles só podem ter dois filhos, diz um; ao contrário, diz outro, isso vai diminuir a renda proveniente dos batismos e certificados de nascimento; se lhes pagamos muito, eles se tornam arrogantes e então é preciso aumentar as multas, diz um terceiro, que se vangloria de pagar um salário ridículo aos funcionários. Então chegam Nante e seu amigo para "representar o pauperismo". Escândalo: "Eles são proletários; não podemos admitir esse tipo de gente num clube como o nosso".[45]

Em outra história, de 1843, o autor utiliza o subterfúgio do sonho. Nante sonha que um comissário de polícia sonhou que ele era suspeito de um crime. Diante dos protestos de Nante, ele teria respondido: "O sonho de um comissário de polícia é motivo suficiente para estabelecer uma suspeita". A polícia, segundo relatos que subsistem, entendeu a intenção satírica, mas decidiu não reagir porque a brincadeira não chegaria, realmente, ao povo.[46]

43 TOWNSEND, M. L. "Humour and the public sphere in nineteenth century Germany". In: BAECQUE, A. de. *A Cultural History of Humour*, op. cit., pp.203-205.
44 Citado por TOWNSEND, M. L. op. cit., p.208.
45 HOPF, A. *Der kleine Landtag und sein Schluss, oder Nante und Brenneke als Abgeordnete*. Berlim, 1847.
46 TOWNSEND, M. L. op. cit., p.212.

Eckensteher Nante desaparece ao redor da metade do século. Sua importância reside no fato de que a classe média alemã pode, ao mesmo tempo, criticar o poder e os defeitos da sociedade por seu intermédio, situando-se por oposição à classe operária que ele representa. É tanto um riso de crítica política quanto de coesão social. Arriscando uma comparação recente, Homer Simpson é um pouco o Nante americano dos anos 1990: vulgar e repugnante, encarnando os defeitos de uma certa sociedade, é o anti-herói que o americano médio pode reprovar identificando-se com ele.

Curiosamente, é na Inglaterra, pátria do humor, que o humor perde, no século XIX, seu caráter de sátira político-social mordaz. Os descendentes de Swift evoluem ou para um conformismo espiritual ou para um dandismo provocador, que tem mais profundidade do que aparenta. A primeira corrente é bem ilustrada pela célebre revista satírica *Punch*, fundada em 1841. Seu projeto é ambíguo, pois pretende inspirar-se na satírica agressividade francesa (o que sugere seu subtítulo de *London Charivari*) e na *commedia dell'arte* (com seu título de *Polichinelo*), rejeitando o cômico popular, inconveniente e, para dizer tudo, chocante. Mark Lemon, que é seu diretor de 1841 a 1870, declara que seu periódico será "sem grosseria, sem sectarismo, sem blasfêmia, sem inconveniência nem maldade" e sem "esses desagradáveis assuntos que constituem o fundo da loja dos humoristas franceses". O que significa que se tratará de um humor asséptico, conformista, adaptado aos salões vitorianos e ao ambiente decadente da biblioteca dos lordes. Não se pode contar com ele para atacar o governo de Sua Majestade. Seus alvos favoritos são a arrogância dos domésticos, as reivindicações femininas, os novos-ricos, os pobres, os trabalhadores, os estrangeiros – em particular o papa e Bismarck –, assim como o infeliz príncipe consorte, Albert. A alta sociedade, burguesa e aristocrática, é aí lisonjeada em seus preconceitos, em seus gostos e em sua hipocrisia e se encontra nos desenhos de Leech e Doyle. A paródia literária ocupa bastante espaço. *Punch* é o riso dos bem pensantes e a sátira de luxo, que não tem mais nada a ver com Swift nem Hogarth. É também uma verdadeira instituição, o humor superior do *establishment made in England*, o Rolls-Royce da ironia à inglesa, que, quando completa 150 anos, celebrados em Londres com uma grande exposição, em 1991, pode ainda se orgulhar de vender uma tiragem de 33 mil exemplares.

Apesar das aparências, o humor de Charles Dickens também é inofensivo. Sua crítica social, limitada, reveste-se de um caráter sentimental e distante, estético. A ilustração de seus livros, por Seymour e Cruikshank, deu, no início, a ilusória impressão de agressividade. Na realidade, escreve Robert Escarpit, "diferentemente dos romancistas do século XVIII, ele não participa diretamente do jogo. Seu humor, todo exterior, não perturba nem seu conforto intelectual nem seu conforto sentimental. Graças a ele, diz Stephen Potter, 'a palavra *humour* logo vai adquirir sua acepção moderna, isto é, algo que provoca uma diversão pacificamente analítica, a capacidade imediata de perceber que é diversão'. Vê-se aqui o humor literário reunir-se, em nossa época, ao *sense of humour*, mas numa atmosfera totalmente diferente da do século XVIII. O termo importante é 'pacífico' (*quiet*): a inquietação metafísica deliberadamente perseguida por Swift é apenas uma ligeira e sorridente amargura em Sheridan e um escrúpulo sentimental em Dickens".[47]

Na verdade, o humor satírico na Inglaterra do século XIX é encontrado em personalidades mais isoladas, como Charles Lamb, comparado às vezes a Montaigne, retirando-se para sua torre – no sentido figurado – para comentar, com uma pena acerba, a comédia que se desenrola ao seu redor. Byron, ao contrário, desce de sua torre para combater em campo aberto; seu humor um tanto fantástico, aliado a uma viva sensibilidade, desemboca numa "alegria melancólica" que escapou de seus contemporâneos. No fim do século, Aubrey Beardsley (1872-1898) é muito mais sombrio, e suas caricaturas acabam tendendo para o mórbido e para o erótico.

UM HUMOR FRANCÊS? O RISO GAULÊS E BORRACHO

Essas variedades do humor inglês, das quais é difícil apreender os elementos comuns, levam a propor a questão dos humores nacionais – debate marcado pelo grande confronto ideológico do século XIX: internacionalismo contra nacionalismo. A segunda metade do século vê a afirmação dos blocos nacionais, cultivando sua diferença, elogiando a superioridade de seus respectivos valores culturais, desprezando os dos vizinhos. Para os meios patrióticos, a maneira de rir reflete a qualidade da cultura autóctone. Cada nação tem seus próprios demônios, e estes inspiram um riso específico que ilustra o suposto temperamento do povo em questão. Cada nação fabrica seu riso e o opõe ao riso vulgar das outras nações. Há o riso gaulês e impertinente do francês, o riso pesado e barulhento do alemão, o riso fino e superior do inglês: tantos clichês e mitos voluntariamente mantidos para testemunhar o gênio nacional. No lado oposto, desenvolvem-se risos mais específicos das categorias sociais, dessa vez sem fronteiras: o riso da classe

47 ESCARPIT, R. *L'humour*. Paris: 1960, pp.50-51.

operária, centrado no jargão da gíria, do *cockney* londrino, do *titi* parisiense; o riso dos salões da pequena burguesia provinciana, com blagues pesadas e alusões ousadas, de bom grado anticlerical; o riso da grande burguesia, que se quer refinada, discreta, sutil, culta; o riso dos militares; o riso dos aristocratas; o riso clerical... Risos nacionais (ou nacionalistas) de um lado, risos de classe do outro? Risos da direita, risos da esquerda. Risos étnicos ou internacional do riso?

A existência de um humor específico a grupos nacionais provém, em grande parte, de um mito conscientemente mantido. É claro que cada grupo humano alimenta seu senso do cômico com elementos próprios a sua história e cultura, o que torna, às vezes, o riso incomunicável de um grupo a outro. Mas essas são apenas diferenças superficiais. As essenciais são idênticas em todos os países: risos agressivos, ridículos, amigáveis, amargos, alegres, desdenhosos etc.

Tomemos o exemplo do "riso gaulês", criação do espírito apaixonado por condecorações do fim do século XIX. Sua ascensão corresponde, nitidamente, à afirmação gradativa de um suposto temperamento nacional que se insinua até mesmo na arte e na história. Em 1844, em seu *Dicionário racional da arquitetura francesa,* Viollet-le-Duc escreve, a propósito das fantasias da estatuária gótica do século XIII: "O velho espírito gaulês penetra por meio do cristianismo". A releitura da história da França acontece à luz dos preconceitos nacionalistas do momento: nossos ancestrais, os gauleses, eram astutos e expeditos, mais espertos que os pesados legionários romanos; basta ver como o soldado de infantaria francês de 1870 ridiculariza o pesado soldado teutão. Nos dois casos, o francês é extraordinariamente derrotado, mas ele inverte sua derrota graças a seu espírito cômico, triunfando sobre seu vencedor pelo riso. O riso é a fachada atrás da qual ele se refugia depois de seus costumeiros desastres militares. Esse é o "riso gaulês", que se alimenta de nacionalismo e de anticlericalismo. Até aqueles que não o apreciam contribuem para que se acredite nele. Como Renan, que evoca, em 1856, o "espírito gaulês, espírito simples, positivo, sem elevação, ... destruidor de qualquer nobreza e de qualquer ideal". Outros fazem dele uma bandeira: em 1881-1882 é criado um jornal republicano intitulado *O Espírito Gaulês*. Mesmo o grande historiador da literatura Gustave Lanson tenta defini-lo, em 1912: esse espírito "é feito de ciúme baixo, de inquietante molecagem e de uma absoluta falta de inteligência no que se refere a todos os interesses superiores da vida". Durante a guerra, a imprensa e a propaganda, que, aliás, são a mesma coisa, atribuem aos valentes esse senso de humor bem francês, que lhes permite suportar, de coração leve, a vida nas trincheiras.

Atitude rabelaisiana, temperada de grande bom-senso e alegrada por muita malícia, esse espírito gaulês ideal, tal como existe no imaginário francês, foi bem descrito por Joseph Bédier: "Sem desconfiança, sem profundidade, falta-lhe metafísica; ele nunca é provido de cores nem de poesia; não tem espírito de fineza nem aticismo. Ele é a malícia, o bom-senso alegre, a ironia um pouco grossa, mas precisa e justa. Não procura os elementos do cômico no exagero das coisas, no grotesco, mas na visão zombeteira, ligeiramente ousada, do real. Não existe sem vulgaridade; ele é terra a terra e sem alcance; Berenger é seu legítimo representante. Satírico? Não, porém crítico, licencioso e não voluptuoso, apetitoso e não guloso. Ele está no limite inferior de nossas qualidades e no limite superior de nossos defeitos. Mas falta a essa definição o traço essencial, sem o qual se pode dizer que o espírito gaulês não existiria: o gosto da vivacidade, da boa disposição, ou seja, da libertinagem".[48]

Esse arquétipo, nascido na segunda metade do século XIX, nunca morre. "A explicação de sua longevidade", escreve David Trotter, "reside, acredito, na ideologia nacionalista, que tem necessidade, para sua sobrevivência, de criar e de espalhar características e estereótipos nacionais.".[49] Esses estereótipos, é claro, não são obrigatoriamente lisonjeiros; servem, antes de tudo, para estabelecer a diferença com o estrangeiro e para reforçar a solidariedade nacional em torno de alguns temas "bem nossos".

O riso ocupa lugar importante nessa mitologia nacional que se cria. Uma variante de baixo nível é a categoria do "humor borracho", ao qual Elisabeth Pillet consagrou um estudo.[50] França, país do vinho e dos bêbados: tudo o que pode servir de signo de reconhecimento vem enriquecer o costume nacional. Em um país onde o número de dívidas com bebida aumenta 34%, entre 1879 e 1904, e cuja vinha é um dos pilares da economia, o "borracho", o "bebum", encarrega-se de uma demão de tinta patriótica, simpática, que se traduz por uma floração de canções de ébrios, ilustrando um tipo de cômico muito particular, com base na escatologia, na trivialidade, na vulgaridade, na derrisão provocadora. O compositor-intérprete Paul Bourgès, apelidado "rei dos borrachos", é o autor de numerosos sucessos, entre 1880 e 1900, como *A melhor mama-*

48 BÉDIER, J. *Les fabliaux*. Paris: 1964.
49 TROTTER, D. "L'esprit gaulois: humour and national mythology". In: *Humour and History*. Oxford: ed. K. Cameron, 1993, p.79.
50 PILLET, E. "Álcool e riso no século XIX: os 'apimentados'". In: *Humoresques*, n.7, Presses Universitaires de Vincennes, 1996, pp.113-128.

deira, classificada no gênero pouco literário de "balada enófila". Entre os grandes "sucessos" da época, contam-se *A bebedeira*, *Viva o bêbado* – aliança pitoresca do cômico ébrio com o cômico militar –, *Ela amava os copos*, *Eu sou bebum*, *A greve dos borrachos*...

O bêbado dobra-se ao meio, vomita, cospe, urina, peida. Seu humor malcheiroso une-se à voga muito popular do "peidorreiro", que diverte o café-concerto, onde os clientes leem o *Jornal dos Emerdeados*. Essa eclosão de escatologia de baixo nível desconcerta o leitor atual. Tratar-se-ia de um desejo de provocação diante da sufocante moral burguesa da época? Do prolongamento da atitude carnavalesca do mundo do avesso, em um tempo em que o Carnaval já perdeu sua função tradicional? De uma reação contra as campanhas antialcoólicas que se desenvolvem na época? De uma busca de libertação do burguês que se acanalha no café-concerto misturando-se ao povo? Sem dúvida, é um pouco de tudo isso ao mesmo tempo.

Como o burguês do século XVII que arregalava os olhos diante dos quadros de Steen para atenuar suas frustrações, o burguês do século XIX se dá a grande satisfação de partilhar os prazeres vulgares de seu inimigo de classe e de se descartar de seus falsos valores durante o tempo que dura uma canção de bêbado. Porque, nessas canções avassaladoras, nada escapa à derrisão embriagada. O niilismo do bêbado é tão destrutivo quanto as bombas de Ravachol. Tudo passa: a família, a religião, a polícia, o Estado, o governo, o trabalho, a cultura, a paz, a guerra, até a pátria, mesmo que haja ébrios patriotas: *Quando estou cinza, sou tricolor*, diz o título de uma canção, o que é muito ambíguo; é preciso estar bêbado para se sentir patriota?

Para Elisabeth Pillet, esse comportamento se inscreve na tradição carnavalesca: "Comportamentos aberrantes, escatologia, rejeição das responsabilidades, derrisão de todos os valores, mundo do avesso, discurso parodístico, hipérbole, jogos de palavras: todas essas características reatam a canção do bêbado com o cômico carnavalesco. Poder-se-ia propor uma leitura psicanalítica desses procedimentos cômicos – como o faz Daniel Weyl a propósito do cômico de Chaplin: o cômico como regressão jubilatória a um estado pré-social".[51] Considerado pelos responsáveis como um exutório inofensivo do espírito revolucionário, o riso do ébrio é largamente aceito até o fim do século, com as bênçãos do *lobby* dos comerciantes de vinho.

51 Idem, p.119.

A ascensão de uma corrente antialcoólica fez o cômico do bêbado recuar a partir de 1900. A opinião pública, sensibilizada pelos estudos médicos, pelos manuais escolares, pelos romances realistas, pelos dramas relatados pela imprensa cotidiana, pelo temor da degeneração do povo francês, começa a achar os alcoólatras bem menos cômicos. O álcool adquire a dimensão de flagelo público. Se continua a fazer rir, não é o mesmo riso de outrora. O que ainda faz rir não são mais as palavras e as canções inspiradas pelo álcool, mas o aspecto exterior do bêbado, transformado num pobre-diabo derrisório. Não se ri mais do fundo, porém da forma, e então desaparece a diferença entre o bêbado francês e o bêbado estrangeiro.

HUMORES NACIONAIS OU INTERNACIONAL DO RISO? OSCAR WILDE E MARK TWAIN: A MESMA LUTA

Quando se fala de um riso francês, gaulês e "mamado", há tendência de atribuir ao inglês uma cultura de excentricidade e do *nonsense*, que corresponderia a sua forma de humor. Na realidade, há na Inglaterra, como já vimos, grande variedade de humor, e essa qualidade é conscientemente cultivada, com uma manifesta deriva para o *nonsense*, já perceptível com o *Book of Snobs*, publicado em 1848 por Thackeray. A história acrescenta seu próprio toque de ironia, já que, no mesmo ano, Marx publica o *Manifesto comunista*. O choque entre o esnobe e o proletário sugere que o humor inglês se afasta das realidades sociais para se tornar um jogo de espírito, uma fantasia intelectual um pouco autossuficiente e vã. Com o *Book of Nonsense*, de Edward Lear, em 1846, avança-se para uma exploração racional do absurdo, e a combinação dos dois desemboca no dandismo do qual Oscar Wilde (1856-1900) é o mais brilhante exemplo.

Tudo é paradoxal nesse personagem, que está no mundo todo sem estar em mundo algum. Admirado e requisitado nos salões da aristocracia vitoriana, ele é rejeitado por ela e lançado na prisão por homossexualismo. Ele vê o mundo com um realismo impiedoso: "No universo dos fatos, os maus não são punidos nem os bons recompensados. O sucesso é reservado aos fortes, o fracasso, aos fracos". Esse mundo parece, então, um mau rascunho: "Às vezes acho que Deus, ao criar o homem, superestimou um pouco sua capacidade". Ele se situa, portanto, além do bem e do mal, num cinismo absoluto, que não poupa nem as pessoas nem os princípios: "Prefiro as pessoas aos princípios e coloco acima de tudo as pessoas sem princípios". Além disso, ele define o cinismo como o fato de "saber o preço de todas as coisas e não conhecer o valor de nenhuma".

Seu espírito brilhante cultiva o paradoxo, que ele põe a serviço dessa visão contundente da sociedade, da moral, da religião, dos sentimentos, em suas fórmulas assassinas que são outras tantas facas afiadas para a boa consciência. Fazer uma seleção nessa mina de citações seria sempre frustrante. Dela aflora um quadro sombrio de natureza humana, e o sorriso cínico desse Nietzsche de salão vai mais longe que o grande riso de seu contemporâneo alemão: se ambos desprezam a moral, Zaratustra coloca sua esperança no super-homem; para Oscar Wilde, não há super-homem. Há uma súcia de indivíduos que conseguem viver juntos, bem ou mal, temperando seu egoísmo com uma hipocrisia que é a moral. O humor de Wilde é tão feroz quanto o de Swift – mas um Swift desprovido de sentimentos. Não há nada de indignação, mas uma simples constatação, como espectador, de um relativismo absoluto: "Uma verdade deixa de ser verdade quando ninguém mais acredita nela". Nenhum valor é poupado: "'O que pensais da arte?', pergunta alguém. 'É uma doença.' 'O amor?' 'Uma ilusão.' 'A religião?' 'O sucedâneo da fé.' 'Vós sois um cético', observa outro. 'Jamais, o ceticismo é o começo da fé.'". O amor? "A única diferença entre um capricho e uma paixão eterna é que o capricho dura mais tempo." Engajamento político? "Não tenho o menor desejo de mudar algo na Inglaterra, a não ser o clima." Aliás, "as classes trabalhadoras deveriam empenhar-se para nos dar bom exemplo. Aonde iríamos parar se essas pessoas também perdessem o senso moral?". E o respeito às pessoas idosas? "A juventude atual é absolutamente monstruosa. Ela não tem nenhum respeito pelos cabelos tingidos." E a compaixão? "As tragédias dos outros são sempre extremamente mesquinhas." Fidelidade conjugal? "O único encanto do casamento é dar a mentira indispensável às duas partes interessadas." E a morte? "'Passemos agora a detalhes de menos importância. Vossos pais estão vivos?' 'Eu perdi os dois.' 'Os dois? Mas é muito estouvamento.'"

Tal desenvoltura é uma armadura infalível para atravessar a jugular da vida. Pura fachada ou autêntico realismo levado a extremos? Simples couraça protegendo um ser de carne e osso ou verdadeira criatura de aço de Sheffield? Ninguém o saberá jamais. Essa concepção de um riso superior que permitiria ultrapassar os problemas da existência retirando-lhes a dimensão sentimental e dissolvendo-os num riso cínico marca, certamente, as classes dominantes britânicas do fim do século XIX. Mas fazer disso um atributo nacional é um pouco exagerado. Essa atitude revela mais um espírito fim de século lasso e desencantado do que uma mentalidade nacional. A *gentry* britânica, que rejeitou Oscar Wilde em seu tempo, procurará, mais tarde, apropriar-se dele. Mas Wilde é um fenômeno de classe e de mentalidade universal, típico de uma época, mais que de um país.

Essa impressão é reforçada pelo exame da evolução do cômico nos Estados Unidos durante o século XX. Esse *melting pot* do riso oferece um resumo surpreendente da história do sentido cômico. O nascimento do riso americano está intimamente ligado à epopeia nacional da conquista do Oeste, mina de episódios ridículos, representados por Caroline Stansbury Kirkland (1801-1864) e Augustus Longstreet (1790-1870). Os relatos épicos do *Narrative of the Live of Davy Crockett of the State of Tennessee*, aparecido em 1834, não deixam de lembrar as grotescas brincadeiras dos cavaleiros medievais, o *gab* carolíngeo. O burlesco é onipresente, alternando com o sério bom-senso terra a terra: "Sob a anedota exagerada e burlesca, de verve bufa e crua, aflora um bom-senso paradoxal mas lúcido", escreve Cyrille Arnavaon.[52]

A segunda metade do século vê essa veia cômica expandir-se, num picaresco truculento, desconcertante, pelo acréscimo de componentes heteróclitos: a ironia dos provérbios indianos, a bonomia calorosa dos negros, a trivialidade do pioneiro europeu, o puritanismo deslocado do *quaker*, o linguajar e o estilo direto da fronteira. Tudo isso constitui uma mistura desenfreada, anti-intelectualista, para público popular, que é a base do riso de Seba Smith (1792-1868), William Thompson (1812-1882), George Harris (1814-1869), David Ross Locke (1833-1888), Charles Farrar Browne (1834-1867), Bret Harte (1836-1902).[53]

E eis que, entre esses alegres loucos do faroeste, surge Mark Twain (1835-1910), de quem se quis fazer a encarnação do humor americano. Na verdade, esse homem do povo que fez de tudo um pouco em várias profissões, inclusive a de piloto sobre o Mississippi, o que lhe valeu o apelido de "duas braças exatamente" (*Mark Twain)*, e que jogou com toda a gama do riso, graças a um notável talento natural, encontra-se com Nietzsche e com Wilde em um riso fim de século internacional, proveniente de uma constatação de *nonsense* pessimista.

Para ele, o humor é a via privilegiada de compreensão do mundo: "O humor", escreve ele, "não deve se propor a ensinar ou a pregar, mas tem de fazer os dois, se quiser viver eternamente. Quando digo eternamente, quero dizer por trinta anos.... Eu sempre preguei, também existo há trinta anos. Se o humor chegasse a mim por si mesmo, sem que eu o convidasse, eu o aceitaria em meu sermão, mas não escrevo sermão para fazer humor".[54]

52 ARNAVAON, C. *Histoire littéraire des États-Unis*. Paris: 1953, p.120.
53 BLAIR, W. *Native American humor, 1800-1900*, s.l.,1937.
54 Citado por ESCARPIT, R. op. cit., p.57.

Esse humor, que é uma filosofia, é cada vez mais sombrio; e, quanto mais sombrio, mais ele tem necessidade de humor para superar o desespero. É por isso que os mais pessimistas são, muitas vezes, os mais humoristas. Uma pessoa feliz não tem necessidade de fazer humor: seu riso é natural. A pessoa triste deve fazer do humor sua razão de viver, se não tem coragem de se suicidar: o humor é, frequentemente, a tábua de salvação dos desesperados. Esse parece ser o caso de Mark Twain, cujas últimas reflexões, longe de trair sua obra passada, são uma explicação dela, já sugerida por *What Is a Man?*, em 1906, e que se torna clara com a publicação póstuma, em 1916, de *The Mysterious Stranger*.

A obra é um conto humorístico. Um desconhecido chega a uma pequena cidade austríaca no século XVI. Ele tem poderes milagrosos e demonstra completa insensibilidade moral. É o sobrinho de Satã. Ele age segundo uma certa lógica: mata uma criança porque sabe que ela logo ficará enferma; torna um homem louco, porque sabe que isso evitará que tenha consciência do destino atroz que o espera. Esses gestos já destacam o absurdo da condição humana, mesmo naquilo que ela parece ter de mais respeitável: livrar alguém de uma doença não é permitir que essa pessoa morra mais tarde de uma doença pior? Esse absurdo seria insuportável se Deus existisse. Felizmente, Deus nos deu uma grande prova de humor enviando-nos o sobrinho de Satã para anunciar-nos que ele não existe: "Não há Deus nem universo nem raça humana nem vida terrestre nem paraíso nem inferno. É tudo um sonho, um sonho grotesco e louco. Só você existe. E você é apenas um pensamento, um pensamento errante, um pensamento inútil, um pensamento órfão que erra, desesperado, através das eternidades vazias".[55] Eis-nos seguros: nossa odiosa condição não procede de uma vontade consciente, o que seria o cúmulo da perversão. Então, já que nosso medo absurdo resulta do acaso, só podemos rir dele. É o que concluirá, um pouco mais tarde, outro americano, Alvin Toffler. "Temos de nos inclinar até a evidência: somos parte integrante de uma fantástica cânula cósmica, e isso não nos impede de usufruir sua glória, apreciar o ridículo da situação, rir e rir de nós mesmos."[56] A revelação de um mundo absurdo, sem causa, libera o riso.

Humor americano? Não. Humor filosófico, fim de século, humor de uma inteligência que, depois de examinar bem, retorna a seu ponto de partida

55 TWAIN, M. *The Mysterious Stranger.* In: *The Portable Mark Twain.* Nova York: p.743.
56 TOFFLER, A. *Previews and Premises.* Nova York: 1983, p.262.

e constata que girou em falso: o mundo é incompreensível. Esse humor do absurdo é internacional. Ele aproxima os desiludidos da religião e os desiludidos da ciência. Não há humor americano, inglês, alemão, francês, belga ou judeu. Há tipos de humor correspondendo a diferentes psicologias, sentidos por experiências diferentes e encontrados em todos os países. Mesmo que utilizem línguas e elementos de sua cultura nacional, isso não produz nenhuma diferença de forma. Mark Twain, Oscar Wilde, Frédéric Nietzsche e André Breton são universais.

A IGREJA DO SÉCULO XIX CONTRA O RISO

As relações entre a religião e o riso não melhoram no século XIX. Na Igreja Católica em particular, os rostos nunca estiveram tão franzidos. Os retratos e as fotografias dos bispos e padres são eloquentes: é difícil saber quem apresenta o rosto mais severo, o olhar mais duro sobre o mundo que o cerca. A Igreja, encenada, criticada, confrontada com a ascensão das ciências e do ateísmo, encolhe-se, crispa-se sobre seus valores e responde ao mundo moderno com o anátema. Mais que nunca, o riso é diabólico. Em seu *Esboço de uma filosofia*, em 1840, o abade Félicité de Lamennais entrega-se a uma diatribe feroz contra todas as formas de riso, que para ele são odiosas ou estúpidas. O riso é visceralmente mau; ele exprime egoísmo e orgulho. "Sempre implica um movimento para si, que termina em si mesmo, desde o riso terrível da amarga ironia, o riso assustador do desespero, o riso de Satã vencido e ainda resistente e afirmando seu inflexível orgulho, até o riso degradado do idiota e do louco e até aquele que excita a ingenuidade inesperada, um bizarro disparate."[57] O riso é expressão de desprezo ou de ódio: é também expressão de amor-próprio. Lamennais encontra orgulho até no fato de rir de si mesmo. "Qualquer pessoa que ri de outra acredita, nesse momento, que é superior a ela ao examiná-la e sente vontade de rir, e o riso é, sobretudo, a expressão de contentamento que inspira essa superioridade real ou imaginada. É possível rir de si mesmo, é verdade; nesse caso, o eu que descobre o ridículo em qualquer uma das regiões inferiores do seu ser separa-se daquilo que ri, distingue-se dele e usufrui intimamente uma sagacidade que o eleva em sua própria estima."[58]

57 LAMENNAIS, F. de. *Esquisse d'une philosophie*. Paris: 1840, t. III, pp.369-370.
58 Idem, pp.370-371.

Enraizado no mal, o riso enfeia o rosto: "O riso nunca dá à fisionomia uma expressão de simpatia e bem-estar; ao contrário, congestiona o rosto mais harmonioso, apaga a beleza. É uma das imagens do mal, não que o exprima diretamente, mas indica sua morada".[59] Eis por que é improvável que Cristo tenha rido. "Quem poderia imaginar Cristo rindo? O riso mesmo só começa a despontar numa elevação mais baixa, uma vez que se liga, em sua origem, ao sentimento de individualidade." O máximo que se pode aceitar é um ligeiro sorriso de Maria para seu filho, concessão à fraqueza humana.

O riso é a desforra do diabo. Por toda parte onde ele ressoa, há o pecado. Isso também porque, se é preciso realmente que existam peças de teatro, a comédia é inferior à tragédia: a primeira nos mostra a baixeza do homem, a segunda, seus sentimentos nobres. Particularmente odiosa é a comédia grega: "Pródiga em sarcasmo, em zombaria, em derrisão amarga, ela não poupa nem respeita nada".[60] Maldito seja Aristófanes! Se ele não sabia que Jesus nunca riu, esse não é, certamente, o caso dos irmãos Lamennais, cujos retratos são a própria imagem da sombria austeridade, como se eles carregassem sobre os ombros toda a miséria do século.

Mas Lamennais não é a Igreja. Então, voltemo-nos para um contemporâneo seu, que foi canonizado: Jean-Marie Vianney, o "cura de Ars". Um dos sinais de sua santidade, segundo o processo de canonização, é o fato de ter recebido "o dom das lágrimas", e há numerosos testemunhos que o mostram chorando por qualquer coisa.[61] Não é bom divertir-se em sua paróquia: "É a corda com que o demônio lança o maior número de almas para o inferno", diz ele. Ao ver o anúncio de um charivari, sai do presbitério e dispersa todo mundo. Bailes e festas profanas são proscritos, e o bom cura faz reinar um verdadeiro terrorismo moral em sua paróquia: "Eu o ouvi uma tarde", diz o abade Pelletier no processo de canonização, "levantar-se com veemência contra a feira de Villefranche, onde a multidão tinha o costume de entregar-se à tentação dos divertimentos profanos. O auditório ficou apavorado".[62] Os banquetes de casamento são proibidos; quanto às tentativas de tocar instrumentos, ouvir música e rir depois dos trabalhos agrícolas, são execradas no púlpito. Jean-Marie Vianney esforça-se para colocar culpa em seu mundo. Na Sexta-Feira Santa, em 1830, alguns dançarinos e músicos se

59 Idem, p.371.
60 Idem, p.374.
61 TROCHU, F. *Le curé d'Ars, d'après toutes les pièces du procès de canonisation*. Lyon-Paris: 1929, p.634.
62 Idem, p.187.

apresentam; ninguém ousa sair. "Na prece da tarde, o senhor cura fez sua homilia habitual. Ele chorou. Choramos com ele. E vários de nossos jovens desmiolados compreenderam sua idiotice ao ver sua mãe e irmãs chegar com os olhos vermelhos de tanto chorar."[63]

O cura de Ars controla, igualmente, o vestuário das pessoas. Ele impõe às moças uma horrível touca que esconde melhor seus cabelos. "Nós tínhamos a aparência de pequenas velhas", revela uma delas.[64] Ele não poupa ironias impiedosas ao mais inocente sinal de coquetismo. "Um dia", diz Marthe Miard, "ele me encontrou um pouco mais bem vestida que o comum [ela usava um vestido de musselina de cor forte]. Em vez de me dizer, como sempre, 'Bom dia, *minha filha*', ele me fez um cumprimento longo, acrescentando: 'Bom dia, *senhorita*'. Eu fiquei com vergonha.".

"A pequena Jeanne Lardet exibia orgulhosamente uma bela gola nova. 'Quer me vender sua gola?', perguntou-lhe o abade Vianney, rindo. 'Eu lhe dou cinco centavos por ela.' 'Para que a deseja, senhor cura?' 'Para colocá-la no meu gato.'"[65] A pobre garota também fica envergonhada.

Durante quarenta anos, o cura tiraniza sua paróquia. Além disso, ele é obcecado pelo diabo, que acredita ver em todos os cantos da rua e até em sua cama. O riso é banido. Contudo, é atribuída a ele uma "malícia delicada". Mas em sua boca, diz o abade Trochu, a própria zombaria é santificada: "Essas tiradas não ferem ninguém [!], porque a malícia branca que elas encerram é temperada pelo tom cheio de regozijo e pela expressão graciosa do rosto".[66]

Há milhares de curas de Ars, no século XIX, para quem rir é um crime ou, ao menos, uma presunção de culpa. Eis um caso revelador: em 1833, em Taulé, o reitor Kervennic solicita a troca de seu vigário, o abade Bramoullé. Motivo: ele ri, é alegre, tem sempre um ar de contentamento. Trata-se de uma conduta eminentemente suspeita para um jovem padre de trinta anos a quem foi ensinado, no seminário, ter sempre um ar triste. Ele sorri até dando a comunhão! O reitor comunica ao bispo seu espanto e suas suspeitas, em uma carta que revela muito sobre a mentalidade paroquial da época:

"Percebo que, quanto mais exijo dele (como me substituir perante os doentes, dar uma instrução ou um sermão), quanto mais os fiéis, em grande número, o retêm no confessionário, mais ele fica alegre e contente: nada parece capaz de diminuir seu zelo nem desanimá-lo. ... Ele está sempre contente por

63 Idem, p.186.
64 Idem, p.189.
65 Idem, ibidem.
66 Idem, p.509.

pregar, deseja mesmo fazer mais do que lhe é pedido; isso não seria vaidade, presunção, vontade desmedida de aparecer? Ele está sempre feliz por assistir meus doentes. ... Isso o faria crer que todo mundo o admira. Daí vem, parece-nos, essa grande necessidade de se produzir ... suas maneiras sempre joviais e muito familiares com os fiéis e as muitas palavras indiscretas que diz. Já cansei de dizer que gostaria que ele fosse mais tímido, mais reservado e mais prudente".[67]

O reitor tenta reconduzir seu vigário para o reto caminho da tristeza. Adverte-o de que alguns paroquianos estão reclamando. "Eles me disseram que vossas maneiras são escandalosas, tão escandalosas que vós sorris até dando a comunhão; mas acho que deveis ter feito isso sem perceber."[68]

Abre-se então um dossiê, que é encaminhado ao bispo de Quimper. Requisitado pelo bispo, o jovem vigário se explica em uma carta de 2 de julho, em que pede perdão a seus confrades: "Se alguma vez tive a infelicidade de entristecê-los [com minha alegria], isso só pode ser atribuído ao meu caráter, que, como sabeis, é muito alegre". Essa confissão é fatal. Daí por diante, o riso de Bramoullé permanece como um riso de vigário: qualquer promoção lhe é proibida. Não se deve confiar a responsabilidade de uma paróquia a alguém que sorri ao dar a comunhão! Transferido para Plouarzel, depois para Clohars-Carnoët, Bramoullé é interditado em 1839 e morre em 1840, aos 37 anos.

Lágrimas, torrentes de lágrimas: eis o que a Igreja promete a seus fiéis no século XIX, desde a infância, como o testemunha este discurso de volta à escola, dirigido a colegiais por *Monseigneur* Baunard, em 1896: "Meus caros filhos, vós chorareis. Bem que gostaria que fosse o contrário e eu pudesse desejar-vos dias sem nuvens, mas tenho certeza de que chorareis. Chorareis, sofrereis, porque é condição de nossa natureza decaída e, consequentemente, de nossa natureza punida. Natureza resgatada, mas resgatada pela cruz. Chorareis porque essa é a determinação do Espírito Santo em cada página dos livros sagrados, porque é a promessa de Jesus Cristo a todos os seus discípulos do futuro".[69] Mas também há recreação no colégio: pode-se rir, mas é para trabalhar melhor depois. "Quando vos vejo voltar do recreio, o rosto animado e colorido, depois de ter jogado, corrido, saltado e rido, espero que vida nova tenha sido insuflada em vossas veias e alegro-me ao pensar que, em seguida, ireis despejá-la no trabalho, como uma libação, para o serviço de Deus."[70]

67 Arquivos do Bispado de Quimper, carta de 7 de julho de 1833.
68 Idem, ibidem.
69 BAUNARD, Mgr. *Le collège chrétien. Instructions dominicales*. Paris: 1896, t. II, p.504.
70 Ibidem, t. I, p.313.

O riso, simples parêntese tolerado na vida cristã como tributo pago ao pecado original. É essa a concepção do dominicano M.-A. Janvier, em *Exposição da moral católica*. Por certo a Igreja, diferentemente dos puritanos, "não aprova essa moral que, considerando o sorriso culpado, o regozijo ilícito, aumenta nossas tristezas, torna a vida desesperadora e insurpotável";[71] "ela consegue nos fazer relaxar, às vezes. Aprova até mesmo as festas. Mas o riso deve ser breve e discreto. Nada de ousadias, porque só o mau cristão se alegra com "brincadeiras maliciosas". "Quando ele tem a infelicidade de ouvi-las, de descobrir nelas um sentido imprevisto de libertinagem, fica feliz, e essa alegria explode num riso que expressa todo o desregramento de sua alma."[72]

Em 1840, P. Scudo esboça uma teologia do riso como manifestação do antagonismo entre os polos opostos do bem e do mal que Deus coloca em nós. O riso testemunha nossa imperfeição; traduz a desordem, a tomada de consciência de um comportamento que não está em conformidade com a regra, um "desvio da norma comum". Os títulos dos capítulos são eloquentes: "O riso nunca é inocente"; "O riso não significa felicidade". Ele é uma alegria maligna que manifesta nosso sentimento de superioridade diante dos defeitos de nossos semelhantes.[73]

Feuerbach situa essa hostilidade fundamental do cristianismo em relação ao riso na própria essência dessa religião – religião de sofrimento, de dor, centrada num Cristo crucificado que cada um deve imitar, "carregando sua cruz". O sofrimento nos aproxima de Deus, o riso nos desvia para os problemas do mundo. Sofrer é ter coração; rir é ser insensível. Sofrer é sentir sua dependência; rir é experimentar a plenitude, a autossuficiência. O riso é, portanto, um rival direto de Deus, como tudo aquilo que pode nos fazer encontrar em nós mesmos a satisfação. "A religião cristã", escreve Feuerbach, "é a religião do sofrimento. As imagens do crucificado, que ainda hoje nos oferecem em todas as igrejas, não nos apresentam o salvador, mas o crucificado, o sofredor. As próprias autocrucificações entre os cristãos são a consequência – cujo fundamento psicológico é profundo – de sua intuição religiosa. Como é possível que uma pessoa que tem constantemente em seu espírito a imagem de um crucificado não tenha prazer em sacrificar a si mesmo ou a outrem? ... Os cristãos mais profundos, mais autênticos, dizem que a felicidade terrestre desvia o homem de Deus, enquanto a

71 JANVIER, M.-A. *Exposition de la morale catholique*. Paris: 1922, t. II, p.159.
72 Idem, p.165.
73 SCUDO, P. *Philosophie du rire*. Paris: 1840.

infelicidade, o sofrimento e as doenças o aproximam d'Ele e são os únicos que convêm aos cristãos. Por quê? Porque na infelicidade o homem está à disposição, prática ou subjetivamente; na dor, ele só se importa com o que é necessário; na dor, o homem sente Deus como uma necessidade. O prazer, a alegria são motivo de expansão para o homem; a infelicidade, a dor fazem-no contrair-se – na dor, o homem nega a verdade do mundo."[74]

"VAMOS MATÁ-LOS PELO RISO": A DERRISÃO ANTICLERICAL E ANTIRRELIGIOSA

Se os cristãos amam a tristeza e se comprazem na autoflagelação, o século XIX fornece-lhes munição para alimentar sua tristeza. Anticlericais e livres-pensadores não lhes poupam sarcasmos. Eles encontram o terreno ideal para isso: o riso, mais eficaz que os argumentos filosóficos. "Vamos matá-los pelo riso" é o *slogan* de Léo Taxil, um dos líderes do livre-pensamento. Eugène Pelletan luta para constituir o "grande partido dos ridentes", para dessacralizar os dogmas, a Escritura e as crenças.

O método mais comum é a desvalorização blasfematória, que iguala o sagrado ao trivial. É o "cômico de degradação", que, para Alexander Bain, é a essência do cômico: "A ocasião do riso é a degradação de uma pessoa ou de um interesse com dignidade, em circunstâncias que não provocam nenhuma emoção mais forte".[75] O riso provém de um súbito sentimento de alívio: "Os atributos solenes e estáveis das coisas exigem de nós certa rigidez, certa obrigação; se somos bruscamente liberados desse constrangimento, surge a reação, a hilaridade".[76] É o riso liberador, função reconhecida, na mesma época, pelo filósofo A. Penjon: segundo ele, o riso jorra quando a liberdade de espírito faz "uma brusca intervenção que desarranja o conveniente, abala a ordem e introduz um puro jogo no que parecia ser seriedade permanente".[77]

O riso anticlerical e antirreligioso visa liberar o espírito não somente na forma, mas também no conteúdo. Por isso, deve estar carregado de agressividade, é um riso guerreiro: "Fazei rir, porque o riso mata. Em seguida,

74 FEUERBACH, L. *L'essence du christianisme*. Paris: ed. Gallimard, 1968, pp.185 e 331.
75 BAIN, A. *Les émotions et la volonté*. Trad. Le Monnier. Paris: 1885, p.249.
76 Idem, p.251.
77 PENJON, A. "O riso e a liberdade". In: *La Revue Philosophique*, agosto de 1893, p.118.

podemos pensar", diz o jornal *A Razão*, de 25 de maio de 1902. E não se pode matar sem fazer mal. Aliás, mesmo Éric Blondel admite que "grandes cristãos não consideravam indigno zombar cruelmente". Vimos exemplos disso com Pascal e com o cura de Ars.

O riso é, pois, uma boa tática de guerra na ofensiva antirreligiosa. Alvos não faltam: os padres, os relatos bíblicos, os mistérios da fé, o culto e até o próprio Deus, "o velho lá no alto", "o velho prefeito das nuvens", crivado de gargalhadas. É verdade que a Igreja do século XIX, por recusar qualquer compromisso com o mundo moderno, fornece munição a seus adversários. A manutenção da crença na verdade literal da *Bíblia*, de Adão e Eva à Arca de Noé, de Matusalém à baleia de Jonas; o apego supersticioso a detalhes ridículos, gravemente discutidos como pontos essenciais da fé pela congregação dos ritos; a atitude covarde diante da menor inovação técnica;[78] a persistência de crenças populares nos milagres, nas aparições e nas relíquias; as excentricidades de certos eclesiásticos sujeitos a obsessões, como o cura de Ars e seus diabos; o refinamento da casuística, da moral, do ensinamento sobre o inferno e de certas crenças gratuitas, tais como indulgências, tarifadas como contas de boticário; e outros tantos temas de derrisão generosamente oferecidos aos anticlericais e aos antirreligiosos, que não se privam de explorá-los.

Numerosos documentos, sermões, discursos, tratados teológicos e morais dessa época contêm, aliás, seu próprio cômico, involuntário, que não necessita de nenhum comentário sarcástico para desencadear a hilaridade. O comentário sarcástico de Jacqueline Lalouette é revelador: diante de uma invocação à Santa Cruz que detalha as variadas proteções contra os flagelos – do raio à epilepsia – correspondentes a cada tipo de prece, um fiel anônimo, sem dúvida mais esclarecido que os outros, acreditou tratar-se de um texto provocante de um livre-pensador, destinado a ridicularizar a religião. Ele escreveu abaixo dessa invocação: "Que dizeis desta prece que se difunde aqui? Eu acredito que é a elucubração de algum franco-maçom ou livre-pensador, imaginada para ridicularizar a religião".[79] Trata-se, contudo, de uma prece séria...

78 Sobre esses dois últimos pontos, ver o recente livro de LAGRÉE, M. *La bénédiction de Prométhée. Religion et technologie.* Paris: 1999. A bênção dos caminhos de ferro por Pio IX (depois de sua condenação por Gregório XVI) não deve fazer com que nos esqueçamos dos debates cômicos decorrentes de cada inovação técnica na Igreja, da bicicleta ao computador. É possível encontrar os ecos disso na revista *L'Ami du Clergé.*

79 Citado por LALOUETTE, J. *La libre pensée en France, 1848-1940.* Paris: 1997, p.214.

É o caso de perguntar o que pensaria esse fiel esclarecido se tivesse lido a carta a seguir, de um cura de Finistères, Plassart, reitor de Faou e grande colecionador de relíquias autênticas, dirigida a seu fornecedor habitual, Le Scour:

"Aceito com alegria o medalhão com os fragmentos da coluna da Flagelação, do berço, da gruta, da agonia, do sepulcro de N.S.J.C. e da mesa da Ceia. Isso nos convém ainda mais porque, como o sabeis, nossa Igreja é dedicada ao Salvador. Não nos faltaria nada agora, para completar essa preciosa coleção, se tivéssemos alguns pedaços da lança, da coroa de espinhos, do sudário, uma vez que já temos a verdadeira cruz. Também fico encantado com as relíquias dos apóstolos e com santa Margarida, que é muito venerada neste país. Ficaria feliz ainda de ter santa Bárbara, mas não quero fazer-vos faltar a vosso compromisso. Receberia com prazer relíquias de santa Mônica, a quem tenho particular devoção. Teria também muita satisfação de ter as de Santo Agostinho, se fosse possível encontrá-lo, mas temo que todas tenham sido enviadas à África. Santo Ambrósio é um dos meus preferidos, assim como são Corentino, são Guenolé e são Paulo Aureliano. ... Apreciaria poder colocar as relíquias de Santo Antônio no oco da imagem que é levada em procissão, mas não creio que isso seja possível. ... De resto, já temos são Sebastião e são Roque, que levamos em procissão e cujas relíquias transportamos separadamente. Também gostaria de encontrar relíquias de santo Eutrópio, bispo de Santos, mártir que levamos em procissão e ao qual tenho grande veneração".[80] Não estamos no século XII, mas em 1857, e o autor é um padre que estudou Teologia e Filosofia.

Os diversos componentes do movimento anticlerical têm, portanto, uma parte fácil para ridicularizar a Igreja e a fé, em geral. Jornais satíricos como *La Calotte* ou *Os Corvos*, comédias como *A sotaina* ou *Um calotino embaraçado* ridicularizam o clero. Os dogmas cristãos são reduzidos à derrisão, em particular a encarnação, a trindade, a transubstanciação, a imaculada concepção. A *Bíblia* é uma fonte inesgotável de brincadeiras, o que dá lugar à redação de numerosos livrinhos cômicos, como a *Bíblia brincalhona* e a *Bíblia divertida para crianças grandes e pequenas*. O culto e a prática são objeto de zombaria sem fim. A vida dos santos e, sobretudo, das santas é pretexto para brincadeiras pornográficas. Quando Bento Labre (1748-1783), o asceta do século XVIII que viveu em completa pobreza e total sujeira, é canoni-

80 Arquivos do Bispado de Quimper. Carta citada por LE GALLO, Y. *Clergé, religion et société en basse Bretagne de la fin de l'Ancien Régime a 1840*. Ed. Ouvrières, 1991, t. II, p.977.

zado, em 1881, desencadeia-se uma imensa gargalhada em toda a imprensa de livre-pensamento, a propósito do "piolho canonizado", do "venerável imundo", do "porcalhão lazarento", do "novo Daniel caído no fosso das pulgas", do "mendigo coberto de vermes", da "bola de sebo", da "mesa de pus", do "miasma voluntário", do "excremento fedido". Compõem-se preces de invocação, tal como esta: "Senhor, que permitistes a vosso servo Bento José Labre a graça insigne de viver como um porco, fazei com que possamos sempre entreter em nossos corpos uma numerosa sociedade de bichinhos nojentos que nos conduzirão à vida eterna!".[81] Jacqueline Lalouette, de quem tomamos emprestadas essas citações, fornece muitos outros exemplos saborosos.[82] A ocasião é, de fato, muito boa para fustigar o obscurantismo clerical que erige como modelo de cristão alguém que desafia as regras elementares de higiene. Imaginemos quanto os místicos, especialmente as religiosas, as virgens e as amantes de Jesus, puderam estimular a verve dos humoristas do livre-pensamento.

Atrás do excesso blasfematório desse riso, poder-se-ia ver uma forma de exorcismo do medo inconsciente, como uma mascarada revolucionária? Um medo gerado pelas consequências possíveis desse assassinato do pai. Alfred de Musset via nisso "um paroxismo do desespero". Não é possível excluir essa hipótese em alguns casos, mas ela faz parte da estratégia de recuperação empreendida pelos apologistas da época, para quem "uns amam, outros odeiam, todos confessam", como o diz o jornal *O Católico*, em 23 de abril de 1881.

Às vezes, o clero contra-ataca. Como já o haviam demonstrado Pascal e outros, o uso da ironia é lícito contra os pecados e contra os inimigos da fé. As campanhas de caricatura contra Darwin, acompanhadas de sarcasmo e enviadas para o endereço do homem-macaco, trazem um vigor cômico quadruplicado pela indignação. Muitos dos sermões e tratados apologéticos estão cheios de invectivas zombeteiras, nunca compassivas. Nesse clima de confronto, conferências contraditórias são organizadas entre os dois campeões, um defendendo a religião, o outro, o livre-pensamento. O riso faz parte dessa panóplia de gladiadores, cuja verve não recua diante de ousadias verbais e da linguagem popular, em reuniões dignas do circo e da *commedia dell'arte*. Alguns padres vigorosos conquistam uma sólida reputação de justiceiros, como os abades Garnier e Naudet, respondendo à zombaria com

81 *L'Anticlérical*, 17 de dezembro de 1881.
82 LALOUETTE, J. op. cit., pp.189-202.

zombaria, sem exagero de sarcasmo. O abade Garnier, que chamou Émile Combes de "paneleiro", é particularmente duvidoso, a ponto de os livres-pensadores preferirem não convidá-lo. Em 1894, o *Boletim do Livre-Pensamento* resume assim uma reunião contraditória acontecida em Mans: "O abade Garnier, que assistia à conferência com um numeroso estado-maior, tentou rebater os argumentos do brilhante orador que o precedera; mas, segundo seu hábito, ele obteve um vivo sucesso de alegria pela maneira grosseira com que desenvolvia suas ideias". Quanto a Naudet, um adversário lhe rende esta homenagem: "Não faltam nem espírito nem verdor nem ousadia a esse padreco guloso, ansioso por luta. Aliás, ele se sente transportado pelos amigos, que aplaudem cada palavra que ele profere e presenteiam toda resposta sua com uma ovação esplendidamente regrada".[83] O jornal *Le Flambeau* censura suas "expressões populares", como se a linguagem vulgar fosse reservada aos descrentes. As conferências contraditórias terminam ou em pugilato ou em franca gozação, em que cada um afirma ter mais adeptos de seu lado – como prova este velho "inflador de curas", citado por Jacqueline Laloutte: "Os representantes das ratazanas não conseguiam refutar nossos oradores. Eles provocavam, às vezes, estrepitosas gargalhadas. De qualquer forma, nunca saíam vencedores dessas discussões. Ao perceber isso, pararam de nos contradizer. Eles entenderam que o público ia até lá por causa de nossos conferencistas, mas também para rir à custa deles".[84]

O verdadeiro vencedor é o riso, que reúne clericais e anticlericais numa sã alegria, que ultrapassa as apostas do início. Dessas lutas humorísticas, viris e um tanto ridículas, nasce uma espécie de cumplicidade entre oradores e espectadores. O debate transforma-se em um tipo de jogo, de comédia, uma prefiguração dos duelos entre dom Camilo e Peppone. Rir mutuamente do outro é ainda criar um vínculo com ele.

Mas essas reuniões são malvistas pela hierarquia católica, que se escandaliza com tal mistura de risos. Um riso católico já é incongruente em si; se, além disso, se mistura ao riso ateu, isso se torna francamente perigoso. Não se deve expor a fé ao riso dos descrentes. Essa desconfiança em relação à hilaridade faz com que o riso seja mais ou menos anexado pelos incrédulos. Olivier Bloch vê nisso um traço distintivo do materialismo, desde o riso de Demócrito até os "ah! ah!" que Lenin inscreveu à margem das fórmulas idealistas de Hegel: "O riso materialista", escreve ele, "é um riso desmis-

83 Citado, idem, p.130.
84 Idem, p.131.

tificador que se prende às crenças, mitos, ilusões e preconceitos comuns, que denuncia os sortilégios, as frivolidades e elucubrações dos magos, dos místicos e dos construtores de sistemas: a cumplicidade dos materialistas entre si, é ela que une os espíritos liberados de todos esses prestígios para usá-la contra eles, se não contra a consciência comum, ao menos contra a consciência lúcida e racional".[85]

O riso destruidor de ídolos é filosófico, metódico. Mas não é o único. Nunca, até então, os filósofos estiveram tão interessados nesse fenômeno. Quando Bergson publica, em 1899, na *Revista de Paris*, três artigos que reúne, em seguida, em um volume intitulado *O riso*, ele se situa numa corrente que, desde Hegel, consagrou, ao longo do século, dezenas de volumes a essa questão. No século XIX, o riso se transforma num poder que ataca os ídolos. Ele adquire também uma dimensão filosófica, tornando-se um objeto de estudo muito sério para os filósofos.

---

85 BLOCH, O. *Le matérialisme*. Paris: 1985, p.12.

– 13 –

FILOSOFIA DO RISO E RISO FILOSÓFICO NO SÉCULO XIX

Os debates sobre o riso, do grotesco ao absurdo

O século XIX não é uma época particularmente feliz. Para a massa de proletários submetida a um tratamento exaustivo e degradante, destinados a uma morte prematura; para os burgueses enraizados em seus preconceitos austeros e obcecados por seus negócios; para a classe média, com a vida ainda difícil; para um campesinato sempre confrontado com a concorrência de produtos americanos; por povos assolados pela febre revolucionária e pelos demônios do nacionalismo. De fato, a hora não é de hilaridade.

Contudo, o riso existe, sobretudo sob a forma satírica, o riso de combate, como já vimos. O riso seduz, intriga, desestrutura, provoca a cólera ou a admiração. Para uns, ele se torna regra de vida, medida e sentido da existência, quando o sentimento do absurdo o eleva acima de todas as ilusões. Para outros, é objeto de estudo, irritante ou sedutor, de acordo com o caso, que cada um integra em seu sistema de conhecimento e em sua visão de mundo. Não há filósofo importante que não tenha abordado esse problema no século XIX, sinal de ascensão do riso à categoria dos comportamentos fundamentais.

HEGEL, A SERIEDADE DIALÉTICA, E KIERKEGAARD, O RISO DO DESESPERO

Hegel abre o século com uma nota francamente negativa. É em *Curso de estética* que ele melhor expressou desconfiança em relação ao riso. Tendo ainda na mente a troça onipresente do século XVIII, ele quer restabelecer a seriedade, isto é, a crença no caráter essencial das coisas. A ironia lhe é insuportável, porque ele se prende a tudo o que é nobre, divino e sério; ela arruína a essencialidade e torna impossível qualquer construção intelectual. Segundo ele, o ironista instala-se no lugar de Deus, do Espírito e "lança olhares condescendentes sobre o resto da humanidade, que ele decreta ser limitada e vulgar porque insiste em ver, no direito, na preocupação com boas maneiras etc., alguma coisa de consistente, obrigatório e essencial".[1]

O ironista nega a existência de um "em-si" e afirma a "frivolidade de tudo o que é positivo, ético e substancial em si, a nulidade de tudo o que é objetivo e de tudo o que vale em si e por si. Tudo lhe parece vão e nulo, e por essa razão ele é uma espécie de caixa vazia". Além do mais, inteiramente centrado em sua harmonia interior, o ironista recusa a ação, o que "engendra a forma doentia da alma e seu langor nostálgico".[2] O irônico rebaixa tudo, destrói tudo e não tem caráter: "O irônico, como individualidade genial, consiste no autoaniquilamento de tudo o que é soberano, grande e nobre. ... Isso implica, aliás, que não somente o que é direito, conforme aos bons costumes e verídico não deve ser levado a sério, mas que toda superioridade, toda excelência, se reduz a nada quando se manifesta em indivíduos, caracteres, ações; ela se contradiz e se aniquila, restando apenas a ironia em si mesma".[3]

E Hegel conclui ironicamente: "Essa é a significação geral da divina e genial ironia, dessa concentração em si mesmo de um Eu para quem todos os elos se romperam e que só pode viver nas delícias do regozijo de si. A invenção dessa ironia deve-se ao Senhor Friedrich von Schlegel e a muitos outros que, na sequência, retomaram a tagarelice e ainda hoje a repisam em nossos ouvidos".[4]

1 HEGEL, F. *Cours d'esthétique*. Trad. por LEFEBVRE, J.-P., SCHENCK, V. von. Paris: 1995, t. I, p.93.
2 Idem, p.92.
3 Idem, pp.94-95.
4 Idem, p.93.

O espírito satírico não seduz Hegel nem um pouco. Em uma breve revisão da literatura romana, que levou essa faculdade a seu apogeu, ele lamenta que até mesmo Horácio "se contente em tornar ridículo o que é mau". Quanto a Luciano, que trata os deuses com "alegre desenvoltura", ele o julga "tedioso" e constata que, "apesar das zombarias", a beleza dos deuses gregos sobreviveu. A seus olhos, a sátira é um gênero esgotado, uma vez que não tem princípios firmes, e, quando não se crê em nada, a ironia não tem mais razão de ser.

O humor o deixa em dúvida, e ele tem dele uma concepção bastante mesquinha. Falando de Jean-Paul, em quem reconhece "um humorista de sucesso", Hegel situa seu humor nas "semelhanças com o barroco que ele elabora com coisas objetivamente afastadas e com sua maneira de colocar no mesmo saco e agitar objetos cuja relação é perfeitamente subjetiva".[5] Ele também chama de humor o fato de "fazer farsas e brincadeiras consigo mesmo e com coisas que existem em torno de si", o que é uma opinião pouco lisonjeira. Aliás, escreve ele, a maior parte do tempo "acontece de o humor tornar-se insípido, quando o sujeito se deixa levar pelas contingências de suas blagues que se emendam umas às outras, numa bizarria deliberada de coisas as mais heterogêneas".[6] Os franceses têm pouco humor, os alemães, um pouco mais – o que, para Hegel, não é necessariamente uma qualidade.

O grotesco lhe interessa mais, porque vê nele uma imagem relacionada a sua própria filosofia. O grotesco é a antidialética, é o choque indefinido e perpétuo da tese e da antítese que jamais chega à síntese, que fica suspenso na indefinição inquieta. Mistura de contrários, deslocação, perpetuação de contrastes, o grotesco é o contrapé da lógica. Trata-se, portanto, de um fenômeno intrigante, irritante, sem dúvida mau e não necessariamente risível: "A imaginação [no grotesco] só se afirma por distorções. Ela expulsa as formas particulares para fora das fronteiras precisas de sua própria qualidade, dispersa-as, modifica-as no sentido do indeterminado, empresta-lhes amplitude desmedida deslocando-as e só exprime a tendência à conciliação dos contrários sob a forma da impossibilidade de conciliação".[7]

A dialética hegeliana é *o* sistema filosófico definitivo, absoluto, que absorve todo o ser em uma grandiosa síntese que tudo explica, que tem resposta para tudo. Hegel é persuadido por ela, e ele é sério. Se "todo o

5 Idem, p.217.
6 Idem, ibidem.
7 Citado por IEHL, D. *Le grotesque*. Paris: 1997, p.57.

real é racional e todo o racional é real", então o riso, que é tão real, tem seu lugar no conjunto – mas um lugar um tanto embaraçoso. O riso é o antissistema, difícil de se encaixar num sistema. E, visivelmente, Hegel não acha isso engraçado.

Sören Kierkegaard não é mais reputado por sua jovialidade. Contudo, tem uma opinião muito positiva da ironia e do humor. A ironia é compreendida por ele no sentido socrático, como um meio não de destruir valores, mas de experimentá-los. Ela "reforça o que é inútil na vaidade" e permite resgatar o que é essencial. É uma espécie de fogo purificador, um teste, uma prova. A santa ironia deveria ser um privilégio do místico, daquele que se fixa numa realidade superior à do homem, e só ele deveria ter direito de zombar das opiniões humanas.

A ironia permite passar para o estado ético. Em seguida, o humor adquire relevo e admite ascender ao estado religioso: "A ironia é uma cultura específica do espírito e segue a imediatidade. Primeiro vem o homem ético, depois o humorista e, finalmente, o homem religioso".[8] De fato, o estado ético permanece imperfeito, já que tenta basear a existência humana apenas nos recursos humanos. O humorista ultrapassa esse estágio porque tem consciência do caráter problemático do mundo; ele sente que há uma realidade superior, uma transcendência que ele não compreende e que o leva a distanciar-se do real. Ele não é nem angustiado nem desesperado, mas permanece suspenso, incerto, em estado provisório, reduzido a "constatar o absurdo". Só o homem religioso, que atinge o conhecimento do divino, ultrapassa esse estágio. O humor é, assim, via de acesso à seriedade absoluta, Deus.

É a Arthur Schopenhauer, outro alegre companheiro da filosofia, que devemos uma análise mais aprofundada do riso. Aquele que Éric Blondel apelidou de "o mais sinistro dos filósofos ridentes",[9] o homem que escreveu que "somos alguma coisa que não deveria existir", interessou-se muito pelo riso. O pessimismo não é inimigo do riso, ao contrário. Quanto mais o mundo parece uma realidade absurda e deslocada, mais se deve rir dele. Schopenhauer afirma: "Nessa existência em que não sabemos se devemos rir ou chorar, é bom reservar espaço para a brincadeira", e, de fato, não lhe falta humor, considerando ainda que "a vida é um negócio em que o benefício está longe de cobrir os custos".

---

8 KIERKEGAARD, S. *Concluding Unscientific Postcript*. Ed. Princeton University Press, 1944, p.448.
9 BLONDEL, E. *Le risible et le dérisoire*. Paris: 1988, p.110.

É em *O mundo como vontade e como representação* que ele se entrega a um exame aprofundado, quase clínico, do mecanismo do riso. Ele o faz de forma tão peremptória que podemos perguntar se não é irônica. "O riso não é outra coisa senão a falta de conveniência – subitamente constatada – entre um conceito e os objetos reais sugeridos por ele, seja de que forma for; e o riso consiste precisamente na expressão desse contraste." Esperam-se explicações, em vão: "Eu não me deteria aqui a contar anedotas para apoiar minha teoria, porque ela é tão simples e tão fácil de compreender que não há necessidade disso".[10]

Entretanto, ele volta à questão em *Suplementos*, para nos dar uma definição ainda mais obscura que a primeira: "A origem do ridículo está sempre na generalização paradoxal e, em consequência, inesperada de um objeto sob um conceito que lhe é heterogêneo, e o fenômeno do riso sempre revela a súbita percepção de um desacordo entre o conceito e o objeto real que ele representa, isto é, entre o abstrato e o intuitivo".[11] O não filósofo perdido, em *O mundo como vontade e como representação*, permanece perplexo. Mas desta vez Schopenhauer vai em socorro dele e lhe fornece uma série de exemplos, para, escreve ele modestamente, "demonstrar de maneira incontestável que, enfim, depois de tantas tentativas estéreis, a verdadeira teoria do ridículo está estabelecida e o problema colocado por Cícero, e abandonado por ele, encontra-se definitivamente resolvido". Ainda será possível dizer que Schopenhauer não tinha senso de humor?

Aprofundando sua teoria do riso como descoberta súbita de uma incongruência, ele explica essa sensação agradável pelo fato de o riso residir numa confrontação entre a intuição e o pensamento abstrato, que se resolve pela vitória da intuição; ora, "a intuição é o conhecimento primitivo, inseparável da natureza animal; nela é representado tudo o que dá satisfação imediata ao desejo; ela é o centro do presente, do regozijo e da alegria, e nunca permite um esforço penoso".[12]

Se o riso é próprio do homem, é porque faltam ao animal a razão e os conceitos gerais. O que não impede que o cão exprima sua alegria por uma "excitação tão expressiva, tão benevolente, tão visceralmente honesta. Como essa saudação, que a natureza lhe inspira, forma um feliz contraste com as

10 SCHOPENHAUER, A. *Le monde comme volonté et comme représentation*. Trad. por BURDEA, A. Paris: 1966, livro I, cap.13, pp.93-96.
11 Idem, *Suplementos*, cap.8, p.772.
12 Idem, p.779.

reverências e as caretas polidas dos homens!".[13] Reencontramos aqui a cauda do cão de Tobias, que tanto desgostava o padre Garasse... Para Schopenhauer, agitar a cauda é um sinal de alegria bem mais natural que o esgar do sorriso.

Ele prossegue com um comentário judicioso, ou seja, que só as pessoas sérias sabem rir: "Quanto mais um homem for capaz de uma inteira gravidade, mais franco será seu riso. Os homens cujo riso é sempre forçado e afetado têm um fundo moral e intelectual medíocre".[14] De fato, "a seriedade consiste na consciência da harmonia completa do conceito, ou pensamento, com a intuição, ou realidade. O homem sério está convencido de que imagina as coisas como elas são e que elas são como ele as imagina", se bem que a constatação de uma divergência entre essa convicção profunda, de natureza intelectual e abstrata, e a intuição de uma realidade que se opõe a isso provoca uma gargalhada. Para rir bem, é preciso ser um homem de convicção, acreditar firmemente em alguma coisa e constatar, de repente, que se estava enganado. Com certeza, esse riso é amargo: "O que chamamos de gargalhada zombeteira parece mostrar triunfalmente ao adversário vencido quanto os conceitos que ele acalentara estavam em contradição com a realidade que agora se revela a ele. O riso amargo que nos escapa, sem querer, quando descobrimos uma realidade que destrói nossas esperanças mais profundas é a expressão viva do desacordo que percebemos, nesse momento, entre os pensamentos que nos inspiraram uma tola confiança nos homens e na fortuna e a realidade que agora está diante de nós".[15] Aquele que não leva nada a sério, que não crê em nada e que ri de tudo é um patife vulgar, cujo riso não tem sentido. De qualquer forma, só há dois tipos de riso: o tolo e o triste. Schopenhauer escolheu o segundo e censura seus contemporâneos por terem optado pelo primeiro: "Palavras nobres, sentido vil", esse é o lema da admirável época em que vivemos; "aquele que hoje chamamos de humorista, em outros tempos chamaríamos de polichinelo".[16]

Schopenhauer acusa sua época de desonrar o termo "humor": "A palavra 'humor' foi emprestada pelos ingleses para distinguir e designar uma espécie muito particular de risível, que se aproxima do sublime e que, de início, observamos neles. Mas esse termo não estava destinado a qualificar nenhum tipo de brincadeira nem farsa, como os letrados e os sábios o fazem

13 Idem, p.780.
14 Idem, p.779.
15 Idem, pp.780-781.
16 Idem, p.783.

hoje, geralmente, na Alemanha". Para ele, o humor é o inverso da ironia. Enquanto esta última é a brincadeira que se esconde atrás do sério e visa alguém, o humor é o sério que se esconde atrás do humor e visa o próprio humorista. Schopenhauer tem consciência de viver em um mundo que já é "humorístico", isto é, onde todos riem de qualquer coisa e cuja hilaridade é expressão de idiotice. O riso autêntico é aquele do filósofo que constata o *nonsense* da vida confrontado à vontade de viver, "o insuportável conflito do querer viver e da falta de justificativa para a existência humana".[17]

NIETZSCHE E O RISO DO SUPER-HOMEM

Se o riso de Nietzsche não é o riso desesperado de Schopenhauer, provém, contudo, da mesma constatação: o homem descobre sua solidão em um universo que não tem um sentido preestabelecido. Enquanto acreditamos, durante séculos, que havia um piloto no comando que nos guiava para um destino conhecido, Nietzsche nos ensina que "Deus está morto", ou antes, que ele nunca existiu e que estamos a bordo de um barco à deriva que não vai a lugar nenhum. É, de fato, para morrer de rir!

Aliás, é o que "Zaratustra, o Ridente", espera: morrer de rir à força de ver os homens apegados a suas velhas crenças. Os próprios deuses morrem de rir: "Foi o que aconteceu quando um deus pronunciou a palavra mais ímpia: 'Só há um Deus! Tu não terás outros deuses diante da minha face!' Uma velha barba de deus, um deus colérico e ciumento foi assim esquecido. Então todos os deuses começaram a rir e a gritar, agitando-se em seus tronos: 'Não é precisamente aí que reside a divindade, quer haja vários deuses, quer não haja deus algum?'".[18]

O riso de Zaratustra percorre o mundo, transtornando os ídolos: "Eu lhes ordenei que rissem de seus grandes mestres da virtude, de seus santos, de seus poetas e de seus salvadores do mundo. Ordenei-lhes que rissem de seus sábios austeros. ... A pequenez do que eles têm de melhor, a pequenez do que eles têm de pior, era disso que eu ria. Meu sábio desejo brotava de mim com gritos e risos".[19] Esses risos ressoam "o crepúsculo dos ídolos", e "ri melhor quem ri por último".

---

17 DUVIGNAUD, J. *Rire et après*. Paris: 1999, p.44.

18 NIETZSCHE, F. *Ainsi parlait Zarathustra*. Ed. J. Lacoste, J. Le Rider, col. Bouquins, 1993, t. II, p.426.

19 Idem, p.438.

O grande sopro da gargalhada niilista atravessa a obra de Nietzsche. Esse riso destrói: "Não é pela cólera, é pelo riso que se mata". Esse riso aniquilador talvez seja o futuro do mundo, depois do grande Carnaval universal, depois do apocalipse de hilaridade: "Nós estamos prontos, como nunca, para um Carnaval em grande estilo, para as gargalhadas e para a louca alegria de uma Terça-Feira Gorda do espírito; para os crimes transcendentais da suprema idiotice e da zombaria aristofanesca que bafeja o universo. Talvez descubramos então, precisamente, o domínio de nossa invenção, aquele em que ainda podemos ser originais, por exemplo, como parodistas da história universal e como polichinelos de Deus; talvez, se nada mais tem futuro hoje, nosso riso, justamente ele, o tenha!".[20]

Até os deuses são travessos: "Parece que, mesmo durante os atos sagrados, eles não conseguem frear o riso". Quanto aos filósofos, seu valor se mede pela qualidade de seu riso. Se por um lado Nietzsche não gosta do agelasta Hobbes, por outro ele coloca nas alturas "aqueles que são capazes de risos dourados"; e se ele admira Chamfort é porque vê nele "um pensador que julgava o riso necessário como um remédio contra a vida e que considerava quase perdido o dia em que não conseguia rir".[21]

O riso é "um remédio contra a vida": é isso que lhe dá grandeza, segundo Nietzsche. Enquanto o "mestre da moral" "não quer de forma alguma que riamos da existência nem de nós mesmos nem dele", o super-homem proclama: "Aprendei a rir de vós mesmos, como é preciso" e "toda verdade que não contém ao menos uma hilaridade nos parece falsa" ... "porque no riso tudo o que é mau se encontra ao mesmo tempo santificado e franqueado por sua própria beatitude" e "rir é regozijar-se com um prejuízo, mas com elevada consciência".[22] O riso está além do bem e do mal; ele purifica aquilo que toca. "Ó vós, homens superiores, aprendei a rir!"[23]

Esse "belo humor" (*Heiterkeit*) pregado por Nietzsche se enraíza em nosso sofrimento: "O homem sofre tão profundamente que *precisou* inventar o riso. O animal mais infeliz e mais melancólico é, bem entendido, o mais alegre". Estamos diante de nosso próprio absurdo. "Como o homem pode sentir prazer com o absurdo? Isso é tão remoto, na verdade, quanto há o riso no mundo, eis a questão."[24] O riso e o pessimismo caminham juntos,

20 NIETZSCHE, F. *Par-delà le bien et le mal,* p.670.
21 NIETZSCHE, F. *Le gai savoir,* p.109.
22 NIETZSCHE, F. *Ainsi parlait Zarathustra,* p. 467; *Le Gai Savoir,* I, p.200.
23 NIETZSCHE, F. *La naissance de la tragédie,* t. I, p.31.
24 NIETZSCHE, F. *Humain, trop humain,* p.550.

entretêm-se mutuamente. É porque tomamos consciência de nossa condição desesperada que podemos rir seriamente, e esse riso nos permite suportar essa condição. É por isso que "é preciso aprender a rir, meus caros amigos, se quereis permanecer absolutamente pessimistas; talvez então, sabendo rir, um dia mandareis para o diabo todas as consolações metafísicas, a começar pela própria metafísica".[25]

Evidentemente, esse riso de qualidade não tem nada de vulgar: "Quando o homem ri a bandeiras despregadas, ele ultrapassa todos os animais em vulgaridade", mas, "quanto mais o espírito se torna leve e seguro de si mesmo, mais o homem desaprende o riso barulhento; em compensação, ele é tomado por um sorriso mais intelectual, símbolo de seu espanto diante dos numerosos encantos escondidos nesta maravilhosa existência".[26] Maravilhosa existência? Pensamos que fosse o contrário. É que, segundo Nietzsche, "há mais cômico do que trágico no mundo; rimos mais do que nos comovemos".

O riso faz parte da vida, ele ajuda a conservar a espécie, e, apesar do retorno periódico dos "proclamadores da finalidade da vida" – esses trágicos senhores criadores de ídolos sérios –, a humanidade sempre termina por voltar à eterna comédia da existência: "Não se pode negar que o riso, a razão e a natureza terminaram por se tornar mestres em teleologia: a curta tragédia sempre terminou por voltar à eterna comédia da existência, e as vagas do 'riso inominável' – para falar como Ésquilo – terminarão por cobrir, com seu ímpeto, a maior dessas tragédias. Porém, apesar desse riso reparador, a natureza humana foi transformada pelo aparecimento, sempre novo, desses proclamadores da finalidade da vida, e agora tem uma necessidade a mais: ver aparecer sempre doutrinas semelhantes e mestres similares do 'fim'. ... E mais uma vez a espécie humana decretará, de tempos em tempos: 'Há alguma coisa da qual não se tem o direito de rir!' E o mais previsível dos filantropos acrescentará: 'Não somente o riso e a sabedoria jovial mas ainda o trágico, com toda sua sublime desrazão, fazem parte dos meios e das necessidades para conservar a espécie!'".[27]

A esperança, se é que existe, reside na aliança do riso e da sabedoria, que constituirá o "alegre saber": "Talvez ainda haja futuro para o riso! Isso acontecerá quando a máxima 'a espécie é tudo, o indivíduo é nada' for incorporada à humanidade e cada um puder, a cada momento, atingir esse

25 NIETZSCHE, F. *La naissance de la tragédie*, p.31.
26 NIETZSCHE, F. *Humain, trop humain*, pp.668-895.
27 NIETZSCHE, F. *Le gai savoir*, p.51.

último alívio, essa última irresponsabilidade. Talvez, então, o riso se alie à sabedoria, talvez só reste o 'alegre saber'".[28]

O riso pessimista de Nietzsche desemboca, portanto, em um grande "sim conferido à existência", porque "a vontade pessimista não teme negar-se a si mesma, uma vez que se nega com alegria". O riso e o silêncio, isso é a vida:

> É belo calar-se junto,
> Mais belo é rir junto, ...
> Se eu fizer bem, calaremos,
> Se eu fizer mal, riremos.[29]

É também a lição de *Humano, muito humano*, apreendida por Pirro: o ancião: "Ai de mim, meu amigo! Calar e rir. É essa, agora, toda a tua filosofia?". Pirro: "Ela não seria a pior".[30]

A obra de Nietzsche é permeada de aforismos sobre o riso. Leves em todos os sentidos, são extravagantes e parecem, às vezes, contradizer-se. Dão uma impressão geral de nostalgia e uma vontade de rir de tudo e contra tudo, porque o riso é a única tábua de salvação, é a redenção: "Eu canonizei meu riso. Não encontrei, em nossos dias, outra pessoa tão forte para fazer isso". O homem, atormentado por séculos de medo, opressão moral e social, aspira ao riso libertador: "O ser encarquilhado, tremendo de medo, para e desabrocha lentamente – o homem ri".

BERGSON E A MECÂNICA SOCIAL DO RISO

Hegel não quer rir, Schopenhauer não pode impedir-se de rir, Nietzsche quer rir, mas nenhum dos três, na realidade, é alegre. Bergson, por sua vez, vê os outros rirem e se interessa pelo fenômeno como técnico. Procura desmontar o mecanismo sacudindo o homem que ri: como isso funciona? Ele se debruça muito cedo sobre a questão, pois, jovem professor de Filosofia aos 25 anos, faz, em 18 de fevereiro de 1884, em Clermont-Ferrand, uma conferência intitulada "O riso. Do que rimos? Por que rimos?". Formado na Escola Superior ao mesmo tempo que Durkheim, ele também é marcado

---

28 Idem, p.50.
29 NIETZSCHE, F. *Humain, trop humain*, p.694.
30 Idem, p.910.

pela dimensão social dos comportamentos humanos. Em 1897, Durkheim publica *O suicídio*, mostrando que esse gesto é consequência do rompimento do feixe das solidariedades sociais. Três anos mais tarde, Bergson publica *O riso*, no qual, de certa forma, este é a contrapartida do suicídio: é uma reação inconsciente que visa manter a homogenia do tecido social sancionando os desvios de comportamento.

O pequeno livro de Bergson surge no seio de uma polêmica sobre o riso. A partir da metade do século, os tratados multiplicam-se para tentar explicar esse singular comportamento. Sem mencionar o livro de D. Roy, *Sobre o riso* (1814), o ano de 1854 vê aparecer duas obras importantes. De um lado, em *Ensaio sobre o talento de Regnard e sobre o cômico em geral*, A. Michiels esboça uma teoria social do riso que seria a confirmação dos desvios de comportamento em relação a um ideal de perfeição; os comportamentos sociais seriam hierarquizados e gerariam o riso por causa de seu distanciamento em relação a esse ideal. De outro lado, L. Ratisbonne interessa-se sobretudo pelo humor, cada vez mais considerado como a forma moderna do riso. O termo começa a ser utilizado para designar qualquer forma de cômico, e Ratisbonne tenta definir-lhe os contornos, associando a brincadeira, o sério e o benevolente: o "humorista", como ele o chama, "brinca de bom grado com assuntos que consideramos graves e disserta gravemente sobre coisas que parecem levianas. Porque, para ele, tudo na vida – até a própria vida – é, ao mesmo tempo, divertido e grave, leve e sério. O humorista ... zomba da barca da existência que se movimenta ao acaso, mas sua brincadeira não tem nada de insultuoso para os passageiros: ele está a bordo como eles".[31]

Em 1862, em *Causas do riso*, L. Dumont define o risível como "todo objeto sobre o qual o espírito se sente obrigado a afirmar e negar ao mesmo tempo a mesma coisa". No ano seguinte, num artigo intitulado "O riso, o cômico e o risível no espírito e na arte", publicado na *Revue des Deux Mondes*, C. Levêque vê no riso uma espécie de evocação à ordem.

Em 1885, em *As emoções e a vontade*, A. Bain fornece uma explicação original: o riso é uma reação psicofisiológica a uma constatação de "discordância descendente". É uma descarga de energia que se produz quando percebemos, bruscamente, uma degradação ou desvalorização de uma pessoa, de uma ideia ou de um objeto habitualmente respeitado e que exige seriedade. A seriedade necessita de uma mobilização de energia, de uma

31 Citado por GROJNOWSKI, D. *Aux commencements du rire moderne. L'esprit fumiste*. Paris: 1997, p.37.

concentração psíquica; se o objeto de respeito é degradado, por uma razão ou outra, o excesso de energia mobilizado torna-se inútil e liberta-se de chofre: "A ocasião do riso é a degradação de uma pessoa ou de um interesse que possuem dignidade, em circunstâncias que não provocam nenhuma emoção mais forte. ... Consideremos agora a degradação risível como o alívio de uma opressão. Desse ponto de vista, o cômico é uma reação da sisudez. Os atributos dignos, solenes, estáveis das coisas exigem de nós certa rigidez, certo constrangimento; quando somos bruscamente libertados desse constrangimento, segue-se a reação de hilaridade".[32]

A mesma teoria é desenvolvida, em 1891, por H. Spencer em *Fisiologia do riso*. O riso marca a passagem brutal de um estado de tensão física para um estado de relaxamento, de distensão: "Esse riso nasce naturalmente quando a consciência, depois de se ocupar com objetos grandes, é reduzida aos pequenos, isto é, somente no caso do que denominamos discordância descendente". Spencer dá como exemplo o palhaço que se apressa em realizar acrobacias perigosas e cujos preparativos resultam em um gesto anódino.

Em 1886, A. Michiels aperfeiçoa sua teoria em *O mundo do cômico e do riso* e A. Penjon, em seu artigo "O riso e a liberdade", retoma uma concepção psicológica;[33] o riso, para ele, é a manifestação de um relaxamento do espírito, que desvenda a trama preconcebida dos acontecimentos e dos pensamentos, que se torna "pura sensação de viver, sem razão e sem finalidade", libertado do jugo da razão, pura fantasia, pura liberdade, que rompe o tédio da uniformidade. Em 1895, em "Por que rimos?",[34] C. Mélinand insiste sobre o papel do insólito, do disforme, do estranho, do barroco.

Essas são apenas algumas produções sobre o riso no momento em que Bergson retoma a questão. Todas são influenciadas pelo espírito positivista da época e veem no riso um ato reflexo, sem intencionalidade.[35] Bergson não nega esses aspectos psicofisiológicos, mas também é marcado pelo florescimento da sociologia e pela renovação da espiritualidade, o que o leva a elaborar uma teoria do riso como manifestação do ímpeto vital.

Para ele, o riso, antes de tudo, é um "gesto social", que vem sancionar um comportamento potencialmente ameaçado pela coesão do grupo. Esse

32 Citado por SMADJA, É. *Le rire*. Paris: 1993, p.25.
33 *Revue Philosophique*, agosto de 1893.
34 *Revue des Deux Mondes*, 1º de fevereiro de 1895.
35 É o que revelam JEANSON, F. em *Signification humaine du rire*. Paris: 1950; GOLDSTEIN, K. em *La structure de l'organisme*. Paris: 1951.

comportamento é, em primeiro lugar, a rigidez dos gestos, que traduz uma mecanização da atitude. A vida em sociedade exige de nós uma atenção sempre alerta e leveza de espírito e de corpo para nos adaptarmos às necessidades do momento. "Toda rigidez de caráter, de espírito e mesmo de corpo é suspeita para a sociedade, porque é sinal de uma atividade adormecida e também de uma atividade que se isola, que tende a separar-se do centro comum em torno do qual a sociedade gravita, enfim, de uma excentricidade. Entretanto, a sociedade não pode intervir nesse caso com repressão material, porque não tem alcance material. Ela está diante de qualquer coisa que a ameace, quando muito um gesto. É, portanto, com um simples gesto que ela responde. O riso deve ser algo parecido com isso, uma espécie de gesto social. Pelo medo que inspira, ele reprime excentricidades, mantém em vigília e em contato recíproco certas atividades secundárias que correriam o risco de adormecer ou isolar-se. Enfim, o riso torna leve tudo o que possa restar de rigidez mecânica na superfície do corpo social."[36]

Daí a famosa fórmula: o cômico é "o mecânico colado sobre o vivo". Ela se aplica tanto ao comportamento humano quanto aos fenômenos naturais que poderiam ser reduzidos ao mecânico. Bergson ilustra isso com a história de uma senhora a quem Cassini convida para observar um eclipse. Como chega atrasada, ela declara candidamente: "Senhor Cassini, poderia recomeçá-lo para mim?". O automatismo do comportamento é fonte do cômico, desde que se preste atenção nele ou numa regulamentação automática da sociedade, como vemos neste comentário a propósito de um crime cometido num trem: "O assassino, depois de ter acabado com a vítima, desceu do trem na contramão, violando regulamentos administrativos". O disfarce faz parte da transformação que rebaixa um ser humano ao estado de máquina, simplificando sua aparência, reduzindo-a a alguns traços que levam ao extremo a lógica de um caráter. Tudo o que, no aspecto exterior, contribui para desumanizar ou para evocar um disfarce é, portanto, cômico. O exemplo dado por Bergson demonstra a que ponto ele é tributário de sua época: "Por que rimos de um negro? Parece uma pergunta embaraçosa, pois psicólogos como Hecker, Kraepelin, Lipps responderam-na de maneira diferente. Não sei, no entanto, se algum dia ela não foi respondida diante de mim, na rua, por um simples cocheiro que chamava de 'mal lavado' o cliente negro sentado em seu veículo. Mal lavado! Um rosto negro seria, pois, em nossa imaginação, um rosto salpicado de tinta ou sujeira".[37]

36 BERGSON, H. *Le rire*. Paris: Ed. Quadrige, 1989, p.15.
37 Idem, p.31.

"Rimos toda vez que uma pessoa nos dá a impressão de alguma coisa": Sancho Pança lançado no ar como um balão, Münchhausen transformado em bala de canhão. "Uma situação é sempre cômica quando pertence, ao mesmo tempo, a duas séries de acontecimentos absolutamente independentes e pode ser interpretada de duas formas totalmente diferentes":[38] é o quiproquó. Quanto ao cômico da caricatura, ele não provém do exagero, mas do fato de se levar ao extremo de sua lógica uma simples veleidade que o artista soube captar no rosto. Nisso, como já o notara Baudelaire, a caricatura tem qualquer coisa de diabólico. Ela "realiza desproporções e deformações que devem ter existido na natureza em estado de veleidades mas que não podem desabrochar, recalcadas por uma força maior. Sua arte, que tem qualquer coisa de diabólico, ressalta o demônio que derrotou o anjo".[39]

Contudo, "o riso é verdadeiramente uma espécie de trote social". Nunca é um prazer puramente estético. Ele comporta "a intenção inconfessada de humilhar e, dessa forma, é verdade, de corrigir". Sanciona mais a insociabilidade do que a imoralidade: o misantropo Alceste é perfeitamente virtuoso, mas sua razão insociável o torna cômico. O riso, que é uma sanção, não é nem sentimental nem emocional. "O riso é, antes de tudo, uma correção. Feito para humilhar, ele deve dar à pessoa que o motivou uma impressão penosa. A sociedade se vinga, por meio dele, das liberdades que tomam com ela. Ele não atingiria sua finalidade se tivesse a marca da simpatia e da bondade."[40]

Sancionando tudo o que se afasta da norma social, o riso é instrumento de conformismo, e o cômico evolui, necessariamente, com a cultura ambiente. Se esta valoriza o não conformismo, é a atitude "normal" que se torna cômica: aquela do "francês médio", por exemplo, reduzido a um estado de mecânico padronizado, como é o caso no fim do século XX, quando se tende a valorizar os desvios em relação à norma. Conduzir-se de forma diferente é deixar de ser uma máquina: a teoria de Bergson pode, assim, voltar-se contra a homogenia social.

Bergson também estuda as diversas formas do cômico verbal, do trocadilho à paródia. É preciso reter, especialmente, suas definições de ironia e de humor, que ele concebe como termos opostos: a ironia consiste em falar do que deveria ser, fingindo crer que é o que é, e o humor trata o que é como se fosse o que deveria ser. De onde se desliza, aliás facilmente, para o cinismo...

38 Idem, pp.73-74.
39 Idem, p.20.
40 Idem, p.150.

O livro de Bergson suscita reações. Em 1902, James Sully, um discípulo de Spencer, publica *An Essay on Laughter*, traduzido para o francês em 1904 (*Essai sur le rire*), em que critica o filósofo francês por negligenciar certos aspectos do cômico que não entram em sua teoria, tal o excesso de espontaneidade e de liberdade que o riso cotidiano engendra; Bergson lhe responde na *Revista Filosófica*. Ainda em 1902, Dugas publica *Psicologia do riso*, em que lembra, citando uma obra mais antiga de Ribot, que, apesar da imensidão de estudos, o riso continua a zombar de filósofos, psicólogos, sociólogos, médicos: "Não há fato mais banal e mais estudado que o riso, não há nada que mais tenha excitado a curiosidade vulgar e a dos filósofos e sobre o que se tenha recolhido mais comentários e construído mais teorias; com isso, não há nada que permaneça mais inexplicável. Seremos tentados a dizer, como os céticos, que é preciso ficar feliz em rir e não procurar saber por que rimos, sobretudo porque a reflexão mata o riso, e seria contraditório descobrir-lhe as causas".

FREUD, O RISO COMO ECONOMIA DE ENERGIA E O HUMOR COMO DESAFIO

Se as causas do riso permanecem tão misteriosas, não seria porque elas se situam no nível do inconsciente? O próprio Bergson, afirmando que "o cômico é inconsciente" e que o riso é incontrolável, nos convida a inquirir nessa direção.[41] Sigmund Freud interessa-se pela questão e, já em 1905, publica, em Viena, *A palavra espirituosa e suas relações com o inconsciente*.[42] O conteúdo da obra ultrapassa em muito os limites estreitos do título. Freud testemunha, de início, a importância adquirida pelo sentido do cômico na vida contemporânea e, mais particularmente, pela palavra espirituosa. "Poder-se-ia fazer valer o encantamento particular e o fascínio exercidos pelo espírito em nossa sociedade. Uma palavra espirituosa original tem quase o efeito de um acontecimento de ordem geral; ela é divulgada de boca em boca, como a mensagem da mais recente vitória."[43] Ora, em razão da "estreita solidariedade das diversas manifestações psíquicas", o estudo da

41 Sobre o contexto dos estudos bergsonianos a respeito do riso, veja o artigo de FEUERHAHN, N. "A mecânica psicossocial do riso em Bergson". In: *Humoresques*, n.7. Presses Universitaires de Vincennes, 1996, pp.9-27.

42 FREUD, S. *Der Witz und seine Beziehung zum Unbewussten*. Leipzig-Viena: 1905. Trad. francesa de BONAPARTE, M., NATHAN, M. Ed. Gallimard. Paris: 1930.

43 Idem, p.22.

palavra espirituosa permite esclarecer outros domínios da personalidade. Nem todo mundo tem espírito; isso requer aptidões particulares, ligadas à necessidade de comunicar. Aliás, a palavra espirituosa exige cumplicidade do outro; trata-se de um gesto social, do qual uma das qualidades essenciais é a concisão.

Sua forma superior é o humor, que obtém o máximo resultado com a maior economia de meios. Porque o principal obstáculo a um efeito cômico é a existência de um afeto penoso: dor ou qualquer mal, psíquico ou moral. "Ora, o humor nos permite atingir o prazer, apesar das dores e das dificuldades que deveriam perturbá-lo; ele suplanta a evolução de seus afetos, coloca-se no lugar deles".[44] O humor impede o desencadeamento do afeto penoso, permite-nos economizar um desgaste afetivo, e é nisso que reside o prazer que ele propicia. Freud sempre retorna ao condenado à morte que é levado à forca na segunda-feira de manhã e que declara: "Eis uma semana que começa bem!". Ele circunscreve, de alguma forma, seu abatimento, sua dor psíquica, seu medo: "O prazer do humor nasce, então, não saberíamos dizê-lo de outra forma, à custa do desencadear de desespero que não se produziu; ele resulta da economia de um desgaste afetivo".[45] Por outro lado, o humor não tem necessidade de um parceiro: o humorista pode usufruir sozinho seu humor.

Freud cita muitos exemplos de "humor de colete", dentre os quais muitos já se encontram em Montaigne: é o que ele chama de "humor em grande estilo". Uma das variedades mais eficazes de humor é, no entanto, o "humor de piedade poupada", do qual ele cita exemplos de Mark Twain, que conta anedotas sobre seu irmão: empregado em um canteiro de obras públicas, este é lançado longe pela explosão antecipada de uma mina... e lhe descontam meio dia de salário porque ele "estava longe de seu canteiro de obras". Nosso humor cotidiano, na maior parte das vezes, é desse tipo: ele nos economiza a cólera. Há também o humor "para economia de indignação", como aquele que Falstaff nos impinge: o repugnante personagem poderia ser odioso, mas ele é apenas cômico, porque não se leva a sério, não tem ilusões sobre si mesmo e suas vítimas não merecem nenhuma piedade.

O humor é, assim, um processo de defesa que impede a eclosão do desprazer. Ao contrário do processo de recalque, ele não procura subtrair da consciência o elemento penoso, mas transforma em prazer a energia já

44 Idem, p.384.
45 Idem, pp.384-385.

acumulada para enfrentar a dor. Cômico, palavra de espírito, humor; essas três fontes de riso repousam sobre o desejo de poupar, sobre a satisfação de fazer uma economia. É a conclusão de Freud: "Eis que chegamos ao fim de nossa tarefa, depois de ter resgatado o mecanismo do prazer humorístico numa fórmula análoga à do prazer cômico e do espírito. O prazer do espírito nos parecia condicionado à economia do custo requisitado pela inibição; o do cômico, pela economia do custo exigido pela representação (ou pelo investimento); o do humor, pela economia do custo requerido pelo sentimento. Nos três modos de funcionamento de nosso aparelho psíquico, o prazer decorre de uma economia; todos os três concordam num ponto: eles representam métodos que permitem recuperar, pelo jogo de nossa atividade psíquica, um prazer que, na realidade, o desenvolvimento isolado dessa atividade nos faria perder".[46] A pessoa que ri se poupa, de alguma forma, e ela ri por isso, ao passo que o homem triste se enfraquece. Essas conclusões coincidem, em parte, com recentes estudos psicofisiológicos sobre o caráter benéfico do riso sobre a saúde.

Em 1928, Freud publica, em *Imago*, um pequeno texto sobre o humor, que será acrescentado como apêndice ao livro *A palavra de espírito*. Aprofundando as ideias precedentes sobre a economia de sentimentos, ele vê no humor a forma mais acabada do triunfo do eu. O humor tem "alguma coisa de sublime e de elevado ... que se prende, evidentemente, ao triunfo do narcisismo, à invulnerabilidade do eu que se afirma vitoriosamente. O eu recusa-se ao engano, a se deixar esmagar pelo sofrimento imposto pela realidade exterior, recusa-se a admitir que os traumatismos do mundo exterior consigam tocá-lo; mais ainda, ele faz ver que eles até podem causar-lhe prazer".[47]

Dentre o arsenal de defesas psíquicas contra a dor, Freud enumera a neurose, a loucura, o êxtase, a embriaguez, o voltar-se sobre si mesmo. O humor é a arma mais sublime porque, ao contrário das outras, mantém a saúde psíquica e o equilíbrio e é fonte de prazer. Pelo humor, *eu* triunfo, *eu* sou invulnerável: "O humor não se resigna, ele desafia, implicando não apenas o triunfo do eu mas também o princípio do prazer, que assim encontra o meio de se afirmar apesar de realidades exteriores desfavoráveis".[48] Ele completa essa explanação colocando o acento psíquico no *superego*, o qual lhe permite controlar o *eu*, que ele trata como criança para lhe dar

46 Idem, pp.396-397.
47 Idem, p.402.
48 Idem, pp.402-403.

segurança: "O humor parece dizer: 'Olha! Eis o mundo que te parece tão perigoso! Uma brincadeira de criança! O melhor é, pois, brincar!'".[49]

As teorias filosóficas do riso esclarecem aspectos variados e complementares desse comportamento, mas nenhuma consegue, realmente, captar-lhe o sentido geral, porque a palavra "riso" abrange realidades extremamente diversas ou contraditórias. *O* riso não existe: é uma ilusão. Há *os* risos, cujo ponto comum é apenas uma manifestação psíquica que, é claro, pode traduzir toda uma variedade de sentimentos, ideias e vontades.

Por outro lado, as filosofias do riso interessam-se pela pessoa que ri. Ora, com exceção do caso particular do humor, o ridente dificilmente é aquele que faz rir – a não ser que ria das próprias blagues. Aquele que procura fazer rir utiliza conscientemente meios visando a um fim, e muitas vezes esse fim não é o riso; o riso é apenas uma transição. Quando zombo de alguém, meu objetivo é humilhar, e por isso faço com que riam dele. Todos os tipos de ironia e de zombaria visam a um objetivo que se situa além do riso. Essa finalidade é mais reveladora das mentalidades do que o riso em si mesmo.

O "RISO ASSASSINO" DE JEAN-PAUL

O século XIX, como vimos no capítulo anterior, utiliza o riso para inverter os ídolos. Mas também para expressar certa visão de mundo. Então, não é mais a filosofia que se apodera do riso, é o riso que se torna uma filosofia. Na primeira metade do século, o mundo interpretado pelo riso é a visão do grotesco romântico; na segunda metade do século, é a visão do absurdo derrisório. Há, entre os dois, uma continuidade e uma progressão.

É na Alemanha, desde a segunda metade do século XVIII, que aparece – ou desperta – a visão grotesca do mundo. A princípio com obras de história e de crítica literária, como *Geschichte des Grotesk-Komischen*, de Friedrich Flögel, e *Harlekin oder Vertheididung des Grotesk-Komischen*, de Justus Möser (1761), mas também no teatro, que redescobre Shakespeare graças à *Dramaturgie de Hambourg*, de Lessing, em 1769. O movimento do *Sturm und Drang* inspira-se nessa mistura do sublime e do bufão, nesse turbilhão vital grandioso e ridículo que caracteriza o teatro elisabetano, mas com acentuada tendência para o humor negro. As incertezas e ansiedades da época determinam o

49 Idem, p.408.

aparecimento de um grotesco inquietante em que o riso se torna áspero e atrás do qual despontam os chifres do diabo. As peças de Jakob Lenz (1751-1792) constituem um bom exemplo dele, com *Der neue Menoza* (1774), em que as intrigas se mesclam num imbróglio nunca resolvido, e *Der Hofmeister*, cujo grotesco advém da incoerência essencial dos personagens, que são construídos à imagem do homem: uns autômatos.

Essa ideia é desenvolvida, na geração seguinte, por Georg Büchner em *A morte de Danton* (1835), drama resumido nesta réplica: "Somos todos marionetes cujos fios são puxados por potências desconhecidas". Se a teoria de Bergson estiver exata, então os personagens de Büchner devem ser muito engraçados: não são simples máquinas que recitam sua lição e seguem seu destino fazendo acreditar que o controlam? De fato, se existe cômico, ele está tão intimamente ligado ao trágico que é preciso forçar o riso. Esses infelizes autômatos de Büchner não têm nem repouso nem refúgio: a vida está por toda parte, a vida e a morte fervilham, proliferam, e o nada não existe mais. "Não há mais vazio, é uma abundância sem fim. O nada se suicidou, a criação é sua ferida, somos gotas de seu sangue, o mundo é o túmulo em que ele apodrece."[50]

Em *Woyseck* (1836), reencontramos os homens-títeres representando sua patética comédia, colando-se a seus moldes, e um pobre homem que, achincalhado por todos, procura desesperadamente o sentido de tudo isso. Eis-nos no grotesco existencial, cotidiano, que só pode engendrar um riso amargo, como em *As vigílias de Bonaventura*, texto anônimo de 1804, que passa em revista os grandes problemas da humanidade e a retrata como a imagem de um mundo de loucos. Espécie de *Elogio da loucura* tendendo para o negro, "a obra, que evoca constantemente o grotesco do mundo, é grotesca pelo amálgama dos tons e das perspectivas e por seu cinismo desesperado, que sempre desemboca no nada".[51]

Christian Grabbe (1801-1836) compõe, em 1822, uma verdadeira comédia-farsa, intitulada *Brincadeira, sátira, ironia e significação oculta*, que faz alguns medíocres representantes das diversas categorias sociais evoluírem em torno de um diabo de pacotilha. É uma comédia da idiotia universal. Estamos no período do "humor doentio", como diz Friedrich Schlegel a partir de 1800. Nem Goethe escapa dele, com o retrato de inconsistência psíquica que ele oferece, em 1809, com *As afinidades eletivas*.

50 BÜCHNER, G. *La mort de Danton*, III, p.8.
51 IEHL, D. *Le grotesque*, op. cit., p.66.

É o corrosivo Johan Friedrich Richter (1763-1825), mais conhecido pelo nome de Jean-Paul, que traz a explicação desse estranho senso de humor grotesco, na Alemanha dos anos 1800. Seu romance *Siebenkäs*, publicado em 1796, pode servir de ponto de partida. Ele conta a emocionante história de amor entre Lenette, jovem amorosa, atraente, simples, que não vê nada além do cotidiano imediato, e seu marido, Siebenkäs, artista possuído pelo desejo do infinito, do absoluto, atormentado pelas grandes questões sobre o sentido do mundo. Esses dois seres se amam sinceramente, mas não podem compreender-se. Os esforços de Lenette para fazer o marido feliz são em vão: ela não consegue ultrapassar a estreiteza do quadro cotidiano e pensa que basta ser uma dona de casa eficiente e uma boa esposa para agradar ao marido, ao passo que Siebenkäs está sempre atormentado com os detalhes materiais da vida de todos os dias: a escova e a vassoura são, para ele, verdadeiros "instrumentos da paixão". É todo o problema dos limites da condição humana, da tensão entre o finito e o infinito. Essa tensão é fonte de grotesco e de situações ridículas, até mesmo burlescas, poderíamos dizer, pela permanente defasagem entre o nobre e o trivial. O humor permite atenuar a tensão até o momento em que Siebenkäs oscila para o fantástico. Cristo vem revelar que Deus não existe: "Nós somos todos órfãos, tu e eu, não temos pai".

É o que Jean-Paul chama de "humor assassino", que não se aplica a este ou àquele aspecto da realidade, mas à realidade inteira. É a "ridicularização do mundo inteiro". Em *Poética, ou Introdução à estética*, de 1804, Jean-Paul distingue entre o riso clássico, moralizador, prosaico, e o humor subversivo, niilista, que é o do romantismo alemão. Porque, apesar das aparências, ele conserva o riso: um riso um pouco amargo, mas que se justifica pela constatação de que, "em presença do infinito, tudo é pequeno e cômico". Esse riso não visa nem a denunciar nem a expiar; ele resulta do espetáculo de inanidade universal, do sublime invertido – o que Bernard Sarrazin exprime assim: "Deus foi substituído por Ubu. Desta vez, o céu está vazio, a bufonaria é total e o absurdo, absoluto. Pensa-se no Carnaval medieval, mas os símbolos estão vazios: é uma mascarada, e o retorno carnavalesco não consegue nenhuma recuperação. Nem um grama de sagrado: Deus está morto, viva Ubu! ... Devemos rir ou chorar?".[52] É questão de temperamento...

Jean-Paul também conhece o riso simplesmente jovial, ordinário. Ele dá um exemplo disso em *A vida do alegre mestre-escola Maria Wuz*, de 1790, mas o "riso assassino" é muito mais revelador da mentalidade romântica de sua época.

52 SARRAZIN, B. *Le rire et le sacré*. Paris: 1991, p.39.

O RISO, CAVALO DE TROIA DO INFERNO, E A DESFORRA DO DIABO

O demônio está no centro do grotesco romântico. Eis de novo, portanto, Satã, Belzebu, mais vivo e mais gozador do que nunca. Depois de cada falsa saída, ele ressurge, salta de sua caixa para assustar e para fazer rir.[53] *As vigílias de Bonaventura* explicam que o riso é a grande desforra do diabo, seu cavalo de Troia. O narrador conta o seguinte mito: Satã envia o riso à terra, disfarçado de alegria, e os homens, evidentemente, acolhem-no de braços abertos; é então que ele retira a máscara e revela sua verdadeira face, que é a zombaria, a chalaça, a sátira – essa maneira depreciativa de ver o mundo e os outros, isto é, de desprezar a criação. E, com essa zombaria, o espírito diabólico tem sua desforra sobre Deus: "Não há meio mais poderoso que o riso para opor-se a todos os insultos do mundo e da morte! O inimigo mais poderoso fica horrorizado diante dessa máscara satírica, e a infelicidade recua diante de mim se eu ouso ridicularizar! E o que mais além do diabo, da zombaria, esta terra, com seu sentimental satélite, a Lua, merece?!".

O riso irônico é um meio de se vingar do mundo. Esse riso, diz Mikhaïl Bakhtine, mudou de natureza desde Rabelais. Seu aspecto regenerador desapareceu em proveito de sua função libertadora. Libertadora porque, agora, o mundo provoca medo, e só o humor irônico pode livrar-nos do medo. O mundo grotesco romântico é assustador, monstruoso. Percebê-lo por meio do riso faz com que fique suportável. O próprio diabo, o diabo romântico, é grotesco, já que é, ao mesmo tempo, terrível e bufão, amedrontando e fazendo rir. Para Bakhtine, "no grotesco romântico, o diabo encarna o espantoso, a melancolia, o trágico. O riso infernal torna-se então sombrio e maldoso".[54] É, por exemplo, o diabo de Victor Hugo, que é uma força destrutiva, mesmo que, em *Prefácio de Cromwell,* ele seja associado à bufonaria e que, em *O fim de Satã,* ele seja "recuperável". "Entre as numerosas encarnações do diabo na obra de Victor Hugo, ele não é alguém que provoca o riso", escreve Max Milner.[55] Contudo, ele está presente em *Os miseráveis,* com "esse lúgubre riso do forçado, que é como um eco do riso do demônio". Max Milner comenta, em um artigo intitulado "O diabo como bufão": "As afinidades entre o diabo

53 MINOIS, G. *Le diable.* Paris: 1998.
54 BAKHTINE, M. *L'œuvre de Rabelais.* Paris: 1970, p.50.
55 MILNER, M. "O diabo como bufão". In: *Romantisme,* 1978, n.19, p.8.

e o bufão vêm de muito longe, mais do que o nascimento do diabo cristão, pode-se dizer".[56] Os românticos cultivam esse aspecto: em *Segundo Fausto*, Mefisto aparece como bufão. Mas, sobretudo, o diabo representa o papel de guia, de comentador, de espectador irônico da comédia do mundo. Ele mostra ao homem a patética agitação da humanidade, como o fará Madame Belzebu em *O K*. Em 1831, Balzac, em *A comédia do diabo*, faz o diabo dizer: "A história é uma brincadeira permanente cujo sentido nos escapa" e, em *Ahasvérus*, de Edgar Quinet, Belzebu observa com tédio a marcha do mundo; a peça é decididamente má, indigna de seu autor, que, como dirá Oscar Wilde, "superestimou sua capacidade": "O erro está em questão; a criação entedia. Nem no alto nem embaixo nem longe nem perto, ninguém o quer mais". O nada é nitidamente superior.

Para melhor sublinhar o aspecto derrisório da existência, os diabos desempenham, eles próprios, a comédia humana, no inferno, para distrair os condenados provando-lhes que eles não perderam grande coisa. É o que ocorre em *Gallerie der Teufel*, de Cranz, e em *Panhypocrisiade*, de Nipomucène Lemercier, em 1819: vemos aí os demônios representando uma comédia sobre a vida de Charles Quint e mostrando que os homens são melhores que os diabos em matéria de perversidade.

A mesma ideia é desenvolvida na obra de juventude de Gustave Flaubert, *Smarh*, concluída em 1839. Satã leva o ermitão para uma visita guiada pelo mundo, e não tem dificuldade nenhuma em mostrar suas deficiências. Decididamente, é um grande Carnaval, um Carnaval que provoca náusea: "A vida? Ah! por Deus e pelo diabo, é muito engraçada, muito divertida, muito verdadeira; a farsa é boa, mas a comédia é longa. A vida é um lençol manchado de vinho, uma orgia onde cada um se farta, canta e tem náuseas". E o riso de Yuk é como o riso do diabo, "um riso longo, homérico, inextinguível, indestrutível como o tempo, cruel como a morte, longo como a eternidade". É o riso moderno, o riso sério – o riso "assassino", diria Jean-Paul. Não tem nada a ver com o riso antigo, simples e alegre, o de Aristófanes, que Flaubert deplora, por intermédio do deus Crépitus, em *A tentação de Santo Antônio*: "Eu era alegre. Eu fazia rir. E, sentindo-se aliviado por minha causa, o conviva exalava toda a sua alegria pelas aberturas de seu corpo".[57] O diabo de Flaubert desencanta o mundo e transforma o riso alegre em riso sério; é o grotesco triste, "o cômico extremo, o cômico que não faz rir".

---

56 Idem, p.3.
57 FLAUBERT, G. Carta a Louise Colet, 8-9 maio de 1852.

Esse riso do diabo romântico anuncia diretamente o riso contemporâneo da derrisão generalizada diante de um mundo de *nonsense*. Só resta uma etapa a transpor: a do desaparecimento do próprio diabo, que nos deixará sozinhos com nosso riso, um riso tão onipresente que não terá sentido e estará ameaçado de desaparecer. Bernard Sarrazin resume isso dialeticamente: "Tese: a diabolização medieval do riso, o riso do diabo; antítese: o bufão ri do diabo, riso humanista; síntese: o riso do diabo-bufão, riso negro e grotesco do romantismo que desemboca, no século XX, na derrisão do riso mediático. Seria então o fim do riso. ... Pode-se perguntar se, em nossa sociedade 'eufórica', que ri de tudo e de nada, ... o riso não vai se autodestruir, e é possível sentir saudade, com Pierre Lepape, 'do tempo feliz em que se podia brincar com o diabo', porque o diabo existia e 'o riso estava ligado à insurreição'".[58]

BAUDELAIRE: "O RISO É SATÂNICO, LOGO HUMANO"

"O riso é satânico; logo, é profundamente humano", escreve Baudelaire em seu tratado *Da essência do riso*,[59] que é quase um estudo psicanalítico do fenômeno. Diabólico e humano, o riso não é, de forma alguma, divino. A prova: Jesus nunca riu.

Ficamos surpresos ao ver Baudelaire retomar a argumentação e os próprios termos de Bossuet. Mas ele lhes dá logo um tom muito pessoal. O riso é de certa forma a semente da famosa maçã do jardim do Éden, o fruto diabólico pelo qual Satã se vinga ao mesmo tempo de Deus e dos homens. O riso torna-se um instrumento de sua vingança, pois exprime a vaidade humana, o orgulho da criatura: "O que seria suficiente para demonstrar que o cômico é um dos claros sinais satânicos do homem e uma das inúmeras sementes contidas na maçã simbólica, é um acordo unânime dos fisiologistas do riso sobre a principal razão desse monstruoso fenômeno. ... O riso, dizem eles, vem da superioridade. Ideia satânica não o foi jamais. Orgulho e aberração! ... Notai que o riso é uma das expressões mais frequentes e mais numerosas da loucura".[60]

---

58 SARRAZIN, B. "Riso do diabo da diabolização, depois da desdiabolização, enfim da rediabolização do riso no Ocidente". In: *Humoresques*, n.7, Presses Universitaires de Vincennes, 1996, p.40.

59 BAUDELAIRE, C. *De l'essence du rire et généralement du comique dans les arts plastiques*. In: *Œuvres complètes*. Ed. de la Pléiade, t. II, p.532.

60 Idem, p.530.

Nem riso nem lágrimas existiriam no paraíso terrestre, visto que os dois exprimem a dor; mas, se o "homem morde com o riso, ... ele seduz com as lágrimas". O riso exprime o mal e a agressão; ele deforma o rosto dos maus quando se transforma em ricto. "A escola romântica, ou, melhor dizendo, uma das subdivisões da escola romântica, a escola satânica, compreendeu bem essa lei primordial do riso. ... Todos os descrentes dos melodramas malditos, danados, marcados por um ricto que vai de orelha a orelha, estão na ortodoxia pura do riso. De resto, são, quase todos, netos legítimos ou ilegítimos do célebre viajante Melmoth, a grande criação satânica do reverendo Maturin."[61] Quanto ao riso vulgar: "Qual é o sinal mais marcante de debilidade do que uma convulsão nervosa, um espasmo involuntário comparável ao espirro e provocado pela visão da infelicidade do outro?".

De qualquer forma, o sábio não ri, e "os livros sagrados, sejam de que nação forem, não riem jamais". O riso, o riso diabólico, nos vem com a inteligência, que redobra nosso sentimento de superioridade, e é por isso que os motivos do cômico aumentam conforme o grau de civilização. Quanto mais o homem é civilizado, mais ele tem razões de se crer superior e mais toma consciência do abismo entre sua grandeza e sua miséria; ora, "é o choque perpétuo entre esses dois infinitos que se desprende do riso". Certamente, os antigos riam por nada, como Crassus, que morre de rir ao ver um asno comendo figos, "mas esse cômico não é o nosso. Ele tem algo de selvagem, e só conseguimos nos apropriar dele com um esforço de espírito às arrecuas e cujo resultado é um pastiche".[62]

"A força do riso está em quem ri e não no objeto do riso." Nada é cômico em si mesmo. É a intenção maldosa do ridente que vê o cômico; aquele que ri não é o homem que cai, a não ser que este tenha adquirido "a força de se desdobrar rapidamente e assistir como espectador desinteressado aos fenômenos de seu eu. Mas isso é raro".[63] Não há risos inocentes? O riso da criança? Para isso seria preciso provar que as crianças são seres inocentes. Olhai-as: são "projetos de homens, isto é, satãs em embrião". Por outro lado, não se deve confundir alegria com riso.

Como se vê, é difícil contentar Baudelaire. Ele conta que se torceu de rir diante das palhaçadas de um palhaço inglês. Era "uma embriaguez de riso". Para ele, esse espetáculo atinge, de fato, o "cômico absoluto",

61 Idem, p.531.
62 Idem, p.533.
63 Idem, p.532.

que emana de artistas superiores e que reside no grotesco: "As criações fabulosas, os seres cuja razão e cuja legitimação não podem ser retiradas do código comum provocam uma hilaridade louca, excessiva, que se traduz por dilaceramentos e desmaios intermináveis". O grotesco engendra o riso – ao menos o de Baudelaire – porque ele atinge a essência das coisas, desvela a natureza profunda do ser. O grotesco é um mergulho violento no mundo das aparências, um buraco no cenário que revela, de modo fulgurante, a derrisória e satânica realidade. Ele se abre para "qualquer coisa de profundo, de axiomático e de primitivo que se aproxima muito mais da vida inocente e da alegria absoluta que o riso provocado pelo cômico de costumes".

De acordo com Baudelaire, os franceses têm pouca disposição para esse cômico absoluto que encontramos sobretudo no temperamento grave, profundo e facilmente excessivo dos alemães. Os espanhóis têm um grotesco sombrio, os italianos, um cômico inocente, os ingleses, um cômico feroz, os franceses, um cômico "significativo", medíocre, baseado na ideia da superioridade do homem sobre o homem.

Aos olhos de Baudelaire, o modelo do grotesco, do cômico absoluto, é Hoffmann. Para este, a ironia é "sintoma de um espírito profundo", que desmascara o que há de bruto e de bestial no homem, explora o fantástico e elabora personagens que são, ao mesmo tempo, autômatos diabólicos e seres vivos responsáveis, tal como esse monstruoso Ignaz Denner, chefe de bando criminoso e encarnação do diabo. A corrente negra é desenvolvida em *Os elixires do diabo* ou em *O homem de areia*, esse ser místico que atrai as crianças. O pequeno Nathanaël é obcecado por ele. Mais tarde, apaixona-se pela bela Olympia, filha do doutor Spalanzani, e descobre que ela é um autômato. Nathanaël acaba por se suicidar.

Onde há riso em tudo isso? Parece que no choque entre a fantasia e o medo. O verdadeiro cômico, segundo Hoffmann, é o grotesco, ou seja, é o que torna engraçado um personagem como Harpagão: "Quem, em pleno riso, não seria tomado de medo diante do espetáculo do avarento que, numa demência sem esperança, agarra o próprio braço para alcançar o ladrão que lhe roubara o porta-joias? ... É por isso que o avarento de Molière é um personagem verdadeiramente cômico".[64] O riso de Hoffmann testemunha, sobretudo, um derivativo do sentido cômico, que o grotesco romântico conduziu para o fantástico, para o horrível e para a loucura. Essa direção é

64 Citado por CRAMES, T. *Das Groteske bei E. T. A. Hoffmann*. Munique: 1966, p.78.

para o riso um impasse, um beco sem saída, como o mostra o caso de Edgar Alan Poe, um dos grandes mestres do grotesco fantástico.

O que há de cômico, de divertido, em relatos de morte, de horror e de satanismo? Uma pequena pitada de ridículo na agitação dos pobres títeres, bufões humanos destinados a ser descartados pelas forças maléficas. O rei e os gorduchos cortesãos de *Hop frog* poderiam ser engraçados se não estivessem totalmente absorvidos pela mecânica que conduz ao Baile dos Ardentes. Subsiste alguma suspeita de cômico em *A máscara da morte vermelha* ou em *Histórias extraordinárias*? Quando o elemento inquietante domina a esse ponto o grotesco, ele amplia o riso. O riso romântico grotesco termina, assim, numa aberração; ele desemboca no horror puro. O interesse e a qualidade dessa literatura não estão em causa, mas ela não tem mais nenhuma relação com o riso. Estamos aqui diante de verdadeiros loucos; ora, a loucura não é engraçada, a não ser que seja simulada. O riso moderno equilibra-se sempre à beira do precipício e, às vezes, cai. É o caso de Barbey d'Aurevilly, de Hans Ewers, de Lovecraft e de alguns outros.

Voltemos a Baudelaire, cuja concepção de "cômico absoluto" originou esse desvio: "Eu chamaria ... o grotesco de cômico absoluto, como antítese do cômico ordinário, que chamaria de cômico significativo. O cômico significativo é uma linguagem mais clara, mais fácil de ser compreendida pelo povo e, sobretudo, mais fácil de analisar, e seu elemento básico é visivelmente duplo: a arte e a ideia moral; mas o cômico absoluto aproxima-se mais da natureza, apresenta-se sob uma única espécie e quer ser apreendido por intuição".

Essa oposição entre dois cômicos é encontrada por Baudelaire na caricatura. Charlet é o cômico superficial: ele "sempre cortejou o povo. Não é um homem livre, é um escravo; não procureis nele um artista desinteressado".[65] Em compensação, Daumier soube fazer da caricatura uma "arte séria". Nele, o diabo está sempre escondido em algum lugar: "É um cafarnaum, um caos, uma profunda comédia satânica, ora bufa, ora sangrenta, em que desfilam, sufocados por costumes variados e grotescos, todas as honorabilidades políticas".[66] Hogarth fascina Baudelaire: "O talento de Hogarth comporta qualquer coisa de frio, de adstringente, de fúnebre. Isso parte o coração. Brutal e violento, sempre preocupado com o sentido moral de suas composições e moralista antes de tudo".[67] Goya soube introduzir o fantástico no

65 BAUDELAIRE, C. *Quelques caricaturistes français*. In *Œuvres complètes*, op. cit., t. II, p.547.
66 Idem, p.549.
67 BAUDELAIRE, C. *Quelques caricaturistes étrangers*, p.564.

cômico. Enfim, Bruegel é o tipo do artista cujos chistes são manifestamente inspirados pelo diabo: "Duvido que me expliquem o cafarnaum diabólico e engraçado de Bruegel, a não ser por uma espécie de graça especial e satânica. ... Como uma inteligência humana pode conter tantas diabruras e maravilhas, engendrar e descrever tantos absurdos aterradores?".[68]

Baudelaire não é apenas teórico do riso. Atrás de seu rosto atormentado, há um espírito capaz de fazer humor, e ele prova isso na política. Enquanto muitos poetas românticos se engajam seriamente nos problemas de sua época, ele se recusa a tomar posição e se refugia atrás de uma cortina de fumaça humorística, apagando as pistas e assumindo várias linguagens. De maneira desconcertante, critica e louva todo mundo: socialistas, republicanos, bonapartistas... Ele reprova Proudhon por não ser um dândi: "Com a pena na mão, era um bugre", escreve a Sainte-Beuve; "mas ele não era, não seria jamais um dândi, mesmo no papel! É isso que nunca perdoarei nele". Como não ver nisso uma declaração de humor?

As relações de Baudelaire com as classes populares e a burguesia são marcadas por esse espírito cáustico, esse grito provocador: "Importunemos os pobres!", ao qual responde, como um eco, um século mais tarde, a apóstrofe de Jean Gabin em *A travessia de Paris*: "Uns porcalhões, os pobres!". Expressões de rude ternura que, pelo desafio, queriam incitar o povo a tomar nas mãos seu destino. Como o dândi Baudelaire podia dirigir-se ao povo de outra maneira? O humor, aqui, serve para quebrar a incomunicabilidade.

Com a burguesia, a provocação é inversa; ela utiliza a via irônica da bajulação: "Vós sois a maioria – número e inteligência –, logo, sois a força – que é a justiça. ... Sois os amigos naturais das artes, porque uns são ricos, outros sábios. ... Portanto, é a vós, burgueses, que este livro é naturalmente dedicado, pois todo livro que não se dirige à maioria – número e inteligência – é uma obra tola".[69] Esse elogio do burguês, na dedicatória de *Salão de 1846*, é acrescentado à paternal proclamação de intenções de *Salão de 1845*: "Para começar, a propósito desse impertinente apelo, o *burguês*, declaramos que não partilhamos absolutamente os preconceitos de nossos confrades artísticos que se tornaram virtuosos lançando anátemas sobre esse ser inofensivo que só queria amar a boa pintura, se esses senhores soubessem torná-la compreensível e se os artistas a mostrassem mais frequentemente".[70]

---

68 Idem, pp.573-574.

69 BAUDELAIRE, C. *Salon de 1846. In Œuvres complètes*, op. cit., pp.415-417.

70 Citado por COBLENCE, F. "O que é que dizes, cidadão Proudhon? Humor e política em Baudelaire". In: *Humoresques*, n.5, Presses Universitaires de Vincennes, 1994, pp.50-51.

O RISO ANTIBURGUÊS

O pobre burguês é o bode expiatório de todos os humoristas românticos e socialistas. Entre Baudelaire, Musset, Flaubert, Villiers de L'Isle-Adam, Daumier e Proudhon, ele é visto em todas as cores. Enquanto os outros riem, ele enche os bolsos. O riso trocista encontra outro alvo, que se acrescenta à política e à imoralidade: a mediocridade unida à hipocrisia, à autossatisfação e ao conformismo bem pensante. Que presa fácil para o jovem dândi, para o poeta boêmio, descabelado e drogado, para o intelectual imbuído de seu saber e de seu espírito! O riso irônico do século XIX adquire ares de contestação social. Dos rostos pretensiosos desenhados por Daumier em *Tribulat Bonhomet*, devorado cru por Villiers de L'Isle-Adam, passando por *Bouvard et Pécuchet*, o burguês é o prato preferido do espírito satírico, que tende a se identificar com a juventude, com a generosidade e com o idealismo. A burguesia não tem defensores nesse terreno. Seus valores são expostos nos sermões e nas pregações, de forma séria; o burguês, mesmo o voltairiano, faz uma aliança tática com Deus: dá-Lhe seriamente as honras devidas a sua categoria divina e, em troca, Ele se ocupa da ordem social. Diante disso, só resta aliar-se ao diabo, mestre da subversão graças a sua arma secreta, o riso.

Os românticos reabilitam Rabelais, como era de esperar: que figura de proa para espicaçar o burguês! Hugo saúda nele o "Homero do riso", o "Homero bufão", "o príncipe da zombaria épica". O problema para essa *intelligentsia* é conservar a respeitabilidade sem se comprometer com o riso vulgar. Todos distinguem entre o riso besta e o riso fino, espiritualmente irônico e profundo – o seu. Victor Hugo exprime poeticamente esse contraste: "O trocadilho é o estrume do espírito que voa. Os ditos picantes caem em qualquer lugar, e o espírito, depois de cometer uma besteira, perde-se no azul. Uma mancha esbranquiçada sobre o rochedo não impede o condor de voar".[71]

Sainte-Beuve opõe a literatura oficial, séria, às conversas privadas, mais livres, nas quais se pode rir, zombar, pilheriar com as obras sérias: "Há duas literaturas: ... uma oficial, escrita, convencional, professada, ciceroniana, admirativa; outra oral, que ocorre em conversas ao pé do fogo, anedótica, zombeteira, irreverente, corrigindo e distorcendo a primeira, morrendo, quase sempre, com seus contemporâneos".[72] Logo, é preciso divertir-se entre si e preservar a seriedade em público e nos escritos. Afinal, são os burgueses

71 HUGO, V. *Les misérables*, I, pp.3, 7.
72 SAINTE-BEUVE. *Mes poisons*. Ed. Plon. Paris: 1926, p.127.

que os compram, e é preciso viver. Baudelaire expressa isso cinicamente: "O burguês é muito respeitável; porque é preciso agradar àquele à custa de quem se quer viver". Assim fazem os jornalistas, comenta Balzac: esses mentirosos profissionais, autores de pomposos artigos que defendem, com seriedade, opiniões para o público, mantêm, entre si, alegres conciliábulos. Não são admiráveis "todos esses paradoxos insensatos, mas espiritualmente revelados, por meio dos quais os jornalistas se divertem entre si, quando não há ninguém para mistificar"?[73] Baudelaire sente falta das alegres reuniões literárias da época dos libertinos do século XVII. Agora, cada um foi para seu lado, e o poeta, "às vezes, fica muito cansado com seu ofício". Então, bebe e fuma. Um déficit de riso, compensado pelo álcool e pela droga.

O riso em liberdade é o riso libertador, e os românticos o praticaram largamente. Para Novalis, a ironia é uma forma de dominar a matéria: "A ironia consiste na gravidade mais profunda unida ao gosto da brincadeira e da verdadeira alegria. Ela não é só zombaria nem desprezo nem chalaça nem vaia, nada do que se costuma designar, habitualmente, por esse nome, 'ironia'. Longe de ser uma virtude negativa, é essencialmente positiva. Representa a faculdade do poeta de dominar a matéria". Théophile Gautier sonha com um riso delirante que seria totalmente livre, o simples prazer de dizer bobagens e usufruí-las: "Tudo se ata e se desata com uma negligência admirável: os efeitos não têm causa, e as causas não têm efeito; o personagem mais espiritual é aquele que diz mais besteiras, e o mais tolo diz as coisas mais espirituais".[74]

O que não significa que se possa rir de tudo. O próprio Gautier escreve, em 1841, depois de ver o espetáculo burlesco *Os amores de Psyqué*: "Em geral, não gostamos de ver nenhuma mitologia ser tratada de forma irreverente". Para ele, os deuses mitológicos correspondem a verdades profundas que não devem ser ridicularizadas: "Esses símbolos não podem ser totalmente abolidos; eles têm seu lugar em nossos costumes, em nossa poesia, em nossa pintura, em nossa estatuária".

Os risos românticos são variados, às vezes tristes, sempre irônicos, porque a ironia, para essa geração, é a maneira essencial pela qual o homem se relaciona com o mundo, é o reconhecimento do abismo intransponível que existe entre o sujeito e o universo. A ironia não poderia existir se o homem se

73 BALZAC, H. de. *Illusions perdues*. In *La comédie humaine*. Ed. de la Pléiade, t. V. Paris: 1977, p.685.

74 GAUTIER, T. *Mademoiselle de Maupin*, cap. II.

ajustasse ao mundo. Para Schlegel, ela adquire a forma de "humor doentio". Balzac ilustra o papel essencial do riso irônico no estranho conto *Melmoth reconciliado*, em 1835. É a história de um homem que faz um pacto com o diabo: em troca da salvação eterna, ele recebe o conhecimento absoluto e a ação infalível. O dom revela-se um veneno, pois ele gera uma "intuição nítida e desesperadora" do mistério universal e provoca "essa horrível melancolia do poder supremo que Deus e Satã só conseguem amenizar com uma atividade cujo segredo só pertence a eles". Pelo conhecimento absoluto, o homem forma uma unidade com o mundo, e então o riso se torna impossível. Melmoth desembaraça-se do dom do diabo, enviando-o a alguém que queira trocá-lo pela salvação eterna, e assim o dom passa de mão em mão, acabando por escolher um clérigo apaixonado, que o dissipa em uma orgia e morre. O dom do diabo perde o crédito, dissipa-se: é o fim derrisório de uma história irônica, com a grotesca intervenção, no final, de um sábio alemão, discípulo do místico Jakob Boehme, demonólogo ridicularizado pelos clérigos faceciosos. Tudo termina com uma gargalhada, o riso de Balzac, que encobre assim seu medo, ele que vive angustiado com o problema do mal, dos limites do conhecimento e da consciência da morte. Balzac ri para não enlouquecer. "De tanto refletir sobre isso, ele temia atravessar, como Louis Lambert, a fronteira que separa a visão racional da alucinação demente. Quando ele ri, agora, esse riso tem um som perturbador, bem inquietante.".[75]

O riso romântico é o consolo do homem prisioneiro de um mundo que ele ama, apesar de tudo. O mundo é miséria, sofrimento, caos do qual não se pode escapar. Então, o riso protege contra a angústia, ao mesmo tempo que a expressa. Ele é alegria e protesto. O grande mistério é o da morte que nos espreita zombando, com suas órbitas vazias e um sorriso de desafio. O que fazer? Rir ou perder a face. Para Chateaubriand, os dentes da morte, nesse sorriso agressivo, parecem convidar-nos a rir da vida. "De que eles zombam? Do nada ou da vida, ... que é apenas uma solene pantalonada?"

A *Memórias de além-túmulo*, Musset responde com *Memórias de presunção*, em que se nota que o riso romântico pode também servir para zombar de seus confrades: "Eu sou o primeiro homem do mundo; Napoleão é um cretino; ... eu sou o maior poeta, não só da minha época, mas de todos os tempos", escreve ele, imitando Malouin.

Gérard de Nerval utiliza o riso como um refúgio. Ele faz parte dessa jovem geração que colhe os frutos da revolução de 1830 e que se entusiasma com o

75 BÉGUIN, A. "Balzac e o fim de Satã". In: *Satan. Études carmélitaines*. Paris: 1948, p.545.

burlesco e com a facécia para esquecer sua desilusão e seu desencanto. Nos anos de 1831-1833, Gautier publica *Os grotescos*, Balzac, *Contos engraçados* e Nerval, *Contos e facécias*. Esses jovens românticos se identificam com o espírito da Fronda, zombando da burguesia, da burocracia, dos trabalhos literários banais, do poder do dinheiro, da sociedade materialista. Para F. Sylvos, há aí um "rebaixamento carnavalesco do poder": "O burlesco de Nerval converteu o fracasso social em escolha ética. Evitando a autossatisfação, ele constitui uma forma de distanciamento, contra toda indolência, todo atrofiamento do espírito. ... Sorriso em contraponto, o burlesco se sobrepõe a qualquer manifestação de espírito, aos acentos líricos do desespero. ... O burlesco disfarça a melancolia de um escritor sempre frustrado em suas esperanças políticas, ecoando no palco e na cidade, incapaz de realizar o luto da imagem materna".[76]

HUGO E O "HOMEM QUE RI"

Depois, há Hugo, o grande Victor Hugo e suas visões fulgurantes que ele fixa em fórmulas imortais, como clichês instantâneos roubados da intimidade do ser. Mais que as análises dos filósofos, suas intuições geniais voltam-se para a natureza do riso. O poeta lhe atribui um papel demiúrgico: ele vê "na criação uma imensa gargalhada". Esse riso é divino ou diabólico? Isso permanece um mistério. "Eu rio com esse velho maquinista, o destino", e toda a sua obra ilustra a ambiguidade do riso, que está no centro da vida. A bem dizer, o riso hugoano quase sempre tem um eco sinistro e avermelhado, como no inferno. Ele testemunha o riso lúbrico, que rebaixa ao nível do animal, fazendo com que o velho fauno ria; testemunha os risos de desprezo que acabrunham a feiura, como esses deuses do Parnaso que zombam do sátiro peludo, cornudo e manco em *A legenda dos séculos*: "Assim os deuses zombam do pobre camponês. No espetáculo da miséria do mundo, o que sempre se ouve? Uma longa gargalhada".

O riso tem sempre um aspecto impiedoso: ele rejeita, exclui, agride. Mesmo o riso traquina pode esconder um lado didático. De fato, como o demonstra Robert Favre, "o arreliador tem necessidade da paciência de suas vítimas, conta com ela, mas ele próprio tem pouca".[77] Um exemplo é Voltaire,

76 SYLVOS, F. "A referência ao burlesco na obra de Gérard de Nerval". In: *Poétiques du burlesque*. Paris: 1988, pp.439 e 443.

77 FAVRE, R. *Le rire dans tous ses éclats*. Presses Universitaires de Lyon, 1995, p.23.

que não suportava a zombaria dos outros. Montesquieu relata, em *Pensamentos*: "Se alguém comentava sobre os vícios de Voltaire, sempre se respondia: 'Ele tem muito espírito!' 'Impaciente', outro retrucava: 'Bem, é um vício a mais'". E o que dizer do riso de transgressão, que Victor Hugo utilizou tanto contra o clericalismo quanto contra Napoleão III, esse riso de sátira política e social, de sarcasmo revoltado, esse "grotesco triste" à Flaubert, "que não faz rir nem sorrir, mas produz um cômico gelado, crispado"? Há ainda o riso de superioridade, marca por excelência do orgulho, que em alguns se congela num ricto altivo: "Não há marca mais decisiva da nobreza do homem do que um certo sorriso fino, silencioso, que implica, no fundo, a mais alta filosofia", escreve Ernest Renan. O riso fruidor do cético Tholomyès, em *Os miseráveis*, é, de certa forma, a síntese de todos esses risos: "Nem tudo está perdido sobre a terra, visto que ainda se pode perder a razão. Dou graças aos deuses imortais. Mentimos, mas rimos. Afirmamos, mas duvidamos". Morremos, mas constatando que a "farsa foi representada".

"O homem que ri" é uma parábola sobre a ambiguidade satânica do riso. O pequeno lorde Gwynplayne, raptado de sua família, foi desfigurado: as bochechas foram cortadas, prolongando a boca, e seu rosto passou a ostentar um riso imóvel, monstruoso, assustador. Assim, o riso é uma deformação odiosa do rosto, e somente seu caráter efêmero o torna suportável; em um clarão aparece a face do diabo, que desaparece assim que é percebida. O riso congelado é a fealdade, a máscara da morte e de Satã, "a sombria máscara morta da comédia antiga fixada num homem vivo ... a cabeça de uma hilaridade infernal", escreve Hugo. Desfigurado pelo riso, o pobre lorde é exposto ao riso impiedoso dos outros, tanto do populacho como dos lordes. Depois de muitas peripécias, ele recupera sua categoria, mas o amor lhe é proibido. Ele se vinga da sociedade suicidando-se. O riso conduz à destruição e à morte. Se a criação é "uma imensa gargalhada", e é divina, isso significa que Deus zomba de nós? A não ser, como o creem os maniqueístas, que este mundo seja uma gargalhada demoníaca.

Seja como for, o mundo é grotesco, mistura íntima de beleza e feiura, de alegria e sofrimento, de esperança e medo. O riso que nasce da tomada de consciência desse grotesco não poderia ser puro. Ele advém do sentimento profundo da cisão do ser, e é por isso que a arte, que reproduz a vida, encontra a mais perfeita expressão no grotesco. É essa a teoria de Hugo em *Prefácio de Cromwell*. Para ele, o sentido do grotesco nasceu quando a unidade original do mundo grego foi quebrada. Então apareceu o espírito moderno, baseado na separação entre corpo e alma, espírito e matéria, cômico e trágico: "No pensamento dos modernos, o grotesco tem um papel imenso. Está por toda parte; de um lado, ele cria o disforme e o horrível; de outro, o cômico e o bufão".[78]

De passagem, Hugo rende homenagem a Rabelais, que "fez esse grande achado: o ventre... Há uma voragem no comilão. Comei, pois, senhores, e bebei e terminai. Viver é uma canção da qual a morte é o refrão". Foi Shakespeare quem criou o drama moderno, misturando o "terrível e o bufão", "ora lançando o riso, ora o horror na tragédia", tal como Hugo, para aproximar os contrários, Quasímodo e Esmeralda.[79] Lembrando a frase de Napoleão "Do sublime ao ridículo só há um passo", ele ilustra, com numerosos exemplos, a pequenez e a grandeza de homens ilustres. Não faltam fórmulas que resumam a grandeza e a miséria da condição humana, desde a palavra do juiz em *História de um crime* – "À morte, e vamos jantar" – até a expressão da angústia moderna em um humor de escrevinhador: "De onde viemos? Para onde vamos? A que hora vamos comer?".

O grotesco da existência gera, segundo Hugo, uma dialética do riso e da tristeza. No próprio seio da tragédia, o riso tem sempre lugar: "Como conceber um acontecimento, por mais terrível e limitado que seja, em que não somente os principais atores não tenham um sorriso nos lábios, de sarcasmo ou de ironia, mas também em que não haja ninguém, do príncipe ao confidente, que tenha um acesso de riso e de natureza humana?".[80] Inversamente, os que passam a vida a rir do mundo são profundamente tristes: Demócrito e Heráclito são gêmeos inseparáveis. "À força de meditar sobre a existência, de extrair dela a pungente ironia, de lançar o sarcasmo e a zombaria sobre nossas enfermidades, esses homens que nos fazem rir são profundamente tristes. Esses Demócritos também são Heráclitos. Beaumarchais era tristonho, Molière, sombrio, Shakespeare, melancólico."[81]

Victor Hugo é a mais brilhante encarnação do riso grotesco romântico, riso de gerações marcadas pelas desilusões revolucionárias e que têm consciência aguda da dualidade do ser, da irreparável fissura entre o real e o irreal, entre o finito e o infinito; águias pregadas ao solo pelas exigências derrisórias da vida cotidiana, que aspiram a voar em direção ao sol. Seu riso é de autoderrisão, de despeito, um riso que procura enobrecer-se atribuin-

78 HUGO, V. *Préface de Cromwell*. In: *Œuvres complètes*. Paris: ed. Club Français du Livre. 1967, t. III, p.52.
79 ROMAN, M. "Poética do grotesco e prática do burlesco nos romances de Victor Hugo". In: *Poétiques du burlesque*, op. cit.
80 HUGO, V. *Préface de Cromwell*, op. cit., p.61.
81 Idem, ibidem.

do-se uma origem diabólica. O recurso a Satã lhes dá a ilusão de que o mundo tem sentido; Deus ou diabo, o que conta é a existência de uma força criadora e diretriz do mundo. O problema do mal provocou a falência de Deus; o universo providencial foi liquidado e arrematado por Satã – o que parece mais lógico, no estado em que o mundo está. O riso, condenado pela Igreja, torna-se instrumento da desforra do diabo.

Mas o diabo, por sua vez, envelheceu. O espírito positivista e cientista também não cessa de progredir. Destruidor de mitos, ele extermina tanto as crenças diabólicas como as divinas, e o destino desses dois super-homens está ligado: quando "Deus está morto", o diabo não demora muito para morrer. É claro que seus fantasmas vão pairar por muito tempo, veiculados por palavras cada vez mais vazias de sentido. A morte do diabo não é a morte do riso, mas anuncia a era do *nonsense*, do absurdo, do niilismo. Se o mundo não é nem divino nem diabólico, se o "por quê?" não tem mais sentido, que pilhéria! Na segunda metade do século XIX, emerge o riso do *nonsense* absoluto. O mundo não é mais grotesco, é insensato. Em 1894, a *História da sátira grotesca*, de Schneegans, tem feições de elogio fúnebre; segundo esse autor, que vê nisso uma concepção vulgar, o grotesco "é o exagero daquilo que não deveria ser".[82] A transição do riso romântico, inspirado pelo grotesco até o riso surrealista, inspirado pelo absurdo, já pode ser percebida em Dostoievski, cujos personagens permanecem suspensos entre o sublime e o monstruoso. O homem, lê-se em 1864 em *Memórias do subsolo*, "está num pântano fatal, um mar de lodo formado por suas hesitações, suas suspeitas, sua agitação".

Se ainda se ri, é um pouco o riso do condenado à morte, que, aliás, fascina Dostoievski. É um riso de desintegração. Agora, cada nova descoberta revela ao homem como ele é pequeno, como ele é nada. Darwin o reduz a um descendente de macacos. Einstein e Planck expulsam a bela mecânica cosmológica e física, Freud desvaloriza seus desejos abrindo a lixeira do inconsciente: "Que gargalhada deve ter dado Édipo quando descobriu que matou papai e dormiu com mamãe!", escreve Jean Duvignaud.[83] Até onde desceremos? Whitehead constata, no início do século XX: "Os maiores progressos da civilização são processos que, de repente, destroem as sociedades no seio das quais eles se produzem". Se o mundo é apenas uma gargalhada divina, não é possível que ela morra numa explosão de riso apocalíptico?

---

82 BAKHTINE, M. op. cit., p.54.
83 DUVIGNAUD, J. op. cit., p.195.

RISOS FIM DE SÉCULO: OS ZUTISTAS, OS FUMISTAS E OS *J'MENFOUTISTES*

Cômicos do absurdo, niilistas do burlesco, os fumistas, os zutistas, os incoerentes e outros grupos fazem do fim do século XIX uma apoteose do riso insensato. *Fim de século* é o título de um hebdomadário criado em 1891 cujo objetivo é zombar de tudo. Ele se diz "*j'menfoutiste*" (sarrista), e entre seus colaboradores figuram Alphonse Allais, Jules Renard, Georges Courteline, Tristan Bernard. Logo se juntam a ele *A Bandalha, O Sorriso, A Vida Engraçada, A Brincadeira, A Vida para Rir, Paris Cômica, A Crônica Divertida.* O século termina com o riso e a derrisão. Em outubro de 1878, Émile Goudeau funda, com alguns estudantes do Quartier Latin, o Clube dos Hidropatas, que publica uma revista de mesmo nome. Eis-nos em plena mistificação! Os hidropatas criam para o nome uma etimologia fantasiosa – animal de patas de cristal –, ao passo que o termo designa a pessoa que trata de doenças por meio da água. O clube só dura dois anos, mas é possível encontrar parte de seus membros em associações como Hirsutos e J'menfoutistes. Em 1882, um deles, Jules Lévy, organiza um salão artístico dos incoerentes, enquanto Charles Cros funda os zutistas.

Os incoerentes exploram a crônica durante uma dezena de anos, cultivando a mistificação e a paródia. Na exposição de 1884, por exemplo, figura um quadro intitulado *O porco traçado por Van Dyck*: nele, vê-se o pintor de costas, que traça um porco, de forma, afirma o catálogo, "que não se pode dizer se o retrato do porco releva a arte ou o animal". Em 1882, Jules Lévy expõe em sua casa, entre outros, uma paródia de *O filho pródigo*, de Puvis de Chavannes: *O filho pródigo, retirado no deserto, aprende com os porcos a desenterrar trufas*.

O Instituto, que é conhecido por sua falta de senso de humor, reage violentamente contra essa desvalorização da arte séria. Jules Lévy recusa-se a polemizar, porque isso seria trair o ideal do grupo; limita-se a responder que ele nunca teve a pretensão de fazer arte. Para Daniel Grojnowski, é uma "vanguarda que fracassa"; segundo ele, "assustados com as próprias extravagâncias, pouco desejosos de se engajar, de fato, no processo de desintegração que tinham desencadeado, de se debruçar sobre uma estética que já nasceu falida",[84] os incoerentes recuam. Isso se deve também, explica Grojnowski, à falta de resistência do público. Assimilado como defensor do bom humor, esse espírito provocador esmorece.

84 GROJNOWSKI, D. op. cit., p.267.

O que viria provar que existiu, nesse fim de século, uma corrente de opinião conquistada pelo cômico mais vasta do que fenômenos de vanguarda. O humor e o sentido do *nonsense* insinuam-se por toda parte. Pirandello, em *Essências, caracteres e matérias do humorismo*, define o *nonsense* como a vontade de dizer, ao mesmo tempo, alguma coisa e seu contrário, desafiando a ordem e as sínteses. Nada está ao abrigo de suas tentativas, nem mesmo os grandes mitos que Théophile Gautier ainda defendia como portadores de verdades eternas. Quanto mais nobres, mais convidam à paródia, a qual Laforgue levou aos últimos limites aceitáveis para a época em relatos em que "a paródia e a ironia tendem a fundir-se em um compósito instável, carregado de todas as espécies de incertezas. ... Laforgue explora os mitos da cultura ocidental, histórias exemplares cultuadas pela tradição. Mas ele o faz com um propósito de desconfiança. Daí seus tons misturados, as reticências de numerosos leitores que hesitam em se engajar nessas deambulações à beira do abismo".[85]

O desenvolvimento da imprensa diária, cujas tiragens atingem índices inigualáveis até então e alcançam a classe média – em plena expansão e possuindo um mínimo de cultura clássica e livresca graças ao ensino gratuito –, contribui muito para popularizar o uso de palavras espirituosas, máximas cômicas, histórias engraçadas, fábulas curtas, paródias de versos clássicos.

O *Album Zutique* faz disso sua alegria. Assim, na paródia de *Tristão e Isolda*, Tristão declama versos monossilábicos:

Isto
é a
tua
bunda?

A morte dos amantes, de Baudelaire, torna-se *A morte dos leitões*, na pena de Léon Valade e Paul Verlaine. A estrofe seguinte do poema:

Teremos leitos plenos de odores sutis,
Divãs profundos como as tumbas
E estranhas flores nas prateleiras,
Desabrochadas sob os céus mais belos.

85 Idem, p.132.

transforma-se em:

> Nós fungaremos nos chiqueiros,
> Grunhiremos longe dos lavabos
> E mamaremos as águas servidas
> Com o risco de ter processos verbais.

O *Soneto dos seios*, de Albert Mérat, desce alguns pontos na anatomia para tornar-se o *Soneto do buraco do cu*, de Verlaine e Rimbaud. A ininteligibilidade do mundo é expressa em fórmulas breves que descem o martelo do *nonsense* em falsas evidências e desarticulam a lógica, desde a constatação de Erik Satie – "O mar está cheio de água. Não há nada a compreender" – até a de Joseph Prudhomme: "Não gosto de espinafre. Felizmente! Porque, se gostasse, o comeria; ora, eu o detesto". A dialética morde a própria cauda. Os zutistas e seus semelhantes retiram de circulação tudo o que é lógico, evidente, nobre, transcendente. Fazem buracos no tecido das falsas evidências que nos cercam, e esses buracos terminam em enigmas. As modernas fórmulas jornalísticas evidenciam esses mitos; o desfile rápido e heteróclito das "novidades" ressalta o *nonsense* da comédia humana, a incoerência desse formigueiro derrisório. A mistura de gêneros desintegra a lógica, desqualifica a noção de importância. Félix Fénéon, jornalista do *Manhã* a partir de 1906, é mestre no gênero: "Ele soube introduzir o noticiário sobre crimes no território das belas-letras e, ao mesmo tempo, na era da suspeita".[86]

Os casos aparentemente mais dramáticos não escapam à desvalorização cômica. O caso Dreyfus, por exemplo, transforma-se, na pena de Alphonse Allais, em *O caso Blaireau*, história de um caçador que é preso injustamente. O relato, ridículo, não toma posição sobre a essência do caso. Para Daniel Grojnowski, "a questão dos direitos humanos não se coloca para ele, porque os imperativos éticos são substituídos pelo princípio de uma equivalência criadora de equívocos. ... Alphonse Allais, fiel a seu anarquismo mistificador, apaga as pistas e alinhava uma história de erro judiciário razoavelmente inepta e inflada, cujo herói, ao final de sua desgraça, pensa em abrir, diante do tribunal, um pequeno café que denominará 'Encontro dos inocentes'. ... O nada, em suas diversas opiniões, se amplia com outras tantas baboseiras ... Será que isso quer dizer que nada vale a pena, que é preciso construir uma

86 Idem, p.153.

indiferença de princípios em relação a tudo o que acontece, por causa de um 'para quê?' reivindicado, no fim do século, pelo grupo efêmero dos *j'menfoutistes?*".[87]

Há um século, muitos responderiam afirmativamente. Assim como os colaboradores do *Grand Guignol*, criado em 1897 por Oscar Meténier, especializado em peças de horror, misturando o assustador à farsa, não recuando diante do mau gosto nem diante do desvio nem da histeria e praticando a derrisão universal. Entre eles, Georges Courteline, o homem que gostava de passear com um chapéu que ostentava os seguintes dizeres: "Não acredito em uma palavra dessas histórias" e que explicava isso assim: "Que histórias? Todas essas histórias! Os homens, as mulheres, os amigos, a sabedoria, as virtudes, a experiência, os juízes, os padres, os médicos, o bem, o mal, o falso, o verdadeiro, as coisas sobre as quais nos dizem: 'Praticai-as', aquelas sobre as quais nos dizem: 'Não as pratiqueis' *et coetera et coetera*. Eu paro por aqui, porque tenho a preocupação – sou tão idiota a ponto de fazer isso – de não me fazer notar por pessoas que não conheço".[88]

Courteline, que tem uma visão totalmente desencantada do mundo, se diz adepto do "acredito porque é absurdo". Não apenas absurdo, mas odioso: "De fato, o paradoxo mais sinistro, a imaginação mais desavergonhada não fariam melhor que a vida". Daí a causticidade do humor de Courteline, que, segundo Marcel Schwob, reúne o cômico dos antigos em peças em que o riso é "total".[89] Courteline observa o homem com uma lupa e reconhece nele o "pequeno verme infame" que o doutor Swift diagnosticou. "No lugar da humanidade, Courteline instalou um pessimismo fundamental que transparece nas sentenças de sua obra *Filosofia*; mas ele se julga um observador sagaz e lúcido. ... O homem, continuamente surpreendido em flagrante delito de imbecilidade, não se dá conta dos acontecimentos que sua própria idiotia amplifica até o desastre. ... Todos os valores são subvertidos, sobretudo aqueles tidos na época como fundamentos da sociedade: os militares, os burocráticos, os judiciários, os conjugais."[90]

O "riso assassino" de Courteline aproxima-se do humor negro de Joris--Karl Huysmans em *Às avessas*. Vê-se aí um personagem que sente angústia

87 Idem, p.201.
88 COURTELINE, G. *Œuvres complètes*. Paris: ed. Flammarion, 1975, p.640.
89 SCHWOB, M. "O riso". In: *Spicilège*. Paris: 1960, p.155.
90 THOMASSEAU, J.-M. "O riso assassino. Courteline no Grand Guignol (1896-1899)". In: *Europe*, n.835-836, nov.-dez. de 1998, pp.177-179.

por estar no mundo e que cultiva tendências mórbidas, em um ambiente humorístico em que o medo é vizinho do riso, sem alegria. "Quando o humor atinge esse ponto de incandescência", escreve Daniel Grojnowski, "não se limita mais às bufonarias ditas em tom grave, ele atinge o absoluto que fascinava os românticos".[91]

Entre esse riso negro e o riso desfocado dos zutistas, há dois grandes pontos comuns: o sentimento do *nonsense* do universo e o caráter indeterminado, inapreensível das coisas. Em meio à depressão e à fantasia, o homem do fim do século flutua, sem rumo, rindo de tudo e de nada, porque "o deslocamento dos tabus remodela os ares da transgressão e transforma as razões do riso".[92]

A Paris da *Belle Époque* é a capital do riso. Depois das leis de 1881 sobre a liberdade de imprensa, nada mais segura a verve bufa dos autores cômicos, que zombam a torto e a direito. Para qualificar esse humor maluco, aparece um termo que faz furor: "fumismo". Os fumistas são pessoas que zombam de tudo. O periódico *Je m'en Foutiste* expressa seu ponto de vista, buscando deliberadamente a transgressão, a violação das regras de bom gosto, da decência, dos tabus. Em janeiro de 1880, Alphonse Allais felicita Sapeck, grande mestre do fumismo, por ter "ousado lançar, no nariz dos burgueses da *rive gauche*, a primeira gargalhada que se ouviu depois da guerra". Em 1882, Émile Goudeau definiu o fumismo como "uma loucura interior que se traduz por numerosas bufonarias", "uma espécie de desdém de tudo", um riso insensato, louco, que explode a propósito de nada e que, em Paris, domina tudo. O fumista logo entra para o sério dicionário *Littré* e é consagrado como fenômeno cultural. O termo se aplica até mesmo aos escritos delirantes, incompreensíveis, de Mallarmé e Rimbaud.

O fumismo é, de certa maneira, o anarquismo na literatura. Antiburguês, anticonformista, antilógico, antimercantil, hostil a todos os credos, a todas as religiões, pratica a mistificação e a suspeita generalizada. Para Paul Bourget, em 1880, essa forma de espírito equivale ao niilismo russo e ao pessimismo alemão. Segundo seu artigo em *O Parlamento* de 10 de outubro de 1880, é a marca do "velho mundo entediado".

Os fumistas deixam esse "velho mundo" com uma última irreverência. Em 1º de novembro de 1907, Alfred Jarry morre aos 34 anos, pedindo um palito de dente e repetindo: "Eu procuro, procuro, procuro". Jules Renard, para

91 GROJNOWSKI, D. op. cit., p.234.
92 Idem, p.235.

quem "morrer não serve para nada, é preciso morrer no momento certo", segue-o em 1910. Em seu diário, no dia 6 de abril, na última página, depois de ter urinado na cama, ele escreve: "Isso secará nos lençóis...". Quando, em 28 de outubro de 1905, Alphonse Allais, atingido por uma flebite, anuncia sua morte para o dia seguinte, todos soltam uma gargalhada, ninguém acredita. "Vocês acham graça, mas não estou rindo." O riso não é o mais belo canto fúnebre de um humorista? A morte, irônica, tira do mundo os fumistas na véspera da apoteose da parlapatice: a Grande Guerra de 1914-1918.

Para esse século que teve o culto do humor, a última passagem é o teste supremo do chiste. Retirar-se com uma palavra espirituosa, que elegância! Os que permanecem conscientes até o fim não se privam dela, desde o advogado Brillat-Savarin, que recebe a extrema-unção antes do *réveillon* e que constata: "Vou ter um *Dies irae* com trufas", até Hector Berlioz, que morre declarando: "Que talento vou ter amanhã!", passando por Heinrich Heine, que parte com confiança na misericórdia divina: "Ele me perdoará, é a profissão Dele".

Esse século deveria terminar com uma nota de humor negro. A ocasião a fornece com o falecimento do presidente da República, Félix Faure, em 16 de fevereiro de 1899 no Palácio do Eliseu, nos braços de sua amante, por ter abusado de um afrodisíaco de cantárida, quase tão mortífero quanto o atual Viagra. A solenidade do lugar e da função, acrescida ao caráter derrisório do fato, provoca uma cascata de brincadeiras e de ditos chistosos dignos de uma época que venerou o ridículo do absurdo. Como, por exemplo, o quiproquó entre o padre que chega perguntando: "O presidente ainda está com sua conhecida?" e o criado, que responde: "Não, ela saiu pela portinha"; ou a ingenuidade da viúva: "Era tão bom marido!"; ou então o mau humor do presidente do Conselho, ao saber da notícia: "Meu Deus! É o segundo que me estoura nas mãos!" (o primeiro foi Sadi Carnot, assassinado); ou ainda os comentários que fervilham à passagem do cortejo fúnebre: "Olhem! Olhem lá os cornudos". Depois de saudar os professores da Sorbonne, todos de toga amarela, o reitor Gérard explica: "É só uma delegação". As frases assassinas dos jornalistas, condecorando a amante do presidente com o título de "Pompa fúnebre" e ironizando sobre o grande homem: "Ele quis ser um César e foi apenas um Pompeu", para terminar com este cruel epitáfio: "Ao entrar no nada, ele deve ter se sentido em casa".[93]

---

93 Anedota relatada por VRICARD, I. *Dictionnaire de la mort des grands hommes*. Paris: 1995, p.178.

São fogos de artifício de fim de século, que encerram com uma gargalhada fúnebre uma época que fez do riso um fenômeno de sociedade, explorando-lhe a natureza psicológica, sociológica, filosófica, estética, odiando-o e adorando-o, usando-o e abusando dele ao máximo e legando ao século XX um mundo já corroído pela crise do sentido.[94] O espírito fumista fez do riso uma ideologia. Assim como o socialismo e o comunismo, o fumismo é um sistema global de pensamento, de explicações e de soluções: o pensamento do *nonsense*, as explicações pelo absurdo e as soluções espirituosas. Daniel Grojnowski resume o conteúdo dessa ideologia assim: "O fumista foge do debate de ideias, não define o alvo; adota uma postura de ataque que estabelece a indistinção generalizada. Ele interioriza a idiotia universal, postulando o caráter ilusório dos valores e do belo. ... A ideologia do riso – do riso a qualquer preço, incluindo aí o deboche, a renúncia ao ideal – infiltra-se nas produções mais notáveis do grupo. O fumista explica, pela blague, o trabalho de luto que uma geração de 'jovens' transmite às diferentes correntes da 'modernidade'".[95] Ampliando as perspectivas, ele acrescenta: "Primeiros articuladores da crise do sentido, os humoristas do fim do século conceberam o risível fora das normas de seu tempo. Recusaram-se a representar o papel de fazer valer para explorar o território do absurdo. Eles realizaram (depois de despojá-lo de parte de suas implicações satânicas) o cômico 'absoluto' pressentido por Baudelaire. Não sem inquietação, testemunham uma derrota e nos convidam a partilhá-la".[96]

Os fumistas da *Belle Époque* passam o bastão a seus sucessores do século XX rindo à socapa. O mundo que lhes oferecem, todo engalanado, sai direto da loja de farsas e armadilhas. Ao mesmo tempo caixa de malícias e caixa de Pandora, o presente contém substância para alimentar o riso durante cem anos. A abertura desse pacote, armado em 1914, dá o tom do infernal século XX, esse século em que se morre de rir.

---

94 Podem-se encontrar considerações úteis sobre o senso cômico do século XIX nos três volumes da tese datilografada de AUTRAND, M. *La notion d'humour en France (1843-1919) et l'œuvre de Jules Renard.* Université de Paris-VIII, 1975.

95 GROJNOWSKI, D. op. cit., p.51.

96 Idem, p.251.

– 14 –

O SÉCULO XX: MORRER DE RIR

A era da derrisão universal

O século XX morreu. Viva o século XXI! O defunto, marcado pelo desencadear de todos os excessos possíveis, não será muito lamentado. Tudo já foi dito sobre esse século e seus horrores. Mas esse século, que custou para morrer, encontrou no riso a força para zombar de seus males, que não foram apenas males de espírito: guerras mundiais, genocídios, crises econômicas, fome, pobreza, desemprego, integrismo, terrorismo, proliferação de pardieiros, ameaças atômicas, degradações do meio ambiente, ódios nacionalistas... Entretanto, de ponta a ponta, uma longa gargalhada ressoou. O riso solto começou aos 14 anos e não cessou mais. Transformou-se num riso nervoso, incontrolável. O mundo riu de tudo, dos deuses, dos demônios e, sobretudo, de si mesmo. O riso foi o ópio do século XX, de Dadá aos Monty Pythons. Essa doce droga permitiu à humanidade sobreviver a suas vergonhas. Ela insinuou-se por toda parte, e o século morreu de *overdose* – uma *overdose* de riso – quando, tendo este se reduzido ao absurdo, o mundo reencontrou o *nonsense* original.

O riso tornou-se o sangue e a respiração dessa sociedade humorística que é a nossa. Não há como escapar dele: o riso é obrigatório, os espíritos tristonhos são postos em quarentena, a festa deve ser permanente. Do mundo político aos meios de comunicação e do colégio ao clube de terceira idade, manter o cômico é inevitável. O humor universal, padronizado, midiatizado, comercializado, globalizado, conduz o planeta. Mas será que esse riso é apenas um ricto obrigatório? Quando nada que existe é sério, é possível ainda rir? O mundo *deve* rir para camuflar a perda de sentido. Ele não sabe para onde se encaminha, mas vai rindo. Ri para agarrar-se a alguma continência. Não é um riso de alegria, é o riso forçado da criança que tem medo do escuro. Tendo esgotado todas as certezas, o mundo tem medo e não quer que lhe digam isso; então, ele fanfarreia, tenta ser *cool* e *soft*, ri tolamente de qualquer coisa, até para ouvir o som da própria voz. É nesse sentido que o século XX morre de rir e, ao mesmo tempo, anuncia a morte do riso.

O SÉCULO DAS CATÁSTROFES E DO RISO

O século XX o provou: é possível rir de tudo, e, de certa forma, isso é bom. Duas guerras mundiais não aniquilaram o senso do cômico. Em 1914-1918, ri-se na guerra e contra a guerra. As histórias gaulesas dos valentes percorrem as trincheiras. A propaganda mentirosa, os esconderijos, a comida, tudo é pretexto para brincadeiras. Mesmo o dia da mentira não é esquecido. Entre centenas de depoimentos, citemos esta carta do capitão Castex, de 1º de abril de 1915: "Estamos em 1º de abril, o que nos faz pensar nas blagues e nas peças a pregar; é um dia, em suma, de rir: os tempos mudaram! Mas, apesar da gravidade das circunstâncias, os fanfarrões da companhia encontraram um jeito de pregar mentiras em alguns de seus camaradas, não nos mais desembaraçados, é claro. E não faltaram risadas aqui. Até um sargento cujos companheiros me enviaram, sob o pretexto de que eu o estava chamando. Podes crer que ele ficou muito constrangido: depois rimos muito".[1]

"Rimos muito!" De novo o riso corre solto entre 1939 e 1945. Agora, é a vez dos civis. A França, ridicularizada nos campos de batalha, vinga-se pelo humor dos cançonetistas. Martini faz a saudação hitlerista acompanhada por estas palavras: "Até lá! Estamos na merda, até lá!". E a um soldado alemão, que estava com dificuldade para enfiar a manga do casaco: "Ei! É difícil de passar, a manga".* No teatro, ri-se muito quando, numa peça de

1 CASTEX, H. *Verdun, années infernales. Lettres d'un soldat au front*. Paris: 1996, p.92.
* No original, há um trocadilho entre as palavras mancha, manga de camisa e o Canal da Mancha. (N. E.)

Labiche, aparece um personagem chamado Adolfo. Sob a ocupação, os espetáculos cômicos multiplicam-se: rir da situação dá a impressão de tê-la dominado. Nem sempre o cômico é voluntário: como os comunicados oficiais de propaganda que deturpam a realidade de forma grotesca ou as coincidências ridículas, como a representação de *Não é possível pensar em tudo*, na Comédie Française, em 9 de junho de 1940. A propaganda manipula pesadamente o humor, como este panfleto gaullista que anuncia: "Com exclusividade, as visitas de inspeção Laval apresentam o grande fantasista da rádio nacional, Philippe Henriot, em seu esplêndido número de riso louco. Única apresentação". Em 1943, Max Bonnefous, ministro do Abastecimento, manda publicar uma coleção de desenhos humorísticos relativos ao racionamento, ao mercado negro, aos processos comuns de liberação de mercadoria: fazer a população rir das próprias desgraças pode ajudar a suportá-las.[2]

Muito mais negro é o humor do *Crapouillot*, no qual Henri Jeanson comenta a decisão de Vichy de executar os aborteiros: "Os marechais, octogenários ou não, gostam que deixem ir a eles as criancinhas. Eles não toleram que sejam mortas no embrião. As crianças, segundo os militares, devem ser mortas na hora certa. Aos vinte anos. Nunca antes".[3]

Até nos campos de concentração se ouvem risos. Odette Abadi, presa em Birkenau, conta que os prisioneiros representavam *O doente imaginário* quando os delegados da Cruz Vermelha chegaram para uma visita de inspeção: "Essa visita de inspeção nos fez rir muito, com grande amargura".[4] Os extremos se tocam. Os deportados são retomados pelo sentimento do ridículo. Seu riso é autêntico, mas ele é mais físico que moral: riso de autômatos, nervoso, mecânico, como o daquele que escapou da catástrofe mineira de Courrières, em 1906, depois de ter ficado enterrado, durante vinte dias, com duzentos camaradas mortos. Alguns sobreviventes são resgatados: "'Um deles põe-se a rir', escreve um jornalista de *O tempo*, 'mas com um riso aterrador, lúgubre. Esse fantasma alegre chama-se Némy'".[5]

Outro grande momento cômico do século são os processos stalinistas. Mesmo nesses casos, assistem-se, às vezes, a intermédios de riso solto, irreprimível, contagioso, mais forte que a autoridade do presidente do tribunal. Artur London conta, em *A testemunha*, uma cena memorável, rocambolesca:

---

2 AMOUROUX, H. *La vie des français sous l'occupation*. Paris: 1961, t. II, p.247.
3 *Crapouillot*, n.17.
4 *Le grand livre des témoins*. Paris: 1995.
5 *Le Temps*, 31 de março de 1906.

"Durante seu depoimento, Sling, gesticulando, não tinha tempo de segurar as calças – muito largas por causa de sua magreza –, que caíam como saca-rolhas a seus pés. O espetáculo cômico de nosso camarada de cuecas desencadeou entre nós um riso homérico, histérico. Nosso amigo Sling foi o primeiro a rir, levantando as calças e, bem ou mal, prosseguiu seu depoimento.

Clementis era um dos que mais riam. Ele tentava, em vão, acalmar-se mordendo o cachimbo entre os dentes. Slansky chegou a chorar... seu corpo era sacudido pelos soluços. O único a ficar imperturbável foi Germinder.

O riso atingiu a assistência e os membros do tribunal. O procurador escondia o rosto atrás de um jornal aberto. Os membros do tribunal afundaram a cabeça em seus dossiês. Os guardas guinchavam, tentando conter-se.

Esse riso, devido ao acidente ocorrido com nosso camarada, foi o pretexto que permitiu um desrecalque coletivo aos atores da espantosa tragédia que estava sendo representada.

O presidente viu-se na obrigação de suspender a audiência".[6]

A África – o continente à deriva, o continente de todos os males, a África das guerras de colonização, das guerras tribais, dos tiranos sanguinários, dos genocídios, da miséria, da lepra, da Aids e da mosca tsé-tsé – é capaz de rir de si mesma. Tal acúmulo de catástrofes excede a capacidade de lamentação, ressalta Boniface Mongo. Só se pode sentar e rir.[7]

No norte da África, a Argélia, que tanto sofreu durante meio século, prova que o riso é mesmo indestrutível. Até nos anos 1990, apesar do arrebatamento dos loucos furiosos de Deus, ele se manteve na vida pública, graças, especialmente, a jornais satíricos, como *El Manchar* ou *Baroud*, a algumas cadeias de rádio, como Rádio-Cip ou Sem Piedade, e a espetáculos como os de Fellag, que explicava, em abril de 1991: "Nesta época de intolerância, de fechamento, de medo e de angústia, eu tento trazer de volta a anarquia original. Tento amortizar pela loucura, que não é tão louca quanto isso. É por esse motivo que me tomam pelo diabo".[8] A loucura do riso contra a loucura assassina. O jornal *Alger Républicain*, que publica a entrevista, acrescenta: "Ele declara seriamente que, se o poder corta as pessoas ao meio de tanto cerrá-las pela cintura, ele as dobra em quatro e

6 LONDON, A. *L'aveu. Dans l'engrenage du procès de Prague*. Paris: ed. Gallimard, 1968, t. II, pp.406-407.

7 *Africultures*, novembro de 1998.

8 *Alger Républicain*, 7 de abril de 1991.

elas ficam contentes". Em 31 de dezembro de 1990, o mesmo jornal, em um artigo intitulado "Defender o riso", afirma: "Um argelino que perdeu o riso e o senso de humor torna-se fatalmente, hoje em dia, uma presa fácil dos predadores da Inquisição". Mas os tempos são difíceis. Em março de 1993, *El Watan* constata: "Os argelinos riem cada vez menos".

A literatura também participa, com uma adaptação de *Farenheit 451* à situação argelina, feita por Aziz Chouaki. Em 1990, em uma novela, *Rir*, ele conta como, por unanimidade, os partidos políticos decidiram eliminar o riso, perseguindo e executando os cômicos, destruindo livros e filmes engraçados e, enfim, aprisionando o riso numa redoma. Ao cabo de um século, "o riso estava completamente abolido do inconsciente do argelino". Um grupo de irredutíveis, dirigido por um grão-mestre, consegue recuperar a redoma e abri-la. Então, "escutou-se um som contido, de início, depois cada vez mais perceptível. Como uma enorme gargalhada. Ao ouvir isso, o mestre Hamial Bekkai riu pela primeira vez na vida e entregou a alma, cheio de graça e feliz".

"Saindo da redoma em profusão, o riso, Pandora, docemente, animava as flores, os pássaros, as árvores, as ilhas. Depois, cada vez mais, o riso se tornava majestoso e amplo, atingindo as cidades, as casas, as ruas, as crianças, os homens... as estrelas."[9]

No cinema, em 1998, Roberto Benigni aborda pelo riso o tema do Holocausto em *A vida é bela*, e, em 1999, Tom Shadyac, em *Patch*, trata da terapia pelo riso, ao passo que um humorista de televisão faz uma blague sobre os portadores de trissomia. A pobreza, que ganha terreno nos países ricos e atinge milhões de pessoas, também não escapa ao humor. Com uma inversão burlesca, o espanhol Rafael Azcona descreve o "novo-pobre": "Ele tentava esconder, mas aquilo se via a distância: era um novo-pobre, um pouco esnobe e pretensioso, ainda cheirando a burguesia. Ele exibia muito sua miséria: sua crosta, seus andrajos eram gritantes, seu olhar, miserável demais. ... Ele me olhava por cima do ombro com ar de desprezo, sem imaginar que, sob meus trajes decentes, batia o coração de um coitado que tinha mendigos profissionais em sua família até a sétima geração".[10] Resumindo, a cada catástrofe, a cada desgraça, levanta-se um riso. Ele pode ser minoritário, mas, seja de mau gosto, seja de bom gosto, existe.

---

9 Citado por CHAULET-ACHOUR, C. "Humor e sociedade na Argélia atual: algumas considerações". In: *Humoresque*, n.7. Presses Universitaires de Vincennes, 1996, pp.141-142.

10 AZCONA, R. *Nuevo pobre*. In: *Antologia del humor espagnol*, pp.31-32.

O RISO, "REVOLTA SUPERIOR DO ESPÍRITO" (ANDRÉ BRETON)

O riso do século XX é humanista. É um riso de humor, de compaixão e, ao mesmo tempo, "de desforra", diante dos reveses acumulados pela humanidade ao longo do século e das batalhas perdidas contra a idiotia, contra a maldade e contra o destino. Em 1922, depois da derrota que foi a Primeira Guerra Mundial para o espírito humano, Tristan Derème colocava a questão:

> Como posso, esta tarde, ainda sorrir
> Quando ouço desabar o mundo à minha volta
> E quando vejo a esperança suprema em que coloquei minha fé
> Desfolhar-se como uma primavera?
> Garçom, traga-me fel num copo bem gelado.[11]

Fel e ternura. Cada um faz sua mistura, e as proporções variam segundo os humores. Como escreve Georges Bataille, "só o humor responde todas as vezes à questão suprema sobre a vida humana", e sem ele os sofrimentos do século seriam ainda mais insuportáveis. Para exorcizar as angústias do homem moderno, o humor fez maravilhas; ele salvou muitos do desespero. Segundo Max Jacob, é "uma faísca que vela as emoções, responde sem responder, não fere e diverte"; para André Breton, por sua vez, é "uma revolta superior do espírito". No fim de cada catástrofe, todos os talentos se reúnem em grande fraternidade humorística. Depois de 1914-1918, Jules Romains, Jean Giraudoux, Jacques Prévert, assim como o tcheco Jaroslav Hasek e o alemão Erich Kästner. Após 1939-1945, Pierre Daninos brinca com as desgraças dos franceses; Giovanni Guareschi, com os confrontos entre a Igreja e o comunismo, com dom Camilo e Peppone; e Georges Mikes, com o deslocamento das populações.

São as desgraças do século que estimulam o desenvolvimento do humor, como um antídoto ou um anticorpo diante das agressões da doença. Ele penetra em todos os domínios, em todas as corporações profissionais. Adquire formas variadas, que Robert Escarpit, segundo L. Cazamian, tentou classificar:[12] humor por falta de julgamento filosófico, por falta de julgamento afetivo, por falta de julgamento moral, por falta de julgamento cômico. Em cada caso, "obter-se-á um efeito cômico transpondo a expressão natural de

11 DERÈME, T. *La verdure dorée.* Paris: 1922.
12 ESCARPIT, R. *L'humour.* Paris: 1960.

uma ideia em outro tom", segundo a fórmula de Bergson. Um ponto comum: a cada vez, o julgamento é suspenso, deixado à apreciação do leitor, que tem ainda a satisfação de utilizar sua inteligência. O humor sociológico requer a participação ativa do ouvinte, sua cumplicidade. Ele gera uma simpatia, vinda da solidariedade diante das desgraças e dificuldades do grupo social, profissional, humano. É então que se percebe a dimensão defensiva do humor, arma protetora contra a angústia. Num nível mais elevado, como em *A revolução dos bichos*, de George Orwell, esse humor faz economia de riso, propiciando um alívio intelectual triste, que pode traduzir-se por um simples sorriso fraternal.

A dimensão do humor como defesa coletiva aparece, especialmente, nos humores profissionais, reações de autoderrisão de um grupo, que tem por finalidade marcar sua originalidade, sua diferença, reforçar o espírito corporativo vacinando-se pelo riso contra os próprios defeitos. Cada corporação tem seu registro de blagues para uso interno: o mundo da Medicina, o da Justiça, o do ensino e tantos outros, sem esquecer as brincadeiras clericais que esmaltam as reuniões dos presbitérios e afugentam os paroquianos.

UNIVERSALIDADE DO RISO: A VERSÃO DOS ANTROPÓLOGOS

Um exemplo revelador desse humor corporativista é o mundo dos antropólogos. Essa profissão, que se presta particularmente ao riso, é, porém, muito reservada no que diz respeito às obras destinadas ao "grande público". Raros são os antropólogos que, como o inglês Nigel Barley, em *The Innocent Anthropologist: Botes from a Mud Hut,*[13] aceitam relatar os aspectos cômicos de seu ofício. O choque permanente das culturas é, contudo, uma fonte essencial de riso, que, em geral, constitui o primeiro meio de comunicação: "Eu apertava as mãos, ria tanto quanto podia e não compreendia uma palavra do que diziam", escreve o antropólogo Hans Fischer[14] a propósito de sua chegada à nação dos papuas. O riso é partilhado e aumenta quando o antropólogo tenta falar a língua dos hóspedes. Entre eles, os antropólogos contam passagens clássicas, sobre os conselhos que dão aos jovens: "Levem muitos doces, tênis baratos (secam mais rápido); escrevam

---

13 Londres, 1983.

14 FISCHER, H. "Erste kontakte: Neuguinea 1958". In: *Feldforschungen: Berichte zur Einführung in Probleme und Methoden.* Berlim: 1985.

tudo o que puderem e fiquem longe das mulheres". Todos eles sabem que uma família Pueblo compõe-se de pai, mãe, três crianças e um antropólogo.

Em junho de 1956, a séria revista *American Anthropologist* publica um artigo de Horace Miner sobre "os rituais corporais do nacirema".[15] Essa tribo indígena, pouco conhecida, tem um ancestral mítico, Notgnihsaw, e uma organização econômica muito elaborada; distingue-se por estranhos ritos corporais que tomam um tempo considerável e têm lugar em um cômodo destinado a essa função. Tais ritos são ordenados por feiticeiros que os consignam em linguagem secreta, incompreensível. O artigo fornece uma descrição detalhada dessa linguagem e dos ritos.

Essa pilhéria a propósito do *americano* (nacirema), de seu ancestral *Washington* (Notgnihsaw) e de sua obsessão narcisística pela toalete e pela saúde situa-se na tradição dos persas de Montesquieu e do mundo invertido. Ela provoca reações diversas na profissão, e muitos manifestam sua indignação diante de uma brincadeira de mau gosto que corre o risco de arranhar a credibilidade da disciplina.[16] Esta, segundo Henk Driessen, "durante muito tempo, teve a reputação de estar nas mãos de porcalhões arrogantes, tediosos, grosseiros, que explicam evidências"[17] e são desprovidos de humor. É a partir dos anos 1970 que o interesse pela diversidade étnica do riso se desenvolve, dando lugar, em 1985, a uma primeira grande publicação, *Humour and Laughter: an Anthropological Approach*, por M. L. Apte.

Depois, a antropologia contribuiu muito para a consciência da universalidade do riso e da diversidade de suas significações através do mundo. A geografia do riso que emana desses estudos serve para ilustrar o papel especial do humor no mundo ocidental contemporâneo, em comparação com o lugar que ocupa no que resta das sociedades tradicionais.

Todos os povos da terra riem, e o elemento cômico mais comum é o sexo. Os nhambiquaras do Brasil (estudados por C. Lévi-Strauss), os hopis do Arizona (D. Talayeseswa), os *guayakis* do Paraguai (P. Clastres), os *murias* da Índia (V. Elvin), os *kalash* do Paquistão (J.-Y. Loude e V. Lièvre) e os *crees* do Canadá (H. A. Norman), todos eles são povos muito alegres. Os *trobriandais*

15 "Body ritual among the nacirema". In: *American Anthropologist*, t. 58, n.3, junho de 1956.

16 O episódio é relatado em "Humour, laughter and the field: Reflections from Anthropology", por Henk Driessen. In: *A Cultural History of Humour*. Oxford-Cambridge: ed. J. Bremmer e H. Roodenburg, 1997, pp.227-228. O autor, que cita longas passagens, explica, com humor, que a reprodução é proibida, mas que ele obteve o consentimento da American Anthropological Association.

17 DRIESSEN, H. op. cit., p.227: "*dull, boorish, domineering bastards, explaining the obvious*".

(J. Malinowski) e os *crees*, do Canadá (H. A. Norman), têm um humor muito codificado. Os *kanaks*, que segundo Maurice Leenhardt parecem ter pouco senso de humor, utilizam o riso como válvula de escape para relaxar a tensão criada por uma pressão social muito forte.[18] Esse riso pode, excepcionalmente, gerar uma epidemia, como foi o caso de Tanganica, em 1962: surgida em 3 de janeiro em uma escola, seu contágio se propaga por dois anos e meio. O mal é sério: uma gargalhada pode durar horas, às vezes dias inteiros e até 16 dias, como ocorreu com um dos "doentes". A vida pública fica alterada, escolas são fechadas por causa do riso. Médicos e psicólogos diagnosticam uma "histeria coletiva", tal como a que existiu, talvez, na Idade Média com a "dança de são guido".[19]

O riso acompanha também os ritos fúnebres: em Madagascar, os amigos do morto devem conduzir-se de forma grotesca e zombar dele; nas Ilhas Marquesas, os risos se misturam às melopeias fúnebres, como outrora, na Sardenha, ou entre os esquimós, quando os velhos riem antes de ser enviados para a morte. Ocorre o mesmo no México, onde o macabro e o bufão se misturam para desdramatizar o luto e facilitar a passagem para uma vida mais feliz. Entre os *quissi*, da Guiné, um agregado da família do morto vem parodiá-lo; é o *bora*, que faz todo mundo rir com seus gestos grotescos.

Nos grupos isolados, de pouca importância, como os bosquímanos de Kalahari e os balineses da região de Saba, ou até em certas regiões recuadas da Tunísia, da Indochina, da China e da Amazônia, o riso acompanha as ocupações cotidianas: a pesca, a limpeza da água, o repouso, a tintura, a alimentação das aves. Para Jean Duvignaud, "é provável que as sociedades de pequena escala ('unissegmentares') estejam mais próximas da alegria jovial que acompanha os gestos funcionais da vida".[20]

Ao contrário, os grupos mais complexos codificam o riso. Segundo o mesmo autor, "existem, sem dúvida, culturas joviais e culturas graves, até tristonhas". Ele cita, por exemplo, os *arapesh*, da Nova Guiné, que fingem agressividade e violência. Os japoneses, no período Heian, também "faziam do riso uma coisa secreta, escondida. É possível que certas culturas tenham excluído o riso e o cômico de seu comportamento cotidiano".[21]

Os casos são raros e pouco convincentes. Em compensação, as grandes religiões-filosofias do Extremo Oriente atribuem uma função muito positiva

18 Alguns desses exemplos são apresentados por DIBIE, P., "O planeta do riso". In: *Sciences et avenir,* julho de 1998, consagrado ao riso, pp.6-7.
19 PROVINE, R., WEENS, H. R. "Epidemia de riso". In: *Sciences et avenir*, op. cit., p.18.
20 DUVIGNAUD, J. *Rire et après.* Paris: 1999, p.17.
21 Idem, p.16.

ao riso. Ele exclui qualquer agressividade ou vontade degradante, favorece o desprendimento do ser. Esse desprendimento expressa nas caricaturas o sorriso irônico. Os que se levam a sério são descartados pelo riso, mas sem intenção maldosa, como escreve Claude Roy: "Não se pode duvidar da vontade caricatural de toda a tradição iconográfica *tch'an* e *zen* que se estende da China do século X à escola Zenga japonesa do século XVI ao XVIII. A caricatura aqui não ataca os poderosos nem os 'malvados'. Ao contrário, ela se quer lisonjeira, amigável, para não dizer hagiográfica. São os santos e os sábios, os mestres e os monges que são submetidos a essas flechas sem ferimento, com traços de ironia e elipse maliciosa do tratado ridículo".[22] Na mesma época, a pintura japonesa de inspiração *zen* utiliza igualmente o riso como sinal de distanciamento em relação a um mundo destinado ao nada. "Esses meditativos que deixaram escorrer de si qualquer traço de cólera, rancor ou maldade riem contemplando, no sorriso de uma caricatura divertida, seus próprios mestres e o mundo. A existência do mundo não é tão importante para que possam levá-lo a sério."[23]

Longe dessas preocupações filosóficas, outros risos têm a função de separar, de excluir pela zombaria aqueles que são diferentes. Essa função parece interessar à sociedade em questão: faz-se sobressair a diferença imitando-a, para atrair para ela as piadas. Às vezes, esse riso atinge o estrangeiro e seu comportamento bizarro. Já em 1904, James Sully escreve que o africano, "divertindo-se à nossa custa, mostra-se realmente superior a nós. Seu bom-senso é, provavelmente, capaz de descobrir a imensa loucura na qual o europeu esclarecido demonstra, seja no vestuário, seja em outros pontos, uma obstinação cômica".[24] Da mesma forma, o riso dos melanésios que acolhem os exploradores não é, necessariamente, de boas-vindas; pode tratar-se de uma marca de hostilidade da parte de um povo perturbado.

Palhaços e zombarias rituais também existem na maior parte das sociedades tradicionais, regulamentadas, geralmente, em virtude de laços familiares. O riso de simulação e as danças bufas fazem parte desses ritos e vinculam-se a mitos cômicos, infelizmente pouco estudados pelos etnólogos "sérios". Como lembra Pierre Clastres, os mitos bufões dos indianos exorcizam os medos, explicando os mistérios do ser e a origem dos códigos de conduta: "Um mito pode ao mesmo tempo falar de coisas graves e fazer

---

22 ROY, C. *La caricature, art et manifeste, du XVIe siècle à nos jours*. Paris: 1974, p.20.
23 Idem, p.21.
24 SULLY, J. *Essai sur le rire*. Paris: trad. francesa, 1904, p.225.

rir os que o escutam. ... Não é raro que as culturas confiem a seus mitos a tarefa de distrair os homens desdramatizando sua existência".[25]

O riso multifuncional desempenha papel tão importante nas sociedades que depende, frequentemente, de verdadeiros profissionais, às vezes até de especialistas formados em centros de aprendizagem, como na Polinésia, na Nova Zelândia, entre os antigos incas ou entre os astecas. Exemplos passados e presentes são numerosos: no Egito, os ricos mandavam buscar pigmeus, que tinham reputação de bons cômicos; no Camboja, por ocasião da festa "da ressaca", havia um palhaço em cada barco; os esquimós conferem o título de "divertidor" depois de um autêntico concurso; em Samoa, na Tasmânia, os chefes têm seu bufão, que pode permitir-se grande liberdade; em Sri Lanka, o legendário Andari foi, parece, um bufão muito inteligente; na África, existem grupos de "divertidores" públicos; nos Andes, os Danzantes têm por função fazer rir...[26]

O papel desses palhaços rituais é essencial para entender o lugar do riso nessas sociedades. Segundo muitos etnólogos, sua existência se explica pela necessidade de reduzir a tensão gerada pelas cerimônias rituais. É uma explicação um tanto simplista, segundo Laura Makarius, para quem o palhaço ritual é o correspondente terrestre do deus farsante, o *Trickster*. Seu papel seria, então, "satisfazer as necessidades e os desejos da coletividade, violando os tabus e os interditos pelo riso, pela brincadeira e pela farsa.[27] A autora toma como exemplo significativo os *koyemshis*, da tribo indiana dos *zunis*. Eles encarnam o herói mítico Shiwelusiwa e os nove filhos que ele teve de relações incestuosas com a irmã. Produtos da violação de um tabu fundamental, eles são muito feios, mas têm poderes extraordinários sobre a chuva, sobre a fertilidade e sobre os oráculos. Então, na tribo, vestindo máscaras hediondas e lenços negros, eles se comportam como bufões, ridicularizam as pessoas e se permitem todas as brincadeiras, cobrindo com o riso a transgressão do tabu. Para Jean Cazeneuve, "os *koyemshis* representam, ao mesmo tempo, o sério e o risível, o belo e o feio, o sagrado e o profano, o respeito e a falta de respeito, a licenciosidade e a moral".[28] Às vezes, eles têm uma conduta invertida, falam ao contrário, como as feiticeiras do mundo cristão. O riso e o medo estão intimamente ligados; o riso põe o mundo do avesso, justificando a transgressão, recalcando a falta e, ao mesmo tempo,

25 CLASTRES, P. *La société contre l'État*. Paris: 1979.
26 *Histoire des moeurs*. Encyclopédie de La Pléiade, 1991, t. II.
27 MAKARIUS, L. "Palhaços rituais e comportamentos simbólicos". In: *Diogène*, n.69, 1970, pp.47-74.
28 CAZENEUVE, J. *Les dieux dansent à Cibola*. Paris: 1957, p.243.

evitando a culpabilização. Esses palhaços são "personagens simbólicos que só devem sua existência à necessidade de evocar alguma coisa que precisa ser recalcada".

Já que eles representam o *Trickster* sobre a terra, é para ele que nos voltamos agora. Laura Makarius, que consagrou um estudo a esse deus bufão, assim o descreve: "O herói mítico transforma a natureza e, às vezes, fazendo a figura do demiurgo, aparece como o Criador ao mesmo tempo que como um palhaço, um bufão para não ser levado a sério. Ele interrompe o curso do sol, subjuga os monstros, desafia os deuses e é protagonista de aventuras obscenas, das quais sai humilhado, aviltado. ... Dispensa médicos que curam e salvam e introduz a morte no mundo. ... O farsante malicioso é enganado pelo primeiro que chega, o inventor de estratagemas é apresentado como um idiota, o mestre do poder mágico é incapaz de sair de embaraços. Dir-se-ia que cada qualidade ou cada defeito que lhe é atribuído determina imediatamente seu oposto. O benfeitor é também o maligno, o mal-intencionado".[29]

Quem não poderá reconhecer nessas linhas a figura familiar de nosso Satã, o diabo popular, farsante, enganador e enganado, inquietante e divertido ao mesmo tempo? E o papel que ele representa nas sociedades "primitivas" pode esclarecer aquele que desempenha na civilização ocidental. O *Trickster* é "desastrado" e também o violador mal-intencionado dos interditos, como Massabozo, nos Algonkins, ou Legba, em Dahomey. Ele se revela muito útil porque a repetição ritualizada dessas transgressões permite apagá-las ou circunscrever seus efeitos maléficos. Na festa, retorno ao caos original e recriação do mundo, as transgressões do *Trickster* são usufruídas, logo, permitidas, e isso faz rir, um riso que neutraliza o medo. Esse deus farsante, que prega peças, endossa a responsabilidade; pode-se zombar dele como ele zomba de nós. O riso exorciza a angústia.

É por isso que qualquer sociedade precisa do riso. E, no século XX, mais do que nunca. Mas as sociedades modernas não têm *Trickster*; não creem em seres míticos. Então, é preciso criar um ser cômico nacional ou étnico. Já vimos as primeiras tentativas disso no século XIX. Elas não resistiram ao tempo: até o humor inglês é apenas um clichê folclórico... Nos fatos, os estilos de cômico seguem a inevitável tendência de globalização: as séries cômicas são trocadas entre os países, e o "humor inglês" é um produto estrangeiro que corresponde à imagem que se gostaria de dar à Inglaterra.

---

29 MAKARIUS, L. "Le mythe du Trickster". In: *Revue de l'Histoire des Religions*, t. 175, 1969, p.18.

O caso do humor judaico é mais debatido. De um lado, o desdobramento de comunidades sobre si mesmas durante séculos pôde favorecer o desenvolvimento de um espírito cômico particular; mas, de outro, a integração de numerosos judeus na sociedade ambiente contribuiu para fazer explodir as diferenças. Além do mais, existem, no interior do mundo judaico, correntes mais ou menos abertas ao humor. Por exemplo, o movimento hassídico, originado na Ucrânia no século XVIII, pratica-o nitidamente mais que os sefarditas. Ademais, muitas das "histórias judaicas" não têm nada a ver com o humor judaico, sendo antes histórias sobre judeus.

Apesar de tudo, há um domínio que parece estar no centro do senso cômico judaico: a religião. Esse povo é traumatizado, ao longo de milênios, pelo peso terrível da teologia bíblica que continua a arrastar com ele. A base do humor judaico é justamente o ceticismo, a crítica da religião, que foi um pesado fardo. Acreditar-se povo escolhido é uma pretensão muito difícil de carregar. "Senhor, tu nos escolheste entre todos os povos. Por que foi preciso que desabasses justamente em cima dos judeus?" Woody Allen exprime aí a essência do humor judaico: um meio de se libertar de uma fé sufocante de que se tem orgulho – é nessa tensão que o cômico reside. Muriel Klein-Zolty o mostrou muito bem num estudo sobre os meios judeus alsacianos no início do século: "O humor serve, na verdade, de máscara; ele permite expressar o inconfessável sob uma forma socialmente aceitável e que se liberte das amarras de uma cultura que é, por outro lado, valorizada. O humor tem, assim, um aspecto liberador e igualmente catalisador; a função das histórias não é colocar em risco os fundamentos da sociedade judia, mas regenerá-la, exorcizando os conflitos".[30] A religião é o alvo favorito; zomba-se dela, mas amigavelmente. "O humor é um procedimento de dessacralização, de desencantamento parodístico: ele implica a dúvida, o ceticismo e a precariedade; contudo, não veicula nenhuma intenção sacrílega nem blasfematória."

O riso aqui está em seu papel de exorcista do medo. Permite respirar um pouco, tomando distância, prudentemente, de uma fé acachapante. Inúmeras histórias judaicas exprimem o ceticismo, sobre Deus ou sobre os milagres, assim como a crítica aos rabinos e aos ritos. Muitas abordam as perseguições de maneira um pouco ambígua: como mecanismo de defesa, de exorcismo do medo e, ao mesmo tempo, de autoderrisão – os psicanalistas falam, a propósito, de "exibicionismo masoquista". Rindo das próprias

30 KLEIN-ZOLTY, M. "Humor e religião". In: *Revue des Sciences Sociales de la France de l'Est*, 1994, sobre o tema "A Europa do riso e da blasfêmia".

tragédias, o povo judeu as inverte, segundo o conhecido procedimento carnavalesco. Afirma-se negando-se. “Um judeu encontra, num café, um de seus amigos lendo *Der Stürmer*, jornal violentamente antissemita. ‘Como você pode ler esse horror?’, pergunta. O amigo lhe responde: ‘Quando leio um jornal judeu, só encontro notícias tristes e catástrofes. Por toda parte, antissemitismo, perseguições, portas que se fecham para os judeus que querem deixar seu país. Neste jornal, ao contrário, fico sabendo que dominamos o mundo, que controlamos os bancos, as finanças, a imprensa. É altamente reconfortante!’”[31]

O HUMOR, “POLIDEZ DO DESESPERO”

Assim o humor, largamente difundido, ajuda o homem do século XX a existir, a sobreviver às catástrofes... a menos que ele conduza o humorista à própria perda. De tanto flertar com o absurdo humano, acontece de perder a razão. Por isso o humor, segundo Chris Marker, “é a polidez do desespero”. É um exercício de alta voltagem que consiste em fazer-se de malandro à beira do abismo do *nonsense* – e às vezes se cai lá dentro. Sabe-se que os humoristas profissionais têm a reputação de ser tristes: Molière, Daumier, Gavarni, Hogarth, Swift são alguns exemplos, e Balzac assim descreveu Bixiou: “Sombrio e triste consigo mesmo, como a maior parte dos cômicos”.

Muitos enlouqueceram, como os caricaturistas Grandville e Louis Gosset de Guines, conhecido por “Gil”; outros suicidaram-se, de James Gillray e Robert Seymour a Achille Zavatta, passando por Jacques Vaché, amigo de André Breton e um dos precursores do dadaísmo. Estudante, alistado no Exército francês durante a Primeira Guerra Mundial, ferido em Champagne e internado num hospital de Nantes, Vaché encarna essa precariedade do humor extremo. Em *Cartas de guerra*, em 1917, ele define o humor como uma “sensação de inutilidade teatral e completamente sem alegria, quando se conhece”. Vaché sobrevive à guerra; é testemunha do cúmulo do absurdo e da bestialidade humanos e leva até o fim sua lógica do absurdo: “Eu me recuso a ser morto em tempo de guerra”, escreve. Ele espera, portanto, o armistício para se suicidar, em fevereiro de 1919, no Hotel France, em Nantes. O gesto é magnífico e seria bobagem indignar-se com ele, depois da hecatombe patriótica de 1914-1918.

31 Relatado por KLATZMANN, J. *L'humour juif.* Paris: 1998, p.42.

O lado suicida da autoderrisão também aparece no mito alsaciano de Hans Schnokeloch (Jean du Trou aux Moustiques, "João do Buraco dos Mosquitos"). Esse personagem da cultura popular, nascido no século XIX, é periodicamente reutilizado para encarnar a indecisão da cultura alsaciana diante das mudanças contínuas com as quais se defronta: assim que o herói consegue o que deseja, ele o abomina e passa a ansiar o oposto. É um exercício ambíguo: "A conjunção dos desejos do herói e de sua realização perversa o conduz à loucura. Suicida, traidor e louco, assim é o personagem trágico e derrisório que assombrou o imaginário alsaciano", escreve Ève Cerf.[32]

Em 1925, em Saint-Brieuc, suicida-se um filósofo pouco conhecido, professor de Louis Guilloux: Georges Palante. Ardente defensor do individualismo, é também um grande ironista, autor de uma das mais finas análises dessa atitude em *A sensibilidade individualista*. Lendo-o, pode-se compreender quanto a ironia está próxima da consciência do nada. Para Palante, a ironia, uma das principais atitudes do indivíduo diante da sociedade, está muito perto da tristeza, porque celebra a derrota da razão, portanto, nossa própria derrota. Ela se baseia no desdobramento do ser em ator e espectador, pensamento e ação, ideal e realidade e, sobretudo, inteligência e sensibilidade: "As almas capazes de tal dissociação são aquelas em que domina uma viva inteligência, estreitamente unida à sensibilidade. ... É entre os sentimentais que se recrutam os ironistas. Eles procuram libertar-se de seu sentimentalismo e, como ferramenta, utilizam a ironia. Mas o sentimentalismo resiste e deixa furar a ponta da orelha, atravessando a intenção ironista".[33]

A ironia tem um duplo aspecto, conforme a domine a inteligência ou a sensibilidade: "Ela é a filha apaixonada da dor, mas também é filha da fria inteligência".[34] Heine já a comparava ao champanhe gelado: sua aparência fria recobre a essência mais ardente. Ela pode repousar também no conflito, no interior de nossa sensibilidade quando, por exemplo, o instinto individualista procura matar em nós o instinto social, depois de profunda decepção.

A ironia, para Palante, é marca das contradições de nossa natureza. O eu se percebe em perpétua contradição, "ele ri de si mesmo, de sua

---

32 CERF, È. "Autoderrisão e ideologia. Jean du Trou aux Moustiques entre 1939 e 1945". In: *Revue des Sciences Sociales de la France de l'Est*, 1994.

33 PALANTE, G. *La sensibilité individualiste*. Saint-Brieuc: 1990, p.62.

34 Idem, p.63.

própria incerteza, de seu próprio nada". A ironia só pode ser pessimista, porque seu princípio "reside em uma contradição de nossa natureza e também nas contradições do universo ou de Deus. A atitude ironista implica que exista nas coisas um fundo de contradição, isto é, do ponto de vista da razão, um fundo de absurdo fundamental e irremediável. Isso quer dizer que o princípio da ironia é o pessimismo".[35] E o pessimismo não tem nada a ver com a situação social nem física do indivíduo. É possível ser rico e pessimista. Para isso, basta ter consciência aguda das contradições do ser, das desarmonias ocultas. A ironia é individualista e antissocial, já que indica, necessariamente, um retrato do mundo. Ela engendra um "sorriso mefistofélico", mas com certeza não o riso, que é "vulgar e plebeu".

Palante admira a ironia e despreza o riso: "O riso é gregário, bestial. Ele é a troça feliz dos imbecis, triunfando sobre a inteligência por acidente e por acaso. O riso é a arma das covardes coalizões gregárias".[36] É uma manifestação social, ao passo que a ironia é um estado de alma individual, "a flor funerária que se desenvolve no recolhimento solitário do eu".

A ironia é aristocrática e romântica, estranha ao espírito clássico, naturalista ou racionalista. O povo não pode chegar até ela porque vê aí o orgulho da inteligência, e as mulheres também não, pois desprezam a inteligência. Contudo, ao lado da ironia intelectual, a de Voltaire, há uma ironia sentimental ou emocional, a de Swift. Ela é muito diferente do cinismo, que é o egoísmo absoluto, para o qual tudo é ilusão, exceto o eu. "A ironia recobre um fundo de agnosticismo, uma hesitação dolorosa e resignada, um inquieto por quê sobre o fundo das coisas; duvido mesmo que haja um fundo das coisas; a questão de Hamlet: ser ou não ser? O cinismo é um estado de alma cortante e simplista."[37]

A ironia é inimiga do dogmatismo, e este é, por natureza, otimista. Por isso, "os espíritos simplistas e dogmáticos abominam a ironia. Muitos a veem, assim como o pessimismo, como uma tara intelectual. ... Aos olhos do racionalista, do dogmático e do otimista, o ironista é, como o pessimista, um amargo, um ambicioso ou um sentimental decaído, ou ainda um doente, um neurastênico".[38]

35 Idem, p.65.
36 Idem, p.70.
37 Idem, p.69.
38 Idem, p.79.

NECESSIDADE DA IRONIA NO MUNDO CONTEMPORÂNEO

O humor e a ironia generalizam-se no século XX, mas um e outro são constatações de impotência, condutas que permitem ultrapassar o absurdo do mundo, do homem, da sociedade. Nesse sentido, esse século que ri de tudo pode ser aquele da morte do riso, de um certo riso.

O humor, escreve Keith Cameron, "foi sempre uma fonte de consolo e uma defesa contra o desconhecido e o inexplicável. A própria existência do homem pode ser considerada como uma brincadeira; sua significação está mal definida e é difícil explicá-la fora da religião".[39] O humor moderno é menos descontraído que o de séculos passados, porque incide não mais sobre este ou aquele aspecto da vida, mas sobre a própria vida e seu sentido, ou sua ausência de sentido. Quanto à ironia, aos olhos de muitos é indispensável, em nossos dias, nas questões sociológicas.

Charles Lemert afirma, em 1992, que "a ironia é hoje uma atitude necessária para uma teoria social" e que "o pós-modernismo é uma irônica teoria geral".[40] Outros, como C. I. Glicksberg e W. C. Booth, inquietam-se com os efeitos devastadores da ironia e de sua presença quase obrigatória no pensamento atual.[41]

Vladimir Jankélévitch, em uma obra célebre, distingue bem a ironia do riso: o ironista tem conhecimento dos riscos, "porque o ridente apressa-se a rir para não ter de chorar, como esses poltrões que interpelam ruidosamente a noite profunda para ter coragem; eles acreditam que evitarão o perigo nomeando-o e fazem-se de fortes para ganhar tempo. A ironia, que não teme surpresas, *brinca* com o perigo. Desta vez, o perigo está numa jaula, a ironia vai vê-lo, imita-o, provoca-o, torna-o ridículo e o entretém com recreação".[42] Como o humor, a ironia não pode realmente ser apreciada se não estiver acompanhada de um sentimento de segurança que nunca é absoluto. "O ironista é como um acrobata que se entrega a cambalhotas vertiginosas à beira da credulidade e só conta, como bom funâmbulo, com a precisão dos reflexos e dos movimentos."[43]

---

39 CAMERON, K. (ed.) *Humour and History*. Oxford: 1993, p.5-6.

40 LEMERT, C. "General social theory, irony and postmodernism". In: SEIDMAN, S., WAGNER, D. G. (ed.). *Postmodernism and Social Theory*. Oxford: 1992.

41 GLICKSBERG, C. I. *The Ironic Vision in Modern Literature*. La Haye: 1969; BOOTH, W. C. *A Rhetoric of Irony*. Chicago: 1974.

42 JANKÉLÉVITCH, V. *L'ironie*. Ed. Champs-Flammarion, 1964, p.9.

43 Idem, p.59.

Para Jankélévitch, a história viu uma sucessão de períodos ironistas e de períodos muito sérios, e os exemplos que ele dá, como os de Sócrates e de Jesus, confirmam que isso pode acabar mal. O ironista sempre pisa em falso, porque nunca adere completamente ao presente. Ele toca de leve os problemas, jamais se engaja a fundo, não corre o risco do desencanto, pois nunca toma como seu nenhum valor. Eis uma conduta econômica e diplomática, que normalmente permite evitar o desespero. O homem sério é frágil e vulnerável, uma vez que enfrenta o destino de peito aberto, num combate em que se engaja totalmente, expondo-se aos golpes da sorte; pronto para morrer por seus ideais, ele recusa a fuga. A ironia, ao contrário, permite usar de artimanhas com a vida. "Aqueles que escutam seus conselhos têm sempre, na vida, uma porta de saída, para onde se dirigirão, quando chegar o momento, para não ser surpreendidos pelo azar. Eles nunca são pegos; gostaríamos de pegá-los em flagrante delito de desespero... mas como fazer? Sua desolação já está consolada. Onde está a pessoa verdadeira? Ela nunca está lá, está sempre em outro lugar, ou em parte alguma."[44]

O ironista não é imoral: ao contrário, ele obriga a imoralidade a sair do esconderijo, imitando seus defeitos, provocando-os, parodiando sua hipocrisia, de forma que ninguém mais possa acreditar nela. O riso do ironista é sempre calculado, intelectualizado, refletido. Como Palante, Jankélévitch pensa que a ironia "se opõe ao cômico indiscreto, cordial e plebeu" e que "entre a perfídia da ironia e a franqueza do riso não há acordo possível". O riso não tem subentendidos, ele não simula; a ironia está além do pessimismo e do otimismo, é "um riso retardado e também um riso nascente, logo estrangulado". Ela zomba do detalhe em nome do conjunto, dando a cada episódio a importância que lhe compete: derrisão, num conjunto que não passa de "uma comédia diabólica". "A ironia desmascara o falso sublime, os exageros ridículos e o pesadelo das vãs mitologias." É também "um pudor que se serve, para preservar o segredo, da cortina da brincadeira". A ironia não é zombaria: no fundo, leva as coisas a sério, mas dissimula sua ternura.

O problema é que, no fim do século XX, a ironia generaliza-se, torna-se democrática. Ela tem grandes qualidades quando é manejada por uma elite cética que vê com menosprezo o mundo dar voltas, durante seus longos momentos de lazer. A elite pode permitir-se ser irônica enquanto o povo continua a girar a máquina. As coisas azedam quando o povo deixa de crer

44 Idem, pp.32-33.

nos valores e se torna irônico, por sua vez. É o que acontece hoje, e, sem dúvida, o fenômeno ainda vai se ampliar.

Numa contribuição de 1993, Robert W. Witkin demonstra que, ao longo da história, a ironia tem sido destrutiva. No dualismo entre inferior e superior, ela sabota o superior em nome das necessidades do inferior; assim que o superior é abatido, um novo dualismo se instaura e a ironia retoma seu trabalho de sapa. Ela acaba por tornar tudo relativo: religião, Estado, razão, valores e o próprio homem. Ela destruiu todos os elementos de transcendência, tornando-os históricos, e a própria história é considerada uma "entidade transcendental não existente", tal como "a posteridade".

O espírito moderno coincide cada vez menos com o mundo; ele não se "cola" mais ao real; ironiza sobre tudo, porque tudo é virtual, e a fronteira entre virtual e real está cada vez mais fluida. Assim, a atitude irônica torna-se quase obrigatória – questão de sobrevivência para o espírito humano, que deve destacar-se dessa nova vizinhança, para não ser absorvido por ela. "Se tomássemos as coisas como elas realmente são, a vida moderna não comportaria mais nem absurdo nem ironia", escreve Witkin.[45] Mas então seríamos devorados pelo mundo; a ironia é indispensável para nos manter distantes em relação ao meio, cada vez mais virtual, que nos circunda. Quem não é irônico em relação à internet será devorado por ela.

RISO E RELIGIÃO: A RECONCILIAÇÃO?

Atualmente, nenhum domínio escapa ao humor nem à ironia. Todos os tabus, todos os ídolos, todos os valores sofreram, em um momento ou em outro, atentados dessacralizadores do espírito cômico. O século XX adorou tudo e queimou tudo.

A ironia generalizada é, então, não apenas um fato, mas uma necessidade do mundo contemporâneo. Ela não perde sua ambiguidade, que continua a suscitar interrogações.[46] A ironia pode ir do cinismo frio ao humor caloroso. Para Jankélévitch, o amor acrescenta "uma nuance de gentileza, de afetuosa bonomia" à ironia, que pode ser contundente, agressiva, ferina, misantropa. "O humor é a ironia aberta." Para Robert Escarpit, o humor é a fase afetiva da ironia.

45 WITKIN, R. W. "Irony and the historical". In: *Humour and History*, op. cit., p.146.
46 Estas transparecem na obra dirigida por GUÉRARD, C. *L'ironie. Le sourire de l'esprit*. Paris: 1998.

Em 1960, ele escrevia: "A religião ainda parece indene. Esperemos, por aqueles que se apegam a ela, que isso não dure muito, pois, senão, ela morrerá. Em nosso mundo, tenso até o ponto de ruptura, não há mais nada que possa sobreviver a muita seriedade. O humor é o único remédio que distende os nervos do mundo sem adormecê-lo, que lhe dá liberdade de espírito sem torná-lo louco e põe nas mãos dos homens, sem quebrá-las, o peso de seu próprio destino".[47] Depois, a epidemia de riso atingiu a religião – sobretudo o cristianismo, porque o islamismo (ao menos o dos "barbudos") continua, tragicamente, a levar-se a sério. Em 1979, Khomeyni lança o anátema contra a brincadeira, em termos que não seriam renegados por Bossuet. Mas, se Alá-sem-rosto permanece imperturbável, sua réplica judaico-cristã decide-se, enfim, a permitir que parte de seus fiéis se alegrem. Seus conselheiros em comunicação – rabinos, pastores, padres – persuadiram-na de que, em nossa época, o chefe não continua popular se não tiver senso de humor.

Depois de trinta anos, descobre-se que Deus é um grande humorista, que ele sabe rir e aprecia que riam ao seu redor. Basta do Deus terrível e vingador: o Deus *new-look* não somente sabe brincar como chega até a gargalhar. É o testemunho de Pierre Perret: "Se o bom Deus existe, espero que ele gargalhe, que se dobre em dois, ouvindo minhas canções. Se Deus não tem humor, onde vamos parar, eu vos pergunto?".[48] Deus tem humor, isso é confirmado por Ami Bouganin em *O riso de Deus*.[49] E, tal Pai, tal Filho: Jesus não é desprovido do espírito, como o demonstra Didier Decoin em *Jesus, o Deus que ria*.[50]

Lendo essas obras, ouvindo os sermões de hoje, nós nos perguntamos se se trata da mesma religião de Santo Agostinho, são Bernardo e Bossuet! Rir, agora, é salutar, e os padres dão o exemplo: o bom humor é bem-vindo nas reuniões paroquiais, e recomenda-se ter um largo sorriso estampado no rosto, à saída das missas. Alguns chegam mesmo a representar os bufões, como "Gab, o palhaço de Deus", esse padre de Montceau-les-Mines que adota o hábito do palhaço Augusto e transmite sua mensagem por meio do riso.[51] Falando da "boa-nova do riso, que é gratuito, presente, felicidade partilhada", ele não hesita em recorrer à zombaria, contra as seitas, por exemplo. Para ele, não há dúvida de que Cristo riu, e ele propõe uma auda-

47 ESCARPIT, R. *L'humour*. Paris: 1960, p.72.
48 Entrevista concedida a *Panorama*, junho de 1999, n.345.
49 Paris: Stavit, 1999.
50 DECOIN, D. *Jésus, le Dieu qui riait. Une histoire joyeuse du Christ*. Paris: Stock, 1999.
51 "Gab, o palhaço de Deus". In: *Panorama*, dezembro de 1998.

ciosa aproximação: o palhaço Augusto "é aquele que recebe tortas de creme e pontapés no traseiro. É o idiota, o mal-amado, o explorado, aquele que carrega a miséria do mundo. Mas ele é feliz e torna seu público feliz. *Esse palhaço me lembra Cristo...* Com Cristo, a morte não tem a última palavra, já que há a ressurreição. No circo, com os palhaços, é parecido: a morte nunca tem a última palavra, porque tudo termina em riso.[52]

Essa comparação seria inimaginável há meio século. Contudo, há quase cem anos, os humoristas católicos começaram a dar uma imagem sorridente a Deus Pai. Em 1908, Gilbert Chesterton publica *O homem que era quinta-feira*, uma espécie de parábola em que Deus aparece como o Grande Humorista; sua melhor prova de humor é fingir que não existe, é ficar fora do alcance das interrogações humanas e ter criado um mundo aparentemente absurdo e cruel, para pôr à prova a fé de seus servidores. Nesse conto, Deus é o Senhor Domingo, chefe misterioso de uma organização terrorista cujos membros têm os nomes dos dias da semana. Descobre-se, pouco a pouco, que esses membros pertencem à política, inclusive o chefe, que permanece um enigma e revela a seus fiéis que está na origem de todas as brincadeiras: "Eu vos enviei para o combate. Estou sentado no escuro, onde não existe nenhuma criatura. Eu era a voz que comandava vossa coragem, exigindo-vos um valor além da natureza humana. Vós ouvistes essa voz nas sombras e depois nunca mais a ouvistes. O sol no céu a negava, a terra e o ar a negavam, toda a sabedoria humana a negava. E, quando vos encontrei à luz do dia, eu próprio a neguei. ... Mas sois homens. Não esquecestes vossa honra secreta, apesar de todo o cosmos ter se transformado em máquina de tortura para arrancá-la de vós".[53]

Não seria essa a única resposta possível ao problema do mal, esse quebra-cabeça teológico diante do qual os maiores intelectuais cristãos tiveram de confessar sua incompreensão? Porque a solução tradicional, a do pecado original, é, evidentemente, um biombo destinado a esconder, pudicamente, a ignorância dos teólogos. Todos os eclesiásticos honestos concordam com isso. Então, se se quer conciliar a existência de um Deus infinitamente bom e poderoso com a dos males horríveis que afligem a humanidade desde as origens, não se deve admitir que Deus é infinitamente farsante? Se ele é, de fato, Deus do amor, deve ser também Deus do humor. Deus é humorista ou não é?

52 Idem, p.50.
53 CHESTERTON, G. K. *The Man Who Was Thursday*. Ed. Penguin,1908, pp.179-180.

No período entre as duas guerras, outro católico, Evelyn Waugh, também procura colocar o riso a serviço da fé, fazendo-o via de salvação diante da tentação do desespero metafísico. Porque, se o mal está presente, visível para todos, Deus é, em compensação, o grande ausente, que só a graça do riso pode fazer existir. É o riso que salva.

Recentemente, o dominicano Christian Duquoc traçou uma hipótese muito audaciosa sobre a presença do humor no seio da doutrina católica.[54] Para começar, os fiéis são a prova de um grande senso de humor em relação aos ensinamentos da Igreja. Só se pode concordar: os historiadores, como Philippe Ariès, já observavam que, ao escutar os sermões terroristas sobre o inferno, "a sociedade ocidental se influenciava por eles, mas depois se afastava" e que "os moralistas mais exigentes sabiam disso e exageravam na dose". Basta reler as declarações desabusadas dos pregadores dos séculos XVII e XVIII para nos convencermos disso.[55] Por volta de 1680, o padre Fromentières se espanta com o fato de os cristãos não terem "morrido de medo", e o padre Loriot se diz "desgostoso". Tentando aterrorizar, eles parecem ficar indiferentes. Até nisso o diabo se torna uma espécie de espantalho cômico. Essa reação humorística pode, todavia, voltar-se contra a fé, como o testemunham as expressões levantadas por Yves Lambert em suas pesquisas de sociologia religiosa, na Bretanha contemporânea: "'Apagaram isso da cabeça, o inferno, o purgatório e tudo o mais', diz um comerciante entrevistado. 'Agora, eles não falam mais disso. Nem devem existir mais.' 'O inferno? Ah! Nem sei se isso ainda existe', diz um outro. 'O inferno? Ah, sim, a essa altura, ele não existe mais. Ninguém mais quer acreditar no inferno.' 'O que conseguiram fazer conosco!'".[56] Aqui, é o clero que é acusado de ter recorrido à brincadeira, e os fiéis não parecem apreciar o fato de ter passado por idiotas.

Entretanto, segundo Cristian Duquoc, a história doutrinal da Igreja é uma longa trama humorística, que precisa ser considerada como tal. Testemunham-na essas decisões conciliares, sinodais e papais, proclamadas com grande estardalhaço – com anátemas contra aqueles que se opõem a elas –, depois abandonadas e contestadas por outras decisões igualmente "sérias". São numerosas as negações e contradições nos ensinamentos de uma Igreja que pretende, todavia, ter sempre tido a mesma linguagem. Essa ousadia não

54 DUQUOC, C. "Riso, humor e magistério". In: *Lumière et Vie,* dezembro de 1996, n.230, pp.61-74.
55 MINOIS, G. *Histoire des enfers*. Paris: 1991, pp.294-299.
56 LAMBERT, Y. *Dieu change en Bretagne*. Paris: 1985, pp.200-202.

prova que a hierarquia católica tem senso de humor? Evidentemente, ressalta o padre Duquoc, o rastro das negações é cuidadosamente apagado: as coleções oficiais dos textos passados "em geral não publicaram o que eles julgavam que podia manter a continuidade e excluíram o que hoje seria julgado inverossímil ou escandaloso por muitos cristãos".[57] E ele cita alguns exemplos: decretos contra os judeus, condenação ao inferno de todos os não católicos, condenação formal do ecumenismo, "decretos, hoje considerados surrealistas pela comissão bíblica". A lista poderia ser prolongada indefinidamente com os anátemas contra o modernismo, contra a liberdade de imprensa, contra a liberdade de consciência, contra a igualdade, contra a democracia... Resumindo, hoje poderiam ser condenadas quase todas as posições do papa e dos bispos atuais aplicando os anátemas do passado. Sobre problemas econômicos, sociais e culturais, a Igreja hoje diz exatamente o contrário do que dizia no século XIX. No fundo, isso não tem nada de espantoso. Deve-se viver de acordo com seu tempo. O cômico aparece quando os responsáveis afirmam a continuidade, a unidade de pensamento da Igreja há dois mil anos. Não reside aí o humor? O padre Duquoc está persuadido: "O magistério deixa cair em desuso numerosas decisões tomadas nesses concílios, apesar de os decretos estabelecidos guardarem força de lei. ... Ele insiste que é preciso falar e agir em continuidade com os predecessores de santa memória. Pode-se estabelecer uma lista enorme de decisões caídas em desuso. ... *Chamo de humor essas mudanças sucessivas dos responsáveis católicos, dizendo venerar a tradição.* ... A ocultação do passado, celebrando-o, é a forma específica de humor dos homens no poder ... O magistério está numa situação diferente daquela do povo cristão devido a seu estatuto de responsável e de detentor do poder, mas está numa condição análoga à dele em relação à verdade que não possui mais".[58]

O padre Duquoc não para por aí. "Levarei minha hipótese ainda mais longe: o estilo hiperbólico, encantatório ou declamatório de muitos documentos oficiais, distante da sobriedade jurídica ou do rigor filosófico, tem por fim sugerir que o conteúdo das Escrituras deve ser compreendido com flexibilidade e leveza. ... O humor do poder na Igreja é discreto: é preciso saber interpretá-lo. O humor voluntário ou involuntário dos responsáveis está sempre atrasado em relação aos acontecimentos. ... O magistério, apesar de seu estilo peremptório, declamatório ou hiperbólico, não se encerra nem na tristeza ascética nem na seriedade sem falha. Ele revela uma leveza

57 DUQUOC, C. op. cit., p.71.
58 Idem, p.72.

tão sutil em relação a seu passado que muitos sentem falta dele. ... Um magistério católico que não tivesse esse humor singular correria o risco de ceder ao fanatismo.".[59] E o dominicano conclui que o magistério, tendo um papel prosaico a cumprir, "só pode manter-se com autenticidade e verdade se não se levar muito a sério".

Assim, quando os papas ou os concílios lançam anátemas, excomungam, ameaçam com o inferno, eles não se levam a sério. O padre Duquoc não seria, também, um brincalhão? Ou, então, pode-se perguntar a quem conferir a palma do humor: a João Paulo II, que condena em bloco a contracepção, sabendo muito bem que não será atendido, ou à multidão de fiéis que se precipitam para escutá-lo e teimam em fazer o contrário do que ele diz? A última *gag* do momento é a reabilitação de Lutero, o arqui-herético, danado por toda a eternidade, excomungado, diabolizado. Depois de ter desencadeado, durante séculos, atrozes guerras de religião contra seus partidários, proclamar agora que o irmão Martinho era, afinal, um bom cristão pode parecer cômico.

E como não admirar o humor do papa e dos cardeais a propósito da "terceira profecia de Fátima"? Esse texto, escrito em 1944 por Lucia dos Santos, que assistiu, em 1917, às aparições da Virgem, e transmitido ao Vaticano em 1957, permaneceu secreto até 2000, o que contribuiu para alimentar boatos loucos e catastróficos. Depois de 43 anos de insustentável suspense, as autoridades vaticanas revelam o conteúdo da "visão", na qual há um "bispo branco" que sobe uma montanha em cujo pico há uma cruz. Para isso, ele atravessa uma cidade em ruínas, juncada de cadáveres, e "chegando ao pico, ajoelhado aos pés da grande cruz, é morto por um grupo de soldados com vários golpes de arma de fogo e flechas. E da mesma maneira morreram, uns após outros, bispos, padres, religiosos e religiosas".

O que se deve admirar mais: o humor dos papas que mantiveram secreto esse texto tão banal, como se o destino do mundo dependesse dele, o humor do pontífice que decide, vinte anos depois, ver nele uma profecia de seu frustrado assassinato ou o humor do cardeal Ratzinger, que, em uma conferência com a imprensa em 26 de junho de 2000, explica seriamente que se trata de um texto "místico", "fruto de uma real percepção de origem superior e interior ... uma exortação à prece como caminho para a salvação das almas, um apelo à penitência e à conversão?". Os fiéis apreciarão, certamente, Henri Tincq, que, no *Le Monde* de 28 de junho de 2000, não fala de "mística", mas de "mistificação". O alto clero dominaria, então, a prática da zombaria?

---

59 Idem, pp.72-73.

POR UMA FÉ HUMORÍSTICA?

Inegavelmente, a Igreja faz grandes esforços para se reconciliar com o riso. A tarefa não é fácil, depois de ensinar, durante séculos, que o riso é diabólico. Mais uma bela prova de humor! Muitos permanecem céticos, e o riso blasfematório, antirreligioso, preserva toda a sua virulência. O único quadro em que se vê Cristo rir às gargalhadas é o do surrealista Clovis Trouille, intitulado *O grande poema de Amiens*, de 1942: no deambulatório da catedral, Jesus, em sua pequena veste de crucificado, coroa de espinhos na cabeça, gargalha, levantando os olhos para a abóbada ou para o céu. Esse riso é o de um homem que descobre, um pouco tarde, a fraude, a mistificação da qual foi agente e vítima. Esse Cristo está sozinho na catedral, e seu riso é amargo – ou diabólico.

O tema da Paixão é, aliás, desde o início do século, uma fonte de inspiração burlesca muito explorada pelos caricaturistas. A vontade de desnaturar esse episódio, que para os fiéis está no centro do sagrado, ilustra quanto o riso quebrou, no século XX, todos os entraves. De Prévert aos caricaturistas de *Hara-Kiri*, passando por Max Jacob, Jarry, Apollinaire, Max Ernst, muitos se dedicaram ao burlesco da dessacralização. Alguns exemplos: *A Paixão considerada como uma corrida de costelas*, de Jarry; *A Virgem corrigindo o Menino Jesus diante de três testemunhas* (Breton, Éluard, Ernst), de Max Ernst, em 1926; a célebre caricatura de Serre, em que se vê Jesus colocando as mãos sobre as chagas dos pés em posição de mergulho... Em abril de 1973, uma fotomontagem aparece como capa da revista *Hara-Kiri*: Cristo crucificado, a face contra a cruz, mostrando as nádegas, com um título: "A face oculta de Cristo" e uma legenda: "Último minuto: na Páscoa, o papa excomungou Jesus Cristo. Motivo: ele aceitou mostrar a bunda numa revista pornográfica vendida por toda parte". É um escândalo, e surge a campanha do *lobby* católico: é proibido rir de temas sagrados. François Cavanna, colaborador da revista, responde ironicamente: "Eis a comprovação: Jesus Cristo não tem costas. Porque, se tivesse, também teria, forçosamente, nádegas".

De fato, o riso de provocação ilustra de forma flagrante como, apesar dos ensinamentos teológicos oficiais, a Igreja não conseguiu assumir integralmente a encarnação. É uma velha história, pois já o gnóstico Valentim negava que Jesus tivesse ânus: ele comia, com certeza, mas não tinha necessidade de evacuar. Jesus era verdadeiramente homem, afirma a teologia; contudo, não quer ouvir falar de suas "partes vergonhosas" nem de suas pulsões sexuais. Ora, sem elas, Jesus não seria verdadeiramente homem, e negar a existência delas em sua pessoa é uma heresia. O riso pode servir, assim, como um desrecalque na consciência coletiva dos cristãos.[60] Da mesma forma, em *A vida de Brian*, filme cômico parodiando a vida de Cristo, os Monty Pythons utilizam o riso para propor questões fundamentais sobre a credulidade popular, o fanatismo, o instinto gregário e de rebanho. Além da blasfêmia, o riso cortante pode ajudar o cristão lúcido e honesto a perscrutar as bases de sua fé.

Isso vale para todos os episódios fundadores da crença religiosa. Em *A Bíblia parodiada*, Bernard Sarrazin mostrou bem como uma releitura humorística das Escrituras podia contribuir para esclarecer a situação: o riso pode matar a fé, ou ressuscitá-la, introduzindo o humor. "Quando caem os tabus da escrita, e Deus não se sustenta, então a ironia destrói a fé, ou o humor alia-se a ela. Porque a leitura dialógica da *Bíblia*, leitura secular, é sempre, mais ou menos, uma leitura irônica ou humorística."[61] Parece, de fato, que a ironia e o humor são indispensáveis à fé religiosa, no mundo contemporâneo. Se o crente se obstina em manter a verdade ontológica dos ensinamentos tradicionais num mundo cada vez mais estranho a essa cultura, ele deriva, inevitavelmente, para o espírito de seita, baseado na coincidência perfeita entre o espírito e suas crenças. No mundo contemporâneo, a fé necessita, ao contrário, de uma distância entre o espírito humano e o conteúdo da "revelação"; ora, essa distância só pode ser mantida pelo humor.

Sempre existiu um abismo entre as Escrituras e as interpretações dadas a elas. Desde os pais da Igreja, tudo já foi dito e contradito sobre a *Bíblia*, das interpretações alegóricas mais delirantes às mais literais, não menos estupefacientes. Alguns comentários de episódios bíblicos por Orígenes, Gregório, o Grande ou até Agostinho evidenciam demência pura. De fato, poder-se-ia dizer que, inconscientemente, a leitura da *Bíblia* sempre foi muito fantasiosa e irônica. A exegese moderna fez um enorme esforço, no século XIX, para manter a "seriedade" dessa leitura, estudando o contexto cultural, social e político do antigo mundo hebreu. Mas, definitivamente, escreve Bernard Sarrazin, "o estruturalismo bíblico, inteligência desabusada, queria – ou acreditava poder fazê-lo – arrancar o texto das obscuridades falaciosas de sua história,

60 MONCELET, C. "A Paixão de Cristo nas imagens humorísticas do século XX". In: *Poétiques du burlesque*, op. cit.
61 SARRAZIN, B. *La Bible parodiée*. Paris: 1993, p.20.

das sucessivas telas de leitura, bom álibi para adiar-lhe indefinidamente o significado por medo de vê-lo evaporar-se".[62]

Como a *Bíblia* não tem um sentido absoluto, válido para todos e para todas as épocas, a leitura distanciada é a única capaz de liberar as questões fundamentais para a cultura contemporânea. Praticar uma leitura irônica da *Bíblia* é provocar o texto, questioná-lo, confrontá-lo com as interrogações atuais – é fazê-lo viver. Cada vez mais os crentes têm consciência disso: tomar liberdades humorísticas com a Escritura é uma maneira moderna de viver a existência de um Deus ao mesmo tempo presente e ausente. A fé, atualmente, deve ser humorística, com toda a leveza que isso implica, ou tornar-se sectária. O riso transformou-se, no domínio religioso, em fogo purificador. Em contato com ele, a fé insegura morre; a fé sem inteligência torna-se seriedade sectária e fanática.

No ano 2000, a divisão entre crentes e descrentes é, certamente, menos importante do que a divisão entre sérios e humoristas. Há sérios sectários, integristas e racionalistas, assim como há humoristas ateus e crentes. O riso separa os homens bem mais do que o credo. Quando François Cavanna, em *As Escrituras* (Paris: Belfond, 1982), reescreve o relato da criação, ele destaca cruamente problemas que deveriam ser questionados pelos crentes:

> Vamos lá:
> No princípio, Deus criou a contradição.
> Isso foi uma boa ideia.
> Agora, pode-se começar.
> E começou.
> ...
> Não foi um êxito.
> Deus viu isso. E disse a si mesmo: "Beuark!"
> Ele bem que gostaria que essa sujeira nunca tivesse existido.
> Mas ele não podia mais fazer nada.
> ...
> Deus compreendeu, um pouco tarde, que a ideia da criação era uma armadilha eterna.
> Se ele soubesse, teria ficado tranquilo.
> Depois, ele pensou: o que está feito está feito,
> Melhor resignar-se.

62 Idem, p.14.

Quando o mundo foi criado, era preciso bebê-lo.
Bof.
E Deus decidiu que fingiria ser tão poderoso quanto antes.
Ele fez bem.
Porque ninguém percebeu nada,
Exceto os malcriados e os trocistas, mas esses não valem uma piada.

Da mesma forma, quando Woody Allen recriou o diálogo entre Abraão e Deus, sua interpretação parodística vale por vários tratados filosóficos que tentaram justificar o episódio do sacrifício de Isaac:

"Senhor... nunca se sabe quando brincas!"
O Senhor respondeu: "Nenhum senso de humor?! É inacreditável!"
"Mas isso não prova quanto te amo? Eu estava disposto a
matar meu único filho para te mostrar meu amor..."
E o Senhor falou, em sua grande sabedoria:
"Isso só prova uma coisa: sempre haverá cretinos que obedecem
ordens, por mais imbecis que pareçam, desde que sejam formuladas
por uma voz autoritária, retumbante e bem modulada".[63]

Esse tipo de humor já fora praticado na Idade Média, com *O jogo de Adão*. No século XX, ele foi utilizado por Valéry Kolakowski, Supervieille e muitos outros; ele se tornou uma necessidade para colocar crentes e descrentes diante da relatividade de suas respectivas convicções.

DE DADÁ AO HUMOR NEGRO DE ANDRÉ BRETON

A afirmação pode ser estendida a todos os valores e a todas as "verdades". Nenhuma escapou, ao longo do século XX, aos assaltos do riso. As mais frágeis sucumbiram ao ridículo e poucas sobrevivem ainda hoje, depois da passagem dos grandes ciclones de hilaridade que foram Dadá, o humor negro, o surrealismo e seus sucedâneos.

"Ninguém foi tão longe quanto os dadaístas no caminho da subversão", escreve Michel Sanouillet.[64] Baseado na derrisão universal, explorando o senso

63 Passagens citadas por SARRAZIN, B. op. cit.
64 SANOUILLET, M. *Dada à Paris*. Paris: 1993, p.440.

do absurdo, Dadá inscreve-se num contexto muito particular: a derrota do humanismo depois da Primeira Guerra Mundial. Possuindo um "senso inato de psicologia das massas", utiliza amplamente a imprensa, desencadeando o furor dos patriotas e dos nacionalistas. Mas sua base cultural e seu público permanecem muito estreitos para que ele possa exercer uma influência durável. "O dadaísmo só existiu por e para seu público, nasceu de sua resistência e morreu por causa de seu desinteresse. ... A chama dadaísta extinguiu-se por si mesma."[65]

Além do mais, o fenômeno lembra um pouco a mentalidade das seitas: um pequeno grupo de fanáticos do absurdo, desprezando todo o resto e reservando a salvação para uns poucos iniciados. *Credo quia absurdum*: Dadá desemboca nessa contradição de reformar uma espécie de Igreja, levando o riso muito a sério. Como comenta Robert Favre: "Em Dadá, a tentação é rir de tudo, com espírito sério, metódico, que difunde o niilismo. Com o risco de nos levar ao terrorismo, ao totalitarismo. Permanece-se no círculo sufocante de uma elite que explora a derrisão assim como outros comercializam o humanismo ou o pessimismo. O riso é substituído por um ricto ou pelo sorriso de conivência entre iniciados".[66]

A posição dadaísta é insustentável por longos períodos, e a maior parte de seus adeptos desliza rapidamente para outros horizontes. É o caso do alsaciano Hans Arp, nascido em 1886, espírito inquieto, angustiado, que se prende ao humanismo e à admiração beata do homem por si mesmo. O homem é, ao mesmo tempo, um "crápula" e um "super-homem", escreve Arp; ele não consegue fazer algo de grandioso sem que isso seja monstruoso. Como verdadeiro dadaísta, o autor transforma tudo em derrisão, mas isso não o livra da angústia diante do nada: "A maior parte do tempo, contudo, eu julgo descer e descer num paraquedas sem esperança de aterrissar. O terror de nunca tocar o solo e de não encontrar repouso mesmo depois da morte – porque a morte não tem mais a aparência de um sono breve – aperta meu peito com toda a força".

Não é suficiente rir de tudo para ficar livre. Ainda é preciso que o riso seja autêntico. Só depois de superar a morte acidental de sua mulher, em 1943, que o fizera perder o riso, Hans Arp, "reaprendendo a viver, recuperou o humor".[67] Esse humor é o humor negro, o "único comércio intelectual de alto luxo", segundo André Breton.

65 Idem, p.403.
66 FAVRE, R. *Le rire dans tous ses éclats*. Lyon: 1995, pp.115-116.
67 FICHTER. C. "O humor nos escritos de Hans Arp". In: *Revue des Sciences Sociales de la France de l'Est*, 1994.

De fato, Breton responde exatamente à angústia de Arp, escrevendo no prefácio de sua célebre *Antologia do humor negro*. Não se trata de explicitar o humor nem fazê-lo servir para fins didáticos. Seria como tirar do suicídio uma moral da vida. "Não há nada que um humor inteligente não possa transformar em gargalhadas, até mesmo o nada... o riso, como uma das mais faustosas prodigalidades do homem, e até o deboche, está à beira do nada, dá-nos o nada como fiança."[68] O humor negro exorciza o grande medo do homem moderno ateu: o medo do nada. O retrocesso da fé religiosa no século XX torna indispensável esse recurso ao humor. Breton e Arp perguntam-se, aliás, se o ato que detonou o humor negro não teria sido o suicídio de Jacques Vaché, nas circunstâncias que relembramos.

Breton desenvolveu extensamente seu trabalho sobre o humor negro. Refletiu sobre os debates intelectuais em torno do humor no século XIX, que era, antes de tudo, uma atitude de homem de boa companhia. Depois da guerra e do suicídio de Vaché, ele nota "o aparecimento de um humor metafísico e do que ele exige de incidência com o espírito trágico eterno". Atingindo as zonas profundas do ser, esse humor se deve à concepção hegeliana da subjetividade e aos estudos freudianos sobre as reações de defesa e economia de energia do indivíduo, que é, ao mesmo tempo, ator e espectador. Para Breton, o humor negro é uma expressão nobre do espírito humano, que lhe permite dominar os males da existência e as convulsões da história.

Trata-se de uma vitória sobre a bestialidade e sobre a sentimentalidade, como ele escreve em 1939: "O humor negro é limitado por muitas coisas, tais como a idiotia, a ironia cética, a brincadeira sem gravidade (a enumeração seria longa), mas ele é, por excelência, o inimigo mortal da sentimentalidade com ar perpetuamente acossado".[69] O México, "com seus esplêndidos jogos fúnebres", é a "terra preferida do humor negro". O século XX tem uma necessidade vital de humor negro porque, como observa Max Ernst em *Cadernos de arte*, a quantidade de humor negro está "na proporção inversa das possibilidades de felicidade" – e, se existe um século que ficou longe da felicidade, é esse.

Mas os partidários da seriedade triste velam. André Breton preparava-se para publicar sua obra no início de 1941; a época prestava-se a isso. As

68 BRETON, A. *Œuvres complètes*. Paris: ed. de la Pléiade, 1992, p.868.
69 Idem, p.873.

autoridades de Vichy, julgando que esse livro é a "negação do espírito de revolução nacional" e que comporta aspectos subversivos, o proíbem. Ele só aparecerá em 1945, e então outras vozes se levantarão, como a de Raymond Queneau, que julga essas brincadeiras deslocadas em comparação com a sombria realidade da época.

Essa é a sorte permanente do riso no século XX. Atacando tudo, penetrando em tudo, ele desestrutura e escandaliza até os anos 1970. Os velhos valores agredidos revoltam-se contra os sacrilégios, porque o riso se aferra a tudo o que construía o cenário do antigo mundo. Em 1919, Marcel Duchamp ataca o símbolo da beleza artística: *La Gioconda*. Em uma cromolitografia, ele lhe acrescenta bigodes e uma barbicha e intitula o quadro com uma sigla desrespeitosa de conotação sexual: *L.H.O.O.Q.* Ele se explica: "Esta Mona Lisa, com seus bigodes e barba, é a combinação do *ready-made* e do dadaísmo iconoclasta. O original, ou seja, o *ready-made* original, é uma cromolitografia barata sobre a qual inscrevi, embaixo, quatro letras que, pronunciadas como as iniciais francesas, produzem um jogo de palavras muito perigoso em relação à Gioconda". O riso cola-se à mais famosa face do Ocidente.

Prévert ataca o respeito. Em *O guarda-noturno do Vaticano*, ele escreve:

Respeitado
Eis essa grande palavra covarde
O respeito.
E o guarda-noturno gargalha
O respeito
Ele gargalha como uma girafa
E se torce como uma baleia.

Outros, por um inchaço absurdo e parodístico do eu, fazem eclodir o individualismo. Jacques Lacan, esse bufão sério, cerca seus cursos de um cerimonial tão excessivo que eles se tornam uma paródia da autoridade professoral, misturando esoterismo de expressão, trocadilhos, lapsos, neologismos em uma algaravia incompreensível em que o "delírio paranoico encontra a palavra do louco", segundo Maurice Lever. Esse "excedente de sagrado" que mata o sagrado pelo riso é também o procedimento do genial Salvador Dalí, o grande mistificador alucinógeno cujo ego hipertrofiado e paranoico atinge o cúmulo da derrisão parodística e burlesca.

O SÉCULO DE UBU E SEU REFLEXO TEATRAL E CINEMATOGRÁFICO

Ubuesco! O século que acaba de terminar foi ubuesco. Quando Alfred Jarry apresenta *Ubu rei*, em 1896, ele antecipa o que viria a ser o exercício do poder entregue à mediocridade do século XX. Ele concebe sua peça de modo que o público se veja nela como num espelho, com todo o seu grotesco, sua vaidade, sua vulgaridade, sua ferocidade, sua bestialidade. E o público não a aprecia: "Não é espantoso que o público tenha ficado estupefato à vista de seu duplo ignóbil que ainda não lhe fora apresentado", escreve Jarry. Que Ubu, que provocava cólera em 1896, fizesse rir um século mais tarde é revelador. Entre os dois, há algumas gerações que perderam, pouco a pouco, suas ilusões. Passa-se do sério à derrisão.

Jarry dá o tiro de partida, e não somente com o odioso Ubu. Seu teatro mostra o que é um mundo insensato e que tudo volta ao vazio – a ciência *patafísica*, como a filosofia e seus concertos ocos. Esse mundo de sentido indecifrável é o nosso. E o cômico moderno é o cômico da indecisão, que deixa o indivíduo surpreso, incapaz de se determinar. Daniel Grojnowski assim o definiu: "Sua significação aparece problemática por ambiguidade ou por defeito. Ele coloca o destinatário em baixa posição, deixa-o no desenlace. Porque procede de uma visão de coisas em que o bem e o mal, o branco e o negro se confundem. Essa indeterminação traduz não uma cegueira, mas uma indiferença, descrença e desespero. Se o cômico moderno não é reservado aos iniciados, ele se dirige, de maneira privilegiada, a públicos que aceitam sua parte obscura ou derrotista. Chegado a seu ponto de perfeição, ele tende a cumprir o que Flaubert sonhava: "um cômico que não faz rir".[70]

Grojnowski esboça uma classificação dos tipos de cômico: em primeiro lugar, o mais simples, de "duplo sentido explícito" (trocadilhos, jogos de palavras, quiproquós); em seguida, o estágio mais elaborado de "duplo sentido implícito (sátira, ironia, paródia, caricatura); enfim, o cômico moderno, aquele de "duplo sentido problemático" (humor, mistificação, *nonsense*). Essas três formas de cômico moderno marcam o século XX; elas só podem progredir lentamente, à medida que há um retrocesso dos tabus.

O riso do século XX, escreve, por sua vez, Jean Duvignaud, testemunha nossa "disponibilidade para o nada"; ele é uma passagem para o inacessível, que "mistura os dados da bricolagem paciente e segura das crenças

70 GROJNOWSKI, D. *Aux commencements du rire moderne. L'esprit fumiste.* Paris: 1997, p.249.

e dos mitos".[71] Esse tipo de riso não tem mais nada de rabelaisiano, ou seja, de popular. Ele é a tábua de salvação para gerações que praticaram todas as loucuras, viram afundar todos os valores e, apesar de tudo, recusam o suicídio. "O riso é uma desforra sobre aquilo que acabrunha e fere o espírito. Ele afirma a recusa do desespero, uma maneira de crer no homem, apesar do homem."[72] O riso ou a morte; é um pouco o dilema do mundo contemporâneo, depois de ter esgotado todas as justificativas sérias da vida.

O riso moderno participa também do desencantamento do mundo. Mas o que é dessacralizado é o sagrado tradicional, dogmático, preciso, definido, compilado, classificado, esclarecido e ensinado; o sagrado dos integristas, dos dogmáticos, dos donos de verdades, dos totalitarismos. Em sua incerteza e indecisão, o riso moderno mantém outro gênero de sagrado. Para Freddy Raphaël e Geneviève Herberich-Marx, "o riso significa essencialmente a capacidade, que define a única ciência válida, de sempre questionar nossos valores e nossas asserções. Ele testemunha a recusa de nos refugiarmos nas crenças para satisfazer nossos desejos e apaziguar nossas angústias. Afirma a preeminência do conceito de *incerteza*. ... Porque o humor é também o confronto com o limite e com a morte, a cultura do riso que valoriza o trivial, o bufão e o burlesco, que participa do jogo com o sagrado".[73]

O teatro é particularmente adequado para reprimir esse riso moderno: mais do que antes, o teatro e a vida tendem a confundir-se. "O mundo inteiro é um palco", teria dito Shakespeare, e isso vale mais do que nunca. Somos todos comediantes representando um papel, e os comediantes representam a vida às vezes com mais convicção do que na vida "real".

O teatro expressionista de antes de 1914 já põe em cena uma humanidade sinistramente grotesca, um cômico derrisório com Carl Sternheim (1878-1942), cuja obra *La Culotte* descreve uma triunfante mediocridade. Enquanto as peças de Frank Wedekind (1864-1918) se tornam agressivas, as de George Kaiser (1878-1945) mostram a paródia universal do mundo: tudo é fingimento e farsa sinistra, o que conduz o herói de *Da manhã à meia-noite* (1916) ao suicídio. Depois da guerra, o teatro expressionista salienta

71 DUVIGNAUD, J. *Le don du rien*. Paris: 1977, p.277.
72 RAPHAËL, F., HERBERICH-MARX, G. "Elementos para uma sociologia do riso e da blasfêmia". In: *Revue des Sciences Sociales de la France de l'Est*, 1994.
73 Idem, ibidem.

o niilismo. Com Friedrich Dürrenmat (1921-1990), o mundo torna-se tão grotesco e desumano que o trágico mostra-se ultrapassado: só resta rir do absurdo, ao qual Martin Esslin consagra, em 1971, um grande estudo intitulado *O teatro do absurdo*.

Trata-se de matéria vasta, ilustrada pelos melhores dramaturgos do século. Bertolt Brecht pratica um grotesco do distanciamento, que eclode, por exemplo, na habilidade cômica dos prelados de *A vida de Galileu*. Eugene Ionesco privilegia a grosseria e o paroxismo: "Fazer um teatro de violência", violentamente cômico, violentamente dramático, escreve em *Notas e contranotas*. Exagerando os traços, ele caricatura a humanidade sem, contudo, traí-la. Samuel Beckett transforma-a em jogo de autômatos e débeis mentais. Diante de suas peças, "rimos muito sem saber por quê", observa Dominique Iehl. Sem dúvida, porque o riso é a única reação possível diante da constatação de semelhante desastre do sentido e também porque no teatro, segundo Ivan Goll (1891-1950) – ele próprio autor de obras grotescas –, "a monotonia e a idiotia dos homens são tão grandes que só podem ser resolvidas com enormidades". Enormes são, de fato, *As mamas de Tirésias*, peça dadaísta de Apollinaire, de 1917; enormes, as besteiras do *teatro grottesco* italiano e de Luigi Pirandello; enormes, as deformidades no teatro austríaco de Ödön Von Horváth (1901-1938) e de Thomas Bernhard, que, em *Uma festa para Boris* (1970), nos mostra aleijados que se matam entre si com um "riso terrível". Em *Um autor pouco cômodo*, matam-se com uma bala na testa todos os espectadores que riem a contragosto, e no final não resta ninguém.

É o teatro da desintegração, que é bem a imagem do século XX em decomposição. Ionesco declara: "Não basta integrar. É preciso também desintegrar. É assim a vida. É isso a filosofia. É isso a ciência. É isso o progresso, a civilização". Tudo culmina na perda da identidade, como em *A cantora careca*. Até os princípios da razão desaparecem.

Depois desse riso niilista, o teatro contemporâneo também apresenta um riso de ressurreição, um riso que destrói todos os valores a fim de deixar o terreno livre para um novo desenvolvimento do indivíduo. Em *As variações Goldberg*, de 1991, George Tabori utiliza o burlesco; assiste-se às repetições de uma companhia de teatro que, em Jerusalém, encena uma peça representando os grandes episódios bíblicos. A confusão é constante entre a repetição e a peça, entre o real e o parodístico, entre o teatro e a vida – atmosfera propícia a um humor desenfreado e falsamente blasfematório. Encontra-se nela até o riso de Cristo: "Mr. Jay [Jeová], dando instruções a seus centuriões: vocês lhe estendem uma esponja presa numa vara, para aliviar as dores. Ele recusa e geme. Vocês perguntam: 'Dói muito?' E ele responde: 'Só quando rio'".

Comentando essa peça, Gerard Thiériot escreve: "O riso, para o qual o próprio Cristo nos convida, é essencial para a compreensão da Paixão do Filho do Homem e, por outro lado, de todos os seus irmãos humanos".

"O burlesco interroga nosso século XX, representa a funesta e absurda tragédia humana, que ambiciona o bem e ganha o nada."[74]

Assim, "vemos afirmar-se uma forma específica do grotesco, pessimista, devastadora, niilista, convindo perfeitamente a um mundo que parecia ter perdido todas as referências".[75] Mas, "no final das contas e mesmo com aparência de blasfêmia, o burlesco honra o sagrado e salva a humanidade".[76]

É aí que o riso da comédia moderna, esse riso eminentemente sério e grave, pode desempenhar uma função terapêutica. Ele não tem nada de divertido; é um tratamento de choque para espíritos fim de século, neurastênicos e desiludidos. É um riso nervoso, que deveria provocar uma reação salutar, a menos que deixe a pessoa completamente abatida. O teatro contemporâneo não tem mais comédia nem tragédia: ele representa "peças", que são pedaços de vida tragicômicos e grotesco-burlescos. É o fim da grande segregação entre o nobre trágico e o vulgar cômico que perdura desde os gregos. E, sendo o teatro a imagem da vida, essa transformação reflete a grande evolução do século XX, que viu o riso invadir, aos poucos, todos os domínios e misturar-se intimamente com toda a existência, sob a forma de uma derrisão latente e generalizada.

Analista recente da comédia, Michel Corvin escreve: "A comédia clássica é uma história de loucos que acaba nas 'pequenas casas'; a comédia moderna é ainda uma história de loucos, mas talvez seja ilusão acreditar que ela possa ser 'terapêutica'. Assim, o teatro recuperaria sua função catártica, moral, no sentido amplo do termo, que exercia havia muito tempo: o reflexo cômico que, brutalmente, coloca o espectador à distância do risível era, nos tempos clássicos, muito rápido e definitivo para que a lição fosse mais do que um arranhão exterior na estrutura da obra. A comédia moderna, de Tchekhov ou Vinaver, une temática e estrutura, personagens e linguagem com tamanha homogeneidade que se torna impossível o espectador sair satisfeito apenas com um riso liberador. Esse talvez seja, na comédia, o maior sinal de que ela se tornou uma arte séria".[77]

74 THIÉRIOT, G. "Deus é um gênio do burlesco? A criação do mundo segundo o dramaturgo George Tabori: *As variações Goldberg*". In: *Poétiques du burlesque*, op. cit., pp.494-495.
75 Idem, p.489.
76 Idem, p.497.
77 CORVIN, M. *Lire la comédie*. Paris: 1994, pp.208-209.

O século XX também foi o século do cinema; e o cinema é o triunfo da derrisão. Aliás, menos pelo sucesso dos filmes cômicos do que por sua própria estrutura: por que motivo as pessoas se apertariam em salas escuras para olhar, com avidez, imagens e histórias totalmente factícias, falsas, truncadas, para se comover diante de virtualidades que, na vida real, as deixariam indiferentes ou as fariam fugir? E quanto mais o homem está à procura do "autêntico," mais ele vai ao cinema, cúmulo da falta de autenticidade; quanto mais ele critica as injustiças sociais, mais ele enriquece o *star system*, produtores, atores, diretores e outros agentes da ilusão. É que o cinema lhe oferece a separação necessária em relação ao mundo, o distanciamento indispensável que lhe permite usufruir as próprias emoções. O medo aí é agradável, as lágrimas, doces, e o riso é total, porque eles estão completamente dissociados da existência do espectador, não são carregados pelo peso da vida.

Promovendo um distanciamento total em relação à vida, o cinema realiza, pois, as condições ideais do riso, que sempre resulta da constatação da distância, de si mesmo e dos outros. O riso, então, é mais puro. A ilusão é mais completa no cinema do que no teatro ou na leitura. Quanto ao conteúdo ou aos procedimentos do cômico, são os mesmos utilizados na vida e nas artes tradicionais. Desde os primórdios do cinema, o riso está presente, e nele reencontramos as categorias habituais, ilustradas por alguns intérpretes que contribuíram para fazer do riso uma ferramenta universal no século XX. Foi o cinema que mostrou que se pode rir de tudo e que tudo tem um aspecto risível: a miséria, a guerra, a idiotia, a ditadura, a glória, a morte, a deportação, o trabalho, o desemprego, o sagrado. A carreira de Charlie Chaplin costuma ser tomada como exemplo dos diversos tipos de cômico: agressividade, autoderrisão, distorção do sentido dos objetos, chegando até ao "niilismo", diz Jean Duvignaud, que acrescenta: "Não se ri de Chaplin, ri-se daquilo que, apresentando ao longo da ficção a imagem – comum a cada pessoa do público – de um fracasso secreto, nos permite fazer economia de angústia".[78] Do cômico popular de Louis de Funès ao cômico intelectual do absurdo dos Monty Pythons, passando pelo cômico da paródia histórica de Rowan Atkinson na série *Blackadder*, o cinema provou, no século XX, que basta mudar alguns detalhes para fazer surgir o lado derrisório do mundo e que a tragédia é, muitas vezes, uma comédia desconhecida. Tudo depende, de fato, da maneira como se olha.

78 DUVIGNAUD, J. *Rire et après*, op. cit., p.182.

RISO E ARTE MODERNA

Esse riso moderno de indecisão é encontrado em toda a literatura, bem como nas artes do espetáculo. Woody Allen permite fazer a transição, mesmo sendo um autor para quem tudo repousa na ausência de transição, no choque do sagrado e do profano, do sublime e do trivial: "Não apenas Deus não existe como tentem conseguir um bombeiro no fim de semana!". Woody Allen, o pequeno judeu perfeitamente americanizado, brinca com a metafísica, com a religião, com a morte, com o erotismo e demonstra, sem aparentá-lo, que tudo isso pode ser muito engraçado.[79]

O que é confirmado por um personagem de Élie Wiesel: "Estou sonhando, digo a mim mesmo. ... Estou diante da miséria nua e dou risada. Sentado, contemplo a injustiça no ápice de sua feiura e rio. ... Tudo vira e revira em minha cabeça, que incha até se tornar caricatural; racho de rir olhando-a". Porque o século XX só inventou computadores e a bomba atômica. Para suportar o resto, suas atrocidades e suas inépcias, ele inventou o riso sem alegria, aquele que Beckett descreve em *Watt*: "O riso sem alegria é o riso dianoético, que fica atrás da cara... é o riso dos risos, o *risus purus*, o riso que ri do riso, que contempla a brincadeira suprema; em uma palavra, o riso que ri – silêncio, por favor! – daquele que é infeliz". É também o riso da personagem Odradek, de Kafka: "Riso que se produz sem pulmão, que se assemelha às folhas mortas". Riso engendrado pelo indeterminado, pelo grotesco do mundo e da sociedade. Riso diante do destino do homem, que faz Céline dizer: "Alguns milhares de nós de átomos que, depois de atados, começam a desatar-se, depois de ter adquirido o nome de homens: existe algo mais bufão? Acreditem em mim: o mundo é engraçado, a morte é engraçada". É o mesmo riso que agita Jacques Rigaut, para quem "não vale a pena deixar a vida", e Cioran, segundo o qual "sempre é tarde para o suicídio". Para ele, é preciso ver a "própria vida e a dos outros como um jogo de barbantes que se puxam, ora um, ora outro, para rir, numa diversão até o fim dos tempos". É o riso de Serge Gainsbourg, para quem "a fealdade é superior à beleza porque dura"; ou de Pierre Desproges, corroído por um câncer, autor do livro *Vivamos felizes, esperando a morte*; ou ainda de Georges Fourest, que "na carta grotesca e testamentária para regulamentar a ordem e a marcha de meus funerais", pede que seu cadáver seja pintado de várias cores e que seu caixão seja seguido por uma "negra loira", nua.

79 MCCANN, G. *Woody Allen, New Yorker.* Cambridge: 1990.

Até mesmo um homem de letras aparentemente elevado e sério como Saint-John Perse revela-se um malicioso mistificador, autor de uma "autobiografia" que não tem nada a ver com sua vida, repleto de pseudônimos que encobrem sua verdadeira identidade de Alexis Léger até o túmulo, onde ele partilha o "riso sábio dos mortos".[80] Saint-John Perse definiu-se poeticamente como um "homem de olhos calmos que ri ... e da borda imóvel do cílio ... nos fez mais de uma promessa de ilhas".[81] Praticando a autoderrisão, ele vê no homem uma criatura inacabada, um Narciso derrisório, que deveria explodir de rir ao se olhar no espelho: "Nunca pude enfrentar esse desgosto comigo mesmo sem ouvir logo brotar em mim uma enorme gargalhada. Seria preciso nunca ter olhado, ao me vestir, a palavra 'homem' escrita no rosto".[82] Só o riso nos permite sobreviver a nossa miséria: "Ó riso, falcão de ouro sobre nossos jardins queimados!".[83]

Para Mireille Sacotte, que estudou o riso de Saint-John Perse, trata-se de um "riso equívoco". Será o ricto do esqueleto sem lábios que lembra ao passante que tudo é vaidade e o passante, por sua vez, ri com um riso cínico? Será o riso da certeza de que, a despeito da morte, "nossas obras vivem longe de nós, em seus clarões", para sempre fecundar, e o passante vai, alegre, levar a boa notícia aos outros? ... O riso, o grito, universais, renunciam à divindade sincrética que dita ou inspira os grandes textos sagrados.[84]

Morrer de rir: é o que caracteriza a arte contemporânea, zombaria generalizada que se vende a preço de ouro. Pesquisas sistemáticas sobre a escultura do "seja o que for" ou a pintura do "seja como for", concluem que o riso solto é o único guia autorizado na cacofonia das pesquisas estéticas. O fato de um ruído de frigideira poder ser ouvido no recolhimento interior e de uma tela inteiramente azul (ou de outra cor qualquer) poder ser contemplada com respeito admirativo ilustra como chegamos ao cúmulo da derrisão, o que Yasmina Reza representou muito bem em *Arte*. É o apogeu da mistificação, com que os fumistas e os incoerentes de um século atrás não teriam podido sonhar...

Certamente, foram necessários longos e penosos esforços para chegar lá. O expressionismo desempenhou seu papel para a conquista do absurdo, e James Ensor (1860-1949) é o grande iniciador do riso moderno na pintura. *Entrada*

80 PERSE, Saint-John. *Œuvres complètes*, p.95.
81 Idem, p.35.
82 Idem, p.701.
83 Idem, p.299.
84 SACOTTE, M. "O riso de Saint-John Perse". In: *Europe*, n.799-800, nov.-dez. de 1995, p.142.

de Cristo em Bruxelas é a irrupção da humanidade do século XX: um Carnaval generalizado em que todo mundo ri de desespero, o riso é uma máscara que esconde – muito mal – o medo. Nessa multidão bizarra, todos os risos estão presentes, do mais estúpido ao mais alucinado, sem esquecer o riso da morte, no meio desses seres abestalhados, fantasmáticos, gregários – tropa lamentável que não sabe por que está lá nem aonde vai. Três séculos depois de Bruegel, o povo encontra-se em festa, mas o riso se tornou careta. A festa está lá, onipresente, obsessiva, mas sem objeto: a festa pela festa, a festa para esquecer, em que se finge rir para não chorar. Há um pretexto, como sempre: aqui, é a chegada do Cristo belga, em quem, aliás, ninguém presta atenção. Atrás de cada máscara dos ridentes de Ensor, há *O grito* de Edward Munch.

As máscaras, o Cristo descristianizado são reencontrados em Emil Nolde, com *O Cristo zombado* (1909). Cristo é apenas um rei de Carnaval, e as máscaras camuflam a perda de sentido. Se esse riso explode no momento exato em que Nietzsche ilumina a morte de Deus, não se trata de acaso. É o riso de homens que se encontram com o mundo nas mãos sem saber o que fazer dele. Resta apenas "sombrear as naturezas trágicas e rir delas", segundo a fórmula de Nietzsche. Sabendo que o avião não tem piloto, os passageiros só podem festejar enquanto esperam que ele se despedace. "Esse riso carnavalesco, sem regeneração, não procura purgar as paixões", escreve Bernard Sarrazin. "O novo bufão se conhece e sabe que o mundo é incurável: mais um motivo para rir."[85]

A pintura do século XX debrua esse tema, com o grotesco mais ou menos satânico de Alfred Kubin (1877-1959), o grotesco da desagregação e da decomposição de Max Ernst, o grotesco da deformação de Yves Tanguy ou de Salvador Dalí, o grotesco de autômatos odiosos, sádicos e sem mandíbulas de George Grosz e Otto Dix, o grotesco sem nome de galerias de arte contemporânea, onde se toca o dedo em nada. Por trás dessas criações, conscientemente ou não, há a ironia da derrisão. Uma ironia que não procura dessacralizar (nada mais é sagrado), que se volta sobre si mesma, que é autoderrisão. Com a *pop art*, por exemplo, Andy Warhol ostenta, cinicamente, a ausência do espírito criativo pela repetição indefinida dos modelos fornecidos pela cultura midiática de consumo: "Essa forma última de derrisão moderna, contracultura de um *underground* muito superficial, não demorou para entrar, consagrada, no museu da cultura de massa. Na tradição da ironia distante, esse dandismo vulgar consagra a cultura do clichê".[86]

85 SARRAZIN, B. *Le rire et le sacré*. Paris: 1991, p.27.
86 Idem, p.78.

Não há mais necessidade de caricaturas, pois o mundo se tornou uma caricatura: "Atualmente, o desenho de humor é um espelho", escreve, em 1974, um caricaturista moderno. No mesmo ano, Ronald Searle, Claude Roy e Bern Bornemann afirmam: "A análise crítica dos problemas do mundo pela ironia e pela sátira preserva, ainda hoje, sua significação integral. E os desenhistas atuais têm um incomparável poder de invenção de novos meios de investigação. Isso apenas no plano da compreensão visionária: avatares e desgraças da sociedade de massa, hiperdesenvolvimento da técnica, dificuldades de comunicação, atentados à 'qualidade de vida', cujas agressões são diárias e contínuas... a lista seria longa. Com o emprego do *nonsense*, do absurdo, do distanciamento grotesco, certos desenhistas mostram muito bem um mundo que, como o diz André François, parafraseando Malraux, se tornou ele próprio uma caricatura".[87]

Cada um com seu próprio estilo, Effel, Dubout, Peynet, Chaval, Siné, Sempé, Plantu ilustram o estilhaçamento contemporâneo do saber, dos deveres, das funções, fazendo surgir o absurdo do conjunto por meio do lado derrisório de seus aspectos particulares. Se "a história da caricatura é a história da consciência da sociedade", como o afirma o especialista Ronald Searle, é forçoso constatar que a sociedade contemporânea tomou consciência do *nonsense* da existência e decidiu rir disso. Poderia fazer outra coisa?

O fato de o próprio absurdo, antes motivo de escândalo, ter se tornado um dos motores do cômico atual – como o mostram, entre outros, os esquetes de Raymond Devos, dos Monty Pythons ou de Rowan Atkinson – diz muito sobre a evolução cultural contemporânea. A revelação do absurdo como componente fundamental do ser, uma das marcas do século XX, logo encontrou sua réplica: o riso veio tampar esse buraco oco no tecido da existência. O século XX realmente morreu de rir. O riso revelou sua capacidade universal de desafiar o ser e o nada. Mas, opondo-se por toda parte ao sério, mudou de natureza. Esse riso geral é um riso em mutação. Um riso muito utilitário para ser verdadeiramente alegre.[88]

---

87 *La caricature, art et manifeste, du XVIe siècle à nos jours.* Paris: p. 249.

88 Sobre o cômico do início do século, pode-se consultar BARILLET, P. *Les seigneurs du rire.* Paris: 1999.

– 15 –

O SÉCULO XX: MORTE DO RISO?

A desforra póstuma do diabo

O riso está em perigo, vítima de seu sucesso. Embora ele se estampe por toda parte, da publicidade à medicina, da política-espetáculo às emissões de variedades, dos boletins meteorológicos à imprensa cotidiana, a grande ameaça universal deste início do século XXI paira sobre ele: a comercialização. O riso, como a carne de vaca, é um produto de consumo, *doublé* de um produto milagroso cujo valor mercantil é inestimável. Já registrado, etiquetado, impresso, filmado, ele é vendido no mundo inteiro; profissionais asseguram sua promoção, a difusão e até o serviço, depois da venda, para as pessoas hipócritas. Ao mesmo tempo produto e argumento de venda, torna-se um atributo indispensável do homem moderno, quase tão útil quanto o telefone móvel. "Fazer a festa" tornou-se uma obsessão. Tudo é pretexto para isso: aniversários sem significação, pseudoacontecimentos esportivos, culturais ou políticos – festa da cerveja, do vinho, dos licores, das mães, da música, dos arados, do presunto, das árvores, do livro, do Ano-Novo, de tudo ou de nada. O riso, que, bem entendido, deve acompanhar todas essas festas, tornou-se o antiestresse infalível. Reconhecem-se nele milagrosas virtudes terapêuticas. Gilles Lipovetski encontrou um nome para essa sociedade contemporânea que se banha no culto da descontração divertida: a sociedade humorística. Sociedade na qual o riso é receita eleitoral, argumento publicitário, garantia de audiência para os meios de comunicação e até uma incitação à ação caritativa, como o ilustra a associação Comic Relief e sua campanha de narizes vermelhos.

Resta saber se esse riso comercializado não é adulterado, como aquele produzido pelo protóxido de azoto, ou "gás hilariante", muito conhecido pelos adeptos das *rave parties*, se o uso habitual dessa droga não tem efeitos secundários inquietantes, se o riso obrigatório não corre o risco de matar o verdadeiro riso, o riso livre. Rir de tudo é conformar-se com tudo, abolir o bem e o mal em benefício do *cool*. Seria a última desforra de um diabo moribundo que submerge o mundo num delírio de derrisão?

DIVERSIFICAÇÃO DA SÁTIRA POLÍTICA

O domínio da vida pública ilustra perfeitamente o problema. Tradicionalmente, essa atividade relativa aos aspectos vitais e aos interesses fundamentais da sociedade evoluía num quadro solene e sério. O riso estava apenas do lado da oposição; era uma zombaria mais ou menos subversiva e, como tal, estreitamente vigiada pelo poder. Essa partilha é reforçada, no século XX, sob os regimes totalitários, máquinas desumanas desprovidas de qualquer humor. Em *1984*, George Orwell mostra como a ditadura de *Big Brother* substituiu o riso pela agressividade, que se exprime ao longo de sessões de raiva organizada. "O poder não tem humor, senão não seria poder", escreve Maurice Lever. O humor torna-se um instrumento de luta contra o poder. *O ditador*, de Chaplin, é testemunho marcante disso. Já dissemos como o regime de Vichy interditou o trabalho de André Breton sobre o humor negro, e durante muito tempo ainda as manifestações de desrespeito em relação ao Exército, à pátria ou ao hino nacional foram objeto de perseguições. Os *lobbies* de antigos combatentes não permitem que se toque em "sua" guerra e, sobretudo, que se ria dela. Serge Gainsbourg, quando põe a *Marselhesa* em ritmo de *reggae*, expõe-se a clamores indignados.

Nos países do Leste Europeu, até 1990, o exercício da derrisão é cuidadosamente enquadrado pelo poder. Staline tolera *Krokodil*, que lhe serve para ridicularizar os adversários designados: americanos, burgueses, maus operários. Por ocasião das tentativas de reforma do sistema por seus sucessores, a caricatura é utilizada para fustigar os flagelos sociais e os vícios da administração, mas uma lei de setembro de 1966 prevê penas de até três anos de campo para brincadeiras antissoviéticas. Todavia, a população não perde seu senso de humor, como o testemunham tantas histórias que difundem imagens negativas do poder, da censura e até da ideologia: "'Qual é a diferença entre a imprensa escrita e a falada?' 'Num jornal, podem-se embrulhar arenques.' 'O que é o capitalismo?' 'É a exploração do homem pelo homem.' 'E o comunismo?' 'Exatamente o contrário.'". Nesse contexto, o riso é o último espaço de liberdade.

Nas democracias ocidentais, por outro lado, o uso da derrisão em política, beneficiando-se de grande tolerância, não cessa de progredir. Mas essa progressão revela-se logo ambígua. Diferentemente da tradição antiga, o teatro pratica pouco a sátira política direta: ele prefere a crítica social ou filosófica, só atingindo homens políticos concretos. A comédia contemporânea é, relativamente, pouco ligada à atualidade. É, portanto, na caricatura escrita e nos meios audiovisuais que a derrisão se situa. Esta só pode agir, indiretamente, com a intervenção da opinião pública.

Tomemos como exemplo a guerra da Argélia. O poder francês encontra-se em posição vulnerável porque a guerra não engaja toda a nação; ela divide os franceses; uns não se importam, outros opõem-se violentamente. O governo não pode cutucar sistematicamente os críticos, como nos tempos dos grandes conflitos patrióticos. Assim, o humor satírico tem condições de exprimir-se por completo, explorando até os casos de censura. A derrisão, que envolve humor negro e humor absurdo, faz-se dura, crua, contundente. A "estúpida e maldosa" revista *Hara-Kiri*, proibida de fazer cartazes, retoma o espírito de Swift quando sugere, por exemplo, "que se engordem crianças árabes para vendê-las como carne de açougue". Cavanna, Bosc, Cabu e Siné engajam-se em ferozes caricaturas antimilitaristas. Cada um tem seu estilo: Bosc faz o humor do silêncio, despojado e intemporal; Siné, o humor de bonecos mecânicos; Cabu, o humor do absurdo.[1]

A derrisão no domínio político é muito diversificada. A tradição da ironia mordaz, espiritual, mas sempre politicamente correta é ilustrada na França por *Le Canard Enchaîné*, verdadeira instituição integrada nas engrenagens da vida pública. A zombaria provocante, de bom grado maldosa e agressiva, aparece com a criação, em setembro de 1960, de *Hara-Kiri*, que quer lutar contra a idiotia mediante o absurdo; nessa linhagem inscrevem-se *Charlie Hebdo* e numerosas revistas mais ou menos efêmeras, às vezes ancoradas na extrema esquerda e que seduzem os estudantes do primeiro ano. Caricaturistas

1 GERVEREAU, L. "Palavras e silêncios de guerra". In: *Humoresques*. Presses Universiaires de Vincennes, 1994, pp.81-88.

ferozes trabalham com vitríolo e não recuam diante de trivialidades, em um universo sem tabus. O audiovisual, depois dos cançonetistas clássicos, equipa-se com marionetes e fantoches, caricaturas animadas dos personagens abordados, cuja linguagem de verdade se choca com as mentiras oficiais de seus modelos. Resumindo, a vida política "séria" tem agora um duplo cômico e caricatural, derrisão permanente que torna decrépito, pelo riso, o sentido dos acontecimentos públicos.

A POLÍTICA-ESPETÁCULO E A DITADURA DO RISO

Ora, o recurso sistemático à derrisão não tem os efeitos que poderiam ser esperados. A zombaria política generalizada, longe de desembocar na subversão, acaba contribuindo para banalizar as práticas que denuncia. Os meios políticos conseguem exterminar o cômico, tornando-se eles próprios cômicos. Certos políticos, tanto homens quanto mulheres, parecem mais grotescos que suas marionetes. Para uns, é dom natural; outros chegam a isso à custa de trabalho e graças às opiniões esclarecidas de seus conselheiros em comunicação. Contrariamente aos Robespierre e aos Lenin, os "grandes" homens da metade do século XX souberam manejar o humor e fazer dele um instrumento de prestígio. Conhecem-se as tiradas espirituosas de Churchill e de De Gaulle, a jovialidade de Krutchev e o grotesco de Yeltsin. Em 2000, o presidente Clinton chegou a mandar gravar um vídeo no qual faz um "solo" de palhaço.

A democracia moderna ao menos aprendeu esta lição da história: um poder que não aceita a zombaria é um poder ameaçado, desprezado, votado a desaparecer. Só se zomba daquilo que ainda inspira algum respeito; o cúmulo do desprezo é a indiferença. "As sociedades doentes, as instituições moribundas ficam rígidas e se sacralizam: elas se sentem à mercê do ridículo", escreve Éric Blondel.[2] As democracias modernas aceitam o contrapoder do riso porque avaliaram sua utilidade. Até a senhora Thatcher declara admirar a transmissão satírica *Yes Minister* da rádio BBC, o que leva John Wilkins a perguntar: "Será que ela apreciava o programa porque os ataques contra a função pública e o *establishment* político coincidiam com os dela? Ou porque os comentários cômicos sobre os políticos eram uma bofetada bem-vinda? Em todo caso, era um programa idealizado por uma cadeia nacional louvada

---

2 BLONDEL, É. *Le risible et le dérisoire*. Paris: 1988, p.88.

por sua franqueza cômica numa época de censura sem precedentes à BBC. Talvez, do ponto de vista da psicologia política, fosse um benefício para a imagem dela mostrar que tinha senso de humor".[3]

O caricaturista, o intelectual zombador, o comediante parodístico apenas retomam o papel do bufão do rei. Ora, o bobo do rei nunca pôs em risco a monarquia, ao contrário. O humorista político contemporâneo também não ameaça os políticos do momento, e estes evitam puni-lo. "O senhor pensa que sou tão idiota a ponto de enviar Sartre para o posto?", declarava aos jornalistas o chefe de polícia Maurice Grimaud quando o filósofo vinha discursar para os operários de Billancourt em greve, ridicularizando o poder.

O papel desempenhado por Coluche, na França dos anos 1980, ilustra o desvio da derrisão política. O personagem tem tudo para irritar e provocar pessoas sérias: seu físico ingrato de gordo e baixo – contrário a todos os padrões da beleza masculina moderna –, os trajes ultrajantemente desparelhados, o andar grotesco, a voz de falsete, a linguagem vulgar. É compreensível que essa caricatura ambulante se tenha tornado insuportável para algumas pomposas altezas sem humor para se dar conta da própria incongruência: Sua Alteza Sereníssima, o príncipe Rainier II de Mônaco, manda proibi-lo na televisão de RMC. O cômico de Coluche caracteriza-se pela transgressão integral, que visa, ao mesmo tempo, os responsáveis e o rebanho dos governados: corrupção e mentiras de uns, idiotia incurável de outros. Quando o humorista anuncia sua intenção de candidatar-se à eleição presidencial de 1981 e lhe creditam 12% das intenções de voto, ele provoca um sobressalto de indignação nos políticos, que se refugiam em sua dignidade ultrajada: esse bufão que infringe todas as regras, isso não faz parte do jogo! "Devolvendo aos outros candidatos o reflexo derrisório de sua própria candidatura, oferecendo aos eleitores uma imagem invertida da instituição, ele se divertiu, forçando as regras, embaralhando as cartas, desequilibrando os mecanismos, e, fazendo isso, colocou em perigo os fundamentos das regras do jogo", escreve Maurice Lever.[4]

Porém, até Coluche acaba digerido pelo sistema. Seu riso escarnecedor e seu nariz vermelho tornaram-se elementos inofensivos, integrados à cultura político-midiática contemporânea, referência até para aqueles cujas práticas ele denunciava. O riso de Coluche, riso de comediante, não mudou nada na

---

3 WILKINS, J. "Abusive criticism and the criticism of abuse". In: *Humour and Society*. Oxford: ed. K. Cameron, 1993, p.53.

4 LEVER, M. *Le sceptre et la marotte. Histoire des fous de cour.* Paris: 1983, p.297.

vida política porque, agora, a política assume sem complexo seu papel de comédia. A inelutável midiatização fez disso um espetáculo, e o riso irônico encontra seus limites: como zombar com eficácia dos políticos que apresentam a si mesmos como palhaços? Palhaços sérios quando proclamam sua integridade, as mãos sobre o coração, em meio a processos, investimentos fictícios ou desvios de fundos; palhaços cômicos quando se misturam ao povo para apertar mãos, provar os pratos típicos do torrão natal. Graças à comunicação midiática, os próprios políticos asseguram sua promoção pelo riso. Diante de uma sociedade humorística, eles cultivam a imagem de humoristas. Quando a comédia do poder se transformou em poder da comédia, o riso venceu – mas essa vitória de Pirro não tem sentido.

A vida política pode assim perpetuar sem maiores riscos suas práticas, conformar-se à norma, graças à cumplicidade dos cidadãos-espectadores. Por inversão completa, a capacidade de rir é critério de respeitabilidade e popularidade. Para construir uma carreira política, é preciso ter sólido senso de humor, saber mostrar-se desenvolto, despretensioso, ser capaz de compartilhar o riso do povo. Nesse sentido, são reveladoras as transmissões televisivas nas quais se convida uma personalidade para falar de seus gostos, de seu lazer – de tudo o que um cidadão comum faz. Ela será julgada, antes de tudo, por sua capacidade de suportar a derrisão, de provocar o riso. O princípio, escreve Paul Yonnet, é "que um homem de influência, um habitante do planeta político, um homem de Estado, um grande financista, aceita a assimilação a seus semelhantes por partilhar o riso dos outros à sua custa; que um homem de poder aceita anular essa distância que o diferenciava dos outros. Vê-se, imediatamente, entrar em cena um tipo de riso próprio das sociedades democráticas: o comparecimento de convidados políticos diante desse tribunal do riso não tem nada de inocente, visto que a agilidade do político em sair desse papel, a rapidez em adaptar-se com benevolência à ginástica e ao duelo do riso, sua sinceridade risível na anulação da distância, para parecer uma pessoa como as outras, resultam num acréscimo de legitimidade política, num bônus de simpatia".[5]

Trata-se, ainda segundo Paul Yonnet, de um "riso de controle", de um exame de passagem provando que o simpático candidato é digno da confiança do povo. O riso venceu: "O riso, descobrindo em seu princípio os meios não simplesmente de instruir ou refletir a sociedade, mas de transformá-la

5 YONNET, P. "O planeta do riso. Sobre a midiatização do cômico". In: *Le Débat*, março--abril, 1990, n.59, p.163.

ou conservá-la, contribui decisivamente para a instalação da nova ordem moral midiática".[6]

Estabelece-se, assim, um consenso humorístico. Em vez de ter face a face o mundo político e sua caricatura satírica, temos duas versões cômicas: o cômico *soft* e descontraído de um lado, o cômico *hard* e cínico de outro. Os dois não se opõem, completam-se. De repente, a caricatura de fantoches perde sua função subversiva; ela reforça o modelo desarmando a crítica séria. Expondo, cinicamente e sob a forma de riso, a sombria verdade, ela torna vã a denúncia e produz no público um hábito contestável. Propaga os comportamentos, as práticas, os modelos, as normas que supostamente critica e faz esquecer os debates de ideias. "A midiatização abre-se, por definição, para uma representação cômica da vida."[7] De novo, temos o riso-ópio do povo.

Isso também leva a questionar a função satírica dos meios de comunicação. "O tom de derrisão pode garantir a base do seguinte raciocínio: aquele que descobre a mentira diz, necessariamente, a verdade?",[8] pergunta-se Roselyne Koren. É suficiente rir para ter razão? Aí, ainda, assistimos a um desvio, nesse sentido: um uso desmedido do riso, que faz dele um substituto do argumento e da prova. A verdade não está, necessariamente, do lado dos ridentes. "Quem sabe se a verdade não é triste?", escrevia Renan. Ora, a sociedade humorística colocou em prática o aforismo de Oscar Wilde: "A verdade é pura e simplesmente uma questão de estilo". A derrisão, que tende a substituir a argumentação, adquiriu um poder excessivo de sedução. O jornalista que, sob o pretexto do 'dever de falta de respeito', pratica o jogo da conivência e da insolência desempenha a função do bobo da corte – um bobo muito patife para ser sempre imparcial, porque o "papel de bobo da corte é bem ingrato. Infeliz daquele que é atingido pela verdade, infeliz do desmancha-prazeres que relativiza os discursos oficiais".[9]

O jogo político, repleto de piscadelas e falsas aparências, é desnaturado pelo aspecto teatral que o advento da televisão introduziu. É a vez do espetáculo! O candidato deve desempenhar uma comédia diante dos eleitores, que têm horror à tragédia, e seus partidários devem escandir "*slogans* de esquematismo débil", segundo a expressão de Maurice Lever. Tudo deve acontecer sob o crivo da brincadeira, para que, por intermédio "dos *téléthons*,

6 Idem, p.169.
7 Idem, ibidem.
8 KOREN, R. "Da falta de respeito e de sua retórica: o caso do jornalismo político". In: *Humoresques*, n.5, p.98.
9 Idem, p.106.

do '*abbépierrisme*' e das insurreições acneicas da bondade",[10] os males do planeta se tornem suportáveis.

Em junho de 1996, Olivier Mongin escreve na revista *Esprit*: "Ontem, a inversão carnavalesca e sua capacidade de metamorfose faziam tremer as hierarquias e perturbavam as formas de dominação; hoje, o riso as esconde, ele é um engodo destinado a não modificar nada. Que cada um fique em seu lugar, fazendo de conta que está mudando algo: essa é a dura lei do cômico quando a televisão se apodera dele e os apresentadores reinam como senhores intocáveis sobre o setor público".

A OBSESSÃO DA FESTA MATA O RISO

Em cada seis bilhões de seres humanos, há três bilhões que são pobres, dois bilhões que não comem o que deveriam, quinhentos milhões que estão em hospitais e hospícios. Já que nossa sociedade do início do século XXI não pode resolver esses males e se recusa a encará-los, quer, a qualquer preço, "fazer a festa". Mas não uma festa passageira, e sim perpétua, existencial, ontológica. A obsessão festiva é outro sinal do triunfo ambíguo do riso.

"A festa acopla-se ao riso. Um e outro quebram o circuito estabelecido entre a reprodução social e a adesão dos homens ao longo de um júbilo material em que o excesso de energia ou o dinamismo próprio da espécie abrem-se para a premonição utópica de uma existência infinita em que o homem não estaria mais confinado nos quadros sociais. Assim, o fato de as sociedades procurarem – de maneira imprevista e por ocasião de celebrações rituais, inscritas numa cronologia cósmica ou social – um êxtase que as arranque do 'claro-escuro da vida cotidiana' e de as pessoas encontrarem no riso um 'dado novo' que, por um segundo efêmero, as transporte para além de sua cultura é o que nos afasta do suplício e da tragédia."[11] Para Jean Duvignaud, em *Ensaio de antropologia da festa*, o riso e a festa associam-se necessariamente porque, juntos, permitem arrancar o indivíduo de seu triste cotidiano para abrir-lhe um "outro lugar" ensolarado: "O riso não é o contrário do trágico. Ele é 'outra coisa'. O riso é uma virtualidade inútil, um jogo, uma utopia".

Mas a festa, como o amor ou a felicidade, não existe por decreto. Não é suficiente decidir fazer a festa para que ela aconteça. As festas, que atual-

---

10 YONNET, P. op. cit., p.165.
11 DUVIGNAUD, J. *Le don du rien. Essai d'anthropologie de la fête*. Paris: 1977, pp.282-283.

mente surgem por toda parte, não ressuscitam o espírito da festividade arcaica. Esta constituía, como afirmou Nietzsche, um ponto de equilíbrio excepcional, frágil, entre o que ele denominava polo apolíneo, feito de serenidade e de sublimação em seu aspecto cerimonial, e o polo dionisíaco, que é liberação da violência e do imaginário. A festa arcaica retorna às origens por uma repetição cíclica do modelo, recriando o mundo, em uma tensão sagrada. Era "um fenômeno-limite excepcional, ao mesmo tempo instituição social, legitimada no interior de um espaço e de um tempo, e uma experiência coletiva de negação institucional em que se dá livre curso aos fantasmas individuais em busca daquilo que transcende a ordem da sociedade imanente e que se pode chamar, por comodidade provisória, de sagrado".[12]

O paradoxo é que a sociedade moderna gostaria de fazer desse "fenômeno excepcional" um modo de existência permanente, uma maneira de ser, um substituto da ontologia. Já a cultura judaico-cristã, quebrando a concepção cíclica da história e substituindo-a pela duração linear irreversível, mudou a natureza da festa: esta não pode mais ser recreação, mas simplesmente comemoração. Além disso, o homem "faustiano" tem seu destino nas mãos; ele se volta para o futuro. A nova festa também é prefiguração do futuro; de "energia de recolhimento de um sagrado transcendente", ela passa para uma "vontade faustiana de criação de ídolos imanentes, funcionando como substituta do arcaico sagrado".[13] Assim se exprime Jean-Jacques Wunenburger, há um quarto de século, em um notável estudo intitulado *A festa, o jogo e o sagrado*, em que demonstra como essa aspiração atual à festa permanente repousa sobre uma ilusão.

Em primeiro lugar, porque a verdadeira festa pressupõe uma ruptura, uma descontinuidade, um desvio da norma, que hoje é impossível, num quadro de sociedades tão complexas que não se pode interromper completamente o curso normal das coisas. É também o que pensa André Varagnac: "Agora é preciso incluir muito de nós mesmos nas visões políticas e sociais para que tenhamos o gosto profundo das festas de outrora, quando, depois de se esgotarem, sem refletir, nossos pais aspiravam apenas a rir com todo o seu ser".[14] Mesmo na época arcaica, havia festas laicas que só visavam à satisfação da necessidade de encontros humanos, sociais; assim, Émile Durkheim observou, na Austrália, ritos "unicamente destinados a divertir, a provocar o riso pelo riso, isto é, a

12 WUNENBURGER, J.-J. *La fête, le jeu et le sacré*. Paris: 1977, p.11.
13 Idem, p.147.
14 VARAGNAC, A. *Civilisation traditionnelle et genres de vie*. Paris: 1948, p.368.

manter a alegria e o bom humor no grupo".[15] Mas essas festas puramente lúdicas permaneciam, apesar de tudo, excepcionais.

Por outro lado, "enquanto na festa arcaica o bufão concentrava em si o excesso que seria perigoso confiar aos atores, atualmente cada um torna-se bufão e, relaxando, ou esquecendo os ritos, entrega-se à improvisação de mímicas grotescas, realizando mais intenções individuais do que visualizações de símbolos nascidos do consenso arcaico".[16] As festas modernas fragmentam-se, fracionam-se, terminando em um "ativismo panlúdico" que tende a fazer da própria vida uma festa – o que é um contrassenso, já que é a festa, justamente, que se opõe ao cotidiano pela liberdade e pela supressão dos tabus.

Esse sincretismo do cotidiano e do festivo começou pelo mito das férias, tempo privilegiado, de embriaguez, em que cada um recria sua vida numa experiência festiva. Depois, isso se estendeu à vida de todos os dias, com a multiplicação de iniciativas que visam fazer da existência um jogo perpétuo e se traduzem pela proliferação de festas, festivais e regozijos de toda espécie, mas também pela organização de "animações", de "promoções", de jogos, de celebrações – do décimo aniversário do hipermercado local à semana comercial do centro da cidade. O interesse econômico é evidente: a sociedade de consumo deve ser uma sociedade eufórica. O homem feliz compra, e o riso é um poderoso argumento de venda: "Pela superprodução e pelo superconsumo, o mundo dos objetos úteis será elevado à categoria do mundo lúdico; agora, consumir tudo e nada, por nada, para nada, por consumir, será uma verdadeira festa".[17]

Para Guy Debord, "essa época que mostra a si mesma o tempo como o retorno precipitado de múltiplas festividades é, igualmente, uma época sem festa. Quando essas pseudofestas vulgares, paródias do diálogo e da doação, incitam a um extra de despesa econômica, só trazem decepção, sempre compensada pela promessa de nova decepção".[18]

Outra contradição dessa atmosfera de festa permanente: sua credibilidade depende de uma participação unânime. A festa moderna é, portanto, obrigatória. Nada de cara feia, de aparência tristonha, deprimida, de ar de desânimo. Os recalcitrantes, os que não acham graça nisso ou que não têm vontade de rir, são vítimas de ostracismo, apontados com o dedo, porque nada é mais intolerante que um grupo de ridentes. A tirania do riso é impiedosa.

15 DURKHEIM, É. *Les formes élémentaires de la vie religieuse,* pp.542-543.
16 WUNENBURGER, J.-J. op. cit., p.177.
17 Idem, p.197.
18 DEBORD, G. *La société du spectacle.* Paris: 1967, p.129.

A televisão faz sua triste parte com o aumento de programas de ambiência cômica, em que o público é reunido em torno de um tablado com a única função de aplaudir ao sinal de comando e gargalhar convenientemente de todas as finas brincadeiras dos animadores. E, quando não se pode ter público, gravam-se as risadas. Já em 1975, em *A cultura do psy ou o naufrágio dos mitos*, François Laplantine denunciava "um ludismo absolutamente degradado (terceirizado, concursos radiofônicos), uma televisão hipócrita que provoca um entorpecimento hipócrita, clubes de férias que, na verdade, são, segundo Gérard Mendel, 'clínicas de esquecimento', um uso exagerado de tabaco e de tranquilizantes, ocupações idiotas e de uma monotonia atroz, enfim, muitos meios para nos propiciar apenas um suplemento de felicidade sensorial que corresponde, no nível do inconsciente, a uma regressão de caráter psicótico e que permite à nossa sociedade sobreviver sem que alguma catástrofe psiquiátrica se instale abertamente, à luz do dia".[19]

Criar uma festa total, simulação da festa arcaica: eis o que se tenta, organizando imensos espetáculos com sons, cores, projeção de imagens, que devem permitir, a cada um, esquecer-se e divertir-se. A onda dos *happenings* nos anos 1960 e 1970, que consiste em provocar uma embriaguez festiva através de um ato que cria uma situação inesperada, desestruturante, chocante, procede da mesma ideia, tal como as *rave parties* atuais. É sempre a perda da individualidade que está em causa. "Nessas histerias modernas de consumo", escreve Jean Brun, "escondem-se substitutos dos desejos de metamorfose que deram origem a tantos mitos; consumindo sem cessar novos elementos, num ritmo cada vez mais acelerado, o homem dionisíaco procura assimilar tudo o que não é ele e conferir, a todo instante, as dimensões exuberantes de uma existência tentacular cujas máquinas lhe dão a primeira promessa.".[20]

Esse "panludismo festivo" cria uma festa que é seu próprio fim, que gostaria de tornar-se um modo de existência, de fazer da vida um jogo, uma gigantesca gargalhada. Trata-se de metamorfosear o homem, recusando uma sociedade de banalidade alienante, um cotidiano sem brincadeira. É um projeto prometeico, a menos que seja "um projeto diabólico, que define melhor o campo lúdico contemporâneo".[21]

A vontade de reencontrar a festa arcaica é evidente no uso das máscaras, dos disfarces, das fantasias, das pinturas corporais, mas também na

19 LAPLANTINE, F. *La culture du psy, ou l'effondrement des mythes*. Privat: 1975, p.47.
20 BRUN, J. *Le retour de Dionysos*. Paris: 1969, p.201.
21 WUNENBURGER, J.-J. op. cit., p.210.

desestruturação do pensamento, na eliminação de fronteiras entre o real e o irreal, pelo comportamento alucinatório; daí a importância do álcool e, cada vez mais, da droga. Uma festa sem álcool é inconcebível, pois ele favorece a explosão do eu, literalmente, que se dissolve na totalidade da multidão gregária, na "comunhão" do ser coletivo: multidões em delírio nos estádios, manifestações, procissões e cortejos que se alimentam de ruídos e de *slogans* mágicos, revoluções, concertos de *rock* ou de *tecno*.

Sob esses comportamentos de regressão gregária ao estado pré-consciente, os sociólogos discernem neuroses e angústias do ser contemporâneo. François Laplantine fala da "euforia difusa que camufla a imensidão de nossa angústia e de nossa miséria psíquica".[22] Para De Felice, "os acessos de febre gregária não passam de doenças que ameaçam de decadência e de morte o organismo que atacam".[23] Jean-Jacques Wunenburger, evocando o exemplo significativo de *Decameron*, pergunta-se se a festa contemporânea não ocultaria "uma espécie de neurose do otimismo que esconderia, em seu delírio lúdico, uma regressão narcisística, terminando em um comportamento de catástrofe, consequência de um sonho impossível".[24] Segundo A. Stephane, "atrás de toda essa excitação, há o tédio que espera, embuçado... e, atrás da 'festa maníaca', a crise depressiva espreita".[25]

Porque esses comportamentos infantis estão destinados ao fracasso. Tratar-se-ia de realizar a utopia, de apagar a diferença entre o sonho e o real, investindo no imaginário, colocando a sensibilidade corporal de acordo com uma ilusória força vital que, por meio do jogo, levaria o homem ao limite de si mesmo. Mas o real é teimoso; não é possível desembaraçar-se dele; expulso pela porta, ele volta pela janela. Basear a festa na ilusão da fusão do real e do sonho é correr para a desilusão. Desde a partida, a festa é falsa. O homem moderno gostaria de criar mitos, ele fala de "momentos mágicos", mas os mitos e a magia não se decidem. O homem moderno só pode fingir que acredita nisso. Ele tenta recriar o sagrado depois de dessacralizar tudo: "A festa contemporânea, despojada da superestrutura, tal como o mito, deixa o jogo fantástico se apropriar dos sentidos imanentes e contingentes, de sorte que, sob a cobertura da dessacralização, o jogo se abre para todas as ressacralizações possíveis".[26] Assiste-se, portanto, a uma busca fetichista

---

22 LAPLANTINE, F. op. cit., p.34.
23 DE FELICE. *Foules en délire, extases collectives.* Paris: 1947, p.327.
24 WUNENBURGER, J.-J. op. cit., p.224.
25 STEPHANE, A. *L'univers contestationnaire.* Paris: 1969, p.237.
26 WUNENBURGER, J.-J. op. cit., p.231.

do sagrado. Não é irônico ver multidões laicas viverem a festa *tecno* como uma verdadeira missa? "O sagrado moderno", escreve Jean-Jacques Wunenburger, "elimina a diferença entre o homem e os possíveis e reifica a experiência em um ativismo otimista.".[27] Assim, ele quer se despojar das camadas inibidoras acumuladas pela civilização, como insistia Antonin Artaud. Sua nova busca das origens também se revela alienante, porque não é possível fazer desaparecer o passado e o real. A nova festa é uma concha vazia, é o jogo pelo jogo. Sonhar o absurdo pelo absurdo não pode levar muito longe – ou pode levar à catástrofe. Nada é pior que a imaginação no poder, se esta enfraquece a razão: "Não se trata de proibir a imaginação de fazer o mundo progredir, mas de impedi-la de chegar ao poder para tiranizar a lógica".[28]

E o riso, em tudo isso? Ele está simplesmente ameaçado de morte, enquanto é visto triunfante. A menos que ainda chamemos "riso" aos clamores e vociferações das multidões e tiques nervosos de indivíduos mergulhados num segundo estado. Por outro lado, do que se riria? Se não há mais diferença entre o sonho e a realidade, se a normalidade desapareceu, do que se poderia rir ainda? O riso baseia-se num deslocamento: se tudo é risível, o riso perde sua força. "Algumas gerações mais e o riso, reservado aos iniciados, será tão impraticável quanto o êxtase", escreve Cioran. A festa gregária sufoca o indivíduo, única base de um humor autêntico.

RISO E FESTA CONTEMPORÂNEA: O DIVÓRCIO

A festa é, por essência, coletiva e anti-individualista; a pessoa se perde no grupo. Outrora, a festa era associada ao riso em razão de seu caráter excepcional, que permitia estabelecer um deslocamento da norma. A extensão da festa para a vida inteira, vivida como um jogo, põe fim – mesmo que de forma ilusória – a essa separação, quebrando o elo entre o riso e a festa. A festa obrigatória e perpétua, que se apresenta como solução coletiva para a angústia de um mundo que perdeu o sentido, torna impossível a forma individual do riso, que é o humor. Este brincando com o sério e o derrisório; como fazer humor num mundo em que tudo é derrisório? Ora, o humor é uma reação muito mais eficaz do que a festa, para enfrentar o real.

27 Idem, p.235.
28 Idem, p.243.

A renovação artificial das festas tradicionais não muda o dilema. O Carnaval tradicional parece sobreviver, em especial na Espanha, onde Julio Caro Baroja descreve, por exemplo, na província de Cuenca, essas procissões, em que um membro da confraria das almas do purgatório, disfarçado de diabo, se entrega a patifarias, contraria o pároco e bate nas mulheres.[29] Em Almonacid, no dia de são Brás, há "diabos dançarinos". Na província de Córdoba, os homens disfarçam-se de bufões e executam a dança dos loucos. Em Aragón, os *zamorrones*, fantasiados de demônios, dançam no dia de Santo Antônio e batem nas pessoas, "semeando o pânico e fazendo rir". Para a festa da Purificação da Virgem, em algumas vilas, circula a *botarga*, espécie de monstro meio animal, meio diabo, que põe para correr mulheres e mocinhas, com mil facécias. "Em Retiendas, a *botarga* encarna o bufão que acompanha a Virgem em sua primeira saída, depois do parto, para que ela não sinta vergonha."[30] Em Burgos, a *botarga* chama-se *colacho*; ela troca insultos e zombarias com os espectadores.

Por toda parte, o caráter macabro dessas festas tradicionais acentua-se. A ligação entre demonismo, loucura e morte tem, para Baroja, "um caráter inquietante, mesmo do ponto de vista da psicologia geral". A seus olhos, "o fato de associar o ato de se mascarar à violência, às brincadeiras grosseiras, a atos cômicos e trágicos, o desejo de mudar de personalidade e de passar do riso às lágrimas, e vice-versa, noções de vida, de movimento, de lubricidade a noções de morte e de destruição"[31] é revelador de uma deformação do Carnaval, que o dissocia das fontes do riso.

A mesma constatação impõe-se em outros casos. As antigas festividades célticas de *Halloween*, comemorando, talvez, a morte sacrifical de um rei durante a festa de Samain, conhecem uma renovação e uma extensão que, provavelmente, são mais que um fenômeno comercial. Sem dúvida, os participantes não têm nenhuma ideia do sentido dessas bufonarias macabras, mas é exatamente essa associação do riso e da morte que se vislumbra por intermédio do títere de *Jack o'Lent*.

Na Polônia, a morte e o diabo têm primazia em Zirviec, quando, na semana do Natal, se representa "Herodes". Na Moldávia, o diabo está sempre presente nos Carnavais. Na Eslovênia, "morte e derrisão da morte misturam-se intimamente nos rituais carnavalescos", escreve Clara Gallini.[32] No

29 BAROJA, J. C. *Le Carnaval*. Paris: trad. francesa, 1979, p.344.
30 Idem, p.375.
31 Idem, p.155.
32 GALLINI, C. "O riso salvador: rir, zombar, fazer rir". In: *Carnavals et mascarades*, sob a dir. de D'AYALE, P. G., BOITEUX, M. Paris: 1988.

norte da Itália, em Tufara, nos confins da Lucânia, organiza-se a "mascarada do diabo", no último dia do Carnaval. Acompanhado de duas personagens vestidas de branco e vermelho, representando a morte, o diabo vai de casa em casa à procura do Carnaval. Faz-se o julgamento do diabo na praça do vilarejo; ele é fuzilado e a morte o leva. No folclore tradicional sardo, a associação do riso e da morte é muito antiga. Assim, por ocasião da morte de um habitante, depois das lamentações fúnebres, caçoa-se do defunto e trocam-se pilhérias. Quando um camponês é picado por uma tarântula, ele precisa rir – sinal de que a vida voltará; para esse fim, dança-se a *argia* em volta do doente, fantasiando-se, entregando-se a mímicas sexuais e dizendo obscenidades, zombarias agressivas contra qualquer um, inclusive o doente, até que ele ria. A derrisão, exprimindo aqui o poder do grupo, pode dirigir-se a qualquer indivíduo e tem por objetivo exorcizar: "O fato de rir de uma pessoa num ritual coletivo pode, portanto, constituir um instrumento de integração e não de expulsão".[33]

Essa significação social de integração recua, cada vez mais, em proveito de um sentido muito ambíguo do macabro, do mórbido. Martine Boiteux comenta sobre isso na Itália: "Se em certas regiões reaparece a ideologia da morte com seus signos e seus símbolos, em toda a Itália triunfa o reino do ambíguo: mistura de sexos e de anjos, de papéis sociais e categorias estéticas e, sobretudo, de tempo, em um deboche de ruído e de luz".[34] Para essa historiadora, se o Carnaval é um fenômeno de massa, tão amplo, é porque se assiste ao crescimento dos medos, das tensões, da crise dos valores; a multidão procura, na loucura coletiva do Carnaval, atravessar o fosso entre um cotidiano preocupante e o sonho utópico da festa perpétua. "Atrás desse *revival*, desse renascimento do Carnaval, esconde-se essa forma de oposição cultural pela qual se tenta anular a sutura entre a festa e o cotidiano."[35]

O mesmo ocorre no Tirol e na Suíça. No Tirol, o Carnaval é associado à ideia do rejuvenescimento; em Tramain, personagens vestidos de branco e preto perseguem as mulheres velhas, representadas por manequins cheios de palha, espalhados pela vila. Reunidas na praça, são entretidas com piadas, depois içadas por uma máquina infernal que as joga na roda de um moinho... de onde saem jovens e belas moças, tão vivas quanto sorridentes. É o poder rejuvenescedor do riso! Na Suíça, o Carnaval popular reina desde os anos

33 Idem, p.37.
34 BOITEUX, M. "Carnavais e mascaradas na Itália". In: *Carnavals et mascarades*, op. cit., p.75.
35 Idem, ibidem.

1970, mas de maneira perturbadora. Ao som dos *Guggen*, a multidão fantasiada circula, mas não diz uma palavra – "sinal da solidão e das necessidades dos habitantes de uma cidade grande", escreve Paul Hugger, que pergunta: "Por que o Carnaval exerce tal fascinação sobre o homem moderno? A resposta, formulada de modo sucinto, poderia ser: o Carnaval é, com exceções locais, o único fato do calendário que toca na essência original da festa, que é formar um contraste com a vida de todos os dias, de ser uma ocasião em que outros valores são importantes, em que as normas habituais não ocorrem".[36] No caso, o Carnaval serve a um duplo objetivo: exorcizar os medos fundamentais, como o da morte, incluindo-os na festa perpétua, e resolver os conflitos particulares na unanimidade do riso.

Nos dois casos, o riso, considerado como puro instrumento, perde seu aspecto liberador para o indivíduo. Ele se torna um meio de higiene social visando restaurar a ordem pública e a moral da população. Utilizado sob comando, é padronizado e, finalmente, ineficaz. Dois exemplos ilustram essas duas utilizações. Na Alsácia, os comerciantes de Strasburgo lançam, em 1957, uma promoção de Carnaval para conter a violência e, sobretudo, favorecer as vendas. O fracasso é patente. De 1973 a 1977, as associações de jovens da periferia organizam, por sua vez, "o Carnaval dos vagabundos", na esperança de canalizar a oposição entre o centro burguês francófono e a periferia pobre "dialetófona" – integrar os marginais na comunidade do riso, como outrora na cidade pré-industrial o Carnaval canalizava a violência popular dando-lhe uma possibilidade de expressão ritualizada. Mas a violência urbana atual não tem muito a ver com a da sociedade tradicional. A experiência do "Carnaval dos vagabundos" foi breve, depois de algumas dezenas de vitrines quebradas e carros incendiados.[37]

Segundo exemplo: a forma carnavalesca adquirida, em 1977, pelo movimento de contestação dos valores e ideologias da sociedade liberal capitalista nas universidades italianas. O movimento, denominado "Indianos metropolitanos", tem como objetivo a transformação da vida em festa perpétua, incluindo a morte: "Viva a morte, morte à morte!", diz um *slogan*, e outro proclama:

> Vocês querem que vivamos
> nos arrastando e chorando;

---

36 HUGGER, P. Idem, p.98.

37 CERF, E. "O Carnaval dos vagabundos de Strasburgo". In: *Revue des sciences sociales de la France de l'Est*, 1994.

mais vale levantar-se
e morrer rindo.

Reencontramos aí a ideia de derrisão universal: o riso como refúgio supremo e como recusa das ilusões ideológicas. Porém, mais uma vez, esse riso voluntário, utilitário e planejado, se congela muito depressa. A festa contemporânea gostaria de aprisionar o riso; mas este só pode viver no estado selvagem, em liberdade.

A festa contemporânea está em plena deriva em escala planetária. Essa é a impressão de Jean Duvignaud, depois de ter percorrido o mundo. "A forma das festas dissolve-se na comunicação planetária, mas o princípio que as move (a superação do ser que somos e da utopia do futuro) prossegue seu trabalho de sapa. As festas vão emergir sob um aspecto de que ainda não suspeitamos. Nisso, nós a esperamos com curiosidade."[38] Para o sociólogo, estamos na época de "quase festas", ou seja, de reuniões informais, livres, em que tudo e todos se misturam, como foi o caso dos funerais de Sartre, em 1980: "A deambulação não é nem silenciosa nem recolhida: conversa-se, encontra-se, ri-se, ... uma reunião de homens e mulheres que, aparentemente, não têm nada em comum, somente a capacidade de ser, por um momento, mais do que são, ali, em volta de um fantasma de uma liberdade infinita. Breve momento de utopia: o espírito confundido com a vida social. Uma meia festa".[39]

Essas meias festas, sem ritos, sem significação particular, que perderam toda referência do sentido original, inquietam René Girard, que vê nisso uma ameaça à paz social. A seus olhos, a festa tradicional era a comemoração da crise sacrifical de origem, ato fundador da ordem social, canalizando a violência para a vítima expiatória. "A festa perdeu seu caráter ritual e vai mal à medida que retorna a suas origens violentas; em vez de derrotar a violência, ela amordaça um novo tipo de vingança."[40] Os exemplos são muitos, da violência dos estádios ao tumulto das manifestações de protestos. Já não se concebe a festa sem um "serviço de ordem" imponente que nem sempre conseguirá conter a violência latente. A simples pressão demográfica é, aliás, um fenômeno que aumenta a ameaça; ela modifica o psiquismo individual e coletivo.

---

38 DUVIGNAUD, J. *Fêtes et civilisation*. Paris: 1973, p.256.
39 Idem, pp.244-245.
40 GIRARD, R. *La violence et le sacré*. Paris: 1972, p.188.

O riso autêntico é expulso, progressivamente, da festa; é substituído pela máscara do riso, congelado, artificial e obrigatório. As festas hilárias são como aquelas descritas pelo visionário Ensor: multidões que escondem sua angústia atrás de um ricto, num turbilhão em que a morte e o diabo se misturam aos humanos assoberbados, prestes a matar-se uns aos outros. Ouçamos René Girard, ainda: "Por trás da aparência jovial e fraternal da festa desritualizada, privada de qualquer referência à vítima expiatória e à unidade que ela refaz, não há outro modelo, na verdade, a não ser a crise sacrifical e a violência recíproca. É por isso que os artistas atuais apresentam a tragédia sob a insipidez da festa, transformada em férias perpétuas, atrás de promessas simploriamente utópicas de um 'universo de lazer'".[41]

ESTUDOS CONTEMPORÂNEOS SOBRE O RISO: DIABÓLICO OU ANGÉLICO?

Filósofos, psicólogos, sociólogos, etnólogos, historiadores do século XX continuaram os estudos de seus antecessores sobre o riso, um pouco como nos inclinamos sobre a cabeceira de um moribundo. Seus diagnósticos são variados, o que corresponde à diversificação atual dos risos. O riso está por toda parte, mas não é, em todo lugar, o mesmo riso. Outrora era menos difundido e mais fácil de circunscrever.

Alain, em seus *Propósitos*, aferra-se ao clássico problema da definição. Psiquicamente, escreve, "o riso consiste em levantar os ombros muitas vezes", sob o efeito de uma surpresa agradável.[42] O riso solto é muito bom para a saúde; o riso, sem dúvida, é próprio do homem, mas o ridículo também, e o cúmulo do ridículo é acreditar que se sabe alguma coisa. O homem inteligente duvida, e a expressão de dúvida é o sorriso. Além do mais, "sorriso, sacudir os ombros, são manobras conhecidas contra as preocupações". O riso tem efeitos psicológicos calmantes.

O riso protege contra a infelicidade. É uma virtude tipicamente francesa, segundo Alain. Em 7 de janeiro de 1933, ele se pergunta para que, ainda, a França pode servir. "Para quê? Para conservar a coragem de rir. Até para espantar o medo. Todo homem importante quer provocar medo. Porém, nós

41 Idem, ibidem.
42 ALAIN. "Le rire". In: *Propos*. Ed. de la Pléiade, pp.78-80.

nem acabamos de rir."[43] Contudo, nem o otimista Alain nota que o riso, "que invadiu tudo, não alcançou o domínio militar", e o militar, por sua vez, invadiu tudo, "mas talvez o Carnaval esteja morto".[44]

Será que o bom-senso ainda é suficiente num século de duplicidade generalizada? Nesse século, escreve Michel de Certeau, o intelectual deve ser ridente, para inventar maneiras de pensar diferentes. É o mérito que esse autor reconhece, por exemplo, em Michel Foucault: "Seus achados são acontecimentos de um pensamento que ainda pensa. Essa inventividade surpreendente de palavras e de coisas, experiência intelectual de desapropriação instauradora de possíveis, é marcada pelo riso. É sua assinatura de filósofo à ironia da História".[45] Entre a história e o historiador, entre o pensamento e o intelectual, deve existir a ironia cúmplice, o riso da inteligência.

Os intelectuais do século XX renderam homenagem ao riso, cederam a seu encanto, reconheceram seu poder. Sartre, é verdade, reprova nele o fato de reforçar o conformismo burguês, desarmando os acidentes e os absurdos que ameaçam a dominação, mas ele lhe reconhece o poder. Em 1928, E. Dupréel lhe atribui um papel social seletivo: "As sociedades fazem uso do riso, seja para ordenar a atividade de seus membros, seja para rivalizar uns com os outros. Enfim, o refinamento dos espíritos tornou possível um riso desinteressado que, longe de ser um instrumento social, distingue e isola alguns espíritos superiormente dotados e dispensa a poucos sutis satisfações".[46] Para Dupréel, a concepção evolucionista do riso, desenvolvida por James Sully em *Ensaio sobre o riso*, que distingue risos primitivos e risos evoluídos, é falsa. Para ele, os dois tipos de riso são "o riso de acolhida e o riso de exclusão".

Além disso, ele estabelece uma importante distinção sexista: a feminilidade exclui o cômico. Não há mulheres palhaças, não há mulheres bufas. Um rápido exame do mundo dos cômicos profissionais, do *show business* atual, lhe dá razão. Mesmo vestida de homem, a mulher não é engraçada, ao passo que o homem vestido de mulher faz rir. Só a mulher velha, justamente aquela que perdeu a feminilidade, pode fazer rir. No jogo da sedução, o riso supre a ausência de charme. É comparável ao charme físico: aquele que ri não resiste mais. Robert Favre analisou as múltiplas expressões do riso em francês. Sob a forma de "bufão", "divertido", "ridículo" ("*cocasse*",

43 Idem, p.1121.
44 Idem, p.991.
45 CERTEAU, M. de. "O riso de Michel Foucault". In: *Le Débat*, n.41, set.-nov. 1986, p.152.
46 DUPRÉEL, E. "O problema sociológico do riso". In: *Revue Philosophique*, t. 105, jul.-dez. 1928, p.223.

de *coquard*, isto é, estranhamente bufão), ele é associado à loucura, como em "folgazão" ("*ladin*", de uma antiga palavra provençal que significa "*nigaud*", pateta); a forma "engraçado" ("*drôle*", de um termo holandês que quer dizer "pequeno boneco inquietante") também possui uma nuance irracional. A "malícia" ("*malice*") evoca o Maligno, o diabo; a "paródia" ("*parodie*"), o engano caricatural; o "repente" ("*boutade*") e o "chiste" ("*pointe*") – sobretudo se forem "cáusticos", isto é, se queimarem – vinculam-se ao ataque. O "palhaço" ("*pitre*") viria de "*piètre*" (fraco, ruim), e o "*clown*" tem, em inglês, uma origem rústica. A "ironia" ("*ïronie*") é interrogativa. Outros termos são evocações animais: troçar ("*ricaner*", do francês arcaico "*rechaner*", "zurrar"), "zombar" ("*railler*", do italiano *ragliare*, também designando um grito animal). As evocações corporais são numerosas, sobretudo no vocabulário chulo e da gíria: "alegrar-se" ("*se dérider*", "desenrugar"), "encher as tripas" ("*se boyauter*"), "desopilar o fígado" ("*se dilater la rate*"); há metáforas alimentares com "farsa" ("*farce*", recheio de aves) ou brincadeiras "apimentadas", "salgadas" ("*salées*"). "Alegre" ("*gai*") vem de uma antiga palavra germânica que significa "impetuoso". "Pândego" ("*marrant*") é uma antífrase que provém do francês arcaico "*se marrir*", entediar-se.[47]

O riso pode, portanto, ser associado a uma multidão de elementos positivos e negativos. Marcel Pagnol, em *Notas sobre o riso*, escreve: "O riso é uma coisa humana, uma virtude que só pertence aos homens, dada por Deus para consolá-los por ser inteligentes". De fato, se o homem é o único animal que ri, ele é também o único que sabe que vai morrer. Será que o riso não existe para consolá-lo dessa amarga certeza? Robert Favre explica assim como ele conseguiu passar de *A morte no século das Luzes* a *O riso em todas as suas explosões*: "Depois de ter mostrado os homens do século XVIII, capazes de zombar dos mortos e de ironizar sobre o martírio ou sobre o suicídio heroico, depois que meu pai morreu subitamente lendo uma comédia de Labiche, depois da gargalhada de uma de minhas filhas quando alguém, na saída do enterro de minha mãe, lhe disse desajeitadamente: 'Até a próxima!', pareceu-me possível passar do estudo da morte para o estudo do riso sem fugir à realidade. Porque o riso não é uma escapatória: é uma maneira de enfrentar as coisas, de se situar, de se afirmar diante das ameaças, da incongruência ou da insipidez de todos os horrores da vida cotidiana".[48]

47 FAVRE, R. "O riso em todo o seu esplendor". In: *Lumière et Vie*, n.230, dez. 1996, pp.15-20.
48 FAVRE, R. *Le rire dans tous ses éclats*. Lyon: 1995, introdução.

Favre, estudando com sutileza a ambivalência do riso, sem esquecer os aspectos satânicos,[49] cita estas palavras de Aragon: "Riam, pessoas sem amor que a rir tudo inclina" e faz um balanço positivo: "Os inimigos do riso não têm leveza, são maniqueístas, integristas, desconfiam da liberdade. ... Mas o riso manifesta o domínio sobre si mesmo, como sobre sua palavra, uma distância crítica que assegura a inalienável, a invencível liberdade interior. A gargalhada é a desforra por excelência, a desforra da liberdade sobre toda rigidez".[50]

Entre as ambiguidades do riso, está sua propensão ao despotismo. Os ridentes exigem que os outros riam, o que é uma flagrante contradição: nada mata mais o riso do que a obrigação. "O gosto da brincadeira é, em geral, egoísta e despótico. ... Pode-se imaginar esta forma de tirania: obrigar a rir sob comando."[51] Ora, o riso requer liberdade absoluta; o riso *é* liberdade. Éric Blondel mostrou bem isso em *O risível e o derrisório*: "O riso é misterioso como a liberdade e profundo como a felicidade". É por isso que ele inquieta as pessoas que se encerram na gaiola de suas certezas. O riso abre as gaiolas e, uma vez livre, pode atacar tudo; como um tufão dessacralizante, abate deuses e ídolos. Ele é "virtualmente diabólico",[52] sobretudo sob a forma agressiva de ironia, com sua arma pontiaguda, que é o cinismo. Sob a forma humorística, ele é "a arma da liberdade interior": "Por um esforço sobre-humano, o humor vence o riso dos outros, a zombaria, afastando-os com um revés de riso e colocando os ridentes de seu lado. Ele é desapego. Seria um riso amarelo se fosse forçado, mas ele é liberdade, vitória sobre si e sobre o mundo, alegria de um riso desmistificador e espontaneamente distanciado: coragem da liberdade trágica".[53]

O riso é apenas liberdade destrutiva, escreve Éric Blondel. Rir de alguma coisa ou de alguém é demonstrar que ele nos suscita interesse ou que temos pena dele, por ser como é. Quem ama mais o mundo: aquele que – militante, puritano, revolucionário, religioso – quer purificá-lo, torná-lo ideal, impor a utopia a ferro e fogo, ou aquele que ri dele porque se sente parte integrante da comédia, recusando-se a investir nela? Rir é afirmar que não se é deste mundo mesmo estando dentro dele. O riso pode ser considerado uma espécie de amor desesperado pela vida. É "o abraço tocante e voluptuoso daquele que está destinado à decomposição", afirma Thomas Mann antes

49 Idem, p.21.
50 Idem, p.96.
51 Idem, p.23.
52 BLONDEL, É. *Le risible et le dérisoire*. Paris: 1988, p.21.
53 Idem, p.31.

de se suicidar. Assim como a liberdade, o riso é frágil. Nunca está longe da tristeza e do sofrimento; "ele dança sobre o abismo".

Todos os intelectuais do século XX perceberam sua ambivalência. Albert Camus, em *A queda*, atribui ao ato fundador do cristianismo um valor irônico: Jesus "queria ser amado, nada mais. Certamente, há pessoas que o amam, mesmo entre os cristãos. Mas são poucos. Ele previu isso; aliás, tinha senso de humor. Pedro, o medroso, como sabem, renegou-o: 'Eu não conheço este homem... eu não sei o que dizes... etc.'. Na verdade, ele exagerava! E fez um jogo de palavras: 'Sobre esta pedra, eu construirei minha Igreja'. Não é possível ser mais irônico, não acham? Mas não, eles ainda triunfam! 'Como vedes, ele disse!'".

O personagem central de *A queda*, Clemence, cuja aventura começa assim que ele ouve uma gargalhada, exerce a ironia sobre seu passado e o humor sobre seu presente. Depois passa à derrisão generalizada e se dá conta de que a ironia é onipresente, diabólica. Ela agarra até o suicida. Milan Kundera retomou essa ideia, de forma mais maniqueísta, em *O livro do riso e do esquecimento*. O riso de início é satânico, porque o diabo recusa um sentido racional ao mundo divino. A descoberta dessa perda de sentido é a primeira fonte do riso: "As coisas privadas de seu suposto sentido, do lugar que lhes é assinalado na ordem estabelecida (um marxista formado em Moscou acredita em horóscopos), provocam nosso riso. Na origem, o riso pertence ao domínio do diabo. Há qualquer coisa de maldade (as coisas se revelam diferentes do que pareciam ser), mas há também uma parte de alívio benfazejo (as coisas são mais leves do que pareciam, elas nos deixam viver mais livremente, deixam de nos oprimir sob sua austera seriedade)".[54]

Esse riso diabólico é ao mesmo tempo mau e liberador. Mas os anjos inventaram o contrarriso divino, que se regozija com a ordem do mundo. E, para designar os dois risos opostos, os homens só têm uma palavra, daí a confusão. Os dois tipos de riso, o bom e o mau, numa perspectiva secularizada, numa oposição de dois grotescos: o de Mikhaïl Bakhtine e o de Kayser. Bakhtine reprova Kayser por só ter visto o grotesco romântico, aquele em que o riso é uma expressão de medo, ou antes um meio de vencê-lo: "O medo é a expressão extrema de uma seriedade unilateral e estúpida vencida pelo riso".[55] Isso reforça a fórmula de Georges Bataille: "Se ris, é porque tens medo". Para Kayser, o riso é de essência satânica: "O riso misturado à dor toma emprestados

54 KUNDERA, M. *Le livre du rire et de l'oubli*. Paris: trad. franc., Gallimard, 1978, p.92.
55 BAKHTINE, M. *L'œuvre de François Rabelais*. Paris: trad. franc., 1970, pp.56-57.

do grotesco os traços do riso escarnecedor, cínico e portanto satânico". Ao contrário, o riso grotesco de Bakhtine uniu a vida e a morte numa dialética sem fim. É o grande riso popular rabelaisiano, agora abastardado.

O RISO, AGRESSÃO RITUALIZADA, SEGUNDO KONRAD LORENZ

No domínio da psicanálise, o riso é sempre visto como uma economia de energia e descarga de tensão, por uma espécie de compromisso entre o "isto" e o "superego". Este permite a satisfação simbólica, antecipada da pulsão, satisfação que é, bem entendido, fonte de alegria e que permite reduzir a tensão necessária pelo recalque. No humor, há mais a satisfação de uma restauração narcísica do eu, cuja integridade acreditava-se ameaçada. Em um artigo de 1973, Jean Bergeret explica que as pulsões envolvidas são a agressividade e a sexualidade e que o caráter subversivo do riso reside no questionamento jubilatório da autoridade. O riso é, ao mesmo tempo, um fenômeno de sublimação e de fantasia.[56]

No mesmo ano, Jean Guillaumin insiste sobre o aspecto exclusivamente psíquico e sociocultural do riso. Neste, há sempre um distanciamento entre o observador e o observado, e o observado é sempre vivido como humano. A presença de um terceiro é igualmente necessária como cumplicidade restauradora e valorizadora para o ego de quem ri. Porque o riso é sempre, de um modo ou de outro, uma forma de agressão e de luta entre as pulsões de vida e de morte.[57] Para Ernst Kris, o riso seria uma técnica lúdica de defesa contra os afetos penosos, ligados a conflitos anteriores do eu.[58]As teorias de Spitz, Golse e Puyuelo giram em torno desse tema.[59]

Por sua vez, psicólogos e etnólogos estudaram as mímicas do riso, seu modo de comunicação não verbal, expressando mensagens afetivas, mas também a agressividade. A gama descritiva é tão rica quanto a gama semântica. Em todas as línguas, uma infinidade de expressões, de fonética sugestiva, dá conta das inúmeras nuances do riso,[60] e a classificação dos tipos de riso

56 BERGERET, J. "Por uma metapsicologia do humor". In: *Revue Française de Psychanalyse,* 4, 1973.
57 GUILLAUMIN, J. "Freud entre os dois tópicos". In: *Revue Française de Psychanalyse,* op. cit.
58 KRIS, E. "Le comique". In: *Psychanalyse de l'art.* Paris: 1978.
59 SMADJA, É. *Le rire.* Paris: 1993, pp.67-72.
60 Ver o breve esboço de SZULMAJSTER-CELNIKIER, A. "As palavras do riso". In: *Sciences et Avenir,* agosto 1998, pp.92-95.

é de extraordinária riqueza, do sorriso à gargalhada, da troça ao riso senil, passando pelo riso maníaco, riso até as lágrimas, riso amarelo, riso idiota, riso a bandeiras despregadas, riso grosseiro, riso forçado, riso grande, riso triunfante, riso silencioso.[61] Aparecendo na criança entre dois e quatro meses, em razão de seu desenvolvimento psicoafetivo e de sua maturidade cognitiva, ele é, desde cedo, uma reação de alívio depois de curta tensão, liberando um sentimento de segurança psíquica. Para a criança, é a primeira forma de se situar no mundo e de testar seus poderes.

Psicologicamente, é um fenômeno reflexo vital, sobre o qual a vontade tem pouco controle. Controlado pela boca, é um modo de comunicação pré-linguística já codificado, e as vogais utilizadas (ha, ha, ha, hi, hi, hi, ho, ho, ho, hu, hu, hu) têm uma significação já estudada nas obras do século XVI. O que o século XX introduziu, em compensação, é a quase certeza da existência de um centro do riso no cérebro, mesmo que existam dúvidas quanto ao lugar preciso. Até pouco tempo atrás, situavam esse centro no córtex cerebral direito, região de atividades de síntese, por oposição ao lado esquerdo, região de atividades lógicas e analíticas. Um neurologista californiano, Itzhak Fried, levantou a hipótese de uma localização no "*gyrus* frontal superior esquerdo", que é também a sede da personalidade; o córtex frontal recebe as mensagens e decide sobre as reações, enquanto o sistema límbico, que lhe é conectado, ajusta a intensidade dessas reações. A ideia de "temperamentos" ridentes ou sérios poderia, assim, ser justificada. Pode-se fazer rir, sem nenhum contexto cômico, por uma simples excitação elétrica da pretendida região do córtex. Na Califórnia, foram realizadas experiências nesse sentido. Sob o efeito da excitação elétrica, o ambiente adquire, para a pessoa, um movimento cômico. O que põe em causa certas concepções filosóficas e abre espaço para hilariantes manipulações.

Na junção do psíquico e do fisiológico, o riso pode também, imagina-se, ter efeitos terapêuticos. Já no século II, Galiano observava que as mulheres alegres saravam mais rápido que as tristes. Hoje, os centros de terapia pelo riso multiplicam-se por todos os continentes. O riso libera catecolaminas, neurotransmissores que põem o organismo em estado de alerta e aumentam a produção de endorfinas, as quais diminuem a dor e a ansiedade. O riso levanta o diafragma, acelera a circulação sanguínea, favorece a condução do oxigênio; ele facilita a ereção e reduz a insônia.

61 COUTÉ, C. "Catorze maneiras de rir". Ibidem, pp.32-33.

Depois do riso, os efeitos do estresse diminuem durante certo período. Terapias com palhaços são utilizadas há tempo nas clínicas para crianças, mas os tratamentos e as sessões para adultos multiplicam-se, com associações como O Riso Médico, em Paris. Casos de curas espetaculares, como a de Norman Cousins, nos Estados Unidos, contribuem muito para popularizar esse tipo de terapia nos países anglo-saxões. Porém, atenção: nada de excessos! A *overdose* de riso pode matar: foi o que aconteceu em 1988 com um espectador do filme *Um peixe chamado Wanda*, dos Monty Pythons. Estes tinham criado, aliás, um esquete denominado "a *gag* que mata".[62] Trata-se de uma mensagem hilariante cuja carga cômica é insuportável, mais eficaz que o cianureto.

Há um aspecto do riso sobre o qual os pesquisadores têm insistido muito, no século XX: o riso como agressão. Eles tomam por base a mímica do riso, que nos faz mostrar os dentes da mesma forma que um animal que se sente ameaçado e se prepara para se defender. Darwin já havia ressaltado quanto a expressão de alegria, nos primatas, se parece com um riso rudimentar. A semelhança com certos gritos de animais – cavalo, asno, galinha, cabrito –, que o vocabulário do riso humano anexou, apela em favor de uma origem comum desse modo de comunicação pré-linguística. Só o homem, graças a sua competência vocal e à complexidade de suas relações sociais, teria transposto a fronteira entre o grunhido e o riso. Ainda que o riso "de besta" permaneça sendo, de longe, o mais difundido...

Resta saber se, nos animais, o jogo que consiste em mostrar os dentes conserva sempre uma motivação agressiva. É a teoria desenvolvida por Konrad Lorenz em *A agressão*.[63] Ele explica a relutância de muitos intelectuais em concordar com ele. Em primeiro lugar, a agressão é um instinto vital, muito positivo, voltado para a proteção da vida, e que não se deve diabolizar. Além disso, a atração-repulsa que o homem sente em relação ao chimpanzé, o qual ele vê como um homem degradado, o impede de "conhecer-se a si mesmo, ocultando o fato de que ele é um produto do devir histórico".[64] Sabemos dos gritos de horror gerados pela dignidade humana ultrajada, quando Darwin publicou sua teoria. Lorenz, retomando a ideia do homem à imagem de Deus, escreve: "Se eu acreditasse no homem como a imagem definitiva de Deus, desistiria de Deus". É preciso, portanto, para compreender nosso comportamento, olhar o

62 VÉNARD, J. *Les vertus du rire*. Paris: 1997.
63 LORENZ, K. *L'agression*. Paris: trad. franc., Flammarion, 1969.
64 Idem, p.214.

dos animais, sobretudo dos animais sociais, porque é a emergência do estado social, aliando-se ao instinto, que acarreta o mal. A sociedade humana está muito próxima "da dos ratos, que também estão no meio da tribo fechada de seres sociáveis e pacíficos, mas comportam-se como verdadeiros demônios em relação a congêneres que não pertencem a sua própria comunidade".[65] A capacidade de destruir, no homem, aumentou muito pela aquisição do pensamento conceitual e da linguagem verbal.

Estudando o comportamento animal, Lorenz constata que existe um mecanismo de inibição que o impede de desencadear-se contra seus irmãos de espécie. Esse mecanismo consiste em ritualizar a agressão, desviando-a de seu objeto. Há muitos exemplos na vida social consciente, dos torneios ao esporte e à dedicação caridosa. Por seu lado, a psicanálise tem evidenciado os mecanismos de sublimação das pulsões agressivas e sexuais. O riso é uma dessas condutas.

A agressão é indispensável à vida humana, avalia Lorenz. Sem ela, "perder-se-ia muito do entusiasmo com o qual o homem se dedica a uma tarefa ou a um problema e muito do respeito por si mesmo, sem o qual não restaria nada do que o homem faz durante o dia, desde a higiene matinal até a criação artística ou científica. Tudo o que tem relação com a ambição, com a ordem hierárquica e numerosos outros tipos de comportamento indispensáveis também desapareceriam da vida do homem. Com a agressão, provavelmente desapareceria também uma faculdade muito importante e tipicamente humana: o riso!".[66] De fato, o "riso desenvolveu-se pela ritualização a partir de um movimento de ameaça reorientada, como no cerimonial do triunfo. Semelhante a este e ao entusiasmo militante, o riso faz nascer, entre os participantes, um forte sentimento de camaradagem, acrescido de uma ponta de agressividade contra 'os de fora'".[67] Os tipos de riso dependem das proporções de sentimentos de união e de exclusão que eles contêm.

O riso, ritualização da agressão, é nitidamente mais elevado que o entusiasmo, porque nunca perde o senso crítico e o controle racional sobre si mesmo. Ele serve para despistar a mentira, e sua forma satírica está bem adaptada a nossa época. Konrad Lorenz tem belas páginas sobre o futuro do

---

65 Idem, p.229.
66 Idem, p.266.
67 Idem, p.279.

humor no mundo: "Acredito que o humor exerce, sobre o comportamento social do homem, uma influência análoga à da responsabilidade moral: ele tende a fazer de nosso mundo um lugar mais honesto e melhor. Acho que essa influência aumenta, entrando cada vez mais em nossos processos de raciocínio, misturando-se intimamente a eles com efeitos mais próximos dos da moral".[68] Para Lorenz, "humor e conhecimento são as duas grandes esperanças da civilização". Ele acrescenta a isso "uma pressão seletiva desejável", o que inquieta alguns, talvez porque não têm humor ou estejam traumatizados com o termo "seleção".

O fato de o riso ser essencialmente uma ritualização da pulsão agressiva não poderia explicar, em parte, o recurso menos frequente ao riso, nas mulheres? O que quer que seja, riso e lágrimas estão ligados à condição precária do ser humano e manifestam dois tipos de reação opostos: a abertura e o curvar-se sobre si mesmo. O riso tem um aspecto narcisístico: é uma vitória, um triunfo sobre um conflito latente, interior ou exterior, com desvalorização do objeto risível. Há também um aspecto social essencial, o que explica por que, há muito tempo, o riso foi ritualizado, codificado, organizado em espetáculos – desde o *Trickster* até a vedete cômica do *show business*, passando pelo palhaço e pelo Carnaval.

Se o riso coletivo tem necessidade de ser regulamentado, não seria em razão de sua natureza agressiva e subversiva? Certamente, ele já é um rito, mas um rito individual que é preciso fazer entrar nas estruturas. Cada sociedade, cada época construiu as suas. Diversidade e onipresença do riso são as garantias de sua importância primordial para a humanidade. Éric Smadja, por exemplo, sugeriu que o povo dos iks, no nordeste de Uganda, dizimado por fome e epidemias, sobreviveu graças ao riso. Nessa sociedade, há um riso previsto para cada ocasião, para cada categoria social: "Diante da decadência humana, da realidade penetrante da morte e de seu perigo permanente ao qual os iks, principalmente as crianças, estão expostos, o riso afirma triunfalmente a vida e procura negar a morte. O riso e a derrisão constituiriam, então, um instrumento psicossocial de sobrevivência (psíquica) dos iks".[69] Único remédio contra a angústia através da qual deslizamos lentamente para a morte, a explosão de riso seria uma explosão de vida.

68 Idem, p.283.
69 SMADJA, É. op. cit., p.111.

BANALIZAÇÃO E MIDIATIZAÇÃO DO RISO NA SOCIEDADE HUMORÍSTICA

Vendo o riso estampar-se por toda parte neste início do século XXI, deveríamos ficar tranquilos quanto a nosso futuro. Mas a constatação revela-se, hoje, contraditória. "Não se sabe rir", "ninguém ri mais", ouve-se comumente. Por que, então, essa impressão de um mundo triste em meio a risos onipresentes?

É que o riso volta ao vazio; ele é só fogo de palha generalizado, numa sociedade de consenso fraco. O que, outrora, fazia o vigor do cômico era o contraste com o sério: seriedade do Estado, da religião, do sagrado, da moral, do trabalho, da ideologia. Esse contraste atualmente se atenuou em proveito de um mundo "raso", o da "sociedade humorística", da qual Gilles Lipovetski deu uma bela descrição em *A era do vazio*:[70] "Um novo estilo descontraído e inofensivo, sem negação nem mensagem, apareceu. Ele caracteriza o humor da moda, do texto jornalístico, dos jogos radiofônicos e televisivos, do bar, de numerosos BD. O cômico, longe de ser a festa do povo ou do espírito, tornou-se um imperativo social generalizado, uma atmosfera *cool*, um meio ambiente permanente que o indivíduo suporta até em sua vida cotidiana".[71]

Tudo deve ser tratado de forma humorística, títulos e subtítulos da imprensa, *slogans* das manifestações, boletins meteorológicos, vulgarização científica, publicidade, desenho animado, cinema, pedagogia... Até os filmes mais violentos, ou mais sombrios, encarregam-se de um lado humorístico – uma piscadela para o espectador o faz compreender que não é preciso acreditar muito no que vê. O novo modelo humano, o herói pós-moderno, é "hiperatuante", permanecendo emocionalmente distante; ele cumpre suas façanhas como num jogo. O espaço crescente da imagem da síntese acentua ainda o aspecto puramente lúdico do espetáculo.

Para transmitir uma mensagem, o tom leve é obrigatório. Sobretudo, nada de agressividade. O humor agressivo e maldoso, chafurdando no obsceno e no escatológico, tal como o estampam certas revistas e desenhos animados, confirma essa tendência: a ferocidade caricatural não choca porque não é levada a sério. Os excessos do grotesco, que aumentaram ao longo do século XX – num empenho desesperado e numa vertigem de degradação – em Arrabal, Michaux, Artaud, Céline ou Gunter Grass, traduzem a raiva impotente

---

70 LIPOVETSKI, G. *L'ère du vide. Essais sur l'individualisme contemporain.* Paris: 1983. As citações são da Edição Folio, 1993.

71 Idem, p.196.

diante do absurdo universal. Mas essa banalização do grotesco foi integrada na visão desenvolta do mundo. O homem contemporâneo tomou partido: de que vale bater a cabeça contra o muro? Até mesmo Reiser, *Fluido glacial* e seus semelhantes foram destruídos pela sociedade humorística.

Não se trata mais de dessacralizar. O que haveria ainda para dessacralizar? O sagrado venceu, de tal forma que "mesmo a descrença pós-moderna, o neoniilismo crescente não são nem ateus nem mortíferos, eles agora são humorísticos", escreve Gilles Lipovetski,[72] que esquematiza as três idades do riso: o riso medieval ambivalente, que mistura sagrado e profano, destruição e renascimento, numa ótica bakhtiniana; o riso clássico, civilizado, que atua pela crítica e pela sátira dos contravalores; e o riso contemporâneo, subjetivo e lúdico. Bernard Sarrazin, mesmo criticando Lipovetski, admite que o riso ético, satírico e recreativo venceu e que o riso atual, neutro, é o da morte dos deuses e dos valores, o que lhe tira toda a força corrosiva: "A laicização corre o risco de banalizar essa derrisão fácil, já que a transgressão não faz mal a ninguém. Quando o conflito de valores cessa, porque tudo é certo, quando não há mais Deus nem diabo, em que o riso se transforma?".[73]

A oposição entre fé e ateísmo ilustra esse comentário. Fonte do cômico pelas sátiras que engendrava – cômico mais forte quando se enraizava em convicções fundamentais e era protegido por um zelo de prosélito –, essa oposição só existe em meios muitos restritos. A indiferença sucedeu ao enfrentamento.[74] As brincadeiras esgotaram-se. "Não há solução porque não há problema", já dizia Marcel Duchamp, o que termina na constatação de Cioran: "Ser moderno é consertar o incurável". Como ele, o homem moderno se quer lúcido, e a lucidez é a suspeita generalizada. Tudo flutua em uma indeterminação propícia ao gracejo e à futilidade generalizados, mas, com certeza, não ao riso.

O riso teria mais futuro voltando-se contra os valores atuais? Milan Kundera explorou esta via: depois de ter rido da burocracia comunista, ele ri da idiotia da cultura midiática ocidental. Mas o alvo desloca-se a todo instante. Os valores antigos, bem definidos e sólidos como uma rocha, determinavam uma franca derrisão, compreendida por todos e por longo tempo. Eis-nos agora no reino do efêmero, cuja moda é a porta-bandeira.[75] A zombaria será

72 Idem, p.195.
73 SARRAZIN, B. *Le rire et le sacré*. Paris: 1991, p.58.
74 MINOIS, G. *Histoire de l'athéisme*. Paris: 1998.
75 LIPOVETSKI, G. *L'empire de l'éphémère. La mode et son destin dans les sociétés modernes*. Paris: 1987.

tão volátil quanto seus objetos. As dificuldades da arte cômica são evidentes: os grandes cômicos são tão raros quanto os grandes filósofos. No palco, os cômicos bordejam sobre os temas fáceis e batidos do momento: racismo, corrupção, bravuras policiais... Os melhores brincam com as palavras, cômico formal que demora mais tempo para ficar obsoleto. A distância entre cômico popular e cômico intelectual diminuiu consideravelmente; a democratização obriga: o primeiro é, agora, despojado de sua simploriedade e o segundo, que perdeu a soberba, rebaixa-se com assuntos midiatizados.

Como no caso da violência e do sexo, a midiatização não suprime o riso: ela o padroniza e o difunde sob forma banal. O absurdo da existência tornou-se banalidade: todo mundo sabe que Ubu é rei, e isso mal faz sorrir. Bernard Sarrazin lembra esta profecia de Marcel Schwob, em 1893: "O riso está destinado a desaparecer. ... Não se sabe por que, dentre tantas espécies animais extintas, o tique de uma delas deveria persistir. Essa grosseira prova física do sentido que se tem da desarmonia no mundo deverá apagar-se diante do ceticismo completo, da ciência absoluta, da piedade generalizada e do respeito por tudo". Belo exemplo de clarividência, que, um século mais tarde, Bernard Sarrazin constata: "O riso está em perigo, porque pressupõe uma conivência e uma exclusão, uma relação tribal dos valores comuns. Na unanimidade midiática, o riso da tribo dos telespectadores é mimético. Esse é o mundo desesperador de uma derrisão generalizada e sem crenças a partilhar".[76] Guy Chouraqui mostra-se mais categórico ainda: para ele, o humor está morto, "morte do riso, morte dos risos fáceis ou factícios, morte dos risos consensuais ou pré-registrados, dos risos vulgares ou racistas".[77]

Atrás dessa cacofonia de risos organizados está, sabe-se bem, o novo tirano que zomba perdidamente dos valores morais: o índice de audiência, ele próprio agente do deus supremo, que é a economia. Certamente, o cômico que vende bem é aquele que o público exige. Produz-se então uma osmose entre as tendências profundas e os interesses, terminando em um cômico de supermercado, do qual se louva o "caráter liberador e oxigenante" num mundo pouco propício ao exercício do riso. "A maior virtude do riso é ter sido tomado pelo real, atitude que parece cada vez menos difundida; o homem, libertado de todas as obrigações materiais pelo progresso técnico, desenvolveu as funções abstratas e simbólicas do cérebro. O riso também carreia para a

76 SARRAZIN, B. op. cit., p.92.
77 CHOURAQUI, G. "O riso sem humor é a ruína do homem. O humor é a morte". *Revue des Sciences Sociales de la France de l'Est*, 1994.

inteligência, fluidez e jogo, práticas que corroem todas as teorias do determinismo, do condicionamento ou da aprendizagem mecânica",[78] escreve Simone Clapier-Valladon. Ciência e tecnologia ostentam um mundo de certeza, de determinação, do incontestável que não se presta ao riso. Mas, quanto mais as tarefas técnicas são dominadas, menos se percebe o sentido global da máquina universal. É por aí que a derrisão se introduz, "o humor rejeitando a seriedade pontificante e a ideologia pesada, que são de bom-tom há mais de vinte anos. Haveria a tendência de não tirar da filosofia do absurdo nem mensagem nem desespero, mas uma visão divertida da existência".[79]

Essa visão é a melhor garantia da sobrevivência do conjunto. Em cada época, o riso foi uma reação instintiva de autodefesa do corpo social, diante das ameaças potenciais da cultura. Em parte, o riso tem por objetivo amenizar essas ameaças, aliviar a tensão, por uma espécie de psicanálise social, expondo cinicamente todas essas proibições, cada vez menos tabus, que ameaçam fazer saltar o verniz da civilização. Para Paul Yonnet, essa é a razão pela qual o cômico, especialmente no teatro, consistiria em "ser cínico, amoral, grosseiro, sujo, anticlerical, confessar-se cruel, tarado, ... que é normal trapacear para chegar aos fins pretendidos, que é direito do homem detestar o islamismo, ... zombar dos árabes e dos judeus como se zomba dos camponeses normandos, ... que a ideia de Deus, apesar de tudo, se propagou e é a prova de que se pode dizer o que se quiser etc.".[80] Dizer o interdito exagerando-o de forma burlesca pode fortalecer a norma.

FIM DO RISO?

A sociedade humorística renunciou à agressão física, mas a pressão moral que ela exerce sobre o indivíduo é considerável. "É por isso que, numa assembleia que ri, é muito difícil conservar a liberdade de não rir. ... É preciso correr o risco de se isolar do grupo, rompendo sua homogeneidade. Eis por que o riso solitário permanece um signo negativo, sugerindo falta de sociabilidade ou, pior, anormalidade patológica."[81]

78 CLAPIER-VALLADON, S. "O homem e o riso". In: *Histoire des mœurs,* t. II. Paris: ed. de la Pléiade, 1991, p.296.

79 Idem, p.280.

80 YONNET, P. "O planeta do riso, sobre a midiatização do cômico". In: *Le Débat,* mar.-abril 1990, n.59, p.162.

81 Idem, p.153.

Sob a aparência hedonista e narcisística, a sociedade humorística revela-se profundamente anti-individualista. Ela bajula a pessoa para melhor neutralizá-la. Como o faz bem o humor contemporâneo: "É o eu que se torna o alvo privilegiado do humor, objeto de derrisão e de autodepreciação. ... É o ego, a consciência de si, que se torna objeto de humor, e não mais os vícios de outrem nem as ações sanguinolentas", escreve Gilles Lipovetski. De fato, o eu é o último refúgio do sagrado. Tudo estando dessacralizado, só resta ao homem uma única coisa em que pode crer: sua individualidade. E o riso, que se alimenta do sagrado zombando dele, tem agora o eu como alvo privilegiado.

A sociedade encoraja esse humor de autoderrisão, porque tal riso é, ao mesmo tempo, um modo de autorregulação do individualismo, última ameaça contra a coesão social, como constata Paul Yonnet: "O riso de nossos contemporâneos seria, ao mesmo tempo, um barômetro do individualismo, seu parapeito e seu melhor aliado".[82]

O riso de autoderrisão, baseado na introspecção, à maneira de Woody Allen, estigmatiza as particularidades e tende à uniformização. Só o indivíduo "transparente", desprovido de personalidade, não dá margem ao cômico. O ideal atual de humanidade parece ser o formigueiro. Tudo nos leva a isso, a começar pela pressão do número. Quando chegarmos aos dez bilhões, as pessoas poderão se comportar como no tempo em que éramos dois bilhões? Salvo para alguns privilegiados, o espaço de liberdade – necessariamente reduzido, apesar de uma ilusória possibilidade de escolhas virtuais – deverá aceitar limites estreitos que não tolerarão mais a fantasia. A sociedade atual, que finge ver no individualismo a fonte de todos os males, já está bem avançada no caminho da mundialização e da globalização. Hoje em dia, nada mais pode ser feito individualmente, desde o trabalho em grupo na escola até os diversos *lobbies*. Obsessão de comunicação, multiplicação de reuniões, pressão social aumentada: "Como não ver através dessas diferentes sensibilizações ao psicodrama, à dinâmica de grupo, a todas essas psicoterapias à disposição nos Estados Unidos, às vezes em poucos meses, a essas técnicas modernas da 'comunicação' o empréstimo de um pensamento pseudomístico que beira o delírio?".[83]

O riso tem seu lugar nesse impulso de gregarismo. Um riso inofensivo, desarmado, desligado; um riso cordial, *fun*, descontraído e, para dizer tudo,

82 Idem, p.154.
83 LAPLANTINE, F. op. cit., p.74.

"convivial". A regra é ser engraçado e original o suficiente para não chocar. Já se vê despontar uma humanidade nova (ou o retorno dos invertebrados): "mudança antropológica, o advento de uma personalidade tolerante, sem grande ambição, sem alta ideia de si mesma, sem crença firme. O humor que nivela as figuras do sentido em piscadelas lúdicas é à imagem da flutuação narcisística que, aqui, se revela ainda um instrumento democrático".[84]

Assim, "com o processo humorístico, o eu se degrada em títere ectoplasmático", escreve Gilles Lipovetski. O outro não choca mais, o que quer que faça, o que quer que conte: ele diverte e, a rigor, intriga. Os conflitos são de antemão desarmados; a capacidade de revolta, aniquilada. Quanto mais agressividade, mais comoção. Os movimentos políticos e sociais exprimem-se, sobretudo, nas festas. "A coexistência humorística é que nos impele em direção a um universo personalizado; ninguém consegue mais chocar, a originalidade perdeu seu poder provocador, só resta o estranhamento derrisório de um mundo onde tudo é permitido, onde se vê de tudo e que só atrai um sorriso passageiro."[85] Ostentar a própria intimidade na *internet* para o mundo inteiro é o último degrau dessa dessacralização humorística voluntária do indivíduo.

Esse humor deve ser parodístico e espetacular. Expor-se ao espetáculo é uma das características do hedonismo de massa na sociedade humorística. A vida política é um exemplo privilegiado. A música e a arte modernas, assim como a moda e a publicidade, apresentam-se como lúdicos, divertidos. A publicidade abandonou o pedagógico e o sério: o holofote deve ser a piscadela maliciosa que seduz fazendo rir, distanciando-se com humor do produto a vender. A moda brinca de mascarada, mistura os gêneros, faz do azul do trabalho ou da túnica de Mao uma marca capitalista muito elegante. As diferenças são apagadas, assimiladas, dissolvidas.

Para Francis Fukuyama, o principal motor da história humana reside na necessidade de reconhecimento que põe o indivíduo à prova. Cada um quer ser reconhecido pelos outros como um ser humano digno. É essa necessidade que se encontraria na base dos conflitos socioeconômicos, que são todos repetições, sobre um registro diferente, do famoso conflito dialético senhor-escravo. Em nossa época, esses conflitos desembocam no sistema liberal democrático, que, enfim, dá toda a satisfação ao *thymós*.

---

84 LIPOVETSKI, G. op. cit., p.229.
85 Idem, p.237.

Esse modelo, já estabelecido na Europa ocidental e nos Estados Unidos, vai estender-se para o mundo inteiro; então, o fim sendo atingido, isso seria verdadeiramente "o fim da História". Nessa ótica, a sociedade hedonista pode ser percebida como a maneira democrática de satisfazer a necessidade tímica de reconhecimento, cada um afirmando sua originalidade superficial e sentindo, pela do outro, uma curiosidade divertida. Se ainda restam alguns polos de resistência em que pessoas sérias combatem na retaguarda, o riso dessacralizante logo acabará com elas. Com todos os valores perdendo sua gravidade, a sociedade humorística de consumo preenche as aspirações à liberdade e à igualdade.

Certamente, é preciso rebater as concepções clássicas em matéria de dignidade humana, e Fukuyama admite que, "se amanhã as paixões isotímicas tentassem eliminar as diferenças entre o feio e o belo, pretendendo que um aleijado não é apenas igual espiritualmente, mas também fisicamente, a uma pessoa com todos os membros",[86] isso seria o fim da civilização. Mas a sociedade humorística já não chegou lá? Ela não evoca esses "últimos homens" que Nietzsche anunciava, aqueles que rirão de tudo e se considerarão felizes com seus pequenos prazeres? "Ainda trabalharemos, porque o trabalho distrai. Mas essa distração nunca deve tornar-se fatigante. ... Seremos travessos, saberemos tudo o que aconteceu outrora; assim sempre haverá do que rir. Teremos o pequeno prazer do dia, o pequeno prazer da noite, mas a saúde será venerada. 'Nós inventamos a felicidade', dirão os Últimos Homens, piscando o olho."[87]

Será que a sociedade humorística marca o fim do riso? Entre suas festas obrigatórias, suas artificiais renovações carnavalescas, seu humor descontraído, sua rejeição do sério e sua fantasia brincalhona, haverá ainda lugar para o riso? Tomando o partido do absurdo da situação, não se cortou muito rente qualquer tentativa cômica? O prognóstico de Lipovetski não é muito otimista, mas nós o subscrevemos: "É com a sociedade humorística que começa a fase da liquidação do riso; pela primeira vez, há um dispositivo funcional que conseguiu dissolver progressivamente a propensão a rir. ... A indiferença e a desmotivação de massa, a ascensão do vazio existencial e a extinção progressiva do riso são fenômenos paralelos: por toda parte é a mesma desvitalização que aparece, a mesma erradicação das pulsões espontâneas, a mesma neutralização das emoções, a mesma autoabsorção

86 FUKUYAMA, F. *The End of History and the Last Man.* Ed. Penguin, 1992, p.314.
87 NIETZSCHE, F. *Zarathustra.* Trad. Bianquis, pp.61-63.

narcisística. ... Não se trata apenas de uma discrição civilizada que se reconhece nessa atrofia contemporânea do riso; é, de fato, a *capacidade* de rir que se encontra dopada, exatamente como o hedonismo desencadeou um enfraquecimento da vontade".[88]

Os testemunhos dos primeiros manuais de civilidade, no século XVII, permitem pensar que o riso daquela época era uma verdadeira tempestade, acompanhada de gesticulações. Em comparação com ele, o riso moderno é um esboço de hilaridade. Ainda no início do século XX, as revistas musicais de Feydeau tiveram de ser suspensas, de tanta gargalhada que provocaram. O homem controlou o riso, bem como dominou as lágrimas. Não é apenas questão de controlar o corpo; é também porque os temas do riso e a seriedade são subtraídos. O riso perece pela falta de seriedade. O que fazia rir era a suposta idiotia dos outros e de suas ideias, de seus comportamentos, a surpresa nascida dos choques culturais. Num mundo onde tudo é respeitável, o componente agressivo do riso foi eliminado; de repente o riso, desvitalizado, não mostra mais os dentes.

Ele parece estar por toda parte, mas não é mais que uma máscara. O virtual mistura-se ao real, e este só é considerado como um cenário. Nada é verdadeiramente sério nem verdadeiramente cômico. O riso voluntário, dosado e calculado, substitui, cada vez mais, o riso espontâneo e livre, porque é preciso representar bem a comédia. Se se organizam festas, é preciso divertir-se, mesmo que não se tenha vontade. Mas o verdadeiro riso refugia-se no interior de cada um; torna-se um fenômeno de consciência que só alguns privilegiados possuem e ao qual se dá o nome muito desonrado de "humor".

88 LIPOVETSKI, G. op. cit., pp.207-209.

– CONCLUSÃO –

O riso tem uma história ou atravessa os séculos sem história? É tempo de se perguntar isso. É provável que riamos hoje como se ria há três ou quatro mil anos, diante de pequenos incidentes ridículos da vida cotidiana. Nesse caso, há grande permanência do riso, como expressão de uma alegria simples que é fonte de benefícios para o corpo e para o espírito.

Hoje, como outrora, o riso tem uma multidão de significações possíveis, da zombaria sarcástica que exclui à complexidade amigável que censura; ele pode ser bom, mau ou neutro. Nenhum testemunho antigo sobre o riso nos é incompreensível. Como fenômeno natural, o riso parece ter evoluído pouco, a não ser no sentido de ter-se adquirido maior controle do espírito. Esse é o destino comum de todos os comportamentos que se situam na encruzilhada do físico e do psíquico. Nós rimos mais baixo e de maneira menos desenfreada que nossos ancestrais, o que não surpreende ninguém.

Contudo, além dessas alterações de forma superficial, foi o lugar do riso, na vida e na sociedade, que mudou, assim como o discurso sobre o riso, a maneira como ele é interpretado, analisado, percebido. O fato de lhe terem consagrado numerosos tratados, em todas as épocas, demonstra, ao menos, que todas as sociedades lhe conferiram um lugar importante, e a maneira como ele foi percebido é reveladora das grandes variações de mentalidade.

Não há unanimidade sobre o assunto, o que torna difícil a interpretação de sua história. Ao contrário do que sempre se escuta, os motivos de hilaridade quase não mudaram. Rimos hoje quase das mesmas coisas que antigamente: Aristófanes, Plauto, as farsas medievais, Rabelais e Molière são sempre engraçados, e provavelmente Coluche, Louis de Funès e Woody Allen fariam os gregos e os romanos rir, por pouco que conseguíssemos informá-los dos grandes temas de nossa civilização. As técnicas variaram, mas sempre rimos para zombar de nós, para acalmar nosso medo, para manifestar nossa simpatia, para reforçar nossos vínculos e para excluir. O simples enunciado dos motivos mostra que o riso é plural. *Os* risos são muito diferentes e sempre o foram. Todas essas precauções visam, bem entendido, a relativizar a breve síntese que sugerimos.

Parece-nos possível esquematizar a história do riso em três períodos: riso divino, riso diabólico e riso humano. Para resumir, a Antiguidade tem uma concepção divina do riso, cuja origem é atribuída aos deuses. Quer o tenham criado quer não, os deuses riem, e seu "riso inextinguível" é a marca de sua suprema liberdade. Alguns são verdadeiros farsantes, como o *Trickster* das mitologias primitivas, que exprime uma consciência aguda do lado cômico do mundo. A concepção do riso é, então, largamente positiva. Rir é participar da recriação do mundo, nas festas dionisíacas, nas saturnais, acompanhadas de ritos de inversão, simulando um retorno periódico ao caos primitivo, necessário à confirmação e à estabilidade das normas sociais, políticas e culturais. Nas relações sociais, o riso é vivido como elemento de coesão e de força diante do inimigo, como o mostram os risos homéricos ou espartanos; ele é também um freio ao despotismo, com as bufonarias rituais dos desfiles triunfais em Roma, ou as sátiras políticas de Aristófanes; é, por fim, um instrumento de conhecimento, que desmascara o erro e a mentira, como no caso da ironia socrática, das zombarias dos cínicos, da derrisão dos vícios em Plauto ou Terêncio. Se os deuses riem, é porque tomam distância deles mesmos e do mundo. Eles não se levam a sério. E, se os homens riem, isso é para eles uma maneira de sacralizar o mundo, de conformar-se com as normas, escarnecendo de seus contrários. É também um modo de endossar o terrível peso do destino, de exorcizá-lo, assumindo-o.

A essa concepção positiva do riso, o cristianismo contrapõe uma concepção negativa. O riso não é mais divino, é diabólico. Apoiando-se no fato de que "Jesus nunca riu", os teólogos constroem uma visão agelasta da salvação. Deus, único e de plenitude imutável, coincidindo perfeitamente com sua essência, é a seriedade por excelência. Ele criou o mundo de uma vez por todas, o que exclui os regozijos festivos à base da inversão, como o Carnaval, cada vez menos tolerado. O cristão deve imitar o Senhor e conduzir-se com a maior gravidade. A perspectiva do inferno deve inspirar-lhe temor e tremor.

No mundo criado por Deus, cada ser tinha sua perfeição particular; a essência coincidia com a existência. Não havia nenhuma possibilidade de distanciamento, logo, de rir. Se o riso existe, é em razão do pecado original, que degradou a criação; o homem não coincide mais com ele mesmo. Foi o diabo que provocou essa fissura, pela qual se introduziu o riso. O diabo é ridente, zombador, eternamente distante de si mesmo, para isso foi criado. Sempre "ao lado de suas pompas", ele ri de forma idiota, maldosa; ri dele mesmo e do mundo, sempre incapaz de fazer seu em-si e seu para-si se ajustar. E seus prepostos o imitam. Diabólico, o riso é feio, sacode o corpo, é indecente, incorreto, grotesco; é mau, exprime o orgulho, a zombaria, a troça, o desprezo, a agressividade; é sinal de fraqueza, que é preciso tolerar – moderadamente – a título de diversão do homem decaído. Notemos que no cristianismo, assim como no paganismo, o riso está ligado à ideia de recreação, mas com óticas bem diferentes: o riso pagão associa o homem à obra divina, à criação do mundo inteiro; o riso cristão é apenas um paliativo, uma droga puramente humana que permite um alívio temporário para retomar o penoso caminho da vida. É por isso que as regras monásticas, elas próprias muito hostis ao riso, admitem momentos de escape e de inocente brincadeira, concessão à fraqueza da criatura decaída.

Nessa perspectiva, o riso é a desforra do diabo. O riso antigo sacralizava o mundo; o riso diabólico o dessacraliza. Nas relações sociais, ele é instrumento de subversão, como nas fábulas, nas farsas, nas paródias religiosas, no Carnaval, na festa dos bobos, no charivari. Se essas expressões são bastante toleradas, ao menos durante a Idade Média, elas o são enquanto válvulas de escape, numa ótica negativa. Apesar de tudo, o riso pode ser colocado a serviço do bem; é possível voltá-lo contra o mal, zombando do pecado, como o fazem alguns pregadores.

Ao riso divino e positivo da Antiguidade, depois ao riso diabólico e negativo da Europa cristã até o século XVI, sucede o riso humano e interrogativo, saído das crises de consciência da mentalidade europeia, origem do pensamento moderno. O questionamento dos valores, a ascensão do medo, da inquietação e da angústia, o recuo das certezas são acompanhados por uma ambígua generalização do riso, que se insinua por todas as novas fissuras do ser e do mundo. Como um navio em perigo, com o casco furado, a humanidade se enche de riso.

À medida que os valores e as certezas naufragam, são substituídos pelo riso. Não foi ele que os derrubou. A derrisão não tem poder sobre as crenças e as ideologias; estas são impermeáveis a qualquer ironia. Nem mesmo a razão pode muito contra elas. A idiotia é uma couraça invulnerável, capaz de proteger as crenças mais absurdas. Só o tempo usa as certezas. E é quando elas começam a se esboroar que o riso e a razão têm a oportunidade de intervir eficazmente. Porque o riso só pode penetrar pelas fissuras, para alargá-las.

Foi assim que o século XVIII troçou da religião, do absolutismo; no século XIX, a sátira e a caricatura aumentaram as brechas dos governos monárquicos autoritários, participaram nas lutas sociais, políticas e econômicas;

no século XX, elas contribuíram para o recuo das ideologias. Pouco a pouco, o riso insinuou-se nas brechas abertas pela filosofia no seio da consciência humana individual. O humor está sempre nos calcanhares da dúvida. Ele aparece quando as ciências humanas mostram a fraqueza e a complexidade do ser humano. Este começa a rir de si mesmo, a zombar de suas antigas pretensões, a não se levar a sério, demonstrando certa ternura consigo. É a vez do próprio ser, da existência, que, tendo perdido o sentido, se torna objeto de derrisão. O riso engolfou-se por todas as brechas abertas pelas ciências nas certezas humanas.

É assim que ele termina, na época atual, por cobrir tudo, numa sociedade humorística em que tudo se banha numa derrisão divertida. Certamente, existem redutos de seriedade aqui e ali – integrismos e fanatismos de toda espécie –, mas eles só são sérios aos próprios olhos; o resto do mundo os ignora ou os olha com curiosidade. O riso moderno é incerto, porque não sabe mais onde se fixar. Ele não é nem afirmação nem negação, antes, é interrogação, flutuando sobre o abismo em que as certezas naufragaram.

O vigor do riso de outrora vinha de sua seriedade. Ele estava a serviço de certezas contra outras certezas. O riso moderno perdeu sua seriedade, logo, seu vigor; não serve para mais nada, só para fazer rir. Pura evasão, tornou-se tecido da existência, recobrindo as interrogações e os medos contemporâneos. Verdadeira desforra do diabo, o riso substituiu o sentido da criação. Esta era séria; tornou-se um jogo, uma "brincadeira cósmica". Melhor: um jogo que se reproduz a si mesmo, em eco, com a era do virtual.

O riso moderno existe para mascarar a perda de sentido. É mais indispensável que nunca. Outrora, ele estancava as insuficiências, os defeitos – emplastro que se colava sobre as pequenas chagas da existência. Agora, é a própria existência que está ferida. Só o riso, injetado em alta dose, pode mantê-la com vida artificial, sob perfusão. Sejamos honestos: a humanidade ri amarelo e não somente porque a metade de seus membros é oriental. A explosão do riso no ano 2000 foi menos um grito de entusiasmo do que o clamor de um mundo que procura ter segurança fazendo barulho no escuro. É inútil voltar à lista de males e catástrofes que se abatem sobre os seis bilhões de indivíduos que gesticulam desesperadamente sobre este minúsculo planeta, os quais nem sequer sabem por que estão aqui e só têm um objetivo: passar o tempo como podem, jogando futebol, escrevendo livros, fazendo aumentar a cifra dos negócios de uma empresa, cultivando seu jardim, completando a volta ao mundo ou assistindo à televisão – qualquer coisa, enquanto esperam o fim, que os progressos da medicina não cessam de retardar. Uma motivação é avançada, certamente: preparar o mundo para a geração seguinte, que fará o mesmo pela seguinte e assim por diante. Mas o que importa?! Nenhum de nós verá isso! Essa verdade é insuportável, e só o riso permite suportar o insuportável, disfarçando-o, zombando dele, brincando. O riso é indispensável porque, mais do que nunca, estamos diante do vazio. Breve, todas as pessoas terão um telefone celular e um site da web; cada um poderá saber tudo sobre cada um, satisfazer virtualmente todas as suas fantasias – e com isso só abraçará melhor o vazio.

Eis por que a festa se generaliza e tende a tornar-se a trama da existência. Na época das certezas e das crenças, a festa podia ser confinada a certos momentos significativos ligados a suas crenças, que ela mantinha. À medida que essas certezas e crenças, razão de viver, recuam, a festa avança e ocupa território. Ela substitui as razões de viver, é o sentido último: fazer a festa pela festa, porque nada mais é crível. A festa torna-se totalitária, quase obrigatória, porque aqueles que se recusam a participar lembram, por sua simples presença, que dançamos sobre o vazio.

A festa move a existência. O humor a torna convivial e completa o cenário. "Se você ri é porque está com medo", "O humor é a polidez do desespero", "Rir para não chorar" – e tantas outras fórmulas que não se quer ouvir. Elas não são refutadas, são recalcadas. São, contudo, confortadoras: justificam, magnificamente, o riso, comportamento mais necessário do que nunca. Em nossa situação, que outra atitude, a não ser o riso, poderia proteger-nos do desespero? Até a Igreja Católica, que o combateu por tanto tempo, hoje elogia seus méritos: ela também tem necessidade do humor para explicar a seus fiéis as sutilezas de suas evoluções doutrinais... Que bela desforra sobre o diabo! A Igreja sempre soube adaptar-se, cedo ou tarde, e o humor seria digno de ser elevado à categoria de quarta virtude teologal.

Esse humor é absolutamente indispensável ao século XXI, que será humorístico ou não. Sem humor, como os dez bilhões de pessoas que nos prometem para 2050, desmoronando sob seus dejetos e sufocando em sua poluição, poderão suportar a vida? O homem não terminou sua evolução; se ele quer sobreviver, precisa adaptar-se... e rir. Geneticamente modificado ou não, ele terá necessidade de uma boa dose de humor.

ÍNDICE DOS NOMES DE PESSOAS E DOS PRINCIPAIS PERSONAGENS

B

E

F

G

S

T

SOBRE O LIVRO

Formato: 16 x 23 cm
Tipologia: Iowan Old Style 10/13,1
Papel: Off-white 80 g/m^2 (miolo)
Cartão Supremo 250 g/m^2 (capa)
1ª edição: 2003

EQUIPE DE REALIZAÇÃO

Edição de texto
Célia Regina de Lima (Preparação de original)
Célia Regina Arruda e Geisa Mathias de Oliveira (Revisão)

Editoração Eletrônica
Eveline Teixeira (Diagramação)

Assistência Editorial
Alberto Bononi